WITHDRAWN

DICTADURA FRANQUISTA Y DEMOCRACIA, 1939-2004

SERIE MAYOR

Directores:

JOSEP FONTANA y GONZALO PONTÓN

JAVIER TUSELL

DICTADURA FRANQUISTA Y DEMOCRACIA, 1939-2004

CRÍTICA
BARCELONA

Para Belén Tusell

Primera edición en rústica: abril de 2010

Diseño de la cubierta: Jaime Fernández
Ilustración de cubierta: © AGE Fotostock
Fotocomposición: Víctor Igual, S. L.

CRÍTICA, S. L., Diagonal, 662-664, 08034 Barcelona
e-mail: editorial@ed-critica.es
http://www.ed-critica.es
ISBN: 978-84-9892-083-3
Depósito legal: M. 9881 - 2010
Impreso en España
2010. – Huertas Industrias Gráficas S. A

NOTA DEL EDITOR

«Yo me morí el 28 de febrero de 2002». Así ha descrito Javier Tusell lo que sintió al ser atacado por la hosca enfermedad que lo asedió durante tres años. Sin embargo, Javier escribió este libro durante el breve espacio de tiempo que medió entre su muerte literaria y su agotamiento biológico.

Una de las últimas actividades profesionales de Javier fue la corrección de pruebas de este libro, ultimada pocas horas antes de fallecer, en Barcelona, el pasado ocho de febrero. Durante una charla telefónica que habíamos mantenido pocos días antes, yo le había sugerido, al desgaire, que escribiera un epílogo muy breve para el libro, valorando, desde su condición de observador participante, los atentados del 11-M y los inicios del gobierno de José Luis Rodríguez Zapatero. No llegó a entregármelo. Pero Veva, su esposa, me dijo que había empezado a trabajar en él y que lo escrito lo guarda el disco duro de su ordenador personal.

Cuento estos pormenores porque reflejan muy bien la actitud de Javier ante su oficio de historiador. No le quedaba apenas vida, pero atendía la propuesta, algo caprichosa y superflua, de su editor y amigo con el entusiasmo y celeridad que le armaron siempre para afrontar cuantos trabajos acometía. En realidad la escritura de este último libro suyo tuvo mucho que ver con su buena disposición y mi irritante impertinencia. Dictadura franquista y democracia, 1939-2004, *es el volumen catorce y último de la «Historia de España» que, dirigida por el profesor John Lynch, trato de editar desde hace catorce años. Cinco mil días maldiciendo a los autores —ya muy pocos— que aún no han entregado su volumen. Aunque Javier no tenía por qué ponerse a trabajar en el suyo todavía, su sentido de la profesionalidad y su acuciante energía para emprender una nueva producción histórica se sobrepusieron a mis jeremiadas (que, en cualquier otro caso, habrían producido exactamente el efecto contrario) y le llevaron al ordenador portátil que fatigaba en el hospital y en el apartamento de Barcelona que acogía sus intermitentes mejoras.*

Javier consiguió, en este libro de dolencia, comprimir en sólo quinientas páginas, toda la secuencia de acontecimientos políticos, económicos, sociales y culturales de sesenta y cinco años de ruda historia de España. Pero no sólo eso: nos dejó una interpretación llanamente magistral de lo que significó el franquismo, la transición a la democracia y la consolidación del sistema parlamentario para los españoles de esta generación y para los de las siguientes. Quien lea este libro sabrá ponderar el calibre de la información que atesoraba Javier, su inteligencia para relacionar hechos y motivaciones y su capacidad para transmitir eso en una prosa sobria y precisa, de estirpe castellana, tamizada por una leve ironía de claro cuño catalán.

En el verano de 2001 pedí a Javier un texto para incluir en el catálogo que conmemoraba los 25 años de actividad editorial de Crítica. Escribió esto: «Yo soy un recién llegado a Editorial Crítica, pero tengo la esperanza de haber anudado con ella una relación destinada a durar mucho tiempo. Vivimos en un tiempo en que merodean por el mundo editorial tentaciones bastante preocupantes: la de divulgar lo que no se ha investigado, la de encontrar paraísos espectaculares en ventas o en lucidez que luego demuestran ser banales o la de considerar el libro no ya como un objeto de consumo, sino como un kleenex. *Con quienes llevan Editorial Crítica he podido establecer esa relación de cordialidad y de sintonía intelectual que siempre sería lógica y deseable entre autor y editor, pero que abunda cada vez menos».*

Sí, Javier. Nuestra relación de cordialidad y de sintonía intelectual durará mucho tiempo. No importa que ya no estés, que ya no escribas, que no publiques.

GONZALO PONTÓN

Barcelona, 28 de febrero de 2005

INTRODUCCIÓN

El 19 de mayo de 1939, ciento veinte mil soldados desfilaron en Madrid ante Franco. La prensa glosó esta ceremonia como la victoria en una segunda reconquista contra los enemigos de España. Durante el desfile le fue impuesta al general la gran cruz laureada de San Fernando, máxima condecoración militar española. Aunque no se informó de ello a la opinión pública, por aquellas fechas el propio Alfonso XIII había escrito a Franco testimoniando su adhesión. El rey no se daba cuenta de que el general había dejado de ser monárquico y actuaba ya como un monarca absoluto.

La ceremonia se prolongó al día siguiente con otra de carácter religioso. Franco entró en la iglesia de Santa Bárbara bajo palio, trato reservado al Santísimo Sacramento y a los reyes. En el templo le aguardaban una serie de objetos que evocaban el pasado español de lucha contra los infieles. Todo entre los asistentes recordaba al pasado tradicional: no sólo los uniformes militares o los ropajes eclesiásticos, sino también las «mantillas españolas sobre enhiestas peinetas» que llevaban las no muy numerosas mujeres. El momento culminante de la celebración religiosa fue el gesto de Franco de depositar su espada victoriosa ante el Cristo de Lepanto traído de Barcelona para la ocasión. Todo conducía a la exaltación del gran protagonista de la ceremonia. El cardenal Gomá, primado de España, rogó a Dios que, «con admiración providencial, siga protegiéndote, así como al pueblo cuyo régimen te ha sido confiado».

Todo este ceremonial, propio de una sociedad guerrera medieval donde se mezcla lo militar, lo político y lo religioso, sirve para explicar lo sucedido a partir de 1939. Si existe una ruptura crucial en la historia de España fue la que se produjo al final de la guerra civil. Si ésta no hubiera tenido lugar, si hubiera durado menos o si el derramamiento de sangre hubiera sido menor, habría resultado imaginable la continuidad entre los años treinta y los cuarenta. Pero si estaba claro el propósito de ruptura, mucho menos estaba en qué consistiría ésta. La represión que se había producido ya durante el período bélico anunciaba cuál sería la forma de tratar al vencido y la amistad con Alemania e Italia definían una política exterior, pero quedaba por determinar si España sería una dictadura personal o fascista, su duración y, sobre todo, su institucionalización.

Hasta entonces, se había recurrido a expedientes circunstanciales más que a una política programada. Si existe algo característico de los vencedores en la guerra civil es que durante su transcurso, en vez de pretender lanzarse a experimentos de nueva organización social, como sus adversarios, los remitieron a un momento posterior. Visto el franquismo desde el punto de vista global, con la perspectiva que da su inicio, su conclusión y su duración, se observa que se produjo un cambio fundamental en la sociedad española, pero no en el sentido que tenían en la mente quienes ejercieron el poder. Un observador que tuviera ante sus ojos, al mismo tiempo, la España de 1939 y la de 1968, las hubiera juzgado dos mundos absolutamente distintos. Pero, si aparentes fueron los cambios, al mismo tiempo resultaron innegables las continuidades, especialmente patentes en lo que respecta al modo de ejercer el poder político. Nada mejor, por tanto, para abordar la historia del franquismo que partir de estos últimos factores.

Franco: biografía y praxis política

Los rasgos característicos de Franco, su aparente inasequibilidad, pueden inducir al historiador a hacer de psicólogo aficionado con un personaje que, en realidad, era más simple que lo que aparentaba. De esa manera se suele concluir en la superficialidad, pero una dictadura de carácter personal exige una reflexión acerca de quién ejerció el monopolio del poder.

Nacido en 1892 en El Ferrol, en una familia dedicada a la Marina de guerra durante dos siglos, su infancia no fue feliz aunque por sí solo este factor no sirva para explicar el conjunto de su vida. Su padre vivió separado de su madre y no tuvo existencia oficial hasta su muerte. Se explica así la fijación afectiva con la madre, que contribuyó a acuñar su carácter retraído, prudente y, al mismo tiempo, proclive a la más exaltada ambición. Más aún debió moldear su persona su temprano ingreso en la Academia Militar de Toledo como el cadete más joven de su promoción. El hundimiento de la flota le privó de la posibilidad de acceder a la Marina: así se explica que el 98 fuera resumido por él con tres palabras: «injusticia, traición, abandono de Europa». En la Academia su trayectoria no resultó brillante. En cambio, tras incorporarse muy pronto, a África, obtuvo brillantes ascensos por méritos de guerra, siempre al mando de tropas selectas: primero los Regulares y, luego, la Legión. Hasta en cinco ocasiones fue premiado por su participación en combates. Aunque la familia de Franco no tuvo problemas económicos, es posible que su boda con Carmen Polo en 1923 significara un cierto progreso personal. En los años veinte llevó una intensa vida social que, según él, le había permitido el «contacto con hombres preparados». General a los treinta y tres años, se sentía ya «en vías de grandes responsabilidades».

Se refería, sin duda, a las políticas y hay que recordar al respecto que su opinión se revolvió desde pronto contra los que consideraba «mitos» predominantes. Su *Diario de una bandera* revela desconfianza hacia la política liberal, incapaz de conseguir otra cosa que «años de pasos vacilantes y paces ficticias». Fue la divergencia en torno a la política militar en Marruecos lo que le enfrentó con Primo de Rivera, aunque el choque no duró mucho. En su borrador de memorias Franco reconoce que recibió a la República con «ilusión». Su decepción fue, no obstante, temprana, y atribuyó los males de aquel régimen a «los políticos ambiciosos y fracasados» y a la masonería. Pronto se alineó en un «frío distanciamiento» del régimen, pero no lo hizo ostensible. Desde finales de los años veinte recibió propaganda anticomunista y la revolución de octubre de 1934, en cuya represión colaboró, supuso para él un giro en su vida. Su tardía participación en la conspiración contra la República se explica por una mezcla de prudencia y oportunismo, pero también por no haber sido un militar «político» en grado semejante a muchos compañeros.

Durante la guerra civil, Franco cristalizó definitivamente como personalidad histórica. Esa personalidad la fundamentó en «un hondo sentido católico y social y [un deseo] de abolir para siempre las causas de nuestra decadencia, partidos políticos en pugna, masonería y comunismo». Creyó sinceramente haber contado con la «ayuda escandalosa de Dios» y que sobre sus espaldas recaía en lo sucesivo la «responsabilidad total: la militar, la política y la económica». Pronto llegó a sorprender a embajadores extranjeros y colaboradores cercanos con opiniones nada ortodoxas en todas las materias. Con la guerra se perfilaron también sus secretos deseos recogidos en *Raza*, un texto, luego convertido en película, que escribió a finales de 1940. El malvado de la narración es un abogado que ha torcido su rumbo al pasar por el Ateneo, pero que acaba convirtiéndose por amor de una joven falangista. En cambio, su hermano —el héroe—, es un joven oficial; un tercer miembro de la familia, sacerdote, es asesinado durante la guerra civil. La narración concluye con el desfile de la victoria, en mayo de 1939.

Con todo lo dicho no extrañará que la caracterización del dictador haya de hacerse refiriéndose a su vida profesional en el Ejército. La primera consideración que se impone sobre Franco es, en efecto, la de que fue, ante todo y sobre todo, un militar: «Sin África —declaró, refiriéndose a su experiencia personal allí—, yo apenas puedo explicarme a mí mismo». De su personalidad únicamente destacaba este componente, de manera que no puede atribuírsele, por ejemplo, la vertiente intelectual que tuvieron otros oficiales. El horizonte de aspiraciones que tuvo durante muchos años fue llegar a alto comisario en Marruecos. En cierto sentido lo fue, pero en España.

De su experiencia allí derivó su fuerza de carácter, su impasibilidad, su dureza o su sentido de la disciplina. No dudó en autodefinirse como «oficial borrego» —es decir, escrupuloso cumplidor de órdenes— nada menos que ante los jóvenes cadetes. Su austeridad iba ligada a la experiencia de las campañas marroquíes. «No me molesta el lujo, pero no lo echo de menos», le dijo a uno de sus colaboradores más próximos. Su residencia en El Pardo sólo con benevolencia puede ser descrita como un palacio, pues más propiamente merecería el calificativo de cuartel. Sus escritos de Marruecos testimonian, más que crueldad, una dureza que le hacía banalizar la muerte. Si en la Rusia soviética se engendró por vez primera en la época contemporánea un sistema de violencia moderna servida por el aparato estatal contra el adversario, ese sistema tuvo en la España de Franco su primera manifestación en Europa occidental.

Su carrera militar fue la única razón por la que se convirtió en un personaje de influencia nacional, pero no fue un genio en su profesión. Sus capacidades efectivas consistían en ser un hábil táctico para los combates de guerrilla contra los indígenas y en actuar con prudencia, orden y capacidad logística en el manejo de sus fuerzas. Esas mismas virtudes fueron las que mostró durante la guerra civil, en la que sus aliados siempre le reprocharon exceso de lentitud y prudencia. Se suele olvidar que Franco escribió un libro denominado *El ABC de la batalla defensiva*; sin duda, también en la política fue un maestro en el arte de la defensiva. Si la vida militar le dio relevancia, también le convenció de la superioridad de quienes se formabán en ella. Franco consideró siempre que lo militar era por su propia esencia valioso: juzgó positivamente a Eisenhower o a De Gaulle por el mero hecho de ser generales. Su concepción del poder político tenía mucho de militar. Empleaba, para referirse a ella, términos como «mando y capitanía» y, en definitiva, trató de organizar cuartelariamente la vida española. En el ejercicio de esa función política como jefe del Estado, Franco atribuyó con frecuencia a los militares un papel fundamental. A mediados de los años cincuenta la mitad de los presidentes de las sociedades del INI eran militares.

Su voluntad de devolver a España a un pasado glorioso se tradujo en la práctica en actitudes mucho más prosaicas, limitándose a ese «orden, unidad y aguantar» que Carrero Blanco le aconsejó. En los años treinta ratificó esa concepción añadiendo una vertiente trágica y angustiosa. Se convirtió en un convencido del peligro comunista, peligro al que sumó además la existencia de una conspiración masónica que remontaba al siglo XVIII. Desde entonces y hasta su muerte, Franco pensó que la masonería llevaba necesariamente al liberalismo y de éste derivaba el peligro comunista. Resulta extravagante la pertinaz obsesión con la que defendía esta superchería una persona que llegó a dirigir una de las potencias industriales del mundo. Sus escritos sobre el particular, firmados con seudónimo, demuestran una erudición maniática, y su afán de persecución fue tal que llegó a acumular, en el Archivo de Salamanca, ochenta mil expedientes de supuestos masones en un país donde no habían existido más de cinco mil.

La experiencia biográfica de Franco durante los años treinta le influyó también en otro sentido. Siempre fue católico, pero ahora sus sentimientos religiosos le proporcionaron una visión providencialista de sí mismo. Asombra la sinceridad y la espontaneidad con que afloró ese convencimiento. A don Juan de Borbón le aseguró haber logrado la victoria en la guerra civil gracias al «favor divino repetidamente prodigado». Catolicismo y patria eran para él una misma y única cosa, de modo que, responsable de la segunda, no tenía el menor inconveniente en pontificar sobre el primero. La España de su tiempo, al menos hasta los años sesenta, fue un país en que los obispos hablaban como si fueran políticos, pero el Jefe del Estado parecía a menudo ejercer como cardenal. Su catolicismo era muy sincero, pero también nada cultivado. Ni tan siquiera estuvo en condiciones de entender el cambio producido en la Iglesia católica con ocasión del Concilio Vaticano II. Sólo entonces se sintió desorientado.

La victoria supuso para Franco un giro esencial en su vida. Los términos con que aludía a la asunción del deber de dirigir al pueblo español excluyen toda sospecha de que su sentimiento pudiera tener algo de postizo o cínico. Sus propios parientes se dieron cuenta del profundo cambio que se había producido en su persona. Si en el pasado había sido comunicativo y afectuoso, ahora el caudillaje le había convertido en «frío y distante» en el trato. La convicción de Franco acerca de su caudillaje hubiera sido inimaginable de no ser por la exaltación de la que fue objeto. Gran parte de esta tarea fue programada por Serrano Suñer. En uno de los libros escritos en los años cuarenta, indicaba que la condición de caudillo, al no tener que dar éste explicaciones de sus decisiones a organismo alguno, resultaba comparable a la del Papa.

Ya por aquel entonces, Franco había llegado a la absoluta convicción de que no debía en manera alguna limitar su propio mando o ponerle plazos. En consecuencia, a aquellos que, dentro de la derecha, querían poner barreras institucionales a su libertad de decisión, mantenían los principios de su ideario original o le juzgaban como una solución temporal, los consideró traidores. Quienes, por el contrario, eran lo suficientemente flexibles como para practicar el posibilismo, encontraron un puesto en el nuevo régimen. Ahora bien, su función en él dependía estrictamente de la voluntad de Franco. Durante la guerra explicó, a quien quiso oírle, el papel que le había de corresponder a la Falange y al tradicionalismo: a éste le correspondía la solidez de los principios en la organización de España y el primero debería convertirse en vehículo de atracción de las masas populares.

El papel atribuido a estas dos fuerzas políticas revela la limitación doctrinaria de Franco. Se ha dicho que en 1939 tenía un poder más absoluto que cualquier otro dictador contemporáneo, no sólo por disposiciones legislativas concretas sino también porque como político no se vio limitado por una ideología. Lo decisivo en él era el nacional-militarismo, el nacional-catolicismo y el nacional-patriotismo, aderezados con la obsesión antimasónica. Pero eso no era un cuerpo doctrinal, sino unos sentimientos elementales. Un ministro, Navarro Rubio, escribió que fue «un doctrinario corto, pero firme: sus ideas eran pocas, elementales, claras y fecundas». Sin duda, los dos primeros adjetivos corresponden más a la realidad que los dos siguientes. En plena guerra civil, un conservador inteligente como Cambó no sabía si asombrarse más por su elementalidad, «de tertuliano de café», o por el «tono admirativo» que daba a sus periódicos descubrimientos del Mediterráneo.

Merece la pena referirse a algunas de sus ideas en diversos terrenos porque revelan su limitación. Durante el franquismo se produjo la transformación decisiva de la economía española, pero no fue el resultado de sus ideas económicas. A lo que Franco espontáneamente tendía era a una especie de «autarquía cuartelera». Larraz, uno de sus ministros de Hacienda, decía que no habiendo conseguido que pronunciara bien la palabra inflación —decía «inflacción»— no tenía la esperanza de que hubiera entendido lo que ésta significaba. Cuando, en 1959, llegó el Plan de Estabilización, quien lo propuso ha revelado en sus *Memorias* la «desconfianza» inicial de Franco, incrementada por el hecho de que fuera auspiciado por organismos internacionales. En realidad, el franquismo retrasó un desarrollo económico que hubiera podido producirse antes. Como escribió Ridruejo, cuando el régimen se atribuía el desarrollo económico, actuaba como el práctico portuario que, patroneando después de una galerna, se otorgara el mérito de haberla aplacado.

En el terreno de la política también las concepciones de Franco fueron elementales, aunque supo concentrarse con avaricia en el mantenimiento en el poder. Durante la segunda guerra mundial propuso a don Juan de Borbón que siguiera el ejemplo de las «monarquías revolucionarias y totalitarias», como, según él, había sido la de los Reyes Católicos. Años después, ante el mismo receptor de sus cartas, esbozó una curiosa teoría del caudillaje por «prescripción adquisitiva». Tampoco la «democracia orgánica» de una época posterior significó una aportación significativa a la ciencia política. Todo aquello no eran más que palabras que empleaba para justificar su condición de caudillo.

No es casual que las concepciones de Franco en materias importantes no pasaran de la elementalidad. Su mundo era de un desolador prosaísmo: sus aficiones eran pescar, cazar y, al final de su vida, ver cine o televisión. Carecía de preocupación cultural alguna, atribuía a los intelectuales un «orgullo» intolerable, cometía faltas de ortografía y en los consejos de ministros, para irritación del titular de Exteriores, llamaba «Aisenover» a Eisenhower. Su mejor descripción se resume en el término mediocridad. El duque de Alba escribió que «poseía todas las pequeñas virtudes y ninguna de las grandes», y el general Kindelán decía de él que estaba atacado de «mal de altura», esa euforia que invade al escalador cuando sube a una altura superior a su capacidad física. Eso explica también que el valor de la lealtad fuera tan primordial para él. A menudo se sirvió, en los tiempos primeros, de personas de su entorno familiar, como su hermano o su cuñado, o de aquellos a quienes había conocido durante su infancia o juventud en El Ferrol (Suances o Alonso Vega, por ejemplo).

Esta mediocridad puede parecer contradictoria con el considerable tiempo que Franco permaneció en el poder. Ha de tenerse en cuenta que su dictadura fue el producto de una guerra civil cuyo recuerdo cruel duró mucho tiempo. Frente a ese pasado, él ofrecía la imagen de un pastor capaz de apacentar diversas fracciones de la derecha española y evitar el pluralismo conflictivo de los años republicanos. Nunca se convirtió en tan cierta aquella frase de Cambó según la cual «quien dura es quien sólo se empeña en durar». Areilza previó en 1945 que Franco «hará siempre política de radio corto en torno a su subsistencia en el cargo». Tanto fue así que quien lo había previsto acabó convirtiéndose en colaboracionista, y no fue el único.

Pero no sólo esto explica el mantenimiento de Franco en el poder. No siendo político profesional y abominando de quienes lo eran («Haga Ud. como yo; no se meta en política», le dijo a un visitante), poseía, sin embargo, el conjunto de habilidades imprescindibles para ejercer ese papel. Un cínico político vasco, Lequerica, renunció a parangonarlo con los grandes personajes del pasado y prefirió compararlo a Bugallal, uno de los más conocidos caciques gallegos. Girón, dirigente falangista, resumió las virtudes de Franco en «el paso de buey, la vista de halcón, el diente de lobo y el hacerse el bobo». Gracias a esto último dio la sensación de ser inocuo y manejable durante la guerra civil. El «diente de lobo» se refiere a la dureza de que hizo gala en más de una ocasión. El «paso de buey» alude a un sentido del tiempo que con frecuencia a sus colaboradores les resultaba irritante. Carrero Blanco, que lo sufrió de forma señalada, le dijo a López Rodó: «Hay que ver lo que a este hombre le cuesta parir», en alusión a su titubeo para decidirse por la solución monárquica. Y cuando Fraga propuso una medida tan cosmética como la de suprimir el himno nacional después de las emisiones de radio, Franco le sugirió que lo hiciera en dos tiempos.

De poco le hubiera servido el sentido del tiempo si no hubiera tenido aquella «vista de halcón». Estaba constituida por sentido de la realidad, moderación en comparación con alguno de sus partidarios y, sobre todo, frialdad. «Más que en el ataque —afirma Navarro Rubio—, donde se le veía seguro de sí mismo era cuando tenía que capear temporales.» La astucia recelosa y la discreción completaban el panorama de su carácter. «Aquí el que no es tonto es un pillo», le dijo a Areilza, en frase devastadora por su pesimismo. No puede extrañar que Pemán llegara a la conclusión de que la única manera de descubrir sus opiniones consistía en esperar a que se le escaparan. Girón no prosiguió con sus comparaciones zoomórficas, pero, de haberlo hecho, debería haber mencionado al camaleón por su capacidad de adaptación. Los juicios que Franco hacía acerca de instituciones de su régimen parecen tan cínicos que, de haber sido expresados en público, hubieran resultado subversivos. A López Rodó le aseguró que no había llegado a entender qué era un «sindicato vertical», a no ser que con ello se quisiera designar una institución en que unos estaban arriba y otros abajo. A Garrigues, con toda desfachatez, le aseguró que el Movimiento era una «claque» válida para montar los actos públicos de masas.

Este conjunto de rasgos políticos de Franco se traducía en su diaria actividad de gobernante; describirla ayuda a definir la dictadura. Guardó en sus manos la totalidad absoluta de la responsabilidad política y, desde la guerra civil y hasta su muerte, mantuvo un fondo de poder constituyente que hubiera hecho posible, por ejemplo, la sustitución de su heredero. De este modo se puede decir que en España se engendró no un sistema totalitario, sino una dictadura de concentración personal del poder. Al menos desde el punto de vista legal, Mussolini estuvo limitado por la ideología del fascismo y por sus instituciones. Franco tenía un poder político mayor.

Y, sin embargo, esto no quiere decir que llevara personalmente todos los ministerios. Las decisiones más relevantes o las relativas a aspectos que él consideraba terreno acotado, debían ser sometidas a su juicio, pero en la práctica dejaba un amplio campo para la iniciativa de los ministros, tal como hubiera actuado un general en jefe con sus mandos inferiores. La libertad de movimientos de los ministros y el ejercicio «moderado» de su virtual omnipotencia provenían, además, de la concepción arbitral que tuvo siempre de su función. Había vencido en una guerra civil gracias a que presidió una coalición de la derecha española, y su dictadura consistió en mantener esa situación. El arbitraje permitía en un régimen no totalitario que cada sector tuviera una parcela de poder, pero nunca se pudo decir que una fracción de esa derecha estuviera completamente en la oposición o en la privanza. El ejercicio de la función arbitral tenía para Franco un momento culminante: los relevos ministeriales. Una vez hubo aprendido cómo resolverlos, pretendió que los ministros le duraran cinco años. Los cambios eran realizados a través de persona interpuesta y en ellos Franco demostraba su capacidad de componer, casi como un homeópata, la fórmula apropiada.

Según Fraga, hasta 1962 «jamás se habló de política en los consejos de ministros», y esta afirmación responde a la verdad, aunque menos aún se trató de política en las Cortes. Franco guardaba las grandes decisiones políticas para sí mismo, pero periódicamente el Consejo de Ministros se convertía en una especie de parlamento de bolsillo donde se debatía con aspereza sobre cuestiones fundamentales o que podían tener de alguna manera esa significación. La verdadera enemistad política durante el franquismo tenía su asiento en el Consejo de Ministros mientras el arbitraje de Franco consistía también en poner sordina a la confrontación o en prescindir de quienes chocaban. Para él, los organismos deliberantes eran instituciones peligrosas que podían limitar su poder o recaer en los males del parlamentarismo. Por eso siempre consideró perniciosos el pluralismo organizado o la libertad de expresión, lo cual explica que tardara desde 1938 a 1966 en elaborar una ley de prensa y luego restringiera su contenido liberalizador, o que su última decisión política fuera cerrarse a cualquier posibilidad de institucionalización del pluralismo asociativo.

Resulta incorrecto afirmar que Franco tuvo «validos», porque eso supondría que admitía la posibilidad de trasladar a otro la propia responsabilidad o que no tenía inconveniente en recortar su poder. Serrano Suñer ejerció un papel muy importante, pero nunca limitativo del de Franco, quien, por otro lado, le necesitaba como vínculo con la Falange y no había cumplido aún con su etapa de aprendizaje como dictador. La función de Carrero Blanco fue mucho más auxiliar, como se demuestra, además, por el hecho de que su influencia sólo fue creciente a medida que la salud de Franco decaía. Más allá de este círculo íntimo, estaban las personalidades más relevantes del Ejército y las figuras emblemáticas de cada uno de los sectores de la derecha. La influencia de esas personas podía ser ocasionalmente grande, pero nunca resultó decisiva ni constante.

Esta distancia entre Franco como dictador y sus colaboradores fue producto de un carácter no especialmente expresivo ni efusivo, y explica la extraña situación que se dio en la fase final del régimen. En el pasado, el distanciamiento había servido precisamente para la función arbitral, pero, con la decadencia física de Franco, dio la sensación de que aquélla apenas era ejercida. La enfermedad de Parkinson hizo aparecer en él un rasgo que era la antítesis de su pasado: la debilidad de carácter. La «vista de halcón» y el «diente de lobo» se desvanecían a todas luces, a no ser que se tome por este último los coletazos represivos finales; sólo se mantenía el «paso de buey». Franco había sido siempre «una esfinge sin secreto», pero ahora era, por imprescindible y por su mutismo e inercia, una esfinge *a secas*.

Los ministros fueron perfectamente conscientes de este proceso de decadencia física. Según López Rodó, hasta 1965 los consejos de ministros se iniciaban con una larga exposición de Franco y duraban todo el día, pero desde 1968 quedaron restringidos tan sólo a la mañana. Resultó, además, un verdadero acontecimiento que, según narra Fraga en sus *Memorias*, en septiembre el dictador interrumpiera un consejo para aliviar una necesidad fisiológica. No es una casualidad que, a partir del año siguiente, se convirtiera en algo habitual en el seno del régimen el enfrentamiento entre sus diversos sectores, sin que pudiera haber una intervención arbitral de quien tenía la misión impedir esa inesperada conflictividad.

Los últimos años de la vida de Franco se caracterizaron también por su aislamiento. Era previsible que una persona que había ejercido el poder en solitario estuviera condenado a concluir así. Ya antes, su secretario se dio cuenta de que no hablaba con él, sino que se limitaba a mantener «largos monólogos». Parecía un patriarca distante, que no había perdido por completo los reflejos y era capaz de imponer rectificaciones pero carecía de información. Aun así, mantuvo un pálido brillo de sus capacidades del pasado. Lo que, en cambio, convirtió en esperpento los años finales de su dictadura fue su entorno personal y familiar. En la retina y en la memoria de muchos españoles ha quedado la imagen de estos años, pero su mantenimiento en el poder hasta el final de sus días no habría sido posible si no hubiera sido distinto su papel en los precedentes.

No es fácil comparar a Franco con otros personajes históricos que ejercieron el poder en solitario. Tiene poco que ver con un profesor de derecho administrativo, como Salazar, o con un antiguo agitador de izquierdas, como Mussolini. En algún sentido, en cambio, puede ser comparado con Tito, quien, como él, obtuvo su poder como resultado de una guerra civil. También el presidente yugoslavo en la etapa final de su régimen había dejado en su país esa imagen de patriarca distante con rasgos no totalmente negativos.

El franquismo como dictadura

Por más que el régimen de 1939 pueda calificarse como dictadura franquista, no nació en exclusiva de los rasgos de quien la personificó.

Sus semejanzas con otros tipos de dictadura, europeos y americanos, resultan evidentes. Lo peculiar fue que, en vida de Franco, transitó de la semejanza de un tipo de dictadura a otro manteniéndose la misma persona al frente. Todos los rasgos atribuidos al franquismo como dictadura se repiten en diferentes regímenes de otros tiempos o latitudes.

En España, la brusca politización de la Segunda República no supuso el advenimiento de un partido fascista fuerte, sino que el predominio en la derecha le correspondió a la fórmula católica, que si tenía un fondo reaccionario, actuó dentro el posibilismo. Azaña no erraba cuando en plena guerra civil afirmó que en España podía haber fascistas pero no había fascismo, y que, de triunfar, la España adversaria resultaría más proclive a las consagraciones al Corazón de Jesús y los desfiles militares que a la imitación de regímenes laicos, de intención modernizadora. Aunque existiera un partido fascista, la exaltación religiosa y la proliferación de modelos barrocos parecieron retrotraer a la Contrarreforma.

En plena segunda guerra mundial, el término de comparación de la dictadura franquista no fue nunca Alemania, sino a lo sumo Italia, y más aún los regímenes semi, seudo o parafascistas frecuentes por entonces. La dictadura de Franco era, sin duda, más parecida a la Francia de Vichy o a algunos de los países del Este europeo que al régimen de Hitler. En España, por ejemplo, existió idéntica lucha por el poder entre el Ejército y el partido fascista que en la Rumania de Antonescu. Como en Vichy o como en Hungría, la dictadura franquista, sin llegar a la fascistización total, avanzó en ese camino: incluso lo hizo más que en esos dos países en donde nunca hubo un partido único. Utilizó la fachada del populismo y de algunas instituciones políticas del fascismo, pero no puede identificarse con él.

El fascismo fue un marco de referencia político decisivo durante la segunda guerra mundial, pero tras su desenlace se desvaneció como alternativa. Pasados los años cuarenta, desapareció el ansia totalitaria de las dictaduras de derecha, pero no éstas, que resurgieron, aunque con fórmulas diferentes, en los años sesenta y setenta. Las dictaduras no totalitarias permitieron un cierto pluralismo interno. Más que tener un código ideológico preciso procedían de una mentalidad, y carecieron también de partido único con liturgia fascista. En este tipo de dictaduras se pudo clasificar al franquismo que, además, a partir de determinado momento utilizó como argumento principal para su subsistencia el desarrollo económico. La dictadura no totalitaria fue un fenómeno frecuente en Hispanoamérica aunque con diversas formulaciones: el populismo nacionalista de Perón en Argentina, la dictadura militar antirrevolucionaria de Pinochet o los regímenes en que actuaba el Ejército como corporación (pretorianos). Con todas estas fórmulas tuvo el franquismo paralelos. En suma, examinado en su conjunto puede ser considerado como mucho más que una mera dictadura conservadora al estilo de la de Primo de Rivera, pero como mucho menos que una dictadura fascista. De todos modos, no basta con establecer esta posible similitud, a la que igualmente habrá que volver más adelante, sino que es necesario también insistir en los rasgos que permanecieron invariables a lo largo de toda su historia.

Un primer elemento definitorio atañe al papel de la ideología política. Una visión autoritaria básica, el nacional catolicismo o un cierto populismo social constituirían otras tantas notas del régimen, siempre ajeno al pluralismo conflictivo y a la libre circulación de opinión propias de una sociedad liberal. Pero más que hacerlo derivar de un ideario preciso, habría que remitirlo al peso de una mentalidad: la de quienes vencieron en la guerra civil. El franquismo tuvo unas fuentes ideológicas plurales (en el sentido de procedentes del conjunto de la derecha) y sucesivas en cuanto a su infancia, pero también permitió modulaciones de acuerdo con las circunstancias.

El régimen fue, por otro lado, y a diferencia de algunas dictaduras hispanoamericanas y de las fascistas, una dictadura personal, no colectiva. De ahí su denominación como «franquismo», pues aun siendo militar quien la personificaba, no fue una dictadura del Ejército. Esa condición personal no impedía la voluntad de permanencia, que fue siempre inequívoca; esto la diferenció de los regímenes militares sudamericanos o de Primo de Rivera. Tampoco Franco pretendió la total desaparición de poderes ajenos al Estado. El régimen ni siquiera tomó en serio la tarea de institucionalizarse. Las leyes fundamentales obedecieron a razones estratégicas e incluso respondieron a proyectos de futuro distintos y, sobre todo, no fueron aplicadas con un mínimo de sinceridad.

Una de las razones por las que el régimen no se institucionalizó es porque, habiendo nacido de una coalición conservadora, sus diferentes componentes tenían visiones distintas del futuro. Los falangistas fueron prorrepublicanos y los carlistas siempre repudiaron el partido único, por citar dos ejemplos. Por tanto, entrañaban conflictos potenciales, evitados periódicamente por el arbitraje de Franco. Éste se basaba en la división de cada una de las fuerzas de la coalición conservadora en dos opciones, una colaboracionista y otra que no lo era. La primera obtenía el usufructo de una parcela del poder y legitimaba al régimen, mientras que la segunda quedaba al margen.

El arbitraje de Franco se ejerció siempre de modo informal, pues no admitió nunca que en el Consejo estuvieran representadas fuerzas políticas como tales. Él era quien elegía a las personas, aunque lo hiciera siempre procurando la compensación en el resultado final. Incluso había carteras asignadas para cada uno de los grupos a los que podemos denominar «familias»: Justicia para los carlistas, porque entrañaba las relaciones con el Vaticano; las de carácter económico, para los monárquicos alfonsinos, porque tenían conocimientos técnicos y contactos con los círculos económicos; Trabajo y Agricultura para los falangistas, por su contenido social, y Educación y Exteriores para los católicos, porque para ellos lo primero era una cuestión vital y en el segundo terreno podían ofrecer una imagen más homologable al exterior. El carácter informal de la coalición hizo que los grupos nunca se institucionalizaran. Estas «familias» de la dictadura fueron sobre todo un fenómeno que se dio en la primera parte de su historia; con el transcurso del tiempo fueron sustituidas por clientelas personalistas.

Un rasgo característico de los regímenes dictatoriales es la movilización en su favor de los ciudadanos o su desmovilización como si les bastara la pasividad para subsistir. Los regímenes fascistas son siempre movilizadores, y el franquismo lo fue desde su origen; en todas las épocas, cuando se consideraba en peligro, recurría a la movilización. Lo habitual fue una especie de «anarquía mansa» a base de favorecer una sociedad desarticulada y pasiva. Hubo quien, en los años sesenta, describió nuestra realidad no como franquista o antifranquista, sino como ajena a la política. El régimen se basaba no en una mayoría silenciosa, sino, sencillamente, ausente. A esos años, como en el caso del fascismo italiano, cabe denominarlos como «los años del consenso», no en el sentido de que el régimen fuera aceptado con entusiasmo, sino de forma apática, tras una represión previa que laminó a la oposición.

Las dictaduras no totalitarias carecen de ese partido único. En el caso del franquismo hubo un partido que, al principio, tuvo la pretensión de ser único ocupante del escenario político e inspirador de la acción del régimen. Sin embargo, esta pretensión se vio frustrada. Luego, el partido se burocratizó y se convirtió en una parte del Estado. El partido no había conquistado al Estado, sino que había sucedido exactamente lo contrario. No obstante, el partido siempre tuvo su importancia en el seno del régimen franquista. Aunque sus presupuestos sólo alcanzaron como máximo el dos por 100 de los estatales, Falange se benefició de la unificación, y si esto no le permitió el monopolio del poder, sí le reservó, en cambio, una parte importante del mismo.

En general, en los regímenes no totalitarios de carácter dictatorial existen islas autónomas no sometidas a la política; las más decisivas suelen ser la Iglesia católica y el Ejército. El catolicismo desempeñó, desde luego, un papel muy importante en el franquismo, hasta el punto de que ha podido ser considerado como el intelectual orgánico del régimen, pero esta afirmación sólo vale para el período anterior a 1962. La Iglesia siempre tuvo un área de autonomía que incluía el dominio de gran parte de la educación, un sector de la prensa y el asociacionismo religioso. El catolicismo, al mismo tiempo, fue también una familia más dentro del régimen, con protagonismo importante en determinados momentos. Quiso cambiar al régimen en 1945, pero se vio obligada a mantener una porción del poder sin llegar a introducir ningún cambio.

La dictadura de Franco puede ser caracterizada mucho más como militar que como falangista. Ahora bien, debe tenerse en cuenta que lo fue del Ejército que venció en la guerra civil y que durante su transcurso se había transformado. De los altos mandos existentes en 1936, sólo se sublevaron una cuarta parte pero, además, durante el conflicto sus filas se vieron nutridas por una oficialidad provisional que luego desempeñaría un papel decisivo. La depuración en el seno de la familia militar fue tanto o más dura y arbitraria que en el resto de la Administración, a fin de crear un instrumento capaz de mantener en el poder a quienes ganaron. A finales de la década de los sesenta, más de un tercio de los oficiales habían sido alféreces provisionales.

El régimen existente en España entre 1939 y 1975 fue una dictadura de Franco, un general. Por eso hubo una oposición de sectores militares, principalmente de quienes le consideraban una especie de *primus inter pares*. A partir de los años cincuenta, los cambios en el Ejército hacían impensable que en él fuera posible la oposición. Pero eso tampoco quiere decir que el régimen fuera militarista. La oficialidad desempeñaba un papel importante en el seno de la clase política, sobre todo en determinados aspectos: el orden público estuvo siempre sometido a esta jurisdicción. Todos los vicepresidentes y cuarenta de los ciento catorce ministros fueron militares; ocho de ellos estuvieron en el poder más de diez años. Ocuparon incluso carteras de contenido económico. Pero el régimen no era una dictadura pretoriana porque, por ejemplo, no atribuyó a los oficiales funciones equivalentes a las de los rectores de universidad, como sucedió en el Chile de Pinochet. Los presupuestos militares fueron decrecientes y, en 1975, España era uno de los países europeos con un Ejército menos dotado.

Se pueden señalar algunos rasgos más de la dictadura franquista. Las Cortes, el supuesto equivalente del legislativo, actuaron como mero poder «resonador», destinado a dar relevancia especial a las grandes decisiones tomadas por Franco; también proporcionaron un foro donde la clase política del régimen contrastó sus opiniones. Pero, como dijo López Rodó, las reglas no escritas del juego constitucional eran que a Franco no se le discutía y que el gobierno era quien mandaba en el país. La categoría suprema en la política franquista era, pues, ser ministro. Las cualidades exigibles para alcanzarla eran, en primer lugar, la lealtad a la persona de Franco, la preparación técnica y, en fin, la pertenencia a una de las familias del régimen. Los ministros siempre tuvieron un margen de poder grande al existir una amplia «zona de indiferencia» en la que el dictador dejaba en libertad a sus colaboradores.

Para describir la dictadura es preciso tener en cuenta también otros factores como, por ejemplo, el grado de represión política. La magnitud de la represión sólo puede ser interpretada desde el punto de vista del origen de la dictadura de Franco, una guerra civil. Resulta equivocado, sin embargo, centrar la descripción del régimen franquista en esta inicial fase represiva sin considerar el cambio que se produjo con posterioridad. En torno a 1965, por ejemplo, la población reclusa descendió por debajo de las once mil personas y el número de miembros de fuerzas del orden público por cada mil habitantes era relativamente bajo en comparación con Europa. A menudo la represión consistía en detenciones por períodos cortos y con juicios demorados o que concluían en sanciones leves, ya cumplidas durante la detención provisional. Aunque la represión aumentó en la fase final del franquismo, nunca volvió a ser la de los años cuarenta, ni la de los cincuenta. La sociedad había conquistado nuevos límites de tolerancia.

En el terreno económico, la libertad de iniciativa sólo se vio coartada (nada más que indirectamente aunque de manera grave) durante la primera etapa del régimen gracias al favoritismo con que actuó el Estado en favor de los vencedores. Nunca hubo libertad sindical, aunque desde los años cincuenta hubiera organismos de representación de los trabajadores en el seno de las empresas capaces de pactar con los patronos los incrementos de la productividad y en 1965 se relajara la penalización de la huelga. La persecución de las organizaciones sindicales clandestinas se suavizó en los años sesenta, pero volvió a endurecerse en la fase final del régimen. El resto del asociacionismo estuvo estrechamente controlado, pero con zonas marginales de una cierta autonomía como las cámaras de comercio y, en especial, las asociaciones de carácter religioso.

La legislación sobre prensa, inspirada en la Italia mussoliniana, fue en muchos aspectos más dura y sobre todo más cominera en su aplicación. En el preámbulo de la ley, redactada durante la guerra civil (1938), se abominaba de «la libertad entendida al estilo democrático». De acuerdo con su texto, los directores de los periódicos eran siempre de nombramiento gubernamental. La depuración de la profesión periodística fue durísima: de cuatro mil expedientes tramitados para ejercer la profesión, solamente mil ochocientos fueron aceptados. Sólo en los años cincuenta les resultó posible a los periódicos nombrar por sí mismos a los directores y únicamente en 1966 desapareció la censura previa. Aun así, la prensa tuvo siempre un cierto pluralismo, aunque hubiera de expresarse tan sólo a través de matices. Los medios católicos controlaron el mismo número de diarios que las cadenas oficiales, y también los hubo de propiedad privada. Situación parecida se dio en la radio, pero a través de ella sólo fue posible emitir un único programa informativo.

Existen dos tendencias antagónicas e igualmente inexactas al tratar de definir el papel de la oposición en la España franquista. Nunca dejó de existir, pero es muy posible que tras la posguerra europea sus posibilidades de triunfo fueran ya escasas hasta el momento de la muerte de Franco. Durante los primeros años, el régimen empleó contra ella la represión violenta, aunque también ejerció durante mucho tiempo una cierta capacidad de atracción o colaboracionismo. Pero la oposición perduró porque a la heredera de los vencidos en la guerra civil hubo que sumarle, a partir de los años sesenta, la nacida como consecuencia de una nueva sociedad española desarrollada. Todavía en 1953 murió un importante dirigente socialista en la cárcel a causa del maltrato y en 1963 fue ejecutado un dirigente comunista acusado de supuestos delitos cometidos durante la guerra civil. Ya en los años setenta, los dirigentes socialistas eran conocidos por la policía, que ocasionalmente podía detenerlos pero no los torturaba, y cuando se les juzgaba, ya no eran enviados por largas temporadas a la cárcel. Siempre hubo una oposición tolerada, que no era perseguida si no se mostraba activa, y otra ilegal y destinataria de una represión muy dura. Además, el pluralismo del régimen alimentó la existencia de una cierta seudooposición u oposición intrarrégimen cuyos límites con la oposición más moderada se convirtieron, durante la fase final del franquismo, en imprecisos.

Con esta descripción tenemos una idea general acerca de lo que siempre fue la dictadura de Franco; en consecuencia, podemos volver a retomar la comparación con otro tipo de regímenes. La comparación más oportuna, porque permite señalar similitudes y diferencias, es la que se puede hacer con el fascismo italiano y el salazarismo portugués. La relación entre los tres regímenes fue estrecha, pero Franco, que en algún momento pudo sentir a Mussolini como digno no sólo de admiración sino también de imitación, no consideró a Salazar más que como un instrumento para llegar a ponerse en contacto indirecto con el mundo democrático. Los orígenes de los tres regímenes fueron diferentes. Únicamente el español partió de una guerra civil y trató de reconstruir desde la nada el sistema político; además empleó una represión muy dura y siempre se sirvió de la dialéctica de vencedores y vencidos. Salazar nunca fue totalitario: su régimen fue una dictadura conservadora de ideario católico-corporativista que sumó el autoritarismo a las instituciones republicanas. Mussolini inventó el término «totalitario», aunque no lo llevara a la práctica (su totalitarismo fue «imperfecto» o «defectivo», al menos en comparación con el de Hitler). Al acceder al poder por vía legal, no empleó una violenta represión, y cuando institucionalizó el régimen, mantuvo como posibilidad el camino hacia el totalitarismo absoluto.

La comparación de estas dos dictaduras con la franquista puede prolongarse en muchos otros aspectos. El partido único no existió en Portugal, donde Salazar permitía la ocasional existencia legal de grupos políticos de oposición durante las elecciones. Además, aceptó un cierto pluralismo interno que enfrentaba a monárquicos con quienes no lo eran y a los aperturistas respecto al problema colonial con los reaccionarios. En el fascismo italiano existió pluralismo de procedencias, pero a partir del acceso al poder sólo lo hubo de talantes. En Portugal, el Ejército, aunque garante del sistema, no desempeñó un papel tan crucial como para que el salazarismo pudiera ser descrito como una dictadura militar. La dictadura portuguesa, aunque personificada por quien procedía de movimientos católicos, nunca fue clerical, a diferencia de lo que sucedió en España. En Italia, el carácter más totalitario de la dictadura hizo que hubiera graves conflictos entre Mussolini y la Iglesia, mientras que el Ejército, aun manteniendo un área de autonomía, fue descabezado en su dirección. En Portugal existió la misma represión discriminada que en España en los años cincuenta, lo que tiene poco que ver con la ferocidad indiscriminada de la República de Saló al final de la etapa mussoliniana, que se asemeja a la primera represión franquista. En fin, en Italia hubo una voluntad autárquica en lo económico, una política cultural e incluso un arte fascista, y un deseo imperialista en política exterior. En cambio, en Portugal la política económica fue la propia de ese contable cuidadoso que siempre fue Salazar y su imperialismo resultó puramente defensivo. En todos estos rasgos se advierte, desde luego, una posible comparación con el franquismo. Si pretendiéramos sintetizar las semejanzas y diferencias, habríamos de decir que la dictadura de Franco fue un régimen político que en una hipotética escala de fascistización se situaría, en los años cuarenta, entre el polo superior italiano y el inferior portugués.

El franquismo, por tanto, no tiene unos rasgos que lo conviertan en un fenómeno peculiar. Su rasgo determinante surge del hecho de haber nacido de una guerra civil, lo que le dio más posibilidades de perduración. Además, su relativa ausencia de un ideario claro le permitió transitar de unas fórmulas dictatoriales a otras, rozando el fascismo en los cuarenta y las dictaduras desarrollistas en los sesenta. Nada frecuente es que tras la desaparición de la dictadura se produjera una transición en paz hacia la democracia, pero esto ya no dependió del régimen en sí, sino de los cambios producidos en la sociedad española y de la capacidad de la clase dirigente, tanto del régimen como de la oposición.

Vencedores y vencidos: los desastres de la guerra y la represión

Un cómputo de los desastres de la guerra civil española debe comenzar por el número de muertos. Se ha convertido en un tópico citar la cifra de un millón de personas, que sólo podría considerarse cierta de tener en cuenta la «desnatalidad». En realidad, el número de muertos como consecuencia directa del conflicto bélico sería algo más del uno por ciento de la población, porcentaje semejante al del número de muertos registrados durante la guerra civil en Finlandia en 1918. Para la propia España, la pérdida demográfica no habría sido superior al número de muertes producidas por la gripe de este año. La destrucción material padecida no es comparable a la que sufrió Europa durante la segunda guerra mundial. Basta comparar las decenas de miles de muertos que causaron los bombardeos sobre ciudades alemanas con los cinco mil que a lo largo de toda la guerra sufrió Cataluña. En éste como en tantos otros aspectos, también la guerra civil española recuerda más a la primera que a la segunda guerra mundial. Se ha calculado, no obstante, que la producción agrícola experimentó una disminución del veinte por 100 y la industrial en torno al treinta por 100. Pero más grave que la destrucción fue la ruptura social que se produjo a consecuencia de la represión.

En esto se puede afirmar que la guerra de 1936 superó con creces lo sucedido en otras ocasiones parecidas: jamás un conflicto civil español había concluido con una tan generalizada persecución al vencido. Las guerras carlistas del XIX, por ejemplo, habían finalizado en «abrazos de Vergara», fórmulas de reconciliación, pero en este caso no fue así. No sólo hubo juicios contra los derrotados, sino que para efectuar esos juicios se imaginó una nueva ordenación de la judicatura y leyes de carácter excepcional. A todo ello hubo que añadir sanciones económicas y una depuración general de la Administración.

La dureza de la represión se confirma cuando se comparan las cifras de ejecuciones en España con las de la posguerra europea en países que pasaron por experiencias parecidas. En Francia e Italia, después de 1945 la represión fue blanda y poco duradera, porque la democracia triunfante fue generosa. En el primer país hubo tan sólo unas ochocientas ejecuciones de colaboracionistas previo juicio; en ambos casos la depuración administrativa fue superficial, y apenas quedaban presos por este motivo a comienzos de los cincuenta. Julián Marías ha escrito que en España los vencedores hubieran podido cerrar la herida de la guerra civil con tan sólo «cierta dosis de generosidad», pero no hubo el más remoto proyecto de reconciliación. Franco llegó a decir que la liquidación de las responsabilidades «no puede hacerse a la manera liberal». Algunos de sus colaboradores hablaron de la necesidad de «desinfectar» el país. No se debía pensar en el perdón, sino en el cumplimiento de una pena suficiente y la voluntad de conversión.

Algo muy característico del régimen franquista fue la aparición de una selva de jurisdicciones especiales, la más importante de las cuales fue la militar. A diferencia de lo sucedido en Italia o en Alemania, la represión no fue llevada a cabo por el Partido, sino por el Ejército (como en la Francia de Vichy) y, además, se extendió el delito político a terrenos insólitos. En 1939 se decretó que los tribunales militares tendrían competencia sobre acaparamiento de productos alimenticios, en 1941 se atribuyó a esta jurisdicción los accidentes ferroviarios y en 1943 las huelgas cayeron también bajo su competencia. Al mismo tiempo se depuró la judicatura (un catorce por 100 de los magistrados y un 22 por

100 de los fiscales recibieron algún tipo de sanción), se multiplicaron las jurisdicciones especiales y se restringió la posibilidad de actuación de los tribunales normales. La jurisdicción contencioso-administrativa sólo fue restablecida de forma parcial y poco efectiva en 1944.

Ya en plena guerra empezaron a aparecer muestras de lo que luego vendría. En el verano de 1938 se reintrodujo la pena de muerte en el Código penal. A comienzos de febrero de 1939 fue publicada la llamada Ley de Responsabilidades Políticas, destinada a castigar a «quienes contribuyeron con actos u omisiones graves a forjar la subversión roja, a mantenerla viva durante más de dos años y a entorpecer el triunfo, providencial e históricamente ineludible, del Movimiento Nacional». Las responsabilidades se remontaban a octubre de 1934 y las asociaciones de carácter político o parapolítico disueltas habrían de sufrir las pérdidas de todos sus bienes, entregados al Partido único. En enero de 1940 se dispuso que «no se procediera a la detención de ninguna persona sin denuncia y comparecencia por escrito», lo que parece indicar que hubo una fase en que se produjo una represión indiscriminada. En marzo siguiente fue promulgada la Ley de Represión de la Masonería y del Comunismo, a los que se atribuía «la pérdida del imperio colonial español, la cruenta guerra de la Independencia, las guerras civiles que asolaron España durante el pasado siglo, las perturbaciones que aceleraron la caída de la monarquía constitucional y minaron la etapa de la Dictadura, así como los numerosos crímenes de Estado» de la etapa republicana. La disposición contenía una curiosa asimilación de ideologías que difícilmente hubiera sido aceptada por los sancionables: sumaba al comunismo los grupos «trosquistas, anarquistas y similares».

A partir de estas disposiciones se puede pasar a examinar su resultado. A los Tribunales Militares les correspondió el grueso de la actuación represiva entre 1939 y 1942: hasta abril de 1948, España permaneció bajo jurisdicción militar. Comparada con la represión puesta en práctica por Hitler o Stalin, la practicada por Franco no pretendió la desaparición de categorías enteras de la población (los judíos o los *kulaks*), por lo que no parece correcto emplear el término de «genocidio». Pero resultó durísima, dando la sensación de que se pretendía quebrar cualquier posible resistencia de parte de la sociedad española. La duración de la guerra civil, el carácter militar de la represión, los padecimientos sufridos por los vencedores y la decidida voluntad de mantenerse en el poder explican lo ocurrido. El hispanista británico Brennan pudo escribir que España parecía sufrir la «neurosis de la guerra civil», porque estaba dispuesta a cualquier cosa con tal de evitar que se reprodujera.

Los datos que tenemos acerca de las muertes de la posguerra sólo son parciales. Se podría pensar que en una situación de aparente normalidad se habrían inscrito la totalidad de ejecuciones en los registros civiles. No fue así, porque la ley vigente presuponía que las muertes producidas como consecuencia de una sanción penal no tenían que aparecer como tales. Los cálculos totales del número de ejecuciones varían mucho. Los especialistas actuales sugieren unas 50.000, pero esta cifra no es más que una evaluación que trata de acercarse a la realidad por trasposición de los casos que conocemos de forma completa (unos 35.000).

El examen de los mismos, por otro lado, sirve para profundizar algo más en la forma como se persiguió al vencido. En Cataluña, la región en que mejor estudiada ha sido, la represión franquista de la posguerra dio lugar a 3.385 ejecuciones. Cataluña fue la única zona donde se había producido un éxodo masivo de la población a través de la frontera francesa, por lo que no fueron localizados los dirigentes, ni siquiera de menor rango, del Frente Popular. Los afectados fueron personas que no pensaban que pudieran ser objeto de la represión, como militantes políticos y sindicales no muy significados, en especial de áreas rurales en las que había existido una fuerte tensión social, pues en Barcelona fue más fácil eludir la acción represiva. En la actual Comunidad Valenciana, donde no se dieron esas circunstancias, el número de ejecuciones fue superior: unas 4.700. Otro dato importante es el que se refiere al número de causas incoadas en comparación con las ejecuciones realizadas. En Córdoba la represión ocasionó casi 1.600 muertos, pero hubo nada menos que 27.000 causas juzgadas por 35 tribunales militares itinerantes (en Málaga hubo 67). Esta disparidad entre el número de causas y de sanciones revela la difusión del terror. Puede decirse que fueron condenados por adhesión a la rebelión todos aquellos que habían desempeñado algún tipo de cargo en la España del Frente Popular: las penas podían ser desde la muerte a veinte años de prisión. Quienes no habían desempeñado cargos recibían penas inferiores, como culpables de «auxilio a la rebelión».

Toda la legislación penal se basaba en una especie de delito de «rebelión invertida»: se consideraba que se habían sublevado aquellos que precisamente no lo habían hecho. Marías ha narrado cómo se llevaban a cabo los juicios, y todo tipo de fuentes dan testimonio de ello en sentido concordante. Las garantías procesales eran poco menos que nulas: los Tribunales Militares solían liquidar entre doce y quince casos en una hora, o, por ejemplo, condenar globalmente a grupos de sesenta personas acusadas por motivos distintos. La breve distancia entre la convocatoria de los consejos de guerra y las ejecuciones revela la rapidez de los procesos. Para ser defensor se exigía ser militar, pero no jurista; una parte de aquellos a quienes les tocó serlo se limitaron a pedir clemencia. A menudo, los acusados no eran interrogados, no había testigos o no existía contacto entre acusado y defensor. Las ejecuciones se llevaban a cabo por la noche, llamando a los presos en sucesivas «sacas». Los fusilamientos tenían lugar en las tapias de los cementerios para ahorrar tiempo. En el cementerio del Este de Madrid (la actual Almudena) fueron ejecutadas 2.663 personas en la primera posguerra, de las que sólo 86 eran mujeres. Los datos de este lugar permiten comprobar que las ejecuciones se llevaron a cabo primordialmente en la primera etapa de la posguerra: casi un millar de fusilamientos se produjeron entre mayo y diciembre de 1939.

Hubo casos en los que la ferocidad persecutoria contra el vencido consiguió traspasar las fronteras; así sucedió con Lluís Companys, presidente de la Generalitat de Catalunya. Si su trayectoria política había sido muy discutible, en especial durante la insurrección de octubre de 1934, su presencia en Barcelona contribuyó a evitar un mayor número de víctimas. Companys, exiliado en Francia, se encontraba en junio de 1940 en París tratando de localizar a un hijo suyo, enfermo mental, desaparecido tras la invasión alemana. Las autoridades españolas lograron que los alemanes les entregasen a Companys y a otros dirigentes republicanos. Franco decidió que fuera juzgado en Barcelona en sesión pública. Parte de las acusaciones contra él procedían de grotescos informes policiales, pero también miembros de conocidas familias barcelonesas de Falange prestaron su colaboración en el proceso con sus informes. Tras defenderse con entereza y serenidad, Companys fue ejecutado, e incluso sus peores adversarios políticos, como Cambó, juzgaron que el juicio había sido un «inmenso error» sufrido como una sanción colectiva.

Hubo también penas inferiores a la de muerte que demuestran la magnitud de la tarea represora. Antes de la guerra civil, el número de encarcelados en España era inferior a las 10.000 personas. En 1939, el número ascendía a 270.000, cifra que se redujo a 124.000 en 1942 y sólo disminuyó de manera drástica en 1945 (43.000) y, sobre todo, en 1950 (30.000). Desde el verano de 1940 hubo indultos, fruto del deseo del gobierno de librarse del peso de la población carcelaria, y, además, empezó a aplicarse el régimen de redención de penas por el trabajo que a menudo degeneró en un alquiler de mano barata por el Estado a los constructores. La prisión, sobre todo en los primeros años de la posguerra, suponía bastante más que la privación de la libertad. El número de muertes por las lamentables condiciones higiénicas o por las deficiencias en la alimentación en las cárceles fue muy elevado.

Otra sanción posible era la de carácter económico. Da testimonio de esa auténtica obsesión por la existencia de un «enemigo interior» y llevó la arbitrariedad hasta el extremo de culpabilizar no sólo a personas concretas, sino a familias enteras. La legislación aludía a «borrar yerros pasados» pero también a la exigencia de demostrar «la firme voluntad de no volver a extraviarse». Se podía, así, extender el castigo a políticos reformistas o templados o sumar a una sanción de privación de libertad otra, más grave, de carácter económico. En cada entidad de población la autoridad política, la de orden público —guardia civil— y la religiosa —el párroco— emitían informes sobre el comportamiento de las personas que tenían una trascendencia decisiva.

No está suficientemente estudiada la depuración administrativa llevada a cabo, pero algunos datos dan una idea de su magnitud. El principio en el que se basaba era la sustitución imprescindible de quienes desempeñaban responsabilidades públicas incluso en el caso de que no hubieran recibido ningún castigo como consecuencia de la legislación penal. Los funcionarios o los simples empleados públicos no podían ser indiferentes: debían ser adictos.

Ya hemos visto cómo se llevó a cabo la depuración de la carrera judicial. La carrera diplomática no era, por supuesto, un reducto revolucionario. A pesar de ello, un 26 por 100 de la profesión recibió algún tipo de sanción y un catorce por 100 perdió la carrera. Entre los profesores universitarios, la depuración afectó al 33 por 100, y a un 44 por 100 en el caso de Barcelona. Además, cuando por vez primera se convocaron oposiciones, una quinta parte de los puestos fueron reservados a combatientes de la División Azul (el porcentaje llegó al ochenta por 100 en los escalones más bajos del funcionariado). Desde la misma guerra civil, Franco mostró un especial interés en la depuración de la enseñanza. Es posible que hasta un tercio del profesorado recibiera algún tipo de sanción, pero más significativa fue la depuración del Magisterio. Entre 15 y 16.000 maestros fueron sancionados, lo que representaba una cuarta parte del total; de ellos, unos 6.000 padecieron una inhabilitación total. Como en otros casos, muchas veces la geografía de las sanciones no parece obedecer a racionalidad alguna, sino a la mayor o menor benevolencia de la respectiva comisión depuradora. No fueron sólo los funcionarios de la Administración central los depurados. En todos los ayuntamientos se produjo una virtual liquidación de las precedentes plantillas de guardias municipales. En el Canal de Isabel II, destinado a abastecer de agua a Madrid, el 57 por 100 de los empleados fue sancionado y el 23 por 100 perdió definitivamente su trabajo. El 42 por 100 de los empleados de los tranvías de Barcelona perdió su puesto. Da, pues, la sensación de que a menor nivel funcionarial más dura fue la represión.

Todo este conjunto de padecimientos nos lleva a la conclusión de que, cuando se afirma que el régimen de Franco era aceptado pasivamente, tal afirmación resulta sólo válida para la etapa posterior al final de la segunda guerra mundial, bien entrados los años cincuenta. Se entiende, además, a partir de la experiencia colectiva descrita. Téngase en cuenta que, más allá de la sanción, existía también la vigilancia policial. Ungría, un alto responsable de la misma, llegó a afirmar que en el nuevo régimen «la delación policial subirá al prestigio de aviso patriótico». En Mallorca hubo un tribunal militar especial destinado, durante la segunda guerra mundial, a examinar los posibles casos de discrepancia. Toda la población fue fichada en categorías diversas designadas con las letras del alfabeto. La categoría B, por ejemplo, agrupaba a los «antiguos izquierdistas que después del Movimiento se afiliaron a la milicia nacional». Incluso una letra designaba a personas «de moralidad dudosa, susceptibles por dinero» [sic]. Con esta mezcla de represión y vigilancia no pude extrañar que el régimen se consolidara con firmeza.

El exilio y el comienzo de la posguerra en el interior

De esa represión fueron destinatarios los vencidos, pero una parte de ellos la eludió por el procedimiento de recurrir a la emigración. También en este sentido el final de la guerra civil en 1939 supuso una ruptura en la historia de España. Todos los conflictos internos habían concluido con emigraciones más o menos nutridas, pero siempre minoritarias y no tan duraderas. Ahora los exiliados, mucho más numerosos, mantuvieron una intensa relación afectiva con España pero en ocasiones perdieron el sentido de la realidad política.

La emigración había empezado antes de concluir la guerra civil. Cuando Franco tomó la zona norte, unas 200.000 personas obtuvieron sucesivamente refugio en Francia y unas 35.000 permanecieron allí. La gran oleada emigratoria se produjo con la caída de Cataluña, momento en que cruzaron la frontera unas 350.000 personas, de las que 180.000 eran combatientes. Un tercer momento fue el de la definitiva conclusión del conflicto bélico: a través de Alicante abandonaron España unas 15.000 personas que se establecieron en el norte de África. En marzo de 1939, había unos 450.000 exiliados españoles, de los que la inmensa mayoría (430.000) permaneció en Francia, mientras una pequeña cantidad, principal y casi exclusivamente comunistas, acabó en Rusia.

La situación de la emigración española en el país vecino era muy penosa por esas fechas. La mayoría permanecía en campos de concentración en el sur, carentes de unas condiciones mínimas. Una parte de ellos fueron tratados como delincuentes. Francia no previó que pudieran atravesar la frontera tantos refugiados y consideró muy pronto un peso económico excesivo el mantenimiento de estos campos. A fines de 1939 tan sólo quedaban unos 182.000 refugiados, 140.000 de los cuales residían en Francia. Como durante la segunda guerra mundial volvieron a España unas 20.000 personas, el cómputo final del exilio permanente, de acuerdo con las cifras más verosímiles, sería de unas 162.000 personas, cifra alta pero que resulta proporcionalmente coincidente con la de los exiliados como consecuencia de la revolución rusa de 1917. Si tenemos en cuenta sólo el número de los exiliados en Francia al final de la segunda guerra mundial (unos 100.000), la cifra resulta superior a la de todas las emigraciones políticas del siglo XIX sumadas.

Sobre estos exiliados pesaron dos males adicionales: el estallido de la guerra mundial y la discordia interna. Cuando Alemania invadió Polonia, la mayoría tomó las armas contra los alemanes. No tiene nada de extraño que éstos los consideraran potencialmente peligrosos y los persiguieran. Algunos de los dirigentes del Frente Popular fueron entregados a Franco, otros no sufrieron este destino, y hubo quienes fueron deportados a Alemania, como Largo Caballero. Unos 13.000 españoles pasaron desde Francia a Alemania, donde fueron a parar a campos de concentración como Mauthausen; sólo sobrevivieron unos 2.000. En el maquis contra la ocupación alemana en Francia pudo haber algo más de 10.000 españoles. Gran parte del sur de Francia fue liberado por combatientes españoles y en algunas de las primeras unidades que llegaron a París había tanques designados con nombres de batallas de la guerra civil.

Otra desgracia de los exiliados fue la discordia, continuación de la que se había producido entre 1936 y 1939. En realidad, más que atribuirla a un factor ideológico debe ser relacionada con el enfrentamiento personalista entre negrinistas y antinegrinistas y con la forma de distribuir los recursos. Desde la misma guerra civil las autoridades republicanas dependientes de Negrín habían fundado un Servicio de Emigración de los Republicanos Españoles (SERE). Este organismo pudo actuar en Francia hasta que, acusado de connivencia con los comunistas, sus oficinas en París fueron cerradas por las autoridades francesas. Pronto le salió un rival. En marzo de 1939, el *Vita*, un barco perteneciente al SERE que llevaba el producto de las incautaciones efectuadas durante la guerra en la zona del Frente Popular, llegó a México, donde fue incautado por Indalecio Prieto con el visto bueno de las autoridades mexicanas.

El citado político socialista montó una organización paralela al SERE, denominada JARE (Junta de Auxilio a los Republicanos Españoles). La polémica pasada se convirtió en el exilio en un agrio debate, sin que ninguna de las dos organizaciones citadas llegara a dar cuenta del empleo de sus fondos. Mientras tanto seguía latente la cuestión relativa a la legitimidad de las instituciones republicanas, en entredicho desde la fase final de la guerra. Sólo cuando pareció posible la victoria de los aliados en la segunda guerra mundial empezó a pensarse en una reconstrucción de las instituciones en México. Los gobiernos vasco y catalán padecieron idéntica crisis, a la que se sumó un proceso de radicalización.

La mención a México nos descubre el carácter del exilio. Resulta demostrativo de esa división de las clases medias, a la que Azaña atribuyó el estallido de la guerra civil, el hecho de que buena parte de ellas (entre diez y trece mil personas) formaran parte de las clases dirigentes. Las cifras que se dan al respecto a menudo varían, pero son significativas. Entre ellas figuraban quizá 2.500 militares profesionales, 500 médicos, 400 ingenieros, más de un millar de abogados y hasta el doce por 100 del escalafón de catedráticos de universidad, incluidos siete rectores. En México, buena parte de los intelectuales españoles emigrados protagonizaron importantes iniciativas como, por ejemplo, la creación del Colegio de México o la editorial Fondo de Cultura Económica. La aportación española a la vida mexicana fue tan grande que ha podido ser calificada como «un triunfo» de este país. La integración en esa sociedad fue rápida y en los cuarenta la mitad de los emigrantes se nacionalizaron mexicanos. En otras latitudes también los españoles vencidos fueron recibidos con entusiasmo. En Cuba, el dictador Batista se sirvió de la emigración española para dar a su régimen un tinte más liberal. En Argentina fue reducida e intelectual, mientras que en Chile revistió un carácter más proletario.

La emigración española a América como consecuencia de la guerra civil reviste una peculiar significación en la historia universal. En primer lugar, fue un exilio masivo y de sectores dirigentes, algo infrecuente hasta entonces. En determinadas áreas, como las ciencias o el pensamiento, quienes emigraron representaban una porción trascendental de la cultura española, por lo que ésta quedó mutilada. Al mismo tiempo, la emigración a América fue una experiencia intelectual: la de descubrir la condición planetaria de lo español. Así pudo escribir Juan Ramón Jiménez que él no era «un deslenguado ni un desterrado, sino un conterrado». El mundo mental de los exiliados permaneció al otro lado del Atlántico, lo que explica el permanente discurrir sobre el ser de España. El poeta León Felipe pudo escribir: «Franco, tuya es la hacienda, la casa, el caballo y la pistola, / mía es la voz antigua de la tierra».

Hasta ahora no hemos hecho alusión más que a una de las Españas de la posguerra. Es preciso volver ahora al otro lado del Atlántico, donde los vencedores se disponían, libres de todo obstáculo legal, a intentar empezar de nuevo la historia de España desde cero y, al mismo tiempo, reconstruir el pasado imperial. Lo hacían, por supuesto, con el entusiasmo nacido de la victoria, «con una inmensa, constante y quizá absurda esperanza» (la expresión es de Vizcaíno Casas), que en este caso se vestía del azul mahón de la camisa falangista.

Este entusiasmo estaba formado, a partes iguales, por nacionalismo y catolicismo estrechamente unidos y con una decidida voluntad de ruptura con el pasado. El nacionalismo se traducía en anécdotas como las de denominar «ensaladilla nacional» a la que en otros tiempos se llamaba «ensaladilla rusa», o designar como «Hotel Nacional» a los que antes recibían el calificativo de «Hotel Inglés». No se crea que esta anécdota es banal: una orden ministerial de mayo de 1940 prohibió «el empleo de vocablos genéricos extranjeros como denominaciones de establecimientos o servicios de recreo, mercantiles, industriales, de hospedaje, de alimentación, profesionales, espectáculos y otros semejantes». El pasado idealizado se convirtió en el elemento primordial para la configuración del futuro, y de ese pasado se propició una peculiar visión de la que desapareció la tradición liberal y el pluralismo cultural de la sociedad española. De ahí el «Hablad el idioma del Imperio», que figuraba en grandes carteles en Barcelona. Al mismo tiempo se exaltó con devoción a los dirigentes de la España nueva. La absoluta identificación con la persona de Franco llegó hasta el extremo de usar su efigie para reclamos de propaganda comercial, lo que acabó prohibiéndose. Una productora cinematográfica aseguró haber sido «la única que no ha producido una pulgada de celuloide para los rojos».

Otra divisa de la época («Por el Imperio hacía Dios») es muy expresiva de la estrecha vinculación entre nacionalismo y catolicismo en estos momentos de la posguerra. El llamado nacionalcatolicismo no fue una teoría, sino más bien una sensibilidad. No resultó, por otro lado, nada postizo, sino algo sinceramente sentido, consecuencia de una reacción contra la fe del pasado que se percibía en exceso pasiva. La nueva nacía de la reconquista fervorosa de la sociedad, con explícita voluntad antimoderna y sin el menor reparo ante la confusión de los planos religioso y político. De ella participaron no sólo los vencedores, sino también algunos de los vencidos, pues se produjeron sonoras conversiones o numerosísimas vocaciones tardías para ingresar en el sacerdocio. Caracterizaba al nacionalcatolicismo la «insaciabilidad», es decir, el propósito de dominarlo todo, y la idea de que existía una única traducción directa e inmediata del catolicismo en política o en el mundo cultural. El resultado era una intolerancia radical, la que hacía que Menéndez Reigada, el gran propagador de la idea de cruzada, describiera a los protestantes como «sabandijas ponzoñosas».

No puede extrañar, en consecuencia, que una de las preocupaciones fundamentales de la autoridad eclesiástica consistiera en tratar de impedir la propaganda heterodoxa. El catolicismo español se sentía no como una versión posible o como la apropiada para España, sino como la mejor. En la vida cotidiana, el nacionalcatolicismo se expresaba como lo que irónicamente Foxá denominaba «nacional-seminarismo». Se trataba de una religiosidad profunda pero elemental, que solía ser, aparte de pretenciosa, ignorante, y se traducía en un extremado clericalismo. Pemán decía de Franco que era el único gobernante del mundo que en sus discursos políticos hacía no ya una genérica alusión a la divinidad, sino una precisa alusión a particulares devociones marianas. En coherencia con la mentalidad de una sociedad que pretendía una decidida vuelta atrás, la mujer fue vista exclusivamente como un ser dedicado a la procreación. A comienzos de 1941 se crearon, por ejemplo, unos «préstamos a la nupcialidad» que obligaban a las beneficiarias a prescindir de los puestos de trabajo que ocupaban, y la propaganda oficial hablaba de la necesidad de «familias fecundas para extender la raza por el mundo y crear y sostener imperios». La visión de la mujer fue siempre muy pudibunda y tradicional. De acuerdo con ella, el cardenal Pla y Deniel, primado de Toledo, hizo precisas indicaciones acerca de longitud de mangas, faldas y escotes femeninos. Esta referencia al vestido tampoco es casual si tenemos en cuenta que también en este terreno se produjo un intento de volver atrás. En explícito contraste con la imagen proletaria que Orwell había contemplado al visitar la Barcelona revolucionaria, Camba pudo asegurar, en el momento en que las tropas de Franco entraron en la capital, que «ya hay sombreros en Madrid y eso significa que hay civilización».

Al lado de todo ese entusiasmo de los vencedores, existía otra realidad mucho más prosaica y cruel. Como había previsto Cambó, la posguerra fue el escenario de una acumulación de males sobre la vida cotidiana de los españoles. Así se demuestra al echar una ojeada sobre algunos aspectos de la dieta alimenticia y las condiciones sanitarias. Parece que la dieta de carne se redujo a un tercio y que en 1941 hubo 50.000 muertos como consecuencia de las infecciones gastrointestinales. El cinco por 100 de los estudiantes universitarios padecía tuberculosis, enfermedad que supuso unos 26.000 muertos anuales entre 1940 y 1942.

Nada expresa mejor la otra cara del entusiasmo de los vencedores que la situación de la prensa. No existieron consignas de carácter general ni un reglamento de censura, pero la aplicación de ésta fue tan extremadamente minuciosa que exigía a los periódicos la publicación de determinadas noticias y la desaparición de otras, todo ello «con el debido calor». El novelista Miguel Delibes, que vivió aquellos años como director de un diario, ha escrito que «cuesta trabajo imaginar un aparato inquisitorial más «coactivo, cerrado y maquiavélico» que el puesto en práctica por la Administración, que «no dejaba el menor resquicio a la iniciativa personal». En la última escala de la mediatización de la libre expresión, los censores, con sueldos mínimos y en precarias condiciones, más que entusiastas partidarios del régimen, eran personas obligadas a desempeñar tan lamentable función —o incluso a ofrecerse para ello— por sus circunstancias personales, a cambio de un mísero sueldo. Es posible imaginar la mezcla de humillación inevitable caída en la abyección que debieron de experimentar quienes vivieron en un ambiente como el citado.

Ésta era la realidad de España en el año triunfal de 1939 en que concluyó la guerra civil. Sería esta España la que habría de enfrentarse en los años sucesivos con una guerra mundial y con un aislamiento posterior debido a las peculiaridades de un régimen como el franquismo. A la hora de juzgarla, siempre habrá de tenerse en cuenta el contraste entre el entusiasmo de los vencedores, por un lado, y la realidad de la represión y el exilio, por otro, así como la ocultación que desde el poder se practicaba de la realidad circundante.

Bibliografía

Un buen estudio de conjunto: Stanley Payne, *El régimen de Franco, 1936-1975*, Alianza Editorial, Madrid, 1987. Estados de la cuestión: Javier Tusell, Susana Sueiro, José María Marín, *El régimen de Franco (1936-1975). Política y relaciones exteriores*, UNED, Madrid, 1993, y «Franquismo», *Historia Social*, n.º 30 (1998). Manuales universitarios recientes acerca de la época: Jesús A. Martínez (coord.), *Historia de España. Siglo xx*, Cátedra, Madrid, 1999, y el tomo XLI de la *Historia de España* de Menéndez Pidal continuada por Jover, Espasa Calpe, Madrid, 1996, dirigida por Raymond Carr. Un libro breve: Juan Pablo Fusi, José Luis García Delgado, Santos Juliá, Edward Malefakis, Stanley Payne, *Franquismo*, Temas de Hoy, Madrid, 2000.

Son abundantes las biografías de Franco, aunque su valía es muy irregular. La más extensa es la de Paul Preston, *Franco. A biography*, Harper Collins, Londres, 1993 (trad. española en Grijalbo), que no se puede considerar definitiva. Véase también, Juan Pablo Fusi, *Franco. Autoritarismo y poder personal*, El País, Madrid, 1985; Stanley Payne, *Franco, el perfil de la Historia*, Espasa Calpe, Madrid, 1992, y Alberto Reig, *Franco, caudillo: mito y realidad*, Tecnos, Madrid, 1995. Escritos de Franco: *Apuntes personales del Generalísimo sobre la República y la guerra civil*, Fundación Francisco Franco, Madrid, 1977, y *Papeles sobre la guerra de Marruecos*, Fundación Francisco Franco, Madrid, 1986. Los *Documentos inéditos para la Historia del Generalísimo Franco*, publicados en Madrid por la Fundación Nacional Francisco Franco, se detienen al final de la segunda guerra mundial. Estudios sobre aspectos parciales de su personalidad, en J. A. Ferrer Benimeli, *El contubernio judeo-masónico comunista*, Istmo, Madrid, 1982; Román Gubern, *Raza: el ensueño del general Franco*, Ediciones 99, Madrid, 1977; Herbert R. Southworth, *El lavado de cerebro de Francisco Franco*, Crítica, Barcelona, 2000. Utilísimas son las memorias de quienes vivieron más cerca de él durante el largo período dictatorial: Francisco Franco Salgado Araújo, *Mi vida junto a Franco*, Planeta, Barcelona, 1977, y *Mis conversaciones privadas con Franco*, Planeta, Barcelona, 1976. Muy discutible en su interpretación es el libro de Luis Suárez Fernández, *Francisco Franco y su tiempo*, Fundación Francisco Franco, Madrid, 1984 y ss.

Interpretaciones del franquismo como régimen político: Juan J. Linz, «Opposition in and under an authoritarian regime: the case of Spain», en Robert DAHL, *Regimes and oppositions*, Yale University Press, Nueva York, 1973; «An authoritarian Regime: Spain», en ALLARDT-LITTUNEN, *Cleavages, ideologies and party systems*, Helsinki, 1964; Amando DE MIGUEL, *Sociología del franquismo*, Euros, Barcelona, 1975; Ismael SAZ, *Fascismo y franquismo*, Universitat de València, Valencia, 2004, y Javier TUSELL, *La dictadura de Franco*, Alianza Editorial, Madrid, 1988. Monografías acerca de la vida política durante el conjunto del franquismo en Richard GUNTHER, *Public policy in a no party state: Spanish planning in the twinlight of the franquist era*, University of California Press, 1980; Guy HERMET, *Les catholiques dans l'Espagne franquiste*, PUF, París, 1980-1981; Javier TUSELL, Emilio GENTILE y Giuliana DI FEBO (eds.), *Fascismo y franquismo, cara a cara. Una perspectiva histórica*, Biblioteca Breve, Madrid, 2004.

Represión y depuración durante el régimen franquista: Josep BENET, *La mort del president Companys*, Barcelona, 1962; J. CASANOVA, F. ESPINOSA, C. MIR y F. MORENO, *Vivir, matar, sobrevivir. La violencia en la dictadura de Franco*, Crítica, Barcelona, 2003; Santos JULIÁ *et al.* (eds.) *Víctimas de la guerra civil*, Temas de Hoy, Madrid, 1999; Conxita MIR *et al.*, *Repressió econòmica i franquisme: l'actuació del Tribunal de Responsabilitats Polítiques a la provincia de Lleida*, Publicacions de l'Abadia de Montserrat, Barcelona, 1997; C. MOLINERO, M. SALA y J. SOBREQUÉS, *Una inmensa prisión. Los campos de concentración y las prisiones durante la guerra civil y el franquismo*, Crítica, Barcelona, 2003; Francisco MORENTE, *La escuela y el Estado Nuevo. La depuración del magisterio nacional (1936-1943)*, Ámbito, Valladolid, 1997. Sobre el exilio: José Luis ABELLÁN, *De la guerra civil al exilio republicano (1936-1977)*, Planeta, Madrid, 1982, y, sobre todo, la obra colectiva *El exilio español de 1939*, Taurus, Madrid, 1976, 5 vols., y Javier RUBIO, *La emigración de la guerra civil de 1936-1939*, San Martín, Madrid, 1977.

Capítulo 1

LA TENTACIÓN FASCISTA Y LA SUPERVIVENCIA (1939-1951)

A la hora de periodizar el régimen de Franco, el año 1959 es crucial desde el punto de vista no sólo de la economía, con el cambio que tuvo lugar entonces, sino también de la política, porque en ese año se desdibujó la identificación con el modelo fascista y la dictadura adoptó un carácter burocrático. No es una casualidad que ese predominio de la política del período inmediatamente posterior a 1939 fuera acompañado de una situación económica lamentable por la gestión de quienes estaban en el poder.

La periodización del franquismo en lustros tiene también sentido. Si se señala 1959 como el año esencial, quedan las dos décadas previas como antecedente y los tres lustros posteriores como consecuencia de aquel cambio. La primera década del régimen franquista está dotada de unidad interna. Durante los primeros años de la dictadura se intentó llevar a cabo la asimilación de la España vencedora en la guerra civil con aquellas potencias que habían sido sus aliadas durante la misma. Este intento proporciona la clave de todo el período y explica el ostracismo posterior.

Se procuró, en fecto, reconstruir España a partir de un modelo por completo antitético al anterior. El intento de fascistización interna estuvo muy estrechamente relacionado con el expansionismo exterior, de la misma manera que la supervivencia mediante una operación cosmética a partir de 1945 centró la totalidad de la política exterior en la simple supervivencia. En cuanto a la oposición política al régimen, durante la segunda guerra mundial como después de ella, vivió con la vista fija en el final de la guerra civil. Incluso se puede decir que en la cultura española del momento perduró un directísimo impacto del conflicto.

Si está clara la caracterización del período como unidad cronológica, no lo está menos la división que de él puede hacerse. Los años de la segunda guerra mundial no sólo estuvieron marcados por la política internacional, sino que corresponden a un primer momento en la singladura política del nuevo régimen. Fue también el período en que Franco hizo el aprendizaje de sus capacidades políticas. Durante el período posterior se puede considerar que dicho aprendizaje había concluido, y la verdadera centralidad de la vida española consistió en su eficacia en la resistencia ante la presión exterior.

Una fascistización fallida

Los meses posteriores a la finalización de la guerra civil parecieron decantar a España hacia una alineación con el Eje en el terreno de la política institucional más aún que en la política exterior. En esta última, la entrada de España en el pacto antikomintern y el abandono de la Sociedad de Naciones son prueba de su inclinación ideológica.

Los viajes de dirigentes españoles a Alemania e Italia lo ratifican, en especial las conversaciones que se celebraron en Roma entre Serrano y los dirigentes fascistas en mayo de 1939. La figura emergente del gobierno de Franco anudó una estrecha relación con Ciano y con el propio Mussolini, de la que derivó su condición de hombre de la política fascista en España. No sólo se refirieron a la alineación internacional sino también a la política interna. Mussolini, al desaconsejar la proclamación de la monarquía y reclamar a Franco la necesidad de «dirigirse al pueblo», venía a proponer una fascistización del régimen. El viaje de Ciano a España en julio ratificó esa sensación de alineamiento con Italia. Las deliberaciones del Consejo de Ministros español mostraban ya una clara tensión entre quienes seguían a esa estrella emergente, Serrano, y quienes no.

Aunque se había gestado tiempo atrás, la crisis estalló en agosto; ya antes, Franco había prescindido de Sáinz Rodríguez. El cambio gubernamental supuso la victoria de Serrano, quien, a partir de ese momento y hasta 1942, fue figura clave en la política española. Jurista inteligente y culto, Serrano era superior a la naciente clase política del régimen, aunque ni mucho menos carecía de defectos, como la megalomanía, la ambición y una tendencia al personalismo, la intemperancia y el secretismo. Serrano, aparte de conservar su cartera de Gobernación, la hizo compatible con la Presidencia de la Junta Política del partido; en adelante fue tratado como «ministro-presidente» por una prensa que controlaba. Es, además, muy posible que los generales jóvenes que ocuparon ministerios militares en este momento (Yagüe, Muñoz Grandes y Varela) lo hicieran no sólo porque Franco confiaba más en ellos que en quienes le habían elevado al caudillaje, sino porque, en la óptica de Serrano, resultaban más influenciables por él. Hubo en el nuevo gobierno personalidades procedentes de la derecha católica tradicional, pero a título de técnicos, o cercanos en lo personal a Serrano (Ibáñez Martín y Larraz); la presencia monárquica era mucho menos clara, señal evidente de que en ella Franco veía peligros; la carlista (Bilbao) resultaba manejable.

El papel abrumador del binomio Franco-Serrano se completó con algunas medidas. Poco antes de la crisis gubernamental, el general Queipo de Llano fue enviado a Italia; en la práctica, al exilio. Al mismo tiempo se legisló sobre la Jefatura del Estado, que a partir de entonces ejercería «de modo permanente» las funciones de gobierno, sin necesidad de previa deliberación del Consejo de Ministros. De hecho, con disposiciones como ésas, Franco había adquirido un poder más absoluto que el de Stalin, quien debía someterse, al menos en teoría, a una Constitución, o que el de Hitler, que debía hacerlo a un Parlamento. La aprobación de los estatutos del partido, alabados por Mussolini, adquiría unas características en nada diferentes de los fascistas. No sólo se atribuía una importancia política decisiva a su Consejo Nacional y su Junta Política, sino que quedaba previsto el control de los sindicatos y de unas milicias armadas. El plan económico aprobado en octubre de 1939 se caracterizaba por una voluntad autárquica.

Si la voluntad fascistizadora existía, cabe preguntarse por qué siempre estuvo tan lejos de cumplirse por completo. La respuesta a esta pregunta se encuentra en la propia evolución de los acontecimientos en los que se entrelazó estrechamente la política interna con la situación internacional. En suma, la fascistización del régimen sólo hubiera sido posible en el caso de que la España de Franco hubiera decidido intervenir en la guerra mundial al lado del Eje. En 1939 y 1940 la fascistización era sólo un proceso iniciado y germinal, aunque también claro, pero que partía de debilidades originarias.

El papel del Ejército en la España vencedora en la guerra civil resultó absolutamente trascendental y nunca hubo la menor duda de que a él le habría de corresponder el predominio en caso de conflicto, a diferencia de lo sucedido, por ejemplo, en Rumania. Hay que tener en cuenta que en 1939, el ochenta por 100 de los puestos en la Administración se reservaron a ex combatientes (y no, por ejemplo, a militantes del partido) y que al menos un 25 por 100 de los cargos políticos fueron ocupados por hombres procedentes del Ejército. Ya hemos visto que durante la guerra lo militar predominó en la Administración de retaguardia y en la posguerra la represión fue asumida por él. En el propio Consejo Nacional del Partido, si 24 de sus 100 miembros eran veteranos del partido, una veintena más eran militares. En una fecha tan tardía como 1951, el 27 por 100 de los alcaldes y concejales eran ex combatientes de la guerra civil. La victoria del Partido sobre el Ejército sólo hubiera podido producirse en caso de que el primero hubiera alcanzado un papel más relevante en la sociedad española.

Los primeros años de la posguerra fueron ilustrativos de las limitaciones de la fascistización. El Partido reivindicó cifras que parecían mostrar su pujanza: en 1939 tenía unos 650.000 afiliados, y en 1945 1.000.000, junto con 2.000 funcionarios y otros 10.000 en la Organización sindical. Sin duda, fue monopolizado por los falangistas más ortodoxos. El papel del carlismo fue decreciente: se situó en una posición que, aunque le permitía mantener cierta fuerza, la condenaba a ser marginal y limitada. Con respecto al Partido, su actitud se resume en los términos en que lo hizo el ex ministro Rodezno a Franco: no habría sido hostil pero sí, en cambio, insolidaria. Sólo en Navarra el carlismo representó una realidad predominante. La afiliación del Partido varió según las regiones. En Cataluña el partido era minúsculo antes del estallido de la guerra; para nutrirlo se contó tan sólo con la derecha anticatalanista y algunas notabilidades locales. En el País Vasco, el Partido logró la colaboración municipal de tradicionalistas, a quienes se les sumaron autoridades provinciales de significación falangista. En gran parte de la geografía peninsular volvió la élite tradicional de la derecha. Se ha podido detectar un parcial cumplimiento del propósito de «nacionalización de las masas» por la incorporación al Partido de antiguos militantes izquierdistas. Un estudio sobre el Aljarafe sevillano revela que el quince por 100 de los afiliados tuvieron esta procedencia y se expresaron en términos de gran radicalidad. Eso explica que asumiera una misión reivindicativa en lo social, incluso con fuertes denuncias contra los acaparadores. Al mismo tiempo, su presencia capilar en la sociedad le permitía ejercer una función policial. De cualquier modo, el aspecto coercitivo o de propaganda contra el adversario fue de mayor trascendencia que la incorporación voluntaria al ideario. A pesar de la censura, sólo una parte de la prensa y los medios de comunicación pueden considerarse como instrumentos de la «fascistización». Ya en torno a 1940 se podía prever que el resultado de la acción del Partido sobre la sociedad sería un tanto ambiguo: en la práctica se fomentó el miedo o la aceptación pasiva mucho más que la adhesión plena.

Tampoco las instituciones rectoras del Partido funcionaron. El Consejo Nacional siguió siendo un organismo plural y muy poco activo, por lo que puede prescindirse de tratar sobre él. Algo semejante cabe decir de la Junta Política. El Instituto de Estudios Políticos, supuesto vivero intelectual fascista, no llegó a serlo nunca. En un principio, podría pensarse que en los organismos destinados a la juventud anidó de manera caracterizada la voluntad fascistizadora. El SEU revolucionario murió definitivamente en 1941 con la desaparición de Sotomayor, su principal dirigente radical, en Rusia. Aunque el SEU superó los 50.000 afiliados, siempre hubo vacíos geográficos patentes en su implantación, los más evidentes de los cuales fueron Cataluña y el País Vasco. En 1943 acabó estableciéndose la afiliación obligatoria de todos los estudiantes. El Frente de Juventudes, creado en diciembre de 1940, no encuadró a más del trece por 100 de los jóvenes, y el porcentaje de chicas fue todavía menor. El encuadramiento, a diferencia de lo que sucedió en Alemania, por ejemplo, fue tradicional, realizado por maestros y militares que habían superado con creces la veintena de años. Pronto, sin perder por completo la identidad falangista, derivó hacia tareas educativas o deportivas. Una organización voluntaria paralela, las Falanges Juveniles de Franco (cuya identificación con el líder resulta muy significativa), apenas agrupó al 18 por 100 de los varones y al ocho por 100 de las jóvenes. Finalmente, la vertiente del Partido dedicada a la mujer se caracterizó por el feminismo hogareño de la derecha tradicional. La Sección Femenina ofrecía como modelo mucho más la matrona que la joven revolucionaria. Pilar Primo de Rivera, que la dirigió, dejó bien claro que «el verdadero deber de las mujeres con la Patria consiste en formar familias con una base exacta de austeridad y alegría donde se fomente todo lo tradicional». Nada resultaba tan digno de alabanza como la «sumisión» de la mujer al hombre. Sus afiliadas no pasaron de ser, comparativamente, un tercio de las italianas; apenas participaban en esos desfiles de masas y ni siquiera podían ser fotografiadas cuando practicaban gimnasia.

En dos terrenos, el Partido perdió muy pronto la batalla política. En el verano de 1940 se pusieron en marcha las milicias, pero, al hacerlo, en realidad no se hizo otra cosa que distribuir unas muy elementales normas de movilización. Lo militar excluye lo miliciano, y en la España de Franco la victoria desde un principio correspondió al Ejército.

Tampoco a los sindicatos falangistas les correspondió un papel dominante en la economía nacional. Según la Ley de Bases de Organización Sindical de diciembre de 1940, aunque los sindicatos pretendían ser «el pueblo entero organizado en milicia de trabajo» no agruparon a las cámaras de comercio o a los colegios profesionales. No hay nada más significativo en el bloqueo de la función revolucionaria del sindicalismo falangista que el hecho de que un general, Saliquet, denunciara al responsable del mismo, Merino, como antiguo miembro de la masonería. En la Italia mussoliniana, el partido controló y bloqueó a los sindicatos; en España, aquella fuerza que tenía en sus manos el máximo de poder efectivo, el Ejército, le cerró el paso por el procedimiento de la denuncia.

Con la mención al Partido nos hemos adentrado ya en la segunda guerra mundial. Para la España de Franco, la invasión de Polonia fue una noticia insatisfactoria, pero respondió alineándose con sus aliados durante la guerra civil. Durante los primeros meses de la guerra, la España de Franco estuvo cercana a la Italia fascista, pero no se hallaba en condiciones de una posible intervención, ni siquiera en el grado insuficiente en que el Duce pudo pensar que lo estaba su país. Ahora bien, en abril de 1940, cuando Mussolini decidió entrar en la guerra advirtió previamente a Franco, y cuando, ya en mayo, se hizo patente la derrota francesa, la prensa falangista empezó a reclamar Gibraltar. La espectacular derrota de Francia, adversaria tradicional en Marruecos, provocaba una inmediata tentación de intervencionismo para tratar de obtener un beneficio en un orden europeo radicalmente nuevo. Dos días después de que Mussolini interviniera en el conflicto, Franco y Serrano modificaron la posición de España y la hicieron pasar a una «no beligerancia», que, como en el caso de Italia, era una «prebeligerancia». Así se prueba en el hecho de que, por esos mismos días, se autorizara a los aviones italianos a utilizar el territorio español para bombardear a los británicos.

Para que la definitiva intervención española en la guerra se hubiese producido, habría sido necesario una mejor situación económica y un mayor grado de unidad interna. Ya en diciembre de 1939 había descontento entre los altos mandos militares con Franco y fuertes reticencias respecto a Serrano, quien, a ojos de muchos, concentraba demasiado poder, apoyaba en exceso a una Falange demasiado revolucionaria, era prepotente y megalómano e incluso parecía no acabar de llevarse bien con aquellos a quienes había contribuido a nombrar. En enero de 1940, el general Muñoz Grandes fue sustituido como ministro-secretario general del Partido después de haber permanecido a su frente tan sólo unos cuantos meses. Merece la pena subrayar el hecho de que un régimen que tenía la pretensión de seguir el modelo de la Italia fascista situara al frente del Partido a un militar, cuando fue precisamente un militar quien sustituyó a Mussolini en 1943.

La tentación intervencionista y la lucha interna (1940-1942)

Se ha escrito que la Alemania victoriosa presionó inmediatamente a España para obtener su intervención en la guerra mundial y que esa presión fue insistente y duradera aunque no consiguió romper la resistencia de Franco. Pero la realidad es que, a partir de la victoria de Alemania sobre Francia, hubo una identificación absoluta de los dirigentes españoles con el Eje, que duró, con matices e intermitencias, hasta entrado el año 1944. La presión alemana para lograr la intervención española, aunque fuerte durante algunos meses, resultó también poco tenaz. Quien tomó la iniciativa en la posible entrada española en la guerra no fue Alemania, sino los dirigentes de la España de Franco. A mediados de junio de 1940, el Caudillo envió al general Vigón a entrevistarse con Hitler y mostrarle su disponibilidad para convertirse en beligerante. En esta ocasión, por vez primera España mencionó unas amplias reivindicaciones territoriales. Las peticiones españolas consistieron —y así se mantuvieron durante meses— en la ampliación de las posesiones del Sáhara y Guinea y, sobre todo, en la total ocupación de Marruecos y de aquella parte de Argelia que había sido colonizada por los españoles. No había un solo sector en el régimen que no propiciara estas ansias imperialistas. Si para Falange de esta manera parecían cumplirse los designios imperiales, para los militares africanistas se cumplían ahora ilusiones respecto al norte de África, largo tiempo acariciadas. Los falangistas, no obstante, eran más ambiciosos (y menos realistas) y en ocasiones exigieron ampliar la expansión española hasta el sur de Francia y Portugal.

Las pretensiones del régimen de Franco nunca tuvieron la menor posibilidad de triunfar porque la posición de la Alemania de Hitler siempre estuvo muy lejana de la habitual en Madrid. El Führer nunca fue un generoso impulsor de la justicia histórica que permitiera a España conseguir sus aspiraciones: para él se trataba de un país poco importante del que esperaba que le siguiera de forma espontánea y que estuviera dispuesto a proporcionarle materias primas y ventajas estratégicas a cambio de casi nada. Para Hitler, ni siquiera el Mediterráneo era importante. Una vez derrotada Francia, titubeó acerca de cuál debía ser el destino de su ulterior expansión y finalmente se volcó hacia el este de Europa, de modo que España desapareció de sus preocupaciones.

Descrita ya la posición alemana, podemos volver al desarrollo de los acontecimientos. En julio de 1940, el ministro de Asuntos Exteriores español, Beigbeder, propuso ocupar parte de Marruecos francés pretextando disturbios. Esta operación no llegó a efectuarse, probablemente porque los franceses mantuvieron una elevada cantidad de efectivos militares en la zona y porque Alemania nunca estuvo dispuesta a autorizarla. Hubo, eso sí, una especie de reproducción, un tanto caricaturesca, de ese género de espectaculares decisiones a la manera de Mussolini que no concluyó, como en este caso, en un fiasco. Al mismo tiempo que las tropas alemanas entraban en París, las españolas ocuparon Tánger, presentándolo como una decisión irreversible. El representante de la autoridad francesa fue expulsado de la ciudad, y se instaló en ella un consulado alemán destinado en realidad a misiones de espionaje. En la práctica, sólo en 1944, cuando ya la guerra parecía inclinarse definitivamente a favor de los aliados, España volvió a considerar como internacional la zona por ella controlada.

Al poco tiempo se concedieron considerables ventajas estratégicas a los alemanes: ya en julio de 1940 una misión militar alemana estuvo en España para preparar una eventual toma de Gibraltar. Además, a lo largo de 1940 y 1941, gracias a la llamada Operación Moro, un total de 18 submarinos alemanes se aprovisionaron en España. Esto les permitía aumentar considerablemente su radio de acción, que así se extendía hasta el norte de Brasil. Los alemanes se beneficiaron también de la información de los servicios secretos españoles e incluso personas como Serrano entregaban a la diplomacia nazi los despachos de los embajadores más neutrales y cuya información podía tener más interés, como, por ejemplo, el duque de Alba, representante en Londres.

La presencia de los alemanes en la frontera hispanofrancesa suponía un inmediato peligro para la principal base eventual de Gran Bretaña en el Viejo Continente: Portugal. Éste podía temer que los alemanes le atacaran a través de España con su ayuda. En estas condiciones se establecieron unas negociaciones que, iniciadas a finales de junio de 1940, concluirían un mes después. El tratado fue interpretado por los propios españoles como un medio de alejar a Portugal de la causa británica y atraerla a la propia. Los británicos no tuvieron inconveniente en aceptar que su aliado suscribiera un acuerdo como éste porque no alteraba su política respecto a España, diseñada antes de que lo fuera la alemana. Para Gran Bretaña, si una España amistosa era deseable, una España neutral resultaba vital. De ahí que se nombrara embajador en Madrid a una figura importante del conservadurismo, Hoare. Tanto él como el Foreign Office fueron partidarios de mantener con España una actitud de conducirla hacia la neutralidad mediante la utilización de la presión sobre los aprovisionamientos. Su posición, en definitiva, fue muy característica del Imperio Británico: neutralizar una zona peligrosa con un mínimo esfuerzo militar y un limitado dispendio económico. Esa actitud, sin embargo, se vio acompañada de errores en la ejecución y exceso de fatuidad por parte de Hoare. Churchill consideró en más de una ocasión la eventualidad de invadir la totalidad o parte del territorio español ante la posibilidad de que Franco se inclinara hacia el Eje y pusiera en peligro la situación estratégica de Gran Bretaña.

Hoare trataba de influir en los círculos militares y empleó dinero para comprar a generales monárquicos. Pero su política más efectiva consistió en proporcionar a España, mediante sucesivos acuerdos desde los meses finales de 1940, el suficiente petróleo y los imprescindibles aprovisionamientos como para que subsistiera, pero no en cambio para poder entrar en guerra. A pesar de todo ello, la posibilidad de que los alemanes invadieran España con la colaboración de una parte o la totalidad de quienes ocupaban el poder hizo que se diseñaran planes para obstaculizar la llegada a Gibraltar o para la toma de las Canarias. Un número elevado de los limitados recursos bélicos británicos estuvo preparado durante muchos meses para esta eventualidad.

Una faceta importante de la política británica consistió en convencer a los norteamericanos de que su actitud debía ser complementaria de la propia. Pero Estados Unidos tuvo una proclividad antifranquista mucho mayor que la británica, quizá como consecuencia del alejamiento experimentado por ambos países desde el final de la guerra civil. Cuando finalmente se llegó a un acuerdo con Estados Unidos para aprovisionar de petróleo a España, a comienzos de 1942, tan sólo se le concedió un sesenta por 100 del consumo habitual anterior en productos petrolíferos.

Si la definición de la política británica se efectuó rápidamente en el crucial verano de 1940 y permaneció sin cambios hasta el final de la guerra, la alemana fue algo más tardía y resultó más cambiante. En realidad, sólo en 1945 se dio cuenta Hitler de que hubiera debido lograr la intervención española en el conflicto a la altura del verano de 1940; con ello hubiera tomado Gibraltar y así hubiera podido estrangular la vía de comunicación de Gran Bretaña con su Imperio. No se hizo así porque Hitler creía poder someter a Churchill con la aviación y, además, no quería dejar que el imperio colonial francés cayera en manos británicas. Todo eso le obligaba a no satisfacer las desmesuradas pretensiones territoriales de Franco, condición fundamental para que España entrara en guerra.

Durante el verano de 1940 y hasta septiembre, los españoles insistieron en sus demandas ante Hitler pero, en un viaje realizado en septiembre, Serrano, que pronto asumiría la cartera de Exteriores, descubrió, para su sorpresa, que la reconstrucción de Europa no se iba a hacer con criterios de supuesta justicia histórica, sino siguiendo los exclusivos intereses de Hitler. No sólo se encontró con una escasa receptividad, sino también con la petición alemana de una de las Canarias y otra base naval en Agadir o Mogador. Tanto él como Franco eran partidarios de la entrada española en la guerra; como escribió el segundo, «nos conviene estar dentro, pero no precipitarnos». Su idea consistía en obtener grandes ventajas territoriales con un mínimo de intervención, pero Hitler pensó que la España de Franco era un país débil y carente de recursos que pedía demasiado e intentaba pretenciosamente llevar una operación contra Gibraltar para la que no contaba con medios adecuados. Esto último fue siempre lo decisivo: a fin de cuentas, el propio Führer explicó a sus colaboradores que, al tratar de armonizar los intereses incompatibles de España, Italia y Francia, estaba intentando realizar un «engaño grandioso».

Los deseos españoles, por tanto, no tuvieron nunca la menor posibilidad de triunfar dadas las concepciones de Hitler. Sin embargo, cabía la posibilidad de que Franco cediera ante una presión tenaz y taxativa por parte del amo de Europa. La entrevista de Hendaya, en octubre de 1940, ha sido narrada como si Franco hubiera eludido comprometerse ante un Hitler desesperado por no lograrlo. La realidad es que el Führer siempre despreció a los dirigentes españoles y consiguió, en esta ocasión, la firma de un protocolo que comprometía la entrada española en la guerra aunque sin fecha precisa, lo que indica que la situación permanecía abierta. El propio Franco llevó a esta entrevista un memorándum en el que decía que no podía intervenir «por gusto» y recordaba que Italia había resultado una carga para su aliado. El momento álgido de la presión alemana se produjo en las últimas semanas de 1940. Hitler, cuya principal preocupación se basaba en el centro y el este de Europa, no tuvo una estrategia mediterránea más que unas cuantas semanas, y ya en enero de 1941 consideró clausurada la posibilidad de tomar Gibraltar. Además, las derrotas italianas distrajeron a sus tropas en los Balcanes, y cuando se produjo la invasión de Rusia se hizo imposible emprender operaciones de envergadura en los dos extremos de Europa.

En febrero de 1941, en uno de sus dos únicos viajes al exterior, Franco, acompañado por Serrano Suñer, se entrevistó con el Duce en Bordighera. Allí le explicó al dirigente fascista que él no sólo quería entrar en la guerra, sino que temía hacerlo «demasiado tarde». Mussolini, que en esos momentos debía de pensar que la guerra estaba ya ganada por Hitler, no insistió mucho en la intervención española: «¿Cómo se puede enviar a la guerra a un país que tiene pan para una semana?», le dijo a uno de sus colaboradores. Él no había, por otra parte, conseguido ninguna victoria espectacular, y España podía ser un competidor en el reparto de influencias en el Mediterráneo. En lo sucesivo siempre sucedió lo mismo: Italia pretendió siempre que la intervención española se hiciera por intermedio de ella misma y cuando le conviniera.

Desde comienzos de 1941, los planes estratégicos militares de Alemania con respecto a España fueron puramente defensivos: sólo preveían la creación de un frente protector en el norte, progresivamente retrasado, en el caso de que tropas británicas tomaran la Península. España ya no les servía más que como glacis defensivo. Ese año, Alemania multiplicó por siete su importación de productos de interés militar procedentes de España y todavía en 1943 el comercio español con el Reich fue el 25 por 100 del total, por encima del comercio con los países aliados. Sin embargo, eso no quiere decir que el aprovisionamiento español fuera imprescindible para el Reich sino en determinadas materias estratégicas y al final de la guerra. Alemania obtuvo ventajas comerciales importantes de España. Las instrucciones recibidas por el embajador alemán en Madrid prescribían, en cambio, que se desentendiera de la política interna, la cual, a lo largo de 1941, fue especialmente agitada.

Un factor decisivo en la no intervención española en la guerra mundial fue la radical ausencia de unidad en la clase dirigente del régimen, que presenció un duro enfrentamiento entre militares y falangistas, entrecruzado, además, con el afán de Serrano de mantener su poder personal. Ya en junio de 1940, Franco destituyó a Yagüe, que había sido acusado de deslealtad, quizá por Serrano mismo. Más decisivo resultó que se configurara un partido militar opuesto a lo que él representaba. Hubo generales partidarios de la intervención en la guerra mundial, pero todos ellos fueron más conscientes que los falangistas de los peligros de la insuficiente preparación española. «¿Con qué?», preguntó un general cuando se le hablaba de la eventual intervención española en la guerra. Los militares temían que la exaltación nacionalista practicada por el Partido concluyera en una intervención suicida; el Estado Mayor había recomendado prudencia en las declaraciones de todos los responsables políticos y ésta no fue nunca la norma habitual de la Falange ni de Serrano. Pero había también una cuestión de reparto del poder. Los militares se consideraban vencedores de la guerra y pensaban que eran ellos quienes habían otorgado a Franco el puesto que tenía. Falange les parecía demagógica e ineficaz y Serrano un abusivo detentador de un poder excesivo.

En mayo de 1941 se llegó a una crisis como no hubo otra durante toda la historia del franquismo. Lo que la caracterizó fue su larga duración y el hecho de que, habiendo intentado Franco resolverla de una manera, se viese obligado a dar marcha atrás. A comienzos de mayo, la Falange, controlada por Serrano, se dispensó a sí misma de la censura; al mismo tiempo dimitieron de sus respectivos cargos personas de apellidos tan sonoros como Pilar y Miguel Primo de Rivera. El día 5 se anunció que Galarza, que hasta entonces había sido subsecretario de la Presidencia, pasaba a ministro de la Gobernación, cargo vacante pero de hecho controlado por Serrano a través del subsecretario desde que ocupó la cartera de Exteriores. Al mismo tiempo, Carrero Blanco, que tan importante papel estaba destinado a desempeñar en lo sucesivo en la política interna, ocupó la Subsecretaría de la Presidencia.

Sin embargo, Falange tuvo fuerza para reaccionar. El diario falangista *Arriba* se descolgó con un ataque personal al nuevo ministro de la Gobernación y se produjo una verdadera cascada de dimisiones. Algunos, como Larraz, lo hicieron por su convencimiento de que el régimen funcionaba muy mal en materia económica, pero los dimisionarios fueron, sobre todo, dirigentes falangistas, y llegó a dimitir el propio Serrano. Éste le escribió al jefe de Estado, a quien trató como «querido general», asegurándole de forma amenazadora que «el caso no tiene ya con nosotros una solución decorosa». Franco debió rectificar: el día 16 eran nombrados ministros nada menos que cuatro falangistas muy significados: Arrese fue ministro del Partido; Primo de Rivera, de Agricultura, y Girón, de Trabajo; otro falangista, Benjumea, ocupó Hacienda, sustituyendo a Larraz. Si a ellos les sumamos Serrano y Carceller, llegaremos a la conclusión de que nunca como entonces tuvo la Falange un papel tan importante en el gobierno. Pero Franco había mantenido a Galarza en Gobernación, y éste, desde allí, empezó a llevar a cabo los nombramientos de gobernadores y jefes provinciales del Partido. A su lado, Carrero empezó a actuar en sentido antifalangista: para él era necesario no un partido caótico y enfrentado con el Ejército, sino una «minoría selecta» con capacidad administrativa. Finalmente, la estrella de Serrano Suñer, la única personalidad capaz de conducir a la Falange al monopolio del poder, empezó a declinar. A partir de este momento no controló ya el Ministerio de la Gobernación, ni tampoco la prensa; además, había perdido el monopolio de la relación de Franco con los falangistas. En lo sucesivo, desempeñó ese papel un Arrese más sumiso y menos inteligente (pero también menos ambicioso), que acabaría por desplazar completamente al cuñado del dictador.

Resulta significativo que esta crisis prácticamente coincidiera con la firma del acuerdo entre el Vaticano y España que resolvió el problema mayor entre ambas potestades: el nombramiento de obispos. La Iglesia española sentía motivos de preocupación en los últimos meses de 1939. Los obispos temieron, entonces, que se pretendiera amordazar a la Iglesia. Los documentos pontificios eran sometidos a la censura, como sucedió con los condenatorios del racismo nazi. La cuestión decisiva era el nombramiento de los obispos, sobre el que la España de Franco quería mantener el derecho de presentación. Las discrepancias al respecto llegaron a ser tan graves que se paralizó el nombramiento de obispos y, a fines de 1940, una veintena de diócesis permanecían vacantes. Se llegó al acuerdo en los días posteriores a la crisis de gobierno, probablemente por la necesidad que sintió Serrano de obtener un éxito diplomático. En lo sucesivo el nombramiento de obispos se hizo a partir de un sistema de ternas propuestas al Vaticano por previo acuerdo. Claro está que, al mismo tiempo, la apariencia exterior de estas relaciones era idílica. La ceremonia de santa Bárbara se asemejó a una coronación real, y a Franco le acompañó durante estos años y los posteriores la reliquia de la mano de santa Teresa, capturada al adversario en Málaga.

En junio de 1941, la ofensiva alemana contra Rusia unió temporalmente a la clase dirigente del franquismo en la consideración de que, como dijo Serrano, «Rusia era la culpable» de los males de la España de los años treinta. Pero incluso en relación con la División Española de Voluntarios destinada a Rusia hubo discrepancias en aquélla: en la denominación misma, ya que los círculos falangistas la llamaron División Azul. Las discrepancias parecen haberse producido también respecto a la dirección, pues había quien la quería política o quien la deseaba estrictamente militar. Como en tantas ocasiones, Franco optó por una solución aparentemente sintética, que fue la de entregar el mando a un militar falangista, Muñoz Grandes. La División Española tuvo unos 18.000 hombres y actuó en el sector de Leningrado. Muñoz Grandes mantuvo en 1942 dos conversaciones con Hitler en que mostró su clarísima proclividad hacia el Eje. Con el paso del tiempo, cuando Franco juzgó comprometida su presencia al frente de la División, lo relevó por el procedimiento de convertirlo en teniente general, un grado que le impedía permanecer en Rusia. Las victorias iniciales alemanas hicieron pensar que se produciría un colapso soviético. En julio de 1941, Franco llegó a decir que la guerra «se ha planteado mal y los aliados la han perdido». Tampoco la entrada de Estados Unidos en la guerra, a finales de 1941, tras el ataque japonés a Pearl Harbor, introdujo la prudencia en las declaraciones de los dirigentes españoles.

Mientras tanto volvían a arreciar los enfrentamientos entre la Falange y el Ejército. Toda la vida política española consistió en una sucesión de enfrentamientos entre militares y falangistas que fueron creciendo en violencia. Mientras el papel de Serrano iba decreciendo, la disidencia interna había ido almacenando tan graves tensiones que al final explotaron en violencia. El 16 de agosto de 1942, un grupo de falangistas radicales lanzaron bombas a la salida de un acto religioso en Begoña al que asistía el ministro del Ejército, el tradicionalista Varela. Inmediatamente se produjo una crisis política cuya gravedad se mide por su duración y por la importancia de los cargos políticos relevados. El citado general dimitió, acusando a Falange de ser culpable de lo sucedido. La crisis hubiera acabado ahí de no ser porque Franco, inducido por Carrero, creyó necesario compensar esta decisión con la marginación de Serrano. No se produjo en estos momentos ninguna adhesión colectiva al cesado de los falangistas que detuviera la decisión de Franco. El 3 de septiembre, Varela fue sustituido por Asensio y Serrano Suñer por el general Jordana, antiguo vicepresidente durante la guerra civil. La crisis no indicó un propósito inmediato de modificar la política exterior, sino que se debió a razones internas. Los embajadores extranjeros juzgaron, con acierto, que con lo sucedido se demostraba que la única fuerza efectiva en el régimen español era el Ejército; tenían razón, aunque sólo en parte, porque el gran vencedor había sido Franco. Ninguna otra crisis política le duraría tanto como las que se produjeron en 1941 y 1942. Fueron los propios falangistas, en especial el secretario general, Arrese, quienes se sometieron directamente a él, a pesar de que un falangista fue ejecutado. En los tiempos difíciles que venían, los falangistas y el Caudillo formaron un equipo aglutinado por el mutuo interés.

Durante la etapa de hegemonía política de Serrano Suñer se pretendió dar una especial significación a las relaciones con el mundo iberoamericano a través de contactos culturales. Frente a los ideales de la democracia, Falange, en conexión con los servicios diplomáticos, se lanzó a una virulenta campaña antinorteamericana. La creación del Consejo de la Hispanidad, en noviembre de 1940, cuando todavía no se había descartado la intervención de España en la guerra, proporcionó el instrumento administrativo. El resultado de esta política fue catastrófico para los intereses españoles: aparte de que no proporcionó auténticas ventajas, en los años siguientes esta política acabó pesando de forma grave sobre el propio régimen de Franco.

Un titubeante camino hacia la neutralidad (1942-1945)

El cambio en la dirección de la política interior permitió que la tendencia hacia la neutralidad que Jordana podía suponer se viera favorecida por la evolución de los acontecimientos bélicos. El nuevo ministro de Asuntos Exteriores aseguró repetidas veces a los países del Eje que nada cambiaría en la política exterior española, pero en la primera reunión del gobierno se aprobó una declaración en la que desaparecía la expresión «no beligerancia».

A los aliados les correspondía ya la iniciativa en la guerra y la tuvieron en una zona geográfica que afectaba a España. El desembarco en el norte de África se acompañó con las garantías anglosajonas a Franco de que la operación no iba dirigida contra él. Tras el desembarco anglosajón, en diciembre de 1942, Jordana viajó a Portugal, gesto indicativo de la postura que quiso mantener a partir de este momento. El régimen de Salazar había mantenido una postura neutral entre los dos bandos y a la España de Franco le podía servir para probar la voluntad española de aproximarse a los aliados. Testimonio de la ambigüedad de la situación es que Carrero parece haber considerado que la victoria alemana seguía siendo posible. Sólo tras el desembarco de Normandía opinó que Gran Bretaña y Alemania debían llegar a una paz que impidiera el avance ruso.

Así como durante la etapa más fascista del régimen habían menudeado las dificultades con la Iglesia, ahora abundaron las muestras de la voluntad de identificarse con el Vaticano. Franco llegó a escribir una carta al Papa atribuyendo a los norteamericanos unas concesiones a Rusia que supondrían un grave peligro para el catolicismo. El Pontífice respondió en términos discretos y poco comprometidos. La posición española siguió siendo plural. La posición más nítidamente neutralista fue la de Jordana y una parte de la diplomacia española del momento como, por ejemplo, el duque de Alba.

Cabe preguntarse cómo fue acogida esta posición española por los beligerantes. Alemania siempre había actuado en España con una cierta doble política que ahora, durante algunos meses, tuvo una especial relevancia. La muy nutrida embajada alemana (unas quinientas personas, de las que quizá un tercio eran espías) había recibido repetidas instrucciones de no inmiscuirse en los asuntos políticos españoles. En cambio, el representante del partido nazi mantuvo contactos asiduos con los grupos falangistas radicales. A fines de 1942 y comienzos de 1943, los alemanes contactaron también con algunos altos cargos militares, pero lo que verdaderamente quería Hitler era que España, en caso de ser atacada por los aliados, se defendiera. De acuerdo con esta postura, los alemanes acabaron aceptando la propuesta española de que se le proporcionaran armas. En el convenio al que se llegó, la mitad del comercio de importación desde Alemania consistió en material bélico, principalmente artillería costera, mientras que la exportación consistía, sobre todo, en wolframio, un mineral de importancia estratégica. Como en otras ocasiones, la posición de Italia resultó bastante diferente de la alemana. Para Mussolini, el hecho de que la guerra mundial se centrara en el Mediterráneo no era ya una cuestión de preferencia nacida de intereses propios, sino de pura supervivencia. De ahí que propusiera a Hitler el ataque a los aliados a través de España.

La política de Franco en 1943 siguió consistiendo en mantener la sensación de ser ajeno al conflicto, mientras que los partidarios de una política más neutralista ganaban algunas bazas, sin que eso supusiera un decantamiento claro. Un significativo avance en dirección hacia la neutralidad se produjo en abril de 1943 cuando, con ocasión de la conmemoración del desembarco de Colón en Barcelona, a su regreso de América, Jordana mostró su deseo de una paz en cuya gestación tuviera una función importante el catolicismo. Sólo con el paso del tiempo Franco fue haciendo progresivamente suyo el lenguaje de su ministro de Asuntos Exteriores. En todo caso, la posición española se plegó milimétricamente a la evolución de las operaciones militares. La caída de

Túnez, en mayo de 1943, hizo que Carrero opinara que Alemania debía reaccionar rápidamente o intentar pactar la paz.

Todavía, sin embargo, había de tener mayor influencia el colapso del régimen de Mussolini, que para la España de Franco que había sido un modelo imitar. Fue la información procedente de medios oficiales españoles lo que convenció a los italianos de que el desembarco aliado se produciría en Córcega o Grecia, en vez de en Sicilia. Cuando se produjo, el colapso italiano fue casi inmediato y eso arruinó las posibilidades de supervivencia del régimen fascista. La destitución de Mussolini tuvo una repercusión inmediata en España, representada en Roma por un falangista tan significado como Fernández Cuesta. Falange creyó que algo parecido podía suceder en España. De nuevo se reprodujo la división en el seno de la clase dirigente del régimen. Mientras que Jordana procuró congelar la representación diplomática española en aquel país, Falange ayudó a los partidarios italianos de Mussolini en España. Entre los países neutrales, sólo Portugal y Suiza, aparte de España, mantuvieron relaciones con la república de Saló. Mussolini, alguno de cuyos allegados acabó en España, estuvo también a punto de huir a ella en el último momento. Como es sabido, al decidirse por Suiza, fue detenido en la carretera y ejecutado sumariamente.

Mucho antes se produjo la caída de Mussolini, en julio de 1943, quien por primera vez lanzó a la acción a la clase política que veía con buenos ojos el restablecimiento de la monarquía. Éste fue, en adelante, un elemento de importancia decisiva en la política interna española. La mejor prueba de la preocupación que pudo sentir en estos momentos Franco ante la aparición de esta alternativa la constituye su afirmación, ante un auditorio falangista, de que «el sistema liberal capitalista», que él siempre vinculó con los medios monárquicos, «ha muerto para siempre», al mismo tiempo que anunciaba su decidida voluntad de «desembarcar de la nave» a quienes le fueran poco leales.

Para comprender la actitud de los monárquicos es preciso retroceder en el tiempo hasta comienzos de 1942. Un año antes había muerto en Roma, tras reconocer como heredero a don Juan y abdicar en él, Alfonso XIII. Quien ahora asumía la línea dinástica era una persona que se había identificado con la extrema derecha y no había tenido reparo en tratar de tomar las armas contra la República en plena guerra civil. Su causa, sin embargo, pronto significó algo muy diferente debido a la voluntad de un sector de la clase política de encontrar una fórmula política más viable ante la posible victoria de las potencias democráticas. Ya en marzo de 1942, se formó un comité monárquico que estuvo en contacto con los medios militares proclives a mostrarse maldicientes respecto al general Franco. Éste llegó a sentirse obligado a mantener algún contacto con don Juan, y en mayo le escribió una carta en que le adoctrinaba sobre las características que habría de tener la monarquía que se restaurara: debía ser «revolucionaria» y no, en cambio, la monarquía «decadente» que declaraba nacida en el siglo XVIII.

En junio, Sáinz Rodríguez y Vegas Latapie, dos de los principales dirigentes monárquicos, debieron ocultarse; el primero se exilió en Portugal y el segundo en Suiza. Don Juan de Borbón respondió a Franco, a fines de 1942, incorporando a Gil Robles, principal dirigente de la fuerza máxima de la derecha en tiempos republicanos, a sus consejeros. Con el transcurso del tiempo, la insistencia de don Juan en que Franco diera paso a la solución monárquica se hizo más apremiante. En marzo de 1943 se inauguraron las Cortes, en las que Franco había procurado que se sentaran nobles y militares al lado de los jerarcas de la Falange; con ello indicaba su voluntad de permanencia personal. Don Juan escribió entonces a Franco indicándole los «riesgos gravísimos» que se corrían por no proceder a la restauración, pero el aludido se limitó a indicar que, en realidad, los partidarios de la monarquía eran una minoría muy poco fiable.

Como ya se ha indicado, el momento en que la presión monárquica sobre Franco se hizo más insistente fue durante el verano de 1943. En junio, Franco pudo tener la sensación de que las filas de sus partidarios clareaban, pues una treintena de procuradores en las Cortes se dirigió a él para solicitarle el restablecimiento de la monarquía tradicional católica. La respuesta del régimen fue prudente. Carrero advirtió a los altos mandos militares de la existencia de una conspiración masónica destinada a subvertir el régimen. En septiembre de 1943, Franco recibió a través del Ministerio del Ejército un escrito, firmado por todos los tenientes generales, en que sus compañeros de armas le preguntaban si no habría llegado ya el momento de dar paso a otro régimen; en su redacción original, el texto era todavía más explícito, pues proponía el retorno a la monarquía y el desmantelamiento del sistema totalitario. No sólo quienes lo habían suscrito sino probablemente la totalidad de los altos mandos militares estaban de acuerdo en que se produjera este cambio. Franco, sin embargo, estaba dispuesto a mantenerse en el poder y tenía, en lo sucedido en Italia, un buen ejemplo de lo que no debía hacer. Aseguró no haber recibido el escrito y se negó a que todos los tenientes generales acudieran a verle a la vez, lo que hubiera podido acabar en una reproducción del último gran consejo fascista en que el Duce fue liquidado. Lo que hizo fue recibir de uno en uno a los generales y disipar, en conversaciones privadas, lo que habría podido constituir una oposición peligrosa. De esta manera, Franco se había librado del eventual problema de una oposición militar en el momento en que empezó a arreciar la presión de los aliados.

Franco no tenía ninguna razón para esperar que los aliados le trataran bien, después de haber mostrado una patente proclividad por el Eje en años precedentes. Los anglosajones, sin embargo, estuvieron demasiado ocupados en liquidar a Italia durante 1943 como para dedicarse a España. Ahora cambió algo la posición relativa de sus representantes diplomáticos en España. El representante británico, Hoare, se dio cuenta muy pronto de que nada iba a cambiar la política española, pero no por ello recomendó una acción drástica contra Franco. Jordana logró la retirada de la División Azul; en total hubo de forma sucesiva unos 47.000 soldados españoles en Rusia, casi la mitad de los cuales causaron baja. Lo que el embajador británico soportó peor fue la bruma de tranquilidad y suficiencia que exhibía Franco cada vez que le recibía en sus largos monólogos. En estas condiciones no puede extrañar que su defensa de una política no excesivamente agresiva hacia Franco durara lo que la guerra mundial.

Por su parte, los norteamericanos tenían en este momento otro embajador, el historiador Hayes, católico y representante personal de Roosevelt, pero no siempre bien coordinado con las autoridades del Departamento de Estado, más antifranquistas. Hayes cuenta en sus memorias que encontró en el despacho de Franco sendas fotografías de Hitler y de Mussolini, aunque pronto llegó a la conclusión de que aquel régimen no tenía mucho que ver con el fascismo. En un principio intervino en la política interna española para pedir, por ejemplo, que no se atacara a Rusia, pero en la posguerra acabaría siendo un defensor entusiasta del régimen franquista. Ni Hoare ni Hayes fueron, sin embargo, responsables de la decisión más dura de los aliados para con la España de Franco, que se tomó en el Departamento de Estado de Estados Unidos.

Lo sucedido se explica por la postura española precedente y por la insinceridad y lentitud mostradas en el camino hacia la neutralidad, pero hubo, sin embargo, un factor fortuito que contribuyó a que se tomara dicha decisión. En noviembre de 1943 se produjo el llamado «incidente Laurel»: España remitió un telegrama al gobierno projaponés instalado en Filipinas mencionando «la indestructible y probada relación» con aquel país. El texto, sin embargo, no implicaba el reconocimiento de dicho gobierno, pero fue recibido con indignación por Washington.

El resultado fue que, en enero de 1944, Estados Unidos suspendió los envíos de petróleo a España. La situación para el régimen se hizo muy difícil porque en este momento la victoria aliada parecía clara tras el desembarco de Normandía. Finalmente, tras una negociación muy dificultosa, en el mes de mayo se llegó a un acuerdo, mediante un intercambio de notas, entre la Administración española y los aliados. La España de Franco confirmó la retirada de la División Azul, prometió cerrar el Consulado alemán en Tánger y se mostró dispuesta a solventar mediante un arbitraje (que resultó finalmente acorde con la posición norteamericana) la situación legal de los barcos italianos existentes en puertos españoles. Probablemente, la cuestión que más interesaba a los aliados respecto a España era entonces la de las exportaciones de wolframio español a Alemania. Este mineral era de sumo interés para la fabricación de material militar (de ojivas de proyectiles y blindajes, por ejemplo) y Hitler había perdido otra posible fuente de aprovisionamiento distinto de España. El acuerdo consistió en limitar la exportación a tan sólo unas decenas de toneladas, haciéndose cargo del resto los aliados mediante compra. En este caso, como en tantos otros, la buena voluntad neutralista de Jordana hubo de enfrentarse a la escasa receptividad de una Administración en la que los países del Eje seguían teniendo muchos partidarios. Uno de ellos parece haber sido el propio ministro de Comercio, el falangista Carceller.

A partir de entonces, la política exterior española de neutralidad se fundamentó en una identificación con el Papa y el catolicismo, aparte de un juicio sobre la guerra mundial que distinguía tres escenarios diferentes. En cuanto a lo primero hubo algunos intentos, a comienzos de 1943, de atraer a los países neutrales principalmente de esa significación religiosa, pero esa opción pronto se demostró estéril. Según explicó el propio Franco, en el conflicto entre Alemania e Inglaterra era neutral, pero era partidario de Alemania en su guerra contra la Unión Soviética y de los estados en contra de Japón. En realidad, estas opiniones eran una forma de camuflar el anterior alineamiento con el Eje, pero también dan testimonio de los intereses y los errores del régimen. Revelan, por ejemplo, que Franco nunca tomó en serio la exigencia aliada de que el adversario debía rendirse de modo incondicional, así como también su temor a un peligro comunista y su radical discrepancia de aquellos norteamericanos que parecían pensar que el régimen comunista podía cambiar.

A esas alturas, por otro lado, se había producido un giro importante en otro aspecto de la política internacional española relativo a Hispanoamérica. En adelante no hubo ya propaganda política alineada con el Eje ni intromisión en la política interna y sí, en cambio, aceptación de la zona como de influencia norteamericana. Desaparecieron, al mismo tiempo, los embajadores y las asociaciones vinculadas con la Falange, a las que de todos los modos se había atribuido una importancia excesiva por parte de Estados Unidos. La propaganda española se convirtió en puramente cultural y tuvo un objetivo distinto. Al pretender unir a España con un grupo de naciones al margen del conflicto subrayaba, en definitiva, la neutralidad española.

Ésta apareció también en otro campo. El régimen de Franco no destacó por una actitud particularmente contraria a los judíos; no hubo un racismo antisemita, entre otros motivos por la ausencia de esta minoría étnica, aunque la dialéctica contra los judíos fuera periódicamente utilizada por los dirigentes del régimen. El antisemitismo franquista nacía del tradicionalismo católico y era compatible con el aprecio y el estudio del legado sefardita. Lo que tampoco hubo fue una política firme de protección de los judíos, a pesar de que una parte de ellos eran sefarditas y podían aducir su procedencia española. En una primera etapa, España fue lugar de paso de unos treinta mil judíos, pero no hubo una política del régimen destinada específicamente a salvarlos. Tampoco en la fase final de la guerra existió esta actitud de defensa, a pesar de que por entonces era evidente que el destino que les esperaba era el exterminio. Sí, hubo unos ocho mil judíos que se salvaron merced a la intervención de las autoridades españolas, pero ello se debió mucho más a la iniciativa de diplomáticos españoles, que actuaron por propia cuenta, que a una instrucción gubernamental precisa. En Grecia y Hungría salvaron a un número importante de judíos, sefardíes o no, y un embajador, Sanz Briz, figura en el Museo del Holocausto de Jerusalén como uno de los defensores de los perseguidos.

Todo cuanto antecede es significativo porque revela la voluntad de las autoridades españolas de no tener motivos de enfrentamiento con la Alemania nazi, pero también de coincidir con los presupuestos de la política norteamericana. Al mismo tiempo, la España de Franco se lanzó a una carrera para simular el mantenimiento estricto de una neutralidad en la primera fase de la guerra que no había sido cierta. La inautenticidad de esta posición la pudieron apreciar los embajadores aliados en el nombramiento de Lequerica como ministro de Asuntos Exteriores. Inteligente y escéptico hasta el cinismo, el nuevo ministro era el representante de su país ante el régimen de Pétain y una persona que siempre había mantenido una neta predilección por el Eje. Como ministro, aprovechó cualquier oportunidad para pretender ignorar su pasada germanofilia e identificarse hasta la adulación con Estados Unidos, que ya parecía el gran ganador de la guerra.

Cuando en la primavera de 1944, Churchill afirmó en la Cámara de los Comunes que consideraba un error injuriar gratuitamente a Franco, que habría prestado un servicio a los aliados al no entrar en la guerra, el régimen lo interpretó como testimonio de un acercamiento británico. Pero no fue así: Churchill respondió en un tono que no dejaba duda acerca de su radical discrepancia con el sistema político español. En cuanto a Estados Unidos, a este país se dirigió sobre todo la política de Lequerica, pero sin éxito. Con el paso del tiempo, España dio facilidades a los aviones norteamericanos y convirtió su neutralidad en benevolencia respecto a los ya evidentes vencedores. En abril de 1945, España rompió sus relaciones con Japón; aun así, el presidente norteamericano escribió a su embajador que, aunque no quería intervenir en la política española, no creía que un régimen que había sido apoyado en su origen por los países fascistas pudiera ser aceptado en la nueva organización del mundo. Incluso los que iban a ser derrotados se desentendieron de Franco: desde septiembre de 1944, el embajador alemán estuvo ausente de Madrid y cuando, meses después, Hitler oyó que Franco consideraba que no había sido aliado suyo habló inequívocamente de «frescura».

El porvenir que acechaba a Franco no era sólo de aislamiento exterior, sino también de problemas internos. En el transcurso de 1943 habían sido varios los intentos de inducir a Franco a provocar, por sí mismo, la restauración monárquica. Su negativa había sumido a los partidarios de don Juan en la perplejidad nacida de no saber si decantarse por un enfrentamiento con el régimen. En los primeros meses de 1944 se acabó produciendo una posición de ruptura, principalmente por la propia actitud de Franco. En enero, éste escribió a don Juan argumentando extensamente en torno su propia legitimidad, que incluso fundamentaba en la prescripción. Le recomendó, además, que «no se hipotecara» con el ejercicio del poder. Por su parte, el heredero de la línea dinástica repuso que Franco era demasiado optimista, en cuanto a su régimen y la duración que habría de tener. Entonces, el Caudillo se indignó tanto que le dijo que rogaba a Dios que iluminara la inteligencia de su corresponsal y perdonara sus errores. Este intercambio epistolar, en el que Franco siempre se comportaba con respecto a don

Juan como un maestro ante un alumno no muy inteligente, dejó una herida abierta entre ambos que nunca se cerró. Franco siempre consideró al heredero de la línea dinástica su rival principal, lo que explica sus acerbos juicios, que extendió a la mayor parte de sus seguidores y consejeros. Por los mismos días algunas personalidades monárquicas sufrían sanciones. Próxima la liquidación de la guerra, en marzo de 1945, don Juan, en el llamado manifiesto de Lausanne, presentó la monarquía que él personificaba como un instrumento para una transición pacífica hacia un régimen con una constitución, respeto de los derechos humanos y ciertas libertades regionales. A partir de este momento, la monarquía apareció en el horizonte como una fórmula para la reconciliación política y para una transición no traumática desde la dictadura a una homologación con el tipo de regímenes políticos existentes en la Europa de la posguerra. Esta opción tuvo que enfrentarse con la ausencia de voluntad de entendimiento por parte de los dos bandos combatientes en la guerra civil y cuyo recuerdo resultaba todavía demasiado lacerante. Cualquier gesto que hiciese podía ser inmediatamente interpretado como una traición a cada uno de los dos bandos (o a ambos a un tiempo), con el resultado que es de prever. Aun así, cuando concluía la segunda guerra mundial no sólo parecía que las dificultades para el franquismo iban a ser enormes, sino que su supervivencia misma era imposible.

Conviene ahora que nos planteemos un balance final del período 1939-1945. Sobre la guerra mundial cabe decir, ante todo, que resulta difícil definir de forma precisa la posición de la España de Franco, no tanto porque éste no la quisiera dejar clara como porque, siendo España una pequeña potencia cuya intervención no podía influir en el resultado de la guerra, tuvo que evolucionar de acuerdo con los acontecimientos. De todas maneras, para interpretarla, hay que partir de la vinculación de la España franquista con el Eje. Ello explica que la neutralidad se convirtiera en no beligerancia cuando existió la esperanza de que se podría obtener un resultado rentable con una intervención mínima. Más allá de 1940, España rechazó también la posibilidad de entrar en el conflicto por no darse esas condiciones exigidas. En definitiva, la prioridad del régimen español no fue tanto la victoria del Eje como su propia subsistencia.

Franco atribuyó a su «hábil prudencia» el no haber entrado en la guerra, pero aunque siempre pensó en lo que él consideraba intereses nacionales (que en su pensamiento eran los suyos propios), distó mucho de ser siempre prudente, aunque tampoco le faltara habilidad. Si erró mucho en los juicios sobre la evolución del conflicto, al mismo tiempo no se sometió a la voluntad de terceros y luego supo camuflar con desparpajo su posición anterior. Pero su política no fue de neutralidad. Dio al Eje una ayuda mucho mayor no sólo que los verdaderos países neutrales como Suiza o los países que adoptaron una actitud benevolente con Alemania como Suecia o Turquía, sino mayor incluso que Finlandia, que combatió a la URSS desde el verano de 1941. Un correcto conocimiento de la posición española ante el conflicto revela que hubo por lo menos tres ocasiones —durante el verano de 1940, al año siguiente y el otoño de 1942— en que España pudo entrar en la guerra; cabe decir que no lo hizo casi de puro milagro.

Probablemente la causa fundamental de la no intervención española no reside ni en Franco ni en la diplomacia de su régimen. Las propias condiciones de la España de entonces, pobre y débil y además con una clase dirigente desunida, fueron un primer factor. Pero hubo también otros. Alemania sólo se interesó por la intervención española durante un período corto. Italia no quiso un competidor en el reparto del botín sino que pretendió tener un aliado en el peor de sus momentos estratégicos. Gran Bretaña, a veces ingenua al juzgar la política española, constituye un testimonio de la valía de una diplomacia inteligente, capaz de aprovechar al máximo sus recursos ante circunstancias difíciles. Estados Unidos pudo ser, en ocasiones, brutal pero nunca tanto como para llevar a cabo una agresión gratuita a una España que no le gustaba.

Parece obvio que, a diferencia de lo sucedido en 1914-1918, España no se benefició de una neutralidad sincera. Otros estados tuvieron que forzar la interpretación de la neutralidad (por ejemplo, permitiendo el paso de las tropas alemanas, como hizo Suecia), pero ninguno se autodefinió en una no beligerancia que era prebeligerante. Las consecuencias se padecieron luego. Cuando, con constantes ambigüedades y lentitudes, España evolucionó hacia una mayor neutralidad, nadie pudo creer que esta actitud fuera auténtica. Una curiosa paradoja del final de la segunda guerra mundial es que es muy posible que el destino de la España de Franco hubiera sido peor de haber triunfado Hitler. Éste, que nunca apreció a los dirigentes españoles, no tenía, a diferencia de los vencedores, ningún reparo de intervenir en la política de otros países. Todavía se puede citar otra: la confrontación permanente con la Rusia soviética, que la España de Franco mantuvo durante estos años, le sirvió para su supervivencia en la posguerra de mucho más que la amistad con Portugal y al menos tanto como la identificación con el Vaticano.

En otro aspecto es preciso también establecer un balance de la actitud de España ante la segunda guerra mundial. Sabemos que ésta fue una época muy difícil para Franco y no sólo por la presión de cuanto acontecía en el mundo. Éstos fueron sus años más complicados de gestión política, pero también fueron los años de su definitivo aprendizaje. Lo que sorprende no es tanto su actuación en la segunda guerra mundial como su habilidad en la posguerra, aunque ésta había nacido tras una etapa de crisis persistente y ásperos enfrentamientos entre sus colaboradores como la que tuvo lugar en 1939-1945. En este último año supo combinar la capacidad de arbitrar las tendencias de su régimen con las de intuir la evolución de la política internacional o de excitar el recuerdo de la guerra civil en forma tal que pudo perdurar después de un complicadísimo aislamiento.

EL CAMBIO COSMÉTICO: LA POLÍTICA DEL RÉGIMEN ENTRE 1945 Y 1951

En 1945, la dictadura de Franco se vio amenazada a la vez por la incertidumbre en cuanto al rumbo interno que seguir, por la amenaza de una oposición y por un inevitable aislamiento exterior. Todos estos aspectos están íntimamente entrelazados, de modo que no puede hablarse separadamente de uno sin aludir de manera más o menos directa a los otros.

Franco descubrió en fecha muy temprana la necesidad de mostrar una apariencia de cambio en sus instituciones y encontró un procedimiento para hacerlo a través de la aprobación de un conjunto de disposiciones de rango constitucional que no modificaban su poder político. Así se puede explicar la Ley de Cortes de 1942, un procedimiento para conceder mayor importancia, en el régimen, al componente tradicionalista, bien perceptible en la denominación de la asamblea y de sus miembros («procuradores»). Resulta muy característico de los titubeos institucionalizadores del régimen franquista que la iniciativa en este sentido fuera un consejo de Mussolini a Serrano y Franco, y que, al final, concluyera por dar una satisfacción a un sector distinto de Falange. Algo parecido se produjo en 1943 con la gestación de un proyecto de leyes fundamentales que por el momento no llegó a ver la luz.

La derrota del Eje hizo obvio lo que Lequerica aconsejó en 1945 a Franco: Arrese (y con él, la Falange) «debía apartarse de la luz», es decir, disimularse al máximo ante el panorama exterior. Franco, consciente de ello, no dudó en hacerlo. Desde 1944 dio indicios de su voluntad de ofrecer una imagen democratizadora, como la celebración, en octubre de 1944, de las primeras elecciones sindicales y la promesa de que tendrían lugar otras de carácter municipal. A partir del verano de 1945 captó las circunstancias internacionales y fue capaz de responder a ellas. Como siempre, su gran arma fue el empleo apropiado del tiempo para dilatar indefinidamente su permanencia mientras introducía modificaciones sólo aparentes. Al general Varela llegó a decirle que pensaba actuar «con mucho tacto pero sin prisa», frase reveladora de todo un estilo político. Cuando Serrano Suñer le propuso la constitución de un gabinete de transición hacia una fórmula aceptable en el resto de Europa con elementos intelectuales, Franco se limitó a anotar «je, je, je» en la propuesta. Esta sabiduría sanchopancesca habría de resultarle muy eficaz.

Tomó la iniciativa en julio de 1945, momento en que hizo aparecer una nueva legislación constitucional y cambió el gobierno con un sentido meridianamente claro: hacerse homologable a la situación política europea. Antes, sin embargo, como siempre, se guardó las espaldas con los generales más fieles con que podía contar en este momento. La decisión más importante desde el punto de vista táctico de Franco fue la de recurrir al catolicismo político. Fue hábil en cuanto que uno de los partidos que contribuyó a la estabilización de la democracia en Europa fue la Democracia Cristiana. En España, Franco no recurrió a ella, pero sí a los círculos del asociacionismo católico, que permanecieron parcialmente marginados en la primera etapa del régimen. Había un elemento de unión entre el mundo católico oficial y el régimen: la experiencia de una guerra civil en que uno de cada cinco diputados de la CEDA había perecido en manos del adversario. El nacional catolicismo no fue una doctrina que practicara tan sólo un sector de la derecha española, sino un sentimiento común que unía a todos en la vinculación entre religiosidad, nacionalidad y régimen político. Pero el catolicismo oficial no ejerció un poder determinante hasta 1945, aunque fuera adicto al régimen. La propia Iglesia católica española demostraba una cierta voluntad de institucionalización y apertura que superara la dictadura personal.

El catolicismo colaboracionista que en julio de 1945 llegó al poder tenía un programa que conectaba a la vez con la voluntad genérica de la Iglesia de una institucionalización dictatorial pero de carácter no fascista. La persona que representó este colaboracionismo fue Martín Artajo, que pasó de la presidencia de Acción Católica al Ministerio de

Asuntos Exteriores. En el verano de 1945 las posibilidades del régimen parecían muy limitadas y, desde una posición opositora, las figuras fundamentales de la CEDA, Gil Robles y Giménez Fernández, condenaron el colaboracionismo que ahora se iniciaba. No se debe creer que fuera puro oportunismo, aunque acabara convirtiéndose en eso. Martín Artajo quería, al menos en abstracto, el retorno a la monarquía, una declaración de derechos políticos y su aplicación mediante la legislación correspondiente. Se produciría, además, de acuerdo con sus planes, una consulta a los ciudadanos. Además, se modificaría la legislación de prensa y Falange desaparecería, siendo los servicios sociales que había creado integrados en la maquinaria estatal.

En suma, se trataba de un programa de apertura levemente liberalizador, aunque no democratizador, y que tenía una vaga esperanza de llegar a una modesta homologación con Europa. Franco, sin embargo, nunca ocultó que sus propósitos eran otros. Había que volver a considerar a España como reino, aseguró, pero don Juan no era más que «pretendiente»; él mismo debía decidir quién sería su sucesor. Además, expresó con crudeza su juicio acerca de las instituciones monárquicas. No podían basarse tan sólo, dijo, en la pura sucesión de «el último que se acostaba con doña Isabel (aludía a Isabel II)», sino que había que ver si «lo que salga del vientre de la reina» era apto, y a él le correspondía tal tarea. Dejó bien claro, además, a quienes le pedían una institucionalización de cierto pluralismo que nunca habría partidos. Respecto a la prensa durante la guerra, aseguró que «yo no sabía de esta cuestión ni durante la guerra pude ocuparme de ella».

Los cambios políticos no supusieron la desaparición de los ministros falangistas, que conservaron las carteras de Trabajo (Girón) y Justicia (Fernández Cuesta), pero sí de la Secretaría General del Movimiento. En realidad fue una ocultación de cara al exterior, pues el organismo quedó en manos de un funcionario de rango inferior. En consecuencia, puede considerarse correcto el juicio de Girón: «Los hombres de Falange iban a prestar a España un doloroso servicio, su discreto apartamiento del paisaje público». El saludo con el brazo en alto desapareció. Coincidiendo con el cambio de gobierno, se aprobaron tres importantes disposiciones legales. La Ley de Enseñanza Primaria suponía una entrega de ésta al catolicismo. El Fuero de los Españoles resultó una típica enumeración de derechos no traducida en la legislación ordinaria. La Ley de Régimen Local permitió pensar que en los ayuntamientos quedaría representada una mayor pluralidad de intereses, aunque también esta esperanza se vio frustrada. No se modificó la influencia del Estado en los medios de comunicación que se hizo depender del Ministerio de Educación. Si antes los censores eran falangistas, ahora ejercieron como tales personas procedentes del mundo católico.

En octubre de 1945 se aprobó la Ley de Referéndum, que indicaba la voluntad de someter al pueblo una gran decisión (que todo el mundo sospechaba que sería la monarquía), aunque eso no supuso que la consulta fuera inmediata. Ese mismo mes hubo una amnistía, pero una Ley de Reunión, Asociación y Garantías Personales quedó inmediatamente detenida. Parece haber existido en algún momento el propósito de suprimir un Consejo Nacional que seguía recordando demasiado a organismos fascistas, pero Franco demostró una clara renuencia a prescindir de Falange. El propósito de transformación de las Cortes quedó en una pura variación de su reglamento.

En suma, por mucho que se hablara de «democracia orgánica» la realidad española era distinta del corporativismo católico de los años treinta. El régimen seguía siendo una dictadura de hecho que había cambiado de lenguaje, pero no había modificado la realidad de que el poder estaba concentrado en la persona de Franco. Mucho más que responder a los principios de la democracia orgánica, el franquismo respondía a estas tres palabras contenidas en uno de los informes de Carrero Blanco a Franco escritos por estos días como receta frente a la presión exterior: «orden, unidad y aguantar», sobre todo esto último. Para quien ya era el principal inspirador de Franco, lo que guiaba a los disidentes y a las potencias democráticas en su deseo de cambiar las instituciones españolas era «papanatismo», en el primer caso, y ganas de privar de independencia nacional a España, en el segundo.

Franco, que nunca albergó la menor duda sobre su propia permanencia en el poder y no siempre mantuvo la apariencia de tranquilidad, se aferró a él con una crispada tensión. Se revolvió contra los monárquicos y repitió sus obsesiones antimasónicas. Para él resultó el mayor motivo de preocupación la posibilidad de que la monarquía consiguiera atraer a un importante número de adeptos entre quienes hasta entonces habían permanecido de su lado. De ahí que, a principios de 1946, en el momento en que don Juan llegó a Estoril, reaccionara con decisión y violencia. Afirmaciones como «el régimen tiene que defenderse [de los defensores de la monarquía] y clavar los dientes hasta el alma» y «aplastarles como gusarapos» demuestran una excitación infrecuente en una persona fría. Esta sensación de irritabilidad se aprecia también en los artículos antimasónicos que escribió en la prensa.

Pero Franco tuvo siempre muy claro lo que debía hacer con la alternativa monárquica. En la primavera de 1947 abordó la cuestión en una Ley de Sucesión sometida en julio a referéndum, en el que obtuvo el inevitable número abrumador de votos. Ni siquiera en la ley se determinaba el mantenimiento de la línea tradicional dinástica. No pasó de una declaración genérica de que España era un reino y la determinación de un elemental mecanismo de recambio en caso de fallecimiento del jefe del Estado (un Consejo de Regencia formado por altas autoridades políticas, militares y religiosas). La determinación del sucesor quedaba en manos de Franco de manera indeterminada. La única consecuencia práctica inmediata de la Ley de Sucesión consistió en que se le atribuyó la capacidad de conceder títulos nobiliarios. Lo hizo concediendo ducados a los herederos de Primo de Rivera, Calvo Sotelo y Mola, pero también títulos al resto de los militares que habían participado en la dirección a sus órdenes de la guerra civil. A lo largo de 1948 y 1949, al mismo tiempo, fueron sancionados o retirados de la carrera militar algunos de sus colaboradores monárquicos durante la guerra.

Paralelamente al referéndum tuvo lugar la constitución de los jurados de empresa, fórmula complementaria en el terreno social por lo que tenía de apariencia democrática, y con la misma inanidad política porque tardaron mucho en ser reglamentados. Se mantuvo el rígido control de prensa existente hasta entonces; a lo largo de la década de los cuarenta se impidió cualquier tipo de crítica a la acción del gobierno. El equipo responsable de los medios de comunicación procedente de los círculos católicos fue liquidado después políticamente sin que su programa, por modesto que fuera, se hubiera llevado mínimamente a la realidad. En muchos terrenos, como por ejemplo en el cultural o en la tolerancia hacia otros cultos religiosos, estos círculos eran a menudo más cerrados que la propia Falange.

Al final del período, Franco tenía todas las razones para estar plenamente satisfecho. En 1949 era descrito por *Arriba*, el principal diario oficial, como «el hombre de Dios, el de siempre, que aparece en el crítico instante y derrota a los enemigos». Ese mismo año visitó Portugal y allí recibió el doctorado de la Universidad de Coimbra, en el segundo y último viaje al extranjero que llevó a cabo a lo largo de todo su mandato (y que, como el anterior a Italia, fue también a una dictadura). En 1954, las Cortes aprobaron el cambio de apellidos en su nieto para que, de esta manera, pudiera conservarse el nombre del dictador. Pero no hubo mayor muestra de autocomplacencia que el cambio gubernamental. En efecto, en 1951, Franco, pasada la tormenta, se dio la satisfacción de no mostrar su verdadera faz. Los católicos conservaron su cuota en el reparto del poder e incluso la aumentaron gracias a recibir Ruiz Giménez la cartera de Educación, pero Falange ahora reapareció con la resurrección de la Secretaría General del Movimiento, de nuevo al mando de Fernández Cuesta. Además, dos personajes que desempeñado un papel central durante la segunda guerra mundial (y no precisamente a favor de los aliados), el general Muñoz Grandes y Arias Salgado, responsables respectivamente de la División Azul y del control de la prensa, asumieron una cartera militar y la de Información y Turismo. Carrero Blanco, consejero principal de Franco desde la segunda guerra mundial y opuesto al excesivo poder de Falange, alcanzó el puesto ministerial.

Todo cuanto antecede en el presente epígrafe revela el carácter mínimo de los cambios producidos a partir de 1945, al menos en lo que respecta al poder de Franco. Pero de una posguerra a la otra no cabe la menor duda de que se produjeron algunos cambios ambientales. Podemos percibirlos aludiendo a dos cuestiones: el catolicismo y la actitud ante culturas peculiares.

La voluntad de llevar a cabo una «reconquista neotradicional» de la sociedad derivó en una idea de consustancialidad entre la religión católica y la patria española, una interpretación mesiánica del pasado histórico y una visión autoritaria y armonicista de la sociedad. Lo que distinguía a falangistas y clericales y marca una distancia entre los períodos anterior y posterior a 1945 es la diferencia en el énfasis. Los falangistas daban por supuesto el catolicismo del régimen y del Partido, pero no estaban dispuestos a la autonomía de lo religioso frente a lo político. De ahí que llevaran a cabo una política tendente a lograr el «monopolio absoluto» del poder, evitando la existencia de organismos asociativos católicos. El sector más clerical, en cambio, concebía lo católico como el elemento de integración, pero al mismo tiempo exigía autonomía para él.

Sin embargo, la coincidencia en los principios fundamentales hace que hoy lleguen a resultar casi incomprensibles las polémicas que a lo largo de toda la década de los cuarenta se produjeron entre ambos sectores. El sector clerical se quejaba de que se negara la condición de «cruzada», lucha de fundamento religioso, a la guerra civil. Además repudió los intentos de tratar de «nacionalizar» a los intelectuales de la generación del 98 o los liberales. Los falangistas radicales hubieran utilizado para designar al régimen la expresión «revolución nacional».

Eran más partidarios de una cultura laica, para asumirla y dotarla de sentido español, que los tradicionalistas.

Lo que caracterizó el período posterior a 1945 no fue la desaparición de la mentalidad nacional-católica sino un cierto mayor grado de autonomía social para la Iglesia Católica. El régimen aceptó la especialización de los movimientos de Acción Católica. En 1947, siguiendo un modelo ya existente durante los años treinta, aparecieron un conjunto de organizaciones que tenían un carácter apostólico pero que podían ser rivales de los organismos dependientes del Partido. Así nacieron las Hermandades Obreras de Acción Católica, la Juventud Obrera Católica o la Juventud de Estudiantes Católicos (HOAC, JOC, JEC, respectivamente), que con el paso del tiempo acabarían por tener graves conflictos con el Partido.

El caso de Cataluña, el mejor conocido, ejemplifica muy bien la voluntad del régimen de Franco de llevar a cabo una labor de homogeneización tendente a la desaparición de una cultura propia y a la castellanización. La expresión «genocidio cultural» parece apropiada para lo sucedido en estos años. El catalán sólo se permitió en el ámbito familiar privado, mientras que algunos de los cambios en la denominación de las calles parecía buscar de forma voluntaria la ofensa o la más palmaria muestra de imposición por la fuerza. No sólo se prohibió el uso del catalán en la vida pública, sino que además se hizo una campaña de propaganda oficial del castellano («Hablad la lengua del Imperio», recomendaban unos solemnes carteles en Barcelona). Se suprimieron algunos monumentos ciudadanos que podían identificarse con el catalanismo y desapareció toda la prensa en catalán, incluso la de carácter religioso. Desde el verano de 1939 se optó por poner el mayor número de barreras posibles a la edición en catalán. Las publicaciones que se permitió editar eran folletos de carácter folklórico o religioso, la Biblia o textos de clásicos griegos como Plutarco, a condición de que el prólogo y las notas aparecieran en castellano.

En 1946, la situación cambió ligeramente. Hubo una cierta «primavera» de la edición, de modo que prácticamente toda la poesía catalana pudo editarse, aunque Maragall, por ejemplo, podía editarse en castellano pero no en catalán; las traducciones al catalán de autores recientes estaban prohibidas. La predicación en catalán se toleró en el medio rural, pero sólo entrada la década de los cincuenta en el urbano. Se produjeron casos tan grotescos como que hubiera ediciones clandestinas en catalán de autores como Shakespeare. No puede extrañar que los propios catalanistas se preguntaran acerca de si resultaría posible la supervivencia de su cultura. Aun así, la situación resultaba mejor que en la etapa que podría ser descrita como la «era azul».

La oposición de los supervivientes: la izquierda desde 1939 a 1951

En abril de 1969, el antiguo alcalde socialista del pueblecito malagueño de Mijas reapareció en la vida pública cuando se concedió una amnistía por delitos cometidos durante la guerra civil. Había permanecido treinta años de su vida, desde los 34 hasta los 64, oculto en su casa esperando la posibilidad de reaparecer. Su experiencia, aunque singular, sólo fue una de las muchas por las que pasó la España derrotada durante la guerra civil. En realidad, hasta que empezó a tenerse seguridad sobre el resultado de la segunda guerra mundial no hubo una movilización de los derrotados para intentar la recuperación del poder en España; cuando se produjo, sin embargo, debido a las circunstancias internacionales esta oposición fracasó. Pero también sobrevivió y tuvo un momento de esperanza, que en los años cincuenta estaba destinada a desvanecerse.

Probablemente, el ejemplo más palmario de discordia interna lo proporciona el partido socialista. La situación creada durante la guerra civil perduró, incluso acentuándose, hasta 1945, y sólo la esperanza de la victoria aliada animó una recomposición. De ella fue beneficiario fundamental Prieto, quien incorporó a las filas de sus seguidores a antiguos colaboradores de Largo Caballero o de Besteiro, mientras que la influencia de Negrín declinaba claramente. Negrín nunca tuvo una influencia predominante en el seno del socialismo español, aunque sí en el aparato estatal republicano; ahora los repetidos giros del Partido Comunista Español (PCE) deterioraron su posición. Prieto se convirtió desde una fecha muy temprana en defensor de una solución plebiscitaria, prolongación de la que había mantenido al final de la guerra civil; su táctica nunca tuvo un apoyo incondicional en el seno del partido, pero sí mayoritario.

En el interior de España, el Partido Socialista Obrero Español (PSOE) perduró en condiciones muy precarias. En Asturias se mantuvieron grupos guerrilleros hasta 1948, y desde 1944 funcionaba una ejecutiva nacional en el interior. Tanto ésta como el PSOE que se organizó en la emigración de Francia se caracterizaron por un tono fuertemente anticomunista. En Francia el organizador principal del partido socialista fue Rodolfo Llopis, pero Prieto, superior en prestigio y capacidad táctica, fue el verdadero animador del PSOE en el exilio francés, y en 1946 contaba con ocho mil afiliados. Quedó así la totalidad del socialismo en condiciones de presentar una estrategia basada en la presión exterior y destinada a lograr una transición hacia la democracia. Los socialistas, aun declarándose republicanos, mantuvieron una actitud posibilista.

Este planteamiento chocó con el de quienes querían restablecer las instituciones republicanas. La llamada Junta Española de Liberación (1943) fue iniciativa de los republicanos catalanes y en ella participaron también los socialistas, aunque su figura más significativa fue Martínez Barrio. La Junta surgió como contraposición no sólo a la alternativa monárquica, sino también a los intentos comunistas por inspirar organizaciones más amplias. En el interior de España, la llamada Alianza Nacional de Fuerzas Democráticas (ANFD), creada por las mismas fechas, insistió más en la celebración de elecciones libres que en el restablecimiento de las instituciones de 1931; más próxima a los monárquicos, la ANFD mostró también un inequívoco anticomunismo.

Había, pues, surgido un potencial enfrentamiento entre la ANFD y los republicanos exiliados. Sólo en agosto de 1945 se produjo el definitivo restablecimiento de las Cortes republicanas en México. Martínez Barrio fue elegido presidente de la República y Negrín presentó ante él su dimisión. No por ello se consiguió la unidad del campo republicano. Prieto vetó a Negrín como presidente del gobierno y, cuando se formó un gabinete presidido por Giral, tampoco quiso pertenecer a él. Por eso puede decirse que la República renació con graves problemas de unidad. A comienzos de noviembre, Giral consiguió dar por finalizada la composición de su gobierno, pero Prieto, más al tanto de la realidad de las relaciones internacionales del momento, no se recató de otras opciones distintas de la legitimidad republicana. Giral renunció a la violencia, pero ello no bastó para conseguir el apoyo decidido de las naciones occidentales que, al pedir en marzo de 1946 un gobierno de transición, indicaban que la democracia no se identificaba con la República.

El PCE, tras incrementar su influencia política a lo largo de la guerra civil, al final se vio acusado por el resto de la izquierda de haber tenido unas pretensiones hegemónicas. La confrontación fue especialmente dura entre socialistas y comunistas y dejó a estos últimos aislados. Durante el período posterior se produjo un primer cambio en la dirección del partido, cuando José Díaz se suicidó en 1942 y la dirección pasó de hecho a Dolores Ibárruri, *la Pasionaria*. En Sudamérica estuvieron buena parte de los dirigentes comunistas y, desde allí, a través de Portugal consiguieron restablecer una cierta organización en el interior de España. En 1941-1942, los comunistas españoles propusieron la táctica de la «Unión Nacional» contra el franquismo, con la que pretendían agrupar a sectores muy diversos, incluso de derecha, bajo principios exclusivamente patrióticos y antifascistas. Pero, en realidad, los comunistas no lograron el apoyo de casi nadie. Además, estaban tan divididos como otros grupos por las disputas internas de la Internacional y el diagnóstico acerca de España. La derrota de una invasión guerrillera desde Francia le sirvió a Santiago Carrillo para ascender en el liderazgo en Francia. Su acceso a la dirección del comunismo español en este país no significó, no obstante, un cambio táctico, porque se mantuvo la actuación guerrillera.

El comunismo español apenas había tenido fuerza en los años treinta en comparación con el anarquismo, pero esa situación cambió en la primera mitad de los cuarenta. La razón estriba en que, de manera definitiva, al anarquismo se le planteó ahora el dilema de intervenir en política o no. Ahora, ya que se habían agravado sus disputas por la división entre el exilio y el interior, se replanteó la posibilidad de evolucionar hacia el sindicalismo puro o incluso la intervención partidista, con las instituciones republicanas o sin ellas. Pero, además de estos dilemas, más que cualquier otro grupo de izquierdas, la Confederación Nacional del Trabajo (CNT) recibió ofertas de colaboracionismo por parte del sindicalismo oficial franquista. Como en el caso de socialistas y comunistas, los anarquistas contaron con una organización de rango nacional en la clandestinidad a la altura de 1944, pero parece que sufrieron el impacto de la represión en un grado todavía mayor. El motivo de ello es que pretendió organizarse como un sindicato de masas fácilmente penetrable por la policía. A finales de 1945 fue encarcelada la novena ejecutiva nacional de la CNT; de las catorce primeras que tuvo, diez fueron desarticuladas por la policía. Frente a los sectores más partidarios de la intervención en la política, el sector más puramente ácrata patrocinó la guerrilla y el atentado, con escasas posibilidades de conseguir algo por estos procedimientos. En los primeros años de la posguerra, la CNT llegó a perder el ochenta por 100 de su afiliación y a comienzos de los sesenta su dirección estaba formada por militantes de edad, antiguos combatientes en la guerra civil, sin renovación generacional alguna.

En cuanto a los movimientos nacionalistas, es posible detectar en todos ellos, como rasgo general, una inicial tendencia hacia la radicalización en los años de la segunda guerra mundial. Es significativo que, en 1944, la coincidencia entre los nacionalismos periféricos llevara a la resurrección de la fórmula de «Galeuzca», la agrupación que con las sílabas de las nacionalidades históricas había unido a los jóvenes nacionalistas más radicales en los años veinte. Sin embargo, a partir de 1946, este radicalismo desapareció.

Hasta comienzos de 1946 puede decirse que en realidad la oposición exiliada o de izquierda simplemente sobrevivió. Entonces, con la derrota del Eje, los opositores creían entrever la luz al fondo del largo túnel. Pero para los españoles de derechas, la República no sólo representaba un retorno a la situación previa a la guerra, sino también una inversión del resultado de la guerra civil. Desde entonces, la alternativa monárquica tuvo siempre más posibilidades de sustituir a Franco que la republicana.

El gobierno de Giral había tenido desde sus primeros momentos problemas que durante 1946 no hicieron sino aumentar, pues no logró convencer a las naciones democráticas de que Franco se pudiera convertir en un peligro para la paz mundial. Giral objetivamente no tenía razón al hacer esta afirmación y la decisión de la ONU de tan sólo recomendar la retirada de los embajadores pudo ser considerada como una derrota por parte de los socialistas crecientemente lanzados, de la mano de Indalecio Prieto, por la senda del posibilismo. Así se explica la formación de un gobierno presidido por Llopis, ya a comienzos de 1947. Desde un principio el principal organizador del socialismo en Francia se vio condenado a mantener un difícil equilibrio. Pertenecía a un partido que era afín a las potencias democráticas y, por tanto, podía constituir una garantía, pero también debía intentar unificar a toda la oposición exiliada y por esta razón incorporó a su gabinete a un representante del PCE. En el verano de 1947, la posición de Prieto, plenamente posibilista, triunfó en el seno del PSOE, y con ello se hizo imposible el mantenimiento del gobierno. El exclusivamente republicano, presidido por Albornoz, que se formó a continuación vino a ser una especie de representante del legitimismo republicano y como tal duró mucho tiempo, aunque con la imposibilidad absoluta de dirigir la alternativa al franquismo.

A partir de 1947, en la posición exiliada, le correspondió un papel predominante al PSOE, dirigido por Prieto. Su actitud había sido la más clarividente de la izquierda pero, para que su estrategia triunfara, era imprescindible que encontrara una posibilidad de colaboración con los monárquicos. Su aproximación a éstos a lo largo de 1948 se demostró, sin embargo, insuficiente. En 1948, en las conversaciones celebradas en Francia no se había logrado forjar una esperanza sólida de sustitución de Franco. Hasta 1951, el PSOE siguió manteniendo en sus congresos la necesidad de un acercamiento a los monárquicos, pero poco podía hacer ante la creciente aversión de las potencias democráticas incluso hacia la posibilidad misma de plantearse el problema español. Si para los dirigentes emigrados del socialismo estos años fueron de decepción, los del interior experimentaron en sus carnes, tras un momento de esperanza, todo el peso de la represión. Entre 1944 y 1947 existió un cierto grado de organización interna, pero luego desapareció. El socialismo sólo actuaba a fines de los cuarenta en aquellas zonas en las que había tenido un sólido arraigo histórico (Madrid, País Vasco y Asturias), y allí lo hacía de forma un tanto inconexa. En 1949 había en la cárcel tres comités nacionales que habían actuado de forma sucesiva y unos 1.300 militantes.

Como en todos los partidos comunistas occidentales en esta etapa, el PCE vivió una absoluta sumisión a las directrices emanadas de Moscú, hasta el punto de que Carrillo empleaba términos como «estrella polar» para referirse a la Unión Soviética, Semprún decía que si la Unión Soviética no existiera no merecería la pena vivir y Alberti definía a Stalin como «padre, camarada y maestro». Al igual que en otros partidos comunistas europeos, el culto a la personalidad de Stalin tuvo su traducción nacional en el líder propio, en este caso Dolores Ibárruri. La peculiaridad fundamental del PCE en el seno de la oposición está marcada por su defensa de la guerrilla, aunque ni mucho menos la monopolizó. Se ha atribuido a la decisión de Stalin en 1948 el hecho de que el PCE abandonara la táctica guerrillera, pero es probable que las circunstancias objetivas del interior de España indujeran al cambio. Stalin tan sólo hizo una indicación muy general sobre la necesidad de hacer compatible esa actuación armada con la utilización de métodos legales. No puede afirmarse que este giro supusiera el predominio del PCE en las huelgas que se produjeron en estos años, que fueron espontáneas.

Tanto o más que el apoyo a la guerrilla caracterizó al PCE de esta época el aislamiento y, además, un encastillamiento en posición defensiva, típica de la época estaliniana, que suponía la purga permanente ante el temor a una infiltración. En 1947, el PCE abandonó el gobierno republicano al mismo tiempo que su marginación se hacía patente en otros países como Bélgica, Francia e Italia. En 1948 fue eliminado, además, de los gobiernos autónomos catalán y vasco. En 1950 acabó siendo declarado ilegal en Francia. Mientras tanto tenían lugar las purgas ideológicas, reflejo de heterodoxias de otras latitudes. Una buena muestra de la endofagia del partido se puede apreciar en el hecho de que, de los 17 diputados que el PCE tenía en las últimas Cortes republicanas, cuatro habían muerto por estas fechas, pero, además, diez lo habían abandonado.

Aun animada principalmente por los comunistas, la guerrilla nació de forma espontánea en aquellas zonas en las que había una sólida tradición de izquierda o una orografía complicada. Poco organizados y dotados de unos medios muy parcos, los guerrilleros eran simples «huidos» o personas que «se habían tirado al monte», a menudo tras huir de la cárcel. Con ellos, los comunistas vertebraron luego una actividad armada que contaba con algunos suministros pero que nunca fue realmente peligrosa para el régimen. No fue, pues, la oposición «más seria», ni impidió la entrada en la guerra mundial. Tampoco organizó verdaderas acciones militares. Como Carrero le escribió a Franco en uno de sus informes, se trataba más de «bandolerismo» destinado a provocar un clima de inseguridad que de una reacción ofensiva capaz de, por ejemplo, cortar las comunicaciones.

La actividad guerrillera fue importante entre 1946 y 1948 y se redujo a un mínimo a partir de 1952, aunque todavía habría algún ejecutado por guerrillero a mediados de los cincuenta. La agrupación guerrillera más activa, situada en Levante, entre Teruel, Cuenca, Castellón y Valencia, dependía de los recursos que llegaban de Francia. A diferencia de la guerrilla de otros países, no tuvo un apoyo sistemático de la población, aunque dispuso de una red de colaboradores y enlaces de varias decenas de millares; y tampoco pudo contar con ayuda más allá de una frontera, sino que tan sólo se mantuvo dando pequeños golpes de mano en zonas aisladas. Sus acciones consistían en asesinatos, secuestros, sabotajes o atracos, a lo sumo alguna ocupación, por corto espacio de tiempo, de una pequeña población. Los guerrilleros no formaban grandes unidades, sino pequeñas partidas que permanecían ocultas durante el día y atacaban por la noche. Por eso resulta imposible hacer una narración de las operaciones guerrilleras. Murieron unos 2.200 guerrilleros en los combates, mientras que la Guardia Civil, principal encargada de combatirlos, perdió 250 números y las pérdidas totales de las fuerzas del orden se pueden situar en torno a las 300 personas. Aunque pudo haber 7.000 guerrilleros, nunca actuaron a la vez más de 2.000 o 2.500 en grupos de un máximo de 300 personas. Por ambas partes, la lucha se caracterizó por la ferocidad: los guerrilleros ejecutaban a los supuestos o reales partidarios del régimen, mientras que las tácticas de contrainsurgencia del régimen incluían torturas y aplicación de la «ley de fugas». El propio Carrero propuso recurrir a las «palizas» como método habitual para recurrir contra el terror adversario.

No cabe establecer una distinción radical entre la guerrilla y la protesta obrera en las fábricas, como si ambas fueran estrategias incompatibles: de hecho, las primeras huelgas en la España de Franco se produjeron en pleno auge de la guerrilla. En la de mayo de 1947, en el País Vasco colaboraron la UGT y la CNT, pero también el sindicato nacionalista vasco y las respectivas fuerzas políticas que apoyaban esos movimientos. Fue Asturias la región que, hasta los años sesenta, mantuvo el protagonismo de la protesta obrera en España. Desde el comienzo del nuevo régimen se registró un crecimiento sostenido de la extracción del carbón: en 1952 el número de mineros empleados superaba los 90.000, cuando en 1935 eran tan sólo 44.000. Desde la guerra civil, se produjo, además una auténtica militarización de la vida laboral, que implicaba, por ejemplo, arrestos en caso de inasistencia al trabajo. Aunque en la España de la época el salario del minero estaba muy por encima de la media, en la práctica hasta fechas muy tardías tan sólo servía para cubrir las necesidades alimenticias. Si se tiene en cuenta la coincidencia entre todos estos factores y la falta de modernización, se explica la elevada incidencia de la siniestralidad. Entre 1941 y 1959 murieron más de 1.500 mineros en Asturias y aproximadamente unos 750 en León y Palencia como consecuencia de accidentes de trabajo. A pesar de todo ello, en Asturias, el País Vasco y Barcelona, los casos de protesta fueron espontáneos, aislados e inconexos, lo que se explica por la conciencia de la derrota y el miedo a la represión.

En este contexto, lo sucedido en la capital catalana al comienzo de la década de los cincuenta reviste un gran interés por lo que tiene de novedad. La huelga de tranvías barceloneses de marzo de 1951 fue un conflicto no iniciado por ninguna de las organizaciones clandestinas, sino consecuencia de una reivindicación no política sobre el precio del transporte público, que había subido un cuarenta por 100, mucho más que en Madrid. Llegó a suponer la práctica detención de los tranvías durante algunos días, aparte del éxito complementario de dividir a quienes ejercían el poder en la capital catalana (la Falange chocó con un gobernador al que consideraban poco afecto). La oleada huelguística se extendió desde Barcelona al País Vasco. En ella, por otro lado, junto a sectores puramente obreristas, habían colaborado miembros de las organizaciones católicas. Todos estos factores, que en parte explican la posterior crisis ministerial de abril de 1951, nos introducen en una protesta social que habría de tener un futuro prometedor, pero sólo con el paso del tiempo.

La alternativa monárquica

Como ya hemos visto, la personalidad más activa de la izquierda española del momento, Prieto, fue consciente de que la posibilidad de sustituir el régimen de Franco nacía de un acuerdo con los monárquicos. Las potencias democráticas, aunque con matices, estaban de acuerdo también en una transición hacia la democracia a partir precisamente de la aceptación, en la monarquía, de una reconciliación. Resulta, por tanto, imprescindible referirse a la alternativa monárquica, que ahora representaba ya de manera inequívoca una ruptura respecto al régimen, aunque pretendiera hacerse por el procedimiento de la transición pacífica. Puede afirmarse que si hubo una ocasión en que el régimen franquista pudo ser sustituido, ésta se produjo en 1946 y hubiera sido la monarquía de don Juan la que lo habría relevado.

A lo largo de 1945 circularon con frecuencia entre Suiza y España los emisarios de don Juan y Franco pero las posibilidades de acuerdo entre ambos fueron siempre muy limitadas debido a diferencias sustanciales. El dictador ni por un momento pensó que debía abandonar el poder, sino que se aferró de forma decidida a él. Tenía la posibilidad de utilizar armas poderosas: podía movilizar a los militares más jóvenes y desde el principio complicó cualquier posible restauración por el procedimiento de multiplicar los posibles candidatos. Acudió a todos los argumentos para negarse a abandonar el poder, incluso a la necesidad de aplicar una estricta justicia a los vencidos. Pero su gran arma fue el sentido del tiempo y la lentitud en la acción.

La llegada de don Juan a Portugal causó en España una enorme conmoción. Un importante elenco de personalidades, entre las cuales figuraban veinte ex ministros, aristócratas, militares y los cinco banqueros más importantes, dirigieron a don Juan un escrito que revela que los apoyos de Franco eran menores de lo que podría pensarse. Sin embargo, una buena parte de los firmantes no hacía sino apuntarse a una fórmula que parecía imponerse de acuerdo con la situación internacional, pero estaba poco dispuesta a apostar por ella hasta las últimas consecuencias. Así empezó a verse cuando, días después de la llegada de don Juan a Estoril, Franco rompió cualquier tipo de relación con él. En los escritos que Carrero le dirigió por entonces se aprecia de forma palmaria la indignación de ambos contra «el pequeño sector de los salones bien» caracterizados por el «esnobismo, la frivolidad y la estulticia».

Tuvo entonces la causa monárquica que realizar un «doble juego» que, como escribió Gil Robles, surgió de dificultades tan grandes que concluyó por no salir adelante. Se trataba, por un lado, de resquebrajar la apoyatura social del régimen atrayendo a aquellos sectores que en la guerra civil habían estado al lado de Franco y, por otro lado y al mismo tiempo, de llegar a un acuerdo con la izquierda no comunista. Aunque don Juan de Borbón titubeó en más de una ocasión y cometió numerosos errores tácticos, la heterogeneidad de los monárquicos, su falta de unidad, la incertidumbre sobre el método para sustituir a Franco y la propia España de la posguerra constituyen los factores esenciales que explican su fracaso. En definitiva, si Franco no fue sustituido fue porque a un dictador alzado con el poder en una guerra civil resulta muy difícil desplazarlo como no sea mediante otra guerra civil.

La «doble política» tuvo su comienzo en los primeros meses de 1946. En febrero se firmaron las llamadas «Bases de Estoril», por las que una parte del carlismo se incorporó a la causa de don Juan tras suscribir un programa en que se mencionaban las «sanas instituciones representativas». Al mismo tiempo se producían contactos con la izquierda moderada en el interior de España. Es muy probable, no obstante, que en estos meses la causa monárquica actuara con un exceso de parsimonia porque Franco tomó en los siguientes una iniciativa que ya no perdió a continuación. Debe recordarse, asimismo, que la posición de los socialistas sólo fue posibilista tardíamente.

El franquismo se vio beneficiado por una peculiar reacción de una parte de la opinión pública española. La posición de las potencias democráticas al condenar el régimen no fue bien entendida, con el resultado de que éste pudo estimular una actitud de resistencia numantina. Esta percepción la tuvieron muy pronto tanto Carrero como Franco, y desempeñó un papel fundamental en sus decisiones. En este ambiente se produjo la comunicación a don Juan de la Ley de Sucesión, sobre la que no había podido emitir juicio alguno. La conversación que mantuvo con Carrero, encargado por Franco de transmitirle la decisión, no puede resultar más significativa. Don Juan se quejó de que el texto suponía la implantación de la monarquía electiva y el consejero de Franco repuso que en una guerra civil no se podía estar a caballo entre las trincheras. No podrán ustedes», contestó el primero aludiendo a las dificultades que tendrían con la opinión pública internacional. En eso se equivocaba. Sus posteriores declaraciones tuvieron el inconveniente de chocar con la opinión pública monárquica del interior de España. En ellas, la monarquía aparecía como superadora de la guerra civil y restauradora de las libertades. Además, don Juan afirmaba que permitía contactos de sus seguidores con quienes combatieron en el otro bando durante la guerra civil. Esta postura fue ratificada por la entrevista entre Gil Robles y Prieto en una reunión celebrada en Londres en octubre de 1947. Los dos dirigentes coincidían en el restablecimiento de las libertades, la amnistía y la integración en Europa, es decir, en lo verdaderamente esencial. Ambos eran ahora posibilistas; habían tenido tras de sí a los principales grupos políticos durante los años treinta, pero no existía una diferencia sustancial en el resultado final de sus propósitos. A la aparición de estas noticias en la prensa española, acompañadas de la correspondiente propaganda, le siguió una actitud por parte de la masa conservadora del país de absoluta y total cerrazón a toda posibilidad de cambio. El alejamiento de la posibilidad inmediata de llegar a la restauración, la educación de don Juan Carlos, su primogénito, y la división de los monárquicos hizo que, a partir de 1948, don Juan intentara otra estrategia. De esta manera se llegó a la entrevista del *Azor*, celebrada en aguas vascas en agosto de 1948. Como en el resto de las entrevistas celebradas entre Franco y don Juan, lo más importante de ésta no residía en su contenido en sí, sino en el propio hecho de que la entrevista se celebrase. «¿A quién de los dos le saldrá el tiro por la culata?», se preguntó el segundo refiriéndose a Franco y a él mismo. «Dios dirá», concluyó. A medio plazo, sin duda, a Franco, pero la respuesta cambia totalmente si tenemos en cuenta el plazo más dilatado. Conviene recordar también que don Juan Carlos por el mero hecho de volver a España podía haber quedado confirmado como sucesor.

En el mismo momento en que se estaban desarrollando las conversaciones entre Franco y don Juan, representantes monárquicos y socialistas se entrevistaban en San Juan de Luz, a pocos kilómetros, y constataron que coincidían con sus interlocutores en el resultado mismo de esa transición. Pero desde finales de 1948, las esperanzas de restauración fueron disipándose mientras que se producía un lento caminar de la causa monárquica hacia el colaboracionismo con el régimen. La presión de las potencias democráticas se había reducido a la nada y la perplejidad reinaba en las filas monárquicas. En 1951, las posibilidades de acuerdo entre monárquicos y socialistas se habían desvanecido totalmente.

A finales de 1951 ya había sido nombrado el nuevo gobierno de Franco, al que un portavoz monárquico no dudó en calificar como el «más totalitario» que nunca había tenido. En noviembre de 1948, don Juan Carlos había sido enviado a España; al mismo tiempo don Juan sustituyó a los consejeros antifranquistas que hasta entonces había tenido la monarquía por otros más cercanos a los círculos gubernamentales. De nuevo se convirtió en una cuestión política la educación del príncipe cuando, acabado el bachillerato, se planteó si tenía que continuar sus estudios en España o debía hacerlo en el extranjero. El sector más colaboracionista con Franco acabó imponiéndose y éste, de hecho, pudo controlar la formación de quien con el paso del tiempo habría de convertirse en el rey de España. Pero entre padre e hijo existió siempre una especie de «pacto de familia» para cumplir un programa idéntico, aunque las apariencias no lo desvelaran por el momento. Así se demostró a partir de 1975, es decir treinta años después del gran momento de la alternativa monárquica.

Franco, aislado

A lo largo de las páginas precedentes hemos podido comprobar hasta qué punto la política exterior desempeñó un papel decisivo en la interna. La causa única del aislamiento fue el mantenimiento de un régimen político que en la práctica no había evolucionado en nada desde sus orígenes, en 1939. Si España hubiera prescindido de Franco y evolucionado como lo hizo Turquía, es posible que su colaboracionismo con el Eje hubiera sido olvidado. Algo parecido podía haber sucedido si hubiera dado un vuelco más radical a su postura, como le sucedió a Brasil, a pesar de lo cual Getulio Vargas debió abandonar el poder, o si hubiese optado en el pasado por una neutralidad sincera, como la de Salazar en Portugal quien, además, en 1945 optó por una tímida política de apertura. Pero estas circunstancias no se dieron en el caso de la España de Franco.

A pesar de las triunfalistas declaraciones de los portavoces del régimen, los indicios de dificultades diplomáticas eran obvios antes de concluir el conflicto. En el verano de 1945 se reunió en San Francisco una conferencia internacional de la que saldría la Organización de las Naciones Unidas. El delegado mexicano propuso que no fueran admitidos aquellos regímenes que hubieran sido establecidos con la ayuda de potencias fascistas. Los «cuatro grandes», reunidos en Postdam no mucho tiempo después, aprobaron una declaración de acuerdo con la cual no admitirían ninguna solicitud de España. A lo largo de 1945, además, el modestísimo intento de expansión imperialista española concluyó de manera lamentable. España no fue admitida en la conferencia internacional sobre la administración de Tánger.

En el régimen franquista siempre le correspondió a Franco un papel fundamental respecto a la dirección de la política exterior, pero esta afirmación resulta especialmente cierta en un momento como éste en que se jugaba su mantenimiento en el poder. Franco no mostró ni generosidad personal ni visión de estadista, pero fue capaz de hacer un análisis acertado del panorama internacional al juzgar que la colaboración entre los países democráticos y la Unión Soviética no podía durar. Si su política exterior pudo triunfar se debió a su simplicidad: no era otra cosa que la traducción al marco internacional del «orden, unidad y aguantar» de Carrero en la política interna. La exterior consistió, pues, en repetir que España era una nación con una constitución abierta y evolutiva, capaz de homologarse con los restantes países europeos, pero con peculiaridades que impedían la existencia de partidos políticos. La guerra civil habría sido un episodio de la lucha contra el comunismo y el régimen habría sido estrictamente neutral durante la guerra mundial.

Muchos diplomáticos españoles de la época se daban cuenta de que sólo la desaparición de los aspectos más notoriamente dictatoriales del régimen sería capaz de aliviar la presión externa. Lequerica, de hecho representante de Franco en Estados Unidos, utilizó otro tipo de argumentación, basada en los intereses materiales y en el juego interno de la política norteamericana. Para él era esencial «ayudar a empresas», para lo cual habría de servir el partido republicano, un grupo «sin pasiones fanáticas, administrativo y económico». Eran los tiempos de la reconstrucción de una Europa azotada por la guerra, y España disponía de recursos que les podían resultar necesarios.

Fue sobre todo en los primeros meses de 1946 cuando la situación diplomática española empeoró gravemente. Panamá pidió que los países miembros de la ONU ajustaran sus relaciones con España a lo dispuesto en las previas conferencias de San Francisco y Potsdam. Francia, cuya opinión recordaba todavía la guerra civil española, cerró la frontera española. Pudo dar la impresión de que el régimen tenía sus días contados, lo que explica a la vez la efervescencia de los monárquicos y la nerviosa actitud defensiva de Franco. Pero las primeras referencias al llamado «telón de acero» datan de estas fechas. En marzo de 1946, para evitar alinearse con la Unión Soviética, los aliados occidentales (Francia, Gran Bretaña y Estados Unidos) hicieron una declaración que expresaba al mismo tiempo su deseo de que cambiara la situación política española y de que no se reprodujera la guerra civil. En el fondo daba ya la sensación de que hubieran aceptado una fórmula de evolución modesta. «Lo más que podemos esperar—escribió un diplomático británico—es una modificación del presente régimen y la supresión de sus elementos más reprobables».

Este planteamiento fue radicalizado en la ONU. En abril de ese mismo año, Polonia, un país en que la influencia soviética era ya determinante, afirmó que la existencia de un régimen como el de Franco constituía un peligro para la paz mundial. Sin embargo, en Ocaña, donde, según el delegado polaco, se estaban fabricando bombas atómicas, en realidad lo único que se producían eran ladrillos. Lo que los países comunistas hubieran deseado es que las Naciones Unidas hubieran roto sus relaciones económicas con la España de Franco. Tras una larga tramitación de una resolución, en diciembre de 1946, España fue expulsada de todos los organismos internacionales y se recomendó que los embajadores acreditados en Madrid fueran llamados a sus países.

Ya sabemos que tales medidas produjeron, cuando se conocieron en España, una reacción de numantinismo. Eran, por supuesto, el mejor testimonio del aislamiento del régimen de Franco en estos momentos: sólo hubo seis votos negativos, todos ellos de países hispanoamericanos, mientras que se contaron 34 positivos y doce abstenciones. Pero el efecto de la medida de la ONU fue poco importante en términos prácticos, puesto que la España franquista estaba ya virtualmente aislada. Sólo tres embajadores europeos (entre ellos, el británico) y dos hispanoamericanos se retiraron de Madrid, donde permanecieron el embajador portugués, el de Suiza (en una interpretación de la neutralidad), el nuncio del Vaticano y el representante irlandés, país de fuerte tradición católica.

Resultaba claro mediante qué procedimientos podía Franco romper el aislamiento que le había sido impuesto. Podía esperar que el Vaticano y los sectores católicos de todos los países contribuyeran a defenderle. También consiguió que Portugal sirviera de intermediario ante las naciones democráticas: entre 1945 y 1957, Franco y Salazar se entrevistaron cinco veces. Pero los medios por los que el régimen superó su aislamiento fueron, ante todo, la división de los vencedores en la segunda guerra mundial y la actitud de los países hispanoamericanos y, en menor proporción, de los árabes.

Aunque la división fundamental que se produjo entre los vencedores fue la que tuvo lugar entre la Unión Soviética y el resto, cabe introducir matices respecto a la cuestión española. La Unión Soviética deseaba que se mantuviera un foco de inestabilidad en el sur de Europa. En este sentido, los soviéticos preferían el mantenimiento de Franco a una monarquía democrática estabilizada. A comienzos de 1947 tuvieron contactos indirectos con Franco para evitar que éste se alineara con los países occidentales. Fue la ruptura entre la Unión Soviética y los países democráticos lo que salvó a Franco, mucho más que su propia política exterior. Francia, como en la guerra civil, vio que la problemática española se convertía en una cuestión de debate político interno. Pero las realidades materiales se impusieron: a mediados de 1948, tuvo lugar la firma de un acuerdo comercial. Francia hubiera preferido mantener con España relaciones exclusivamente comerciales pero Franco sólo aceptó que fueran completas. La posición británica resultó la más coherente y estable de los países occidentales: consistió en intentar acercar las diversas opciones de la oposición política española hacia una fórmula de colaboración bajo el patrocinio de la monarquía. El procedimiento para hacerlo debía ser también gradual: como decía Bevin, debía basarse en una presión diaria y no en una ruptura total. Ya en marzo de 1947, los británicos suscribieron un acuerdo comercial con España pero, decepcionados por una oposición demasiado dividida, acabaron llegando a la conclusión de que no tenía sentido proporcionar más «alfilerazos» a Franco.

La política norteamericana es la más errática entre todas las grandes potencias. Fue Estados Unidos quien, en 1946, editó la documentación más dura contra la pretensión de Franco de haber sido neutral y resultó, además, reticente respecto de una transición hacia la monarquía. Pero el interés militar acabó predominando sobre los demás. Desde 1947, todos los planes estratégicos norteamericanos partieron de la base de que, si los soviéticos iniciaban una ofensiva contra Europa, en cincuenta o sesenta días llegarían hasta los Pirineos. España había de servirles de bastión de resistencia y base para una contraofensiva; tan importante, en estas condiciones, era España para el flanco sur de Europa como Gran Bretaña para el norte. En octubre de 1947, la oficina de planificación política del Departamento de Estado llegó a la conclusión de que el régimen de Franco no podía ser desplazado sino por la fuerza y recomendó que se relajara la presión sobre él.

Al mismo tiempo, las maniobras de Lequerica en el seno de la prensa y de la política norteamericanas obtuvieron un cierto éxito. A partir de 1949, las Cámaras norteamericanas empezaron a aprobar ayudas a España, ayudas que fueron vetadas por el presidente Truman. La primera ayuda definitivamente aprobada no llegó hasta 1951. Aparte del factor militar, el cambio de postura norteamericana fue propiciado también por la formación de un núcleo de influencias formado por senadores y congresistas católicos, anticomunistas, interesados en la exportación de algodón y en la promoción de la industria militar o contrarios a Truman. El resultado de todos estos factores fue el giro en la posición norteamericana: la mayor parte de la opinión pública era en 1945 contraria a Franco, pero en 1951 se aproximaba a la mitad la partidaria de la entrada de España en la OTAN. Aun así, habría que decir que lo que se produjo fue el paso de la consideración de la alianza con España como algo «tremendamente impopular» a algo «simplemente poco popular».

Una vez explicada la posición de cada uno de los países occidentales, es preciso referirse también a «las políticas de sustitución» empleadas por Franco para aliviar su aislamiento. La principal de ellas fue la actitud hacia los países hispanoamericanos, y el instrumento del que se sirvió el régimen para lograr apoyos en esa parte del mundo fue la política cultural; así, en la partida dedicada a estos propósitos se produjo un sustancial incremento (el cuarenta por 100). El Consejo de la Hispanidad se convirtió en Instituto de Cultura Hispánica. La cultura española se presentó en Hispanoamérica como promotora de una vía peculiar, tradicional y católica, capaz de rivalizar con otras opciones más materialistas. De esta manera, el régimen español podía contar con tener a una parte de la opinión hispanoamericana a su favor, aunque también se enajenara a los países de significación más izquierdista (México, Chile, Costa Rica, Colombia).

«Estamos ya con medio cuerpo fuera del brocal del pozo y nunca olvidaremos a quien nos dio la mano cuando estábamos en el fondo», aseguró Areilza en 1949 aludiendo a Argentina en un discurso en el que representó a Franco. En efecto, el papel de este país resultó de tanta importancia para que la España de entonces superara su aislamiento que de él ha podido decirse que dependió la «salvación de una dictadura». Argentina era en los años cuarenta el primer exportador mundial de trigo y de carne de vacuno, aunque carecía de una flota suficiente para transportar ambos productos. En lo político, el gobierno de Perón propició una «tercera vía» populista, la de la «latinidad», que pretendía ser una alternativa a la preponderancia norteamericana en el nuevo continente. En el momento en que se produjo el aislamiento español se dio una coincidencia de intereses entre ambos países, que puede crear la errónea impresión de que existía una identidad política. En realidad, Perón quería mantener el apoyo de la extrema derecha de su país y, al mismo tiempo, dotarle de una conciencia nacional frente a la presión norteamericana, pero el populismo de su régimen distaba un tanto del tono nacional-católico del español. Eva Perón no dudó en decirle a un ministro español que su país parecía estar poblado de «sotanudos y chupahostias».

La colaboración entre Franco y Perón fue circunstancial, duró poco y creó conflictos al segundo, pero para el primero fue decisiva. En el mismo momento en que la ONU recomendaba la retirada de los embajadores en España, Argentina se apresuraba a enviar el suyo. En octubre de 1946 fue firmado un tratado comercial. En 1947, Eva Perón visitó España en un viaje que duró quince días y abundó en demagogia populista. Al año siguiente se suscribió el llamado protocolo Franco-Perón, destinado a facilitar las relaciones comerciales entre los dos países. Argentina contribuyó así de una forma crucial a que el aprovisionamiento de los españoles no se derrumbara, aunque obtuvo muy poco a cambio. En 1948, España importó casi 400.000 toneladas de trigo y 100.000 de maíz, cantidad que, en precio, no representaba más que la décima parte de lo que España exportó a Argentina. Pero ni Cádiz se convirtió en un puerto franco encargado de distribuir los productos argentinos por Europa, ni se hicieron inversiones en España, ni ésta proporcionó productos industriales a Argentina. En 1950, la balanza de pagos era ya favorable a España y en 1954 hubo rumores acerca de una posible ruptura de relaciones.

La relación hispano-argentina, alianza entre dos excluidos, fue un ejemplo de malentendidos. Argentina era un país pletórico con unos gobernantes en exceso optimistas respecto al futuro, pero que no podía ayudar a España obteniendo un beneficio real porque las dos economías no eran complementarias. Además existía una divergencia en política exterior, pues Perón preveía el estallido de una guerra mundial ante la cual sería neutral, mientras Franco quería ser admitido en el mundo occidental. Ambos deseaban beneficiarse el uno del otro, pero fue Franco quien obtuvo las verdaderas ventajas. Mientras tanto, el clima en el nuevo continente fue cambiando. La mejor prueba de ello consiste en observar cómo votaron los países hispanoamericanos en la ONU la recomendación aprobada en diciembre de 1946. Si en 1946 lo habían hecho en contra 6, en 1947, 1949 y 1950 lo hicieron respectivamente 8, 12 y 16. El giro de Hispanoamérica respecto a la España de Franco fue, por tanto, global, temprano y decidido al margen de Argentina.

Al apoyo de los países hispanoamericanos habría que añadir el de los países árabes. Aún más que en el otro caso, la política seguida con ellos fue la consecuencia de un proceso de sustitución. Se trataba de conseguir, a través de ellos, una mejora de la situación internacional propia. Los países árabes no tenían instituciones democráticas y en las votaciones de la ONU acostumbraban a abstenerse; eran susceptibles a rechazar la ingerencia de terceros en sus asuntos propios y temían, sobre todo, la comunista. Así se explica que la gestión de la diplomacia y la propaganda españolas alcanzara éxitos importantes. El problema para Franco podía llegar a ser que en un determinado momento los árabes reclamaran la independencia marroquí. Aun así, en 1950 visitó España el rey Abd-Allah de Jordania, primer jefe de Estado que llegó a hacerlo durante esta etapa. Luego, en 1952, lo hizo Martín Artajo por varios países árabes en compañía de la hija de Franco y el general Ben Mizzian, marroquí pero perteneciente al Ejército español.

Los éxitos de la España de Franco con los países árabes se explican porque a éstos, de momento, les interesaba mucho más la cuestión palestina que la marroquí. Si España se alineó en contra de la creación del Estado de Israel y apoyó la tesis vaticana de la internacionalización de los Santos Lugares, la razón fue principalmente la propia actitud del Estado de Israel. Cuando se proclamó la independencia, la noticia ni siquiera fue comunicada a España, un país al que el embajador israelí en la ONU consideraba «activo simpatizante y aliado» de los nazis. Israel, en efecto, obtuvo su apoyo en los medios liberales y socialistas. Ni el recuerdo magnificado de la ayuda prestada a los judíos perseguidos durante la segunda guerra mundial, ni cierta libertad religiosa otorgada en España a partir de 1945 impresionaron en absoluto a los políticos israelíes.

Señalados los apoyos a los que podía recurrir la España de Franco, podemos ahora narrar el proceso de superación del aislamiento. En 1947, la España de Franco fue expulsada de la Unión Postal Internacional, la Unión Internacional de Comunicaciones y la Organización Internacional de Aviación Civil, pero la postura favorable a ella en la ONU sumó 16 votos, frente a los 6 del año anterior. A estas alturas, los occidentales pensaban que la retirada de embajadores había tenido el paradójico efecto de suscitar más apoyo en torno a Franco y, por tanto, más valía optar por un cambio de postura. La «lenta relajación» de la presión sobre la España franquista recomendada por los planificadores del Departamento de Estado se vio favorecida por los acontecimientos internacionales. En el verano de 1947, Hungría, bajo la presión soviética, se había convertido en una dictadura comunista y en febrero de 1948 sucedió lo propio en Checoslovaquia. En el verano de 1948, los soviéticos iniciaron el bloqueo de Berlín. Por entonces ya había visitado España el *chairman* del comité de fuerzas armadas del Senado norteamericano. En enero de 1950, el secretario de Estado norteamericano reconoció que Estados Unidos aprobaría una resolución de la ONU que permitiera volver a mantener relaciones con España. Finalmente, en noviembre de 1950, las Naciones Unidas aprobaron por 38 votos contra 10 y 12 abstenciones (entre ellas figuraban las de Francia y Gran Bretaña) una resolución en la que, sin entrar a juzgar el régimen español, se autorizaba la reanudación de contactos diplomáticos. De hecho, en ese mismo momento había ya en España representaciones de 24 países. A fines de 1950, España comenzó su retorno a los organismos internacionales con su admisión en la FAO.

Una visión superficial pretendería que la posición de los países occidentales había cambiado sustancialmente, en especial en el caso de Estados Unidos. Todas las democracias pensaron, desde 1945, que hubiera sido mejor que Franco se retirara, pero en ningún momento estuvieron dispuestas a una intervención militar porque ni eso parecía una práctica habitual ni la España de Franco representaba un peligro real para ellos. Frente a lo que aseguraba el delegado polaco ante la ONU, un diplomático británico, al tratar de España, aseguró que «sólo es un peligro y una desgracia para ella misma». Las potencias occidentales, además, descubrieron que la oposición parecía débil y poco unida y, por tanto, acabaron por someter a España a lo que podría denominarse como un «ostracismo tolerante». Truman afirmó que la salida de embajadores era «la forma incorrecta de cumplir un propósito correcto», y Bevin, el secretario del Foreign Office, describió la que hasta el momento había sido su propia postura como «una conducta ineficaz y poco inteligente». Esa posición no encerraba un reconocimiento de la bondad del régimen español, sino, más bien, de lo inconmovible del régimen. La guerra fría aumentó, pues, la tolerancia hacia Franco pero el ostracismo se mantuvo y la mejor prueba de ello consiste en que España no pudo participar en el Plan Marshall ni tampoco en la OTAN.

La «noche oscura»: autarquía y racionamiento en la década de los cuarenta

Como ya sabemos, el grado de destrucción alcanzado en España estuvo lejos de ser semejante al de Europa tras la segunda guerra mundial. En España se perdió una décima parte del ganado bovino en la guerra civil, pero en Grecia, durante la segunda guerra mundial, la mitad; se conservaron tres cuartas partes de la flota mercante española, y en las de Francia y Grecia tan sólo sobrevivió un cuarto. La reducción de la producción de electricidad en esos dos países fue un cincuenta por 100 y un trescientos por 100 superior y la destrucción de viviendas el doble y el quíntuple, respectivamente. Lo característico del caso español fue la lentitud con que se produjo la reconstrucción, hecho que debe atribuirse de modo principal a la política económica seguida, sin que el año de 1945 supusiera nada decisivo. Se intentó, antes y después de esa fecha, una política de autarquía y de intervencionismo estatal, aderezada con un tono revolucionario que en no pocas ocasiones llegaba a entrar en contradicción con las disposiciones tomadas por los ministros económicos, pero que satisfacía al componente falangista del régimen. Durante la segunda guerra mundial, la española fue una economía rígida de racionamiento, sin posibilidades de intercambios exteriores, en un cuadro de estancamiento. Una vez concluida la guerra, perdió hasta el más mínimo resquicio de justificación la política económica hasta entonces seguida. De haber estado España más conectada con la política exterior europea no cabe la menor duda de que se hubiera podido producir una profunda transformación, semejante a la que experimentó Europa a partir de 1947. Se ha calculado que, sin la guerra civil, el crecimiento económico español hubiera podido ser superior en un tercio y, con ella pero también con el Plan Marshall, habría podido llegar a serlo un cuarto.

Lo más significativo del período bélico, desde el punto de vista del comercio exterior, fue la relación existente con Italia y Alemania. Con el paso del tiempo, el intercambio con esos dos países se fue haciendo cada vez más negativo para España, mientras ésta pagaba una parte de la deuda contraída durante la guerra civil. Alemania e Italia ocuparon la posición de primer adquirente de productos españoles en 1941 y no lo abandonaron hasta 1943. Sólo en 1944 se produjo un verdadero cambio en el panorama en beneficio de los aliados. Hubo, por tanto, una dependencia del Eje debida a factores principalmente políticos, que revistió una especial trascendencia teniendo en cuenta que el comercio español se había reducido a poco más de la mitad a consecuencia del conflicto. Se calcula que el doce por 100 del valor de las importaciones fue transferido a Alemania y el tres por 100 a Italia como consecuencia de la deuda adquirida durante la guerra. Otro aspecto de la cuestión es el que se refiere a los gastos militares realizados durante el período por el Estado español, bien para mejorar sus defensas o bien para preparar su intervención en el conflicto. Según cifras oficiales, el gasto presupuestario en estas materias fue siempre superior al cincuenta por 100 durante la guerra, con un máximo del 63 por 100 en 1943. Todos estos datos revelan hasta qué punto podría haber tenido reales beneficios la España de la época de haber optado por una posición verdaderamente neutral. España podría haber mejorado su producción industrial en estas circunstancias, manteniéndose más abierta al comercio con los aliados. Pero en 1945, la producción industrial española estaba un diez por 100 por debajo de la de 1935 y la tasa de crecimiento anual no había llegado al uno por 100.

La mejor forma de percibir la ocasión perdida de estos años consiste en establecer la comparación entre España y otras naciones europeas neutrales. Todas ellas mejoraron más que España, que fue el país con menor expansión industrial. Suiza, Suecia o Turquía tuvieron dificultades objetivas mucho mayores desde el punto de vista geográfico y comercial, pero España se las creó ella misma por sus malas relaciones con los aliados y por el desprecio que mostró hacia la financiación exterior. Por otro lado, los recursos públicos se emplearon en implantar una serie de industrias de interés bélico que absorbieron importaciones, energía y divisas; en cambio, no se construyeron presas, que hubieran podido aliviar el déficit energético, y se limitó de hecho la capacidad de expansión de industrias que podían haber exportado.

Autarquía e intervencionismo eran dos tendencias persistentes de la economía española desde comienzos de siglo, pero ahora, al fundamentarse en ideas nacionalistas, alcanzaron una magnitud desconocida. Además, el intervencionismo resultó extremadamente incompetente. La simplicísima opinión de Franco era que «España es un país privilegiado que debe bastarse a sí mismo»; en las oscilaciones de la peseta en el único sitio en que era libre (Tánger), Franco veía conspiraciones judías. La consecución de la autosuficiencia venía a ser un símbolo de la rebelión contra los males del degenerado liberalismo económico. Para el elemental nacionalismo de la época, los precios de los productos y de los factores de producción podían fijarse por decreto al margen del mercado; el propio Fuero del Trabajo preveía que «se disciplinarán y revalorizarán los precios de los principales productos agrarios». Un comportamiento no acorde con esta voluntad suponía un delito contra la «patria», con sus correspondientes culpables individuales a los que sería preciso castigar. Y este verbo no tenía una significación puramente teórica, pues ya sabemos que, en efecto, en muchas industrias militarizadas, como las hulleras, las faltas laborales se traducían en arrestos. La extrema simplicidad de este ideario ha hecho que se haya podido describir al Caudillo político como un cabo furriel en lo económico.

Un primer rasgo del intervencionismo económico de esta época es su carácter escasamente original. A lo sumo lo que hubo fue una cierta imitación de la política económica de los países fascistas mediante la creación de instrumentos para la participación directa del Estado en la vida económica, como el Instituto Nacional de Industria o el de Colonización. De esta imitación hay numerosos ejemplos en la legislación española: así, por ejemplo, al Instituto Español de Moneda Extranjera se lo denominó Instituto de Cambio y Divisas, utilizando el título que la legislación italiana empleaba. Pero lo más probable es que todo eso se debiera más que a nada a la necesidad de dotar de un barniz de modernidad a una «autarquía cuartelera» que tenía su origen en proyectos militares españoles de la época de la primera guerra mundial. Otro rasgo de la política económica fue el carácter extremoso y el celo ordenancista con que fue aplicada. En tercer lugar, el intervencionismo creó una «barerra legal de entrada» que no hizo sino favorecer la existencia de prácticas monopolísticas y, en consecuencia, comportamientos antieconómicos. Finalmente, una característica de la economía de la época fue la multiplicidad de los órganos administrativos, que contribuyó al desbarajuste y favoreció a los más adictos a un régimen.

Nunca como en esta ocasión se demostró hasta qué punto carecía de sentido la autarquía en un país como España. No sólo faltó caucho, algodón, abonos y petróleo, sino también trigo, producto en que se había alcanzado el autoabastecimiento ya hacía tiempo. Es característico de un Estado tan intervencionista que, sin embargo, careciera de un plan de reconstrucción propiamente dicho. Desde la guerra existió un Servicio Nacional de regiones devastadas, que luego (en 1940) se convirtió en Dirección General. Hubo también un Instituto de Crédito dedicado a esta función específica y se dispuso que determinadas poblaciones que habían sufrido especialmente los efectos bélicos, como Brunete y Belchite, fueran «adoptadas» en un régimen especial. Pero se trató de acciones puntuales, más que de un verdadero plan.

En cualquier campo se puede comprobar el fracaso del intervencionismo, que fue más irrelevante allí donde hubiera debido ser mayor. El Ministerio de Agricultura estuvo siempre en manos de los falangistas, pero el programa que desde él se llevó a cabo resultó una reproducción del esbozado por la derecha tradicional durante la II República. Aparte de devolverse las tierras que habían sido expropiadas por la Reforma Agraria, se pretendió conseguir un aumento de la producción a través de fórmulas de colonización que no afectaron a la propiedad de la tierra. De ahí la creación, en octubre de 1939, del Instituto Nacional de Colonización. Durante el período inicial del franquismo, el Instituto se dedicó casi exclusivamente a comprar tierras, pero apenas llevó a cabo las obras de colonización propiamente dichas. Se ha calculado que el ritmo anual de asentamientos fue durante el período 1939-1951 de tan sólo unos 1.500 trabajadores por año, cifra cuya parquedad se revela al compararla con la labor desarrollada por la República en su más corta existencia y su evidente fracaso. Sólo 23.000 familias fueron asentadas en 10.000 hectáreas. En realidad, la colonización más importante se llevó a cabo en el período inmediatamente posterior (1956-1960), en que los asentamientos, gracias al Plan Badajoz, llegaron a ser unos 2.000 anuales. Pero la labor del Instituto no afectó más que a unos 48.000 colonos y unos 6.000 obreros agrícolas hasta 1975; de ellos, unos 10.000 fueron asentados en Badajoz.

A pesar de esta despreocupación por el campo en los años posteriores a 1939, la sociedad española se «ruralizó» aún más: del 45 por 100 de la mano de obra activa dedicada a la agricultura se pasó a un cincuenta por 100, rompiendo una tendencia secular. Este hecho se explica por una razón muy simple: las dificultades de abastecimiento provocaron la marcha de la población hacia donde estaban los alimentos. Pero hay autores que, además, señalan que los grandes propietarios cultivaron sus tierras directamente en un porcentaje muy superior a la época de la República, en que la mayor parte estaban ya en manos de arrendatarios. Se ha atribuido las deficiencias de la producción agraria en la primera posguerra a la llamada «pertinaz sequía», pero existe también otra razón. Aunque hubo años pésimos por culpa de la pluviosidad (1941 y, sobre todo, 1945, en que la cosecha de trigo fue sólo el 53 por 100 de la media lograda en la preguerra), un factor mucho más decisivo fue la falta de inversiones, ya que el esfuerzo del Estado se dirigió de manera casi exclusiva a la industrialización autárquica.

Ningún sector estuvo tan profusamente regulado y ningún sector presenció tampoco un fracaso tan rotundo del intervencionismo del régimen como el comercio interior. Inmediatamente después de la guerra se implantó la cartilla de racionamiento: nacida con carácter «provisional», habría de durar nada menos que doce años. En realidad, el rígido control establecido sobre la producción agrícola equivalía a que el trabajador entregara un cupo forzoso de la cosecha a un precio irrisorio. Las carencias en el abastecimiento causaron, como reacción inmediata, la voluntad de intervenir más, pero eso, además de no resolver nada, provocó el mercado negro o el «estraperlo». Es difícil exagerar la magnitud del mismo: se ha llegado a escribir que el del trigo superó al oficial y el del aceite estuvo muy cercano. El intervencionismo fue tan inútil como la disposición que prohibía «terminantemente» las colas. El mercado negro se convirtió en una pauta de comportamiento tan habitual que Ridruejo pudo concluir que «todo el mundo estaba en el ajo».

Al tratar de las cuestiones de abastecimiento hemos abordado ya de forma indirecta la política industrial. La manía de grandeza nacionalista de los políticos de la época encontraba más satisfacción inmediata en grandes fábricas que en modestos proyectos dotados de eficacia económica. Fue la gran política industrial la predilecta del régimen, que de este modo pretendió llegar al engrandecimiento nacional y demostrar su superioridad sobre cualquier otra fórmula política, aparte de fomentar la capacidad militar. Las disposiciones relativas a la industria fueron todas ellas muy tempranas, pues se aprobaron en 1939-1940. Pero la obra predilecta del régimen en el terreno de la política industrial fue el Instituto Nacional de Industria, que data de 1941. En su decreto fundacional se señalaba que estaría dedicado a «propulsar la creación y resurgimiento de nuestras industrias, en especial las que se propongan como sino principal la resolución de los problemas impuestos por las exigencias de la defensa del país y que se dirijan al desenvolvimiento de nuestra autarquía económica». La disposición tenía un carácter imitativo respecto de la legislación italiana, pero estuvo al frente de ella no un político fascista, sino Suances, marino y amigo personal de Franco, que había sido ministro de Industria en 1938-1939 y autor de las disposiciones legales mencionadas. En 1945 de nuevo volvió a la responsabilidad ministerial en Industria, que hizo compatible con la Presidencia del INI.

No hay nada más significativo que esta condición militar de los principales responsables de la política económica. De Suances se ha escrito que «trataba al capital privado como un maestro a unos pupilos a los que hubiera que enseñar patriotismo»; era un «maestrescuela, paternal y severo» que se lanzó a la tarea de aprovechar «los recursos nacionales desaprovechados» como si el único fin fuera crear industria sin tener en cuenta los costes. En un país en que reinaba el hambre, escaseaba la indumentaria y faltaba el cobijo, se decidió invertir grandes sumas para que pasado mañana no faltase la gasolina obtenida de pizarras bituminosas de Puertollano (se obtuvo sólo en los cincuenta y a precios antieconómicos). Nacido en El Ferrol, Suances estuvo durante muchos años dedicado a la construcción naval militar, y en los años republicanos pasó por una experiencia en la empresa privada que se saldó en fracaso y favoreció su reticencia ante la iniciativa privada. Al INI se le dotó de una capacidad financiera propia a través de obligaciones colocadas en las Cajas de Ahorro y garantizadas por el Estado. Su objetivo principal eran los «centros vitales y nerviosos de la producción» hasta asumir un auténtico «papel director» de la economía española. La gestión era centralizada y vertical. Su actuación se dirigió sobre todo al campo energético. Resultó muy negativa en materia petrolífera, pero mejor en el terreno eléctrico gracias al empleo de carbones de baja calidad para la industria termoeléctrica (empresas ENDESA y ENHER) y al impulso dado a la explotación de los recursos hidroeléctricos. Un tercer aspecto del INI fue el carácter de «hospital de empresas» a través de una auténtica socialización de las pérdidas. En diez años, el INI se había convertido también en la única empresa productora de vehículos, era mayoritaria en los abonos y el aluminio y desempeñaba un papel muy importante en el refino y las fibras artificiales. La empresa pública, en consecuencia, había sustituido en España a la privada o extranjera.

Al concentrarse actividades de interés discutible, la política económica del nuevo Estado no prestó la atención que debía a la industria privada, que, en un contexto de intervencionismo y precariedad de los intercambios comerciales, debió recurrir a procedimientos extraordinarios. Un alcalde de Sabadell reconoce en sus memorias que en esta época dos tercios de la lana empleada en las fábricas textiles catalanas no procedían de los circuitos comerciales oficiales. Los grandes empresarios se veían obligados en ocasiones a un paternalismo impuesto por el Estado, pero también tenían poderes casi omnipotentes en la empresa como «jefes» de la misma ante el Estado. A ello hay que sumar las graves deficiencias enérgéticas. En 1940, España había consumido un millón de toneladas de petróleo, pero, dada su actitud partidaria del Eje, sufrió restricciones en el aprovisionamiento por parte de los aliados, de modo que no llegó a disponer nuevamente de esa cantidad hasta 1946. Una vez acabada la segunda guerra mundial, fue de nuevo patente la dificultad de obtener divisas para comprar petróleo y las disponibilidades de electricidad resultaron muy insuficientes. En años como 1945 y 1949, la oferta eléctrica estuvo en ocasiones un 30 por 100 por debajo de la demanda.

De todo esto deriva el mal resultado de la evolución del índice de producción industrial en comparación con otros países. Los datos revelan que el atraso español data de esta época. El crecimiento fue sólo de un 0,6 por 100 anual durante el período 1935-1950, mientras que en Europa el ritmo fue del 2,7 por 100. Únicamente en 1950 se llegó en España a alcanzar los niveles industriales de 1930. España aumentó su distancia respecto a Italia, no empezó a recuperarla hasta 1963 y en 1975 la mantenía igual que en 1947. Entre 1946 y 1950, Grecia y Yugoslavia duplicaron su producción industrial, mientras que España la multiplicó por 1,1. En 1950, la renta per cápita era un cuarenta por 100 inferior a la italiana, cuando en 1930 sólo lo era el diez por 100. Todo ello ha de ser muy tenido en cuenta a la hora de afirmar que el régimen de Franco fue el gran propulsor del desarrollo económico español.

Un importante aspecto de la política económica del momento es el que se refiere a la Hacienda Pública. Los historiadores parecen coincidir en el juicio positivo que les merece la actuación del ministro Larraz, autor de la reunificación monetaria de la posguerra. Otros aspectos de su gestión parecen menos positivos. Desde el punto de vista fiscal, la etapa se caracterizó por el raquitismo de la imposición personal directa, prácticamente inexistente, y la generalización del escamoteo tributario, aunque se logró un éxito recaudatorio con la imposición indirecta y la fiscalidad sobre los beneficios extraordinarios. Aun así, las estimaciones de fraude fiscal calculan que sólo se recaudó un tercio de lo que debería haber llegado a las arcas públicas. Los impuestos, que eran en la Europa de la época mucho más altos, impedían que un Estado intervencionista cumpliera su función (en Gran Bretaña significaban el 33 por 100 de la renta nacional, en Italia el 21 por 100 y en España sólo el 14 por 100).

Por otro lado, el mantenimiento del *statu quo* bancario creó un verdadero *numerus clausus* que todavía fue acentuado por la Ley de Ordenación Bancaria de 1946. No puede extrañar que la banca obtuviera en algunos ejercicios unos beneficios del setecientos por 100. En unos años económicos muy poco positivos no eran infrecuentes dividendos anuales de títulos bancarios del orden del doce o trece por 100. Además, la banca concentró un creciente poder en el campo industrial. La legislación bancaria, por otra parte, tuvo un efecto manifiestamente inflacionista. La deuda se colocaba a través del sistema bancario y era automáticamente pignorable en el Banco de España. Pero no era ése el único mecanismo que empujaba a la inflación. Carente de capacidad para conseguir recursos por la vía fiscal, el Estado se dedicó a la emisión de deuda. Llama la atención que un Estado tan intervencionista olvidara el papel de control que debería haber ejercido respecto de ella. Las emisiones del Estado fueron tan frecuentes como abundantes: se puede calcular que la deuda triplicó a lo largo de la década. En cuanto a la inversión extranjera, baste decir que Riotinto fue considerada como un «Gibraltar económico» y se hizo todo lo posible por conseguir que fuera a parar a manos de capital español. Finalmente, en 1954, siete bancos españoles compraron dos tercios del capital, quedando el resto en manos inglesas.

Volvemos a encontrar el intervencionismo estatal a la hora de examinar el comercio exterior, dominado por el bilateralismo, la concesión de licencias y los cambios múltiples. La peseta se mantuvo con un cambio fijo hasta 1948, en total concordancia con el nacionalismo de Franco, que veía el mayor signo de poder económico en una divisa fuerte. Luego se pasó a un sistema de «cambios múltiples» que se desarrolló en un bosque de regulaciones de un barroquismo impenetrable. Como, además, el comercio exterior estaba sujeto a un sistema de licencias, se produjo una apremiante oleada de solicitudes. En ello, como en tantas otras cosas, se multiplicaron los favoritismos no sólo irracionales sino también corruptos. Algunos apellidos de la clase política dirigente, incluidos los procedentes de la Falange, ingresaron en la relación de grandes fortunas. Sólo a mediados de 1950 se creó un mercado libre de divisas, fecha en la que, de todos los modos, las posibilidades de obtener una financiación exterior seguían siendo muy parcas por razones políticas. A ello coadyuvó desde luego el hecho de que el Estado español nacionalizara una gran parte de los capitales extranjeros existentes en España (las empresas alemanas gestadas durante la guerra civil, Barcelona Traction, Telefónica en 1945...).

A la hora de establecer un balance de la evolución económica en esta época, vale la pena recordar el juicio del hispanista Gerald Brennan: «La impresión que causa actualmente España es la de un país cuyo camino hacia simples condiciones que sean humanas y tolerables ha quedado cerrado». La frase puede parecer desmesurada y contrasta con lo que sería la evolución económica posterior, pero correspondía a la realidad de cuando fue escrita. En 1945, la renta per cápita era casi un tercio de la de 1935 y sólo se recuperó totalmente en 1951, pero hasta 1954, es decir, cuando el régimen llevaba dieciocho años de vida, no se recuperaron definitivamente los niveles macroeconómicos de preguerra. Para comprobar hasta qué punto la década de los cuarenta supuso sacrificios para los españoles, se ha podido calcular que los salarios reales de los obreros especializados disminuyeron a la mitad. Al concluir la década, España estaba muy por debajo de los países más avanzados de Hispanoamérica como Argentina, Uruguay y Venezuela. En vez de experimentar un proceso de reconstrucción, factores políticos condenaron a los españoles a un estancamiento sin parangón, del que derivó como herencia para el futuro un sector público cuya valía era dudosa.

El examen de la política económica debe completarse con una referencia a la política social. A diferencia de lo que sucedió en otras latitudes con regímenes relativamente parecidos, como el peronismo, la política social no estuvo protagonizada por los sindicatos, sino por el Ministerio del Trabajo. Las Leyes de Unidad Sindical y de Bases de Organización Sindical (1940) se hicieron con unos criterios que eran obviamente los del fascismo. El sindicato era configurado como único, obligatorio y «ordenado jerárquicamente bajo la dirección del Estado», por lo cual, «vencida ya toda ilusión democrática, se constituye por quienes voluntariamente se movilizan para el servicio de mandarlos». Los sindicatos estuvieron impregnados de una ideología verbalmente revolucionaria, pero en la práctica su relevancia fue muy escasa. Así se evitó cualquier negociación y se crearon unas normas cuarteleras en la vida de la empresa que dotaban al empresario de una capacidad disciplinaria excepcional. Hasta bien avanzado 1944, no hubo elecciones de enlaces de empresa y en octubre de 1947 se implantaron los jurados de empresa. En este momento, sin embargo, los patronos lograron detener su implantación calificándola de «innovación peligrosa», de modo que en la práctica la medida sólo se aplicó a partir de 1953 y en las empresas más grandes.

Vacío de contenido el sindicalismo, el verbalismo revolucionario encontró su desagüe en otro sector de la Administración. Las medidas concretas en que se tradujo esta política en los años primeros del franquismo consistieron en una ampliación del régimen de previsión social que se había heredado de la época republicana y la anterior. En estos años se puso en práctica un primer subsidio familiar, la Magistratura del Trabajo (en 1938), el Seguro de Vejez (1939), la Protección Familiar (1945), el Seguro de Enfermedad (1942) y la Ley de Contrato de

Trabajo (1944). También se establecieron las retribuciones por días festivos o las pagas extraordinarias. Las universidades laborales establecieron el punto de partida de la formación profesional. De todas estas disposiciones, sin duda alguna, la que tuvo mayor efecto sobre la sociedad española fue la relativa a la atención médica a la infancia. La mortalidad infantil se redujo a la mitad en el período 1935-1955 y la muerte por parto a una cuarta o quinta parte. Otros aspectos de la política social del régimen encontraron una aplicación práctica mucho más lenta o quedaron en el limbo de las declaraciones retóricas, como los relativos a la protección familiar. Hay que tener en cuenta que con frecuencia las subidas de salarios quedaban recortadas de forma automática por la inflación y que, por más que la legislación social ofreciera la introducción de novedades, el consumo había experimentado una clara regresión.

La cultura: penitencia y supervivencia

En 1936, la situación de la cultura española ha sido descrita como una auténtica «edad de plata». El trauma bélico supuso el exilio de parte de los creadores, pero también una peculiar interpretación del pasado español, tanto por parte de quienes abandonaron el país como por aquellos que permanecieron en él. De cualquier modo, no hubo una total ruptura con el pasado a pesar de que ésta fue, al menos, intentada.

La experiencia del exilio tuvo un papel decisivo en buena parte de la intelectualidad española. Al exilio marcharon figuras como los músicos Falla y Casals; filósofos como Gaos y Ferrater; especialistas en ciencias sociales como García Pelayo y Ayala; filólogos como Montesinos o De la Torre; educadores como Castillejo y Jiménez Fraud; dramaturgos como Casona y actrices como la Xirgu; historiadores como Altamira, Sánchez Albornoz o Américo Castro; novelistas como Aub, Barea o Sender. Pero lo que importa no es tanto elaborar un elenco de exilados como determinar el sentido en que pudo influir sobre ellos la circunstancia inédita del exilio. Muchos de los exiliados vieron interrumpida su obra y todos ellos sintieron la emigración como una mutilación lacerante. Pero a ese dolor hubo que sumar también otros rasgos más fecundos. Muchos de ellos descubrieron la condición planetaria de la cultura española y se sintieron, más que exiliados, «transterrados», a diferencia de algunos centroeuropeos huidos del nazismo.

Así se explica que la reflexión sobre España y su pasado se plantease con la misma insistencia que pasión. Aparece muy a menudo en todo tipo de pensadores, pero de forma especial en los historiadores. Para Américo Castro, el pasado español se habría caracterizado por la existencia de una triple realidad religiosa —cristiana, musulmana y judía— y por la radical intolerancia hacia la minoría disidente. Eso no habría sido por completo negativo, puesto que de la angustia de los conversos derivaría gran parte de la creatividad en la cultura española. En su famosa polémica con Claudio Sánchez Albornoz, lo que resulta más relevante no es la razón que le pudiera corresponder a uno o a otro, sino la coincidencia en esa misma dramática preocupación por el pasado español. Sánchez Albornoz, historiador positivista cuya obra había tenido poco que ver con el ensayismo, combatió las tesis de Castro repudiando la supuesta arabización española y remontando los orígenes de lo español nada menos que hasta los iberos. En el fondo, ambos se sintieron atraídos por la singularidad española con resultados coincidentes. Este género de preocupación tiene mucho que ver con la novela del exilio, donde la guerra tiene también un papel protagonista en la obra de muchos escritores. Así sucede con *La forja de un rebelde*, de Barea, o *Vísperas*, de Andújar, y también con obras de Aub, Sender, Ayala y tantos otros, en que el tema de la guerra civil se mezcla con el recuerdo de la infancia, los problemas del exilio y del difícil regreso o la amenaza de la dictadura.

A menudo se ha sostenido que, dada la calidad de quienes partieron, brillantes no sólo en los terrenos del pensamiento y la narrativa, sino también en otros como la poesía o las ciencias naturales, lo que hubo en España fue simplemente un páramo desolador, con la sola presencia de una literatura o un arte oficiales de valor más que dudoso. Pero esta caracterización sería simplificadora y ahistórica. El exilio intelectual no cubre ni mucho menos el total de la creatividad cultural española y, además, es dudoso que hubiera una cultura oficial como tal, aparte de que también entre los vencedores hubo testimonios de una brillante capacidad.

Los que quedaron no fueron tan sólo los vencedores ni tampoco los conversos (que también existieron). Claro está que, como escribió el periodista catalán «Gaziel», desde el poder se pretendió resucitar «todos los restos de un pasado abolido en todo el mundo» con la complacencia «asquerosa y sumisa» de la burguesía española. Pero si la tradición liberal no pudo perdurar a las claras, al menos se mantuvo una «cordura de estirpe ilustrada». Hubo también quienes, como Julián Marías, optaron por «vivir con la escasísima libertad existente, pero en todo caso ser libre». Cuando se escribía, añade, había en ocasiones que decir no todo lo que se pensaba, pero sí al menos una parte. No sin dificultades, por supuesto. Baste con recordar que muchas de las novelas más importantes de la década fueron censuradas. A Cela inicialmente le prohibieron *La familia de Pascual Duarte* y por *La colmena* le expulsaron de la Asociación de la Prensa. En los primeros años de la posguerra fueron prohibidas las obras completas de Baroja, más del diez por 100 del conjunto de las obras teatrales presentadas a censura, novelas de conocidos falangistas o la mención incluso, durante años, de Jacinto Benavente, el dramaturgo más existoso. Sin embargo, en palabras de Marías, «había un coeficiente muy apreciable de libertad personal y social» por la condición nunca por completo totalitaria del régimen y por su despreocupación respecto a las cuestiones culturales. Así se explica, por ejemplo, que Ortega volviera y quisiera establecer un hilo de continuidad con el pasado liberal; el propio Marañón lo hizo antes. Durante la posguerra europea, el peso de la trágica experiencia española parece mucho más perceptible en la obra de Marañón, por sus biografías en las que aparece con frecuencia la temática del exilio o la ambición de poder político, que en el más púdico y reservado Ortega. Es muy posible que ambos consideraran posible una evolución del franquismo en un sentido liberalizador, pero en ese caso pronto tuvieron razones para desesperar. Para Ortega, Madrid se había convertido en «el eterno aldeón manchego» de siempre. Baroja y Azorín parecieron preferir un «domador» de las pasiones revolucionarias a éstas.

Escasa fue la presencia de los auténticos herederos de la tradición liberal en la España franquista. En 1947 pudo fundarse un Instituto de Humanidades inspirado por Ortega; también fue posible la aparición de *Ínsula*, una revista que puso en contacto al mundo literario del interior de España con la literatura del exilio. El problema es que este mundo no tuvo la posibilidad de ejercer un magisterio y muchas de las instituciones culturales de la preguerra quedaron en una situación, cuando menos, de precariedad. De los dos grandes patriarcas del pensamiento español de la época anterior, ha escrito Marías que «Unamuno era muy mal visto [pero] no tanto como Ortega [pues] al fin y al cabo [el primero] estaba muerto y era menos riguroso». Pero en esa España del franquismo inicial, aparte de los indicados y muchos otros de relevancia menor, estuvo presente por ejemplo Ramón Menéndez Pidal que concluyó su obra intelectual con un período de brillantes síntesis polémicas. No hubo, pues, una capitulación de los maestros. Por más que las posibilidades de acción fueran limitadas, los intelectuales liberales contribuyeron, mediante una labor callada y lenta, a una transformación. El escritor Carlos Barral ha podido escribir que en los años de la posguerra «el país se puso a hacer penitencia [pero] una transformación que, al cabo de los años, parece inimaginable, se operó a una velocidad vertiginosa».

Más que una ortodoxia cultural, el régimen de Franco tuvo varias, más o menos superpuestas, y no tan marcadas o duraderas. La misión de reconstruir la investigación científica le correspondió al Consejo Superior de Investigaciones Científicas, que contó con un componente directivo clerical de derecha tradicionalista que mantuvo siempre una manifiesta asintonía con la Falange. En la Universidad existió una especie de reparto de funciones entre el Partido y los medios clericales en la gestación de la Ley Universitaria de 1943. El resultado fue un texto que, en lo esencial, no rompía con la tradición de la universidad decimonónica española; los niveles docentes más bajos fueron entregados a un catolicismo integrista. La continuidad en la universidad se pudo apreciar en el centralismo y el mantenimiento de un sistema de selección basado en las oposiciones. En doce años se renovó el censo de catedráticos en tres cuartas partes. Lo único que cambió de forma decisiva fue la multiplicación exponencial del control, en el sentido de que el rector, nombrado por el gobierno, era concebido como un «jefe de la Universidad y delegado del mismo». El reparto del poder subsistía entre el sector más clerical y la Falange, en el sentido de que ésta disponía del SEU y de los colegios mayores para influir sobre la juventud. En cuanto al profesorado, habría que señalar un predominio general del primer sector. No puede olvidarse, por otra parte, la descapitalización que sufrió la institución universitaria que en la posguerra tenía tan sólo 365 profesores, cuando en los años republicanos eran 553. Muchos de los estudiantes y los profesores que pasaron por sus aulas en estos años han dejado en sus memorias un testimonio muy negativo de sus experiencias. Castilla del Pino asegura que en cada especialidad hubo después de la guerra una persona dispuesta a, partiendo del nivel conseguido con anterioridad, «retrogradarlo a límites que parecían imposibles en la mitad del siglo XX». En muchos terrenos esto pudo ser cierto, en efecto, pero la generalización también puede resultar abusiva. En otros campos se produjo un pronto abandono del compromiso político y el ensayismo, y una vuelta al trabajo erudito como refugio ante las circunstancias.

El entorno de Falange ocupó lo que podría denominarse «alta cultura». El Partido tuvo dos vertientes: una, de menor calidad y más directamente dominada por más inmediatos intereses políticos, con revistas como *El Español* o *La Estafeta Literaria* y otra representada por la revista *Escorial*. En esta última se pretendía hacer «propaganda en la alta manera», pero la calidad primó sobre la voluntad de convencer. De este modo pretendió absorber las raíces del liberalismo, pero también contribuyó a que perduraran. Por otro lado, en las revistas juveniles falangistas iniciaron su primera singladura algunos escritores que, con el tiempo, adoptarían una posición muy crítica con el régimen de Franco. No cabe la menor duda de que en el medio falangista hubo mayor inteligencia, sensibilidad y generosidad que en otros ámbitos de corte clerical. En esos medios falangistas a veces incluso se supo apreciar la novedad de ciencias que hasta el momento no habían tenido cultivadores en España. La *Revista de Estudios Políticos*, destinada en teoría a la fundamentación doctrinal del régimen, sirvió en realidad para introducir la sociología en España. De cualquier modo, a mediados de los cincuenta no quedaban más que hilachas del fascismo o de cualquier tipo de ortodoxia cultural.

A esta pluralidad de ortodoxias se debe sumar, para completar la panorámica del momento, una relativa autonomía de estos medios o el desvío de los adictos hacia posiciones mucho más apáticas. Existió, por supuesto, toda una literatura que eligió como temas aspectos relacionados con el ambiente de la guerra civil, pero perteneció a la derecha tradicional (León, Concha Espina...) y no fue tan duradera. En última instancia, tiene un interés limitado, y desde luego no invalida su obra, el hecho de que Cela fuera censor o Torrente Ballester escribiera un libro exaltando al partido único como tampoco lo tiene la atracción por la poesía épica o de carácter religioso de Rosales o Vivanco. La explicación más obvia y sincera para hechos como ésos siempre parecerá mejor que la pretensión de simular una temprana disidencia que, en realidad, no existió o se dio mucho más tarde. Otra realidad digna de mención es que, con alguna excepción, los novelistas e intelectuales más caracterizados del área ideológica del régimen fueron más beligerantes antes de que éste adviniera que durante su existencia. Resulta característico el caso de Rafael Sánchez Mazas, muy pronto entregado a la evocación, como se aprecia en *La vida nueva de Pedrito de Andía*.

Tanto en el exilio como en el interior, el ser de España fue tema no sólo dominante, sino incluso obsesivo en el ensayismo. Así se aprecia en la última parte de la obra de Menéndez Pidal, en especial en *Los españoles en su historia*, en que, como otros historiadores de procedencia liberal y castellanista, remonta a un pasado muy remoto el origen de la nación y juzga la pluralidad como decadencia. La más sonada polémica fue la que se entabló entre las diversas ortodoxias existentes al final de los años cuarenta. El debate enfrentó a Laín Entralgo, la figura más destacada de la intelectualidad falangista, con el sector católico integrista y monárquico representado por la revista del CSIC *Arbor*, fundada en 1944 y en la que escribía Calvo Serer, autor de *España sin problema*. La posición falangista pretendía un mayor acercamiento a las actitudes intelectuales de la izquierda liberal, pero para integrarlas en las opciones propias. La otra tendencia, en cambio, negaba desde 1939 la problematicidad de España, porque Menéndez Pelayo «nos dio una España sin problema». El juicio de Laín era tan diferente que incluso partía de una distinta visión de Menéndez Pelayo, presentado como más liberal que la versión opuesta. En suma, la polémica da testimonio del decisivo papel desempeñado por la reflexión sobre España en el mundo cultural de la posguerra, también en la Península, y dibuja, además, los caminos de la muy lenta recuperación de los principios liberales. En el caso de los falangistas, fue la voluntad de atracción de la intelectualidad exiliada la que llevó a la asunción, a la larga, de su talante. El otro sector era antitotalitario y monárquico, y esto último hizo que evolucionara también, al menos en el caso del propio Calvo Serer.

Si de los debates parapolíticos pasamos a la vida literaria, encontraremos un cambio de actitud importante respecto a los años de la República. La generación de 1927, antes de su politización en los años treinta, se había caracterizado por el experimentalismo formal y la brillantez metafórica. La «generación de 1936» sustituyó aquellas actitudes con densidad retórica y sentimental y con preocupación centrada en el destino del hombre. De manera más o menos exacta, vale para ella lo que ha escrito Gullón: habría sido una generación «moderada, tolerante, comprensiva, enemiga de convencionalismos y de banderías», poco proclive a fomentar la división de España en dos, precisamente por haber presenciado ese espectáculo y haberlo sufrido en sus carnes. Como se advierte, todo ello tiene muy poco que ver con «la fumistería» del arte oficial (Pla). En muchos de estos escritores, ya sea del exilio o del interior de España, desempeñó siempre un papel muy influyente Ortega y Gasset.

Mucho de cuanto antecede vale especialmente para la poesía. Aparte del interés inicial por la poesía religiosa o imperial, la revista *Garcilaso* representó, en su origen, la búsqueda de una lírica «neoclásica (en la forma), intimista y nacionalista». Pero ni siquiera García Nieto, principal mentor de ese grupo, se mantuvo siempre en esa actitud; quizá lo más significativo fue el retorno a la disciplina clásica (el «escándalo de la rígida disciplina»). En Rosales, como en Vivanco y Panero encontramos una rápida superación tanto del compromiso político como de ese neoclasicismo. Por otro lado, *Hijos de la ira*, de Dámaso Alonso (1944), representó la «rehumanización de la poesía» al presentar, de una forma desgarrada que tiene paralelos con lo sucedido en esos momentos con la narrativa tremendista (Cela), a Madrid como «una ciudad de más de un millón de cadáveres». También la revista *Espadaña*, significó una vuelta a la realidad frente al «embalsamamiento» de quienes habían tratado de integrar el mundo poético en el clasicismo. Ya antes de los años cincuenta, Gabriel Celaya había optado por una poesía comprometida en contra del régimen.

En cierta manera también en la narrativa se dio un regreso hacia lo clásico, a la tradición representada por Galdós y Baroja. Fue este último el gran maestro de las nuevas generaciones, como habría de recordar Camilo José Cela, el autor más brillante de los surgidos en la década de los cuarenta. Fue *La familia de Pascual Duarte* (1942), de Cela, la novela que, con su versión atroz de la realidad derivada de Solana y la «España negra», introdujo el dolor de la posguerra en una literatura que no parecía haber pasado por esa experiencia. El «tremendismo» nació, en efecto, de esa experiencia, y se convirtió en una moda arrasadora. Menos desgarrada y más humildemente apegada a «la cotidiana, áspera, entrañable y dolorosa realidad», como se afirma en el prólogo, fue *La colmena*, escrita en 1946, pero que sólo pudo ser publicada en 1951 y en el extranjero. *Nada*, de Carmen Laforet (1945), presenta a través de una historia prosaica la degeneración general de la moral colectiva en la posguerra. Por esas fechas inicia su carrera como escritor, que seguirá un proceso lento, ascendente y seguro, Miguel Delibes.

El teatro, por sus especiales características, difícilmente podía autorizar la presencia de fórmulas discrepantes. Así, se ha escrito que los años cuarenta estuvieron protagonizados por «un teatro de humor» que aportó «algo de novedad y desconcierto y una velada crítica social a la banalizada situación española». El teatro burgués habitual presenció un triunfo de Benavente cuando se le autorizó a estrenar de nuevo en 1945. Las novedades, ocultas en apariencia, estuvieron representadas por el teatro, hecho de ternura y humor, de Mihura, autor de *Ni pobre ni rico, sino todo lo contrario* (1943) y *Tres sombreros de copa*, estrenada en 1952. Sólo en 1949 fue estrenada *Historia de una escalera*, con la que se iniciaba la trayectoria del teatro trágico y moral de Buero Vallejo. La vanguardia, de momento, quedó circunscrita exclusivamente al exilio donde, en 1944, Alberti estrenó *El adefesio*.

Tampoco existió verdadera ortodoxia oficial en arquitectura y artes plásticas. Aunque la arquitectura efímera siguió el modelo fascista, en la posguerra apenas hubo posibilidad de construir edificios y en los monumentos conmemorativos de la contienda se utilizó casi exclusivamente la cruz. Prácticamente no hubo censura en artes plásticas. También en arquitectura, el arte más obviamente destinado a tener un directo resultado político, existieron gustos cambiantes sucesivos e indefinición práctica en algunos de los grandes monumentos. Éste puede ser el caso del Valle de los Caídos, iniciado en 1940 y proyectado bajo la muy directa inspiración de Franco, que incluso hizo algunos dibujos de él. En un primer momento tal vez existió un deseo de imitar la arquitectura de la Alemania nazi, sobre la cual se celebró una exposición en Madrid, y, de acuerdo con estas pautas estéticas, se proyectó, por ejemplo, el Ministerio del Aire. Pero todo ello quedó en nada, en parte debido a las debilidades económicas del momento y en parte, también, a los cambios del régimen. Es significativo, en este sentido, que el citado Ministerio al final fuera edificado siguiendo criterios que demostraban una tendencia a elegir fórmulas arquitectónicas vinculadas con la tradición nacional. Sánchez Mazas escribió que «El Escorial nos dicta la mejor lección para las Falanges del futuro» y, en efecto, el citado Ministerio siguió sus pautas arquitectónicas. El monumentalismo a partir de fórmulas casticistas aparece también en otras muestras muy relevantes de la arquitectura de la época, como la Universidad Laboral de Gijón, obra de Moya. Este segundo rasgo casticista también se manifestó en la música, como en el *Concierto de Aranjuez*, de Joaquín Rodrigo. A partir de 1951, no se puede hablar ya de ninguna manera de una arquitectura oficial del franquismo.

Sobre pintura y escultura a lo sumo cabe decir que existió arte oficial en materias como la ilustración (Sáenz de Tejada) o el muralismo (Aguiar), pero fue poco duradero. Los gustos oficiales estaban próximos al clasicismo y tendían a imponerse en la escultura (Pérez Comendador, Monjo, Clará...), por razones obvias. Pero más que un regreso al clasicismo, lo que hubo fue la perduración de algunas muestras de la vanguardia de otro tiempo en el contexto de un mercado muy limitado. Debe tenerse en cuenta, por otro lado, la influencia que para las nuevas generaciones representó la permanencia en España de algunas de las más destacadas figuras de la pintura anterior: que el caso de Vázquez Díaz, en Madrid, o el de Sunyer y Pruna, en Barcelona. Otro dato importante es la consagración final de pintores hasta entonces malditos, como Solana, con tantos puntos en común con la literatura tremendista del momento. Quizá las pruebas más evidentes de esa conexión con el pasado las encontramos en la llamada Academia Breve de Crítica de Arte y en la denominada «escuela de Vallecas». La primera fue inspirada por D'Ors a partir de 1942 y tuvo el mérito de estar atenta a la evolución más reciente de la pintura y la escultura. La labor de D'Ors consistió en elevar el nivel de información y calidad sobre materias artísticas contemporáneas en la capital. La escuela de Vallecas tampoco fue una disciplina ni una tendencia, sino un grupo de jóvenes pintores atraídos por la figura de Benjamín Palencia, eslabón de contacto con la vanguardia de los años treinta. Muchos pintores se interesaron por el paisaje y el bodegón y, en condiciones precarias, mantuvieron una meritoria actividad que no obtuvo éxito de público hasta los años sesenta. A partir de 1948 empezaron a surgir las primeras muestras de arte abstracto, inicialmente muy vinculadas al surrealismo, por influencia de Klee y de Miró, o con el primitivismo («escuela de Altamira»). La celebración de la primera bienal hispanoamericana de arte, que reconoció la valía de un pintor joven como Palencia, constituyó el principio de una nueva época. Pensada como vehículo de propaganda política de cara a Hispanoamérica, su importancia radica en que, a partir de ese momento, fueron aceptadas en el mundo oficial español las opciones artísticas más variadas.

Resulta necesario aludir brevemente a la cultura popular, a los espectáculos y al ocio, pues todos ellos reflejaron de forma clara el espíritu de una época. Estos años fueron, en la historia de la cinematografía nacional, los de la difusión definitiva de la popularidad de este medio. El número de salas de exhibición se fue multiplicando y no llegaría a estancarse hasta la segunda mitad de los años sesenta. Brennan, hispanista británico, afirmó en 1952 que en ningún país se observaba una pasión semejante por el cine, juicio que resultaba confirmado por el hecho de que la proporción de salas por cada mil habitantes resultaba semejante a la de Estados Unidos. En estos años, además, se configuró un sistema industrial característico. En 1941 se estableció el doblaje de las películas, medida de carácter nacionalista que creó un hábito permanente. Desde esa misma fecha, se establecieron también cuotas de pantalla para el cine español y un sistema mediante el cual quienes produjeran películas españolas podrían al mismo tiempo importar películas extranjeras. Además, el cine fue considerado industria de interés nacional y recibió créditos oficiales.

España produjo en esta época una media de 37 películas por año. Los medios oficiales siempre concedieron un papel importante al cine como «arma terrible para la difusión de las ideas» pero eso no quiere decir que abandonaran la pura diversión, dado que el género más frecuentado fue la comedia. El cine histórico (Orduña), sin embargo, más tarde adquirió mayor relevancia. Se le consideraba especialmente importante de cara a la «formación del espíritu nacional» y tuvo como principales temáticas las biografías heroicas, la gestación del Estado español o la aventura colonial en América.

También en la canción y los espectáculos con ella relacionados se produjeron cambios importantes durante los cuarenta. Además de una ofensiva moralizante respecto a los espectáculos de variedades, en el mundo de la música popular tuvo lugar un último resurgimiento de la zarzuela grande, cuyos dos soportes básicos fueron Moreno Torroba y Sorozábal. Su crisis final se produjo como consecuencia de una recesión creativa y del desprestigio social gestado por una crítica elitista. Lo que triunfó, en cambio, fue una versión del folklore, implantada por Quintero, León y Quiroga, casi exclusivamente andaluza. El éxito de esta fórmula de momento desbancó a los cuplés de la vieja ola, el tango argentino y los corridos mexicanos, que habían hecho más cosmopolita el espectáculo musical de otros tiempos anteriores.

Aparecida durante los años veinte, la radio se convirtió en un fenómeno social durante la década los treinta. Tras la victoria de Franco surgió una ordenación legal nueva destinada a tener una larga duración. Al margen de la cadena privada de mayor implantación, Unión Radio, ahora rebautizada como Sociedad Española de Radiodifusión, apareció otra de carácter estatal, Radio Nacional, y una tercera del partido. Pero la información —el llamado «parte», término de resonancia militar— fue estrictamente monopolizada por la segunda, y, al mismo tiempo, se introdujo un sistema de rigurosa censura. Pero ello no supuso una limitación en la difusión del medio; por estos años había ya un millón de receptores, cifra que triplicaba la de comienzos de los treinta. Al margen de las informaciones políticas, de la radio de la posguerra llama la atención el peso de lo religioso. Pese a todas las dificultades, a mediados de los cuarenta ya eran patentes la supervivencia de una radio privada y la aparición de unos programas de entretenimiento: los «seriales». La retransmisión de música popular estaba destinada a tener un impacto de primer orden, tanto para las emisoras (comercialmente) como para consolidar una forma de ocio popular.

BIBLIOGRAFÍA

Historia política: J. CAZORLA, *La consolidación del Nuevo Estado franquista*, Marcial Pons, Madrid, 2003; Giuliana di FEBO, *Ritos de guerra y de victoria en la España franquista*, Desclée de Brouwer, Bilbao, 2002; Álvaro FERRARI, *Franquismo y conflictos ideológicos, 1936-1956*, EUNSA, Pamplona, 1993; «El primer franquismo, 1936-1959», *Ayer*, n.º 33 (1999), dirigido por Glicerio SÁNCHEZ RECIO; Javier TUSELL, *Franco y los católicos. La política interior española entre 1945 y 1957*, Alianza Editorial, Madrid, 1984.

Sobre Falange: Miguel Ángel APARICIO, *El sindicalismo vertical y la formación del Estado franquista*, EUNIBAR, Barcelona, 1980; Ricardo CHUECA, *El fascismo en los comienzos del régimen de Franco. Un estudio sobre FET y de las JONS*, CIS, Madrid, 1983; Stanley PAYNE, *Franco y José Antonio. El extraño caso del fascismo español*, Planeta, Barcelona, 1997; Miguel A. RUIZ CARNICER, *El Sindicato Español Universitario (SEU), 1935-1965. La socialización política de la juventud universitaria en el franquismo*, Siglo XXI, Madrid, 1996; Joan Maria THOMAS, *Falange, guerra civil, franquisme. FET y de las JONS de Barcelona en els primers anys del règim franquista*, Publicacions de l'Abadia de Montserrat, Barcelona, 1992.

Memorias de políticos: José María de AREILZA, *A lo largo del siglo, 1909-1991*, Planeta, Barcelona, 1992; Francesc CAMBÓ, *Meditacions. Dietari (1936-1946)*, Alpha, Barcelona, 1982; José M. GIL ROBLES, *La monarquía por la que yo luché (1941-1945)*, Taurus, Madrid, 1976; Alfredo KINDELÁN, *La verdad de mis relaciones con Franco*, Planeta, Barcelona, 1981; Pedro LAÍN ENTRALGO, *Descargo de conciencia (1930-1960)*, Barral, Barcelona, 1976; Dionisio RIDRUEJO, *Casi unas memorias*, Planeta, Barcelona, 1976; Ramón SERRANO SUÑER, *Entre el silencio y la propaganda, la historia como fue. Memorias*, Planeta, Barcelona, 1977, y *Entre Hendaya y Gibraltar*, Nauta, Barcelona, 1973; Eugenio VEGAS LATAPIE, *La frustración de la victoria. Memorias políticas, 1938-1942*, Actas, Madrid, 1995.

La posición española ante la segunda guerra mundial: Charles B. BURDICK, *Germany's military strategy and Spain in World War II*, UP, Syracuse, 1968: Lorenzo DELGADO GÓMEZ ESCALONILLA, *Diplomacia franquista y política cultural hacia Iberoamérica (1939-1953)*, CSIC, Madrid, 1988; Donald S. DETWILER, *Hitler, Franco und Gibraltar. Die Frage des spanischen Eintritts in den Zweiten Weltkrieg*, Franz Steiner, Wiesbaden, 1962; Rafael GARCÍA PÉREZ, *Franquismo y Tercer Reich. Las relaciones económicas hispano-alemanas durante la segunda guerra mundial*, Centro de Estudios Constitucionales, Madrid, 1994; Massimiliano GUDERZO, *Madrid e l'arte della diplomazia. L'incognita spagnola nella seconda guerra mondiale*, Manent, Firenze, 1995; C. H. HALSTEAD, *Spain, the powers and the Second*

World War, University of Virginia Ph. D., Virginia, 1962; Christian LEITZ, *Economic relations between nazi Germany and Franco's Spain, 1936-1945*, Oxford University Press, Oxford, 1996; Antonio MARQUINA, *La diplomacia vaticana y la España de Franco, 1936-1945*, CSIC, Madrid, 1982; Rosa PARDO, *Con Franco hacia el Imperio. La política exterior española en América Latina, 1939-1945*, UNED, Madrid, 1994; Klaus Jorg RUHL, *Franco, Falange y el III Reich. España durante la II Guerra Mundial*, Akal, Madrid, 1986; Denis SMYTH, *Diplomacy and strategy of survival. British policy and Franco's Spain, 1940-1941*, Cambridge University Press, Cambridge, 1986; Javier TUSELL, *Franco, España y la segunda guerra mundial. Entre el Eje y la neutralidad*, Temas de Hoy, Madrid, 1995; Javier TUSELL y Genoveva GARCÍA QUEIPO DE LLANO, *Franco y Mussolini. La política española durante la segunda guerra mundial*, Planeta, Barcelona, 1985.

La etapa del aislamiento: María Dolores ALGORA, *Las relaciones hispano-árabes durante el régimen de Franco: la ruptura del aislamiento internacional*, Biblioteca Diplomática Española, Madrid, 1996; Paola BRUNDU, *Ostracismo e realpolitik. Gli alleati e la Spagna franchista negli anni del dopo guerra*, Università di Cagliari, 1984; Beatriz FIGALLO, *El protocolo Perón-Franco. Relaciones hispano-argentinas, 1942-1952*, Ediciones Corregidor, Buenos Aires, 1992; Juan Carlos JIMÉNEZ REDONDO, *Franco e Salazar. As relaçoes luso-espanholas durante a guerra fria*, Assirio e Alvim, Lisboa, 1996; A. J. LEONART, *España y la ONU*, CSIC, Madrid, 1978 y ss.

La oposición en la primera etapa del franquismo: Helmut HEINE, *La oposición politica al franquismo de 1939 a 1952*, Crítica, Barcelona, 1983 y Javier TUSELL, *La oposición democrática al franquismo (1939-1962)*, Planeta, Barcelona, 1977. Los monárquicos: Fernando de MEER, *Juan de Borbón, un hombre solo (1941-1948)*, Junta de Castilla y León, 2001; José María TOQUERO, *Franco y don Juan. La oposición monárquica al franquismo*, Plaza y Janés, Barcelona, 1989, y *Don Juan de Borbón, el rey padre*, Plaza y Janés-Cambio 16, Barcelona, 1992; A. VILLANUEVA MARTÍNEZ, *El carlismo navarro durante el primer franquismo, 1937-1951*, Actas, Madrid, 1998. El republicanismo: José BORRÁS, *Políticas de los exiliados españoles, 1944-1950*, Ruedo Ibérico, París, 1976; José María DEL VALLE, *Las instituciones de la República en el exilio*, Ruedo Ibérico, París, 1976; Davis WINGEATE PIKE, *Vae victis! Los republicanos españoles refugiados en Francia, 1939-1944*, Ruedo Ibérico, París, 1969.

Sobre el socialismo: Luis ARAQUISTAIN, *Sobre la guerra civil y en la emigración*, Espasa Calpe, Madrid, 1983, edición y prólogo por Javier Tusell; Julio AROSTEGUI, *Largo Caballero en el exilio. La última etapa de un líder obrero*, Fundación Largo Caballero, Madrid, 1990; *Congresos del PSOE en el exilio, 1944-1974*, Editorial Pablo Iglesias, Madrid, 1981; Richard GILLESPIE, *The Spanish Socialist Party. A History of factionalism*, Oxford at Clarendon Press, 1989; Santos JULIÁ, *Los socialistas en la política española,*

1879-1982, Taurus, Madrid, 1997; Abdón MATEOS, *Las izquierdas españolas desde la guerra civil hasta 1982. Organizaciones socialistas, culturas políticas y movimientos sociales*, Madrid, 1997; Amaro DEL ROSAL, *Historia de la UGT de Espana en la emigración*, Grijalbo, Barcelona, 1978; Juan A. SACALÚA, *La resistencia socialista en Asturias, 1937-1962*, Fundación Pablo Iglesias, Madrid, 1986; «El socialismo en España», *Anales de Historia de la Fundación Pablo Iglesias*, IV (1986); César TCHACH y Carmen REYES, *Clandestinidad y exilio. La reconstrucción del sindicato socialista, 1939-1953*, Fundación Pablo Iglesias, Madrid, 1986. Sobre los anarquistas: Ángel HERRERÍN, *La CNT durante el franquismo. Clandestinidad y exilio (1939-1975)*, Siglo XXI, Madrid, 2004; y Eurico MARCO NADAL, *Todos contra Franco. La Alianza Nacional de Fuerzas Democráticas, 1944-1947*, Queimada, Madrid, 1982. Acerca del PCE y la guerrilla: Fernando CLAUDÍN, *Santiago Carrillo. Crónica de un secretario general*, Planeta, Barcelona, 1983; Joan ESTRUCH, *El PCE en la clandestinidad, 1939-1956*, Siglo XXI, Madrid, 1982; Gregorio MORÁN, *Miseria y grandeza del Partido Comunista de España, 1939-1975*, Planeta, Barcelona, 1986; Secundino SERRANO, *Maquis. Historia de la guerrilla antifranquista*, Temas de Hoy, Madrid, 2001. Sobre la oposición en el País Vasco: BELTZA, *El nacionalismo vasco en el exilio, 1937-1960*, Txertoa, San Sebastián, 1977 e Iñaki BERNARDO, *Galíndez, la tumba abierta. Los vascos y los Estados Unidos*, Gobierno Vasco, Vitoria, 1993. Sobre la oposición en Cataluña: Félix FANES, *La vaga de tramvies del 1951*, Laia, Barcelona, 1977; Miquel FERRER, *La Generalitat de Catalunya a l'exili*, Aymà, Barcelona, 1977; Carles PI SUNYER, *Memòries de l'exili. El Consell Nacional de Catalunya, 1940-1945*, Curial, Barcelona, 1978.

Las condiciones de vida y la protesta social: Carmen MOLINERO y Pere YSÀS, *Patria, pan y justicia. Nivell de vida i condicions de treball a Catalunya, 1939-1951*, La Magrana, Barcelona, 1985; Carmen BENITO DEL POZO, *La clase obrera durante el franquismo. Empleo, condiciones de trabajo y conflicto (1940-1975)*, Siglo XXI, Madrid, 1993 y R. GARCÍA PIÑERO, *Los mineros asturianos bajo el franquismo (1937-1962)*, Madrid, 1990.

Cataluña: Josep BENET, *L'intent franquista de genocidi cultural contra Catalunya*, Publicacions de l'Abadia de Montserrat, 1992; María Josepa GALLOFRÉ, *L'edició catalana i la censura franquista (1939-1951)*, Publicacions de l'Abadia de Montserrat, 1991; Borja de RIQUER, *L'últim Cambó (1936-1947). La dreta catalana davant la guerra civil i el franquisme*, Eumo, Vic, 1996; J. M. SOLÉ SABATÉ y J. M. VILLARROYA, *Cronologia de la repressió de la llengua i cultura catalanes (1936-1975)*, Curial, Barcelona, 1996.

La política económica y social: Alfonso BALLESTERO, *Juan Antonio Suances, 1891-1977. La política industrial de la posguerra*; Lid Editorial empresarial, León, 1993; Carlos BARCIELA, *La agricultura cerealista en la España contemporánea: el mercado triguero y el Servicio Nacional del Trigo*, UCM, Madrid, 1981; y *Autarquía y mercado negro: el fracaso económi-*

co del primer franquismo, 1939-1959, Crítica, Barcelona, 2003; Jordi CATALÁN, *La economía española y la segunda guerra mundial*, Ariel, Barcelona, 1995; Antonio GÓMEZ MENDOZA, *El «Gibraltar económico»: Franco y Riotinto, 1936-1954*, Civitas, Madrid, 1994; Pablo MARTÍN ACEÑA y Francisco COMÍN, *INI, cincuenta años de industrialización*, Espasa Calpe, Madrid, 1991; Carme MOLINERO y Pere YSÀS, *Els industrials catalans durant el franquisme*, Eumo, Vic, 1991; Pedro SCHWARTZ y Manuel Jesús GONZÁLEZ, *Una historia del Instituto Nacional de Industria, 1941-1975*, Tecnos, Madrid, 1978; Ángel VIÑAS *et al.*, *Política comercial exterior de España (1931-1975)*, Banco Exterior de España, Madrid, 1979.

La cultura: José Luis ABELLÁN, *De la guerra civil al exilio republicano (1936-1977)*, Mezquita, Madrid, 1982, y *El exilio español de 1939*, Taurus, Madrid, 1978-1979; Miguel DELIBES, *La censura de prensa en los años cuarenta*, Ámbito, Valladolid, 1985; Elías DÍAZ, *Pensamiento español, 1939-1975*, Tecnos, Madrid, 1992; Equipo RESEÑA, *La cultura española bajo el franquismo*, Mensajero, Bilbao, 1977; Jordi GRÀCIA y Miguel Ángel RUIZ CARNICER, *La España de Franco (1939-1975). Cultura y vida cotidiana*, Síntesis, Madrid, 2001; José Carlos MAINER, *Falange y literatura*, Labor, Barcelona, 1971; J. M. MARTÍNEZ CACHERO, *La novela española entre 1939 y el fin de siglo. Historia de una aventura*, Castalia, Madrid, 1997; Gregorio MORÁN, *El maestro en el erial. Ortega y Gasset y la cultura del franquismo*, Tusquets, Barcelona, 1998; Javier VARELA, *La novela de España. Los intelectuales y el problema español*, Taurus, Madrid, 1999. Artes plásticas y arquitectura: *Arte para después de una guerra*, Comunidad de Madrid, 1993-1994; José CORREDOR MATEOS, *Vida y obra de Benjamín Palencia*, Espasa, Madrid, 1979; Ángel LLORENTE, *Arte e ideología en la España de la posguerra, 1939-1951*, tesis doctoral leída en la Universidad Complutense (s. a.); Gabriel UREÑA, *Arquitectura y urbanística civil y militar en el período de la autarquía, 1936-1945*, Istmo, Madrid, 1979, y *Las vanguardias artísticas en la posguerra española, 1940-1959*, Istmo, Madrid, 1982. El cine: Valeria CAMPORESI, *Para grandes y chicos. Un cine para los españoles*, Turfan, Madrid, 1993; Félix FANES, *Cifesa. La antorcha de los éxitos*, Institució Alfons el Magnànim, Valencia, 1981.

Memorias de intelectuales: Carlos BARRAL, *Años de penitencia*, Alianza, Madrid, 1975; José Manuel CABALLERO BONALD, *Tiempo de guerras perdidas*, Anagrama, Barcelona, 1995; Carlos CASTILLA DEL PINO, *Pretérito imperfecto*, Tusquets, Barcelona, 1997; Camilo José CELA, *Memorias, entendimientos y voluntades*, Plaza y Janés-Cambio 16, Barcelona, 1993; Fernando FERNÁN GÓMEZ, *El tiempo amarillo. Memorias*, Debate, Madrid, 1990; Julián MARÍAS, *Una vida presente. Memorias*, Alianza Editorial, Madrid, 1988-1989.

El papel del catolicismo durante estos años: Alfonso BOTTI, *Cielo y dinero. El nacionalcatolicismo en España (1881-1975)*, Alianza, Madrid, 1992; Gregorio CÁMARA, *Nacional-catolicismo y escuela. La socialización política del franquismo (1936-1951)*, Hesperia, Jaén, 1984.

Capítulo 2

LOS AÑOS DEL CONSENSO: EL APOGEO DEL RÉGIMEN (1951-1965)

Los años centrales de la historia del franquismo pueden ser descritos como los de plenitud y apogeo del régimen. Para esos años —no para otros— vale la paradoja de que, siendo el régimen una dictadura, era lo bastante aceptada de forma pasiva como para considerar que existía un consenso en la sociedad por mantenerlo. No hace falta insistir en que sólo la represión y la desarticulación de la oposición explican ese resultado. En 1951, en efecto, el régimen de Franco había superado ya el peor momento de su existencia en los años de la inmediata posguerra mundial, debido a la simultaneidad de la presión interior y de la guerrilla con la coacción exterior. Pero durante los cuarenta, el franquismo seguía siendo una dictadura personal de difícil definición doctrinal y España era, en el contexto europeo, un país marginal que parecía condenado al subdesarrollo.

Ahora, en cambio, empezó consiguiendo la confirmación de un estatus internacional que, si no le concedía en su plenitud la condición de igual, suponía una radical mutación de la etapa previa. El nuevo concordato con la Santa Sede añadió muy poco a las relaciones existentes entre ambos poderes, pero el mero hecho de que fuera firmado venía a ser una especie de reconocimiento confirmatorio. El pacto con Estados Unidos supuso el predominio en la primera potencia occidental de los factores estratégicos, que favorecían a Franco, sobre los ideológicos. La propia independencia de Marruecos, que hubiera podido pensarse que significaba una grave crisis en la vida del régimen, se saldó de forma no traumática.

En gran parte ese cambio de circunstancias se debió a factores internacionales que nada tenían que ver con la voluntad de los dirigentes españoles. En un grado menor, el apogeo del régimen fue debido al declive de la oposición, que no recuperaría sus posibilidades hasta la muerte de Franco. La década de los cincuenta fue el peor momento de su historia, reducida, en el caso de los monárquicos, al colaboracionismo, y en el de la oposición de izquierdas, a la fragmentación y al recuerdo del pasado. Durante los años que vamos a analizar se produjo el nacimiento de una oposición formada por los hijos de los vencedores, en 1956. También por vez primera, en 1962, con ocasión de la reunión europeísta de Múnich, pareció que era posible una reconciliación entre la oposición interna y la exiliada. Pero estos sucesos, más que tener una influencia inmediata sobre la política española, presagiaban el futuro que tendrían.

El régimen de Franco siguió careciendo de institucionalización, pero eso, lejos de ser un signo de su debilidad, resultó una buena muestra de su capacidad de adaptación. La vuelta de la Falange al primer plano de la presencia política no significó que el régimen se vertebrara de acuerdo con sus principios políticos, como había de demostrarse en 1956-1957. La posterior Ley de Principios del Movimiento fue vaga, pero indicó un camino hacia un género de dictadura distinta de la falangista.

El apogeo del régimen se aprecia también en lo que respecta a los planteamientos de política económica. Además, el experimento iniciado por el régimen al modificar su trayectoria en este aspecto contribuyó a incrementar su apoyo social, aunque fuera exclusivamente de carácter pasivo. La imagen que tenían los visitantes extranjeros de la primera etapa de la España franquista era la de un país que parecía haber quedado condenado a una irremediable miseria. El crecimiento económico de la etapa posterior a 1948 fue inflacionario y desequilibrado, y tan sólo permitió que España pasase de ser una nación agrícola a una semiindustrializada. Pero en la década de los cincuenta empezó un crecimiento que, además, fue fuerte en la primera mitad de los sesenta. Con este acontecimiento se iniciaba un cambio decisivo en la historia de España, el más trascendental que iba a producirse en nuestro país durante el régimen de Franco. De momento, la transformación económica daba la sensación de producir únicamente conformismo político. Con todas las limitaciones que se quiera, bien se puede decir que para Franco estos años fueron, como para Mussolini los anteriores a la segunda guerra mundial, «los años del consenso».

EL FINAL DEL AISLAMIENTO INTERNACIONAL: EL CONCORDATO Y LOS PACTOS CON ESTADOS UNIDOS

La coyuntura internacional, con el desarrollo de la guerra fría, tuvo una influencia de primer orden en la subsistencia de la dictadura. Como muestra baste citar sólo dos coincidencias: en el mismo momento en que se planteó el conflicto de Corea, en 1950, España inició una rápida rehabilitación internacional que alcanzó su punto culminante en 1953, fecha cumbre de esa guerra y de los pactos españoles con Estados Unidos. Resulta evidente, por tanto, que en la política de la primera nación occidental primaron los factores estratégicos sobre los políticos; con ello, se señalaba un camino para que España recuperara, aún en peculiares condiciones, un papel en la política internacional.

Si el aislamiento del régimen de Franco se produjo mediante la aprobación de una serie de expulsiones (o de vetos) en los organismos internacionales, su rehabilitación siguió un proceso inverso. En noviembre de 1950 quedaron revocadas las recomendaciones contenidas en la resolución de 1946. Al mismo tiempo, empezó a producirse la entrada de la España de Franco en las agencias de la ONU que, por su carácter técnico y no político, podían evitar una discusión de naturaleza política. A fines de 1950, España entró en la FAO, en 1951 lo hizo en la Organización Internacional de la Aviación Civil y, en 1952, en la UNESCO. El ingreso español en las Naciones Unidas se dilató porque requería un acuerdo previo entre las dos grandes potencias para admitir a un grupo de naciones de tendencia ideológica contrapuesta. En noviembre de 1955, España presentó su candidatura, que inmediatamente fue apoyada por Estados Unidos. La admisión tuvo lugar, junto con la de una quincena de naciones, a mediados de diciembre, tras un discurso favorable de nada menos que el representante soviético. Al mismo tiempo, sin embargo, alguna nación del bloque occidental se abstuvo de votar en sentido afirmativo.

A esas alturas se puede decir, de todos modos, que la aceptación de la España de Franco en parte de los medios internacionales era plena porque había sido asegurada por un procedimiento indirecto: el de la firma sucesiva, pero casi coincidente, del Concordato con la Santa Sede en agosto de 1953 y del pacto con Estados Unidos un mes más tarde. Aunque estos dos acuerdos diplomáticos obedecían a razones diversas, tenían en común que su ratificación hubiera sido inconcebible tan sólo unos años antes.

Lo que más sorprende del concordato con el Vaticano es, dadas las ventajas obtenidas por la Iglesia, que su iniciativa surgiera, en realidad, del propio Estado español. Fue Ruiz-Giménez, nombrado embajador ante el Vaticano en 1948, quien anunció su voluntad de cumplir este propósito que, según él, habría de servir para consolidar el papel del catolicismo en la sociedad española y, al mismo tiempo, como refrendo de la Iglesia respecto al franquismo, logrando la primera una dosis amplia de autonomía. Por descontado, una postura como ésta no puede entenderse sino dentro de la mentalidad característica del catolicismo de la época, que tenía una insaciable pretensión integrista. Pero en el Vaticano no se compartía su visión, ni tampoco en un Madrid proclive al regalismo para quien Ruiz-Giménez era, en realidad, embajador del Vaticano en España, y no de España en el Vaticano.

Desde 1951, cuando el ex embajador ocupó la cartera de Educación, las negociaciones fueron llevadas por Castiella, su sucesor. Ahora toda la negociación se enfocó por el Estado con un sentido más regalista, habitual en el régimen. A partir de un determinado momento, en un ambiente de guerra fría, las reticencias de Roma desaparecieron. Cuando se firmó el concordato, en España todo fueron alabanzas a su texto, especialmente en los círculos del catolicismo colaboracionista. Un tratadista en derecho canónico llegó a decir que el español era el concordato «más conforme» con la doctrina católica; otro, yendo aún más lejos, aseguró que el concordato español «se llevaba la palma entre todos los de todas las naciones y todos los tiempos de tal modo que la lástima es que este concordato no sea el más adecuado para las demás naciones, porque no todas están capacitadas para soportar tanta bondad». Para el futuro ministro Fernández de la Mora, la firma del concordato tenía «un alcance estrictamente político: era el solemne y definitivo respaldo de la legitimidad de origen y de ejercicio del Estado español; era la proclamación de la concordia ejemplar entre las dos soberanías, una de las cuales, con su suprema autoridad moral, confirmaba la rehabilitación internacional del Estado español».

Por supuesto, una afirmación como la citada no hubiera sido suscrita por el Vaticano, pero la Iglesia dio la sensación de apoyar, de modo inequívoco, al régimen político de Franco y aceptar numerosas concesiones suyas. Se consagró la unidad religiosa, aunque los disidentes tuvieran derecho al culto privado. Existiría una dotación económica para la Iglesia, aprobada de modo oficial y complementada con exenciones fiscales. Las órdenes religiosas lograron un estatuto jurídico como nunca habían tenido a lo largo de la historia española. Se admitió la existencia de un fuero eclesiástico y la competencia de la Iglesia en las causas matrimoniales; se negoció, además, un calendario de fiestas litúrgicas para convertirlas en profanas y quedó reconocido el asociacionismo religioso siempre que se limitara a sus competencias.

La contrapartida obtenida por el Estado fue relativamente parca. Se mantuvo el sistema de nombramiento de obispos ya existente. Además, se estableció la obligación de rezar en los actos religiosos públicos por parte las autoridades políticas. Todo esto, como los diversos honores pontificios y litúrgicos que recibió Franco, en realidad no fue más que puro formalismo, pero, aun así, el concordato resultó un triunfo diplomático por parte del Estado. Aunque su texto no añadía nada sustancialmente nuevo, confería un aparente carácter pactista a actitudes adoptadas previamente por el Estado. Pero el concordato fue anacrónico, incluso para la España de la época, en el sentido de que recordaba más el pasado de lo que anunciaba el porvenir. Muy pronto empezaron a plantearse problemas de interpretación concreta de su contenido, como los relativos al nombramiento de obispos auxiliares, que más adelante servirían a la Iglesia para librarse de la tutela estatal. En última instancia, el concordato sólo contribuyó a superar el aislamiento internacional que pesaba sobre la España de Franco, pero esta situación ya había quedado resuelta en gran medida por la misma evolución de las circunstancias.

Algo parecido puede decirse de los tratados con Estados Unidos. Cuando en 1945 comenzó la presión en contra del régimen, el ministro de Asuntos Exteriores, Martín Artajo, envió a las representaciones diplomáticas en el exterior unas instrucciones recomendando «esperar que pase el cadáver de los enemigos derrotados en 1939». Tuvo que transcurrir mucho tiempo. En 1950, Estados Unidos había empezado a prestar ayuda económica a un país comunista como Yugoslavia, mientras que para el caso de España hubo que esperar al pleno desarrollo del conflicto coreano —hasta el punto de que, una vez iniciadas las negociaciones con España, se detuvieron con la estabilización del frente— y a la sustitución de la Administración Truman por la de Eisenhower. Truman siempre fue muy alérgico a todo lo que representaba el franquismo y puso dificultades a que se convirtieran en una realidad las ayudas que votaba el legislativo norteamericano para España. Como anabaptista, le preocupó muy seriamente la libertad religiosa en España. A pesar de todo, en los primeros meses de 1951 se había producido ya el cambio definitivo en la postura norteamericana. Resulta muy significativo que en los últimos meses de 1950, Estados Unidos obtuviera bases en el Marruecos francés y en las Azores portuguesas. Así como a los negociadores españoles les preocupaban los aspectos económicos, para los norteamericanos los militares eran esenciales.

La negociación comenzó con motivo de la visita a España, en julio de 1951, del almirante Sherman. Ya desde entonces, ratificados los propósitos norteamericanos de obtener bases, quedó definida la postura española. Franco afirmaba que su país no quería entrar en la OTAN —en realidad era perfectamente consciente de que no podía hacerlo—, pero estaba dispuesto a combatir al adversario soviético en el frente europeo. Cuando la negociación descendió a términos más concretos, se pudo apreciar que la diferencia era considerable: Estados Unidos deseaba una cesión territorial, mientras que los españoles preferían bases de utilización conjunta. Por parte española, los militares parecen haber desempeñado un papel más decisivo en la negociación que los diplomáticos. En cualquier caso, obviamente, el grado de reconocimiento al que llegó la España de Franco se demostró en la práctica menor del que podían esperar los altos cargos del franquismo. Carrero, por ejemplo, afirmó, con razón, que por la parte norteamericana se concedía a España «un trato completamente distinto» del dado a otros países europeos. La realidad, sin embargo, es que, dadas las dificultades de un acuerdo más estrecho, el representante de Franco recomendó la firma cuanto antes, en el mismo año 1952. Es posible que la parte española hubiera logrado más con la dilación, pero tenía un interés político por una decisión rápida.

No hay mejor prueba de la diferencia de trato aludida que el contenido de las disposiciones suscritas entre ambos países. Lo firmado fueron tres *agreements* relativos a defensa y ayuda económica. Ese término designa, en la terminología constitucional norteamericana, los pactos suscritos por el ejecutivo que no necesitan la ratificación por parte del legislativo. En éste hubiera sido imposible que, por mucho interés que tuviera el Pentágono, se hubiera aceptado un compromiso con una potencia que había tenido tanta relación con los países del Eje. Los pactos preveían la utilización, en régimen conjunto, de una serie de bases durante un período de diez años, renovable por otros dos de cinco años. Las bases serían construidas en Rota, Morón, Zaragoza y Torrejón. La guarnición norteamericana establecida en estas bases fue relativamente reducida: unos 6.700 hombres que, junto con la población civil, alcanzaron un total de quince mil personas (en 1958). Un aspecto complementario de los pactos fue el compromiso adquirido por la parte española de estabilizar la peseta y equilibrar el presupuesto, y la paralela obligación norteamericana de ayudar a España desde el punto de vista material. En este aspecto no se ha recalcado de forma suficiente el importante papel que desempeñaron los norteamericanos en la transformación de la política económica.

Quizá la mejor descripción del contenido de los pactos la dio el propio Franco cuando afirmó que eran «en su origen militares, con derivaciones políticas y, en definitiva, de contenido económico». No es éste el lugar adecuado para abordar este último aspecto; baste con decir, por el momento, que, aun siendo la ayuda concedida a España muy inferior a la que llegó a otros países, tuvo una importancia crucial. Desde el punto de vista estratégico, la defensa europea logró un apoyo y una profundidad de la que hasta entonces carecía. Pero los avances en la tecnología y en la estrategia restaron sentido a buena parte de las bases españolas. A medio plazo, Rota se convirtió en la adquisición más valiosa lograda por los norteamericanos y la defensa occidental, al proporcionar apoyo logístico a los submarinos nucleares. Por su parte, la España de Franco obtuvo, ante todo, un triunfo diplomático. Esa victoria suponía el reconocimiento de la contribución española a la defensa de Occidente, la iniciación de un programa de ayuda, el interés de Estados Unidos por la estabilidad política en España y, en fin, la retención del mando militar, al menos teórico, en las bases.

En sus estrictos términos, los pactos tuvieron también inconvenientes obvios para la parte española, nacidos de la evidente falta de igualdad con que era tratada. La disposición relativa a la utilización concreta de las bases por los norteamericanos resultaba muy imprecisa, como también lo eran los deberes a los que quedaban sometidos éstos. España carecía de una explícita garantía de defensa propia, no podía controlar las operaciones que se hicieran desde su territorio y, además, dependía, para el concreto funcionamiento de la ayuda económica, de las asignaciones votadas por el Congreso norteamericano. España sufría el inconveniente de que podía ser objeto de represalias por la mera existencia de bases en su territorio y, en cambio, no disfrutaba de las ventajas que se hubieran derivado de la consideración de igual por parte de sus aliados. A fin de cuentas, nada cambió en relación con las sustanciales diferencias que ambos países mantenían respecto de su organización política. En Estados Unidos, la alianza con la España de Franco pasó a ser, de tremendamente impopular, a simplemente poco popular.

Con este punto de partida ya se puede imaginar que en los años siguientes surgieron motivos de fricción entre los dos países. Se refirieron, en primer lugar, a las contrapartidas norteamericanas. Las autoridades españolas parecen no haber sido conscientes, al principio, del peligro nuclear existente para los núcleos de población situados cerca de las bases que pronto se hicieron evidentes. Cuando se negoció, en 1962, la renovación de los tratados no se consiguió otra cosa, por parte española, que una vaga alusión a la realización de consultas en caso de amenaza exterior. La diferencia de trato fue también perceptible en la asignación de recursos concedidos por los norteamericanos a España. El Ejército español vivió del material norteamericano, aunque eso tan sólo le sirvió para reducir en parte su envejecimiento técnico; y España recibió ayuda económica, pero incomparablemente inferior a la que habría obtenido con el Plan Marshall. Las cifras testimonian que no se logró mucho en comparación con otros países. Entre 1946 y 1960, España recibió 456 millones de dólares en ayuda militar, lo que suponía una décima parte de lo recibido por Francia, un cuarto de lo obtenido por Italia y Turquía y la mitad que Luxemburgo. En el mismo período, la ayuda económica se situó en los 1.013 millones de dólares, cifra que era inferior a la recibida por Holanda o Turquía y que representaba una quinta parte de la ayuda a Francia, una séptima parte de la lograda por Gran Bretaña y una cuarta parte de la obtenida por Alemania. En estas condiciones no puede extrañar que la relación con Estados Unidos permaneciera constantemente viciada por los malentendidos, pese a la apariencia plácida. En 1959 visitó España Eisenhower, el presidente norteamericano con el que Franco parece que tuvo más afinidad. Sin embargo, esta afinidad no bastó para que España consiguiera un trato de igualdad. En la posterior renovación de los pactos (1963), España logró un portaaeronaves, pero no que se elevara el rango de la relación entre ambos países a la condición de verdadero tratado.

España ante Europa. La descolonización: Marruecos

Para los norteamericanos, la España de Franco era un país lejano con cuya evolución no estaba familiarizada la mayor parte de la opinión pública y que era objeto de un interés tan sólo estratégico. En cambio, nunca fue éste el caso de los países democráticos europeos, para quienes el recuerdo de la guerra civil seguía siendo un factor importante en la política interna. Intereses económicos, realismo a la hora de juzgar improbables las posibilidades de la oposición o la idea de que el bloqueo era una mala política para llegar a un buen resultado contribuyen a explicar el mantenimiento de unas relaciones correctas entre la España de Franco y los países europeos. Pero esto no significa, en absoluto, que la España de Franco fuera admitida como uno más. Siempre fue considerada como una especie de enfermo perpetuo de quien cabía esperar la curación a largo plazo. En absoluta antítesis con esta visión exterior, el régimen se consideraba a sí mismo estable y satisfecho: lo estuvo al menos hasta 1964, año de la celebración de los 25 años de paz. Franco apareció para muchos como supremo garante de la ausencia de enfrentamiento.

Las relaciones con los diversos países dependieron mucho de la configuración de sus respectivos gobiernos. Dos buenos ejemplos de que, incluso en el caso de gobernantes conservadores, había una distancia abismal nos los proporcionan Francia y Alemania, cuyos dos dirigentes, De Gaulle y Adenauer, fueron partidarios de la entrada de la España de Franco en el Mercado Común a comienzos de los años sesenta. Pero el embajador español en la capital francesa, Areilza, encontraba serias dificultades en los medios oficiales españoles para que no se ayudara de una manera ostentosa a quienes tenían la pretensión de desestabilizar la V República francesa. Con la Alemania Federal, España estableció relaciones en la primavera de 1951, pero hubo de pasar un año hasta que Adenauer enviara un embajador a Madrid. A comienzos de 1960, Alemania trató de llegar a un acuerdo con España para obtener de ella facilidades militares. Bastó que la prensa internacional lo descubriera para que se desvaneciera de forma automática esa posibilidad.

Todavía es mucho más significativo lo que le sucedió a España en el momento en que empezó a gestarse el Mercado Común. Cuando, en los inicios de los cincuenta, los norteamericanos preguntaron a Franco sobre la unidad europea, respondió que veía en quienes la intentaban proclividad socialista. En marzo de 1957, antes de la firma del Tratado de Roma como consecuencia del cual nació el Mercado Común, existían diez organizaciones regionales europeas, y España sólo pertenecía a tres. Un país como Austria, que tenía entonces un estatus de neutralidad muy peculiar, figuraba en cinco y la propia Turquía en siete. La paradoja es que en ese mismo momento, España dirigía ya el 61 por 100 de sus exportaciones hacia Europa.

En el momento en que se fue perfilando en el horizonte la creación de más amplios espacios económicos en Europa, la reacción del régimen fue titubeante, y finalmente optó por un largo compás de espera. En el seno del régimen hubo quienes no estaban dispuestos a reconocer la evidencia de que España necesitaba alguna forma de integración o asociación con Europa. En medios falangistas, por ejemplo, se propició una especie de «Iberomercado», en realidad inviable porque las economías española e iberoamericanas carecían de complementariedad. Más grave que ello fue el hecho de que los dirigentes del régimen siempre tuvieron serios reparos políticos contra la Europa unida. Carrero, por ejemplo, juzgó que esa cooperación económica acabaría por suponer una sumisión política; veía al mundo controlado por las internacionales, y esa visión conspiratoria siempre acababa desembocando en peligros inminentes para los intereses españoles. Franco participaba de esta misma concepción pero, más pragmático, juzgó también que «sería castigar al pueblo español de esta generación y de la siguiente» prescindir de cualquier contacto con el Mercado Común.

La relación con éste, sin embargo, fue propulsada principalmente por una nueva generación de políticos, caracterizados por su profesionalidad en materias económicas o diplomáticas, sin otro programa político que un genérico realismo. De esta manera, por caminos —coincidentes y tortuosos— de los Ministerios de Asuntos Exteriores y de Comercio se fue abriendo camino una decisión sobre esta materia a partir de 1957. Desde 1960, España dispuso de una representación diplomática ante el Mercado Común. La política comercial de Ullastres, por su parte, al frente del segundo de los ministerios citados, inicialmente pretendió abrirse camino a través de pactos bilaterales. El peso de la realidad se fue imponiendo. Desde 1955, la diplomacia española había descubierto que la Organización Europea de Cooperación Económica (OECE) era «la única posibilidad para engranar» con Europa. A lo largo de la segunda mitad de 1958, España ingresó tanto en esa organización, luego denominada OCDE (Organización de Cooperación y Desarrollo Económico), como en el Fondo Monetario Internacional, lo que tuvo importantes consecuencias en la formulación de una nueva política económica. Finalmente, se tomó la decisión en 1962 de solicitar la entrada en el Mercado Común.

Por aquel entonces, la España de Franco había empezado a enfrentarse con nuevos problemas en el marco de las relaciones internacionales, como la descolonización. Respecto a ésta, siempre se demostró una indudable inadecuación al espíritu de los tiempos, lo que explica que a menudo los resultados fueran muy poco satisfactorios. Así se revela en el caso de Marruecos.

Como sabemos, la España de Franco había mantenido, en el peor período del aislamiento, una proximidad con los países árabes, que continuó a partir de 1951 y de la que es una muestra el viaje realizado por Martín Artajo a algunos de esos países en 1952. Como contrapartida a la participación de tropas marroquíes en el ejército de Franco durante la guerra civil, éste hizo vagas promesas de que los marroquíes obtendrían «las mejores rosas del rosal de la paz». Después de la segunda guerra mundial, el sistema educativo establecido en el Marruecos español utilizaba predominantemente el árabe, mientras que la zona francesa estaba dominada por esta lengua. Frente a lo que sucedía al sur y en la propia España, en la zona de protectorado español hubo libertad de prensa y de partidos. Franco siempre pudo esgrimir en favor de su política el hecho de que había militares de alta graduación como el general Mizzian nacidos en Marruecos (como no debía fiarse por completo de él, le puso al frente de la capitanía general de Galicia).

La reivindicación de la independencia, en estas condiciones, no se inició en el protectorado español sino en el francés. Desde 1947, las autoridades de este país tuvieron serios problemas con el sultán Mohamed V, quien recordaba las promesas de independencia realizadas por los norteamericanos en 1943. En 1952-1953 hubo incidentes violentos, con centenares de muertos. La cuestión palestina dejó de estar en el primer plano de las relaciones internacionales y se planteó de manera más acuciante el problema de la independencia marroquí. La efervescencia del mundo árabe era general, como se demuestra por la proclamación de la república en Egipto y la lucha por la independencia de Argelia.

El momento en que la política española verdaderamente entró en crisis fue cuando, por un lado, las reivindicaciones nacionalistas arreciaron y, al mismo tiempo, pudo constatarse una completa asintonía con la otra potencia colonial. Marruecos había seguido siendo para España una carga económica, aunque no planteara ya problemas de orden público o sublevaciones. En 1952, en el protectorado español se concedió una cierta autonomía a la población indígena, lo que parecía contrastar con la política seguida en el protectorado francés. Las autoridades indígenas del protectorado español jugaron a varias bandas y, al final, se decantaron por el nacionalismo. Los problemas más graves se produjeron a partir de 1953, momento en que la política seguida por el Gobierno español fue arriesgada y acabó mal. Ese año, los franceses expulsaron al sultán Mohamed V y lo sustituyeron por una personalidad anodina, sometida a ellos. La reacción española fue, entonces, de indignación. La autoridad española era en esos momentos el general García Valiño, que mantuvo siempre una política vehemente y arriesgada. Ante la noticia de la destitución del sultán, el general español declaró: «Se ha ignorado nuestra presencia en esta tierra ... difícil será en lo sucesivo que un clima de confianza permita la colaboración». España mantuvo su reconocimiento al Jalifa nombrado por Mohamed V en la zona española y, además, propició el establecimiento de organismos de propaganda nacionalista marroquí. Esta política fue, al parecer, obra coincidente de Franco y García Valiño, pero con matices importantes entre ambos. El segundo, por ejemplo, no dudó en mantener un comportamiento permisivo sobre el comercio de armas que iban a parar a los nacionalistas. Franco pensó en destituirlo, pero finalmente no lo hizo.

Antes se había hecho ya patente el fracaso de la política española, cuando los franceses modificaron de forma brusca la propia. En efecto, mucho más preocupada por Argelia que por Marruecos, en 1955, Francia aceptó una fórmula transicional —la «interdependencia»— y, a fin de año, permitió el regreso de Mohamed V. En marzo de 1956, Francia acabó aceptando la independencia marroquí y España se vio obligada a hacerlo al mes siguiente. Si eso para el vecino país pudo no significar mucho, sin duda representaba infinitamente más para España por las permanentes reivindicaciones marroquíes sobre territorio considerado como español. El mismo día en que el jefe del Estado español aceptó la independencia marroquí, éste se dirigió a los norteamericanos señalando que la nueva situación entrañaba un grave peligro y dando por inevitable la difusión de la ideología comunista.

Pero, además, la cuestión no quedó solventada con la declaración de la independencia. La nueva nación tuvo, como tantas otras, una dirección política muy nacionalista desde sus inicios. Ocho de los ministros pertenecían al partido Istiqlal, uno de cuyos ideólogos, El Fassi, promovió la idea de un gran Marruecos que comprendería todo el Sáhara. Además, en la zona sur del país actuó un sedicente Ejército de Liberación Nacional, en realidad bandas incontroladas armadas en parte con las armas conseguidas por la benevolencia de las autoridades españolas del protectorado. En noviembre de 1957 hubo enfrentamientos armados en Ifni y el norte del Sáhara (un mes antes, Marruecos había reivindicado la zona de Tarfaya en la ONU) y muchas de las pequeñas posiciones españolas cayeron en manos de esas bandas. Quizá con exageración, se afirmó que lo sucedido era un «pequeño Annual», aunque el número de bajas se limitó a unos doscientos o trescientos muertos. Ayudado por los franceses, el ejército español consiguió restablecer la situación en el Sáhara, aunque mucho menos en Ifni. En febrero de 1958 fue posible la apertura de conversaciones con los marroquíes en la localidad portuguesa de Cintra, como consecuencia de lo cual a fines de año se cedió a Marruecos la zona de Tarfaya.

Sin embargo, perduró la reclamación marroquí sobre Ifni, el Sáhara y las plazas de soberanía, Ceuta y Melilla. Sólo en 1968 se cedió la primera posesión mencionada, cuyo interés resultaba a esas alturas muy limitado. La descolonización de Marruecos, en definitiva, llevada a cabo bajo presión y nunca concluida con un resultado satisfactorio para ambas partes, no permitió una buena colaboración con España en los años siguientes. Los errores franceses fueron al principio mayores, pero la superioridad material de este país hizo posible una posterior colaboración entre la metrópoli y la antigua colonia. Franco y, sobre todo, Carrero parece que mantuvieron a partir de entonces una actitud muy renuente a aceptar el proceso descolonizador, que retrasaron cuanto pudieron. En 1960, todavía se mantenía una importante guarnición española en zona marroquí, cuando los franceses ya habían abandonado el país; los españoles sólo lo hicieron de manera definitiva en 1961. Franco no pudo hacer nada para evitar que los propios norteamericanos, sus aliados, dieran armas a Marruecos, con eventual peligro para la situación estratégica española.

En cambio, en la América española la política exterior del régimen franquista demostró más originalidad y adaptación a las circunstancias. La posición ante la Revolución cubana no fue conservadora ni estuvo alineada con Estados Unidos. España estaba muy presente en la sociedad cubana a través de institutos religiosos. El paso del mundo católico cubano a la oposición tuvo como consecuencia que el embajador Lojendio cobijara en la embajada a muchos de los perseguidos en la fase final de la dictadura de Batista. Cuando el nuevo régimen empezó a actuar de forma represiva, precisamente contra los católicos, se produjo un sonado incidente entre el propio Castro y Lojendio, en enero de 1960. Aunque el embajador debió abandonar Cuba, las relaciones diplomáticas no se interrumpieron y tampoco España participó en el bloqueo económico promovido por los norteamericanos. Esta posición, en suma, demuestra que el régimen de Franco podía caracterizarse por una cierta ambigüedad ideológica en materias internacionales. Si la descolonización de las posesiones propias debió ser sufrida por muchos de los más altos dirigentes como una tragedia, los falangistas vieron con regocijo el triunfo de un líder nacionalista y no demócrata como Nasser ante Gran Bretaña y Francia.

El régimen y la oposición hasta 1956

Llegados a este punto, debemos volver a la evolución de la política interior, que durante todo el período no ofreció conmociones importantes, hecho que sin duda puede considerarse en sí mismo significativo. Ni la oposición tuvo una especial capacidad de acción hasta mediados de la década de los cincuenta, ni el contexto exterior obligó a cambios, como en 1945. Se puede decir, además, que la crisis de 1956 fue tan sólo parcial y se debió a un simple incidente, por más que hubiera de tener una profunda repercusión en el nacimiento de una oposición nueva. Una crisis que supusiera algo más allá de un «relevo de guardia» no tendría lugar hasta 1957.

Ya se ha aludido al cambio ministerial de 1951, uno de los más completos en la historia del régimen. Aunque, como siempre, fue el producto del contrapeso de tendencias con el arbitraje de Franco, representaba, por lo menos hasta cierto punto, el retorno de Falange. En efecto, ésta no sólo estaba representada en el Consejo de Ministros por Girón, Fernández Cuesta y Muñoz Grandes, sino que, además, reapareció de forma oficial la Secretaría General del Movimiento que, en realidad, desde 1948 había estado cubierta por Fernández Cuesta, quien controló a Falange compatibilizando esa misión con la cartera de Justicia. Pero el avance de Falange a partir de 1951 no se aprecia sólo en ese hecho, sino también en la celebración, en octubre de 1953, de su primer y único Congreso, que demostró ausencia de reparo en mostrarse a la luz pública. Además, esa crecida de la influencia falangista se apreció también en la disminución de las otras familias del régimen. En 1954, Falange utilizó toda su fuerza e influencia para evitar el triunfo de candidatos de la primera significación en las elecciones municipales, mientras que el papel de las figuras procedentes de las organizaciones de apostolado (Martín Artajo y Ruiz-Giménez) se limitó fundamentalmente a administrar las competencias ministeriales que tenían atribuidas. En teoría, el Partido tenía dos millones de afiliados pero los activos eran tan sólo unas decenas de miles, quizá menos que los vinculados a las organizaciones católicas. Apenas administraba el uno por 100 del presupuesto, cuando Gobernación suponía el diez por 100. En suma, lo verdaderamente importante en esta época fue la visibilidad del Partido único más que su poder efectivo.

Un personaje que permaneció oculto para sólo luego revelar su influencia fue Carrero Blanco, ministro por vez primera en 1951. Carrero, en realidad, quiso aprovechar este cambio de gobierno no para que se produjera un retorno de Falange, sino para lo estrictamente contrario, es decir, para licenciarla. «La fase de Girón —escribió— ha quedado ya superada», pero el ministro de Trabajo duraría hasta 1957. Si se le hizo caso en prescindir de Fernández Cuesta en Justicia, no se le atendió en lo que respecta a la desaparición de la Secretaría General del Movimiento. Es muy significativo el hecho de que Carrero apoyara que el Ministerio de la Gobernación asumiera las instituciones políticas del régimen. Pero incluso más interesante aún que cuanto desaconsejó, resulta aquello que propuso y que sólo se llevaría a cabo seis años después. Le preocupaba la política económica y en ella adoptó una posición muy distinta de la mayoritaria en el gobierno de hasta entonces. «Lo importante es que sea eficaz», indicó, y, añadió: «El ideal es que todo lo haga la iniciativa privada». Esto, como es natural, le enfrentaba a Suances, objeto, según él, de «críticas tremendas» por su carácter absorbente y su incapacidad de cumplir las tareas que se adjudicaba. Es posible que la intervención de Carrero tuviera como consecuencia que Suances dejara el Ministerio de Industria, aunque no el INI; quizá se debió a él también el nombramiento de algunos de los ministros del área económica. En cualquier caso, sólo en 1957 se convirtió esta tendencia en definitivamente triunfante. Claro está que la mentalidad del subsecretario de Presidencia, aun ansiosa de eficacia, estaba lejana a la clásica de la economía de mercado: él pensaba que podía liquidarse el problema del acaparamiento enviando a campos de trabajo a los culpables.

Queda, en fin, por reseñar algún aspecto complementario más de la posición de Carrero. Nervioso por las muestras de una oposición que en 1951 había reaparecido en acciones de masa como la huelga de tranvías de Barcelona, propuso el nombramiento de un general, Alonso Vega, para una cartera de Gobernación dedicada al orden público. También otro general, Vigón, podía hacerse cargo de la política exterior. Finalmente, una cuestión que de momento no preocupaba a Carrero se refería a los mecanismos institucionales del régimen: «El régimen está constituido total y definitivamente», aseguraba. En cualquier caso merece la pena recalcar la mayor propensión de Franco por Falange que, domesticada, le servía para sus propósitos.

Nos toca ahora referirnos a la gestión del gobierno de 1951, aunque dejaremos para más adelante sus aspectos económicos. Fue la obra ministerial de Joaquín Ruiz-Giménez la que, desde un punto de vista político, levantó más controversia, no tanto por sus contenidos como por la reacción de los grupos opuestos a ella. Ruiz-Giménez era, en la época, el alevín más importante de la familia católica dentro del régimen y ello precisamente le hizo componer su equipo ministerial con figuras que, en una parte al menos, procedían de Falange. La combinación del «liberalismo» cultural de este sector —entendiendo por tal su voluntad de mostrarse receptivo ante la intelectualidad de izquierdas— con los problemas presupuestarios, habituales del Ministerio de Educación, y con el reaccionarismo de los sectores más clericales hizo que la gestión de Ruiz-Giménez resultara controvertida y concluyera de forma abrupta. Lo único sorprendente es que fuese por culpa de un enfrentamiento con el sector más duro de Falange y no con los elementos más clericales en lo cultural.

Las dificultades de Ruiz-Giménez fueron tempranas y se centraron inicialmente en la aprobación de la Ley de Enseñanzas Medias, que motivó una dura protesta de quienes, en el mundo clerical, opinaron que se pretendía «degollar» la enseñanza de los colegios religiosos. En febrero de 1953, la ley fue aprobada, pero había costado una ardua batalla. Aun así, no fue nada en comparación con los problemas relacionados con la apertura cultural. Como ya se ha señalado, Ruiz-Giménez se había apoyado en personalidades aperturistas en el mundo universitario: Laín Entralgo, Tovar o Fernández Miranda, rectores de Madrid, Salamanca y Oviedo, así como el propio director general de Universidades, Pérez Villanueva. La trascendencia de las medidas que se adoptaron en torno a la Universidad no fue muy grande, pero en la práctica éstas supusieron una especie de apertura cultural cuya relevancia fue grande. Los mencionados rectores y la prensa juvenil falangista, animada fundamentalmente por Ridruejo, pretendieron recuperar la tradición intelectual liberal española de fin de siglo (más concretamente, a Unamuno y Ortega, sus figuras emblemáticas). Desde el punto de vista intelectual, la recuperación de una parte significativa del mundo de la cultura de preguerra fue un fenómeno importante, incluso irreversible, pero de ninguna manera puede pensarse que estos sectores hubieran roto con el régimen, sino que constituían una versión peculiar del mismo caracterizada por su vocación laica y la atracción por la calidad objetiva de una tradición cultural. Tuvieron, sin embargo, adversarios peligrosos, que eran los medios más clericales vinculados con la herencia de Maeztu y Acción Española.

La controversia se había iniciado en el terreno cultural con dos libros de Laín y Calvo Serer a fines de los cuarenta y comienzos de los cincuenta. Los sectores procedentes de la extrema derecha más tradicional, que sus adversarios identificaron con el Opus Dei, tenían una sólida influencia en el Ministerio de Información y Turismo y el Ateneo, a través de Pérez Embid, y en el Consejo Superior de Investigaciones Científicas. Su figura más combativa era Rafael Calvo Serer. El planteamiento de este sector era radicalmente distinto de la supuesta Falange «liberal»: abominaba de la cultura liberal y juzgaba la postura del adversario a la vez como entreguista y revolucionaria. Sin embargo, al ser monárquico, este sector de extrema derecha tradicional resultaba paradójicamente partidario de una fórmula que podía abrir un camino de sustitución del régimen de Franco.

La lucha entre estas dos opciones resultó muy transparente durante los años 1951, 1952 y 1953, pero acabó bruscamente en los últimos meses de 1953, probablemente por la intervención del propio Franco. Calvo Serer publicó un artículo en una revista francesa en la que denunciaba como «oportunistas revolucionarios» a los falangistas y condenaba a los «demócrata-cristianos complacientes» como Ruiz-Giménez. Eso le valió un temporal exilio. En el citado Congreso de Falange se ridiculizó a una «tercera fuerza» que Calvo Serer había identificado con su propia postura.

Pero la defenestración de uno de los sectores en pugna no fue seguida por la victoria del adversario, sino que ambos acabaron sufriendo la misma suerte. Desde finales de 1953 quedó cortado cualquier debate intelectual de interés entre las varias revistas culturales de una y otra tendencia. Además, un duro ataque del obispo de Las Palmas en contra de Unamuno tuvo como consecuencia la eliminación de la convocatoria a un homenaje que se le estaba organizando. Aunque Franco fue nombrado doctor *honoris causa* por la Universidad de Salamanca, título que recibió emocionado, su actitud con respecto al mundo de la cultura o de la intelectualidad fue siempre cautelosa y reticente. Esa actitud vetó la mayoría de los intentos de Ruiz-Giménez para lograr la incorporación a la docencia de personas con pasado republicano.

El comienzo de una cierta agitación estudiantil en torno a la presencia de los ingleses en Gibraltar durante 1954, la existencia de clubs culturales patrocinados por el SEU y las muestras de solidaridad con Ortega y Gasset con ocasión de su muerte, en octubre de 1955, fueron catalizadores de una situación que se tornaría explosiva durante los primeros meses de 1956. Obsérvese, sin embargo, que las grandes cuestiones en torno a la vertebración del régimen, que habían estado presentes en la vida pública desde 1945 a 1951, ahora habían perdido relevancia, quizá porque Franco las daba por solventadas o porque ni siquiera las quería plantear habiendo logrado lo principal, es decir, la perduración de su poder. En los últimos meses de 1955 no parecía existir motivo para esperar ninguna conmoción, pero los acontecimientos llevaron a un doble enfrentamiento; por un lado, en el seno del régimen y, por otro, de un sector de la juventud universitaria con él.

A estas alturas, la opción republicana se había ya desvanecido como posibilidad y las oportunidades de la causa monárquica eran, en lo inmediato, nulas. Había monárquicos próximos a una opción liberal pero no estrictamente democrática, como los que en las elecciones municipales madrileñas de 1954 se enfrentaron con la candidatura oficial del Movimiento. Pero la tendencia colaboracionista predominaba por entonces claramente. Cuando hubo que elegir el lugar donde iba a estudiar don Juan Carlos, se impuso la tesis de Franco, quien, por otra parte, no había tenido el menor reparo en indicar que podría considerar la posibilidad de que la línea sucesoria siguiera la descendencia de don Jaime, hermano mayor de don Juan. La misma conversación entre Franco y don Juan en la finca Las Cabezas, celebrada a fines de 1954, dio pruebas de la aparente identidad entre ambos. Al ápice del colaboracionismo monárquico no se llegó, sin embargo, hasta 1955, cuando en unas declaraciones atribuidas a don Juan, el heredero de la línea dinástica aparecía haciendo una alabanza a Fernández Cuesta y hablaba de la necesidad de unirse en un «apretado haz» en torno a las instituciones políticas existentes. Sólo a partir de este momento se produjo el repliegue de un colaboracionismo que resultaba en realidad pura entrega a la persona de Franco.

Si ésta era la situación del sector que más esperanzas había alimentado en el pasado respecto a la sustitución del régimen, peor era todavía la de quienes, en la oposición, habían visto desvanecerse la gran oportunidad de los años 1945-1947. Éste fue el caso del partido socialista, cuyos efectivos en el exterior disminuyeron sustancialmente en la década de los cincuenta: el número de las secciones representadas en los congresos de la Unión General de Trabajadores en el exilio era de 469 en 1951 y de tan sólo 186 en 1959. Al mismo tiempo, se multiplicaban también sus incertidumbres estratégicas. El fracaso de la colaboración con los monárquicos llevó a una «cura de aislamiento» a partir de 1952, pero el partido era consciente de que necesitaba colaborar con otras opciones, por lo que los años siguientes fueron para él un continuo tejer y destejer este tipo de intentos.

El principal dirigente del PSOE en el exilio fue, desde comienzos de los cincuenta, Rodolfo Llopis, que procedía de la izquierda del partido pero acabaría convirtiéndose, para las nuevas generaciones del interior, en la expresión misma del conformismo. Un juicio más justo desde el punto de vista histórico recordaría que Llopis fue también quien mantuvo una estructura en el exterior capaz de lograr el enlace entre la tradición histórica del partido y las nuevas generaciones. Lo hizo, además, transformando de modo sustancial los planteamientos del partido, aunque más en la práctica que en la teoría. Así se aprecia de forma especial incluso en aquellos mentores a los que caracterizó durante los años treinta una actitud más radical. Éste fue el caso, por ejemplo, de Araquistain, cuya senda ideológica pasó de un visceral anticomunismo a una recuperación de la democracia que entrañaba una actitud posibilista respecto de la cuestión del régimen.

En cuanto al PCE, hubo de sumar a la derrota de la guerrilla y a la imposibilidad de lograr conectar con otros sectores de la oposición durante estos años, el mantenimiento de las purgas estalinistas y la dirección abúlica e indecisa de Vicente Uribe entre 1952 y 1954. Destinatario de de las expulsiones fue un comité central compuesto por 65 miembros de los que 27 habían sido expulsados por estas fechas. Finalmente, el V Congreso del partido, celebrado en Praga en noviembre de 1954, supuso la renovación de la dirección y la potenciación de aquellos sectores procedentes de las juventudes socialistas (Carrillo, Claudín, Gallego...).

De todas maneras, si la dirección comunista fue renovada, no puede decirse lo mismo de su interpretación de la realidad española. En dicho Congreso se propuso la constitución de un Frente Nacional Antifranquista, destinado a crear un gobierno provisional revolucionario que seguiría un programa tendente a la desaparición de los «residuos feudales» del país. Poco preveían, por tanto, los comunistas que fuera a producirse un proceso de desarrollo económico como el que no tardaría en iniciarse en España. En su mentalidad —en su imaginario— perduraba el recuerdo de la etapa republicana y la idea de que un régimen como el franquista podía derrumbarse de forma súbita. La realidad demostró que la sociedad española podía evolucionar sin que ello afectara a corto plazo a su sistema político.

Parece obvio, tras esta visión panorámica de la oposición entre 1951 y 1954, que éste fue precisamente el período de su historia en que sus posibilidades fueron menores. Sin embargo, en febrero de 1956 quedó demostrado que no por ello iba a desaparecer, sino que poseía la suficiente virtualidad para lograr una renovación, aunque ésta había de producirse por la actitud de una parte de la sociedad y no por la voluntad de sus dirigentes. Los sucesos de esa fecha no deben ser magnificados en el sentido de que supusieran un auténtico peligro para el régimen. En ellos no sólo desempeñó un papel relevante la nueva oposición estudiantil: también tuvo mucho que ver la propia evolución del régimen.

Hasta ese momento, la actitud de grupos específicamente estudiantiles no había desempeñado un papel importante en la oposición política al régimen. Los sucesos de febrero de 1956, sin embargo, estuvieron protagonizados por estudiantes que pertenecían a medios sociales del régimen, aunque su significación fuera muy variada. Había, en primer lugar, falangistas inconformistas, apoyados en determinadas instituciones del SEU como el Servicio Universitario del Trabajo y algunas revistas. El sindicato estudiantil oficial, que entonces tenía una influencia todavía importante, movilizó manifestaciones contra la presencia británica en Gibraltar pero acabó por no poder controlarlas. Por otro lado, participaron también algunos estudiantes monárquicos inconformistas y existió una indudable efervescencia religiosa que alcanzaría significación política y de la que puede ser muestra el círculo reunido en torno al P. Llanos, primero falangista y finalmente comunista. Hubo, en fin, un fermento comunista en la protesta, gracias a la infiltración de un puñado de militantes, pero fue muy minoritario.

Desde 1955, la prensa del exilio dio cuenta de un cierto movimiento en el mundo universitario español, pero tan sólo en los meses finales de este año se produjo un enfrentamiento directo entre los estudiantes y el régimen. Los primeros incidentes surgieron con ocasión de la muerte de Ortega y Gasset, con cuya tradición liberal decía querer conectar una parte de los estudiantes. Las actividades de carácter literario (como el proyecto de un congreso de escritores jóvenes) sirvieron como aglutinante de los estudiantes con algunos dirigentes del franquismo, como Ridruejo, que ahora optaban por una posición disidente. Los dirigentes estudiantiles de la protesta (Pradera, Múgica...) eran comunistas y condujeron esa efervescencia cultural inconformista hacia una protesta más política, promoviendo un Congreso de Estudiantes al margen por completo del sindicato oficial.

A comienzos de febrero de 1956, la recogida de firmas para solicitar la convocatoria del Congreso dio lugar a los primeros incidentes con los estudiantes falangistas, quienes reaccionaron con el asalto a la Facultad de Derecho de la Complutense. El enfrentamiento más fuerte concluyó con una herida grave de bala sufrida por un joven falangista, consecuencia del empleo de un arma de fuego por alguno de sus correligionarios. El hecho provocó la inmediata detención de Ridruejo y los estudiantes inconformistas. Por unos días la tensión política fue grande en la capital, hasta el punto de que algunas autoridades académicas debieron ocultarse para evitar cualquier tentación de que la represión falangista recayera sobre ellas. Pero lo más importante es que incidentes creados por la oposición influyeron de manera inmediata en la política interna. Fue ésta la primera ocasión en que sucedió algo parecido, pues los sucesos de Begoña habían tenido como protagonistas a quienes militaban dentro del régimen. A diferencia de lo sucedido en aquella ocasión, parece que en ésta, Franco no dudó ni un momento.

En esas circunstancias, el dictador actuó de acuerdo con su técnica de arbitraje habitual. Ruiz-Giménez representaba una apertura que había resultado conflictiva; además no había sido capaz, por ausencia de medios, de remediar las deficiencias de la enseñanza pública ni de someter a la privada o religiosa. Falange tenía como principal valedor (y, al mismo tiempo, controlador) a Fernández Cuesta. Ambos fueron inmediatamente cesados. No lo fue Blas Pérez, responsable principal del orden público, puesto esos días en peligro. Esa simultánea marginación de los enfrentados, semejante a la practicada con Varela y Serrano en 1942, tuvo a corto plazo un resultado mucho más satisfactorio para Falange, puesto que supuso la vuelta a la condición de ministro de Arrese. En adelante, la apertura cultural no pudo ya producirse en el marco del régimen, sino que tuvo lugar en aspectos concretos (la cinematografía) o poco conflictivos (la pintura), eso cuando no se llevó a cabo al margen del mismo e incluso en su contra. Si el franquismo había tenido originariamente intelectuales que le apoyaban, una buena parte la perdió en esta ocasión, aunque mucho más hacia una actitud pasiva que hacia una beligerancia explícita. En lo político, no deben exagerarse, quizá, las consecuencias de estos acontecimientos respecto de la vida interna del régimen. Si Ridruejo siguió el camino de la oposición, no se puede decir lo mismo de Ruiz-Giménez, cuyos planteamientos no evolucionaron en ese sentido sino con posterioridad, por el impacto del Concilio Vaticano II. En realidad, para el régimen, lo sucedido en febrero de 1956 tuvo sólo una trascendencia relativa. La vida política del sistema siguió un rumbo que en nada quedó afectado por ese aperturismo cultural.

Quizá, no obstante, en este momento quedó definitivamente perfilada una imagen de Franco que merece la pena glosar, porque resultó la definitiva hasta el momento de su muerte. No era ya tan sólo el vencedor en la guerra civil, ni tan siquiera aquel que, de acuerdo con la propaganda, había impedido que España participara en la segunda guerra mundial, sino también quien vigilaba para que la discordia no reapareciera ni siquiera en el seno del régimen. Las instrucciones de la propaganda oficial para el documental informativo cinematográfico NODO prescribían que «toda noticia dedicada al Caudillo o en la que aparezca señaladamente debe figurar en último lugar del noticiario y a ser posible con un final de apoteosis». Franco, más que un caudillo, parecía haberse convertido en una especie de guardián paternal contra las inclemencias de ese mal nacional: la discordia.

La repercusión de los sucesos de febrero de 1956 para la oposición fue mucho mayor, aunque sobre todo a largo plazo. En las semanas siguientes a los sucesos continuaron las manifestaciones y las detenciones; los abogados defensores de los detenidos fueron a menudo personajes conocidos de la oposición, como Gil Robles. Pero muy pronto la protesta estudiantil se desvaneció y probablemente hasta bien entrados los años sesenta los medios universitarios siguieron siendo mayoritariamente conformistas. Sin embargo, quienes no lo eran alimentaron a partir de este momento una oposición que acabaría por ser muy influyente en esos medios. No mucho después, al tratar Franco con don Juan la formación de su hijo en el interior de España, aludió la presencia en la universidad de lo que él definió como «jaraneros y alborotadores». Pero, además, en esos medios estudiantiles se crearon algunas agrupaciones políticas que acabarían desempeñando un papel político relevante. La primera de ellas fue la Agrupación Socialista Universitaria (ASU). Nunca muy nutrida y, en realidad, poco duradera (desapareció en 1962), lo importante es que este grupo resultó el vehículo gracias al cual aparecieron en el escenario político personalidades destinadas a tener un relevante papel posterior con mayor flexibilidad estratégica. Así, los jóvenes de la ASU se mostraron favorables, a la vez, al acercamiento a don Juan y al PCE, actitudes ambas heréticas para el socialismo tradicional, y todavía más si se combinaban. Algo parecido cabe decir de los restantes grupos de oposición surgidos en este momento.

Una nueva oposición política

Por coherencia, es mejor continuar aludiendo a la oposición antes de hacerlo a la evolución del régimen. Se debe tener en cuenta que los grupos políticos a los que se aludirá eran minúsculos, de modo que constituye casi un caso de condescendencia hablar de ellos como de partidos. Pero representaban algo nuevo que fructificaría con el transcurso del tiempo. Quien colaboró con estos sectores de oposición ha contrapuesto la figura de Prieto, «con el semblante inundado de tristeza», a la de esos «hombres éticos» de la nueva oposición que actuaban por principios pero que también sentían la «fascinación del peligro libremente asumido». El papel de la oposición en la vida española sería sin duda superior en el período posterior a 1965, pero el punto de partida fue éste.

Lo más novedoso de la situación posterior a 1956 fue que apareció una oposición interna en España que no tenía mucho que ver con los grupos de la preguerra o del exilio. Estos grupos pueden considerarse el germen de lo que en la etapa final del franquismo se llamó la «oposición moderada». En sentido estricto no se trataba de que fuera benevolente con la dictadura, sino que no pretendía acudir a procedimientos violentos ni reivindicaba el restablecimiento de una legitimidad desaparecida. Se trató de grupos de mayoritaria tendencia centrista, con los que no siempre se empleaban las medidas represivas más duras, sino que se aceptaba una peculiar paralegalidad al mismo tiempo que se daba por supuesto que para el régimen resultarían inocuos. El antecedente de este género de oposición debe situarse en los círculos próximos a don Juan. A fin de cuentas, teniendo la monarquía la función de aglutinar a todos los sectores, su propósito siguió siendo el de mantener esa «duplicidad» que había tenido ya en 1945 y que consistía en tratar de atraer a un tiempo a los sectores de derecha y de izquierda en un marco de convivencia común.

Don Juan no repitió las declaraciones que en 1951 y 1955 le habían identificado con el franquismo, pero manteniendo esa actitud colaboracionista a finales de 1957 logró la definitiva incorporación de un sector del carlismo. Ese acercamiento a la derecha no impidió ni que mantuviera contacto con la oposición de izquierdas ni que tuviera ocasionales conflictos con Franco. En marzo de 1960 se celebró la tercera entrevista entre Franco y don Juan, que se centró como siempre en la educación de don Juan Carlos. En realidad, la ausencia de verdadera cordialidad entre Franco y don Juan se aprecia en los repetidos intentos del primero por descalificar a los consejeros del segundo tildándolos de masones, así como por imponer un tipo de preceptores acordes con sus intereses.

La ambivalencia de la fórmula monárquica fue especialmente perceptible a partir de comienzos de los años sesenta. Así, por ejemplo, la boda de don Juan Carlos con la princesa Sofía en Atenas (1962) se organizó al margen del régimen. En 1961, la representación más emblemática de la causa monárquica en España la tenía José María Pemán como presidente del Consejo privado. Intelectual sin ambiciones políticas y, aunque procedente de la extrema derecha, de talante liberal, era en ese momento el hombre de letras más conocido en España. Partidario de una institucionalización del régimen y de una monarquía colaboracionista, se daba cuenta de que ésta debía aceptar en su seno a los antifranquistas. Quizá por consejo suyo, don Juan intentó que la monarquía tendiera puentes hacia la intelectualidad liberal, y lo consiguió: en 1958 llegó incluso a visitar a Juan Ramón Jiménez, figura decisiva del exilio cultural.

La mayor parte de los grupos de la nueva oposición surgidos con posterioridad a 1956 gravitaron hacia la oposición monárquica. El caso más sorprendente fue el grupo inspirado por Dionisio Ridruejo, que recibió el nombre de Acción Democrática. En realidad, Ridruejo fue separándose del régimen desde una inicial ortodoxia porque consideraba que no tenía un carácter suficientemente falangista, pero tras los sucesos universitarios evolucionó a favor de la democracia por repudio del franquismo. Dotado del don de la palabra, intelectual de altura, efusivo, cálido y seductor, hubiera podido desempeñar, con el tiempo, el papel de aglutinante de la oposición. Su grupo político no pasaba de ser liberal de izquierdas. Lo verdaderamente significativo de la postura de Ridruejo era que suponía un giro copernicano en una persona que había sido destacado dirigente de la Falange. También había cambiado su postura con respecto a la monarquía, a la que en otro momento había considerado como un símbolo del reaccionarismo.

Si Ridruejo fue un recién llegado a la monarquía, que matizó con un temporal accidentalismo, otros sectores políticos surgidos en estos momentos tenían debido a sus precedentes una significación más monárquica. Éste es el caso de los grupos de matiz demócrata-cristiano que tuvieron como inspiradores a Gil Robles y a Giménez Fernández. El primero había sido uno de los principales consejeros de don Juan, de quien se alejó algo en la primera mitad de los años cincuenta cuando arreció el colaboracionismo. Más a la izquierda se situaba el grupo inspirado por Manuel Giménez Fernández, quien condenó claramente el colaboracionismo católico con el régimen y, además, se situó más a la izquierda en todos sus pronunciamientos. Así, se mostró partidario de la reforma agraria y propuso una organización federal de España. Este grupo tenía vocación de entenderse con la izquierda exiliada, tal como acabó haciendo, y pretendió definirse como accidentalista.

A diferencia de los democristianos, los sectores monárquicos que se agruparon en Unión Española en 1957 lo eran de manera inequívoca. Como en el caso de Ridruejo, este sector representaba también la conversión a las ideas democráticas de un sector que procedía de la extrema derecha durante la Segunda República. Ahora, sin embargo, los inspiradores de Unión Española le reprocharon al régimen pretender basarse en una guerra civil y no intentar que la herida causada por ella se cerrara. Defensora, como el resto de los grupos mencionados, de los principios democráticos, Unión Española tuvo una peculiaridad estratégica que incluía la preocupación por los sectores militares, la participación en algunos de los procesos electorales del régimen (como las elecciones de 1954) y la adopción de una política económica basada en los principios de un estricto liberalismo. Unión Española, en fin, se declaró en alguno de sus documentos internos como un vínculo «moral», más que como un partido político. Este hecho resulta muy significativo no sólo de este grupo político, sino también de los restantes grupos nacidos en esta época. En realidad, se trataba de grupos reducidos de personas, auténticas tertulias o «fratrías» amistosas, cuya capacidad movilizadora era reducida.

Como consecuencia de los sucesos universitarios de 1956, además de estos grupos de la llamada oposición «moderada», surgieron otros que inmediatamente (en el caso del Frente de Liberación Popular) o con el transcurso del tiempo (como el grupo animado por Tierno Galván) acabarían desempeñando un papel importante en la izquierda española.

La peculiaridad del Frente de Liberación Popular consiste probablemente en haberse adelantado a lo que luego, con el paso del tiempo, sería la experiencia biográfica de toda una generación universitaria. En un primer momento tuvo una motivación en parte religiosa; en ese sentido también fue precursor de lo que sucedería más adelante en los medios relacionados con el apostolado seglar, después del Concilio Vaticano II. También resulta característico del Frente de Liberación Popular un tipo de planteamientos revolucionarios que hicieron que sus dirigentes no dudaran en ocasiones en criticar al PCE, por el que sintieron también afán competitivo, o incluso acabaran, en el País Vasco, colaborando con ETA. El FLP fue, además, el primer testimonio del impacto en España de una tendencia revolucionaria vinculada con el tercer mundo, en especial con la Yugoslavia de Tito, la Argelia del FLN o la Cuba de Castro. Fue muy consciente de la pluralidad española, hasta el punto de adoptar nombres distintos en el País Vasco o Cataluña (ESBA o FOC). Mantuvo una actitud ambigua sobre el uso de la violencia pero, como la Asociación Socialista Universitaria (ASU), no llegó a ponerla en práctica. Fue muy característico de un determinado momento, pero acabó diluyéndose en otros grupos, habitualmente más moderados, a partir de los años sesenta y en especial de 1968. A sus dirigentes cabe calificarlos de «radicalistas estéticos», pero fueron dirigentes luego de otros grupos opositores al régimen.

Aunque acabó confluyendo con el PSOE, en su origen el grupo que en Salamanca se reunió en torno a Enrique Tierno Galván, obteniendo un éxito apreciable en los medios universitarios, no se puede considerar que inicialmente se identificase con la izquierda. Este hecho resulta muy característico de la personalidad de quien estaba al frente. Reservado, cortés, profesoral e introspectivo, Tierno inventó de sí mismo un pasado republicano e izquierdista y una imagen de viejo castellano, sobrio e insobornable. Lo hizo sobre todo a partir de finales de los sesenta, cuando evolucionó hacia un socialismo en teoría muy radical. Su posición doctrinal originaria puede definirse como monárquica. Para Tierno, la monarquía podía conducir a una libertad que, de acuerdo con su pensamiento en esta época, muy influido por el neopositivismo filosófico anglosajón, era la solución «funcional» por excelencia.

Desde finales de los años cincuenta, el PSOE pasó por el peor momento de su oposición al franquismo. En parte ello pudo deberse al hecho de que perdiera algo de su apoyo en los medios obreros: en las huelgas de Asturias, en 1957 y 1958, los socialistas tuvieron un papel importante, aunque éste fue bastante menor en las de 1962. La táctica sindical de UGT, consistente en la no participación en las elecciones sindicales, tuvo esa consecuencia. Tras la protesta estudiantil de 1956, la ASU chocó con la dirección exterior, a pesar de que ésta le permitió una cierta flexibilidad en su relación orgánica con el partido. En 1959 fue preciso suspender el Congreso de la UGT, mientras que en los sesenta, el Congreso del PSOE tuvo que trasladarse desde cerca de la frontera española hasta mucho más al interior de Francia. Durante algún tiempo fue imposible editar el periódico del partido y hubo que recurrir al subterfugio de hacerlo con una cabecera en francés. Mientras tanto, en el interior de España surgían las primeras diferencias con la dirección del partido. Fueron la consecuencia inevitable de la lógica disparidad de enfoque entre el realismo del interior y el purismo del exilio, aunque también existió una diferencia de talantes. Los militantes socialistas del interior se mostraron más proclives a aceptar la colaboración con los monárquicos, pero también con los comunistas y, sobre todo, pidieron una actuación más autónoma. En su favor tenían que eran ellos los exclusivos destinatarios de la represión nacida desde el poder, y que siguió siendo muy dura hasta finales de los años cincuenta. A la altura de 1959 se efectuó la última redada de dirigentes socialistas no motivada por una acción política previa. A continuación la política represiva del régimen se moderó y se produjo una disminución importante de las sanciones de prisión, que apenas llegaban a un año por la simple militancia.

El sector del partido que mostró un mayor grado de discrepancia respecto a la dirección exterior fue la Agrupación Socialista Universitaria. Algunos de estos jóvenes demostraban una inclinación monárquica, pero, sobre todo, tendían a criticar lo que denominaban «el ciego anticomunismo» de la dirección exterior, colaborando de hecho con el PCE en algunas de sus acciones de protesta. La ASU, sin embargo, llegaba a proclamarse partidaria de un «socialismo revolucionario», y en 1961 uno de sus miembros, Luis Gómez Llorente, tuvo un enfrentamiento con el ya anciano Indalecio Prieto. En realidad, también el grupo de profesionales del derecho que dirigían el partido en Madrid o el Moviment Socialista de Catalunya mantenían diferencias parecidas con Llopis.

Un aspecto de la nueva oposición del interior que merece atención, dada la importancia que adquirió a comienzos de los años sesenta, lo constituyen sus contactos con los exiliados. El máximo declive de la oposición entre 1951 y 1956 se vio acompañado por la ruptura de los contactos entre la oposición interna y la exiliada, pero no es una casualidad que los contactos se reanudaran en ese último año. En 1957, Tierno Galván presentó a la oposición un escrito donde planteaba tres «hipótesis» acerca de la sustitución del régimen y donde quedaba clara su visión, generalizada entre la oposición del interior, de que la monarquía era la solución más realista y viable. Hubo que esperar a 1959 para que naciera una fórmula de coincidencia, que de todos modos no vería la luz de forma definitiva hasta 1961. La fórmula recibió el nombre de «Unión de Fuerzas Democráticas» y tuvo como eje fundamental la Izquierda Demócrata Cristiana y el PSOE exiliado. Ambos demostraron que existía un proceso de convergencia entre opositores del interior y del exterior que acabaría dando fruto con ocasión de la reunión europeísta de Múnich en 1962.

Rasgo común de todos los grupos surgidos en torno a 1956 en el interior fue, en efecto, el europeísmo. El régimen había pedido la integración española como si se hubiera dado cuenta de que no había más posibilidad a medio plazo para la economía española que ésa. Pero, además, la opción europeísta en ese momento tenía una significación precisa que, al identificarse con las fórmulas democráticas, excluía al PCE, quien tardó en aceptar la integración de España en el Mercado Común Europeo.

En el interior de España, el europeísmo nació en círculos próximos al catolicismo político, pero estaba difundido en medios amplios y plurales desde el punto de vista de la significación política. En el exilio, algún monárquico, los nacionalistas vascos y, sobre todo, Salvador de Madariaga, habían cumplido una función decisiva en la promoción de la unidad europea. A Madariaga y las personas que estaban en su entorno cabe atribuirles la primera iniciativa de una reunión conjunta del europeísmo. Finalmente se optó por celebrar una reunión sobre «Europa y España» con ocasión de otra celebrada por el Movimiento Europeo en Múnich durante los primeros días de junio de 1962. Cuando se produjo la reunión, España había pasado por una oleada de huelgas, quizá las más importantes en cuanto a participación y dispersión desde el final de la guerra civil. La mayor parte de los grupos políticos de la oposición interior había expresado su solidaridad con los huelguistas, mientras que otros del exterior fueron incitadores o defensores de esa protesta.

En la fecha indicada se reunieron en la ciudad bávara algo más de un centenar de españoles, dos tercios de los cuales procedían del interior. Estaban representados todos los grupos de la oposición, tanto exiliada como interior, y, por fin, se logró llegar a un acuerdo entre ellos respecto a la sustitución del régimen de Franco. La cuestión del régimen fue eludida para resaltar, en cambio, las coincidencias, que se basaban en la aceptación común de los derechos del hombre, de las instituciones representativas, la identidad de las regiones y la posibilidad de organizar partidos y sindicatos. En el acto final de la reunión intervinieron las dos figuras más representativas de esos dos mundos que ahora coincidían en subrayar su identidad. Madariaga recordó que Europa no era sólo un ámbito comercial y que, consiguientemente, los europeos no podían aceptar junto a ellos a un régimen dictatorial. Por su parte, Gil Robles recalcó que no era voluntad del Movimiento Europeo dar ningún tipo de lección a los españoles. La coincidencia de estos dos sectores probó en definitiva que en 1962 era un hecho la reconciliación de los dos bandos enfrentados en la guerra civil. En verdad la reunión de Múnich fue el momento en que la transición a la democracia se convirtió en una posibilidad.

La respuesta de Franco fue, no obstante, inmediata, y debe ser entendida en el contexto de su capacidad para aprovechar las supuestas injerencias ajenas en la vida de su régimen y de su habitual temor a que sectores políticos moderados le quitaran el apoyo de las clases medias que hasta entonces habían estado tras él. Todos estos factores pudieron hacer que la reacción fuera desmesurada: se suspendió el Fuero de los Españoles y la prensa desató una durísima campaña en contra de los asistentes a la reunión, inmediatamente descrita como «contubernio». Una vez llegados a Madrid, los reunidos debieron optar entre el confinamiento en las Canarias o la emigración. En total, nueve personas fueron confinadas en Canarias; todos ellas acabarían temiendo un papel de importancia en la política española durante la transición, sobre todo en Unión de Centro Democrático. De forma paralela, se organizaron en toda España manifestaciones en las que, como en 1946, se incitó el numantinismo de quienes estaban a favor del régimen.

El «contubernio» de Múnich tuvo importancia en la historia española en varios sentidos. Por vez primera, la oposición del interior pareció superar, en número y relevancia, a la exiliada. Pero más trascendente que eso resulta todavía el hecho de que en esta ocasión empezara a cerrarse la herida causada por la guerra civil. En cuanto a la posibilidad de que la oposición ofreciera un frente unido al régimen de Franco, Múnich representó un avance, aunque la unidad de toda la oposición estaba todavía lejos de poder producirse. Los comunistas, cuyas reticencias respecto de las instituciones europeas eran manifiestas, no participaron oficialmente en la reunión; el FLP estuvo pero no de modo oficial. El encuentro en la ciudad bávara fue el testimonio de que con el transcurso del tiempo, que empujaba inevitablemente a España hacia Europa, los vientos de la historia soplaban a favor de la oposición. Pero también fue el testimonio de la fragilidad que la caracterizaba.

En las memorias de Romero, un periodista oficial de entonces, se puede encontrar el juicio despreciativo de que a los europeístas de Múnich «Franco se los comía con patatas». Y podía hacerlo porque disponía de unos instrumentos represivos de los que sabía hacer uso. Pero la escasa peligrosidad de la oposición nacía no sólo del posible uso de la represión, sino también del simple malentendido. Inmediatamente después de Múnich tuvo lugar una crisis en los movimientos democristianos y entre los monárquicos. Una nota de don Juan de Borbón afirmando no haber estado representado en la citada reunión fue tomada por Gil Robles como una desautorización personal y, al mismo tiempo, se produjo una división entre quienes consideraron positiva la declaración de don Juan y quienes no.

No fueron menos trascendentes las secuelas que Múnich tuvo para el régimen. El problema de la incompatibilidad entre la dictadura y Europa se prolongó hasta la muerte misma del dictador. Pero, al mismo tiempo, a más corto plazo, el régimen de Franco había eludido mayores peligros. A fin de cuentas, su reacción ante Múnich fue exactamente igual a la de 1946 y, como en aquella ocasión, obtuvo un innegable éxito, que habría de resultar mucho más problemático en los años posteriores. Además, se debe tener en cuenta que si había innovación en la oposición también desaparecían determinadas formas de la misma, en otros tiempos pujantes. A mediados de los sesenta fueron liquidados los residuos de actuación violenta de los anarquistas y, al mismo tiempo, un sector de su sindicalismo era definitivamente atraído por Solís hacia el colaboracionismo. Bastó que se ofreciera un acuerdo en cinco puntos que en realidad no se llevaron a efecto. «Cincopuntismo» se denominó a esta tendencia cuyo resultado fue la liquidación de una parte de la izquierda española.

Por o contra Falange: la vida política del régimen entre 1956 y 1965

Los años que siguen a 1956 se caracterizan por presenciar el primer intento serio de institucionalización del régimen, proceso al que Franco había sido renuente. El proceso que llevó a este resultado sólo se vio completado con posterioridad, a partir de la formación del Gabinete de 1965, pero el sentido fundamental del cambio que iba a producir quedó despejado, con parsimonia muy típica, en los años precedentes. En ellos se planteó durante unos meses la posibilidad de que el régimen recuperara aquel tono azul que había tenido al principio de la segunda guerra mundial. Eliminada esta posibilidad, la institucionalización eligió lentamente otro camino, y empezó dando un primer paso muy sencillo —una Ley de Principios del Movimiento genérica—, mientras que los verdaderos proyectos constitucionales no se empezaron a elaborar hasta que Franco llevaba 25 años en el poder y había tenido un primer aviso de muerte: su accidente de caza a finales de 1961.

Puesto que parece evidente que la alternativa de Franco fue en estos momentos el inclinarse por Falange o prescindir de ella, conviene recordar el papel que le atribuyó en su régimen. Era, por un lado, instrumental, pero, por otro, imprescindible. Abundan las afirmaciones de falangistas en el sentido de que Franco no era uno de los suyos; se explica así el odio de los falangistas más radicales hacia Carrero. Ya hemos citado antes afirmaciones del jefe del Estado que suenan un tanto cínicas respecto al papel auxiliar de Falange. Hay dos afirmaciones suyas ante los médicos que le cuidaron en sus enfermedades pueden complementar esta imagen y que coinciden en mostrar la displicencia del general frente a un partido como Falange. A Vicente Gil, que era falangista, le dijo que los suyos eran «unos chulos», mostrando, por una vez, un irritado nerviosismo que no era nada habitual en sus tomas de postura. A Soriano, con mayor tranquilidad, le dijo que Falange era como una especie de OAS (el grupo terrorista partidario de la Argelia francesa), a la que «pronto metí en cintura».

Así era a la altura de 1956, pero no es menos cierto que Franco, ante el resto de las fuerzas políticas que lo apoyaban, debía contar con el apoyo de los falangistas. Se había servido de ellos contra los jefes militares durante la segunda guerra mundial y había mantenido en el poder a Fernández Cuesta después de 1945 en la incómoda misión de disciplinar al falangismo. Cuando solucionó de manera salomónica el pleito entre el aperturismo cultural de Ruiz-Giménez y Fernández Cuesta, se le ocurrió recurrir a Arrese, porque pensaba que éste le podía servir mejor para controlar a este sector. Los falangistas creían que Franco atribuía al nuevo secretario general del Movimiento una alta valía intelectual, pero lo más probable es que conociera sus limitaciones y le utilizara para sus propósitos.

A diferencia del también falangista Jesús Rubio, el sucesor de Ruiz-Giménez, Arrese intentó un protagonismo político de su sector de la «coalición reaccionaria» y además, de haber triunfado se lo hubiera dado, casi en exclusiva y de forma irreversible. En 1945 había apreciado en el Fuero de los Españoles lo que él denominó como «la introducción matutera de derechos confusos y amenazantes». No le faltaba razón, porque la apariencia exterior de ese texto producía esa sensación por más que no se tradujera en absoluto en la realidad. Ahora intentó dar permanencia institucional al régimen, prevalido en la supuesta situación política. Franco, por su parte, mantenía una clara prevención respecto a la posibilidad de concretar un poder, como el suyo, que era tanto mayor cuanto menos precisamente delimitado. Arrese, con sus declaraciones e iniciativas, empujó de forma indirecta hacia la institucionalización a un Franco que distaba de tener propósitos como éste.

En marzo de 1956, Arrese afirmó ante un auditorio falangista que no estaba definitivamente cerrada la estructura política del Estado, al faltar una ley sobre el Gobierno y otra sobre el Movimiento. Por un momento, el propósito de hacer nacer estas disposiciones pareció que iba a triunfar e incluso a acompañar de un predominio neto de la Falange en el gabinete. Pero a la vuelta del verano, en octubre, empezó a tropezar con dificultades inesperadas y de ser algo parecido a la persona de mayor confianza de Franco pasó a constituirse en un peligro para la unidad del régimen.

En ese momento, Franco le entregó quince observaciones a sus proyectos que el falangista consideró como otras tantas sentencias de muerte para ellos. Había conseguido rodearse de un equipo sólido en el que el principal mentor fue Lamo de Espinosa. Consideraba éste que para la institucionalización del régimen se debía dejar a un lado la cuestión de la monarquía y, en cambio, era necesario un Consejo Nacional como órgano al que le correspondería la soberanía. Lo peculiar del Movimiento era la independencia absoluta que tendría respecto a un eventual sucesor de Franco. Estaría dirigido por un secretario general, elegido por el Consejo y con funciones muy amplias, equivalentes, según dijo el propio Arrese, a las de «un comisario político con mando en plaza». La ley que pretendía regular el gobierno tenía como objeto atribuir nuevas competencias. El Consejo Nacional recibía las relativas a una especie de tribunal de garantías constitucionales, el gobierno podía ser cesado por el Consejo y el secretario general del Movimiento tenía la capacidad de vetar disposiciones concretas de los departamentos ministeriales. De haberse aprobado todas estas medidas, a todas luces ello hubiera supuesto la pura y simple hegemonía de una Falange que había sido la principal o incluso única beneficiaria de la unificación.

No resulta, pues, extraño que inmediatamente arreciaran las protestas en contra de las pretensiones de Arrese. Los militares no sintieron el menor interés por estos proyectos y, además, fueron incitados en su contra por los monárquicos. De estos sectores, Bilbao, el presidente de las Cortes, consideró los proyectos como «una camisa de fuerza» y se negó a asistir al Consejo Nacional. Su futuro sucesor, el carlista Iturmendi, describió al Movimiento como un «organismo estatificado, rígido, desprovisto de calor popular». Otro ministro afirmó que el régimen español, de triunfar los proyectos, se identificaría con los «sistemas políticos que carecen de las más mínimas libertades». Sin embargo, quizá la interpretación más irónica fue la de quien afirmó que los cambios que se producirían podrían convertir a España en algo parecido a Rusia «pero con curas». También la Iglesia se manifestó contraria a través de un escrito firmado por los tres cardenales existentes. Además, una quincena de obispos sometieron a un duro interrogatorio al principal responsable de la redacción de esas tres leyes. La familia católica presentó una contrapropuesta basada en la potenciación de las instituciones representativas, la creación de un Consejo del Reino con más poderes y la disminución de los de Falange hasta su desaparición. Frente a todas estas propuestas, la reacción de Arrese sólo pudo ser limitada y defensiva.

A finales de 1956, la efervescencia era tal en el seno del régimen que en un consejo de ministros, el conde de Vallellano abandonó la reunión tras un enfrentamiento con Franco para volver a continuación. En enero de 1957, Carrero Blanco, que había expuesto por escrito su juicio negativo sobre los proyectos, recomendó a Franco el cese de Arrese, a pesar de ser «bueno, leal y persona excelente». También sugirió la posibilidad de que se hiciera con la Secretaría General del Movimiento un militar. El juicio de Carrero era definitivo para que los proyectos de Arrese no siguieran adelante pues, a estas alturas, como decía un falangista, Franco en realidad discurría «por su cerebro». En una nota privada, el general escribió que «todos desean que se establezcan las leyes que definen y garanticen las funciones [sic] pero no que pueda llegarse a ello de forma que complazca a todos». Eso fue lo que le llevó a pedir que los proyectos se retirasen y a congelar cualquier evolución institucional para un remoto futuro.

Arrese no tuvo nunca la posibilidad real de llevar su intento de vertebración del régimen a las últimas consecuencias; pronto anunció en público la posibilidad de «una vuelta silenciosa al cariño del hogar». Hizo más todavía: aceptó ser relevado y traspasado a la cartera de Vivienda (era arquitecto), de tal manera que no pudiera interpretarse que con él nacía una disidencia falangista. Luego, apenas si pudo hacer nada en su nueva responsabilidad ministerial porque careció de medios económicos. Mientras tanto, los falangistas más puros consideraron que, a partir de este momento, se había producido una auténtica crisis de Estado y que el rumbo doctrinal era insincero y corruptor del pensamiento joseantoniano. En sus memorias, el falangista Girón afirma que los proyectos esbozados por él no pasaron de ser «un castillo de fuegos artificiales que se abrasaron en unos meses». A quienes vinieron a continuación a desempeñar un papel predominante, los considera herederos de esa «tercera fuerza» de comienzos de los años cincuenta y asegura de ellos, con ironía, que «no inventaban nada: era una especie de despotismo ilustrado sin peluca y sin polvos de rapé».

El cambio gubernamental de febrero de 1957 fue uno de esos relevos no deseados por Franco, que acababan estallándole de improviso. Sin embargo, eso no quiere decir, en absoluto, que fuera intrascendente, sino todo lo contrario. En primer lugar, brindó la ocasión para efectuar una amplia sustitución de los dirigentes de la España oficial, pues de dieciocho ministros cambiaron doce. Una de las claves del cambio se encuentra en la marginación de Martín Artajo, que se había significado por su oposición a Arrese. Resulta típico del complicado juego de contrapesos habitual en Franco que Falange fuera la gran derrotada, pero permaneciera como ministro Arrese mientras que desaparecía la figura más relevante de la familia católica (Castiella sólo puede ser considerado un asimilado a ella). La desaparición de Girón, junto con la marginación de Arrese, redujo a Falange a poco más que un suspiro. José Solís representó, para los más puristas dentro de Falange, un giro copernicano y, sobre todo, un modo de aguar la «revolución pendiente». Simpático hasta hacerse perdonar sus continuas maniobras, extremadamente escurridizo, dotado de una listeza ratonil y carente de formación y de lecturas, Solís fue la prueba de la imposibilidad de que Falange pudiera hacerse con la totalidad del poder.

El rasgo más determinante de la crisis fue que se impuso el criterio de Carrero Blanco y que tras él apareció una clase política nueva. Su papel fue decisivo, hasta el punto de que en la mayor parte de los casos sometió a examen a los candidatos al puesto ministerial antes de que hablaran con Franco. Pero, además, fue su programa el que se llevó a cabo a continuación. Siempre había pensado que mucho mejor que un partido único como Falange era una minoría reducida de gestores, bien preparados y católicos. La eficiencia en el funcionamiento del aparato burocrático y las cuestiones económicas le habían preocupado desde hacía tiempo. En cuanto a la integración en el gobierno de Mariano Navarro Rubio y Alberto Ullastres, ministros de Hacienda y Comercio, lo único seguro es que la aparición del segundo se debió al primero, pero parece que no tuvieron un propósito político preciso y común. La estabilización, que Franco aceptó como inevitable, fue impuesta por las circunstancias. Lo que esos ministros significaban de momento era un nuevo tipo de dirigente político, no muy identificado con una familia precisa del régimen. Era, de cualquier modo, un mundo que tenía poco que ver con Falange. Navarro Rubio, por ejemplo, aunque desarrolló gran parte de su carrera política en la Organización

Sindical, acabó enfrentándose con Fernández Cuesta, y en sus memorias denomina «pistoleros» a cierto tipo de falangistas. Tanto él como Ullastres formaban parte del Opus Dei, pero de un modo más general cabe atribuir también una identidad o semejanza de enfoque (superior formación, predominio de dedicación a un terreno especializado, ausencia de criterios estrictamente políticos...) a otros hombres públicos que surgieron en este momento. Todos estos rasgos coincidían con lo buscado por Carrero.

Antes que nada es preciso tratar de la posición de los perdedores en la crisis. Las disposiciones de índole política que se aprobaron durante el mandato del gobierno de 1957 en realidad no afectaron de manera decisiva a Falange, ni desmantelaron su poder, a pesar de lo cual fueron recibidas con irritada prevención. Aunque ninguna de las jerarquías más importantes del partido puso dificultades serias al giro que el régimen experimentó a partir de 1945, hubo tensiones en aquellos años. Para Falange supuso siempre un grave inconveniente la falta de dirigentes de altura y la división. Arrese, por ejemplo, contó con la oposición de Fernández Cuesta e incluso Girón le criticó por afirmar que Falange no había ejercido el poder. A finales de la década de los cincuenta, los falangistas se sentían lo suficientemente desamparados desde el punto de vista ideológico como para montar unos Círculos Doctrinales José Antonio que venían a ser una especie de estructura paralela a las organizaciones del Movimiento.

La vieja estructura del partido único, aunque permitía que ese sector falangista mantuviera una influencia importante en la vida política, se iba anquilosando. A mediados de los años sesenta, la mitad de los inscritos en el Movimiento ya lo estaban en los años cuarenta y la media de edad de la afiliación superaba los cincuenta años. Las organizaciones que en este momento parecían tener más éxito eran, quizá, las juveniles, pero en realidad ese éxito dependió, sobre todo, de su capacidad de ofrecer servicios sociales, y tan sólo un dos por 100 de los que figuraban en ellas acabaron integrándose en el Movimiento. La gestión de Solís al frente de los sindicatos y luego del partido tuvo como resultado principal el «despolitizar» sus organizaciones convirtiendo ese aparato burocrático en una maquinaria para el conformismo. Se trataba, al mismo tiempo, de una maquinaria de poder dotada de una capacidad clientelar y que, por sí misma, justificaba el relevante papel de quienes la dirigían. Hubo periódicas muestras de protesta pero su resultado, en definitiva, era inocuo y fácilmente sometible. En 1950, un informe del Movimiento llegaba a la conclusión de que «la política ha desaparecido como comentario en todos los sectores». Pero los libros que, en la enseñanza, debían haber servido para socializar la doctrina oficial del régimen lo hacían cada vez menos a finales de los cincuenta, y menor era aún el apoyo de los maestros a este tipo de formación política (en las grandes capitales apenas el diez por 100). Claro está que tampoco se detectaban actitudes opositoras muy marcadas (en el referéndum de 1946 sólo en las provincias de Vizcaya y Guipúzcoa había predominado la actitud opositora).

Tras la derrota de los proyectos de Arrese, el centro de la iniciativa política se trasladó al entorno de Carrero Blanco, en el que empezaba a ser personaje relevante Laureano López Rodó. Hijo de un fabricante que había sufrido la fuerte inestabilidad social de los años veinte y catedrático de derecho administrativo, López Rodó afirma en uno de sus libros haber sido falangista en los años juveniles pero tan sólo porque no podía ser otra cosa. Ascendió gracias a Carrero, que era el medio por el cual hacía llegar sus proyectos políticos a Franco. Como dice en sus *Memorias,* cuando éste pedía un texto para una disposición legal, era él quien le proporcionaba los «mimbres del cestillo». López Rodó afirmó, entrados los años sesenta, que los dos objetivos fundamentales debían ser el «desarrollo económico» y la consecución de un «Estado social de derecho». En esas memorias transcribe unos párrafos de sus diarios según los cuales pensaba que el resultado de su acción debía ser «un cierto grado de evolución política». Frente al intento de fascistización promovido por Arrese, las fuerzas emergentes en el régimen venían a representar la tendencia hacia una dictadura burocrático-administrativa de fuerte contenido clerical.

Resulta, en este sentido, muy significativa la Ley de Régimen Jurídico de la Administración del Estado, de julio de 1957, que desde el punto de vista político, pudo haber sido una réplica a la ley de gobierno imaginada por Arrese. Irritó a los falangistas que en ella no se trataban aspectos políticos ni aparecía por ningún lado el Movimiento Nacional. Alguno de los falangistas más inteligentes llegó a darse cuenta de que una disposición como ésa «alteraba profundamente las bases del régimen», que de ser un Estado dominado por un partido pasaba a ser dependiente de una Administración. En relación con esta disposición, hay que hacer mención de la aprobación, un año después, de la Ley de Procedimiento Administrativo, que permitió a los particulares entablar juicios contra decisiones del gobierno, que quedaba sometido a reglas fijas aunque las marcara ella misma. En adelante, el funcionamiento de la maquinaria del Estado se hizo mucho más regular y organizado: hubo actas del Consejo de Ministros, redactadas por su secretario, el propio Carrero, y de las comisiones delegadas del Gobierno, de carácter sectorial, la principal de las cuales fue la de Asuntos Económicos.

Un carácter más marcadamente político tuvo la Ley de Principios del Movimiento Nacional, promulgada por Franco ante unas Cortes reunidas en función puramente «resonadora». Después de la consideración definitiva de los proyectos de Arrese como inviables, las tres disposiciones de que constaban pasaron a la iniciativa no del Consejo Nacional, sino de la Jefatura del Estado. Tan sólo uno de ellos resultó viable, porque lo había sido siempre: la Ley de Principios del Movimiento Nacional. La elaboración de su texto, iniciada en el verano de 1957, se caracterizó por el elevado número de personas que participaron en él y, al mismo tiempo, por la progresiva disminución del texto. Contribuyeron a su redacción las diversas familias del régimen y el número de principios enumerados, que originariamente se situaba en torno a los cuarenta, quedó reducido a doce. En suma, la ley resultó tan genérica que podía ser aceptada por todos pero también motivó reticencias entre los falangistas más puros, mucho más por lo que no decía que por aquello que contenía. En la ley no se hablaba del Movimiento como organización ni se vetaba radicalmente el pluralismo asociativo o sindical. Al mismo tiempo, el nombramiento de un juez militar especial para actividades terroristas, la Ley de Orden Público del verano de 1959 y la legislación sobre rebelión militar en 1960 proporcionaron al poder los instrumentos para no tener que temer nada de la oposición, la cual, por otra parte, en estos momentos todavía se hallaba en una situación desesperanzada.

Siguieron elaborándose otros proyectos de ley importantes, pero sin esperanza de convertirse en vigentes a corto plazo. El sesgo a favor de la monarquía parecía creciente a pesar de la indefinición, y esto hizo que, en 1959, jóvenes falangistas reprodujeran las protestas, siempre inocuas, contra Franco y Carrero. Hay que tener en cuenta que a finales de los cincuenta la eventualidad de un restablecimiento de la monarquía, muy irritante para parte de Falange, no era tan remota como antes. En 1959, don Juan Carlos acabó sus estudios civiles y en 1961 comenzó los militares. Si dadas las disposiciones legales vigentes, Falange no podía mostrar inclinación republicana, por lo menos hacía lo posible para complicar la determinación de la persona del sucesor de Franco. El mantenimiento de una cierta ambigüedad, al menos respecto a la persona, en la cuestión sobre la monarquía y la alternativa entre un vago Movimiento y un Partido único siguieron siendo motivos de divergencia interna en el seno del régimen. La irresolución en torno a la institucionalización se mantuvo, pero ya en 1959 se consideraba irremediable que se produjera el advenimiento de la monarquía.

El gobierno de 1957 cubrió el período de cinco años que Franco consideraba como la duración habitual de un gabinete, pero antes de aludir al gabinete que lo sustituyó hay que referirse a un hecho importante para explicar alguna de las resoluciones tomadas a la hora de sustituirlo. En diciembre de 1961, Franco sufrió un accidente de caza al estallarle el arma como consecuencia de la utilización de un calibre inadecuado. La herida tardó en cicatrizar y obligó a tener en cuenta que una incidencia de ese tipo podía producirse en cualquier momento. Merece la pena tomar nota de la reacción de Franco porque resultó muy característica. Fueron dos militares, Alonso Vega y Arias Navarro, encargados ambos del orden público, los redactores de la nota de prensa donde se informó de lo sucedido, y fue también un militar, Muñoz Grandes, quien, al año siguiente, fue nombrado vicepresidente del Consejo. Quedó así planteada la cuestión de la continuidad y pudo verse claro que el pensamiento de Franco al respecto era tendente a conceder un predominio al Ejército.

Como era habitual, el cambio de gobierno se produjo en el mes de julio y, aparte del nombramiento de Muñoz Grandes como vicepresidente, tarea compatible con la jefatura del Estado Mayor, introdujo otras novedades importantes. Arrese desapareció definitivamente del Gobierno, pero mayor relevancia tuvo la aparición de Manuel Fraga Iribarne como sustituto de Arias Salgado, duramente afectado por los sucesos de Múnich, ya narrados. El nuevo ministro de Información, aunque tras un largo período de elaboración, fue capaz de sacar adelante una Ley de Prensa sustitutoria de las disposiciones de 1938. En el gabinete pronto se percibió un alineamiento de posiciones, imprescindible para comprender el resto de la historia del franquismo. Muñoz Grandes no pudo desempeñar un papel político muy relevante, entre otros motivos por su mala salud, pero normalmente se aliaba con los ministros de tendencia falangista como Nieto Antúnez, responsable de Marina, Solís, Castiella y Fraga. Según la caracterización de este último, ésa sería la tendencia «aperturista» frente a la posición representada por Carrero Blanco, cerrada a toda evolución. Las calificaciones, sin embargo, aparte de tener un valor sesgado, dependieron de las cuestiones en disputa y, además, no siempre los alineamientos fueron los mismos. Lo importante es señalar la existencia de una lucha de tendencias, no tan habitual durante todo el franquismo y, sobre todo, hasta entonces arbitrada de forma conveniente por Franco, cuya salud empezó a flaquear. La tendencia representada por Carrero fue identificada por sus adversarios como tecnocrática y vinculada al Opus Dei. No cabe la menor duda de que los alineamientos también fueron variables en ella, que hubo choques entre sus miembros y que, en determinados aspectos, como el de la política económica, representaba un tímido esfuerzo de liberalización, pero quienes estaban enfrente apreciaron en ella una actuación coordinada y una voluntad absorbente. En sus memorias, Fraga atribuye a López Rodó la condición de «pulpo», como si quisiera controlar todo el aparato del Estado con la ayuda de Carrero. Ese juicio no deja de tener fundamento. De hecho, el propio López Rodó afirma en sus memorias que trece ministros salieron de las comisiones elaboradoras del primer plan de desarrollo y otros trece del segundo y tercero.

Cercano el año 1962, aunque al régimen todavía le quedaran trece años de existencia, el problema de la continuidad estaba ya planteado de manera obvia y, al mismo tiempo, también el de la institucionalización del régimen, objeto de especial preocupación por parte de Carrero. Después de su accidente de caza, Franco, aunque mantendría una apariencia todavía saludable hasta mediados los años sesenta, se vio afectado por la enfermedad de Parkinson que, si le permitía llevar una vida normal, con el paso de los años convirtió su voluntad en titubeante, como nunca lo había sido. De ahí que algunos de los ministros insistieran en la urgente necesidad de que el régimen llegara a algún tipo de institucionalización. La habitual tendencia de Franco a eludirlo provocó en más de una ocasión escenas borrascosas en pleno Consejo de Ministros. En una ocasión, dirigiéndose al insistente Fraga, Franco le contestó que si creía que era un «payaso de circo», incapaz de darse cuenta de la necesidad de preparar el futuro. Hubo, desde luego, proyectos constitucionales, pero la situación no estaba madura en el ánimo de Franco como para que pudieran ser aprobados. El contexto exterior presionaba sobre la clase dirigente del régimen para que, al menos, hubiera una apariencia de liberalización. A comienzos de 1962, una comisión internacional de juristas redactó un extenso informe en que quedaba patente la violación de los derechos humanos en nuestro país. El régimen, sin embargo, continuaba autosatisfecho de sus instituciones (o de la ausencia de ellas) y buena prueba de ello es que en abril de 1964 celebrara sus 25 años, calificados como «de paz».

Pero todo ello no pareció tener como consecuencia urgencia institucionalizadora alguna debido a la preeminencia de la cuestión de la monarquía. En 1963, como sabemos, don Juan Carlos se instaló definitivamente en Madrid, en el Palacio de la Zarzuela, tras un paréntesis en que parecen haber existido unas relaciones tensas con Franco. Su padre hubiera deseado que reapareciera en España con el título de Príncipe de Asturias y, por tanto, heredero del trono. El Caudillo acabó recordándole por procedimiento indirecto que la Zarzuela estaba vacía y podía ser ocupada por otro. Ese juego de ambigüedad sobre la cuestión sucesoria perduró en los años siguientes. En el mes de enero siguiente, Franco recibió a don Hugo, el hijo mayor de don Javier y heredero de la línea carlista. Todavía ese mismo año, el propio Franco debió responder en Consejo de Ministros a un Solís que afirmaba que la cuestión monárquica no parecía totalmente definida, que «eso es lo único que está claro». A la altura de 1965, Carrero, que impulsaba esa política institucionalizadora, opinó que no era posible ya conseguir que Franco se decidiera, a la vez, por nombrar un sucesor e institucionalizar su régimen.

Mientras tanto, al régimen se le planteaban problemas derivados del cambio de la sociedad española experimentado desde comienzos de los sesenta. El más importante tenía que ver con las transformaciones sociales producto del desarrollo económico. Los sectores que hasta entonces habían confiado en la autarquía se sentían ya derrotados hacia 1963, fecha de la dimisión de Suances, el inspirador de la obra autárquica del INI. Franco, que había aceptado con reticencias el Plan de Estabilización, periódicamente hacía afirmaciones que recordaban su permanente voluntad intervencionista en materias económicas («Yo me estoy volviendo comunista», aseguró en una ocasión), pero, al mismo tiempo, se beneficiaba del aura de éxito en la gestión económica.

Hay otro factor que es necesario recordar y que afecta a la evolución de la Iglesia Católica. Ya al comenzar los años sesenta empezaron a apuntar los signos de alejamiento de una parte importante de los medios relacionados con ella, lo que provocó la preocupación de Franco y la clase dirigente del régimen. La difusión de la encíclica *Mater et Magistra* tuvo sus problemas, pero, sobre todo, fueron el Concilio Vaticano II y la elección de Pablo VI los que para el jefe del Estado supusieron «un jarro de agua fría», como no se molestó en ocultar ante sus colaboradores. Las consecuencias de estos cambios en la Iglesia católica fueron importantes, en un triple sentido. En primer lugar, introdujeron factores de discusión, como fue, por ejemplo, ya en 1964, el estatuto de los no católicos. En segundo lugar, provocaron la queja de los prelados contra determinados aspectos del régimen. Una de las más decisivas fueron los sindicatos oficiales, objeto de una polémica epistolar entre el cardenal primado y Solís en 1960. En tercer lugar, alimentaron con argumentos la protesta respecto a las consecuencias sociales del desarrollo económico. «No me asustan los obreros sino los curas que los soliviantan», aseguraba Franco hacia 1965. Unos años antes (1962) todavía parecía convencido de que a esos sectores católicos antirrégimen «la perfección de la Iglesia los elimina y la Iglesia los corrige».

En 1965 ya se había hecho patente la necesidad de un cambio de gobierno, al que, como casi siempre, Franco se mostró inicialmente remiso. Cuando Carrero le quiso llevar a él, Franco quiso dilatarlo y su consejero objetó que «esto ya me lo dijo Su Excelencia el verano pasado». La decadencia física de Franco se había iniciado ya; eso dificultaba su labor de arbitraje y lo volvía reservado a la hora de tomar decisiones. Aunque estos rasgos se harían cada vez más evidentes, sólo con posterioridad a 1965, uno de sus ministros, Manuel Fraga, podía pensar, como recoge en sus memorias, que el personaje histórico se agotaba en el preciso momento en que resultaba más necesario.

En esa fecha, sin embargo, por mucho que se hubiera iniciado el declive físico de Franco, había comenzado un proceso de desarrollo económico que no pocos de sus partidarios identificaron, en esos momentos, con su mismo régimen. Sabemos hasta qué punto tal identificación resulta abusiva, puesto que las propias características de la dictadura impidieron que tuviera lugar un crecimiento económico sostenido a partir de 1945. Con todo, pese a que el régimen desempeñó un papel mucho menor del que él mismo se atribuyó en ese crecimiento, no hay duda de que constituyó el hecho más decisivo de la historia española durante el período.

El alivio de la autarquía y el cambio en la política económica

A comienzos de los años cincuenta se produjo, por vez primera en la historia del régimen franquista, un crecimiento significativo de la renta nacional; en 1954 desapareció la cartilla de racionamiento. Hasta entonces, España era un país que resultaba excepcional en el contexto europeo de los «milagros» económicos de la posguerra: seguía siendo uno de los países en el Viejo Continente de menor consumo de energía por habitante y su renta per cápita era semejante a la de Costa Rica. A partir del inicio de la década de los cincuenta tuvo lugar un crecimiento económico importante, en especial en la industria. La tasa media de crecimiento del producto industrial se situó en un ocho por 100 anual durante los cincuenta y hubo años, como 1952, en que alcanzó la cifra elevadísima del quince por 100. La economía española pasó, de nuevo, de ser mayoritariamente agraria a semiindustrial, descendiendo el papel de la agricultura en el PIB a tan sólo el 25 por 100. El desarrollo económico español fue, por tanto, notable y superó el de cualquier otra época anterior, incluida la de la dictadura de Primo de Rivera. Se trataba, sin embargo, de un crecimiento desigual, desequilibrado y malsano. En última instancia, este tipo de crecimiento con el tiempo acabó obligando a la adopción de una política más ortodoxa a partir de 1957 y definitivamente liberalizadora en 1959, con los márgenes y las insuficiencias que serán mencionados. Importa, por tanto, señalar que el cambio fue lento, se basó en el atemperamiento de la autarquía precedente y consistió mucho más en un dejar hacer que en la definición de una política nueva.

Hay un primer factor que contribuye a explicar el cambio producido durante estos años. Se trata de la aceptación de la España de Franco como un mal irremediable por parte de las potencias democráticas y, principalmente, por parte de Estados Unidos. Este hecho tuvo inmediata repercusión en la economía española, en cuanto que permitió proporcionarle unas divisas de las que carecía. Como sabemos, en 1951 y 1952, el Congreso de los Estados Unidos concedió préstamos al régimen de Franco que la propia Administración norteamericana no quiso hacer efectivos. A partir de 1952 estas ayudas empezaron a convertirse en realidad, pero fue con los pactos hispano-norteamericanos cuando alcanzaron verdadera entidad. En el período entre 1951 y 1963 esta ayuda alcanzó los 1.183 millones de dólares, cifra que aunque muy pequeña en comparación con la concedida a otros países, tuvo un papel esencial para hacer posible el crecimiento de una nación estancada. De ese monto total, tan sólo 414 millones fueron donaciones (el 35 por 100), mientras que la construcción de las bases sobre tierra española supuso unos 230 millones y el resto fueron préstamos.

El impacto de esta ayuda sobre la economía española ha sido gráficamente descrito diciendo que «regó a España como el agua a la tierra sedienta». Tuvo un efecto a la vez estabilizador y expansivo. A pesar de que la ayuda concedida fue inferior a la que recibió Yugoslavia, un país comunista, su resultado consistió no sólo en permitir las importaciones, sino también en estimular el crecimiento. De no haber sido por esta ayuda, el programa de nueva política económica no habría podido ni tan siquiera ser iniciado en 1959.

Un segundo factor cuya importancia se discute es el relativo al programa seguido por el gobierno. Por un lado, no parece existir duda de que el formado en 1951 era mucho más competente desde el punto de vista técnico y tendió a aceptar, mucho más que los anteriores, las exigencias impuestas por la pertenencia a la economía del mundo occidental. Además, de forma periódica, la existencia de momentos críticos (en 1951 o en 1956, por ejemplo) imponía rectificaciones obligadas. Sin embargo, entre los historiadores las discrepancias se plantean a la hora de determinar hasta qué punto la política económica seguida por el gabinete de 1951 constituyó un precedente directo del Plan de Estabilización de 1959. Algún autor ha señalado que «se inició una fuerte expansión que, sin embargo, tendió al desequilibrio, ya que no varió en lo esencial el esquema intelectual de la política anterior». Otro ha indicado, por su parte, que «la adopción de la perspectiva liberal ... tuvo la fuerza suficiente para influir decisivamente, pero su ulterior traducción fue mucho menos clara y, desde luego, poco enérgica». El resultado fue un atenuamiento de la anterior discrecionalidad e irracionalidad, pero las declaraciones oficiales tendentes a aceptar, por ejemplo, el intercambio comercial internacional, la economía de mercado y la iniciativa privada chocaron con la propia Administración, que no seguía el programa enunciado.

Lo sucedido a partir de 1951 demuestra las muchas potencialidades de desarrollo de la economía española y las dificultades que la política gubernamental creaba. En el período 1951-1954, el crecimiento, importante, logró recuperar los niveles de renta de la preguerra, con estabilidad en los precios; entre 1955 y 1957 siguió siendo rápido, pero también inflacionista. Fue la industria y no la agricultura el motor de este desarrollo económico. La tasa media de incremento de la producción industrial fue del ocho por 100. En cambio, el papel de la agricultura, aunque experimentó una evolución positiva, decreció en el conjunto de la renta nacional. El ministro nombrado en 1951, Cavestany, un pragmático y antiguo empresario, contribuyó a que en la década se duplicara el empleo de fertilizantes y se cuadruplicara el empleo de tractores. El número de hectáreas regadas se incrementó en un tercio.

La política industrial no se alteró apenas, pero la separación del antiguo Ministerio de Industria y Comercio parece demostrar una voluntad de hacer desaparecer el intervencionismo en la primera, aunque no en el segundo. El INI, presidido por Suances, siguió siendo financiado por el Estado y se lanzó en el período 1946-1959 a tres grandes proyectos industriales que seguían teniendo una cierta vitola autárquica, aunque ésa no fuera ya la política oficial: REPESA (refino de petróleo), ENSIDESA (acero) y SEAT (automóviles). Criterios como el de la productividad y la calidad industriales todavía no parecían desempeñar el papel decisivo que les correspondía. Por si fuera poco, había otros aspectos en que la acción del Estado debiera haber sido mucho más decidida para promover un verdadero desarrollo industrial, pero no sucedió así. Las restricciones eléctricas aún se mantenían en 1954, pero la actuación del Estado en los tres terrenos indicados tuvo un resultado positivo. Mientras que el propósito autárquico de obtener petróleo a partir de materias primas propias había concluido en siete años sin producir un solo barril, ahora el refino de petróleo se multiplicó por tres en 1950-1952. La producción de acero de la empresa del INI sustituyó a una iniciativa privada incapaz de emprender esta aventura y en 1967 superaba la producción global española de 1929. SEAT, fundada en 1950 merced a la importación de tecnología barata italiana, llegó a producir en 1956 más de diez mil turismos.

Quizás en ningún terreno se demuestra mejor la heterodoxia del comportamiento económico gubernamental como en el ámbito de la política monetaria. El crecimiento de la oferta monetaria siguió siendo desproporcionado durante todo el período. La Hacienda Pública siguió recurriendo a la deuda y obligando a los bancos a absorberla, pero dejando que éstos tuvieran libertad para pignorarla. Las consecuencias de esta situación fueron las previsibles. Entre 1953 y 1957, el índice oficial de precios experimentó un incremento de un cincuenta por 100, aunque las cifras reales debieron de ser superiores. La reacción de la autoridad económica fue arbitrista e impotente, pues consistió en intentar toda suerte de controles y reglamentaciones, con un resultado nulo. La política salarial había sido muy estricta en el pasado, pero a partir de este momento fue necesario adaptarla a las nuevas circunstancias. Las bruscas alzas salariales, patrocinadas por Girón desde el Ministerio de Trabajo, por ejemplo en 1956 (del orden del cuarenta e incluso del sesenta por 100), no tuvieron otro resultado que favorecer la espiral inflacionista. Tampoco se mostró ni activo ni eficaz el Estado a la hora de aplicar una política fiscal.

Al mismo tiempo se produjeron importantes cambios respecto a la situación previa en terrenos como el comercio interior y exterior. En cuanto al primero, se consideró la etapa precedente como «anormal» y, por lo tanto, necesitada de un cambio radical. En abril de 1952 se decretó la libertad de comercio, precio y circulación de la mayoría de los productos, pero se acabó manteniendo una especie de régimen de tan sólo «seminormalidad». Siguieron existiendo, por ejemplo, tarifas preferenciales para el transporte por ferrocarril o precios «vigilados» para determinados productos. Respecto a la política comercial exterior, en un principio dio la sensación de que los cambios iban a ser rápidos y sustanciales. El nuevo Ministerio de Comercio, regido por Arburúa, dirigió su política a la expansión de las exportaciones y la mejora de la política de cambios. En 1951, por vez primera pero no última, la situación de las reservas de divisas era tan negativa que sólo el hecho azaroso de una buena cosecha pudo solucionarla. Con Arburúa se triplicó de 1951 a 1952 el número de licencias de importación. Pero, de nuevo, la política económica iniciada con decisión acabó empantanándose en un gradualismo inefectivo. La mentalidad del ministro con respecto al comercio exterior fue liberalizadora. Al menos en teoría, se aceptaba ya el comercio con el exterior como un medio habitual para solventar los problemas nacidos de las deficiencias de la oferta interior. Pero, a diferencia de lo que sucedió durante ese período en Italia, la exportación española siguió siendo frágil, como consecuencia de estar formada por productos agrícolas «de aperitivo y postre».

En realidad, lo único que permitió el incremento de las importaciones fue la ayuda americana. Aunque los tipos de cambio se redujeron a cinco desde los treinta y cuatro originarios, todo el sistema se convirtió en un complicado artilugio: los cambios del dólar iban desde once a 127 pesetas por dólar. Lo que los rectores de la política económica de la época no consiguieron fue que empezaran a despegar las exportaciones de productos industriales. La fragilidad de la situación comercial española se puso claramente de manifiesto cuando en 1956 se produjo una helada de agrios coincidente con una mala cosecha de aceituna. La capacidad española de compra en el exterior dependía en más del setenta por 100 de los productos agrícolas y de materias primas.

Desde el punto de vista económico queda patente, por tanto, que el gobierno de 1951 se vio sumido en una serie de contradicciones, producto del enfrentamiento entre sectores diversos, de los cuales los más significativos eran, por un lado, los ministros económicos y, por otro, los sectores que apoyaban la antigua política autárquica y que solían coincidir con el falangismo. No consistían únicamente en éste, pues iban desde el INI y el Ministerio de Industria hasta el de Agricultura, pasando por el Ministerio de Trabajo. En 1957, la situación a que había llegado la economía española no podía sostenerse por más tiempo. El nuevo gobierno de 1957 proporcionó «el *substratum* ideológico» para un cambio en la política económica. Lo hizo presionado por las circunstancias, ante la ausencia de cualquier otra posible opción.

Cabe preguntarse si Franco fue consciente del cambio que él mismo introducía con ese cambio ministerial. Con toda probabilidad, la respuesta es negativa, pues aunque la llegada al poder del nuevo equipo coincidiera con el fin de los proyectos falangistas de Arrese, Franco mostró un escaso o nulo entusiasmo por los proyectos estabilizadores. Seguía sin entender por qué con un dólar se compraba más en España que en Estados Unidos, y tan sólo presionado por la mera posibilidad de que una mala cosecha de naranja tuviera como resultado una bancarrota de España acabó aceptando lo que le proponían los ministros económicos. Cuando se le propuso que el dólar cotizara a 58 pesetas al final aceptó que lo hiciera a sesenta, «porque es una cifra más redonda». En definitiva, sus parámetros mentales seguían siendo ajenos a la mentalidad de la economía capitalista. Cuando el ministro de Industria, Planell, defendió el intervencionismo estatal a través del INI, Franco se entusiasmó con su intervención («se le conceden las dos orejas y el rabo», dijo en pleno consejo de ministros). Aunque entre los nuevos ministros había dos pertenecientes al Opus Dei (Navarro Rubio y Ullastres, además de un alto cargo de la influencia de López Rodó), no se debe ver en este equipo una coherencia programática, pues a menudo mantuvieron posiciones discrepantes en aspectos de importancia. El Plan de Estabilización fue obra de Navarro Rubio, mientras que Ullastres hubiera deseado una transición más lenta hacia la liberalización y López Rodó y, luego, López Bravo tuvieron unos propósitos bastante distintos de los iniciales del Plan de Estabilización de 1959.

«Todo sucedió como si las autoridades monetarias hubieran tenido un esquema de estabilización bastante correcto en la cabeza», ha escrito el más destacado historiador de política económica de este período. Con todo funcionó fundamentalmente «un sentido de la supervivencia», como escribió Fuentes Quintana, es decir, una imposición de las circunstancias sobre los deseos de Franco. Éste, por otra parte, controlaba tan completamente el marco político que no tenía inconveniente en modificar el económico. Las memorias de Navarro Rubio, el principal gestor económico, lo confirman. Da la sensación de que el período 1957-1958 constituyó una etapa de preparación para las medidas mucho más decididas tomadas en 1959. Importa recalcar que estas medidas coincidieron con otras de tipo distinto, como la Ley de Procedimiento Administrativo (1958) o la anterior Ley de Administración del Estado (1957), que propiciaron el paso de una dictadura de inclinación fascista a otra de significación burocrática.

Así se demuestra examinando las medidas tomadas en el período comprendido entre 1957 y 1959. La reforma fiscal de diciembre de 1957 aumentó la recaudación en un séptimo mediante procedimientos, toscos pero eficaces, como la «evaluación global» y el régimen de convenios; además, se creó el impuesto de tráfico de empresas. Por otra parte, se emplearon por vez primera los recursos habituales de la política monetaria. Se intentó reducir la capacidad de emisión de deuda por parte de los organismos públicos y se dificultó la pignoración de la misma a través del redescuento. El Ministerio de Hacienda desempeñó, por tanto, un claro papel antiinflacionista. Fue, además, responsable, junto con el Ministerio de Asuntos Exteriores, de que en 1958, España se vinculara a la Organización Europea de Cooperación Económica, al Fondo Monetario Internacional y al Banco Internacional de Reconstrucción y Desarrollo. Al aparecer representantes de estas instituciones en España, la estabilización contó con esa poderosa ayuda.

Tras estas primeras medidas, Navarro Rubio leyó un documento programático ante el Consejo de Ministros al iniciarse el verano de 1958. Lo fundamental del texto consistía en poner de relieve que España no era un país distinto de los demás y que, por tanto, las reglas de buena economía válidas para otras latitudes también lo eran para el propio país. A fines de año, Navarro pronunció un discurso en las Cortes de parecido tono. Franco quiso dar buenas palabras a los enviados del Fondo Monetario Internacional y, sin llegar a aceptar los males de la economía española, pareció dispuesto a admitir que se reordenara en su conjunto. Sólo en junio de 1959, el plan fue aceptado por completo en el Consejo de Ministros.

Existe un aspecto complementario de la estrategia política de los partidarios de la estabilización que permite explicar su triunfo. En enero de 1959 se envió un cuestionario de carácter económico a varias instituciones. De la lectura de las respuestas se deduce que al parecer existía una coincidencia generalizada en desear la liberalización del comercio exterior, la estabilidad monetaria, la nivelación de la balanza de pagos e, incluso, una integración en espacios económicos más amplios. La verdad es, sin embargo, que el INI mostró sus reticencias ante este tipo de programa económico y que, meses antes, lo había hecho también la Secretaría General del Movimiento al propugnar una especie de Benelux ibérico en vez de la integración en Europa. Pero las dificultades para aplicarlo no nacieron sólo de estos sectores, sino también de otros como el Ministerio de Industria; el propio Ministerio de Trabajo actuaba a remolque de los acontecimientos, considerando lo que venía como inevitable. Desde el momento mismo de la aprobación del plan de estabilización existió una manifiesta discordia entre Navarro y Ullastres, hasta el punto de que el primero la describió en sus memorias como «de caracteres verdaderamente dramáticos».

Durante el período preparatorio de lo que luego fue el Plan de Estabilización, se mantuvo un crecimiento lento de la producción agraria, mientras que la industrial avanzaba mucho más rápidamente. En suma, el crecimiento de la renta nacional fue de un cuatro a un seis por 100 anual y el de la renta per cápita del tres al 5, 6 por 100. Pero donde la situación cambió por completo fue en el comercio exterior, demostrando así hasta qué punto la política seguida por el momento había sido insuficiente. A fines de 1958, un informe de la OECE describía la situación como «precaria» y proponía no sólo la devaluación de la peseta, sino también «abolir de una vez para siempre» los artilugios intervencionistas. Ya a finales de 1958, la situación de las reservas de divisas españolas era manifiestamente dramática, pues existía un déficit enorme, que en 1959 superaría los 76 millones de dólares.

Lo que llama la atención no es que los rectores de la política española cambiaran drásticamente el enfoque de la política económica, sino que tardaran tanto tiempo en hacerlo. La situación era desesperada: se cernía sobre España la amenaza de la suspensión de importaciones vitales, como el petróleo. El próximo invierno, con el presumible descenso de las exportaciones y el incremento de las importaciones, podía situar al país en la bancarrota en un momento en que, además, los hábitos de importación eran superiores a los del pasado. Por otra parte, la solución a los problemas económicos españoles era obvia. El programa que los especialistas de todos esos organismos internacionales en los que acababa de ingresar España ofrecieron a sus dirigentes consistió en el retorno a la ortodoxia financiera, la liberalización comercial y la eliminación de las prácticas discriminatorias. Otra solución no sólo representaría una vuelta al pasado, sino incluso una recaída en lo demencial.

Fue en estas circunstancias cuando, finalmente, presionado por Navarro Rubio, Franco acabó cediendo y abdicando, temporal y malhumoradamente, de lo que habían sido hasta el momento sus ideas en materia económica: «Haga Vd. lo que le dé la gana», le dijo a su ministro de Hacienda. De esta decisión surgió un memorándum del gobierno fechado a fines de junio de 1959 y dirigido al FMI y a la OECE. En un tono realista y lacónico, en este texto se definía el giro que iba a dar la política económica española. «El gobierno español —decía— cree que ha llegado el momento de reorientar la política económica en línea con las naciones del mundo occidental y liberarla de controles que, heredados del pasado, no se ajustan a la presente situación.» Esto presuponía respetar la iniciativa privada y recortar el intervencionismo. Además, el memorándum añadía la afirmación siguiente: «El gobierno continuará su presente política de autorizar incrementos salariales sólo en el caso de que estén justificados por un paralelo incremento en la productividad». Aunque no lo revelara, el documento contenía párrafos enteros de informes redactados por expertos extranjeros.

A este memorándum le siguió, a mediados de julio, la publicación de un decreto-ley descrito como «Plan de Estabilización», denominación impropia puesto que ponía el acento sobre los aspectos monetarios cuando, en realidad, era una medida de carácter mucho más general. En efecto, «la característica más destacada de las medidas tomadas ... fue su entidad de paquete normativo muy voluminoso y con muy buena coherencia interna», lo que les distinguía de disposiciones del pasado, pero también del futuro dentro del franquismo. El régimen «había cambiado de camisa e incluso de cuerpo en política económica sin dejar de ser él mismo».

El decreto contenía disposiciones muy variadas. En primer lugar, limitó el gasto público anual a 80.000 millones de pesetas y prometió mantenerlo controlado en presupuestos sucesivos. En segundo lugar, se puso también un tope máximo al crecimiento del crédito bancario, situándolo en 163.000 millones, se anunció una reforma bancaria y se hizo desaparecer la pignorabilidad inmediata de la deuda. Se previó, igualmente, una mayor coordinación de las políticas inversoras del Estado. En cuarto lugar, se introdujo una nueva política comercial por parte del Estado: sólo el veinte por 100 del comercio exterior sería comercio de Estado, y se unificó el cambio tras una importante devaluación de la peseta con respecto al dólar, que valdría ahora 62 pesetas. También se hizo posible la modificación del arancel y, de entrada, se liberalizó gran parte del comercio exterior. Finalmente, otro aspecto importante del Plan de Estabilización consistió en el recurso a asistencias financieras exteriores, principalmente de los organismos internacionales en los que había ingresado España. De forma directa o indirecta, la mayor parte de la financiación del nuevo plan procedía de fuentes norteamericanas.

Lo más importante, sin embargo, no era tanto lo que contenía ese decreto como cuánto hacía prever para el futuro. El efecto del Plan de Estabilización fue inmediatamente positivo para la balanza comercial. En tan sólo el plazo de un año, desde finales de 1958 a finales de 1959, el saldo del IEME pasó de negativo en 58 millones de dólares a positivo en 52. Un año después del Plan, las reservas en divisas se cifraban ya en más de 400 millones de dólares. Por otro lado, como resultaba previsible, supuso a corto plazo una recesión por la reducción de la demanda del consumo y el hundimiento de la inversión. La producción industrial experimentó un severo parón, pero la agricultura mantuvo su nivel de crecimiento. Ya en 1960 se produjo una importante mejoría y en 1961 se podía considerar que la crisis había sido superada. Esta situación coincidió con la aparición del turismo y la emigración como nuevos factores determinantes en la economía española.

En este clima se produjo la inevitable ofensiva en contra de la política estabilizadora. Los consejos de ministros se convirtieron, según Navarro, en los «viernes de dolores» porque todos los ministros luchaban contra la limitación de los recursos de que disponían. El Movimiento y los Sindicatos lideraron la resistencia por razones obvias argumentado en contra de la carencia de contenido social de las medidas. A partir de 1960 se empezaron a dictar medidas económicas expansivas, principalmente referentes a las inversiones públicas. En abril de 1962 fue reformado el sistema bancario nacionalizando la banca oficial, y creando tres tipos de bancos privados: comerciales, industriales y mixtos, sometidos a diferentes requisitos legales. Las Cajas de Ahorro dejaron de depender del Ministerio de Trabajo y pasaron a relacionarse con Hacienda. En 1960 se había iniciado ya la liberalización de las inversiones exteriores en España, pero sólo se llegó a un nuevo marco legal de manera definitiva en abril de 1963. En julio de 1964 fue aprobada una reforma fiscal de carácter general. Puede decirse que se había producido un giro decisivo en la ordenación legal del mundo económico.

Pero otros propósitos de los reformadores en política económica distaron de cumplirse. La restricción del gasto público se llevó a cabo en determinados sectores como la RENFE, pero no en el INI, ni en vivienda. Incluso antes de la estabilización había existido un intento de coordinar las inversiones públicas por parte de una oficina creada al respecto. No obstante, las «ordenaciones de inversión» de los años

1959 y 1960 no fueron más que planes de un solo año. El propio éxito de Navarro Rubio ayuda a explicar que, a partir de un momento, el protagonista principal de la estabilización tuviera dificultades políticas. No consiguió sustraer el IEME a Comercio y, cuando se habló de él para ocupar una vicepresidencia económica, fracasó y no la logró. Pero el camino hacia una consideración nueva de los problemas económicos había quedado abierto. Una misión del Banco de Reconstrucción y Fomento (Banco Mundial) visitó España en el verano de 1961 y publicó luego un informe de amplia difusión —se vendieron 20.000 ejemplares— que puede ser considerado el primer texto serio de carácter global que se elaboraba sobre la materia desde la guerra civil. Se afirmaba en él que «España disponía de los recursos humanos y físicos para alcanzar y conservar una tasa elevada de crecimiento económico», pero que para ello resultaría precisa una adecuada consideración de los costes.

En febrero de 1962 se creó un órgano administrativo —la Comisaría del Plan de Desarrollo, dependiente de Presidencia— que luego sería considerado tan vital que adquiriría rango ministerial. Con la colaboración de instituciones internacionales, el primer Plan de Desarrollo terminó de elaborarse en diciembre de 1963. Su redacción fue emprendida por toda una serie de comisiones y ponencias formadas por unas 400 personas, de las cuales 250 eran empresarios. En realidad, la función de esos grupos fue únicamente de asesoramiento. Según López Rodó, con quien se identificó el proceso de elaboración de planes de desarrollo, éstos intentaban ser «un gran reductor de incertidumbre y una verdadera empresa de solidaridad». Como todos los posteriores, el primer Plan de Desarrollo, a partir de esas tesis de la «planificación indicativa», cuyo principal teórico europeo fue Monnet, pretendía establecer una serie de compromisos del sector público al tiempo que el privado recibía tan sólo sugerencias para la acción.

La elaboración del primero de los Planes de Desarrollo tuvo como consecuencia la apertura de un debate público sobre los problemas económicos del país. Prueba de ello fue el apasionamiento de los juicios emitidos en torno al informe previo del Banco Mundial de 1962. En general, hubo una protesta de los sectores falangistas y de los partidarios de una planificación basada en el intervencionismo, pero no fue generalizada ni frontal. Hubo también una actitud reticente por parte de quienes, desde posiciones de izquierda, criticaron la óptica económica neoliberal del primer plan. Pero antes de que el primer Plan de Desarrollo fuera redactado, ya había comenzado un rápido crecimiento económico.

En efecto, entre 1961 y 1964, el incremento del producto industrial osciló entre el once y el trece por 100 anual, cifra que no se volvió a alcanzar hasta 1969. Eso demuestra que fue el Plan de Estabilización, y no propiamente los Planes de Desarrollo, el factor desencadenante de la transformación de la economía española. Las medidas tomadas en 1959 tuvieron un efecto semejante al descrito por Adam Smith al desaparecer las disposiciones mercantilistas. En suma, los motivos por los que se produjo el crecimiento económico a partir de este momento derivaron de las posibilidades acumuladas en los años cincuenta, el desencadenante inicial de las medidas tomadas en 1959 y la renta de un país situado en el extremo occidental de una civilización industrial floreciente.

Esos motivos revelan, por otro lado, las limitaciones del desarrollo experimentado a partir de comienzos de los años sesenta y las de quienes protagonizaron este proceso. El Plan de Estabilización fue el motor de ignición que puso en marcha el desarrollo industrial, pero su centro de gravedad fue la liberalización y ésta permaneció dentro de unos límites modestos. En un momento en que la figura predominante en el escenario político español era Carrero Blanco no podía ser de otra manera, porque su mentalidad no era propicia a la apertura de la economía española a la competitividad internacional. Cuando ya la estabilización había obtenido éxito, Carrero escribió en un informe que el mundo estaba dominado por tres internacionales, la comunista, la socialista y la masónica, la última de las cuales «nos ayudará por cuanto nos necesiten pero que, de paso que nos ayudan, intentarán dominarnos». Su actitud ante el exterior era, por tanto, recelosa en extremo. A esta prevención hay que sumar su nacionalismo, que le llevó a escribir en otro informe: «El ideal sería no tener que importar más que elementos de producción».

La liberalización concluyó en torno a 1967, y López Rodó y López Bravo «entendieron la economía de mercado como otra forma de discrecionalidad centrada en los estímulos a la iniciativa privada y la ayuda directa al empresario». Es posible que la causa fuera el temor a que la liberalización tuviera una traducción política, pero aún es más probable que, en un régimen como el español de estos tiempos, la tendencia natural fuera la de fomentar un tipo de desarrollo en que el Estado, a través de sus premios y componendas a grupos de intereses, siguiera desempeñando un papel decisivo. Los sucesores de Navarro Rubio —comenta un historiador— aguaron el vino de 1959.

Pero también llevaron a cabo una renovación del equipo dirigente en el seno de la política económica del régimen. Entre 1951 y 1963,

Suances que, hasta entonces había sido el principal asesor de política industrial de Franco, vio disminuir de forma drástica su influencia. Carrero le había acusado, con no poca razón, de intentar dirigir toda la economía española desde su despacho. En la época se decía que el presidente del INI manejaba como unidad económica la entonces astronómica cifra de mil millones, que era denominada el «suancio». En 1953, Suances dimitió por quinta vez y unos años después había roto en la práctica sus relaciones personales con el ministro de Industria. Desde 1958, el INI quedó descolgado de los presupuestos y tuvo que financiarse a través de las Cajas de Ahorros. En 1963, cuando Suances ya se sentía poco menos que perseguido y su discurrir por libre empezaba a causar graves problemas a la política económica, acabó dimitiendo de forma definitiva. En la última etapa de su gestión, el INI se lanzó a la construcción de las centrales térmicas.

Importa señalar, para concluir, que el cambio en la política económica se acompañó de una paralela flexibilización en la política social. Como hemos visto, en la etapa de la autarquía había sido el Ministerio del Trabajo el principal protagonista de la política social. A partir de este momento, en cambio, le correspondió un papel mucho más decisivo a la Organización Sindical.

Este cambio resulta muy expresivo de la evolución producida en el seno del régimen. En 1953 se reglamentaron los jurados de empresa, creados seis años antes. En 1957, es decir, en pleno bienio pre-estabilizador, se celebraron las primeras elecciones a enlaces sindicales y en 1958 se aprobó la Ley de Convenios Colectivos, cuyo impacto en la vida española fue muy importante. En adelante, en el seno de las empresas, la renovación del convenio sería un elemento de politización de la lucha social, pero se había convertido ya en posible que una reclamación salarial no desembocara necesariamente en un conflicto de orden público. Se trataba, en definitiva, de una disposición destinada a flexibilizar el mercado laboral haciéndolo más parecido a las economías de mercado.

El desarrollo económico era, en 1965, un fenómeno todavía demasiado reciente como para que de él pudieran derivarse consecuencias políticas adversas para la estabilidad del régimen de Franco. Pero es preciso volver ahora a la política de la oposición, porque ella contribuiría más adelante a canalizar la inadecuación entre la política del régimen y una sociedad modernizada como consecuencia de las transformaciones económicas.

De la oposición política a la oposición social

Si en la historia política del franquismo el año 1962 significa un cierto giro, algo parecido puede decirse respecto de la historia de la oposición. En efecto, a partir de Múnich quedó abierta una nueva etapa caracterizada por el protagonismo de la protesta social, mucho más que de la estrictamente política. Esta realidad desvelaba los límites que había tenido la oposición política en el pasado, cuya acción consistía en gestos simbólicos. La protesta social pudo dar la sensación de que la queja se dirigía mucho más contra aspectos concretos de la vida española que contra el régimen. Pero la oposición social justificó la política. La oposición social no estuvo dirigida por la política, pero siempre le dio esperanzas; rompió los estrechos cenáculos en los que ésta había vivido y convirtió la vida del régimen, en su fase final, en un continuo sobresalto.

La «oposición social» alcanzó verdadera vigencia en la segunda mitad de la década de los sesenta, pero existe una etapa previa que contribuye a explicarla. A mediados de la década ni siquiera se podía afirmar que fuera una realidad consolidada. Cabe señalar que, desde su comienzo, tuvo tres motores fundamentales que se fueron sucediendo. Empezó siendo una oposición de una parte del catolicismo organizado, para luego manifestarse en la rebelión de los estudiantes y, en un tercer momento, adquirir protagonismo decisivo la protesta obrera.

El desvío del catolicismo organizado respecto al régimen fue anterior al Concilio Vaticano II. En la primera etapa del franquismo las organizaciones de apostolado obrero canalizaron gran parte de la protesta contra las malas condiciones de trabajo y tuvieron un papel importante en las huelgas de 1951 y 1956. Este último año fueron cesados los principales dirigentes de las HOAC. A estas alturas se había pasado, en el conjunto de la Acción Católica española, de lo que fue denominado como una «pastoral de autoridad» a otra «de compromiso». Hubo, además, otros conflictos entre el Estado y la Iglesia. En 1956, por ejemplo, fue cesado el director de *Ecclesia,* la revista del Episcopado que no pasaba censura, por temas relacionados con la libertad de prensa. Ya en los sesenta habían surgido algunas iniciativas sindicales nutridas por personas procedentes del mundo católico y, en 1963, se fundó la editorial ZYX, en la que se produjo una conexión entre el mundo católico y la reivindicación social.

Lo importante es que, ya a mediados de los años sesenta, se había producido un cambio decisivo en la mentalidad de los dirigentes de las organizaciones apostólicas. Pero la mayor parte de los dirigentes de Acción Católica no tuvieron nada que ver con actitudes revolucionarias, de modo que, como luego diría el futuro cardenal Tarancón, al atribuirles esta posición no sólo se estaba cometiendo un grave error sino que éste resultaba perjudicial para la propia Iglesia. De cualquier modo, los movimientos apostólicos fueron el primer vehículo para una socialización de la política en la generación joven.

Así adquiere un sentido la afirmación de Jorge Semprún de 1965 de que las dos organizaciones con futuro en ese momento en la oposición española eran el PCE y la Democracia Cristiana. Se puede añadir que el catolicismo cumplió una función decisiva en la divulgación de los principios democráticos a través de sus órganos de expresión. Un ejemplo de esto último puede ser la revista *Cuadernos para el Diálogo,* fundada en octubre de 1963 y que, desde unos orígenes católicos, con el tiempo fue agrupando progresivamente a la totalidad de la oposición. *Cuadernos* constituyó no sólo un instrumento esencial de divulgación de las pautas ideológicas del pensamiento democrático, sino también el testimonio de la evolución de un sector del catolicismo hacia la oposición. Su fundador, Joaquín Ruiz-Giménez, no se desprendió de su vinculación con el régimen hasta el momento en que, en 1964, se discutió en las Cortes una nueva ley de asociaciones políticas. Con el paso del tiempo, Ruiz-Giménez asumió la dirección del sector más izquierdista de la Democracia Cristiana, después de la desaparición de quien la dirigía, Giménez Fernández (1968). Sin embargo, para entonces ya había pasado el momento de las posibilidades de ese grupo político. Si sirvió para la difusión del ideario democrático, al mismo tiempo acabó agotándose en esta tarea. En 1975 muchos dirigentes socialistas procedían de la Democracia Cristiana de diez años antes.

Los antecedentes de la protesta estudiantil hay que situarlos en los sucesos de 1956, pero también en las transformaciones producidas a comienzos de la década de los sesenta en el sindicalismo oficial. Éste había perdido su carácter fascista y se había adaptado a las circunstancias, admitiendo elecciones libres para los consejos de curso y cámaras sindicales autónomas en cada facultad, aunque las altas jerarquías siguieran siendo elegidas desde las alturas. Al principio, el predominio de la apatía entre los estudiantes permitía el control desde arriba. Pero pronto la tímida apertura provocó la movilización antagonista de los universitarios mientras que las fórmulas intermedias propiciadas por la jefatura del sindicato fracasaron.

De todos modos, todavía a mediados de los sesenta, los estudiantes antifranquistas eran en la universidad española una minoría aunque no tenían otro adversario que la despolitización generalizada. La iniciativa en la protesta contra el régimen la tuvo por entonces la Universidad de Barcelona, donde se creó un Comité de Coordinación Universitaria. Más adelante, en 1961-1962, la protesta se trasladó a Madrid y fue protagonizada por sindicatos que pretendían no tener un contenido partidista, como la FUDE (Federación Universitaria Democrática Española) y la UED (Unión de Estudiantes Demócratas), el primero izquierdista y el segundo mayoritariamente democristiano, aunque contaba con otras tendencias. La protesta contra la cúspide del SEU se generalizó de tal manera que, en 1964, la mayor parte de los distritos universitarios, de hecho, no reconocía al sindicato oficial.

El curso académico en que la protesta se hizo más intensa fue 1964-1965 y su momento culminante fue una manifestación de estudiantes, en febrero de 1965, a la que se habían sumado varios profesores (Aranguren, García Calvo, Montero y Tierno Galván). A partir de este momento, tanto la protesta como la respuesta gubernamental ante ella tuvieron un contenido diferente. A la altura de 1965, los sindicatos clandestinos habían sido sustituidos en la acción por asambleas de estudiantes, más efectivas como medio para el inmediato recurso a la manifestación, pero que reemplazaban a la democracia representativa de las cámaras sindicales. El inconveniente fue que se abrió el camino hacia una radicalización que no tenía en cuenta la realidad política del país. Un sindicato estudiantil estable se convirtió en sencillamente imposible porque la represión se encargaba de desarticularlo. En marzo de 1966, la iniciativa de nuevo volvió a Barcelona cuando cinco centenares de personas reunidas en el convento de los capuchinos de Sarrià (al encierro se le denominó *la caputxinada*) llegaron a la constitución del Sindicato de Estudiantes de la Universidad de Barcelona (SDEUB). En cuanto al régimen, lejos de tratar de resucitar un SEU fascista, intentó unas Asociaciones Profesionales de Estudiantes que tampoco alcanzaron mayor estabilidad. En abril de 1965, después de que el vicesecretario general del Movimiento, Herrero Tejedor, tuviera reuniones con los estudiantes, se aprobó un decreto por el que se desligaba el aspecto burocrático-administrativo atribuido al SEU del representativo.

En la segunda mitad de los años sesenta, el régimen parecía haber dado ya por imposible la situación de la universidad, que no podía resolver y con la que se limitaba a convivir. El mundo universitario venía a ser en esa fecha una especie de isla donde se difundían principios políticos ajenos a los que informaban el régimen de Franco y existía una cierta tolerancia hacia la disidencia política. Si a comienzos de los sesenta, los estudiantes inconformistas eran una minoría, a partir de la segunda mitad de esta década se fueron convirtiendo en una clara mayoría. Incluso puede añadirse que, entre el profesorado más joven, la condición de franquista era ya no sólo una excepción sino incluso una verdadera extravagancia. La situación era un testimonio de la debilidad del régimen pero también, en cierto sentido, de su fortaleza, porque sobrevivía sin dificultad a pesar de este cuerpo extraño.

También la clase obrera consiguió un cierto reducto de autonomía como lo habían logrado los estudiantes universitarios. Siempre existió una oposición sindical al régimen, pero, ya mediada la década de los años cincuenta, estaba prácticamente desmantelada. Influyó en el cambio de la situación la propia estrategia de las sindicales clandestinas, hasta entonces renuentes a participar en la vida sindical oficial.

La situación tendió a cambiar a partir del comienzo de la década de los sesenta, lo que exige una reflexión previa acerca del papel desempeñado por los sindicatos oficiales hasta entonces. Éstos nunca estuvieron en condiciones de integrar la posible reivindicación obrera allí donde existía una mayor tradición sindical autónoma. Al comienzo de los años cuarenta, por ejemplo, desde la cúspide sindical se admitía la «manifiesta hostilidad» de los trabajadores. Con el paso del tiempo, no obstante, la conflictividad individual del trabajador con la empresa se encauzó a través de la organización sindical o de las magistraturas de trabajo.

El régimen intentó evitar con la legislación que la situación se convirtiera en demasiado contraria a sus intereses. La Ley de Contratos de Trabajo de 1958, que no se aplicó hasta 1961, reguló un nuevo marco de relaciones laborales en que la firma de un convenio creaba en el seno de las empresas una periódica lucha reivindicativa. Además, en 1965, se declaró legal la huelga motivada por factores puramente económicos bajo el rótulo de «conflicto colectivo de trabajo». Mientras tanto, la creación del Consejo Nacional de Empresarios rompía la estructura vertical del sindicato y los separaba de los obreros. A su vez, todos estos cambios tuvieron mucho que ver con la conflictividad vivida en etapas precedentes. Es muy posible que de las huelgas asturianas de 1962 derive el sindicalismo de la última fase del régimen, e incluso el actual, porque no se trató de un conflicto espontáneo (como la huelga de los tranvías de Barcelona en 1951), ni fue fruto de la agitación de los derrotados en la guerra civil, como la de 1947 en Bilbao, sino que a partir de un conflicto concreto concluyó en la demanda de libertad de huelga y de creación de sindicatos, aspectos en los que tuvo el apoyo de sectores intelectuales. De 1962 data ese importante e irreversible cambio en la historia española que es la conversión de la huelga en una realidad habitual de las relaciones laborales.

Un factor que explica la consolidación de la protesta social y el nacimiento de un nuevo sindicalismo lo constituye la aparición de grupos obreros de procedencia católica. El Frente Sindical de los Trabajadores surgió de las Hermandades Obreras de Acción Católica. También la Unión Sindical Obrera, nacida en 1961, tuvo un origen parecido, aun declarándose aconfesional. Se decía socialista, aunque no vinculada a ningún partido concreto. Finalmente, la Alianza Sindical de los Trabajadores se creó en 1964 a partir de las llamadas Vanguardias Obreras, una organización apostólica inspirada por los jesuitas.

Todas estas organizaciones de procedencia católica tuvieron de común con el PCE la utilización de la legalidad sindical. Sin embargo, fue el partido citado quien obtuvo un mejor rendimiento de esta táctica gracias a la creación de las Comisiones Obreras. Parece que, si en una zona como Asturias la iniciativa fue exclusivamente de los comunistas, en otros lugares como Madrid tuvieron un papel importante católicos e incluso falangistas disidentes. En general, las Comisiones Obreras se extendieron en el ciclo de conflictividad iniciado en 1962, aunque no se consolidaron sino en la segunda mitad de los sesenta. A partir de 1964-1965 se empezaron a organizar Comisiones Obreras de carácter provincial y, ya en 1966, cuando se celebraron elecciones sindicales en toda España, el sindicato clandestino logró un éxito considerable. Su apoyo ya no era el de un proletariado con recuerdo de la República, sino otro mucho más joven. En 1967, Comisiones celebró su primera asamblea, en la que se evidenció la influencia predominante de los comunistas, que situaban en una clara minoría a otras tendencias. Lo importante fue que de esta manera el PCE había empezado a romper el aislamiento. Resulta en este sentido muy característico el perfil de los elegidos en la citada consulta electoral sindical: más de la mitad eran menores de treinta años y, por tanto, protagonistas del crecimiento económico de los últimos tiempos. Para este tipo humano, Comisiones, en su condición de agrupación laxa, unitaria y capaz de aceptar una parte de la legalidad al tiempo que lanzaba reivindicaciones concretas, era una fórmula ideal. Éste fue el segundo logro del

PCE, y el más importante. Antes, sin embargo, había logrado atraer, a partir de la segunda mitad de los años cincuenta, a buena parte del mundo intelectual y, sobre todo, había conseguido la respetabilidad en la totalidad de los disconformes con el régimen.

La referencia a Comisiones y los medios políticos con los que tuvo contacto sirve de introducción para tratar los cambios producidos en el seno del PCE. No debe pensarse que tales cambios estuvieran motivados por una reflexión autónoma, al menos en su origen. El PCE en nada cambió su postura ortodoxa, y de ahí que fuese condenada sin paliativos la revuelta húngara contra los soviéticos, pero al menos a partir del verano de 1956 se hicieron más insistentes las apelaciones a la reconciliación, superando la guerra entre los españoles.

La política de reconciliación nacional fue el eslogan fundamental del partido en el momento en que se hizo cargo de su dirección una generación más joven, la de quienes, en la guerra civil, habían ingresado en él procedentes de las Juventudes Socialistas Unificadas: Carrillo y Claudín, por ejemplo. En cambio, Dolores Ibárruri ya había quedado reducida en 1959 a una posición poco menos que decorativa. El nuevo equipo se lanzó a una acción mucho más decidida en el interior de España. Ya antes, Jorge Semprún, actuando con el seudónimo de «Federico Sánchez», había tenido un papel importante en la protesta estudiantil de 1956. Sin embargo, conviene no exagerar el éxito de la propaganda en pro de la «reconciliación» ni el resultado de sus llamadas a una «jornada de protesta pacífica» como la intentada entonces. Además, la mayor actividad del partido tuvo como consecuencia inmediata una superior dureza en la represión. La ejecución de Julián Grimau en abril de 1963, por supuestos delitos cometidos en la guerra civil, testimonia que el régimen no dudaba en remontarse a su origen cuando quería reprimir.

El fracaso de las «jornadas nacionales de protesta» resultó tan obvio que en poco tiempo motivó un debate interno centrado en parte en la interpretación de la situación española. Carrillo representó en él la posición del político pragmático y voluntarista que se apoyaba en el prestigio de Dolores Ibárruri, que describió a los disidentes como «intelectuales cabeza de chorlito». Claudín y Semprún, que acertaban al apreciar «los cambios de la sociedad española, lejana del feudalismo», acabaron criticando el estalinismo y la falta de democracia interna en el partido del que, después de un largo debate que se extendió desde 1962 a 1964, fueron expulsados. La escisión, en realidad, no significó un problema grave para el PCE. En la práctica, Carrillo, aunque con lentitud, fue haciendo suyos muchos de los planteamientos de sus adversarios. El argumento puramente utilitario desarrollado por Carrillo en sus varios textos de memorias consiste en afirmar que, de admitir las tesis de Claudín, se produciría una profunda depresión en la militancia.

La cultura del franquismo intermedio: el final de la penitencia

La evolución de la cultura española durante la etapa central del franquismo ofrece interesantes paralelismos con los ámbitos económico y de la oposición política. Los primeros nacen de la apertura hacia el mundo exterior y de la inequívoca voluntad de modernización. Los segundos resultan patentes si tenemos en cuenta que los medios culturales, en un desproporcionado porcentaje, formaron parte de ella.

Eso no implica que los medios culturales más destacados no mantuvieran ningún tipo de contacto con los círculos oficiales. Parece claro que, si en lo político hubo una marcada ruptura con el pasado, los elementos de continuidad resultaron, en cambio, muy evidentes entre el antes y el después de 1939 en los planteamientos culturales. La meditación sobre el ser de España, la presencia de Ortega y la filiación noventayochista del pensamiento mayoritario, la propia beligerancia de los escritores en el terreno de la política y la confianza puesta en el Estado como instrumento de salvación colectiva son otros tantos testimonios de una línea de continuidad entre el mundo intelectual de la preguerra y el posterior a ella. Otra cosa es que la manera de resolver esos planteamientos resultara diametralmente distinta. El hecho indudable es que buena parte de los intelectuales de primera fila en la España de estos años pasaron por la militancia en el régimen. Muchos de los mejores escritores (Fernández Santos, Sánchez Ferlosio, Aldecoa...) tuvieron un origen falangista. Su inconformismo de escritores fue en un principio mucho más ético y literario que estrictamente político. Claro está que de este origen quedaron también rastros en las propias actitudes de quienes se convertían en disidentes. Así, Marsal ha podido hablar del «franquismo objetivo» de quienes habían abandonado las actitudes propicias al régimen por otras de oposición, porque, aun haciéndolo, en realidad participaban de una concepción «unitaria» y totalizadora que poco tiene que ver con la posición liberal.

Si en los años cincuenta y principios de los sesenta surgió una clase política que todavía sigue presente en la vida pública española, lo mismo cabe decir del mundo intelectual. Fue este sector el que hizo avanzar a España en el camino de una homologación con el pensamiento y las concepciones de la vida del mundo occidental. Lo que Barral ha denominado evolución «en sentido aliviador» del régimen contribuyó a desarrollar estas posibilidades. En esto se puede establecer un paralelismo con la evolución económica. Lo sucedido en la cultura española de esta época se puede resumir diciendo que se produjo una importante recuperación del tiempo perdido desde la guerra. También en economía se volvió a los niveles macroeconómicos de la preguerra y se sentaron las bases de lo que luego sería el crecimiento de los sesenta.

La primera apertura intelectual que tuvo lugar en el régimen de Franco fue la auspiciada por la presencia en el Ministerio de Educación de Ruiz-Giménez. Lo que más nos interesa ahora no es la apertura misma, ni la oposición que despertó, sino la coincidencia de este fenómeno político con otros de carácter intelectual. La evolución de muchos de los pensadores más significativos de la España de entonces y de la posterior se caracterizó, precisamente, por el establecimiento de un puente con el exilio y con la tradición liberal española. Los caminos fueron, sin embargo, diferentes. Aranguren, a partir de una postura católica crítica, transitó ya en esta época desde una posición de preocupación a una inquietud ética de resistencia al poder que acabó desembocando en la política. En el caso de Tierno Galván, su pensamiento partió del neotacitismo a un funcionalismo que criticaba de hecho el monopolio ideológico ejercido por el sistema vigente. Por su parte, la obra de Marías en esta época se caracteriza por una doble insistencia: la necesidad de mantener la vinculación con la tradición española liberal, cuyo representante más caracterizado es Ortega, y la afirmación de que en la España de la época no había desaparecido toda una relevante tradición intelectual que, además, se inscribía en esas coordenadas ideológicas. Sobre este particular mantuvo una polémica muy interesante con el hispanista norteamericano Mead.

Pero la polémica más representativa de este momento cultural fue la que se produjo en torno a la figura de Ortega y Gasset. Acusado de heterodoxia religiosa, Ortega estuvo en el punto de mira de las actitudes más nacional-católicas porque, al ser su pensamiento más sistemático que el unamuniano, parecía más peligroso. La polémica tuvo como principales protagonistas a Marías, quien afirmó haber participado en ella sin entusiasmo, pero por un cierto sentido de obligación, y al dominico Santiago Ramírez, que partía de unas posiciones intolerantes. Es significativo el hecho de que un número elevado de intelectuales que habían tenido concomitancias con el régimen o que compartían su ideario (desde Aranguren a Laín y Maravall) participaran en la discusión expresando su deuda con Ortega y Gasset.

Este hecho prueba que la presencia del filósofo en España contribuyó a la transformación en sentido liberal del universo intelectual español. Algunos de los grandes maestros intelectuales (aparte de Maravall, por ejemplo, Díez del Corral) supieron evolucionar a partir de la semilla orteguiana. Así se demuestra, en definitiva, que se había iniciado ya la recuperación del ideario liberal por quienes durante una etapa previa se habían situado en una posición distinta. A finales de los años cincuenta, los liberales de procedencia ex falangista participaban ya en las empresas intelectuales organizadas en torno al Congreso por la Libertad de la Cultura, de ideología occidentalista y financiación norteamericana. En el exterior, dicha institución publicó unos «Cuadernos» en los que figuraron por vez primera las firmas de intelectuales en el exilio y de dentro de España. Una derivación de la polémica sobre Ortega fue, sin duda, la denuncia por parte de Marías de que hubo quienes lo utilizaron en contra del régimen, pero inmediatamente después lo consideraron como algo que eliminar, como también el propio liberalismo. En efecto, de estas fechas data una ruptura por parte de los elementos de la nueva generación con el liberalismo (también con el catolicismo, que se presentaba como sofocante y opresivo). Marías, en efecto, presentó como «consignas convergentes» las nacidas en el PCE y el régimen acerca del liberalismo orteguiano.

El momento crucial de la ruptura de estos intelectuales con su pasado se sitúa en torno a los sucesos de 1956. Para algunos de los que participaron en los acontecimientos lo sucedido fue «una crisis muy semejante a las crisis de fe». Ridruejo mismo llegó a decir que «nuestro bando era el otro». Pero, como ya se ha indicado, cambiaban las apariencias pero el fondo totalitario del pensamiento con frecuencia no hacía otra cosa que trasladarse desde la extrema derecha a la extrema izquierda. Para entender de qué manera se produjo esta evolución, nada mejor que considerar hasta qué punto el mundo oficial de la época disponía de recursos y de centros de actividad capaces de atraer a la juventud más creativa. Fueron las actividades culturales dependientes del SEU (el Teatro Español Universitario o los cine-clubs) quienes alimentaron las transformaciones que acontecieron en esta época. Del Servicio Universitario del Trabajo, engendrado en un ambiente de estrecho maridaje entre falange y catolicismo, surgió un catolicismo procomunista. Por otro lado, las revistas culturales surgidas por estos años testimonian la existencia de una pluralidad de actitudes cuyas derivaciones finales fueron inconformistas en lo político. Así, en *Laye* y en *Alcalá,* dos revistas intelectuales cercanas a Falange, más laica la primera y más católica la segunda, es posible percibir una derivación del radicalismo de algunos de sus redactores hacia un confuso marxismo. En *El Ciervo*, un cristianismo autocrítico abrió el camino, a través de la recepción de Mounier, hacia un cierto compromiso con el comunismo; ya hemos constatado la relación entre esta revista y el FLP. En *Praxis,* una revista cordobesa, también resultó perceptible la conexión entre religión y revolución. La revista *Índice* tenía conexiones con algunos de los gerifaltes del régimen, pero en ella se percibe también entusiasmo por las revoluciones del Tercer Mundo y por la recuperación del exilio. Quizá la línea más respetable en el conjunto de las revistas de la época nos las proporcionan *Ínsula,* de la que Lafuente Ferrari dijo que era el testimonio de «una voluntad de salvar la continuidad de la auténtica intelectualidad española», y *Papeles de Son Armadans,* auspiciada por Cela, que, en una carta a un exiliado, declaró que quería que sirviera «para la unión de los españoles por la vía de la inteligencia».

Hay otros aspectos interesantes de la evolución del pensamiento español ya en el comienzo de los años sesenta. De esa época datan, por ejemplo, los principios de la recuperación de las culturas de la España periférica: ya se publicaba una cincuentena de títulos en catalán. En realidad, «la recuperación de las letras catalanas era sólo una pieza de un mosaico más complejo» (Gracia). Los congresos poéticos celebrados entre 1952 y 1954 hicieron palpable la posibilidad de hermanamiento entre castellano y catalán en estrecha relación con el nacimiento de una cultura de oposición. También fue en este período cuando aparecieron las primeras muestras de un marxismo autóctono convenientemente maquillado para que pudiera pasar por la aduana de la censura. Ésta, respecto de los libros, se había hecho ya mucho más flexible. Quien la desempeñaba le dijo a Mario Vargas Llosa, el escritor peruano que por entonces vivía en Barcelona, que en uno de sus libros debía sustituir «cetáceo» por «ballena» para referirse a un militar.

Muestra de la pluralidad patente del escenario cultural español es el hecho de que junto a la tradicionalista *Atlántida* reapareciera *Revista de Occidente.* Sin embargo, quizá la revista más representativa de este momento fue *Cuadernos para el Diálogo,* de una neta inspiración democristiana en su momento inicial. De esta manera, el catolicismo de corte renovador (cuyo principal precedente había sido Manuel Giménez Fernández) desempeñó un importante papel intelectual en la difusión del ideario democrático de convivencia. También en una etapa siguiente habría de alcanzar mayor significación el despegue de las ciencias sociales, que ejercieron una función crítica respecto a las concepciones habituales en la España del momento. Éste fue, por ejemplo, el caso de la historia renovada de acuerdo con los principios de la escuela francesa por una personalidad de tanta relevancia como Jaume Vicens Vives, cuyas concepciones rompían con los planteamientos imperiales de la historiografía tradicional. Queda, en fin, una última polémica intelectual de interés, que es la que se refiere al carácter europeo o no de la cultura española. En realidad, esta última postura, defendida por Goytisolo, encerraba, frente a Fernández Santos, una clave política alimentada por el potencial revolucionario existente en el llamado Tercer Mundo.

Existió, pues, un componente político en los principales aspectos de la evolución del pensamiento, que se manifiesta también en la literatura de ficción. En torno a 1950 se produjo en la narrativa española un cambio tendente a la recuperación de la realidad cotidiana, en definitiva, del testimonio sobre el mundo del entorno, bien claro en novelas como *La colmena,* de Cela, *La noria,* de Luis Romero, o *Proceso personal,* de Suárez Carreño. Esta tendencia realista puede ser considerada como el rasgo más destacado de todo un período de la literatura española, no sólo en la narrativa sino también en la poesía social e, incluso, en una buena parte del teatro.

En la novela, las influencias estéticas en que se basó esta actitud literaria fueron el neorrealismo italiano, el objetivismo francés, la llamada «generación maldita» norteamericana y, sobre todo, las tesis de Sartre sobre el compromiso político. El mentor español elegido por la nueva generación de escritores fue Machado, a quien se prodigaron homenajes. Desde el punto de vista político, la llamada «operación realismo» fue patrocinada claramente por el PCE y su emisario de entonces en el interior de España, Jorge Semprún, pero en realidad la afiliación entre los cultivadores de estas nuevas tendencias estéticas al partido fue, aunque frecuente, poco duradera. Si bien lo social populista siguió teniendo cultivadores en la segunda mitad de los sesenta (Candel, por ejemplo), desapareció mayoritariamente luego. Hay que tener en cuenta, en fin, que hubo muchos matices en la adopción de esa nueva actitud: baste con apuntar la diferencia entre el aire más cosmopolita de la literatura hecha en Barcelona respecto a la madrileña.

En suma, la actitud realista y el compromiso político se desgranaron en actitudes muy diversas. En la mayor parte de los escritores jóvenes de la época es perceptible una evidente desilusión política, la indigencia de una generación que había sido víctima muda de la guerra civil y una voluntad de acusación, al menos moral, a la sociedad. Los protagonistas de estos relatos fueron siempre antihéroes sin conciencia de misión trascendental. Sin duda, la novela más característica de este período fue *El Jarama* (1956), narración de una prosaica excursión a este río por parte de un grupo de jóvenes madrileños, en que la ausencia de acontecimientos relevantes revela lo chato de una existencia apenas alterada por la muerte de una de las protagonistas. En cambio, la crítica social es mucho más perceptible como trasfondo en las novelas de García Hortelano *Nuevas amistades* (1959) y *Tormenta de verano* (1961), sobre los medios burgueses de la España de la época y, mucho más aún, en los textos de los hermanos Goytisolo. Juan Goytisolo presentó en *Juegos de manos* (1954) la inconsistencia política de un grupo de jóvenes airados, y derivó hacia el reportaje de las miserables condiciones de vida almerienses en *La Chanca* o *Campos de Níjar,* mientras que Luis Goytisolo describió la realidad suburbial de la gran ciudad en *Las afueras* (1959).

Fueron éstas muestras de la novela social de la época que alcanzaron una difusión extraordinaria como moda literaria. Este tipo de narración, en sus ejemplificaciones menores, fue luego objeto de una acerba crítica que Barral intentó paliar recordando que la «delgadez y zafiedad» de esa literatura social no era sino la respuesta a las formas «tan pobres y tan recalcitrantemente indígenas e indigenistas» contra las que se alzaba. Pero hay que insistir, una vez más, en la pluralidad de formas que revistió este realismo. El mayor éxito de la narrativa convencional durante esta época, la trilogía acerca de la guerra civil iniciada por *Los cipreses creen en Dios* de Gironella (1953-1966), estuvo revestida de ese tono crítico. Por otro lado, un novelista de obra regular y de interés creciente, Miguel Delibes, centró su obra en cuestiones en que la denuncia social y una actitud profundamente humanista desempeñan un papel decisivo, como en *Mi idolatrado hijo Sisí* (1953). Los relatos cortos de Aldecoa o la exploración del mundo interior en Fernández Santos (*Los bravos*) son aspectos inclasificables de una narrativa que conectaba con la moda literaria del momento.

Historicidad, realismo, compromiso, testimonio y denuncia fueron también rasgos característicos de la poesía de los cincuenta y de la primera mitad de los sesenta. Interesa, de cualquier modo, insistir en que la conciencia generacional de los nuevos poetas encontró un instrumento de promoción en los escritos y las obras antológicas de José

María Castellet, quien vio en la sustitución, como inspirador, de Juan Ramón Jiménez por Machado un fenómeno de primera importancia. Celaya, Otero y Hierro, cuya obra se inició antes de la década de los cincuenta, constituyen quizá la mejor expresión de este género de planteamientos poéticos. De Celaya procede una característica condena de las tesis defensoras del arte por el arte («Maldigo la poesía concebida como un lujo. Maldigo la poesía de quien no toma partido hasta mancharse») y una defensa de lírica concebida como herramienta, como «arma cargada de futuro». *Pido la paz y la palabra* (1955) tal vez sea la obra más conmovedora de Blas de Otero, acto de solidaridad con el hombre, la convivencia y la patria. Años después, el poeta definía su poesía en la identificación con Marx: «Lo copio un poco y lo digo más bonito». En *Quinta del 42,* de Hierro, existe una actitud semejante («Confieso que detesto la torre de marfil», nos dirá el poeta), pero si en su obra hay lo que él denomina reportajes, vinculados a esa poesía social, también existen «alucinaciones» que descubren las vivencias personales. Los poetas más jóvenes se sublevaron contra la irrealidad de los años cuarenta. «Más que en contra [estaban], de espaldas a sus mayores», un tipo de actitud que también puede considerarse representativa de este momento. El escepticismo o incluso el pesimismo transitan por la obra de Valente o de Gil de Biedma, que presenta como ideal «vivir como un noble arruinado, entre las ruinas de mi inteligencia». Los dos temas principales de la poesía hecha en Barcelona en estos años son los relativos al recuerdo de la guerra (Goytisolo: «Fui despertado a tiros de la infancia más pura/por hombres que en España se daban a la muerte») o la ruindad de la vida de posguerra (Gil de Biedma: «Uno sale a la calle/ y besa a una muchacha o compra un libro/se pasea feliz y le fulminan»). La identificación con una línea política de disidencia es también muy explícita en alguno de ellos, como Claudio Rodríguez, protagonista de los acontecimientos subversivos de febrero de 1956 en la universidad madrileña.

En el teatro de mayor dignidad, no evasivo, también el compromiso político dio lugar a una polémica de enjundia durante esta época. Enfrentó a Alfonso Sastre con Antonio Buero Vallejo, partidarios respectivamente de un «imposibilismo» y un «posibilismo» respecto al teatro comprometido. Sastre, originariamente vinculado a medios falangistas, había propugnado un «teatro de agitación» que hubiera tenido un efecto «incendiario» sobre la realidad española. Sus piezas dramáticas (*En la red,* 1959) se resienten, en estas condiciones, de una linealidad, pero sobre todo resultaron maltratadas por la censura hasta el extremo de resultar irrepresentables. El teatro de Buero, basado en una reflexión moral, pero no panfletaria, sobre la naturaleza humana y sus miserias, tuvo a menudo una base histórica, pero con alusiones transparentes a la realidad inmediata. Sin duda, fue *Historia de una escalera* (1949) la iniciadora de toda una escuela realista cuyos interiores nada tenían que ver con los burgueses del teatro más convencional. Hubo, sin embargo, una segunda generación realista, más joven, representada por Muñiz, Olmo (*La camisa,* 1962), Martín Recuerda y Rodríguez Buded, que presentaron, con abundantes referencias al presente, el espectáculo de la pobreza y la postración espiritual de una España respecto a la cual nunca dejaron de mostrar su disconformidad.

El teatro en sus formas convencionales y humorísticas no tuvo las limitaciones para representarse que caracterizaron al realista. Pemán evolucionó desde el drama histórico al costumbrismo. Sin embargo, el mayor éxito teatral correspondió en toda esta época a *La muralla* (1954), de Joaquín Calvo Sotelo, que presentaba un conflicto moral que podía conectar fácilmente con la mentalidad católica del momento. Es característico de las circunstancias en que se desenvolvía el teatro de la época que una parte considerable de la renovación del panorama dramático tuviera que hacerse a través del humor. Fantasía, inverosimilitud y ternura forman la trama básica de la obra de Enrique Jardiel Poncela y Miguel Mihura. El tardío estreno de *Tres sombreros de copa,* de Mihura, en 1952, una veintena de años después de su primera redacción, muestra la dificultad para modificar la vida escénica española. Mihura debió adaptarse a ella, pero en los cincuenta estrenó abundantemente. Jardiel Poncela, que definía el humor como un «desinfectante», no llegó a ser considerado como un profundo renovador del teatro que le acerca a las fórmulas del teatro del absurdo. Una fórmula menos renovadora pero más adaptada al espectador español de la época y dotada de una indudable sabiduría fue la de Alfonso Paso, escritor de una extremada fecundidad, que durante una veintena de años fue el principal autor en los teatros españoles. En cuanto al personalísimo «teatro pánico» de Arrabal, cercano al surrealismo, se trató en realidad de un fenómeno dramático de más allá de nuestras fronteras, sin que prácticamente se exhibiera en España antes de 1975.

Conviene recapitular, al final de estos párrafos dedicados a la creación literaria, las consecuencias del compromiso de los escritores. Se ha dicho que «con Franco no acabaron pero sí se repartieron los ácidos que destruirían la línea de flotación de su futuro» (Gracia). Es muy posible que el entrecomillado sea justo, pero a corto plazo lo que realmente tuvo lugar fue el abandono del compromiso apremiante y un mayor grado de exigencia formal. Al respecto es significativo el hecho de que, en 1958, se creara el Premio Biblioteca Breve, cuya significación en la historia literaria sería ésa. Desde muchas otras vertientes es posible captar fenómenos semejantes. Así, por ejemplo, en los años sesenta, la editorial Taurus difundió en España gran parte del mejor pensamiento occidental. La herencia de estos años, más que la presunta transformación política, fue el establecimiento de unas estructuras de difusión de la cultura que resultaron perdurables.

Quizás en pintura es donde mejor se perciben los cambios culturales, paralelos a los producidos en literatura, que se produjeron durante los años centrales del franquismo. En ambos casos hubo una cierta recuperación de la memoria histórica y, al mismo tiempo, un ansia cosmopolita de apertura. Resulta posible también percibir en estas dos actividades elementos críticos de la realidad circundante. Por otro lado, también hay que tener en cuenta que en este período tanto en cine como en artes plásticas se empezaron a forjar unos circuitos comerciales, unos prestigios individuales y, en fin, una proyección exterior que habrían de tener relevancia para el futuro.

En pintura fue el surrealismo, sin duda, el desencadenante de una voluntad estética de vanguardia, pero más que nada, como chispa desencadenante. Aparte de quienes siguieron en él como continuación de su trayectoria previa (José Caballero), también alguno de los representantes de El Paso partió de sus presupuestos (Saura). Como quiera que sea, en el surrealismo que precedió a la abstracción fueron perceptibles influencias del surrealismo centroeuropeo (en especial de Klee), pero también del propio Miró, que regresó a España en 1942. Klee representaba un cruce entre abstracción y figuración, lo concreto y lo trascendente, y un aura de magicismo que explica su éxito. Sin embargo, como grupo sólo fue surrealista el denominado Dau al Set del que formaron parte Tàpies, Tharrats, Cuixart, Ponç... En el resto de la península hay que retrotraerse a finales de los años cuarenta para encontrar algún indicio de voluntad vanguardista, que no pasó de un puro tanteo. La llamada Escuela de Altamira (1948) fue una convergencia amistosa entre personalidades muy diferentes, entre las que figuraban también escritores y críticos.

Ya en los primeros años cincuenta, por vez primera aparecieron muestras de aceptación e incluso de promoción del arte de vanguardia en instancias oficiales. Así se apreció en las sucesivas bienales de arte hispanoamericano, en la tercera de las cuales, celebrada en Barcelona

(1955), presentó Tàpies sus primeros cuadros matéricos y, antes, en el curso de arte abstracto celebrado en la santanderina Universidad de Verano en 1953. A estas alturas empezaron a convertirse en un acontecimiento normal las exposiciones de arte reciente norteamericano, italiano o francés. Fue sólo a partir de la segunda mitad de la década de los cincuenta cuando se impuso el informalismo. Los años 1956 y 1957 presenciaron la eclosión de iniciativas como el «Primer salón de arte no figurativo» o la exposición de «arte otro». Con todo, lo más decisivo fue la constitución de grupos pictóricos como Parpalló (1956), Equipo 57 o El Paso (1957). Este último fue el más importante y, aunque su duración fue corta y su bagaje doctrinal no pasó de expresar la voluntad de remover aguas estancadas, reunió a algunos de los mejores pintores abstractos del momento (otros, como Lucio Muñoz, permanecieron al margen) con unas inquietudes muy semejantes. El Paso agrupó a Millares, Saura, Rivera, Feito, Juana Francés, Canogar, etc., en una estética que si, por un lado, lo emparentaba con la vanguardia americana, por otro estaba plena de referencias españolas. La humildad de los materiales empleados, el españolismo crítico y el recurso a una cierta abstracción dramática han sido considerados como rasgos esenciales de El Paso, cuyos miembros, con el transcurso del tiempo, se mantuvieron en el talante trágico inicial (Saura) o evolucionaron hacia fórmulas de carácter mucho más lírico (Rivera). El entusiasmo por el informalismo era, en el caso de El Paso, voluntad de ruptura con el panorama del arte español de la época, pero tuvo el suficiente grado de cosmopolitismo como para obtener éxito más allá de nuestras fronteras. La política oficial apoyó estas muestras de modernidad. En los últimos años cincuenta y primeros sesenta, el nuevo arte abstracto español obtuvo éxitos importantes en Venecia, París y Estados Unidos. También los consiguieron las primeras figuras de la escultura de vanguardia española. Fueron los móviles de Ferrant los que recuperaron el interés por la vanguardia anterior a la guerra civil, pero la escultura vasca (Chillida, Oteiza), monumental y rotunda, procedió de una sensibilidad distinta.

También a finales de los años cincuenta y comienzos de los sesenta había aparecido, en escultura y pintura, una abstracción geométrica (Sempere, Labra, Alfaro, Palazuelo...) que demostraba que las vías hacia la modernidad pictórica seguidas en España no se limitaban a esa abstracción expresionista reunida en torno a El Paso. Algunos de esos autores (Sempere sobre todo, pero también Farreras) pueden ser integrados en una abstracción, quizá de procedencia más francesa que norteamericana, lírica. También otros pintores, a los que se ha identificado con Cuenca aunque la ciudad manchega fue punto de confluencia de las más diversas opciones plásticas avanzadas (Rueda, Torner, Zóbel...), se caracterizaron por un tono sin aspavientos, angustia o tremendismo y un lenguaje poético y sutil. Si para el expresionismo abstracto un cuadro resultaba algo semejante a una violación, para esta abstracción lírica venía a ser una decantación nada improvisada. El Equipo 57, por su parte, protagonizó, a partir de la abstracción geométrica, una actitud crítica y de ruptura, partidaria de la obra colectiva y no individual, y derivada finalmente hacia el diseño. Pero, por supuesto, no todo fue abstracción en estos años de la pintura española. A mediados de los cincuenta hicieron también su aparición en nuestro panorama artístico los representantes de un realismo (Antonio López y los hemanos Julio y Francisco López Hernández) dotado de una fuerza especial, que vino a representar uno de esos caminos originales que a veces se perciben en la historia de la pintura.

Aunque resulta difícil poner en relación la arquitectura con el resto de los movimientos culturales, idéntica sensación de voluntad cosmopolita y modernizadora se aprecia en algunas de las manifestaciones de la arquitectura proyectada a partir de los años cincuenta. Miguel Fisac, que en los edificios del CSIC (Madrid) alcanza lo que puede considerarse como mejor expresión del clasicismo, es también el introductor de nuevos materiales, como el hormigón sin cubrir, o fórmulas de iluminación como la luz lateral a través de vidrieras (iglesia de Alcobendas, 1955). Es importante también la labor de Fernández del Amo a través del Instituto de Colonización en la promoción de la vivienda popular ligada a cánones propios de España. A partir de la década de los cincuenta empieza, en fin, a aparecer el organicismo arquitectónico, del que será expresión la obra de Coderch, mientras que algunos arquitectos españoles (Corrales y Molezún) obtienen importantes éxitos internacionales.

Vida cotidiana y ocio

Sabemos ya de la difusión del cine en la España de la posguerra, sin duda la fórmula artística que despertó mayor interés en los medios populares. En 1951 fue creado el Ministerio de Información y Turismo, en el que figuró por vez primera una Dirección general destinada al Cine. La protección estatal siguió desempeñando un papel de primera importancia para el cine. Ahora se arbitró un procedimiento de subvención en que los criterios fundamentales fueron los derivados del coste y la calidad atribuida por una comisión nombrada al efecto. Entre 1951 y 1962, el número de películas producidas en España pasó de unas cuarenta a unas ochenta. Suevia Films fue la sucesora de Cifesa como empresa más destacada en la cinematografía española. Al comienzo de la década de los sesenta se instaló en España el productor norteamericano Samuel Bronston, que hizo aquí algunas de las grandes producciones de la época.

La producción cinematográfica experimentó algunos cambios de importancia como consecuencia de la aparición de una nueva generación de realizadores con una cierta conciencia crítica. De todos modos, debe tenerse en cuenta que la calidad de ese sector crítico no implicó necesariamente el éxito. Las dos películas con mayor permanencia en la cartelera durante el período fueron *El último cuplé* (1957) y *La violetera* (1958); sólo en el puesto decimooctavo figuró *Bienvenido míster Marshall* (1952). La comedia tuvo un indudable éxito en versión amable —*Historias de la radio* (1955), de Sáenz de Heredia— o la más crítica de las primeras películas de Fernán Gómez. Las preferencias del público, sin embargo, testimonian hasta qué punto el musical folklórico fue el género más resistente a la renovación y el más influyente. En esta época desapareció también el dramón rural y el cine histórico: precisamente la concesión de la calificación «de interés nacional» a *Surcos,* del falangista radical Nieves Conde, y no a *Alba de América* (de cuyo guión se dijo que había sido escrito por Franco) representó el canto de cisne de este último género. Otros dos géneros característicos de este momento fueron el «cine con niño», normalmente cantor o edificante, y el cine religioso. Respecto de este último baste con recordar que de las diez películas españolas más vistas, tres pertenecían a este género.

Frente al que podría ser denominado como cine del nacional catolicismo (*Marcelino pan y vino*, 1954), el neorrealismo, del que podrían ser buenos ejemplos *Plácido* (1961) y *El verdugo* (1963), de Berlanga, o *Muerte de un ciclista* (1955) y *Calle Mayor* (1956), de Bardem, presentó una visión crítica de la realidad española. A partir de mediados de los años cincuenta surgió una fase muy autocrítica en el juicio que los propios directores cinematográficos hicieron sobre el cine español. Bardem lo definió, en frase que resultó famosa, como «políticamente ineficaz, socialmente falso, intelectualmente ínfimo, estéticamente nulo e industrialmente raquítico». Éstos fueron también los tiempos de la floración de cine-clubs, muchos de ellos propiciados por el SEU, y de las conversaciones sobre los problemas del cine español celebradas en Salamanca. Gracias a la presencia de García Escudero en la mayor responsabilidad durante el Ministerio Fraga, hubo en la primera década de los sesenta una cierta eclosión del llamado nuevo cine español, mucho más vinculado con la realidad cotidiana. Se acompañó con la realización de alguna de las obras más destacadas de Buñuel (*Viridiana,* 1961), problemática para la censura.

En los cincuenta, el deporte y, en especial, el fútbol se consagraron como una de las grandes diversiones de los españoles. La educación física se introdujo en el sistema educativo español a partir de los años cuarenta. De la popularidad del fútbol da cuenta el hecho de que el diario *Marca,* principal pero no exclusivamente dedicado a él, tiraba 350.000 ejemplares, y se convirtió desde entonces en el más vendido. La organización del deporte después de la guerra civil se hizo depender de la Secretaría General del Movimiento y tan sólo a partir de los años sesenta, la Delegación Nacional de Deportes actuó con cierta autonomía respecto al poder político. El primer delegado nacional de Deportes fue el general Moscardó, militar laureado por la defensa del Alcázar toledano, y el segundo, Elola, a mediados de los cincuenta, un político falangista conocido.

Nos interesa de forma especial la proyección social del fútbol. De las 73 ligas o copas, 60 fueron ganadas por los clubs más grandes, cada uno de los cuales tenía un perfil muy definido. El Madrid, presidido por Bernabeu, un funcionario de Hacienda que disfrutaba de una situación económica saneada, tuvo como socios a muchos ministros en los años centrales del franquismo. El Barcelona siempre tuvo la mejor situación económica por su elevado número de socios, pero los resultados deportivos a menudo fueron parcos: desde 1961 hasta 1984 sólo ganó una liga. Solía tener un cierto tono de disidencia catalanista. Ya en 1968 tuvo por vez primera un presidente no franquista que había sido en el pasado secretario de Cambó (Narcís de Carreras). En 1973, la candidatura a la presidencia de Montal ganó las elecciones asegurando durante la campaña que «nosotros somos los que decimos: el Barcelona es más que un club». El Atlético de Bilbao, que había dominado el fútbol español en la primera década del siglo, volvió a hacerlo durante los años cuarenta a pesar de que, de los jugadores vascos que permanecieron en gira por el extranjero durante la guerra civil, todos excepto uno decidieron permanecer en el exilio. La vinculación con el Atlético de Aviación permitió al Atlético de Madrid, que se fusionó con él, incorporar a sus filas a todos los futbolistas que aparecieran en ese Ejército.

Hasta los propios clubs de fútbol llegó la intervención política del Estado: todos los equipos debieron tener al menos dos falangistas, norma que no desapareció hasta 1967. El nacionalismo no sólo afectó a la necesidad de suprimir las denominaciones de los clubs en inglés, sino también a la desaparición de extranjeros durante los años sesenta. El lenguaje del periodismo deportivo, por órdenes de la censura, se castellanizó y adquirió en ocasiones un tono épico. Los presidentes de los clubs fueron originariamente nombrados por los propios delegados nacionales. Luego, en los años cuarenta, se introdujo un peculiar sistema por el cual sólo asistía a las asambleas de los clubs un número reducido de personas, aunque ya desde los cincuenta empezó a haber elecciones democráticas.

Un elevado número de jugadores húngaros aparecieron en el fútbol español durante los años cincuenta. El primero de ellos fue Kubala, que empezó a jugar con la década y proporcionó al Barcelona una infrecuente época de éxitos. Eso introdujo la internacionalización en el fútbol español, que no era tan fácil en la época de la posguerra. Puskas representó luego el mismo papel en Madrid, pero el futbolista extranjero por excelencia en este equipo fue Alfredo Di Stéfano, cuya llegada a España resultó controvertida por la pugna existente entre Madrid y Barcelona, que contribuyó a agudizar.

En los campeonatos del mundo los resultados del fútbol español fueron poco brillantes. España sólo consiguió calificarse para la fase final en 1961 y 1966. En 1960 se negó a competir con Rusia y en 1964 lo hizo y ganó el campeonato europeo, en presencia de Franco, siendo celebrada la ocasión casi como una gesta militar. Pero el papel más importante en cuanto a la proyección exterior del fútbol español lo tuvo sin duda el Real Madrid. Cuando en 1955 obtuvo la Copa Latina en París, se concedió a los jugadores la Orden Imperial del Yugo y las Flechas. Los éxitos mayores fueron los logrados en la Copa de Europa sucesivamente durante cinco años. Como consecuencia de ello, el Ministerio de Asuntos Exteriores otorgó la encomienda de la Orden de Isabel la Católica a Di Stéfano y a Saporta, uno de sus directivos. En otro tiempo se aseguró con seriedad que la influencia del fútbol en la sociedad española era un instrumento de alienación, pero eso es insostenible: a lo sumo cabe decir que el impacto del fútbol fue más la consecuencia que la causa de la pasividad política.

«La radio estrenó su esplendor con los años cincuenta», escribió Vázquez Montalbán. Prueba de la popularidad y de la atracción de la radio es que incluso existieron aparatos alquilados dotados de una ranura para depositar monedas que permtían establecer la comunicación a aquellos de menores recursos. Lo decisivo fue la aparición de una nueva programación a base de espacios humorísticos, seriales y «magazines» de muy variado contenido, desde los concursos a las audiciones musicales. *Lo que nunca muere*, serial de Guillermo Sautier Casaseca, el guionista de mayor éxito en esta especialidad, trataba de una familia separada por la guerra civil que al final veía triunfar entre sus miembros la tolerancia y la comprensión. El serial, en definitiva, vino a ser algo así como como una reedición del folletín de otros tiempos.

También en el terreno de la cultura popular debe hacerse mención de la música, cuya transformación data de comienzos de los sesenta. En tiempos anteriores había tenido lugar la virtual desaparición de la zarzuela, ya «una deformación que apestaba a formol de una vieja sentimentalidad agraria y castiza». En la etapa anterior, la recuperación de la tonadilla y de las fórmulas vinculadas al género chico y una corriente melódica más internacional se habían enfrentado con resultados titubeantes. Desde mediados de los cincuenta penetró en España la discografía italiana y la norteamericana.

En España, la cultura del *pop* llegó tardíamente y de una manera un tanto peculiar. Su triunfo tuvo lugar gracias a las peticiones radiofónicas de los oyentes. Pero de entrada hubo una resistencia nacionalista. «Lo lamentable —escribió un adversario de la nueva música— es que sean los mismos autores nacionales quienes contribuyan al auge de un estilo que convendría contrarrestar en lugar de imitarlo.» Aún así, en poco tiempo, la cultura del pop había engendrado toda una industria, En *ABC,* ya de febrero de 1964, se decía que «hoy una cancioncilla, a poco que se popularice, hace millonario a su autor».

El pop llegó a España despojado de «buena parte de su carga explosiva». Esta prevención al aspecto subversivo de la nueva música puedo observarse también en la cinematografía: *Rebelde sin causa*, la película de Nicholas Ray e interpretada por James Dean, convertida en signo de una generación en ruptura con sus padres, se estrenó en España con ocho años de retraso. Los verdaderos pioneros del pop fueron Manuel de la Calva y Ramón Arcusa (El Dúo Dinámico) a partir de 1957. Fueron «la cara simpática, responsable y familiar del *rock and roll,* destinado a convertirse en música de fondo de las fiestas juveniles de las generaciones jóvenes de la clase media. Eran los años de la confirmación definitiva de Elvis Presley. Los dos cantantes españoles trabajaban en una empresa de aviación y debieron profesionalizarse muy rápido; supieron por un lado adaptar canciones de otros autores y también crear otras propias. *Quince años tiene mi amor* (1960) fue su primer éxito original. Desde la segunda mitad de los sesenta fueron superados por otros grupos, pero mucho después, a finales de los ochenta, volvieron con la nostalgia compartida de los miembros de su generación.

Sin embargo, a fines de los cincuenta y comienzos de los sesenta, el gran público seguía prefiriendo la música de la copla, el bolero o la ranchera. La transición entre la copla y la música pop de procedencia anglosajona la hicieron los grupos hispanomericanos que hacían la fórmula más moderada del rock y cantaban en castellano. Éste fue el caso de Los Cinco Latinos, argentinos, o Los Llopis, cubanos contratados en España para cantar canciones de carácter tropical, pero que también tradujeron e interpretaron rock. De forma más inmediata, Enrique Guzmán y Teen Tops, mexicanos, introdujeron versiones de rock en castellano.

Aparte de la radio, en la difusión de la nueva música tuvieron un papel decisivo los festivales juveniles y de colegios. Los protagonizaban «estudiantes, altos, guapos y de buena presencia», gente «con un mínimo de dinero, relaciones y conocimientos técnicos». Se trataba, sobre todo, de un fenómeno de jóvenes universitarios. Desde noviembre de 1962, las matinales del Circo Price de Madrid plantearon un fenómeno de masas en torno a la música juvenil, pero acabaron suspendiéndose por la autoridad gubernativa, sin que, por otro lado, hubieran originado ningún conflicto grave. Como en Italia, los festivales de música tuvieron un papel de primera importancia en la promoción de la música popular. El de Benidorm, denominado Festival Español de la Canción, fue el principal, dedicado a la promoción de las playas de la población alicantina. Resulta de interés señalar que se creó en colaboración con la Red de Emisoras del Movimiento a partir de 1959. De él salió lanzado Raphael en 1962. Pero hubo otros muchos, cada uno con un perfil particular. Algunos festivales sirvieron para promover a algunos de los cantantes que después se integrarían a la «nova cançó» catalana.

A mediados de los sesenta en el panorama de la música pop española hubo dos novedades importantes: el intento de conseguir un perfil original y la proyección exterior. Los Brincos tuvo la voluntad explícita de llegar a ser «un conjunto *beat* típicamente español»: *Flamenco* fue el primer intento de hacer una música que tuviera algunas raíces en la canción popular de otra época. Los Brincos obtuvieron un enorme éxito y cobraban por actuación cinco veces más que los otros conjuntos, superando a los Beatles a veces en ventas. En la segunda mitad de los años sesenta aparecieron con frecuencia grupos que muchas veces no grababan ellos mismos, sino que lo hacían músicos de estudio. Esto fue lo que sucedió con Los Bravos. Su *Black is black,* en inglés, ocupó el segundo puesto en las listas británicas en 1966 y vendió dos millones y medio de copias en todo el mundo. En el mundo de la música popular, parcela muy característica de la vida cotidiana de los españoles, se había producido un cambio muy importante. No fue sino la consecuencia de lo sucedido en el conjunto de la sociedad española.

BIBLIOGRAFÍA

No hay bibliografía específica sobre este período pero abundan las memorias: S. ÁLVAREZ, *La larga marcha de una lucha sin cuartel,* Ed. Nos, A Coruña, 1994; Alfonso ARMADA, *Al servicio de la Corona,* Planeta, Barcelona, 1983; José Luis ARRESE, *Una etapa constituyente,* Planeta, Barcelona, 1982; «CÁNDIDO», *Memorias prohibidas,* Ediciones B, Barcelona, 1995; Fabià ESTAPÉ, *De tots colors. Memòries*, Edicions 62, Barcelona, 2000; José María GARCÍA ESCUDERO, *La primera apertura. Diario de un director general,* Planeta, Barcelona, 1978, y *Mis siete vidas. De las brigadas anarquistas a juez del 23-F*, Planeta, Barcelona, 1995; Antonio GARRIGUES Y DÍAZ CAÑABATE, *Diálogos conmigo mismo,* Planeta, Barcelona, 1978; Laureano LÓPEZ RODÓ, *La larga marcha hacia la Monarquía,* Noguer, Barcelona, 1977, y *Memorias*, Plaza y Janés-Cambio 16, Barcelona, 1990-1992; Raúl MORODO, *Atando cabos. Memorias de un conspirador moderado*, Taurus, Madrid, 2001; Mariano NAVARRO RUBIO, *Mis memorias*, Plaza y Janés-Cambio 16, Barcelona, 1991; Dionisio RIDRUEJO, *Escrito en España,* Losada, Buenos Aires, 1962; Emilio ROMERO, *Tragicomedia de España. Unas memorias sin contemplaciones,* Planeta, Barcelona, 1985; Federico SILVA MUÑOZ, *Memorias políticas,* Planeta, Barcelona, 1993.

Aspectos parciales de la política: Juan José del ÁGUILA, *El TOP. La represión de la libertad,* Planeta, Barcelona, 2001; José Ignacio CRUZ, *El yunque azul. Frente de Juventudes y sistema educativo. Razones de un fracaso*, Alianza, Madrid, 2001; Luis Fernando CRESPO, *Las reformas de la Administración española (1957-1967),* Centro de Estudios Políticos y Constitucionales, Madrid, 2000; Francisco SEVILLANO, *Ecos de papel. La opinión de los españoles en la época de Franco,* Biblioteca Nueva, Madrid, 2000.

La oposición: Donato BARBA, *La democracia cristiana durante el franquismo,* Encuentro, Madrid, 2001; Sergio VILAR, *Protagonistas de la España democrática. La oposición a la dictadura, 1939-1959,* Éditions Sociales, París, 1969. La protesta social: José BABIANO, *Emigrantes, cronómetros y huelgas. Un estudio sobre el trabajo y los trabajadores durante el franquismo,* Siglo XXI-Fundación 1.º de Mayo, Madrid, 1995; Carmen MOLINERO y

Pere YSÀS, *Patria, pan y justicia. Nivell de vida i condicions de treball a Catalunya, 1939-1951,* La Magrana, Barcelona, 1985 y *Productores disciplinados y minorías subversivas. Clase obrera y conflictividad en la España franquista,* Siglo XXI, Madrid, 1998. Sobre Ridruejo puede consultarse su *Dionisio Ridruejo: de la Falange a la oposición,* Taurus, Madrid, 1976. Acerca del partido socialista: Abdón MATEOS, *El PSOE contra Franco. Continuidad y renovación del socialismo español, 1953-1974,* Editorial Pablo Iglesias, Madrid, 1993; Raúl MORODO, *Tierno Galván y otros precursores políticos,* El País, Madrid, 1987; Enrique TIERNO GALVÁN, *Cabos sueltos,* Bruguera, Barcelona, 1981; César ALONSO DE LOS RÍOS, *La verdad sobre Tierno Galván,* Anaya y Mario Muchnik, Madrid, 1997. Acerca del PCE: Fernando CLAUDÍN, *Documentos de una divergencia comunista*, Iniciativas Editoriales, Barcelona, 1978; David RUIZ, *Historia de las Comisiones Obreras (1958-1988),* Siglo XXI, Madrid, 1993. Sobre la revuelta estudiantil de 1956: *Jaraneros y alborotadores. Documentos sobre los sucesos estudiantiles...,* Universidad Complutense, Madrid, 1982. «El "contubernio" de Múnich», Joaquín SATRÚSTEGUI *et al., Cuando la transición se hizo posible. El «contubernio» de Múnich,* Tecnos, Madrid, 1993. Sobre los anarquistas: Ángel HERRERÍN, *La CNT durante el franquismo,* Siglo XXI, Madrid, 2004. Sobre Cataluña: Josep M. COLOMER, *Els estudiants de Barcelona sota el franquisme,* Curial, Barcelona, 1978, y *Espanyolisme i catalanisme. La idea de nació en el pensament polític catalá (1939-1979),* L'Avenç, Barcelona, 1984; Hank JOHNSTON, *Tales of nationalism,* Rutgers University Press, 1991; *El President Tarradellas en els seus textos, 1954-1988,* Empúries, Barcelona, 1992. Otros: Donato BARBA, *La democracia cristiana durante el franquismo,* Encuentro, Madrid, 2002; José Antonio GARCÍA ALCALÁ, *Historia del FLP. De Julio Cerón a la Liga Comunista Revolucionaria,* Centro de Estudios Políticos y Constitucionales, Madrid, 2001.

En política exterior, para la relación con Estados Unidos véase, aparte de los textos ya mencionados: María Jesús CAVA MESA, *Los diplomáticos de Franco. J. F. de Lequerica. Temple y tenacidad (1890-1966),* Universidad de Deusto, Bilbao, 1989; Ángel VIÑAS, *En las garras del águila. Los pactos con los Estados Unidos de Francisco Franco a Felipe González (1945-1995),* Crítica, Barcelona, 2003, y Arthur P. WHITAKER, *Spain and the defense of the West. Ally and liability,* Harper, Nueva York, 1961. Acerca de la independencia de Marruecos: Víctor MORALES LEZCANO, *El final del protectorado hispano-francés en Marruecos. El desafío del nacionalismo magrebí (1945-1962),* Instituto Egipcio de Estudios Islámicos, Madrid, 1998, y María Concepción YBARRA, *España y la descolonización del Magreb. Rivalidad hispano-francesa en Marruecos (1951-1956),* UNED, Madrid, 1998. Sobre las relaciones con Portugal: Juan Carlos JIMÉNEZ REDONDO, *El ocaso de la amistad entre las dictaduras ibéricas, 1955-1968,* UNED, Mérida, 1996. Sobre la política europea y otros organismos internacionales: María Teresa LA-

PORTE, *La política europea del régimen de Franco, 1957-1962,* EUNSA, Pamplona, 1992. Acerca de la relación con Cuba: Manuel de PAZ SÁNCHEZ, *La diplomacia española ante la revolución cubana (1957-1960)*, Centro de la Cultura Popular Canaria, Santa Cruz de Tenerife, 1997.

Acerca de la política económica en el período anterior y posterior al Plan de Estabilización: Charles W. ANDERSON, *The political economy of Modern Spain. Policy Making in an authoritarian system,* The University of Wisconsin Press, 1970; Manuel Jesús GONZÁLEZ, *La economía política del franquismo (1940-1970). Dirigismo, mercado y planificación,* Tecnos, Madrid, 1979.

Sobre la cultura en el segundo tercio del franquismo, memorias: Carlos BARRAL, *Años de penitencia,* Alianza, Madrid, 1975, y *Los años sin excusa,* Seix Barral, Barcelona 1978; J. M. CASTELLET, *Los escenarios de la memoria,* Anagrama, Barcelona, 1988; Jaime GIL DE BIEDMA, *Diario del artista seriamente enfermo,* Lumen, Barcelona, 1974; Juan GOYTISOLO, *En los reinos de Taifas,* Seix Barral, Barcelona, 1986; Manuel MILLARES, *Memorias de infancia y juventud*, IVAM, Valencia, 1998; Antonio MARTÍNEZ SARRIÓN, *Infancia y corrupciones,* Alfaguara, Madrid, 1993, y *Una juventud,* Alfaguara, Madrid, 1997; Antoni TÀPIES, *Memoria personal. Fragmento para una autobiografía,* Crítica, Barcelona, 1979.

Libros de carácter general: Jordi GRÀCIA, *Estado y cultura. El despertar de una conciencia crítica bajo el franquismo (1940-1962),* Presses Universitaires du Mirail, Toulouse, 1996; Shirley MANGINI, *Rojos y rebeldes. La cultura de la disidencia durante el franquismo,* Anthropos, Barcelona, 1987; Juan F. MARSAL, *Pensar bajo el franquismo. Intelectuales y política en la generación de los años cincuenta,* Península, Barcelona, 1979.

Aspectos literarios: Laureano BONET, *La revista «Laye». Estudio y antología,* Península, Barcelona, 1988, y *El jardín quebrado. La escuela de Barcelona y la cultura del medio siglo,* Península, Barcelona 1994; José Luis CANO, *Poesía española contemporánea. Las generaciones de la posguerra,* Guadarrama, Madrid, 1974; Víctor GARCÍA DE LA CONCHA, *La poesía española de la posguerra. Teoría e historia de sus movimientos,* Prensa Española, Madrid, 1973; *España, vanguardia artística y realidad social: 1936-1976,* Gustavo Gili, Barcelona, 1979; Román GUBERN, *La censura: función política y ordenamiento jurídico bajo el franquismo (1936-1975),* Península, Barcelona, 1981; Alfonso LÓPEZ QUINTAS, *Filosofía española contemporánea,* BAC, Madrid, 1970; Fernando MÉNDEZ LEITE, *Historia del cine español,* Rialp, Madrid, 1965; Thomas MERMALL, *La retórica del humanismo. La cultura española después de Ortega,* Taurus, Madrid, 1978; Santos SANZ VILLANUEVA, *Historia de la literatura española. Literatura actual,* Ariel, Barcelona, 1984.

Intelectuales: Josep M. MUÑOZ I LLORET, *Jaume Vicens i Vives. Una biografia intel·lectual,* Edicions 62, Barcelona, 1997; Enric PUJOL, *Ferran Soldevila. Els fonaments de la historiografia catalana,* Affers, Barcelona-Catarroja, 1995; Javier TUSELL y Gonzalo ÁLVAREZ CHILLIDA, *Pemán. Un trayecto intelectual desde la extrema derecha a la democracia,* Planeta, Barcelona, 1998; Javier VARELA, *La novela de España. Los intelectuales y el problema español,* Taurus, Madrid, 1999.

Aspectos de las artes plásticas: «Artistas españoles de París en Praga, *1946*», exposición celebrada en 1993-1994 en la Sala de Exposiciones Casa del Monte de Madrid; Lourdes CIRLOT, *El grupo* Dau al Set, Cátedra, Madrid, 1986; «Exposición Antológica de la Escuela de Madrid», exposición celebrada en Caja Madrid, Madrid, mayo-julio de 1990; «Equipo 57», exposición celebrada en el Centro de Arte Reina Sofía, Madrid, 1993; «El grupo de Cuenca», exposición celebrada en la Casa de Alhajas de Caja Madrid 1997; Víctor NIETO, *Lucio Muñoz,* Lerner y Lerner, Madrid, 1990; *Pintura española de vanguardia (1950-1990),* Fundación Argentaria-Visor, Madrid, 1998; «Grupo Pórtico, 1947-1952», exposición organizada por el Gobierno de Aragón y el Ministerio de Cultura en 1993-1994; «Del surrealismo al informalismo. Arte de los años cincuenta en Madrid», exposición organizada por la Comunidad de Madrid en 1991; «Tomás Seral y Casas. Un galerista de la posguerra», exposición organizada en el Centro Cultural Conde Duque, Madrid, 1993; Laurence TOUSSAINT, El Paso *y el arte abstracto en España,* Cátedra, Madrid, 1983; Gabriel UREÑA, *Las vanguardias artísticas en la posguerra española, 1940-1969,* Istmo, Madrid, 1982.

Historia de la Iglesia: Jesús IRIBARREN, *Papeles y memorias. Medio siglo de relaciones Iglesia-Estado en España, 1936-1986,* BAC, Madrid, 1992; Antonio MURCIA, *Obreros y obispos en el franquismo,* Ediciones HOAC, Madrid, 1995.

Sobre el ocio: Jesús GARCÍA JIMÉNEZ, *Radiotelevisión y política cultural en el franquismo,* CSIC, Madrid, 1980; C. F. HEREDERO, *Las huellas del tiempo. Cine español 1951-1961,* Generalitat valenciana-Ministerio de Cultura, 1993; Jesús ORDOVÁS, *Historia de la música «pop» española,* Alianza, Madrid, 1987; Duncan SHAW, *Fútbol y franquismo,* Alianza, Madrid, 1987; Manuel VÁZQUEZ MONTALBÁN, *Crónica sentimental de España,* Espasa Calpe, Madrid, 1986.

Capítulo 3

DESARROLLO ECONÓMICO, APERTURA Y TARDOFRANQUISMO (1966-1975)

Los rasgos que caracterizan la última década del régimen franquista están relacionados con la persona de Franco. En otros momentos, éste se encontraba en plenitud de sus facultades físicas o bien la vida de su régimen se centraba en aspectos que no requerían su intervención. Su protagonismo no necesitaba ser muy relevante, por ejemplo, en cuestiones económicas. Ahora, en cambio, en la segunda mitad de los años sesenta, las incertidumbres de la política interior se convirtieron en la más importante cuestión de la vida del régimen.

El crecimiento económico, que se mantuvo en todos estos años, había empezado ya a modificar el autoritarismo de la sociedad española. Resultó en estos momentos, por tanto, no sólo un arma de propaganda del régimen, sino también una causa de conflictividad. Ésta, además, se veía multiplicada por la transformación social, muy importante a partir de los años centrales de los sesenta y cuyo resultado no fue tan sólo una democratización social, sino también la adopción de unas actitudes culturales distintas. Por estos años, por ejemplo, se inició una auténtica alineación del mundo cultural e intelectual contra el régimen y éste fue, en buena medida, consciente de esa situación.

Pero la capacidad de reacción de quienes estaban al frente de los destinos políticos del régimen quedó reducida al mínimo. Esto resulta especialmente evidente en el caso del propio Franco, que pudo sentir cómo se derrumbaban concepciones muy arraigadas en él, mientras su capacidad para el arbitraje de la coalición de derechas que presidía iba flaqueando. La sensación predominante que produce el Franco de los diez últimos años de su vida es la de un gobernante que experimenta un creciente desconcierto ante una realidad que ya no le resulta fácil de captar y de dirigir.

El estudioso de la última década del franquismo no puede desprenderse de una sensación de patetismo ante un régimen agonizante, de espaldas a la sociedad. Franco no era ya el caudillo vencedor en una guerra civil, sino un anciano capaz de resucitar la dureza represiva de forma periódica, pero también grotescamente alejado de los españoles. Antes de la crisis de octubre de 1969 le dijo a Fraga: «Llevo tantos años aquí, entre estos muros [los de El Pardo], que ya no conozco a nadie». Más patética resulta todavía la lectura de las notas íntimas que escribió en torno al desvío de la Iglesia: «¿Qué saben los del Concilio sobre España?», se preguntaba en 1968. Con el paso del tiempo todavía se mostró más perplejo y dolido por lo que sucedía, que calificó como toda una «puñalada por la espalda», y pensó, «ante la responsabilidad histórica», en acudir al Papa. Hierático y silencioso, presidió unos consejos de ministros en los que sus miembros eran, cada vez en mayor proporción, técnicos más que políticos y las disputas de importancia revestían una creciente aspereza. Sus opiniones se hicieron defensivas y, a menudo, difícilmente interpretables. Quienes acudían a él solían encontrarse con una voluntad titubeante, un carácter reblandecido por el peso de los años y dominado por la incertidumbre. En ocasiones simplemente no estaba: las dos veces que recibió a Kissinger, se durmió. Siempre había sido una «esfinge sin secreto», en el sentido de que su carácter y su persona eran mucho más simples que las disquisiciones que pretendían interpretarlos. Ahora era una esfinge «a secas», porque cada vez emitía menos señales. Fue la decadencia física de Franco la que obligó a la institucionalización, pero ésta resultó inviable porque el régimen era una dictadura personal, y porque la creación de un marco institucional condenaba a una mayor conflictividad interna. Martín Villa señala en sus memorias que la sociedad española marchaba al margen de la política oficial y ésta carecía de la menor sombra de legitimidad moral para imponerse. Enfrente tenía una oposición cada vez más activa, aunque no por ello capaz de llegar a ser un peligro inmediato. Lo más positivo de una situación como la descrita, que corresponde sobre todo a los años posteriores a 1973, es que constituyó el preámbulo, quizá imprescindible, para que luego pudiera tener lugar una transición en paz.

Los acontecimientos confirmaron que el régimen era incapaz de evolucionar. Pero hasta 1969, esta realidad no fue tan obvia a ojos de la mayoría de los españoles. En esta misma fecha, el franquismo todavía conservaba parte del consenso que había heredado de los cincuenta. Otra cosa es que, durante los setenta, en gran medida se desvaneciera. En sus propios éxitos llevaba el germen de su propia destrucción.

El desarrollo económico en los sesenta y setenta

El crecimiento español fue parecido al italiano, francés o alemán, aunque más tardío: muy fuerte, casi explosivo al principio, más sincopado después. Fue el resultado de un mejor empleo de los factores y de un incremento de la productividad como consecuencia de la utilización de tecnología nueva, de una energía barata —el consumo de electricidad se triplicó en 1960-1975 en España— y de una mano de obra subempleada hasta el momento. También debe encontrarse su origen el «afán desmedido de superación económica» que percibieron las autoridades políticas en las clases populares.

Para entender la profundísima transformación que se produjo en la sociedad española durante toda una década, resulta preciso referirse a la renta. De ella principalmente derivaron los tres grandes motores del desarrollo. Estos tres motores fueron el turismo, las inversiones extranjeras y la emigración de mano de obra, sobre todo a Europa.

En primer lugar, hay que aludir al relevante papel del turismo, convertido en un plazo muy corto en primera industria nacional. Tan fundamental se consideró la llamada «revolución del turismo» que no faltó quien, en el momento de mayor crecimiento, llegó a la conclusión de que España podía importar indefinidamente y sin preocupación. De 1966 a 1970, el número de turistas creció desde algo más de 17 a 24 millones, cuando en 1961 era sólo un poco superior a los siete. Algo más de la mitad de turistas procedían del primer Mercado Común. Hubo en 1966 casi nueve millones de franceses y casi dos millones de alemanes, mientras el número de británicos superaba los dos millones y medio. El turismo resultó fundamental para la balanza de pagos española, porque logró equilibrar una balanza comercial deficitaria. En la fase inicial del desarrollo industrial español su papel fue decisivo, pues el saldo turístico se triplicó en tan sólo el período 1960-1966. El turismo fue —lo sigue siendo— primordialmente estival, de clase media y dirigido a zonas ya desarrolladas, y contribuyó a crear, más que una industrialización, una «terciarización» de la sociedad española. No cabe duda, en fin, de que una parte de la transformación de los hábitos culturales y las formas de vida de los españoles se debió al contacto con el mundo exterior.

Respecto a las inversiones extranjeras, la política gubernamental tuvo una función determinante. En el período 1956-1958 las inversiones extranjeras sólo supusieron unos tres millones de dólares. A partir de 1959 las inversiones inferiores al cincuenta por 100 del capital se vieron liberalizadas, pero en las inversiones superiores al cincuenta por 100 se requería la aprobación gubernamental. Se ha calculado que entre 1959 y 1974 España recibió inversiones de capital extranjero por un monto aproximado de unos 6.000 millones de dólares. La procedencia de estos capitales fue principalmente norteamericana (cuarenta por 100), suiza (veinte por 100), alemana (once por 100), francesa (seis por 100) y británica (cinco por 100). La inversión se dirigió sobre todo a la industria química (quizá el 25 por 100), pero también al comercio y la alimentación. Lo que atrajo al capital europeo fue la existencia de una mano de obra barata y un mercado en expansión. Hubiera sido inconcebible la industrialización española sin ese apoyo, que tal vez supuso el veinte por 100 de la inversión industrial.

En tercer lugar, otro motor de la economía española, también derivado de la renta de situación, fue la exportación de mano de obra a Europa. A diferencia de lo que sucedió en otros países, como Portugal, el Estado español no sólo no desalentó la emigración, sino que además siguió una política consistente en encauzarla. El propio Franco aseguró en privado que él no podía evitar que los españoles buscaran un porvenir mejor fuera de España. El número anual de emigrantes durante la década de los sesenta fue, con la única excepción de 1967-1968, siempre superior a los 100.000 y algunos años, como 1964, rozó los 200.000. Entre 1960 y 1973 hubo un millón de salidas netas, de las que el 93 por 100 tenían como destino Europa. Se ha calculado que, algunos años, las remesas de los emigrantes españoles supusieron para el país ingresos dobles que la exportación de cítricos. Desde el punto de vista estrictamente económico, la emigración tuvo unas consecuencias positivas, pues propició una capitalización y una mejora de la formación profesional e incluso provocó un importante incremento de los salarios en el medio rural.

Sólo después de hacer alusión a estos tres motores fundamentales es posible referirse a la realidad generada. El crecimiento experimentado por España tuvo como protagonista a la industria, pero mientras se producía tuvo lugar una profunda transformación de la agricultura que debe ser mencionada aquí. A lo sucedido en este período cabe definirlo como la crisis de la agricultura tradicional.

Para explicar este proceso es preciso remontarse a las disposiciones tomadas en materias agrícolas durante los años cincuenta. Ante todo resulta necesario recordar que estos años fueron los de aplicación de los programas de colonización (se pusieron en marcha los planes Badajoz y Jaén). A comienzos de los años setenta se podía decir que en España, el Estado financiaba transformaciones muy lentas del medio físico, mientras que, en cambio, no existía la misma preocupación por la productividad agraria. Esta sensación puede confirmarse por la mínima real efectividad de las medidas agrarias. La primera Ley de Concentración Parcelaria fue aprobada con carácter provisional en 1952 y, definitivamente, en julio de 1955; en febrero de 1953 se creó el Servicio Nacional de Concentración Parcelaria, que debía aplicar estas medidas. El objetivo era combatir el minifundio: todavía en los años setenta, la mitad de las explotaciones agrarias gallegas eran inferiores a veinte hectáreas. Desde 1953 a 1968, es decir, en el espacio de tiempo correspondiente a media generación, se decretó la concentración de sólo algo más de cinco millones de hectáreas. Al ritmo medio se podía calcular que tardaría treinta años en producirse la transformación que necesitaba la agricultura española. De diciembre de 1953 data la primera disposición acerca de fincas manifiestamente mejorables, pero la propia renovación de este género de disposiciones (en 1971 se aprobó otra ley) demuestra la escasa efectividad de lo aprobado. A finales de la década de los sesenta, en lo que respecta a agricultura España todavía recordaba a algunos países del tercer mundo: el producto agrario era el 17 por 100 del total.

Pero si no hubo cambios importantes originados por disposiciones gubernamentales, en cambio, puede decirse que las propias circunstancias demográficas indujeron a una transformación. Mayor trascendencia que cualquier otra disposición tuvo, para el campo español, el hecho de que el gobierno facilitara la emigración. La pérdida en el medio agrario de un millón de personas activas, que se dirigieron al extranjero, y de quizá cuatro veces más que pasaron a vivir en ciudades de más de 100.000 habitantes tuvo consecuencias inmediatas sobre los salarios. Se ha calculado que, mientras en el período 1950-1972 los precios subieron del índice 651 al 1.465, los salarios rurales pasaron del 424 al 5.030. Se debe tener en cuenta que este ascenso de los salarios afectó tanto a los jornaleros como a los pequeños propietarios. En consecuencia, las propiedades más pequeñas y menos rentables desde el punto de vista económico tendieron a desaparecer. A partir de los años cincuenta lo hicieron las menores de seis hectáreas y en los años sesenta las inferiores a cincuenta; entre 1962 y 1972 desaparecieron del orden de medio millón de fincas.

Fue, por tanto, este factor el que impulsó la modernización de la agricultura española. El latifundismo seguía siendo una realidad, pero no lo era la presentación del mismo como un fenómeno de explotación irracional. Por el contrario, la carestía de la mano de obra había introducido una mentalidad rentabilista y modernizadora que, por otro lado, era habitual en la agricultura española ya antes. En los años setenta, el papel de la agricultura en el conjunto de la economía española fue disminuyendo, incluso en las exportaciones. Pero sólo en 1973, la agricultura española empezó a responder a las verdaderas demandas del mercado interno. A finales del franquismo, aunque España estaba por debajo de la mayor parte de los países europeos en lo que respecta al empleo de maquinaria agrícola y abonos, había conseguido duplicar el rendimiento por hectárea del maíz, mientras que el de la cebada y el trigo habían aumentado un sesenta por 100. En el mismo período cuadruplicó la producción de carne por habitante y duplicó la de huevos. Por vez primera en la historia de España, a la altura de los años setenta toda una generación desconocía la existencia de ese protagonista habitual del pasado: el hambre.

No obstante, el crecimiento económico español de los años sesenta y setenta fue, sobre todo, industrial. A lo largo de los años sesenta, la planificación indicativa fue presentada por la propaganda oficial como la causante del desarrollo español. La realidad es que el papel de la planificación fue mucho menor del que entonces se dijo. De acuerdo con esta interpretación, el papel de la política económica fue grande en el período de la estabilización. En ese momento, los rectores de la vida económica estuvieron asesorados por un eficiente núcleo de economistas entre los cuales figuraban, por ejemplo, Sardá o Fuentes Quintana. Las medidas tomadas en 1959 fueron aceptadas porque eran inevitables y porque obtuvieron éxito a corto plazo pero, ya en 1962, el informe del Banco Mundial despertó muchas mayores resistencias en un sistema político.

En una fecha imprecisa, en torno a 1964-1965, el programa liberalizador habría entrado en crisis. Uno de aquellos especialistas, Fuentes Quintana, pudo escribir que el desarrollo español se debió en realidad a la estabilización y fue frenado por los planes. Lejos de ser una salvación mágica, los planes fueron simplemente una fórmula de previsión imperfecta, potenciada por la importación de modelos europeos. No fueron, en realidad, obra de economistas y con ellos, a través de una reintroducción del intervencionismo estatal, se volvió pronto a una economía intervenida.

La relativización del papel de los Planes de Desarrollo en el crecimiento económico español se basa, pues, en sólidos argumentos. Para muchos, se trataba tan sólo de «simples proyecciones o previsiones más o menos falibles de acontecimientos que de otra manera se hubieran producido también». Quizá la mejor prueba de ello sea la anécdota de que al primero de los planes se le añadió en el título el calificativo de «social», para responder a las quejas falangistas, pero sin modificar siquiera una coma. Llama la atención, en esas previsiones gubernamentales, los numerosos aspectos que simplemente no fueron tenidos en cuenta. No se previó el desarrollo turístico, ni se imaginaron los movimientos migratorios, que ya en el primer plan fueron cuatro veces más importantes de lo que se había pensado. Además, la planificación, paradójicamente, resultó ser más obligatoria para el sector privado que para el público, pues éste no fue capaz de controlar el gasto. Por si fuera poco, la real ausencia de planificación tendió a empeorar con el transcurso del tiempo. El último plan de desarrollo fue el menos cumplido, y en varios apartados llegó a desviaciones superiores al cincuenta por 100. Muchas de las magnitudes económicas esenciales no fueron tenidas en cuenta o siguieron rumbos erráticos que no dependían de lo pensado por los formuladores del plan. Los precios, por ejemplo, que de acuerdo con el segundo plan debieran haber crecido un doce por 100, lo hicieron un veinte. Quizá lo único fundamental de los Planes de Desarrollo fue hacer mostrar a los españoles la importancia de la política económica o de la economía en general.

El intervencionismo examen de la política industrial evidencia que los propósitos liberalizadores de 1959 distaron mucho de cumplirse a partir de 1964. Asuntos como el escándalo MATESA revelan que en una economía como la española lo esencial para los buenos negocios no era la innovación tecnológica o la imaginación empresarial, sino que una empresa estuviera «bien situada» en los medios oficiales. El caso de esta empresa demuestra, además, que resultaba casi imprescindible saltarse el estrecho corsé intervencionista.

El ya existente, como herencia de la etapa anterior, tardó mucho en ser desmontado: sólo en 1967 desaparecieron los requisitos relativos a la autorización gubernamental para la instalación de una industria. Ya no hubo empresas de interés nacional, pero sí, en cambio, otras que eran consideradas de «interés preferencial». Ésta sólo fue, sin embargo, una de las muchas —hasta nueve— maneras principales de favorecer a determinadas empresas. En este sentido merece la pena referirse, sobre todo, a la llamada «acción concertada», gracias a la cual, por medio de bajos intereses y exenciones fiscales, podía llegar a financiarse hasta el setenta por 100 de una fábrica a cambio de alcanzar un determinado volumen de producción. Otra forma habitual de intervención del Estado en el campo industrial consistió en la creación de polos de desarrollo. De esta manera, se puede decir que la política industrial seguida, más que de mercado, fue «privatista». El Banco Mundial había pedido que el Estado no entrara en ningún campo económico en que la iniciativa privada tuviera proyectos, pero ahora todos dependieron de la benevolencia estatal. No puede extrañar que el responsable principal de la política industrial, López Bravo, haya podido ser descrito más como un verdadero empresario de la industria nacional que como el creador de un marco óptimo para ésta.

Tampoco con el INI hubo una política clara. En 1959 fue obligado a financiarse a través de las Cajas de Ahorro, lo que indignó a quienes lo dirigían, pero hasta 1963 permaneció a su frente Suances. Ya en 1960 sus relaciones con Franco eran malas y, aunque cuando cesó se le agradecieron los «extraordinarios servicios prestados» y recibió el título de marqués, nunca perdonó haber dejado de ser el principal asesor de Franco en materias económicas. Desde 1968, el INI dependió directamente del Ministerio de Industria. Para López Bravo, el INI debía tener una función subsidiaria respecto de la empresa privada y lanzarse a terrenos donde ésta no actuara y, al mismo tiempo, servir de hospital de empresas en dificultades. Con estos criterios no sorprende que el INI siguiera adquiriendo nuevos compromisos y que, sobre todo, recayeran sobre sus espaldas empresas de difícil solvencia. Después de gastarse el Estado ingentes cantidades en tratar de reestructurar la siderurgia mediante la acción concertada, hubo de aceptar la creación de ENSIDESA, empresa del INI que competía con otra de carácter privado en la que el propio *holding* estatal tenía intereses. Sólo a partir de 1970 empezó el INI, manteniendo su actividad incluso en nuevos campos (astilleros, gas...), a guiarse por unos criterios que tuvieran en cuenta la rentabilidad.

Incluso con estas limitaciones, resulta absolutamente espectacular el crecimiento del producto industrial español. El crecimiento del producto industrial fue verdaderamente impresionante: un 160 por 100 en 1963-1972; desde 1960 hasta 1973, la industria española multiplicó su producción por tres y medio. En un período corto las industrias más florecientes fueron las químicas, papeleras y metal-mecánicas, como el automóvil. No sólo aumentó la producción, sino también la productividad, que se duplicó en 1961-1970, avanzando a un ritmo anual que era el doble del alemán y más del doble del británico. Las razones que permiten explicar este desbordante desarrollo industrial residen, principalmente, en la existencia de un mercado interior capaz de una demanda grande. En el período 1960-1972, la importación de bienes de equipo creció a un ritmo anual del veinte por 100, mientras que la exportación de productos manufacturados en un período similar fue creciendo al catorce por 100.

La misma rapidez del crecimiento industrial español tuvo también sus inconvenientes, puesto que supuso la localización industrial en una porción reducida de España. A mediados de los setenta, el 49 por 100 de la industria española estaba situada en Madrid, el País Vasco o Cataluña y, con la excepción de la siderurgia, la última región tenía un claro predominio en las restantes ramas industriales. Por esa época, Marías escribió que España no era un país subdesarrollado, sino «mal desarrollado», afirmación que parece cierta si tenemos en cuenta principalmente la destrucción del paísaje natural y el tipo de urbanismo de esos años.

También en el sector exterior se produjo una importante evolución positiva a lo largo de los años posteriores al Plan de Estabilización. Si tenemos en cuenta tan sólo las exportaciones, se puede decir que en el período 1960-1975 se multiplicaron por diez; el ritmo anual de crecimiento fue especialmente fuerte en el período 1967-1973. Es significativo también el hecho de que cambiara sustancialmente la composición de la exportación española. La agrícola se redujo a un tercio en el período 1961-1975, mientras que crecía mucho la de bienes intermedios, bienes de capital y bienes de consumo. En suma, aunque al final del régimen de Franco el papel del turismo y de las remesas de los emigrantes seguía siendo fundamental para equilibrar la balanza comercial, se había roto con la imagen habitual de España como país exportador de cítricos. También exportaba, por ejemplo, buques (en 1971 era el cuarto productor mundial) y máquinas-herramienta.

Aun así, los especialistas han descrito la apertura comercial española como «limitada y contradictoria». En 1963, el comercio libre era ya del 63 por 100 y en 1967 del 75 por 100, pero en 1974 sólo llegaba al ochenta por 100. Las medidas arancelarias protegieron el mercado español, pero hubo también otros procedimientos con parecidos efectos. Las desgravaciones fiscales a la exportación crecieron de tal manera que si en 1961 beneficiaban al tres por 100 de la exportación, en

1975 lo hacían hasta al trece por 100. Aunque creciera, el comercio exterior español no alcanzó el volumen de desarrollo que podría haber conseguido. El comercio exterior español representaba sólo el nueve por 100 del PIB, cuando en la mayor parte de los países del Mercado Común resultaba, al menos, el doble. Un tercio de su comercio se llevaba a cabo con la Comunidad. Sólo en el verano de 1970 se llegó a un tratado no de adhesión, imposible mientras no se dieran las condiciones políticas requeridas, sino de asociación.

En su conjunto, el crecimiento económico español a partir de 1959 fue espectacular. España figuró en los años sesenta y setenta como uno de los cinco países del mundo con mejores resultados económicos. En 1966-1971 la tasa anual de crecimiento fue de sólo el 5, 5 por 100, pero si tomamos un período algo más largo, como 1960-1975, la tasa anual se sitúa en algo más del siete por 100, la cifra más alta de Europa y una de las más altas del mundo, por detrás de Japón e Irán. En los años setenta, España era ya el décimo o el undécimo país industrializado del mundo. Se había producido la verdadera y auténtica revolución española, mucho más significativa e irreversible que la que tuvo lugar durante la guerra civil. La paradoja del caso es que, como ya se ha visto, la revolución no había sido prevista por los responsables del poder político ni, sobre todo, se realizó de la manera en que ellos habían pensado.

El cambio había sido en buena parte espontáneo, engendraba nuevos problemas y estaba sujeto a interrogantes. La espontaneidad del desarrollo hacía que en un futuro se tuvieran que replantear las bases del mismo. La industria seguía en exceso protegida ante el exterior e intervenida en el interior. Lo malo no era que la industria de propiedad pública tuviera una dimensión excesiva (en el Mercado Común casi se duplicaban las cifras españolas), sino que cuatro de cada diez pesetas del crédito estaban predeterminadas por el intervencionismo estatal. La agricultura tenía problemas de modernización y de competitividad. El Estado español era impotente porque carecía de los mecanismos fiscales necesarios. A fines de la época franquista, drenaba algo más del trece por 100 del PNB, cuando en Japón se llegaba al quince por 100 y en Francia al 22 por 100. Sólo entre 1958 y 1965 hubo superávit fiscal. Además se trataba de un sistema muy regresivo, en que el Impuesto sobre la Renta representaba una cantidad muy pequeña, mientras que en los Países Bajos suponía ya el cincuenta por 100. Como consecuencia de ello, las infraestructuras españolas también dejaban mucho que desear. En definitiva, el Estado tenía, a la vez, una cabeza intervencionista de león y una cola fiscal y presupuestaria de ratón. La apariencia lustrosa del desarrollo económico español en esta época debe compatibilizarse con la «aluminosis» real de buena parte de las vigas del edificio construido.

Finalmente, es preciso tener muy en cuenta que el desarrollo español había estado periódicamente afectado por problemas con los precios. Desde la guerra civil, la peseta fue devaluada ocho veces y en el período 1963-1970 se pasó del índice de precios 100 al 151. El crecimiento medio anual de los precios en España, durante la época más caracterizada del desarrollo, fue del siete por 100, mientras que en Europa solía estar por debajo de la mitad. En 1964, el gobierno debió imponer una política deflacionista, pero en 1967 recurrió de nuevo a políticas de sentido contrario. Más grave aún era para el régimen político que hubiera engendrado una sociedad en que él mismo perdía su sentido.

La modernización de la sociedad española

Al mismo tiempo que se producía el crecimiento económico, tenía lugar una profunda transformación de la sociedad española que habría de tener repercusión política. Si la España de los años cincuenta tenía no pocos rasgos que la asemejaban a los países hispanoamericanos y estaba por detrás de ellos en no pocos índices de desarrollo económico y social, la de la etapa final del régimen franquista era ya un país europeo.

Desde el censo de 1960 al de 1970, el número de españoles creció de 30 a más de 33 millones. El primer aspecto en que pudo apreciarse de forma manifiesta la modernización de la sociedad española fue en la propia demografía. El cambio en la mortalidad se produjo en la década de los cincuenta, en que los índices españoles se asimilaron a los de otros países europeos, como Francia e Italia. En cambio, la disminución de la natalidad fue posterior: sólo en la fase final de la era de Franco descendió de un 21 a un 18 por 1.000. Los factores que indujeron a ella fueron el matrimonio tardío y la restricción de la natalidad, que sólo se generalizaría hasta llegar a una equivalencia con el resto de los países europeos después de la transición. El crecimiento vegetativo español fue, por el momento, muy fuerte, oscilando entre el doce y el diez por 1.000 en esta fase. El envejecimiento de la población, característico de las sociedades europeas, fue, en el caso español, un fenómeno tardío.

También se produjeron cambios importantes debidos a las migraciones internas. En la década de los sesenta cuatro millones de españoles cambiaron de residencia. El gran fenómeno migratorio consistió en el traslado de campesinos o jornaleros a los núcleos urbanos en los que había más posibilidades de trabajo y también una forma de vida diferente. En consecuencia, el resultado fue la urbanización de la población española. El número de españoles residentes en poblaciones de más de 20.000 habitantes pasó del 40 al 54 por 100, aunque en países europeos como Alemania era del orden del 80 por 100. En 1970, año del último censo de la era de Franco, sólo el 33 por 100 de la población residía en poblaciones de menos de 10.000 habitantes. Se había producido, por tanto, un proceso ingente de urbanización.

Hubo también una redistribución importante de la población, que tendió a situarse hacia la periferia, en vez de hacia el centro, y a incorporarse a nuevos ejes poblacionales. A comienzos de siglo el peso demográfico del centro todavía era superior al de la periferia, pero esa situación había cambiado ya en 1970, en que el centro representaba el 44 por 100, y la periferia, el 56 por 100 del total. Los núcleos receptores de la migración interna fueron el centro madrileño, las costas, en especial el País Vasco y Cataluña, los valles en contacto con Francia y todo el eje del Ebro. Luego, durante los años setenta, prosiguió la emigración hacia Madrid y Levante, pero no tanto hacia Cataluña y el País Vasco. Había reaparecido en la historia española un factor muy característico de nuestro pasado: la existencia de una dualidad, no sólo demográfica sino también social y cultural. Al lado de la España del desarrollo, hacinada en los suburbios de las zonas industriales, hubo otra España despoblada, una especie de Lusitania interior desertizada y condenada al subdesarrollo.

Los cambios acontecidos en la sociedad española fueron, además de demográficos o migratorios, también ocupacionales. A este respecto, lo primero que cabe señalar es el carácter meteórico, en el espacio de sólo una generación, que supuso una transformación de mayor envergadura que la acontecida en nada menos que un siglo. En tan sólo el período intercensal 1960-1970, la población rural pasó del 42 al 25 por 100 del total, un cambio semejante al producido a lo largo de los sesenta años anteriores. Cercana ya la muerte de Franco, la población activa española ofrecía un perfil moderno, y aunque el papel del mundo agrícola seguía siendo excesivo en comparación con otras latitudes (22 por 100), ya el sector de los servicios ocupaba al 40 por 100 de la población activa, mientras que a la industria se dedicaba el 38 por 100. La población activa creció desde el 34 al 38 por 100 y, además, a ella se incorporó la femenina, que alcanzó el 24 por 100, una cifra ya importante, aunque muy lejana del resto de Europa. El trabajo cotidiano y la voluntad de mejora personal y familiar de los españoles se demuestran con sólo tener en cuenta que las jornadas de diez horas no eran nada excepcionales y que uno de cada cinco trabajadores madrileños estaba pluriempleado a comienzos de los años setenta. La generación protagonista del desarrollo fue, ante todo, una generación trabajadora.

Hubo mucho más crecimiento que redistribución, pero los datos relativos a la renta per cápita y al consumo revelan que la mayor parte de la población se vio beneficiada por la evolución económica. No podía suceder de otra manera cuando en el período 1964-1972 el salario industrial experimentó un incremento del 287 por 100, mientras que el coste de la vida solo creció un setenta por 100. La renta individual española se situaba en 1960 alrededor de los trescientos dólares, en 1964 en 500 y en 1973 llegó a los dos mil dólares, una cifra alcanzada por Japón tan sólo cuatro años antes. Siendo espectaculares estas cifras, es preciso compararlas con las de otras naciones: en 1967, por ejemplo, la renta per cápita española era superior en un cincuenta por 100 a la portuguesa, pero sólo dos tercios de la italiana.

En el consumo es, sin duda, donde mejor se aprecia el cambio experimentado por la sociedad española como consecuencia del crecimiento. El despegue del consumo se inició entre 1962 y 1966, pero se generalizó en la segunda mitad de los años sesenta y comienzos de los setenta. En la primera etapa, por ejemplo, se multiplicó por dos el número de automóviles por habitante, creció un cincuenta por 100 el de teléfonos y algo menos el número de kilos de carne consumida por habitante. Las cifras resultaron más llamativas en el período 1966-1974, en que se produjo un incremento espectacular en la producción de determinados bienes. España pasó de producir unos 250.000 automóviles a 700.000, de 570 a 730.000 televisores, de unos 300.000 a más de 1.000.000 de frigoríficos y de unas 400.000 lavadoras a más del doble. En el momento de la muerte de Franco, determinados bienes de equipamiento de los hogares se habían generalizado. Si en 1968 el porcentaje de hogares con frigorífico, televisor y lavadora rondaba el cuarenta por 100, en 1975 se acercaba al ochenta por 100 en algunos de estos bienes y por lo menos el sesenta por 100 de los hogares tenían el resto. El bienestar también se percibía en la disminución del porcentaje destinado a la alimentación en los presupuestos familiares, que si era del 55 por 100 al principio del período luego descendió a tan sólo 38 por 100.

Un examen de la estratificación social permite revelar quiénes fueron los grandes beneficiados y los marginados de este proceso de desarrollo. Un fenómeno de importancia decisiva es el que se refiere a la emergencia de las que fueron denominadas «nuevas clases medias», formadas por oficinistas, vendedores y técnicos de variada formación. Estas nuevas clases medias fueron protagonistas esenciales del desarrollo y de la ampliación del consumo, pero también del pluriempleo.

Ahora bien, si estas nuevas capas sociales testimoniaban la transformación de la sociedad española de la época, la desigualdad seguía caracterizando la realidad española y constituyendo un elemento diferenciador con respecto a la mayoría de los países europeos. Al final del franquismo, en torno al 1,2 por 100 de la población española poseía el 22 por 100 de la riqueza nacional, mientras que otro 52 por 100 tenía en sus manos el 21 por 100. El desarrollo económico de los sesenta fue, en efecto, un fenómeno general, pero no llegó a importantes bolsas de población. Todavía en los años setenta, el 80 por 100 de los hogares carecían de agua corriente en Orense o el 23 por 100 de los cabezas de familia eran analfabetos en Huelva. A esa «pobreza antigua» hubo que sumar ahora la nueva: la de aquellos inmigrantes a las ciudades, carentes de cualquier tipo de formación (un sociólogo los denominó «preobreros»), que vivían miserablemente en chabolas suburbiales al margen de una sociedad floreciente y consumista.

Éste era un testimonio de ese «mal desarrollo» que caracterizó a la sociedad española de la época. Pero no se trataba del único. Hubo una manifiesta incapacidad de respuesta por parte del Estado ante las demandas de la sociedad. Sólo en 1970 el primero gastó más en Educación que en Ejército (en plena guerra mundial, en 1943, el presupuesto militar había sido el 54 por 100 del total). A pesar de ello, las deficiencias de la educación española eran bien patentes, con una gran parte de la población en edad escolar que no acudía a las aulas, una educación preescolar raquítica y una universidad que, en cambio, había visto crecer el número de los alumnos (y también el de profesores, que se incrementó el 66 por 100). Algo parecido se puede decir de la vivienda, cuya demanda creció durante el primer Plan de Desarrollo un cincuenta por 100 más de lo previsto.

Claro está que el desarrollo económico no sólo produjo un cambio social de carácter cuantitativo. Hubo también cambios cualitativos en grupos sociales característicos, de los que podemos seleccionar dos. El Ejército fue adoptando una actitud crecientemente profesional a partir de 1963. Aunque los altos mandos estaban en un elevado porcentaje dominados por los diez mil alféreces provisionales que permanecieron en el Ejército tras la guerra civil, con el paso del tiempo la mentalidad de los militares jóvenes fue cambiando. Una encuesta realizada en 1975 entre los componentes de la octava promoción de oficiales salida de la Academia de Zaragoza constató que sólo el 48 por 100 de ellos no vivían pluriempleados. Además, en esa fecha más de un diez por 100 tenía un título universitario y hasta el 46 por 100 otro de nivel inferior. Más de la mitad consideraba poco apropiados los actos religioso-militares celebrados en los cuarteles. Entre la oficialidad más proclive a un catolicismo que mezclaba de manera confusa lo político y lo religioso pero que acabó siendo simplemente exigente, aparecieron las primeras tímidas muestras de discrepancia —el grupo Forja— en los años cincuenta. En España no hubo, como en Portugal, un alejamiento entre las fuerzas armadas y la dictadura, pero en los años setenta ya existía un amplio hiato entre los altos mandos y la oficialidad más joven. Al margen de la Unión Militar Democrática, de la que se tratará más adelante, cabe citar el caso de cuatro cadetes expulsados de la Academia Militar de Zaragoza en 1973 por leer revistas disidentes como *Cuadernos para el Diálogo* y *Triunfo,* tener amistad con universitarios o haber abandonado el catolicismo.

Los cambios cualitativos afectaron también a la mujer. La posguerra había supuesto una considerable marcha atrás en lo que respecta al papel social y profesional de la mujer. Ello se debió a una concepción peculiar de la mujer que la vinculaba con la reproducción y la vida familiar. «Amamos a la mujer que nos espera pasiva, dulce, detrás de una cortina, junto a sus labores y a sus rezos», decía un texto de una revista femenina de la época. Tales características quedaban atribuidas a ella de una forma especial en el caso de ser española, porque «donde la mujer se conserva más mujer es aquí». La mujer debía «echarse novio», porque de lo contrario quedaba «para vestir santos». El varón que no se casaba era porque no quería, pero la mujer que no lo hacía era porque no podía. La única salida complementaria a esta visión hogareña de la mujer era, a título excepcional, la mujer vacua, producto de la modernidad que en los cuarenta era denominada como «la niña topolino». La legislación de ayuda familiar penalizaba el trabajo femenino y, en otras ocasiones, una muy mal entendida voluntad de protección a la mujer contribuyó a alejarla del mundo del trabajo. La Sección Femenina se dedicaba de forma principal a las enseñanzas del hogar. La separación de sexos en la enseñanza alimentó una especie de mística de la masculinidad o de lo pecaminoso de los contactos entre los dos sexos.

Desde mediados de los cincuenta y, de forma más clara una década después, se empezaron a producir cambios. En 1958, una reforma del Código Civil equiparó en parte el papel del varón y la mujer en el matrimonio. A partir de mediados los años cuarenta había aparecido una generación de novelistas autobiográficas (Laforet, Martín Gaite, Rodoreda...) que daban testimonio de la reanudación de la dedicación a la literatura de la mujer universitaria. En los sesenta, María Campo Alange escribió dos libros acerca de la condición de la mujer en la sociedad de la época. Desde mediados de los sesenta, el filósofo y ensayista Aranguren pudo constatar que, frente a la virtual inexistencia de lo sexual en tiempos anteriores, ahora predominaba la desinhibición. Era la consecuencia de que se estaba iniciando también una incipiente equiparación en el trabajo profesional. En 1950, la mujer sólo representaba el quince por 100 de la población activa, mientras que al final del franquismo llegó a alcanzar el 28 por 100, aunque el porcentaje del servicio doméstico era todavía altísimo. Algunas cifras de estos años revelan, al mismo tiempo, progreso y limitaciones. Menos de la décima parte de los puestos directivos estaban en manos de mujeres y en 1969 el veinte por 100 de los asalariados públicos eran mujeres. Entre los licenciados universitarios de los años sesenta, ya el trabajo femenino era considerado como algo normal. Pero el año de la muerte de Franco el ochenta por 100 de la población opinaba que el trabajo del hogar le correspondía a la mujer.

El cambio en el catolicismo español

Los datos hasta ahora aportados son sólo una parte de los testimonios del cambio de mentalidad. La evolución de la Iglesia española, principalmente a partir de la recepción en nuestro país del Concilio Vaticano II, constituye al mismo tiempo otra prueba del cambio y un motor del mismo. Dado el enorme poder social de la Iglesia en los años cincuenta, es improbable que otra institución social pudiera haber desempeñado un papel semejante.

Para apreciar la magnitud del cambio acontecido es, sin duda, necesario remontarse a una etapa anterior. Bien entrados los años cincuenta todavía gran parte de la jerarquía y de los fieles participaba de una profunda conciencia de identidad entre España, el régimen y el catolicismo. Aurelio del Pino, obispo de Lérida, aseguraba que «lo que eleva a Franco a alturas alcanzadas por pocos en la Historia es su maravillosa labor en la transfiguración cristiana de los individuos». Especialistas en materias de catolicismo social aseguraban que «todo el cristianismo es un gigantesco sindicato vertical», y, en diciembre de 1957, hubo una propuesta para que Franco fuera nombrado cardenal parangonándolo con los emperadores Constantino y Carlomagno.

Pero, por esas mismas fechas, esas actitudes empezaban ya a convertirse en extravagantes debido a una evolución interna del propio catolicismo. Caracterizado por una estrecha vinculación al Estado, por una «insaciabilidad» que pretendía que el catolicismo español era el más puro y exigía un plus de ortodoxia para él y sus manifestaciones, intolerante y alejado de las corrientes de más allá de nuestras fronteras, el nacional-catolicismo fue también autocrítico. Quienes, en la jerarquía, expresaron durante los años cincuenta reticencias respecto al régimen partieron de posiciones muy integristas.

Pero el nacional catolicismo tenía un fondo de espontaneidad y sinceridad; por ello no podía dejar de tener muy en cuenta la realidad de la vida religiosa española. Ésta se caracterizaba por una intensa movilización a través de las asociaciones de apostolado, pero otra cosa es que existiera un sentimiento profundo, libre de ataduras con lo político, o una cultura religiosa. En no pocas ocasiones, entidades como las Hermandades Obreras de Acción Católica o la Juventud Obrera Católica, ya desde los años cuarenta, chocaron con las entidades sindicales oficiales. Por otro lado, la reivindicación de una pureza y una exigencia religiosa chocaba con la realidad de que los inmensos seminarios construidos en estos años albergaban una más que dudosa teología, reducida, en la práctica, a una moral formalista.

La autocrítica aparecida en el catolicismo español a finales de los años cincuenta estuvo centrada a veces en motivos sociales, pero se dio, sobre todo, en reductos intelectuales, laicos o no. Incluso algunos miembros de la jerarquía, como el luego cardenal Tarancón, dieron cuenta en sus enseñanzas de la disparidad entre la apariencia de un catolicismo pujante y la realidad de unas doctrinas sociales poco practicadas. Pero lo cierto es que el movimiento autocrítico tuvo un tono profesoral. En las llamadas Conversaciones Católicas de San Sebastián y Gredos, en que participaron algunos de los intelectuales más relevantes de la España del momento, desde Marías a Aranguren pasando por Laín Entralgo, el movimiento autocrítico prefiguró, de manera balbuciente, lo que luego sería el impacto del Concilio Vaticano II en España. Marías, defensor de lo que podríamos denominar «un catolicismo liberal», escribió que si este tipo de encuentros hubieran perdurado, la Iglesia española habría podido ahorrarse una gran parte de su crisis posterior. Pero quizá resultó más influyente en los medios católicos Aranguren quien, con el tiempo, pasó de una identificación con el mundo intelectual del régimen a una posición situada a la izquierda. Su libro *Catolicismo y protestantismo como formas de existencia* (1952) señaló el primer paso en esa evolución.

Esa generación intelectual tuvo una procedencia personal católica, mientras que las que le siguieron pasaron por la experiencia de un catolicismo agobiante, en especial en el mundo educativo, pero, además, impuesto en el conjunto de la vida social, lo que explica su posterior anticlericalismo. A través de este mundo intelectual autocrítico apareció la expresión de una mentalidad nueva que poco tenía que ver con, al menos, una de las funciones más importantes que el catolicismo había desempeñado respecto del régimen. En éste, el catolicismo había cumplido una función parapolítica (proporcionándole cuadros a través de una de las familias típicas de su pluralismo peculiar) o, crecientemente, una función tribunicia (siendo vehículo de reivindicaciones sociales). El catolicismo había sido, además, intelectual orgánico del sistema político y esa mentalidad renovadora entró en conflicto con él.

Al margen de este cambio de mentalidad en los medios intelectuales, es preciso constatar también que con el paso del tiempo emergió una creciente actitud disidente en los medios del catolicismo social o en aquellas sociedades caracterizadas por una fuerte identidad cultural propia. A comienzos de los sesenta, el propio Franco pensó escribir una carta al Papa quejándose de que la «urgencia revolucionaria» de los movimientos apostólicos era intolerable y de que algunos prelados vascos carecían de condiciones para regir sus diócesis. Desde 1959, la Acción Católica española había adoptado una organización fundamentada en la especialización y en el compromiso con las realidades temporales, lo que, con el paso del tiempo, de forma inevitable, le llevó a chocar con el sistema político. Así se pudo apreciar en lo que respecta al sindicalismo oficial, al que miembros de la jerarquía consideraban «un cascarón vacío de contenido». La situación se agravó cuando, en 1962, militantes de la HOAC y de la JOC participaron en las huelgas asturianas. Como consecuencia de ello los presidentes de ambas asociaciones recibieron fuertes multas, mientras que al consiliario de la segunda, futuro obispo, se le suspendieron las licencias eclesiásticas.

También a comienzos de los sesenta se produjeron signos de disidencia en los medios católicos vascos y catalanes. Ya en 1960, la protesta ante la presencia de Franco en Barcelona tuvo como principales protagonistas a personas como Jordi Pujol, procedente de esos medios y condenado a siete años de cárcel. Ese mismo año más de trescientos sacerdotes vascos redactaron un escrito de protesta que expresaba su distancia con respecto al régimen; cuatro años después, unos cuatrocientos sacerdotes catalanes hacían lo propio. En 1963, el abad de Montserrat declaró que, aunque el régimen se declarara católico, no lo era. Estas posturas, muy minoritarias en un principio, no tardaron en convertirse en algo habitual. La apariencia diaria, sin embargo, no revelaba tan grave peligro para el régimen. Todavía en 1964, cuando se celebraron los veinticinco años del régimen, fue posible editar sin resistencia el conjunto de declaraciones oficiales de la jerarquía que establecían su estrecha vinculación con el régimen. De ese mismo año data una concentración de más de un millón de personas en Madrid para rezar el rosario, ceremonia inspirada por un sacerdote norteamericano pero que muestra una propensión hacia el ceremonial barroco.

Sin embargo, fue el Concilio Vaticano II el que contribuyó en gran medida a cambiar el catolicismo español, de modo que para éste desempeñó un papel mucho más decisivo que en otras latitudes. El punto de partida predominante en la Iglesia española fue de un claro alejamiento de la sensibilidad que presidió el Concilio. A la altura de 1961, no sólo la jerarquía española estaba interesada en condenar el comunismo como «intrínsecamente perverso», sino que sus miembros, por su trayectoria personal y sus antecedentes, eran ajenos por completo a la libertad religiosa, el pluralismo y a la misma concepción de la independencia entre la Iglesia y un Estado católico. Cuando el cardenal Montini se pronunció a favor de esto último, el ministro de Asuntos Exteriores español intentó que los cuatro cardenales españoles intervinieran en su contra. Luego, Montini fue elegido papa, decisión que Franco recibió «como un jarro de agua fría».

En estas circunstancias, el papel de la Iglesia española en el desarrollo de las sesiones conciliares no puede ser calificado de brillante: apenas proporcionó el cinco por 100 de los padres conciliares, alineados casi siempre entre los más retardatarios. A un obispo español se le retiró el uso de la palabra cuando afirmaba que la libertad religiosa era «inadmisible». Otra cuestión controvertida fue, como es lógico, la del nombramiento de obispos. En muchas materias, el Concilio Vaticano II no hizo otra cosa que ratificar cuanto se había practicado durante años, pero para el catolicismo español fue una revelación, que los propios conciliares españoles aceptaron con sinceridad pero también con perplejidad. La visión de los derechos de la persona que se desprendía de los textos conciliares aprobados en relación con las instituciones políticas contrastaba con la realidad española.

Una consecuencia directa, inmediata y obligada del Concilio Vaticano II fue la aprobación de una Ley de Libertad Religiosa en el verano de 1967. Hasta esta fecha, la situación de los protestantes en España era lamentable: tenían problemas con las autoridades civiles por sus versiones de la Biblia, por sus ceremonias religiosas, que no podían ser públicas, e incluso por los edificios de culto, que debían carecer de rótulos. El proyecto original de la disposición, redactado por Castiella, el ministro de Exteriores, motivó serias reticencias por parte de Carrero Blanco y recortes del Ministerio de Justicia que aumentaron aún más al llegar a las Cortes. En adelante se permitiría el matrimonio civil de los no católicos, que no serían obligados a participar en actos religiosos durante el servicio militar ni tampoco en la enseñanza oficial. Aun así, los propios organismos católicos consideraron la ley insuficiente.

Mucho más decisivo que este cambio resultó el experimentado por el catolicismo español. El Concilio Vaticano II empezó teniendo un indudable impacto sobre la propia jerarquía eclesiástica. Hay que tener en cuenta que un año después de su conclusión (1966) el 83 por 100 de los obispos habían sido nombrados atendiendo al derecho de presentación previsto en el Concordato de 1953. Además, dos tercios tenían más de sesenta años, una cuarta parte superaba los setenta y cinco, y sólo tres eran menores de cuarenta y cinco años. Casi la mitad llevaban más de veinte años de episcopado y la inmensa mayoría habían sido ordenados antes de la guerra civil y procedían del medio rural. Durante el período 1965-1971 fueron nombrados nada menos que cuarenta y dos obispos nuevos, es decir, más de la mitad del total. Además, en la última etapa del franquismo, dadas las disparidades entre autoridades civiles y eclesiásticas, se hizo habitual el nombramiento de obispos auxiliares para el que no se necesitaba intervención estatal.

Este cambio en la jerarquía, mediante su sustitución por otra más joven, contribuyó a que se modificara el contenido de sus enseñanzas. Desde 1966 funcionó la Conferencia Episcopal como órgano colegiado en sustitución de la Conferencia de Metropolitanos anterior. Todavía en esa fecha, el documento aprobado sobre «La Iglesia y el poder temporal» revelaba empeño en el mantenimiento de una relación con el Estado idéntica a la vigente.

La situación cambió a partir de finales de los años sesenta. En ello desempeñó un papel muy directo, en primer lugar, la propia Roma, en especial el papa Pablo VI. Para él debió de ser un frecuente motivo de preocupación el catolicismo español por su incapacidad para la renovación a pesar del elevado número de vocaciones religiosas y la confesionalidad del Estado. No parece que ninguna decisión importante acerca de España se tomara sin anuencia del propio Papa, pero en la ejecución de este cambio tuvo un papel decisivo el luego cardenal Vicente Enrique y Tarancón. Obispo a la temprana edad de 38 años, Tarancón puede ser considerado, dentro del episcopado, como una personalidad autocrítica, aunque el contenido de sus pastorales en los años cuarenta y cincuenta no se refería a ningún aspecto del régimen político sino a problemas prácticos, como el racionamiento. Nunca utilizó el término de «dictadura» para aludir al régimen de Franco, al que calificó como «Caudillo». No fue, pues, frente a la imagen de la extrema derecha, un obispo «político» e intrigante. Tampoco se caracterizó por un paso de un extremo a otro, sino por el deseo de lograr articular las dos tendencias en que se dividió la Iglesia española. Tuvo, en cambio, una profunda precupación pastoral, facilidad para la comunicación y el liderazgo y buenas dosis de sentido común. Al ser secretario de la Conferencia de Metropolitanos, encarnó a la jerarquía española durante largos años.

Sólo en los setenta estuvo al frente de la Conferencia Episcopal. La rápida sucesión de Tarancón al frente de la diócesis de Madrid cuando estuvo vacante demostró hacia dónde se inclinaba la Santa Sede. Hasta la consolidación al frente de la Conferencia Episcopal, menudearon los incidentes con las autoridades civiles. El ministro de la Gobernación, general Alonso Vega, constató en 1970 que «ya la fe católica no es la principal arma contra nuestros demonios familiares».

La victoria de la tendencia personificada por Tarancón fue también la de una Iglesia ya renovada. Una encuesta realizada entre miles de sacerdotes demostró que sólo una quinta parte estaba de acuerdo con el tipo de relaciones existentes entre Iglesia y Estado y que un porcentaje mayor tenía ideas próximas a alguna forma de socialismo. En septiembre de 1971 se celebró la llamada Asamblea Conjunta de obispos y sacerdotes. Una de las proposiciones que obtuvo mayoría en esta asamblea, pero que no pudo ser aprobada por requerir mayoría cualificada, se refería a la guerra civil y pedía perdón por el hecho de no haber sido la Iglesia en el pasado un instrumento de reconciliación. En enero de 1973, un documento episcopal sobre «La Iglesia y la comunidad política» afirmó la incompatibilidad de la fe con un sistema «que no busque la igualdad, la libertad y la participación». Más adelante, en noviembre de 1974, la conferencia episcopal dijo sentirse «obligada a apoyar una evolución en profundidad de nuestras instituciones a fin de que garanticen ... los derechos fundamentales de los ciudadanos».

Como luego diría el cardenal Tarancón, este cambio se debió a unas razones clara y estrictamente eclesiales, religiosas, aunque fuera interpretado desde otros parámetros. De hecho, los obispos españoles sirvieron como «pontífices» en el sentido más etimológico del término, es decir, como constructores de puentes entre los españoles. Resulta difícil exagerar, por tanto, el papel de la Iglesia española en este sentido. Hizo «más que ninguna otra institución social para la recuperación de la España real» de existir otra de importancia semejante, sería, sin duda, la prensa. En una sociedad tradicional y autoritaria, fue un elemento dinamizador, crítico y renovador, que difundió los principios del pluralismo, la participación y la democratización. La España democrática posterior a la transición resultó en gran medida heredera del catolicismo avanzado de los años sesenta y setenta. Esto fue así porque, en definitiva, la transición en la Iglesia fue anterior a la política y acabó por facilitarla.

Sin embargo, este cambio de mentalidad y esta contribución a la convivencia del catolicismo español no se llevaron a cabo sin dificultades. Se produjo en la Iglesia española un grave desgarramiento de consecuencias perdurables. Si la mayor parte de los católicos españoles siguieron a sus obispos, hubo quienes optaron por una posición reaccionaria. Proliferaron publicaciones de significación derechista y algunos obispos permanecieron en cargos políticos como el de procurador o consejero del Reino. La crisis afectó a la vida interna de órdenes religiosas tan sólidas y disciplinadas como los jesuitas, que estuvieron a punto de desdoblarse en dos provincias. No cabe la menor duda de que en algún momento, miembros del Opus Dei, organización caracterizada por una actitud tradicional en lo religioso, intentaron quitar valor desde Roma a las decisiones de la Asamblea Conjunta.

El Concilio significó tanto en el cambio de mentalidad que no puede extrañar que produjera una grave desorientación religiosa, que se concretó en pérdida de vocaciones y carencia de un horizonte claro de actuación. La incidencia de las secularizaciones tuvo su peor momento al final de los años sesenta, pero perduró en los años setenta la disminución de las vocaciones: si en 1963 había unos 8.000 seminaristas, en 1974 eran tan sólo 2.500. Si para buena parte de la Iglesia española esta crisis significó una fe mucho más auténtica y libre de excrecencias temporales, para un sector pudo suponer una trivialización del mensaje cristiano o una reducción de lo religioso a una pura actitud reivindicativa en lo político. La crisis provocada en el seno del catolicismo español por el impacto del Concilio Vaticano II también se saldó con otros traumas dolorosos. Uno de ellos fue la crisis de los movimientos apostólicos entre los años 1966 y 1968, que tiempo después el cardenal Tarancón consideraría como un grave error de diagnóstico de la jerarquía. Todo hace pensar que, en efecto, la visión de los movimientos apostólicos como unas organizaciones entregadas al marxismo, visión defendida por el obispo Guerra Campos, su consiliario, careció de toda justificación.

Los movimientos apostólicos habían adquirido una autonomía importante al final de la década de los cincuenta, que se vio confirmada en los tiempos conciliares, pero entraron en conflicto con la jerarquía en la que no se había producido todavía la renovación. En junio de 1966 se celebró en el Valle de los Caídos una reunión de la dirección de los movimientos católicos cuyas conclusiones no fueron aprobadas por la jerarquía. En junio de 1968 se produjo la dimisión masiva de los altos cargos de la Acción Católica, que en esta fase final de los sesenta perdió, al menos, la mitad de su afiliación. A pesar de ello, los que quedaron (quizá más de 300.000) eran más numerosos que todos los grupos de oposición juntos y, probablemente, también que los inscritos no puramente formales en los ficheros del partido único, unos datos que prueban el peso social que todavía tenía el catolicismo en España. El mayor problema residió quizás en la ausencia de orientación y de conciencia de la propia especificidad, que duró hasta bien entrados los años setenta.

Lo que no era cierto en un principio —la supuesta marxistización de los movimientos de apostolado— acabó resultándolo en parte, debido a la propia aspereza de la confrontación, a la actitud del régimen o de una parte de la jerarquía y a la propensión al maximalismo nacida de la carencia de experiencia democrática. Los movimientos católicos de carácter progresista iniciados en los años sesenta tuvieron un componente intelectual y de clase media que, si les hizo mantener posturas radicales (tercermundismo precoz, tercera vía alejada del capitalismo y del comunismo...), tampoco resultaron definitivas porque entrañaban un componente de heterodoxia sistemática que les hizo repudiar toda opción totalitaria a medio plazo. Así sucedió, por ejemplo, con el Frente de Liberación Popular, disuelto a fines de los sesenta, o con la revista *El Ciervo.* La radicalización del mundo católico de izquierdas produjo resultados más sorprendentes ya en los años setenta. En una región de tan fuerte tradición católica como Navarra, los movimientos políticos de extrema izquierda, más allá del comunismo ortodoxo, se nutrieron de antiguos militantes católicos que habían estado en organizaciones de apostolado. De esta manera, una región hipertradicionalista se convirtió en la más maoísta de Europa.

El régimen reaccionó de una manera bien característica ante el nuevo frente. Todo el sector dirigente del franquismo no sólo mantuvo su actitud vinculada con el nacional catolicismo, sino que incluso la exacerbó en un momento en que era cada vez más patente su asintonía con la Iglesia. No hay nada más expresivo de esta voluntad que la conversación entre Carrero y Tarancón, que fue narrada por este último. Ante los crecientes conflictos, el almirante prometió dar a la Iglesia «todo lo que quiera», pero sólo con la condición de que fuera «nuestro principal apoyo». Luego, en las Cortes, valoró en trescientos mil millones de pesetas los beneficios obtenidos por la Iglesia gracias a su colaboración con el régimen. La frase revela rudeza, pero también angustia, y es la prueba definitiva de la crisis profunda en las relaciones entre dos poderes.

La situación había cambiado ya a comienzos de los años setenta, con una Iglesia «totalmente distanciada» del régimen de la que surgían protestas cada día más frecuentes. Era corriente encontrarse en la prensa noticias acerca de la suspensión de reuniones de carácter religioso, detenciones de sacerdotes o registros policiales en edificios religiosos. En total, unos 150 sacerdotes sufrieron sanciones de un tipo u otro y muchos de ellos pasaron por una cárcel habilitada en Zamora para ellos. Los informes internos del régimen calculaban que el 45 por 100 de la jerarquía y el diez por 100 de los sacerdotes mantenían posturas disidentes. La conflictividad entre Iglesia y Estado se había convertido en una realidad casi diaria.

La Iglesia española, en realidad, realizó su propia evolución mucho antes de que tuviera lugar el cambio político de la transición, adelantándose de este modo al cambio de la sociedad. Este hecho debe ser reconocido, pasado el tiempo. Hoy casi se ha olvidado, y lo que perdura son actitudes anticlericales y reaccionarias y una considerable confusión de la propia Iglesia en cuanto a su rumbo y liderazgo.

LA APERTURA (1965-1969)

La política interior del régimen estuvo dominada desde 1965 por una palabra —«apertura»— cuyo sentido es preciso esclarecer. «Apertura» no quiso nunca decir transformación sustancial, pero sí un deseo de aflojar los severos controles de otros tiempos. No suponía otra cosa que cambio en el régimen, y no del régimen. Un factor esencial para explicarla radica en el optimismo engendrado por el crecimiento y la ausencia de oposición (precisamente porque no había peligro de inestabilidad se podía intentar el experimento). Esta situación pudo llegar a influir en el propio Franco en materias como la Ley de Prensa. Sin embargo, como es lógico, en los políticos jóvenes esta realidad pudo ser todavía más importante. Eran mejores gestores que los del pasado y se consideraban lejanos del mundo del partido único. Eran conscientes de la necesidad de sustentar el régimen en una estructura institucional, y no en la vida de una persona. De ahí su urgencia por plasmar en disposición legal aquello que llevaba años sin acabar de decidirse: sin el cambio ministerial, la Ley de Prensa, por ejemplo, hubiera seguido durmiendo. Eran conscientes de la fragilidad a medio plazo de un régimen que los arrastraría en su caída. En el diario de López Rodó figura una anotación de comienzos de 1968 de acuerdo con la cual el régimen sería «un anacronismo y un estorbo» para la sociedad española.

La apertura no fue lo mismo que la institucionalización, aunque ambas estuvieron relacionadas. Carrero, por ejemplo, no puede ser alineado con la primera pero siempre defendió la segunda. Para los más jóvenes ministros, institucionalizar suponía hacerlo desde unos parámetros lejanos al fascismo aunque también a la democracia. Institucionalización y apertura no fueron, en definitiva, obra exclusiva de un sector dentro del régimen, sino de la mayor parte de toda una generación de dirigentes. Tampoco la congelación de la misma fue obra de un sector, sino de un sentimiento de peligro creciente en todos. Al tratar de los principales temas políticos del momento, las posiciones se entrecruzaron y adquirieron sentidos diversos según las cuestiones en juego. Fraga puede ser considerado aperturista en cuanto al Movimiento y en cuanto a la aprobación de su ley de prensa, pero no en cuanto a su aplicación. La ambigüedad del término «apertura» se aprecia especialmente en cuestiones como la sindical: puede considerarse «aperturista» recortar el poder de unos sindicatos que no eran democráticos, pero también hacerlos más representativos. Nadie, sin embargo, trató de que esos sindicatos fueran democráticos por completo.

Se ha solido identificar la apertura con el sector tecnócrata del gobierno formado en 1962 y renovado en 1965. En realidad, siempre hubo en el franquismo personas que llegaban a altos cargos gracias a su preparación técnica. Ahora, no obstante, en la última fase del régimen, los técnicos se hicieron cada vez más frecuentes, mientras que las «familias» se desdibujaban, incluso se convertían en perfiles demasiado nítidos para propiciar una carrera política o resultaban semejantes a clientelas. Ante todo, los tecnócratas fueron la clientela reunida en torno a Carrero Blanco, cuya influencia iba creciendo, y a quienes sus adversarios identificaron con el Opus Dei. En realidad, hubo posiciones distintas entre quienes pertenecieron a esta asociación, pero muchos de sus miembros, vinculados o no a López Rodó, desempeñaron por estos años un papel crucial en los gobiernos de Franco.

Merece la pena hacer referencia a las dos personalidades más relevantes que entraron en el gobierno de 1965. Laureano López Rodó llegó al gobierno después de haber sido secretario general técnico de Presidencia en 1956 y subsecretario del Plan de Desarrollo desde 1962. Miembro del Opus Dei, en su caso cabe hablar de una perfecta identificación con Carrero, lo que le dio una influencia considerable. Su personalidad grisácea, ordenada y absorbente no le concedió popularidad, pero la Comisaría del Plan que dirigió le permitió crear una amplia clientela. La «tecnocracia» que él representaba se asemejaba a aquellos sectores que, durante el reinado de Fernando VII, se hicieron representantes de una cierta tendencia moderada, repudiada a la vez por los «ultras» y los liberales. El otro ministro, muy significativo en el gobierno de 1965, fue Federico Silva Muñoz, titular de Obras Públicas, que vino a ser un caracterizado representante de la transformación de la «familia» católica del régimen. También él puede ser adscrito a la mencionada línea política; y también contó con una clientela, aunque más modesta.

En septiembre de 1967, Carrero Blanco se convirtió en vicepresidente del gobierno en sustitución de Muñoz Grandes. Éste venía a representar, en el mundo militar, al sector falangista o, si se quiere, «movimentista», que desde 1962 venía manteniendo una postura diferente sobre la institucionalización del régimen. El cese de Muñoz Grandes, que conservó la jefatura del Estado Mayor, se debió probablemente a sus diferencias con Franco («estamos hartos de discutir», le dijo a Fraga) por la cuestión de la monarquía, a la que, como falangista, Muñoz Grandes era reacio. La influencia de Carrero nacía de su condición de persona de la más absoluta confianza de Franco, de quien siempre se declaró devoto. Poco ambicioso y menos aún deseoso de publicidad, Carrero careció de la flexibilidad de Franco, pero había ido ganándose su aprecio gracias a que asumió una identificación absoluta con él, a pesar de que su integrismo religioso fuera mucho mayor y se hallara lejos de la Falange y de sus hombres. Siempre, desde los años cuarenta, desempeñó el papel de «eminencia gris» del dictador, aunque éste no siempre siguiera sus consejos. Como para compensar esta predilección, Franco concedió a Fraga —y no a López Rodó, como Carrero hubiera querido— la secretaría del Consejo de Ministros.

Fue el gobierno de 1965 quien llevó a cabo la institucionalización y la apertura del régimen en un período corto, que concluyó en un inmediato reflujo. De las diferentes normas legales e iniciativas aprobadas, hubo una que fue importante para cambiar las pautas culturales de la sociedad española: la Ley de Prensa; otras afectaron a la clase política de régimen, como la Ley Orgánica, la Ley sobre el Movimiento y la Ley de Reforma Sindical, mientras que la elección de sucesor resultaría de una importancia decisiva para el futuro de España.

Es difícil exagerar la trascendencia de la Ley de Prensa de 1966. Hasta entonces, el régimen había sido de una enorme dureza, como nacido en una etapa bélica; baste recordar que había sido definido por Arias Salgado como de «prensa orientada». Fraga, con su característica tenacidad, anunció en 1962 la inmediata aprobación de la nueva ley, pero el proceso para llegar al texto fue muy complicado. Franco le dijo a Pemán en sendas ocasiones que a él no le importaría gobernar con plena libertad de prensa, pero lo cierto es que las notas que escribió parecen demostrar más bien su profunda reticencia respecto de la libertad de prensa. Su actitud nacía de una prevención que le llevaba a considerar como delito no sólo cuanto atentase contra los principios del Movimiento (ya de por sí bastante vagos), sino también la divulgación morbosa de hechos inmorales. También quería la estricta responsabilidad del director de un medio de comunicación de cuanto apareciera en él y la posibilidad de restablecer la censura previa mediante una simple decisión del gobierno. Pero, aun admitiendo que no creía en la libertad de prensa, acabó por aceptarla.

La Ley de Prensa, presentada por Fraga como «un medio para mantener limpia España, no para mancharla y menos destruirla», dispuso de muchas y muy rigurosas cautelas para evitarle peligros al régimen. El Estado se reservaba el derecho de inspeccionar la inscripción de los diarios, pudiendo incluso anularla; podía recurrir al secuestro preventivo de una publicación y también sancionarla por la vía administrativa. Por si ello fuera poco, los límites a la libre expresión de las ideas eran tan genéricos como «el respeto a la verdad y a la moral» y el debido «a las instituciones y personas en la crítica de la acción política y administrativa». En suma, la ley resultaba muy ambigua: sólo así pudo ser aprobada.

Con todo, el efecto fue netamente positivo. El escritor y director de diario Miguel Delibes pudo decir que si «antes te obligaban a escribir lo que sentías y ahora se conforman con prohibirte lo que sientes, algo hemos ganado». En primer lugar, se produjo una inmediata multiplicación de las publicaciones: aparecieron 129 nuevas, de las que ocho eran diarios y tres se publicaban en Madrid. Pero en segundo lugar (y esto es más importante) la prensa pudo romper con lo que había sido su comportamiento habitual hasta entonces, que, según Pla, consistía en hinchar noticias de hechos que no sucedían y cortar las de aquellos que pasaban de verdad. Pero, en tercer lugar y sobre todo, la prensa pudo contribuir a divulgar los principios y normas en los que se basa la democracia, e incluso llegar a convertir ésta en algo no sólo conocido sino también admitido por los españoles. Nada de ello se hizo sin dificultades, en muchos casos muy grandes.

Las primeras dificultades nacieron de la inmediata introducción de normas restrictivas tan sólo unos meses después de la aprobación de la ley, como la modificación del Código Penal y una abusiva Ley de Secretos Oficiales. La misma legislación proporcionaba posibilidades de sanción grandes. Ya en 1966 hubo 22 expedientes que acabaron en multa, cifra que creció a 72 y 91 en los dos años siguientes; en general afectaban a pequeñas publicaciones de carácter religioso. En septiembre de 1968, el diario madrileño *El Alcázar* vio cambiada su dirección y empresa por el procedimiento de que el gobierno rectificara la inscripción de la misma en el registro correspondiente. El diario había crecido de 25.000 a 140.000 ejemplares en 1963-1968, pero con la nueva empresa de extrema derecha a la que fue entregado se hundiría hasta los 13.000 ejemplares de circulación en 1975. Estas sanciones eran la consecuencia de la propia ley y de la dureza con que la aplicó quien la había redactado, pero también de la presión del resto de la clase política y del propio Franco. López Rodó aseguraba que con la Ley de Prensa, el gobierno se sentaba perpetuamente «en el banquillo». El responsable de Gobernación, Alonso Vega, era todavía más expresivo: «Me cago en la ley», decía. Fraga tenía una concepción francamente limitada de la libertad de prensa, pero todas estas presiones le hicieron llegar a la conclusión de que «mejor que perder la Ley de Prensa es aplicarla con todas sus consecuencias», entendiendo por éstas las sanciones. En sus adversarios —él atribuía esta condición a los miembros del Opus Dei— veía, por un lado, un deseo de boicotear la ley por liberal, pero también de destruir al régimen desde fuera (en el diario *Madrid*). Con independencia de proceder a las correspondientes sanciones, no descuidó la propaganda. «Como se están publicando muchas cosas adversas sobre la guerra civil con aparente rigor —le había escrito Franco— conviene abandonar la política de abstención y prestar apoyo a obras que lo merezcan y que puedan recibir de nosotros documentación.» En adelante, un servicio en el Ministerio de Información y Turismo quedó dedicado a esta tarea.

Los antecedentes remotos de la Ley Orgánica deben remitirse a los proyectos de Arrese. En su formulación final, el proyecto estuvo redactado en el verano de 1966, fue sometido a referéndum a finales de año y se promulgó en enero de 1967. La responsabilidad esencial con respecto a su contenido cabe atribuírsela a Carrero y a sus más inmediatos colaboradores, aunque fueron muchas las plumas que intervinieron en la redacción. No faltaron, sin embargo, tensiones entre los diversos sectores del régimen a la hora de determinar sus contenidos: sólo en el último momento, Carrero consiguió hacer desaparecer el requisito de que el secretario general del Movimiento fuera elegido en terna por el Consejo Nacional. Los sectores más falangistas hubieran deseado que éste tuviera funciones semejantes a las de un tribunal constitucional. Fraga asegura en sus memorias que aquél fue un gran momento perdido para la evolución del régimen. Sin embargo, desde un principio estuvo claro que los propósitos de la Ley Orgánica fueron limitados y que no podían desembocar en nada semejante a la homologación del régimen español con uno democrático.

El mejor estudioso de la Ley Orgánica la definió como un intento de convertir una dictadura constituyente en una monarquía limitada, contrapesada por instituciones que cercenaban el papel del jefe del Estado. El Consejo Nacional siguió siendo un residuo «movimentista», reservado para personalidades que tuvieran una larga solera en el régimen o con la pretensión de actuar como una especie de supremo guardián de las esencias. La verdadera novedad consistió en la configuración de un sector de las Cortes formado por los procuradores llamados «familiares», sometidos a un tipo de elección directa que, aunque estuviera sujeta a todo tipo de cautelas, exigía tomar en consideración la opinión pública. Los procuradores familiares eran sólo 108 (frente a los 150 sindicales) y, además, representaban un número de votos muy variable, dado que existían dos por provincia y, por lo tanto, contaba mucho más, por ejemplo, el voto de Soria que el de Barcelona. La ausencia de asociacionismo político creaba además una especie de nuevo régimen censitario, en el sentido de que sólo quienes tuvieran una enorme fortuna personal podían concurrir a los procesos electorales.

Con todo, las elecciones en que se estrenó la nueva composición de las Cortes fueron animadas y, por ejemplo, dos gobernadores civiles fueron derrotados. En algunos sitios, personalidades independientes consiguieron ser elegidas. La primera etapa de la legislatura iniciada en 1967 estuvo presidida por el protagonismo de esos procuradores familiares. Sin embargo, en agosto de 1968, el Ministerio de la Gobernación impidió la celebración de una reunión de procuradores familiares y, a partir de ese momento, su acción tendió a diluirse y a perder cualquier significación reivindicativa.

En realidad, la Ley Orgánica no determinaba los perfiles del sistema político, sino que se requirieron disposiciones complementarias en cuya discusión se agriaron las relaciones de las distintas familias del sistema. La Ley sobre el Movimiento Nacional de comienzos de 1969 no redujo éste a una vaga y genérica comunión de los españoles, sino que potenció el aspecto burocrático. Las discusiones en Consejo de Ministros sobre esta ley fueron duras y enconadas. Silva Muñoz cuenta en sus memorias que se le vetaron enmiendas tan inocuas como sustituir el término de «jefe» provincial por el de «presidente». En relación con este proyecto, hubo otro destinado a vertebrar las asociaciones políticas que las sometía a la tutela del Consejo Nacional. Fue aprobado en el verano de 1969, pero inmediatamente entró en crisis por la prevención habitual de Franco a formalizar el pluralismo que se daba en su régimen. La disposición no llegó a presentarse en las Cortes.

La Ley Orgánica imponía una transformación del sindicalismo oficial que debía adaptarse al nuevo marco constitucional. En 1967 se realizó una amplia consulta sobre el particular y, en el Congreso celebrado en mayo de 1968 en Tarragona, la propia Organización Sindical hizo una propuesta que empezaba por reivindicar la autonomía para concluir en la voluntad de que el ministro del ramo fuera elegido por la propia Organización Sindical. Como era de esperar, el resultado fue que a los sindicatos oficiales se les impuso un ministro. Por el momento, sin embargo, las mayores dificultades del sindicato residieron en la Iglesia, quien no dudó en afirmar, en un documento del verano de 1968, que la legislación española sobre la libertad sindical tenía poco que ver con las enseñanzas pontificias.

La sucesión. Matesa y la división interna del régimen

La decisión institucionalizadora más preñada de consecuencias para el futuro, y la última en que la clase dirigente del régimen mostró acuerdo, fue el nombramiento de don Juan Carlos de Borbón como sucesor de Franco. Se trató de un proceso lentísimo hasta llegar a una decisión definitiva, aunque, una vez tomada, se ejecutó con rapidez. López Rodó la describe en sus memorias como la «operación salmón», pues Carrero y él debieron actuar con idéntica paciencia a la requerida para este tipo de pesca.

En 1963, don Juan Carlos se había instalado en el Palacio de la Zarzuela no sin que, después de su boda, se hubiesen producido algunos titubeos entre él mismo, su padre y Franco. Sin abandonar el colaboracionismo, don Juan había procurado mantener alejado a Franco de la decisión matrimonial de su hijo y, por otra parte, hubiera deseado algún tipo de reconocimiento para él antes de su instalación definitiva en España. Franco, por su parte, pensó seriamente en otros caminos sucesorios —una regencia renovable cada diez años o don Alfonso de Borbón—; exigía la «identificación absoluta» y «entrega» a quien hubiera de sucederle. Todavía en 1964 escribió en una nota íntima que «lo peor que pudiera pasar es que la nación cayese en manos de un príncipe liberal, puente hacia el comunismo».

Con el paso del tiempo, la presencia en España de don Juan Carlos y su mujer y su aparente identificación con el régimen hicieron que prosperaran los indicios de que Franco se decantaba por él. En noviembre de 1965, Fraga hizo unas declaraciones a la prensa extranjera en las que anunció esta posibilidad. Don Juan Carlos procuró adaptar su forma de actuar a esa realidad evitando una excesiva vinculación con el entorno que rodeaba a su padre, con el que siempre mantuvo una identidad de fondo. Al mismo tiempo, mantenía una entrevista al mes con Franco, que sintió por él el afecto que hubiese experimentado por el hijo que no tuvo. Don Juan no creyó que Franco se inclinase por el nombramiento de sucesor en vida. Más cercano a la realidad política española, don Juan Carlos siempre pensó que sucedería así. De la causa monárquica se hizo responsable, a partir de 1966, José María Areilza, que le imprimió un especial e inédito activismo al darle un contenido liberal. De todos modos, Franco había descartado ya por completo al hijo de Alfonso XIII. Si Areilza erró en lo que respecta al candidato al trono, no lo hizo en cuanto al tipo de monarquía que llegaría en el futuro.

La decisión de Franco sobre su sucesión parece haberse fraguado en los primeros meses de 1968. En este momento, don Juan Carlos había cumplido ya los treinta años y sus declaraciones insistían en la aceptación de la legalidad vigente. A fines de 1968, don Carlos Hugo, hijo primogénito de don Javier de Borbón-Parma, quien, como don Alfonso, no había dudado en adherirse a Franco durante el referéndum de la Ley Orgánica, fue expulsado de España. Solís, el ministro de sindicatos, si no podía a estas alturas declararse republicano, sí contribuía, en la medida de sus posibilidades, a hacer lo más confusa posible la cuestión monárquica. Finalmente se produjo la decisión: «Ya parió», le dijo Carrero a López Rodó refiriéndose a Franco, y don Juan Carlos comunicó a Estoril que «El grano ha reventado». Ambas expresiones testimonian hasta qué punto la decisión fue personal y súbita. El título de Príncipe de España, otorgado al sucesor, lo sugirió López Rodó para evitar el directo enfrentamiento con don Juan, pero resultó conveniente para la monarquía, pues dejaba a salvo el tradicional de Príncipe de Asturias.

Don Juan declaró permanecer «como espectador» de una decisión en que no había tomado parte y, al mismo tiempo, como alternativa liberal a la monarquía que entonces parecía encarnar su hijo. Las declaraciones que éste hizo en el momento de acceder a su puesto estuvieron destinadas a satisfacer a un auditorio franquista, ya que afirmó recibir la legitimidad histórica del 18 de julio. Tan sólo 19 procuradores votaron negativamente y nueve se abstuvieron. Años después, el actual monarca español dijo que se había pasado años «haciéndome el tonto en este país». Pero su línea de pensamiento estaba clara y se vinculaba de forma inequívoca a lo que representaba su padre. A su elección como sucesor se llegó por la voluntad de Franco y por la aceptación pasiva del designado pero, sin duda, hubo un sector del régimen —el identificado con Carrero— que tuvo un papel determinante en que se tomara la decisión sucesoria. No obstante, en mayor grado que cualquier otra decisión tomada en esta época, la de la sucesión fue compartida por el resto de los sectores que formaban parte del régimen.

Pero ese mismo año desapareció el acuerdo y, además, Franco fue incapaz de arbitrar las discrepancias. Los meses que siguieron fueron todo menos pacíficos. Silva Muñoz, neutral en los enfrentamientos, describe en sus memorias su «soledad angustiosa» en el Consejo de Ministros frente al «furor» y «frenesí» de los enfrentados. No es fácil determinar en qué consistieron las dos líneas que chocaron en el Consejo de Ministros. La posición representada por el almirante Carrero se señaló por una clara orientación pro-norteamericana en política exterior; para él, además, la descolonización debía ser sustituida por la transformación en provincias de los territorios ultramarinos. Todo ello le oponía radicalmente a Castiella. Su actitud era muy reticente a los márgenes de tolerancia recientemente concedidos por el régimen y en lo religioso mantenía una postura integrista. Criticó ante Franco a Solís por proponer «un sindicalismo independiente de la autoridad del Estado» y a Fraga por su apertura en temas de prensa, su supuesto laxismo moral y por la oleada de anticlericalismo contra la subversión eclesiástica.

La postura contraria partía de una política exterior menos entreguista frente a los norteamericanos y que quería apoyarse en la descolonización para conseguir la devolución de Gibraltar. Estuvo también mucho más apegada a Falange o el Movimiento e insistió en criterios sociales frente a los Planes de Desarrollo. Hubo en ella una proclividad regencialista, al menos en el caso de Solís, y pretendió realizar una reforma del sistema político desde sus presupuestos achacando inmovilismo al adversario. En esta segunda postura militaron Castiella, Solís, Fraga y el almirante Nieto Antúnez. Vista la influencia lograda por Carrero ante Franco, resultaba difícil que este sector pudiera triunfar. El de 1968 fue un año muy tenso, que en las memorias de Fraga aparece descrito como «el pulso definitivo». La cuestión tan sólo se planteó como una lucha frontal en el verano de 1969 con el llamado «*affaire* Matesa».

Matesa era una empresa de maquinaria textil que obtuvo un éxito considerable con el crédito oficial. Muy probablemente, la legislación de crédito oficial era imperfecta y la gestión de la compañía un tanto megalómana, pero se hallaba al corriente del pago de los intereses, cubiertos además por el resguardo de pólizas de seguros. Con el transcurso del tiempo sólo fue posible culparla de irregularidades en la evasión de impuestos y de no devolver al Instituto Español de Moneda Extranjera las divisas obtenidas por la exportación. Por otra parte, Matesa a menudo vendió sus propios productos a filiales establecidas en el extranjero para de esta manera tener acceso a esos mercados. Todo el *affaire* ofrece una imagen óptima de lo que era una economía dependiente del favor concedido desde las instancias oficiales.

Lo que nos interesa no es el caso concreto de esta empresa, sino cómo llegó a convertirse en el factor desencadenante de las tensiones políticas preexistentes. En julio de 1969 se planteó el caso y la politización del mismo. Fraga cuenta en sus memorias que en el Consejo de Ministros se enfrentaron dos tendencias: la dispuesta a conseguir luz y taquígrafos, con la que él se identificaba, y la que quería «echar tierra al asunto». En realidad, el Ministerio de Información concedió a la prensa una libertad única, que no le daba para tratar el resto de los asuntos. La prensa del Movimiento, además, se lanzó inmediatamente a acusar al sector más alejado de sus posiciones. «Esto se ha terminado; o Fraga o yo», dijo Carrero. A ambos bandos los dominó la urgencia de eliminar al adversario. Ante la impotencia de Franco para ejercer un verdadero arbitraje, se desarrolló una polémica nada disimulada que tenía mucho de ajuste de cuentas. En octubre se produjo una crisis gubernamental en la que abandonaron el poder las figuras más destacadas del sector que se había opuesto a Carrero y los tecnócratas (Fraga, Solís y Castiella).

El gobierno formado en octubre de 1969 fue descrito como «un gobierno homogéneo» y acusado de ser en realidad «un desarrollo de la comisaría del plan», lo cual no era exacto. Silva Muñoz siguió en él hasta abril de 1970 y, además, las instituciones a menudo actuaron en otro registro que el gobierno. Tanto el Consejo Nacional como las Cortes crearon comisiones de encuesta dedicadas a tratar de Matesa, y el Tribunal Supremo llegó incluso a encausar al presidente del Banco de España y ex ministro de Hacienda, Navarro Rubio. Muchos de quienes serían ministros a partir de 1973, una vez desaparecido Carrero Blanco, desempeñaron un papel importante en el Tribunal Supremo, las Cortes o el Consejo Nacional a la hora de pretender sustanciar las supuestas o reales responsabilidades. Legado del año 1969 al resto de la historia del franquismo fue, por tanto, la división en el seno de su clase dirigente.

La protesta laboral. El terrorismo

Mientras tanto, el papel de la oposición crecía. Con ello no se quiere decir que la oposición pusiera en verdadero peligro al régimen. Lo más importante, desde el punto de vista histórico, es que el régimen fue capaz de soportar esta presión pero no de eliminarla, ni siquiera cuando utilizó los procedimientos más drásticos. El papel más importante de la oposición fue mantener en perpetuo estado de tensión al régimen y privarlo de legitimidad y de posibilidades de subsistencia ante la eventual desaparición del dictador. La sola existencia de la oposición obligó a la clase política a plantearse una opción reformista, mientras que la opinión pública se sentía atraída por ella, aunque tampoco nutriera masivamente sus filas. Por otro lado, ahora pareció iniciarse un principio de ligazón entre protesta política, social y profesional, no tan palpable como antes.

En cuanto a la protesta social, llama la atención que, a partir de la segunda mitad de los años sesenta, la relevancia del movimiento estudiantil disminuyó, mientras que aparecía cada vez con más pujanza la protesta obrera. El proceso de apertura iniciado en 1961 había llevado a la práctica desaparición del SEU y a un cambio en la legislación educativa (1970). Ya en 1968 fue patente, por otra parte, la inviabilidad de un sindicato democrático de estudiantes por culpa de la represión y las discrepancias internas. Desde esa fecha fueron habituales los grupos que predicaban el espontaneísmo, la acción directa o el activismo a ultranza. En los tres estados de excepción que se produjeron entre 1968 y 1970, la revuelta de la universidad desempeñó un papel semejante al del movimiento obrero: en 1969, por ejemplo, de 739 detenciones, 315 fueron de estudiantes. Entre los represaliados figuraron profesores que todavía no habían conseguido la estabilidad docente. En la universidad, el franquismo había desaparecido entre los alumnos y casi era una extravagancia entre los profesores, pero eso no ponía en peligro al régimen. Algo parecido puede decirse del mundo intelectual. Entre 1962 y 1969 se recibieron hasta treinta escritos de protesta en el Ministerio de Información contra la política gubernamental, pero no tuvieron consecuencias graves, a pesar de creciente número de firmantes.

Si el movimiento estudiantil había precedido al obrero en la expresión de disconformidad, en la fase final del régimen de Franco este último tuvo un neto predominio. Desde mediados de los sesenta hasta el momento de la muerte de Franco, creció vertiginosamente el número de huelgas. Si en 1966 hubo un centenar, en 1968 las cifras se habían triplicado hasta 309. Por el momento, los conflictos se centraron en las zonas tradicionales de protesta obrera: Asturias, de manera especialmente relevante, Barcelona, País Vasco y, en menor proporción, Madrid. La conflictividad fue especialmente intensa en aquellos sectores productivos caracterizados por mayor conciencia de clase: la minería y la metalurgia. Marcelino Camacho, principal dirigente de Comisiones Obreras, era un metalúrgico. La presión huelguística no decreció en los últimos años del franquismo. Éste es el momento adecuado para hablar de ella, pues aunque ello implique adelantarse a los acontecimientos, permite, sin embargo, percibir su progresión. En 1971 fueron ya casi siete millones las jornadas perdidas, en 1973 se rondaron los nueve y en 1974 y 1975 se situaron en torno a los catorce millones, incrementándose esta cifra aún más en 1976. Estos datos no se debieron tan sólo a factores políticos: también la coyuntura económica tuvo un papel decisivo. Pero si comparamos los datos con los de otros países europeos descubriremos la verdadera esencia de la situación laboral española. A mediados de los setenta, Francia, con más habitantes que España, no superaba los tres millones de jornadas de trabajo perdidas como consecuencia de las huelgas. España perdía cinco veces más. Era el propio sistema de regulación de la conflictividad el que estaba en crisis.

Merece la pena analizar con detenimiento los datos sobre la protesta social. En primer lugar, el ritmo cronológico parecería el de una sociedad que se desperezara y que, gracias a un aprendizaje, pasara a actuar de una forma tímida para luego liberarse de cualquier atadura de una legalidad a la que dejó de respetar. En los años setenta se produjo una auténtica ruptura generacional entre los dirigentes sindicales, de modo que, por ejemplo, un Camacho, con cerca de cincuenta años, venía a ser una excepción. A menudo este fenómeno se vio acompañado por una mayor virulencia y radicalidad, pero, en realidad, eso no indica que la protesta social fuera revolucionaria. Se hicieron siempre reivindicaciones concretas, principalmente de tipo salarial. El examen de la geografía de la protesta resulta también interesante, en cuanto que demuestra que con el transcurso del tiempo ésta se extendió por la totalidad del territorio. En los años sesenta, Asturias y el País Vasco estuvieron a la cabeza de la protesta sindical; luego el protagonismo pareció haberse trasladado al entorno de Barcelona. Pero la conflictividad social apareció también en otros lugares, como Madrid, Pamplona, Vitoria, El Ferrol, Vigo, Sevilla, Valencia y Valladolid. Cambiaron los sectores protagonistas de la conflictividad. La habían iniciado mineros y metalúrgicos, pero la protesta se extendió al sector textil, la construcción, las químicas, los transportes e incluso la banca. Un rasgo muy significativo de la fase final del franquismo es el elevadísimo número de huelgas que se producían «por solidaridad».

Al incremento de la protesta le correspondió el de la represión. No obstante, no debe pensarse que el régimen actuara de una manera semejante a como lo hiciera en los años cuarenta. A menudo la dureza fue brutal pero, respecto a la de aquellas fechas, resultaba también poco disuasoria, porque los gérmenes del descontento estaban ya demasiado extendidos y la propia sociedad imponía un comportamiento más tolerante. En esta fase final del régimen, la oposición no se alojaba ya en cenáculos, tal como demuestran algunas cifras. En 1974 fueron suspendidos de empleo y sueldo unos 25.000 trabajadores; no todos ellos eran disidentes políticos, pero la cifra era ya muy importante. Ese mismo año fueron abiertos 1.400 sumarios políticos por los tribunales de justicia, que afectaban a unas 6.000 personas; no todos ellos eran sindicalistas, pero cabe presumir que la mayoría lo fuera. Desde 1971 hubo cada año un millar de condenados por los tribunales ordinarios y unos doscientos por los militares. Además, entre 1969 y 1974 hubo 17 muertos como consecuencia de enfrentamientos entre las fuerzas de orden público y manifestantes trabajadores. Este número tan elevado se debió a la magnitud de las manifestaciones, pero hay también un factor que nos conduce de nuevo a la falta de capacidad del régimen para mantener la paz. Las fuerzas del orden público no estaban preparadas para enfrentarse con manifestaciones pacíficas. Ni siquiera los dirigentes más reaccionarios, como Carrero, parecían dispuestos a cumplir los planes represivos que imaginaban.

Otro dato importante para explicar la protesta social de estos años lo constituye la actitud del sindicalismo vertical. Sus dirigentes no pretendieron otra cosa que subsistir manteniendo un área de influencia pero, por imperativo de las circunstancias, a menudo lo hicieron de una manera que contribuyó a facilitar la actuación de los sindicatos ilegales. Con el paso del tiempo, la Organización Sindical sólo pudo albergar la modesta esperanza de que la mayor parte de los electos fueran independientes. Aun así, a menudo no lo logró: durante la elección de 1975 en el Baix Llobregat sólo en tres de las cincuenta grandes empresas no triunfó la candidatura de Comisiones Obreras. El sindicalismo oficial estuvo necesitado de reconocimientos, nacionales e internacionales. Así se explica que tratara de obtener una cierta benevolencia por parte de la Organización Internacional del Trabajo en defensa de la unicidad del movimiento sindical en que, curiosamente, coincidía con los comunistas. Además, la legislación se moderó respecto a su dureza inicial. La huelga siempre fue ilegal pero a partir de 1970 no pudo justificar el despido, sino la suspensión del contrato laboral y, desde 1975, dejó de ser un delito contra el orden público, aunque exigiera requisitos muy difíciles de cumplir.

En la década final del franquismo, el sindicato clandestino más importante siguió siendo Comisiones Obreras. Aunque en él había sectores diferentes del comunista (que incluso desempeñaban un papel fundamental en alguna provincia), fue el PCE el partido predominante. Cuando en mayo de 1972 fueron detenidos los dirigentes del sindicato en un convento de Pozuelo, se pudo comprobar esta identidad. Las sanciones previstas llegaron a los veinte años de cárcel en los casos de reincidencia. La figura más importante de Comisiones fue Marcelino Camacho, un comunista condenado a doce años después de la guerra civil que había residido en el norte de África colonizado por los franceses y volvió a España en 1957. El segundo sindicato en importancia, aunque muy lejos de Comisiones, solía ser en todas las provincias la

Unión Sindical Obrera (USO), a la que UGT sólo superó en algunas regiones en los últimos años del franquismo. Este hecho revela una realidad con frecuencia olvidada: los militantes de procedencia católica tuvieron una importancia decisiva en la reconstrucción del sindicalismo.

Aunque, como indica Camacho en sus memorias, nunca encontró a un empresario en la cárcel durante el franquismo, en realidad la protesta obrera contribuyó a estimular el cambio de actitudes en el seno del empresariado. La posición del empresariado catalán durante la etapa final del franquismo prueba que iba aumentando su reticencia hacia una política económica que consideraba demasiado intervencionista. El empresariado joven y más dinámico era ya partidario de los sindicatos democráticos con los que, de hecho, pactaba. Un mes antes de la muerte de Franco, el Fomento del Trabajo Nacional postuló «una especie de contrato por el cual las clases favorecidas ... abdicaran de algunos de sus privilegios y cedieran en sus posiciones» y «las clases trabajadoras a su vez consideraran el modelo capitalista como el campo de juego válido». De esta manera se anunciaba lo que acabaría ocurriendo en la transición.

Durante este período a este género de protesta se le sumó, además, la de una serie de colectivos sociales que hasta ese momento no habían tenido este protagonismo. Ya se ha recalcado el papel crucial desempeñado por la prensa en la difusión del ideario democrático. Siendo Fraga todavía ministro, se dieron las cotas más altas de expedientes concluidos con sanción en aplicación de la legislación vigente: 125 en 1967 y 228 en 1968. Pero eso no debe hacer pensar que la presión de sus sucesores disminuyera, sino que entonces se recurrió a procedimientos oblicuos, a menudo más efectivos. El diario *Madrid,* tras haber sufrido un primer secuestro en 1967, otros dos en 1968 y una suspensión de cuatro meses, acabó siendo liquidado en 1971 hasta el extremo de ser volado con posterioridad el edificio donde tenía su redacción. La vida de este diario resulta significativa porque supuso la plasmación definitiva del cambio de su inspirador, Calvo Serer, desde una actitud de extrema derecha monárquica a un liberalismo democrático y europeísta. En su redacción se formó el grueso del periodismo que hizo la transición desde unas actitudes muy distintas a la sumisión de otras épocas. El éxito más espectacular de la prensa escrita le correspondió a la revista *Cambio 16,* que llegó a alcanzar los 300.000 ejemplares de tirada. De la actitud de la profesión periodística puede decirse algo parecido: como colectivo, y con no muchas excepciones, se situó enfrente del régimen.

A partir de finales de los años sesenta, el movimiento de protesta se había extendido a los colegios de abogados. En 1970, durante la celebración del Congreso de la Abogacía en León, a la intervención del ministro de Justicia le siguió el abandono inmediato de la sala por buena parte de los asistentes. Pero en esta profesión las actitudes de disconformidad respecto al régimen no fueron nunca tan generalizadas. Sólo los abogados jóvenes y un sector de los de mayor edad se sintieron guardianes de los derechos humanos. Las elecciones en el Colegio de Abogados de Madrid se convirtieron en confrontaciones electorales de carácter seudopolítico, en que la oposición estuvo siempre a punto de obtener la victoria, aunque nunca la consiguiera. En los colegios de licenciados la movilización fue más tardía, pese a que se iniciara también mediada la década de los setenta. En 1974, una candidatura patrocinada por el PSOE y el PCE triunfó en el Colegio de Madrid.

Desde la segunda mitad de los años sesenta, junto a esta protesta social cada vez más amplia, se produjo otro fenómeno muy característico en las filas de la oposición y que poco tiene que ver con el que hasta ahora nos ha ocupado. La aparición del terrorismo, imposible de eliminar y testimonio de la fiereza represiva, tuvo consecuencias importantes sobre la vida del régimen, hasta el punto de que en ocasiones dio la sensación de que la determinaba. La conversión a los procedimientos terroristas de ETA (Euskadi ta Askatasuna) data de 1967; nunca tuvo la menor posibilidad de conseguir sus objetivos mediante dichos procedimientos, pero influyó de manera decisiva en la política española. A este respecto baste recordar los fenómenos de solidaridad en contra de los juicios a etarras en un momento en que no se apreciaba todavía que el terrorismo habría de ser precisamente la más lamentable herencia del franquismo. Debe recordarse que ETA fue el fenómeno terrorista más importante de Europa con la sola excepción del IRA (Irish Republican Army) irlandés, que ha causado cuatro veces más muertos. A diferencia de lo sucedido en otras latitudes, como, por ejemplo, Italia o Alemania, el terrorismo tuvo en el País Vasco un apoyo social, que explica su perduración.

En el nacionalismo vasco existe toda una tradición histórica de radicalidad independentista que puede considerarse como un antecedente de ETA. Hubo también, durante los años veinte y treinta, una identificación entre la lucha nacional y el anticolonialismo en algún teórico. Sin embargo, el nacimiento de ETA no puede entenderse al margen del contexto de profunda desilusión que vivía el nacionalismo vasco a mediados de los años cincuenta, momento en que incluso ministros de izquierda franceses, como Mitterrand, cerraban los locales vinculados con la propaganda nacionalista.

En torno a 1952 surgió en el seno de la organización estudiantil vasca (EIA) un grupo denominado Ekin que, como indica su nombre (equivalente a «Hacer»), demostraba desconfianza respecto a la oposición vasca tradicional. Fue este grupo quien proporcionó a la futura ETA buena parte de sus primeros cuadros: Madariaga, Álvarez Emparanza, Benito del Valle... En 1956, el grupo Ekin logró atraer a un sector de las juventudes del PNV. En julio de 1959 nació ETA, cuyas siglas significaban «Euzkadi y libertad». Se definió como movimiento revolucionario vasco de liberación nacional, pero el término «revolución» no quería decir marxismo, ni tampoco empleo de la violencia. Como ha sido frecuente a lo largo de la historia, la ETA inicial, futura organización terrorista, estuvo formada por estudiantes, y no por proletarios.

La historia interna de ETA, a partir de estos orígenes, ha consistido en una serie interminable de debates ideológicos. Lo paradójico es que estos debates concluyeron siempre en escisiones que no fueron capaces de debilitar al movimiento y la solidaridad popular de que disfrutó se mantuvo intacta por el momento. El contenido de los debates es posible reducirlo a una explicación sencilla. En primer lugar, una cuestión que ha estado siempre presente en ETA ha sido la contraposición entre el nacionalismo y el obrerismo, que ha hecho desembocar a parte de la organización en pequeños grupos políticos. Además, otro motivo de contradicción interna en el seno de ETA ha sido el papel concedido al activismo. En general han predominado el tipo de tendencias que lo proponían. Así, en los primeros momentos, el texto más leído en ETA fue la *Vasconia,* de Federico Krutwig, que asimilaba el caso vasco al de los países del tercer mundo que luchaban por la independencia.

Los años iniciales de ETA fueron los de su radicalización ideológica y su transformación en una organización revolucionaria. Durante ese tiempo fue influida por los teóricos del anticolonialismo y se convirtió en violenta detractora del nacionalismo tradicional. Adoptó un lenguaje marxista y asumió la tesis de la espiral de la violencia según la cual a la represión había que responder de la misma manera para provocarla en mayor grado. Fueron los años 1966-1968 los que definitivamente configuraron a ETA como movimiento terrorista. En parte, ello se debió al triunfo en su seno de un sector partidario de la lucha guerrillera supuestamente semejante a la de los vietnamitas.

Otro sector de ETA, más proclive a la actuación obrerista, fue expulsado en la llamada V Asamblea, celebrada entre fines de 1966 y comienzos de 1967.

La represión producida por el estado de excepción de 1967 y la victoria del primer sector llevaron a ETA durante 1968 a una violencia que resultaría ya irreversible. En junio murió el etarra Echevarrieta en un choque con la Guardia Civil, que perdió también un agente, y en agosto fue asesinado un inspector de policía. La reacción del régimen fue muy dura; en el País Vasco se convirtió en casi habitual el estado de excepción. En 1969, ETA estuvo al borde del colapso, como volvería a sucederle en ocasiones posteriores. Sin embargo, el régimen de Franco estaba ya demasiado lejano del desenlace de la guerra civil como para poder emplear la violencia represiva de que hizo gala entonces. De hecho, tal como habían previsto los teóricos del terrorismo, la dureza represiva indiscriminada atrajo más militantes a ETA.

Con todo, los primeros meses de 1970 supusieron una grave crisis para el movimiento. El juicio de Burgos contra un grupo de militantes de ETA tuvo como consecuencia una reacción de solidaridad tanto de la oposición en general como de la totalidad del País Vasco. La atribución a la jurisdicción militar de este juicio y la ausencia de garantías procesales motivaron una protesta generalizada, mientras que el secuestro por parte de ETA de un cónsul alemán, Beihl, lograba una importante repercusión internacional. El régimen tuvo la suficiente prudencia como para indultar de la pena de muerte a quienes habían sido condenados.

Pero ETA mantuvo sus divisiones a pesar de la represión. Los presos de Burgos pertenecían a una tendencia que pareció haber triunfado en un principio, pero que fue criticada por mantener posturas de insuficiente nacionalismo. Ese sector pasó a ser denominado ETA-VI pero acabó convertida, por su afán obrerista, en una organización trotskista. La otra tendencia, ETA-V, que no admitió la VI Asamblea, creció rápidamente y logró que miembros de las clases medias y bajas de determinadas zonas (toda la zona central y meridional de Guipúzcoa) nutrieran sus filas. Su dirigente principal fue Eustaquio Mendizábal, *Txiquía,* y sus acciones de mayor relevancia fueron los secuestros de Zabala y Huarte en 1971 y 1973; ellos eran el resultado de la copia de acciones de Septiembre Negro o los tupamaros. El propio atentado contra el almirante Carrero Blanco fue pensado como un secuestro para liberar a los 150 presos que ETA-V tenía en la cárcel.

El tardofranquismo: Carrero Blanco, presidente

Si algo explica la crisis de 1969 es el declinar de la personalidad humana de Franco, que dos años antes había cumplido los setenta y cinco años. Si Franco hubiera mantenido plenamente su capacidad política no habría fracasado en el mantenimiento de ese arbitraje que siempre había sido el motivo más obvio de su dirección sobre las fuerzas vencedoras en la guerra civil. Los dignatarios extranjeros que le visitaron en estos años, como Vernon Walters, le han descrito como un anciano que durante las entrevistas apenas si musitaba unas palabras, que a menudo ni siquiera se referían a aquello de lo que se hablaba.

De cualquier modo, la decadencia física de Franco no basta para definir una situación histórica que puede designarse como «tardofranquismo». Otros rasgos decisivos del mismo fueron la carencia de un rumbo claro, los problemas de orden público, la fragmentación de la clase política, la proliferación de liderazgos antagonistas y una evidente parálisis a la hora de enfrentarse con los problemas. El franquismo, en esta fase final, dio una sensación patente de degradación como régimen político.

El gobierno de octubre de 1969, cuyo vicepresidente era Carrero Blanco, fue calificado de monocolor por sus adversarios, y como tal ha quedado en la historia de España, López Rodó cuestiona en sus memorias la oportunidad de tal calificación. A fin de cuentas, varios ministros procedían del mundo falangista. Sin embargo, de lo que no queda la menor duda es de que el binomio Carrero-López Rodó había conseguido una influencia política abrumadora aunque a medio plazo la acabaría padeciendo. De la Comisaría del Plan procedían cuatro de los once nuevos ministros, lo cual no significa que dominaran la totalidad del sistema político franquista. Un programa redactado por Carrero en enero de 1971 introducía las asociaciones políticas y las buenas relaciones con las Cortes como para satisfacer al Movimiento. En realidad, Carrero lo utilizó por el carácter levantisco perceptible en parte de la clase dirigente del régimen. López Rodó asegura que el gobierno se vio sometido a un proceso de «acoso y derribo». Entre los perdedores en la crisis, Fraga definió lo sucedido como un «gran desastre nacional» y fue el mas activo opositor de Carrero. En abril de 1970 dimitió Silva. En 1971, un antiguo e influyente miembro del Gobierno, el almirante Nieto Antúnez, pidió a Franco que no se apoyara tan sólo en su poder carismático, sino también en la «fuerza moral» de un equipo.

Mayores problemas causaron otras instancias institucionales. El asunto Matesa se convirtió en las Cortes en un instrumento de protesta de una parte de la clase dirigente contra el gobierno, pero éste liquidó la cuestión por el procedimiento de decretar una amnistía en octubre de 1971 que dejó libres a tres mil presos, incluidos los responsables políticos no juzgados de aquella cuestión. Franco había asegurado a Navarro Rubio que la cuestión quedaría en «agua de borrajas», pero de esta manera quedó planeando sobre ellos la sospecha. Una solución tan chapucera sólo resulta concebible en un momento en que Franco había iniciado su declive vital.

Algo parecido puede decirse de los nuevos interrogantes que se plantearon acerca de la sucesión, surgidos poco tiempo después del nombramiento del Príncipe de España. En diciembre de 1971 se anunció el noviazgo de don Alfonso de Borbón con María del Carmen, nieta de Franco. El matrimonio, se celebró en marzo de 1972, y de él llama la atención el error en la estrategia conyugal del contrayente masculino. Era ya demasiado tarde para el cambio de sucesor pero estuvo precedido por toda una serie de tensiones. Don Alfonso, tras haber solicitado que se le concediera el título de Príncipe de Borbón, hubo de conformarse con el de Duque de Cádiz, pero insistió en ser considerado como segundo en la línea sucesoria. Fue el propio Príncipe de España quien propuso la fórmula adoptada finalmente, como prueba de su voluntad de «colaboración y unión» y con la promesa de nombrarles luego infantes de España. Una situación como ésta sólo es imaginable en el declinar de Franco, que ahora, por vez primera, se hallaba influido por el medio familiar. El propio Carrero debió soportar que la mujer del Jefe del Estado le reprochara la presencia de «incapaces y traidores» en el gobierno. En las memorias de López Rodó, el capítulo relativo a 1972 se titula «El año de la boda», lo que prueba hasta qué punto las incidencias familiares se entrecruzaban con la vida pública.

También el carácter levantisco de las instancias vinculadas con el Movimiento puede ser interpretado por la ancianidad de Franco. El gobierno de 1969 tuvo como cerrada enemiga a una extrema derecha clerical, representada por Blas Piñar. También en 1972 hizo su reaparición en el escenario político un caracterizado representante de la vertiente más fascista del régimen, Girón. La sustitución de Silva Muñoz por Fernández de la Mora, teórico de un «Estado de Obras» que alcanzaba su legitimidad por hacerlas, supuso la desaparición de la familia católica. La tesis del «Estado de Obras», por otra parte, no era sino la ampliación y racionalización de unos planteamientos precedentes de la extrema derecha monárquica de la etapa republicana. Los expedientes sancionadores disminuyeron pero la prensa, bajo la responsabilidad de Sánchez Bella, recibió una presión efectiva incluso mayor mediante procedimientos indirectos como llamadas telefónicas. En otros aspectos, la postura gubernamental no fue reaccionaria sino coherente con la peculiaridad del régimen. La Ley Sindical de 1971 evitó que el ministro de Relaciones Sindicales fuera elegido por la Organización Sindical oficial e impuso un ministro nombrado por el presidente del gobierno. Aun así, la decisión pudo ser considerada regresiva por los procuradores sindicales; era lo que siempre había sucedido en el régimen. Un intento de Ley de Administración Local quedó pronto desechado. La cuestión política clave fue siempre el asociacionismo político. Fraga se había pronunciado con decisión a favor de él. Fernández Miranda, nuevo secretario general del Movimiento, sabía que con Franco sería imposible un asociacionismo auténtico, mientras que don Juan Carlos, de quien había sido profesor, le había aconsejado que, en esta materia «planeara sin aterrizar», es decir, que evitara proponer una legislación que produjera resultados inauténticos. En realidad no exitía una lucha entre aperturistas y reaccionarios; ambos grupos estaban a la defensiva esgrimiendo argumentos contra el adversario. Ninguno era democratizador ni por completo cerrado al cambio.

Todo en el ambiente tendió a empeorar para el régimen. Las malas relaciones con la Iglesia degeneraron en reproches por parte de unos gobernantes capaces de recordar la ayuda económica prestada por el Estado. Como escribió por entonces Ridruejo, la oposición era para el régimen una especie de guerrilla que, si le desgastaba, también le servía de elemento galvanizador. No parecía posible limitar la acción de la oposición ni siquiera recurriendo a las medidas más duras. Desde septiembre de 1968, Carrero había organizado un servicio dependiente de Presidencia destinado a combatir la subversión: estuvo formado sólo por militares y quedó al mando del coronel San Martín. La influencia y la información de este servicio no parecen haber sido buenas. Cuando Franco fue interrogado por Carrero acerca de la consolidación del servicio, no contestó «ni que sí ni que no», con palabras bien desconcertantes. En todos los regímenes dictatoriales se llega en la fase final a una «parálisis decisoria» que en España se había alcanzado antes de la muerte de Carrero. La frase citada constituye una excelente prueba de ello.

El propio Franco debía de ser consciente de su incapacidad para el ejercicio directo del poder: la prueba es que en junio de 1973 nombró presidente del gobierno a Carrero. La transición política que conllevaría la muerte de Franco ya parecía inmediata. De ahí el intento de Carrero de formar un gobierno caracterizado por la pluralidad de su composición (figuraban en él futuros ministros no vinculados con su persona) y también el deseo de López Rodó de ocupar un puesto político, el Ministerio de Asuntos Exteriores. La vicepresidencia recayó en Fernández Miranda, como prueba de la creciente confianza que Carrero sentía por él. El gobierno de 1973 fue, en definitiva, un gobierno para la transición hacia la monarquía pero también para la continuidad del franquismo, en una peculiar versión en la cual el elemento falangista aparecía diluido.

La corta etapa de Carrero en la Presidencia ratifica, no obstante, la impresión de inviabilidad de un régimen en el que, si el jefe del Estado era ya octogenario, el jefe de gobierno había cumplido 79 años. «Los años pasan; estoy cansado y tengo la cabeza como un bombo», le confió Carrero a López Rodó. De tener alguna directriz de gobierno, ésa fue en la pura resistencia. En sus últimas semanas de vida, Carrero parece que pensó en una «ofensiva institucional». Consideraba la apertura como «una zarandaja» y en todo veía conspiraciones universales de la masonería. El último documento político que salió de sus manos pedía que el Estado se ocupara de «formar hombres, no maricas» [*sic*], y repudiaba aquellos «melenudos trepidantes» con cuya música se divertía la juventud.

En estas circunstancias tuvo lugar la «Operación Ogro», con la que ETA asesinó a fines de 1973 al presidente del gobierno español. Fue la primera actuación de ETA fuera del País Vasco y nadie había pensado en serio que pudiera realizarla a pesar de que las autoridades policiales estaban convencidas desde hacía tiempo de que podía intentar un secuestro. La imprudencia con la que actuaron los miembros del comando en Madrid y la escasa vigilancia existente hicieron que algunos pensasen en extrañas connivencias con sectores del régimen. Pero todo ello no tiene fundamento objetivo: nace de la inevitable tendencia de los seres humanos a recurrir a explicaciones extravagantes cuando se producen acontecimientos sorprendentes.

No cabe la menor duda de que, de no haber muerto, Carrero hubiera sido un dato real del panorama político a la muerte de Franco con el que el rey hubiera debido contar en la operación de la transición. Los sucesores inmediatos de Carrero no tuvieron peso específico suficiente en la vida del régimen como para desempeñar ese papel. La sensación de deriva sin rumbo fijo se acentuó.

TARDOFRANQUISMO: EL GOBIERNO ARIAS NAVARRO

Casi el único elemento de continuidad entre el gobierno de Carrero y el de Arias Navarro fue la decadencia irremediable de la salud física de Franco. Cada vez más senil, un Franco inexpresivo, que articulaba mal y que andaba con pasos cortos, sin bracear, o que no pronunciaba palabra y acababa llorando, resultaba patético. Fraga ha narrado en sus memorias una de sus últimas entrevistas con él, de la que salió con la sensación de que «escuchaba pero no oía». López Rodó asegura que Franco le oyó «sin mover un músculo de la cara». Este estado de Franco contribuye a explicar que el paréntesis de la crisis constituyera un auténtico «frenesí», que luego degeneró en una «caza de brujas», como la sintieron los que la padecieron.

El nombramiento de Arias Navarro fue el testimonio de la definitiva crecida de su familia o su círculo más cercano en la política del régimen. En la opción final por Arias pudo tener también influencia Rodríguez de Valcárcel, presidente de las Cortes. En definitiva, parece cierta la afirmación de Fraga: a Franco «se le hizo la combinación testamentaria». Fernández Miranda que, como vicepresidente, había alimentado esperanzas, fue marginado. Don Juan Carlos no fue consultado en el transcurso de la gestación del nuevo gabinete. Si la Presidencia anterior había sido responsable de promover una monarquía, incluso si la que se plasmó en la realidad con el paso del tiempo fue muy distinta de la ideada por la Presidencia, ésta no parecía tener vínculos significativos con quien reemplazó a Carrero.

Carlos Arias Navarro como personaje político sigue guardando secretos. No era nadie relevante del régimen que pudiera tener un equipo o un programa gubernamental para el momento más difícil en la vida del franquismo. Pronto se vio que su apariencia de energía ocultaba vacilación y que, si era capaz de convencerse de la necesidad de una reforma política, mantenía esos propósitos durante poco tiempo porque sus sentimientos estaban con el mantenimiento de lo que ya existía. El propio Franco parece que dudó, al poco de promoverle, de la oportunidad de su elección. Nombrado ministro por intervención de Franco, Carrero le consideraba carente de «criterio».

En su gobierno hubo un círculo de responsabilidad fundamental —Carrero en Presidencia, García Hernández en Gobernación, Cabanillas en Información— y un cierto grado mínimo de continuidad con el pasado en la responsabilidad económica (Barrera) o en materia social

(Licinio de la Fuente). Con frecuencia hubo entre los ministros deslealtades y carencia de propósito común: uno de los ministros aseguró que si ya en la época de Carrero se había puesto en duda su capacidad para presidente en comparación con Arias, como director de orquesta «parecía Von Karajan». En los ministros, como conjunto, cabe percibir una clara tendencia reactiva respecto a la época en que Carrero lo representaba todo en la política española. Los relevos de cargos políticos de nivel menor fueron muchos (un centenar y medio de altos cargos) y se quiso dar la sensación de una ruptura con la continuidad del pasado. Franco le dio a un ministro saliente la explicación de que había aceptado los cambios porque «cada torero debe lidiar con su cuadrilla».

El llamado «espíritu del 12 de febrero» nació de estas circunstancias. Contra todas las previsiones que nacían de su pasado como director general de Seguridad, Arias Navarro hizo en esa fecha de 1974 una inicial declaración de intenciones en la que afirmó una voluntad de reforma política dentro de las habituales coordenadas del sistema. El contenido concreto de ese programa era francamente limitado: consistía en la reforma de la Ley Sindical y la aprobación de una Ley de Régimen Local, otra de Asociaciones y de un sistema de incompatibilidades. Por un momento, con todo, pudo dar la sensación de que se iba a iniciar una senda de apertura.

Pero el espíritu de febrero se desvaneció en marzo cuando el arzobispo de Bilbao, Añoveros, suscribió un documento que produjo tal desmesurada reacción que estuvo a punto de provocar la expulsión del citado prelado de España. La pastoral se refería a la «identidad específica del pueblo vasco» y a su derecho a conservar su «patrimonio espiritual». Aunque no contenía nada directamente subversivo, Tarancón recomendó que no se leyera. Cuando se hizo, se sucedieron unos días de exasperación mutua. Tarancón tuvo lista la excomunión de quien pretendiera expulsar de su diócesis a Añoveros. En sus memorias, Fraga considera lo sucedido como un «paso en falso» del gobierno. Tres ministros estuvieron a punto de dimitir y sólo la intervención del sector más moderado del gobierno y del primado cerca de Franco recondujo la situación. Añoveros abandonó su diócesis pero de forma voluntaria y temporal, pese a tratarse del incidente más grave entre el régimen y la Iglesia. Franco contribuyó, en uno de sus arranques de prudencia política, a evitar que se prosiguiera en el rumbo del enfrentamiento al que llevaban los sentimientos del presidente del gobierno.

Mientras tanto, las circunstancias rápidamente se hicieron difíciles para el nuevo gobierno. A esas alturas era patente el impacto de la primera crisis provocada por la elevación de los precios del petróleo y, además, entre la primavera y el verano de 1974 entraron en crisis en Europa dos regímenes dictatoriales que tenían puntos de coincidencia con el franquismo: el griego y el portugués. El fin del Portugal salazarista representaba mucho para un Franco que había asegurado que, si uno de los dos regímenes perecía, el otro habría de «cargar con el muerto».

El factor que desencadenó la organización de la disidencia en el mundo militar fue el ejemplo de la revolución portuguesa. Sólo se plasmó en una organización en el verano de 1974: la Unión Militar Democrática. Sus miembros procedían de sectores católicos poco conformistas, desde donde desembocaron en posiciones próximas al PCE o el PSOE. Sus propuestas, moderadas, no llegaron a cuajar en una actividad importante. Cuando la organización fue descubierta, no tenía estrategias demasiados definidas. Tan sólo era clara su disposición a intervenir contra un golpe de Estado con propósito regresivo.

En julio de 1976 fueron detenidos un comandante y diez capitanes que, juzgados en 1976, fueron condenados a penas de entre dos y ocho años de cárcel. En el verano de 1974 había sido cesado también de su puesto como jefe del Alto Estado Mayor el general Díez Alegría, a quien algunos veían como un general liberal capaz de favorecer la transición a la democracia pero que se había mantenido dentro de los límites de la más estricta disciplina. El exceso de politización experimentada por el Ejército durante la dictadura le había vacunado contra los intentos de darle la vuelta en contra de Franco.

Lo acontecido en Portugal influyó en la política española, tanto para estimular las esperanzas de la oposición como para incrementar la irritación de los sectores más reaccionarios. Como le había sucedido a Carrero, Arias Navarro también se vio inmediatamente influido por el búnquer político. En junio de 1974, clausurando definitivamente el «espíritu del 12 de febrero», Arias identificó al pueblo español y el Movimiento Nacional. A la muerte de Franco tan sólo habían sido aprobadas dos de las disposiciones anunciadas por Arias y ambas eran claramente intrascendentes e insuficientes. En enero de 1975, Arias consiguió de Franco, tras una crisis parcial en la que se desprendió del componente más avanzado de su gobierno, un Estatuto de Asociaciones que obligó a que tuvieran al menos 25.000 afiliados y estuvieran implantadas en quince provincias, aunque una disposición como ésa no empujó a nadie a la integración en el asociacionismo. Las asociaciones, durante tanto tiempo un caballo de batalla, dependían en su vertebración legal del Consejo Nacional, lo que impedía que pudieran resultar atractivas para nadie ya integrado en el Movimiento.

Mientras tanto, a la incertidumbre creada por una reforma política que no se llevaba a cabo —pero se anunciaba y luego se desmentía— hubo que sumar la originada por la salud de Franco. En julio de 1974, una primera enfermedad obligó a que Franco cediera temporalmente sus poderes a don Juan Carlos; un día antes se había creado la primera entidad unitaria de la oposición, la Junta Democrática. El príncipe de España desde el momento de su nombramiento había tratado de mantener una cierta independencia con respecto al régimen contactando con elementos moderados de la oposición. Logró, al menos, que existiera una cierta expectativa hacia su persona que hubiera resultado inimaginable en 1969. La aparición, por estos años, de libros y artículos sobre el futuro del régimen y el papel del príncipe así parecen demostrarlo.

De la segunda reasunción de poderes por Franco se enteró el príncipe en el mismo momento de producirse, pese a que había pedido ser informado. Ya se puede imaginar que el príncipe vivió lo sucedido como una gran humillación. Seguía funcionando un subterráneo «pacto de familia» por el que su padre hacía afirmaciones que completaban la imagen de la monarquía como institución dirigida a todos los españoles. En el verano de 1975, don Juan declaró no haberse sometido en toda su vida a «ese poder tan dilatado e inconmoviblemente ejercido de Franco» que había nacido con un propósito mucho más circunstancial. A estas declaraciones le siguió la prohibición de residir en territorio nacional.

El grado de discrepancia intragubernamental se multiplicó ahora de manera exponencial. El gobierno era la expresión misma de la incoherencia y dio la permanente sensación de estar incapacitado para llevar a cabo cualquier propósito común. El Franco posterior a la muerte de su primer presidente fue un ser desvalido que decía haber perdido el «último hilo que me unía al mundo» y que ni siquiera sabía en qué consistía el «espíritu del 12 de febrero» del que le hablaba Arias. Cuando los sectores más reaccionarios en el seno del régimen le sugerían la posibilidad de que su sucesor no se mantuviera en la órbita del sistema, se conmovía y aseguraba que «sé que hay juramentos que obligan». Pero cuando reasumió sus poderes en septiembre de 1974 emprendió una inmediata embestida en contra los sectores más aperturistas del gobierno. En octubre de 1974, fue cesado Pío Cabanillas, pero con él se solidarizaron el vicepresidente económico del gobierno,

Barrera de Irimo y otros cargos de menor trascendencia, que también debieron ser relevados. Con posterioridad, por las razones ya citadas, se produjo la sustitución de uno de los vicepresidentes, Licinio de la Fuente, por Fernando Suárez y la de Utrera, incapaz de controlar la fronda falangista, por Herrero Tejedor. Para colmo de males, este último no tardó en morir en accidente de tráfico.

El gobierno de Arias Navarro, en el otoño de 1975, era la viva imagen de la desorientación. Cuando en septiembre de 1975 cinco terroristas fueron ejecutados como procedimiento drástico para cortar las manifestaciones de oposición, se produjo una generalizada protesta en toda Europa contra el régimen. Éste acudió a un procedimiento de respuesta al que ya había recurrido en dos ocasiones anteriores. Como en 1970 y 1971, convocó una manifestación en la madrileña Plaza de Oriente para que sus partidarios le mostraran su apoyo. Esta exhibición de fuerza tuvo, de nuevo, un cierto aire patético, pues la trémula voz de Franco acusó como siempre al liberalismo, la masonería y el comunismo de los males del presente español. Mientras tanto, por vez primera desde hacía casi treinta años, se agravaba el panorama de la política exterior española. De ambas cuestiones —la oposición y el contexto exterior— es preciso tratar antes de aludir a las últimas semanas de la vida de Franco.

Actividad de la oposición: el camino hacia la unidad

El telón de fondo sobre el que se desarrolló la política del régimen en este período fue una protesta social creciente. No fue una protesta que tuviera propósitos exclusivamente socialistas o revolucionarios, ni, por sí misma, resultaba capaz de producir el cambio del régimen, pero demostraba hasta qué punto la sociedad se había independizado del Estado. Ni siquiera puede decirse que fuera el resultado de las organizaciones de la oposición.

A estas alturas, la brutalidad terrorista había enajenado a ETA la benevolencia con que parte de la oposición la vio hasta comienzos de los setenta. Con ocasión del atentado contra Carrero, el PCE mostró su repudio decidido de ETA. La condena fue todavía mayor cuando, en septiembre de 1974, se produjo el estallido de una bomba en la cafetería Orlando, de Madrid. Para la realización de este atentado prestaron ayuda personas procedentes del comunismo que fueron repudiadas por el partido. Una tendencia del PCE —y de la oposición en general— fue considerar que los actos terroristas eran obra de movimientos de extrema derecha.

La represión, combinada con el apoyo de una parte importante de los vascos a ETA, contribuye de manera importante a explicar la última división del nacionalismo radical antes del final de Franco. Hubo un sector que tendió a combinar la acción violenta con actos no terroristas; este grupo fue denominado ETA político-militar y fue tentado por la acción política. Pero en el seno de ETA quien predominó fue el puro activismo terrorista que representaba ETA militar. Desde comienzos de los setenta, los atentados no sólo se cometieron en el País Vasco, sino que se extendieron a la totalidad del territorio nacional.

Al final de la época franquista, la violencia terrorista aumentó y se situó en un nivel que, por desgracia, estuvo destinado a prolongarse en los primeros tiempos de la transición. Desde octubre de 1974 a octubre de 1975, ETA asesinó a 22 miembros de las fuerzas del orden público y catorce civiles, pero más significativo es el hecho de que, en los días siguientes a las ejecuciones de septiembre de 1975 fueran a la huelga en el País Vasco unas 200.000 personas en solidaridad con la organización terrorista. Este dato revela el importante apoyo social y la distancia existente entre el País Vasco y el régimen franquista. Desde 1973, el terrorismo no se limitaba sólo a ETA; se extendía también a grupúsculos prochinos como el PCE reconstruido y la OMLE (Organización Marxista Leninista de España). El primero creó los GRAPO (Grupos Revolucionarios Armados Primero de Octubre) precisamente con ocasión de esas ejecuciones; actuaron con particular brutalidad pero carecieron de cualquier apoyo social. Sus militantes fueron personas de extracción social humilde, procedentes de medios industriales en crisis (por ejemplo, la construcción naval) que debían utilizar armas robadas a las fuerzas policiacas y ni siquieran disponían de medios para editar sus panfletos. Pero en los momentos finales del franquismo, los GRAPO fomentaron una acción represiva del régimen que reveló sus peores aspectos. El decreto antiterrorista que a ellos (y a ETA) les fue aplicado con carácter retroactivo preveía responsabilizar no sólo a los que defendieran el terrorismo sino además a los que tratataran de «minimizarlo». El olvidado movimiento anarquista alcanzó un cierto resurgir. Hubo algunos grupos dedicados a la acción violenta y, en 1974, sería ejecutado un militante de esta significación (Puig Antich).

Toda esta actividad terrorista no puede hacer olvidar el otro tipo de oposición, que, aunque, de momento tuviera una presencia muy inferior en los medios de comunicación, en el futuro habría de desempeñar un papel mucho más decisivo. La oposición moderada del PSOE y del PCE perfilaron sus liderazgos y sus posturas en este momento en que ya se adivinaba el declinar definitivo del régimen.

La oposición moderada pareció tener en estos momentos un protagonismo inferior, pero debe tenerse en cuenta que su papel no residía tanto en la confrontación inmediata y directa como en el ofrecimiento de una alternativa de futuro. Con el transcurso del tiempo se fue produciendo un desvanecimiento de los límites entre oposición y régimen. Hubo una «zona-colchón» de la política española en que era inequívoca la voluntad de democratización pero con discrepancias estratégicas o disparidad de procedencias.

Gran parte de la oposición moderada se había identificado en el pasado con la persona de don Juan de Borbón, quien en esta fase final del franquismo acentuó su discrepancia con el régimen y reunió a cuantos le veían como alternativa liberal a la monarquía de su hijo. Areilza se presentó en los años finales del régimen como el ejemplo de una derecha civilizada, democrática y constitucional. Eso explica que fuera objeto de reacciones airadas por parte de los círculos oficiales, en especial por el propio Carrero. Por su parte, Calvo Serer, con un pasado como mentor de cierta versión monárquica de extrema derecha, había inspirado, ya desde una óptica democrática, el diario *Madrid.*

Otros dos grupos que habían formado parte en el pasado de esa oposición moderada fueron los democristianos y los seguidores de Dionisio Ridruejo. Sólo en 1973, cuando ya no faltaba tanto para la muerte de Franco, fue creado el Equipo de la Democracia Cristiana del Estado Español. De él formaron parte los grupos democristianos españoles, la Unió Democràtica de Catalunya y el Partido Nacionalista Vasco. Aunque no sin discrepancias, la semitolerancia gubernamental permitió a los democristianos españoles celebrar sus reuniones con cierta publicidad a lo largo de 1975. De todos modos, el papel del catolicismo liberal y progresista fue difundir el ideal democrático, pasando muchos de sus miembros a otras opciones situadas más a la izquierda. A partir de 1973, con ocasión del derrocamiento del gobierno chileno presidido por Allende, con anuencia inicial de los democristianos, un grupo de seguidores de Ruiz-Giménez pasó a engrosar las filas del PSOE. Ese mismo año se fundó la asociación Cristianos por el Socialismo. Por su parte, Dionisio Ridruejo, obligado al exilio después de la reunión de Múnich, regresó de nuevo a España y sus declaraciones, valientes y cáusticas, le valieron procesos en 1972. Su muerte temprana impidió que su grupo pudiera desempeñar un papel determinante en la transición.

Tanto en el País Vasco como en Cataluña, la oposición había tenido una trayectoria peculiar, pero ahora se acentuó. A mediados de los años sesenta, el PNV perdió la característica confesional que había tenido hasta el momento. En Cataluña el declinar del franquismo coincidió con la aparición de la fórmula política destinada a tener mayor éxito a partir del momento de la transición. Esta opción estuvo vinculada a la persona de Jordi Pujol, quien, como gran parte de la clase política de la España de la transición, se inició en la vida pública en círculos católicos. En mayo de 1960 fue el principal protagonista de una protesta contra Franco con ocasión de una visita del dictador a Cataluña; ello le supuso la tortura y una condena de la que cumplió dos años y medio de cárcel. Tras el cumplimiento de la sentencia, su vida se centró en la reconstrucción de la cultura y la conciencia de peculiaridad catalanas. Convergència Democràtica de Catalunya apareció a finales de 1974 con elementos de distinta procedencia, incluso de izquierda, como en el caso de Roca Junyent. Al margen de los partidos políticos, es necesario recalcar el importante cambio producido durante la fase final del franquismo en el catalanismo. Nacionalismo, marxismo crítico y catolicismo progresista elaboraron un esquema interpretativo común que creó una conciencia unitaria y solidaria.

De momento, los movimientos regionalistas y nacionalistas tuvieron en el resto de España una importancia limitada. No obstante, el origen remoto de una agrupación de carácter nacionalista andaluz fue más antiguo que el de CDC. Los orígenes del andalucismo político han de remontarse a la elección en 1966 como concejal de Sevilla, por el tercio familiar, de Alejandro Rojas Marcos. De su actuación y la de sus seguidores derivó en 1972 la creación de la Alianza Socialista de Andalucía, de la que deriva el andalucismo actual.

Quizá lo más característico de este período de la historia de la oposición al franquismo sea la aparición de unos sectores intermedios que actuaban en la legalidad pero querían cambiarla. A mediados de 1973 se creó un grupo denominado Tácito, que tenía un reflejo ante la opinión pública gracias a sus artículos en *Ya* y suponía una deriva hacia la disconformidad de la familia católica del régimen. En Tácito se encontraron quienes militaban en la oposición y quienes, en el seno del régimen, mantenían una posición reformista. Los artículos firmados por Tácito tuvieron una importante repercusión y en alguna ocasión desembocaron en el procesamiento de sus autores.

Todavía fue más inesperada la evolución del carlismo y el falangismo. Durante el tardofranquismo estas dos fuerzas políticas no sólo no aceptaron el arbitraje de Franco, sino que incluso se situaron al margen del régimen, escindidas en un sector mayoritariamente juvenil, que se situaba en la oposición y otro, más convencional, fiel al régimen. Se puede, por tanto, hablar de una auténtica heterodoxia de los ortodoxos. Sólo una visión anacrónica, que trate de interpretar desde la óptica del presente acontecimientos del pasado, puede quitar importancia a este tipo de disidencia.

El carlismo, una vez defraudadas sus esperanzas de convertir al hijo de don Javier, Carlos Hugo, en candidato oficial al trono, evolucionó hacia una postura que puede parecer inesperada pero no lo era tanto. En la práctica había vivido en un estado latente manteniendo su organización en algunos sitios —principalmente en Navarra— pero sin enfrentarse con la organización del Movimiento. Si en otro tiempo habían aceptado ser dirigidos por los notables de esa adscripción, ahora los más jóvenes conectaron directamente con el propio pretendiente. Se produjo así una profunda transformación del tradicionalismo al que el propio don Carlos Hugo acabó definiendo como socialista, autogestionario y federal. En el fondo, la identificación entre socialismo y carlismo tenía una cierta lógica, pues el tradicionalismo siempre había tenido una vertiente popular.

El cambio en el carlismo se pudo ir apreciando en el modo de celebrar su reunión anual en Montejurra, que se fue modificando con el transcurso del tiempo. Romería de carácter religioso hasta 1966, el acto fue politizándose. Ya en 1972, los carlistas defendían una monarquía socialista y en 1974 la tradicional reunión en Montejurra se hizo bajo la advocación de la autogestión. Más adelante apareció en la propaganda carlista como «un grito del pueblo». Desde 1968 incluso existieron unos grupos de acción carlistas que no tuvieron empacho en realizar algunos atentados y atracos. Claro está que no todos siguieron al pretendiente carlista y a sus juventudes por esta senda. La misma asistencia a las reuniones de Montejurra, que a finales de los sesenta concentraba a setenta mil personas, se redujo en los setenta a apenas cinco o seis mil.

Con tales actuaciones, el carlismo se llevó a sí mismo al suicidio cuando llegó el momento de la transición. También el mundo juvenil falangista siguió un rumbo semejante. Siempre hubo una potencial disidencia falangista, aunque hasta fines de los sesenta tuvo una relevancia muy pequeña. Como en el caso del carlismo, la situación cambió entre los jóvenes falangistas a fines de los sesenta. Un llamado Frente de Estudiantes Sindicalistas, de esta inspiración, actuó en la universidad desde 1963, con un apoyo no desdeñable. Desde comienzos de los sesenta existieron, además, unos Círculos Doctrinales José Antonio, integrados en el Movimiento pero cada vez más críticos con él. En 1970 trataron de promover una reunión en Alicante de la que habría de salir una promotora de Falange autónoma respecto al régimen. El hecho de que existieran estos sectores de falangistas descontentos obligó a que, a partir de 1970, el aniversario del acto fundacional del este partido se realizara en el Consejo Nacional.

No es una casualidad que el carlismo pretendiera convertirse en socialista porque en estos momentos esta adscripción, reducida a un puñado de exiliados y de jóvenes en el interior, se convirtió en punto de coincidencia de sectores muy diversos. Para ello, lo primero e imprescindible era que la dirección tradicional del partido fuera sustituida por otra más adaptada a la realidad de la España de los años sesenta. En la segunda mitad de la década, el dirigente del partido era un octogenario que llevaba casi una treintena de años al frente del mismo. Caracterizaron a Rodolfo Llopis una fuerte prevención contra el espontaneísmo del interior y una voluntad de guardar las esencias del partido, lo que acabó por perjudicar posibilidades de desarrollo.

En el interior de España, el socialismo había seguido un rumbo que poco tenía que ver con la estrategia de Rodolfo Llopis. En 1967 celebró su Congreso el Moviment Socialista de Catalunya, cuyas principales figuras aparecieron entonces con una decidida pretensión de autonomía respecto a la dirección del exterior. Al año siguiente fue fundado el Partido Socialista del Interior, que no era otra cosa que la nueva denominación del grupo de seguidores de Tierno Galván, quien en 1965 había militado en el PSOE aunque fue prontamente expulsado de él. El PSI fue casi exclusivamente un partido de profesores universitarios dirigido por la personalidad absorbente de Tierno. Respecto al PSOE exiliado, tenía dos novedades importantes, que conectaban mejor con la evolución de la España de la época: la desaparición del anticomunismo y un cierto tono libertario. La misión de renovar el PSOE le correspondió a tres grupos de jóvenes dirigentes del mismo, de procedencias geográficas distintas y de militancia, en algunos casos, reciente: Múgica y Redondo eran los principales animadores del socialismo vasco, Castellanos representaba al de Madrid y Alfonso Guerra y Felipe González dirigían la organización sevillana.

Los renovadores del socialismo español avanzaron con lentitud y estuvieron sumidas en una dura controversia hasta el desenlace definitivo. Sólo en 1967, la dirección socialista contó con una representación importante del interior (siete personas); dos años después apareció por vez primera en las reuniones de la dirección en el exterior Felipe González. En 1970, Llopis admitió ya una cierta división de las responsabilidades: él desempeñaría la representación internacional del partido, mientras que en España el predominio le correspondería a quienes allí estaban. En 1971, la UGT pasó a ser dirigida por una especie de comité mixto entre el interior y el exterior, con predominio del primero. Pero el momento decisivo se produjo en 1973 cuando, tras una serie de escaramuzas previas, los renovadores del interior se impusieron a Llopis. En realidad, ésta fue más obra de los dirigentes vascos y madrileños que de los sevillanos, pero éstos iban a predominar porque contaban con un Felipe González cuya condición de líder se adivinaba ya.

No obstante, la victoria de los renovadores no fue definitiva hasta comienzos de 1974. La mayor confianza de la Internacional Socialista en los jóvenes dirigentes del partido hizo que finalmente la tendencia renovadora obtuviera la victoria. Con ello, sin embargo, no desaparecieron las dificultades internas. A lo largo de 1973, por ejemplo, Guerra y González dimitieron de sus cargos; eran ellos los que mantenían una postura radical, que hizo que pusieran dificultades a la incorporación a la dirección del partido del sector proveniente de la Democracia Cristiana.

El definitivo triunfo de la tendencia renovadora, consolidación del anterior, se produjo en el otoño de 1974 con ocasión de un Congreso celebrado en Suresnes, cerca de París. La limitada fuerza del socialismo, cuando apenas faltaba un año para la muerte de Franco, se aprecia con simples datos estadísticos: el PSOE tenía unos 2.500 militantes en el interior (una quinta parte de ellos en Guipúzcoa) y 1.000 en el exterior. La dirección elegida supuso la victoria definitiva de Felipe González (*Isidoro*), pero sólo la logró gracias a exponer el informe político y a la marginación voluntaria de Nicolás Redondo. Las decisiones del Congreso se caracterizaron por un manifiesto tono radical que repudiaba el capitalismo y los llamados «bloques militares», incluido el occidental. No obstante, se había situado en unas buenas condiciones para tener un futuro electoral prometedor. En primer lugar, tenía a su favor la continuidad simbólica con el pasado de la izquierda y representaba bien un radicalismo juvenil que resultó momentáneo, aunque se adivinaba una actitud pragmática. Era, además, un grupo político interclasista: una elevada parte de su dirección estaba formada por universitarios. Suresnes fue, pues, la culminación de un proceso; supuso una renovación generacional e ideológica.

A partir de este momento, el PSOE pudo ir convirtiéndose en una especie de polo de atracción de sectores muy diversos que habían adoptado el adjetivo de «socialista». A la altura de la muerte de Franco era todavía un partido con grandes carencias. No tenía una organización suficiente pero, ya en 1974, González se instaló en Madrid y empezó a montarla; buena parte de los futuros dirigentes del partido ingresaron en este momento. Carecía de un movimiento sindical fuerte pero el apoyo exterior nunca le faltó y, aunque en Madrid y Sevilla era mucho más un partido de estudiantes y jóvenes profesionales que de obreros, consiguió finalmente desarrollar la UGT gracias a militantes procedentes del sindicato USO.

Pero a comienzos de los setenta era el PCE el partido de izquierda al que parecía que habría de corresponderle la hegemonía. En ese momento tenía mayor afiliación y mejor organización que el PSOE, y con el liderazgo de Santiago Carrillo se iba independizando de la Unión Soviética, al mismo tiempo que evitaba el aislamiento en la oposición. Si el PCE había aceptado la invasión de Hungría por los soviéticos en 1956, mantuvo una posición muy crítica respecto a la de Checoslovaquia en 1968. Sus dirigentes incluso llegaron a afirmar que ellos querían para España una situación política semejante a la «primavera de Praga». La reacción del PCUS fue inmediata y airada y, sin duda, influyó en que surgiera una disidencia, a finales de 1969, protagonizada por dos antiguos ex funcionarios soviéticos. Mayor relevancia tuvo, no obstante, la de Enrique Líster, un personaje histórico importante dentro del PCE que además gozó del apoyo directo de la URSS. El PCUS criticó en alguna ocasión a los dirigentes españoles, pero Carrillo siguió manteniendo relaciones estrechas con una parte considerable del movimiento comunista internacional proclive a la autonomía respecto a los soviéticos, como los partidos de Rumanía, Corea e incluso China.

Adoptó también una postura tendente a atraerse a sectores más amplios de la población. La peculiaridad de la situación española favoreció, además, la insistencia en los principios democráticos: en consecuencia, la estrategia del PCE se resumió en la propuesta de un «pacto por la libertad». En 1973, su «manifiesto-programa» postuló para España una «democracia nueva» de impreciso contenido. El PCE incluso admitió la presencia de España en el Mercado Común, que en un primer momento había repudiado. Lo que, en cambio, no experimentó ninguna alteración apreciable fue la forma de regirse el partido, que siguió obedeciendo a los principios del rígido «centralismo democrático». Carrillo dominó en él; un tercio del comité central tenía más de sesenta años. Pero el recuerdo del pasado y el entusiasmo del presente llevaban a hacer desaparecer la diferencia entre la reivindicación de la libertad y la afiliación comunista. Para muchos, la oposición se identificó en la práctica con el comunismo.

Pero al mismo tiempo salían del PCE otros grupos políticos que lo consideraron reformista o moderado. A mediados de la década de los sesenta surgió, en los medios de la emigración comunista, un autodenominado PCE marxista-leninista, de tendencia prochina. De él nació luego el Frente Revolucionario Antifascista y Patriótico, que practicó el terrorismo en los años setenta. Pero no fue ése el único grupúsculo de extrema izquierda surgido del PCE. Del PSUC surgió el Partido Comunista Internacional, luego convertido en Partido del Trabajo de España, y también algunos núcleos trotskistas, agrupados definitivamente en la Liga Comunista Revolucionaria. Algún sector de extrema izquierda no tuvo esa procedencia, sino que derivó de la ETA más obrerista, y otro, la Organización Revolucionaria de los Trabajadores, nació en organizaciones obreras de apostolado católico.

Una vez descritos los grupos de oposición política al régimen, hay que señalar su persistente desunión hasta la muerte de Franco. Más que derribar a éste, lo que la oposición pretendió en los momentos finales del franquismo fue obtener, mediante una acción colectiva, las garantías para que fuera posible una transición hacia la democracia.

Fórmulas de colaboración parcial entre la oposición existieron siempre en ocasiones puntuales. Hubo, por ejemplo, protestas colectivas por la manera en que se desarrolló el referéndum de la Ley Orgánica de 1967. En 1970, la visita del ministro de Asuntos Exteriores alemán motivó una entrevista con Tierno, Ruiz-Giménez, Areilza y Satrústegui, quienes también se dirigieron al secretario de Estado norteamericano poco tiempo después. Una colaboración más amplia y sin recurso al exterior tuvo su origen en Cataluña, donde a finales de 1972 se creó la Asamblea de Cataluña. En octubre de 1973 fueron detenidos los miembros de su dirección.

En el resto de España no se llegó a formar una organización unitaria antes de la muerte de Franco. En el verano de 1974 se presentó en París la Junta Democrática que, animada por el PCE, atrajo a individualidades relacionadas con don Juan de Borbón. Luego hubo grupos que se fueron sumando a ella, como por ejemplo el Partido Socialista

Popular de Tierno Galván o, durante algún tiempo, el partido carlista. En realidad era patente que ingresar en esta organización no era otra cosa que tomar posición ante el futuro inmediato; por eso puede decirse que lo importante de esta colaboración no fue la dinámica inmediata que creó. Si la Junta Democrática estuvo animada por el PCE, el PSOE, con la colaboración de la Democracia Cristiana, creó la Plataforma de Convergencia Democrática, mucho más plural.

España y el mundo occidental

Para entender la fase final del franquismo es preciso tener en cuenta el contexto exterior. Éste influyó en las últimas semanas de la vida del régimen, cuando se planteó de manera dramática esa última guerra de Marruecos que, en realidad, fue el conflicto del Sáhara. El requisito es remontarse a mediados de la década de los sesenta. Fernando María de Castiella llegó al Ministerio en 1957 y su permanencia en él hasta 1969 lo convierte en el más duradero responsable de la política exterior durante el franquismo. Nacionalista, Castiella había sentido la atracción de Falange en sus tiempos juveniles, aunque también estaba ligado a la familia católica del régimen. A pesar de que su compromiso con el régimen era indudable, su realismo y su competencia le empujaban hacia una mayor adaptación a las circunstancias. Su actitud en política exterior a menudo fue revisionista, sobre todo respecto a Estados Unidos. En relación con otros aspectos de la política exterior, Castiella introdujo un especial sesgo por la lucha descolonizadora del tercer mundo. La dificultad de esta política nacía de la evidencia de la inserción de España en el mundo occidental: de los viajes oficiales que hizo (más de sesenta), tan sólo en uno estuvo en Hispanoamérica y sólo el diez por 100 en países árabes.

Brillante pero a menudo también superficial e intemperante, Gregorio López Bravo, ministro entre 1969 y 1973, dio a la política exterior española una orientación más netamente occidentalista. En su época, el Ministerio de Asuntos Exteriores asumió las competencias en comercio exterior y se produjo la apertura hacia el este de Europa. Sus sucesores, López Rodó y Cortina, no llegaron a durar suficiente tiempo como para que sea posible definir una política exterior de perfiles propios. De todos modos, el primero, al menos, dejó claras sus intenciones de seguir las mismas líneas que su antecesor pero de una forma más discreta. Cortina, más que llegar a ser autor de una política exterior, se podría decir que se vio, como tantos otros políticos de la etapa final del franquismo, dominado por los acontecimientos.

Si los ministros de Asuntos Exteriores dieron su matiz personal a la política exterior española, ésta se desarrolló en un marco permanente. Tal y como había quedado definida después de 1953, la política exterior española tenía como referente fundamental la vinculación con Estados Unidos. Respecto a los norteamericanos, con los que, como sabemos, se mantenía una relación de indudable desigualdad —la ayuda militar era muy inferior a la prestada a Yugoslavia—, hubo una postura a menudo irritada por parte de Castiella, quien seguía la carrera diplomática, mientras que la actitud de Franco era, muy de acuerdo con su mezcla de prudencia y cazurrería, mucho más conformista. Refiriéndose a esta cuestión de las relaciones con Estados Unidos decía que, si «no hay más remedio que casarse, mejor es hacerlo con la rica del pueblo»; además, ésta no tenía exigencias de política interna. Sus documentos íntimos revelan que era muy consciente del peligro nuclear que significaba la cercanía de Torrejón a Madrid. La posición de Carrero fue semejante. De los norteamericanos juzgó positivo el anticomunismo, pero los calificó de «infantiles» y, por otra parte, era consciente de que tan sólo el Pentágono estaba bien dispuesto hacia la España de Franco.

Los norteamericanos dieron sorpresas desagradables, como por ejemplo la imposibilidad de utilizar su armamento en el Magreb y la caída de un avión portador de una bomba atómica en Palomares (Almería) en 1966. En ocasiones se cedía ante ellos sin recibir nada a cambio: Muñoz Grandes autorizó, sin más, que en Rota fueran estacionados submarinos dotados de misiles nucleares. Desde fines de 1967, ante la eventualidad de una renegociación del tratado fue creciendo la insatisfacción española y especialmente la de Castiella. El ministro español afirmó que la colaboración española no debía darse por garantizada, mientras se quejaba de que la flota norteamericana visitara Gibraltar y reclamaba más ayuda norteamericana. La negociación se hizo verdaderamente crispada entre el verano de 1968 y el de 1969. Lo cierto es que existía una incomprensión de fondo de difícil solución: los norteamericanos se quejaban ante lo que creían pretensiones desmesuradas en un momento en que tenían problemas más importantes, como Vietnam, mientras que los españoles no obtenían el apoyo diplomático que requerían de Estados Unidos. Resultaba imposible que los dirigentes norteamericanos obtuvieran del legislativo la anuencia para suscribir un tratado con España. Aunque Castiella modificó su postura en un sentido flexible, su dureza original —llegó a pedir que los norteamericanos y no sólo los soviéticos abandonaran el Mediterráneo— deterioró gravemente su posición ante Carrero. López Bravo llegó a un nuevo acuerdo en el verano de 1970: al final había triunfado la tesis de Franco, para quien «si no negociamos, ¿qué vamos a hacer?».

El nuevo pacto sustituyó las llamadas «bases de utilización conjunta» de 1953 por «facilidades concedidas en bases españolas», e insistía más en aspectos técnicos, culturales y de cooperación económica; sin embargo, persistía el trato desigual. En caso de conflicto menor, como los muchos que se dieron en el mundo, los norteamericanos utilizaron las bases en territorio español como puntos de apoyo o aprovisionamiento sin tener en cuenta la actitud española. En el fondo, desde 1953 hasta el final de la existencia del régimen, se repitió siempre la situación engendrada por la desigualdad en los pactos. Los dirigentes de la política exterior norteamericana más conservadores, incluido Kissinger, querían la integración de España en la OTAN, pero la oposición de buena parte de sus miembros vetaba también esta posibilidad de una mayor integración española en Occidente.

Si la relación con los norteamericanos padecía esos desfases de intereses mutuos, en el caso de los países europeos aún fue peor. En 1961 Franco todavía consideraba «quiméricos» los proyectos de unificación europea, lo que permite poner en duda la perspicacia que en muchas ocasiones se le ha atribuido en este ámbito. A pesar de ello, ese mismo año se tomó la decisión de solicitar algún tipo de asociación con el Mercado Común, lo que demuestra que el puro realismo, generado entre los diplomáticos y los expertos económicos, también podía imponerse en las altas esferas. En febrero de 1962, la España de Franco presentó su petición de «asociación susceptible de llegar a la plena integración en el Mercado Común». Adviértase que la frase suponía tan sólo adhesión por una vía secundaria. Lo que interesaba de forma principal eran las negociaciones comerciales. En la petición no se hizo alusión a la asunción por parte de España de los principios políticos en los que se fundamentaba el Mercado Común.

El impacto de la petición en los medios del europeísmo fue escaso. En Europa, el régimen de Franco logró el apoyo de algunas naciones que, sin considerar a su régimen como un igual, no tuvieron excesivos inconvenientes en propiciar un acercamiento (Alemania y Francia), pero los países del Benelux y los del norte fueron mucho más reticentes. Las resistencias políticas fueron grandes en determinadas instancias como, por ejemplo, el Parlamento Europeo y el Consejo de Europa. Por parte española se redactaron informes que aseguraban que en España se «no había partido único propiamente dicho». Estas palabras, pertenecientes a un informe redactado por Fraga, testimonian la flexibilidad de la nueva generación de dirigentes. Pero la reacción contra los reunidos en Múnich arruinó esta actitud condescendiente.

En estas circunstancias no puede extrañar que las negociaciones tardaran nada menos que cinco años en comenzar. La petición española de asociación con el Mercado Común consolidó e incluso hizo irreversibles las reformas económicas de fines de los cincuenta. Sólo en el verano de 1970 se llegó a un acuerdo tras largas conversaciones. El contenido fue limitado, pues no pasaba de un convenio preferencial que daba a España el tratamiento de «país mediterráneo». Lo importante fue, sin embargo, que tuvo unas repercusiones muy positivas sobre el comercio español: las exportaciones de nuestro país hacia el Mercado Común crecieron un treinta por 100. López Bravo supo describir de manera muy correcta el impacto del acuerdo cuando aludió a la «irreversibilidad práctica» del acercamiento español a la Europa comunitaria. Pero eso no significó más identificación en términos políticos. De hecho, la España de Franco siguió siendo aceptada por la Europa política con infinitas reservas y la esperanza de que cambiara cuanto antes.

Los temores al aislamiento se reprodujeron con ocasión de las ejecuciones de septiembre de 1975, que parecieron rememorar la situación de España al final de la segunda guerra mundial. Ahora, además, la España de Franco no podía contar con el apoyo católico. Las relaciones entre la España de Franco y el Vaticano fueron malas durante el tardofranquismo, en especial en la época de López Bravo, hasta el punto de provocar una tensa e impertinente entrevista del ministro de Asuntos Exteriores español con el Papa. Franco solía ser prudente en materia de conflictos con la Iglesia («la carne de cura es indigesta», le dijo a Alonso Vega), pero estaba confuso e irritado con el desvío eclesiástico para con su régimen. En el último texto íntimo que escribió acerca de esta cuestión, llegó a asegurar que la posición de Roma era «una puñalada» contra él.

Desde finales de los años sesenta se había planteado la necesidad de elaborar un nuevo Concordato entre la Iglesia y el Estado. El Vaticano había solicitado en 1965 a los Estados que gozaban del privilegio de presentación la renuncia al mismo y el Papa le insistió a Franco en 1968. El Jefe del Estado mantuvo la postura de que ésta sólo podía realizarse en el contexto global de las relaciones entre ambos poderes. En 1971 se redactó un proyecto de concordato eligiendo el Estado la imposible negociación completa como medio de resistencia frente al intento de que desapareciera su intervención en el nombramiento de los obispos.

Muy pronto, el proyecto resultó anacrónico y tanto los obispos españoles como la prensa y la propia Roma se mostraron mucho más propicios al establecimiento de acuerdos parciales. Pero ni siquiera éstos fueron posibles a lo largo de 1972. En octubre, el ministro López Bravo declaró ante Tarancón, refiriéndose a las relaciones entre Iglesia y Estado, que éste había llegado a un límite porque «el vaso está lleno y basta una gota más para rebosar». En enero de 1973 visitó al Papa y la conversación fue tan áspera que luego Pablo VI contó a Tarancón que por tres veces había hecho un gesto para que el ministro abandonara la sala. Cuando López Rodó sustituyó a López Bravo intentó reanudar la negociación. A fines de 1973, Casaroli, el responsable de la diplomacia vaticana, estuvo en España. Pero el intento era ya tardío e inviable: la convicción de que se quería eludir la consulta a la jerarquía española estropeó el proyecto. Ya en 1974, Roma era consciente de que no debía precipitarse estableciendo una nueva relación.

Si López Bravo no consiguió mejorar las relaciones con el Vaticano, su nombre en cambio se vinculó al establecimiento de un nuevo tipo de relaciones con la Europa del Este. Habían existido contactos subterráneos entre el régimen franquista y la Unión Soviética desde los cuarenta. La carta de Jrushchov a Franco, de 1961, aludiendo a los problemas mediterráneos fue una especie de reconocimiento tácito del régimen por parte de la URSS. A partir de 1966, los países del Este se mostraron dispuestos a mantener relaciones con España y a fines de la década el proceso de establecimiento de relaciones comerciales resultó imparable. En época de Castiella se iniciaron con Rumanía (1967), a la que siguieron Polonia (1969) y Bulgaria y Checoslovaquia (1970). Ya en 1970, López Bravo se detuvo en Moscú para mantener un contacto directo con las autoridades soviéticas. A las relaciones comerciales les siguieron las plenas: la primera embajada española en un país del Este fue establecida en la Alemania Democrática.

Probablemente, el aspecto de la política exterior española que absorbió más tiempo a sus gobernantes fue la descolonización. Tal como fue planteada esta cuestión por Castiella, tenía dos aspectos que, en su pensamiento, resultaban complementarios. España debía ser beneficiaria de ese proceso descolonizador recuperando Gibraltar, pero también tenía obligaciones derivadas de su condición de potencia administradora de colonias. Esto último lo admitió tras un inicial titubeo. A partir de esa realidad trató de apoyarse en los países del tercer mundo para conseguir Gibraltar. En realidad, se trataba de problemas distintos.

Gran Bretaña había aprovechado la debilidad española en la posguerra para ampliar los límites de su territorio en Gibraltar con la ocupación de una franja en el istmo, donde se construyó un aeropuerto. Los primeros contactos entre la diplomacia de ambos lados en torno a Gibraltar tuvieron lugar a comienzos de los sesenta. La distancia entre ambos países motivó la decisión española de llevar la cuestión a las Naciones Unidas, donde quedó clara la estrategia de Castiella al ser dos países como Camboya y Bulgaria (es decir, uno neutralista y otro comunista) quienes iniciaron los debates en 1963. La ONU propuso en 1964 establecer negociaciones inmediatas, pero las posiciones eran demasiado distantes. España insistió en que en el momento de ceder Gibraltar lo había hecho guardándose la posibilidad de recuperarlo antes de que pudiera ser enajenado a otra nación. Al mismo tiempo afirmó estar dispuesta a conceder un estatuto personal para sus habitantes. Desde 1966, España interrumpió el contacto terrestre con Gibraltar y en 1969 también el marítimo, presentando además repetidas protestas por la violación del espacio aéreo español. Por su parte, los británicos desde un principio reclamaron que se tuviera en cuenta a la población que, en septiembre de 1967, celebró un plebiscito favorable al mantenimiento de la vinculación con la metrópoli británica.

A mayor tensión se llegó en 1969, cuando Castiella llegó a proponer barreras de globos cautivos para evitar la utilización del aeropuerto británico, mientras que Fraga sugería la creación de una provincia de Gibraltar. No llegó a hacerse ni lo uno ni lo otro, porque predominó la prudencia de Franco, quien dijo a su ministro de Asuntos Exteriores que «el único español sin derecho a apasionarse» por el problema era precisamente él. Nada, sin embargo, consiguió López Bravo con una estrategia más posibilista y amistosa. En 1973, la España de Franco estaba imaginando de nuevo procedimientos de mayor dureza para acabar con la situación de Gibraltar, como la construcción de un gran aeropuerto en sus proximidades. El conflicto no tenía solución en los términos en que estaba planteado.

Descolonización tardía: Guinea y el Sahara

Mientras tanto, la verdadera descolonización española se llevaba a cabo con tensiones, pues la posición al respecto de Carrero, partidario de no hacerla, y Castiella, obligado a ser su promotor para conseguir Gibraltar, eran radicalmente distintas. Así se explica el cambio de política en el transcurso de un corto plazo de tiempo. En 1958-1959, el Sáhara y Guinea fueron declaradas provincias españolas, pero ya a comienzos de la década de los sesenta se apreció que en el segundo caso la situación era insostenible. La política de Castiella fue descolonizadora y en ella fue seguido puntualmente por los miembros de la carrera diplomática por simple realismo. Pero en Presidencia, junto a Carrero, muchos funcionarios veían la descolonización como una tortura personal (parecía que les «arrancaran la piel a tiras», comentó un diplomático).

Un aspecto importante de la descolonización española es que marca una diferencia con el régimen portugués de Salazar, con el que la dictadura española tuvo importantes semejanzas. Para Portugal, las colonias representaban más desde todos los puntos de vista pero, además, Salazar ejerció en ellas responsabilidades políticas directas. Endurecido el salazarismo en su fase final, muy en la línea que Carrero mantenía en España, asimiló las colonias a provincias, realizó inversiones públicas y promovió una legislación igualitaria. El intento tenía necesariamente que fracasar y provocó un enfriamiento de las relaciones hispano-lusas. La última ocasión en que se entrevistaron Franco y Salazar fue en 1963. Portugal no sólo se negó a informar a la ONU sobre sus territorios colonizados sino que no apoyó a España en su reivindicación sobre Gibraltar. Se rompía así una solidaridad entre dictaduras nacida durante la guerra civil española.

Guinea tenía, para su viabilidad como nación, los inconvenientes de la distancia existente entre la isla de Fernando Poo y la zona continental (trescientos kilómetros) y de la diversidad étnica de los habitantes de ambas zonas. La isla había sido colonizada antes y contaba incluso con una élite criolla desarrollada. La colonización española de la zona continental había sido tardía (sólo en 1935 se ocupó el interior) y se caracterizó por un tono clerical y una consideración del indígena como ser sometido a tutela. España obtuvo indudables beneficios económicos de la explotación de Guinea. A comienzos de los años sesenta esta posesión española tenía una renta relativamente alta para el

Continente y uno de los índices de exportación más elevados. Un buen testimonio de esa prosperidad es el número de braceros nigerianos: unos sesenta mil en el momento de la independencia.

Sólo en los años sesenta, mucho después de que la descolonización se hubiera iniciado por parte de otras potencias, se planteó la posibilidad de la independencia de Guinea. En 1964 se le concedió una cierta autonomía y se celebraron elecciones municipales y provinciales, lo que dio lugar a una proliferación de partidos que seguían alineamientos tribales más que ideológicos. A finales de 1968, tras la visita de una misión de la ONU, se celebró un referéndum en el que salió votada la independencia.

Pero ésta no trajo ni la libertad ni la prosperidad a la antigua colonia. Lo más grave fue que su dirigente, Macías, se convirtió en un dictador sanguinario capaz de asesinar a sus propios ministros y que hizo emigrar a una porción considerable de la población. La barbarie de su gobierno se ocultó después, como en tantos otros países de África, bajo la denominación de «socialismo científico», la creación de un partido único «de los trabajadores» y una demagogia anticolonialista que culpó a los españoles de todos los males imaginables. En 1972 se llegó a una muy grave tensión entre metrópoli y colonia. A fines de 1975 tuvo lugar una virtual ruptura de relaciones.

La cuestión del Sáhara, en teoría, parecía menos problemática que la de Guinea. Estaba ocupado por unos setenta mil nómadas, que apenas habían cambiado su forma de vida en siglos. Esta población tenía una cierta identidad cultural propia, en cuanto que su lengua, el «hassanía», sólo tiene igualdad con un 75 por 100 del árabe. Siempre habían vivido en una forma de organización social y política pre-estatal, aunque con una cierta relación con las autoridades marroquíes y mauritanas. Hasta 1934, España tan sólo había ocupado tres puntos costeros; sólo durante la guerra civil fue sometido todo el territorio y se fundó El Aaiún. En principio, por tanto, el Sáhara parecía controlable. Pero no fue así debido a una acumulación de factores diversos, desde la conflictividad internacional en el norte de África a la incertidumbre de la dirección política española.

Nada cambió en el Sáhara hasta que el descubrimiento de importantísimos yacimientos de fosfatos supuso en el terreno económico el comienzo de la explotación en 1969. El primer embarque de mineral tuvo lugar en 1972, tras haber preparado una explotación a cielo abierto y construido una larguísima cinta transportadora que concluía en el mar. En 1975, el año en que se tomó la decisión de abandono por parte de España, se produjo un incremento considerable en el precio mundial de los fosfatos. Uno de los países limítrofes, Marruecos, era ya un gran productor de ellos, indispensables para los fertilizantes. Desde finales de los años sesenta la ganadería nómada saharaui perdió importancia: sólo se dedicaban a ella unas ocho mil personas. Los primeros nacionalistas surgieron, como es habitual, en los medios administrativos o entre las tropas indígenas.

Durante bastante tiempo, el Sáhara estuvo muy alejado de las preocupaciones de la política exterior española. Franco nunca consiguió una colaboración sincera y una amistad efectiva por parte del rey Hassan II. Éste, en 1969, había obtenido Ifni, pero al año siguiente ya anunció al yerno de Franco que su reivindicación siguiente era el Sáhara. España, hacia la misma época en que abandonaba Guinea, dio la sensación de que estaba dispuesta a hacer lo propio con el Sáhara convocando un referéndum. De hecho, en la ONU se había aprobado una resolución favorable a su celebración y España había venido votando a favor de esta decisión. Durante los años centrales de la década de los sesenta había existido una pugna entre Marruecos y Mauritania por el Sáhara español. Cuando las partes interesadas llegaron a ponerse de acuerdo, en torno a 1968, se sumó Argelia, un régimen político de componente revolucionario. Mientras tanto, por si fuera poco, se producían conflictos de pesca y la actuación de grupos armados. La situación se fue agravando. Da la sensación de que Carrero pretendió mantener una posición de resistencia a ultranza en la esperanza de llegar a una independencia ficticia. Arias tuvo una política mucho más incierta porque la interna le resultaba mucho más apremiante. De cualquier modo, la política española, entre el inmovilismo y la incertidumbre, supuso en la práctica «ganar tiempo para, en definitiva, perderlo».

Los modestos ensayos de supuesto autogobierno —la creación de una asamblea o Yemáa— fueron tan tardíos e inauténticos que llegaron a ser contraproducentes de cara a la ONU. Además, el partido organizado con la colaboración de España muy pronto fue desbordado por el nacionalismo auténtico. Desde 1970 éste protagonizó incidentes de importancia. De la represión de las manifestaciones que ya causaron muertos se pasó a las acciones armadas en 1973. El Frente Polisario, denominación que adoptó este nacionalismo, pronto obtuvo el apoyo total de Argelia, que admitió campamentos de exiliados y combatientes tras su frontera.

Esa situación contribuyó de forma poderosa a que las autoridades españolas optaran por la pronta celebración de un referéndum de autodeterminación, pero cuando faltaban unos meses para que se llevara a cabo, Marruecos acudió ante el Tribunal Internacional de Justicia de La Haya. La cuestión por determinar era si se podía considerar que el Sáhara fuera un territorio sin dependencia de ninguna autoridad estatal antes de la llegada de los españoles. Mientras tenían lugar las deliberaciones en el alto tribunal, se produjo un cierto acercamiento de posiciones entre el Frente Polisario y España: cesaron los combates y se intercambiaron los prisioneros.

Pero la capacidad de acción de la Administración española se vio deteriorada hasta el extremo por la definitiva enfermedad de Franco. En octubre de 1975, el Tribunal de La Haya dio la razón a España respecto a la celebración de un referéndum, pero Marruecos reaccionó inmediatamente dando por supuesto que le había confirmado en sus razones. Hassan II anunció la llamada «marcha verde», que pretendía ser una especie de peregrinación pacífica de miles de civiles desarmados al Sáhara. El sentido del deber, pero también la obstinación de Franco en ejercer el poder, le llevaron a presidir un Consejo de Ministros en estos dramáticos momentos y ahí empezó su enfermedad definitiva.

Hassan II, por su parte, tuvo suerte y habilidad. A don Juan de Borbón, que le reprochaba haber aprovechado las circunstancias críticas que vivía España, con Franco en la agonía, el rey marroquí le repuso: «Dígame qué otro momento sería mejor para plantear la cuestión saharaui». La decisión de la «marcha verde» evitaba cualquier crítica interna y consiguió el apoyo de buena parte de las naciones africanas y del tercer mundo. Argelia, por su parte, actuó en la ONU de una forma incoherente. El bloque soviético no adoptó una posición decidida, mientras que los países occidentales se decantaron por Marruecos.

La actuación española, a partir del inicio de la enfermedad de Franco, constituye un ejemplo de la debilidad y la parálisis de los regímenes dictatoriales en ciertos momentos cruciales. Mantuvo en la ONU el cumplimiento de la política allí patrocinada pero también negoció con Hassan II. Con Franco al borde de la muerte, el régimen no podía acumular otro problema. En noviembre, como consecuencia del Tratado de Madrid, España pactó con Marruecos y Mauritania una administración conjunta. Ésta siempre fue ficticia, pues los marroquíes pronto empezaron a ocupar el territorio saharaui que se les entregó en la práctica. España, por acuerdo con Marruecos vendió dos tercios de la sociedad explotadora de los fosfatos y recibió seguridades ficticias de mantener sus derechos pesqueros. Con ello el régimen se libró de un problema, aunque no evitó que el conflicto siguiera existiendo en el norte de África, pues el Frente Polisario, armado por Argelia, impidió que el dominio de Marruecos sobre el Sáhara fuese pacífico. Pasado un cuarto de siglo, todavía las decisiones de la ONU sobre el derecho de autodeterminación del Sáhara están por cumplirse.

¿UNA CULTURA COMPROMETIDA?

La cultura española vivió paradojas durante la fase final del franquismo. No siempre se incrementó la beligerancia de los medios culturales respecto al sistema político, pero tampoco progresó el conformismo. Como la sociedad, la cultura se desarrolló al margen del régimen, con quien entraba en periódico conflicto. Esta afirmación vale para la alta cultura pero también la popular: éstos fueron los tiempos de la canción protesta o de la llamada *gauche divine*, insurrección contra la insoportable solemnidad e hipocresía moral oficiales. Mientras que en el terreno del pensamiento o las ciencias sociales se partía de presupuestos que eran por completo ajenos al mundo político oficial, la literatura a menudo se encaminó por el experimentalismo alejado de una posición política. El arte pudo presentar algunos ejemplos de compromiso político, pero también utilizó el arma de la ironía o de la parodia. En el teatro y en el cine, la beligerancia en algunos casos concretos fue muy significativa (el 25 por ciento de películas lo eran). En la cultura se hizo muy patente la existencia de un abismo entre la España política oficial y la real, ambas autónomas y sin estorbarse la mayor parte del tiempo. Pero la conflictividad fue creciente a partir del año 1969.

La evolución del pensamiento y de las ciencias sociales estuvo dirigida hacia la homologación y la recuperación. Las interpretaciones que se hicieron acerca del pasado español tendieron a identificar lo sucedido en España con la trayectoria de otros países del mismo entorno. El término recuperación indica también otro rasgo muy característico de estos momentos. En realidad, el fenómeno fue algo anterior, pero ahora se aceleró vertiginosamente. A finales de los años sesenta, por ejemplo, la tradición liberal y krausista que en otro tiempo había sido considerada como una porción nefanda del pasado nacional, se convirtió en objeto de serias investigaciones. De entonces data también el comienzo del estudio de la tradición izquierdista, así como la aparición de las muy escasas aportaciones españolas al marxismo (Sacristán, Tierno...). Muy representativo del momento fue el interés de los científicos sociales por los años de la experiencia republicana, que indicaba de forma confusa el deseo y la inminencia de una convivencia democrática. Pero, a la vez, en el terreno del pensamiento, hubo una vuelta hacia el individualismo y un neonietzscheanismo, posturas ambas lejanas al compromiso de otros tiempos, aunque quienes lo practicaran fueran disidentes del régimen. De este período final del franquismo se heredó, en fin, una cierta holgura de la vida cultural española en lo que hace referencia a sus aspectos materiales, es decir, ciertos circuitos culturales, un público lector y una estructura cultural mínima.

Mientras en el mundo académico o en la alta cultura se producía esta evolución, algunas publicaciones contribuían a difundir y popularizar los valores de la disidencia. De ellas merecen citarse dos revistas, *Triunfo* y *Cuadernos para el Diálogo,* que no subsistieron tras la transición. La primera fue, en su origen, un semanario cinematográfico que en 1968 adquirió el carácter de generalista y difundió un ideario de izquierdas, habitualmente lejano de cualquier referencia a la situación española. En 1971, un número dedicado al matrimonio le valió una suspensión por cuatro meses, pero en 1975, cuando pasó a referirse a la revolución portuguesa, la suspensión se prolongó hasta más allá de la muerte de Franco. *Cuadernos para el Diálogo* nació en 1963 como publicación mensual de inspiración católica y espíritu posconciliar. Desde 1969, se podía considerar ya como una revista del conjunto de la oposición al régimen y en 1973 adoptó un tono izquierdista cuando los acontecimientos de Chile provocaron una crisis en su equipo redactor. Más cercana a los planteamientos políticos y españoles, *Cuadernos para el Diálogo* contribuyó a crear un importante vínculo de solidaridad entre cultura y política y, dentro de ésta, entre sus diferentes sectores.

Quizás en ningún terreno resulta más evidente el cambio acontecido a mediados de la década de los sesenta que en la literatura. Ahora los nuevos escritores criticaban a «la generación de la berza», prosaica, adusta y provinciana; la nueva sería «la del sándalo», cosmopolita, artificiosa y experimental. A veces los mismos críticos (Castellet) o editores (Barral) que habían propiciado la fórmula anterior se convirtieron en defensores de la nueva. Anécdotas aparte, parece evidente que al final del realismo social se llegó por cansancio. Los narradores y poetas sociales sintieron que su compromiso y su literatura populista con la que habían tratado de llegar a un público que nunca habían tenido, no había servido para derribar al régimen, y en cambio había disminuido la calidad de su obra.

En narrativa, el cambio producido a mediados de los sesenta había sido anunciado por libros anteriores. La aparición de *Tiempo de silencio,* de Luis Martín Santos, significó el comienzo de un cambio. Por otro lado, la aparición del primer libro de Vargas Llosa, también en ese año (1962), tuvo como consecuencia un primer acicate para el experimentalismo. Durante al menos una década, la mejor novelística hispanoamericana ejerció una influencia muy positiva sobre la narración española. Tres novelas aparecidas en 1966 son representativas de los cambios experimentados en la narrativa. En *Últimas tardes con Teresa,* Juan Marsé presentó la decepción de la política y un relato crítico de los propios opositores. *Cinco horas con Mario,* de Delibes, un buen ejemplo de las preocupaciones estilísticas del momento, describe la tragedia de una mentalidad abierta ante la ruindad de un ambiente de conservadurismo provinciano. Por su parte, Goytisolo, uno de los más característicos representantes de la narrativa social, inició en *Señas de identidad* una especie de autobiografía espiritual destinada a la meditación crítica sobre España.

El año 1969 puede también ser considerado de una importancia cardinal en la literatura española. Durante él, la editorial Planeta otorgó sus dos premios literarios más importantes a dos exiliados (Sender y Rodoreda), al mismo tiempo que se producía una eclosión de experimentalismo (*Parábola del náufrago,* de Delibes, *San Camilo 1936,* de Cela...), empezaba a hablarse del novelista que sería el maestro de las nuevas generaciones: Benet. Los novelistas que habían iniciado su obra en la década de los cuarenta optaron ahora por el experimentalismo, que puede considerarse como una tendencia consolidada hacia 1973. Así, Cela y Delibes eligieron la senda del barroquismo y la complicación sintáctica. Torrente Ballester, que en *Los gozos y las sombras* (1957-1962) optó por una estructura y temática característica de la novela del XIX, en *La saga-fuga de J. B.,* apareció embebido en un mundo culturalista y fantástico.

Como había sucedido en los años cincuenta, fue una antología de Castellet (*Nueve novísimos poetas,* 1970) quien dio cuenta de las nuevas tendencias surgidas en la poesía española. También en este caso se produjo una sustitución de un mentor poético (Machado) por otro (Cernuda). Los nuevos poetas, como los novelistas, demostraron un más acentuado cosmopolitismo que les hizo elegir sus influencias en el mundo hispanoamericano o de algunos heterodoxos vinculados con el surrealismo, como Carlos Edmundo de Ory. La nueva poesía se caracterizó por su libertad formal, su estrecho contacto con los medios de comunicación contemporáneos, su exotismo y artificiosidad y su voluntad experimental. *Arde el mar,* de Gimferrer, es un buen ejemplo de estas nuevas tendencias.

La misma voluntad experimental puede advertirse, desde luego, en el teatro. Las obras de Buero Vallejo de esta época, como *El tragaluz,* se desenvuelven en un espacio mucho más complejo y muestran esa voluntad, también perceptible en los representantes del nuevo teatro (Ruibal, García Pintado, Rodríguez Méndez...). Ahora, la presencia de los temas políticos era indirecta y alegórica y no testimonial y precisa. Pero todo valía para lo que Lázaro Carreter denominó «el teatro soterrado». Al mismo tiempo que éste, se dio también un tipo de función (término muy empleado en este momento) que venía a ser un *collage* de intención esperpéntica. Marsillach, por entonces compañero de viaje del PCE, que en 1968 presentó el *Marat-Sade* de Weiss, en 1969 hizo una interpretación del *Tartufo,* apenas un mes antes de la crisis de octubre de 1969, que le permitió mostrarse muy sarcástico con los ministros del Opus Dei. Si los poetas recuperaron en este momento a Cernuda, lo mismo hicieron los autores teatrales con Valle-Inclán en función de esos propósitos políticos. Uno de los autores dramáticos citados recordará que el autor gallego fue capaz de «hacer la caricatura de los grandes gestos; no se lamenta sino que se destruye». Incluso para denominar este género de espectáculos teatrales, Nieva llegó a inventar una nueva palabra: «reópera». En el teatro más convencional tuvo lugar la decadencia, en el favor del público, de Paso, sustituido por Antonio Gala, cuyo humor y dominio del lenguaje le proporcionó alguno de los mejores éxitos. Una de las huelgas más sorprendentes, que tuvo lugar el año de la muerte de Franco, fue la de actores, en la que tuvieron protagonismo personajes muy populares sin particular adscripción política.

Resulta difícil presentar un panorama completo de la heterogénea pluralidad de tendencias de la pintura española en la última etapa del franquismo. Desde finales de los sesenta hubo una cierta politización en los medios de las artes plásticas, pero esto no significó necesariamente una modificación de los estilos estéticos. También fue evidente una cierta vuelta hacia la figuración, entrando en crisis la hegemonía del expresionismo abstracto. El sentido del retorno al realismo tenía que ver con el compromiso. Genovés y Canogar en estos momentos constituyen una buena muestra de una figuración que asumía los valores de la vanguardia y resultaba, al mismo tiempo, comprometida. Pero también hubo otras, como por ejemplo, en línea irónica o paródica:

éste fue el caso de Eduardo Arroyo o del Equipo Crónica. A través de imágenes narrativas que utilizaban el lenguaje plástico del cartel o de las aleluyas populares, la obra de estos artistas ofreció una imagen muy corrosiva tanto del franquismo como de su interpretación del pasado español. Los propios expresionistas abstractos acentuaron su desgarro (Rivera en el *Retablo por las víctimas de la violencia*). Al mismo tiempo, sin embargo, algunos de los más jóvenes pintores en torno a Nueva Generación mostraron su despegue del casticismo y la negrura de El Paso y se mostraron ajenos al compromiso proclamándose «apolíticos e irrespetuosos». Entre los nuevos pintores quizá Gordillo y Villalba resultaran los más influyentes. La ironía del primero sobre la propia tarea pictórica y su rechazo de los valores matéricos y gestuales señalaron una senda de la que se alimentaron las nuevas generaciones.

La pluralidad fue todavía mayor en lo que respecta a la cinematografía. En cine existió, por ejemplo, una «apertura» siendo director general García Escudero, a partir de 1962. «No es que en diez años no se haya hecho una política, es que no se ha hecho nada», asegura en sus memorias. A partir de este momento hubo unas normas escritas de censura (el porcentaje de las películas que lo padecieron pasó del diez al siete por 100), mientras que se fomentó la producción a través del establecimiento de una subvención automática del quince por 100 de la recaudación.

La política de García Escudero en el terreno tuvo unos resultados positivos. Emergió un «nuevo cine español» que solió elegir temas cercanos a la cotidianidad donde a menudo aparecía el contraste entre lo provinciano y la vida urbana (*La busca,* de Fons, 1966), una tímida alusión a la disidencia política y a la frustración juvenil (*Nueve cartas a Berta,* de Patino, 1965) o la tensión de la violencia larvada (*La caza,* de Saura, 1965). Esta cinematografía de calidad, sin embargo, no alcanzó grandes éxitos internacionales ni tampoco entre el propio público español. La protección al cine benefició de forma principal a la comedia de escasa calidad: *La ciudad no es para mí,* de Martínez Soria (1965) fue la película con más recaudación en una década. Aún menos receptivo resultó el público ante la llamada «escuela de Barcelona», caracterizada por sus citas culturalistas, su experimentalismo y su hermetismo que manifiesta el título de una de sus producciones: *Dante no es únicamente severo.*

Los setenta se iniciaron bajo los peores auspicios para la industria cinematográfica española. Frente a la comedia ramplona centrada en el «voyeurismo sexual» —*No desearás al vecino del quinto* (1970) fue la segunda película española en recaudación hasta 1987—, en el cine de los años setenta había ya abundantes testimonios de disidencia. Quizá tres películas son especialmente representativas de esta actitud: *Canciones para después de una guerra*, de Patino (1971), testimonio de la dificultad de presentar el pasado inmediato; *El espíritu de la colmena,* de Erice (1973), en que aparece el trasfondo de la resistencia armada, y *La prima Angélica,* de Saura (1973), que bordea el más o menos explícito antifranquismo. El estilo oblicuo e intelectualizado de Carlos Saura quizá resulte la mejor expresión de la realidad cinematográfica de ese momento final del franquismo. Lo curioso del caso es que un cine como ése resultaba rentable desde el punto de vista económico: la citada película de Saura costó doce millones y recaudó ochenta y su productor, Querejeta, se convirtió en uno de los más potentes de la industria. Pero quienes no tenían esas pretensiones también consiguieron éxitos importantes a través de una «tercera vía» que contenía el grado suficiente de accesibilidad para el público y de presentación de temáticas en otro momento consideradas como inaceptables (*Españolas en París,* de Bodegas, 1969).

En 1969, el escritor Max Aub visitó España y su profunda decepción quedó descrita en *La gallina ciega.* Pero su posición, demasiado anclada en el pasado, carecía de fundamento. Con titubeos y problemas, nacía una cultura autónoma respecto al Estado, crítica y donde reaparecían, absueltas, las lenguas que formaban parte de su herencia ancestral.

España a la muerte de Franco

El último año de la vida de Franco ofrece una imagen de patetismo que resulta compatible con la del esperpento por su obcecación en mantenerse en el poder, por el ambiente de su entorno familiar y por el aire grotesco de algunas de las conspiraciones políticas urdidas entre bastidores. En julio de 1974 sufrió una tromboflebitis. El último año de su vida lo dedicó prácticamente a reaprender a hablar y a andar. Fue su deseo de responder a la misión que creía que le había sido atribuida, en unos momentos conflictivos provocados por la Marcha Verde, lo que le hizo volver a ejercer el poder, inducido por parte de la clase política y su propia familia. Las características de su jornada diaria, dedicada a recibir a decenas de personas, o de sus distracciones sedentarias, como ver la televisión, agravaron sus males. Pero, sobre todo, lo hizo su impresionabilidad, producto de la edad, de la enfermedad de Parkinson y del impacto que sobre él causaron las noticias procedentes del Sáhara. A través de mensajeros personales a Hassan, que revelan su escasa confianza en Arias, tomó las decisiones fundamentales sobre la crisis que en lo esencial estaba ya resuelta en el momento de su muerte. El 15 de octubre de 1975 sufrió un primer infarto al que siguieron otros dos los días 19 y 20, debidos además a su deseo de mantener una vida normal cuando no estaba ya en condiciones. A partir del 23 de octubre su situación fue gravísima y sus problemas de circulación le provocaron una peritonitis de la que fue operado el 3 de noviembre. La larga agonía que a partir de ese momento tuvo induce a la piedad humana. Cualquier historiador debe tener en cuenta también el impacto que su duración produjo sobre la sociedad española que fue acostumbrándose a su desaparición, evitando una conmoción mucho mayor y facilitando la prudencia.

Con Franco agonizó también su régimen. Dotado de conciencia del deber, prudente y hábil, sin embargo, el juicio más positivo que de Franco puede hacerse consiste en recordar lo que no fue. Su régimen violó habitualmente las libertades y los derechos de la persona, resultó excepcionalmente cruel durante muchos años y, nacido en una guerra civil, consistió, sobre todo, en su perduración. Pero no fue un sistema totalitario como otras dictaduras contemporáneas. Al franquismo le han atribuido sus partidarios el desarrollo económico de los años sesenta o la monarquía de 1975, pero el primero se produjo en el transcurso de su existencia, más que gracias a él, y la segunda fue restablecida con otro resultado final. Ambas cosas hubieran sido imposibles de haber sido el franquismo un régimen totalitario. Así como en la sociedad española había ido creciendo el sentimiento de libertad, como crece la hierba en las junturas de las losas de un patio empedrado, en la sucesión prevista habría una esperanza para la recuperación de las libertades. Don Juan Carlos de Borbón que, en plena agonía de Franco, había tenido que evitar la dimisión de Arias Navarro, era atacado por la izquierda e ignorado por el centro, mientras la derecha quería manipularlo; pero estaba destinado a desempeñar un papel crucial en la transición posterior.

Las semanas en que ejerció, por segunda vez, la responsabilidad de jefe del Estado interino fueron su primer aprendizaje. Se había resistido a asumirla y sólo lo hizo cuando supo que Franco no se recuperaría. Aparte de enfrentarse con problemas como los citados, debió tomar algunas iniciativas importantes para conseguir, por ejemplo, que su padre no adoptara una actitud de confrontación contra el régimen, los militares confiaran en él, Estados Unidos ayudara a España en la resolución del problema saharahui o la oposición comunista se situara en una actitud de expectativa ante los acontecimientos.

Nada, en efecto, sería más erróneo que juzgar *a priori* que esa transición iba a resultar fácil. En el momento de la desaparición del general Franco había factores que permitían pensar que el futuro estaba destinado a presenciar una multiplicación de problemas, y algunos parecían incluso dramáticos. Por vez primera pareció quebrar el proceso de desarrollo. A partir de 1973, las economías del mundo occidental, que habían experimentado un crecimiento autosostenido a partir de la reconstrucción de la posguerra, sufrieron una grave crisis. La causa desencadenante más inmediata fue el incremento del precio del petróleo, que en un año se multiplicó por cinco. Hubo, sin embargo, también otros factores coadyuvantes, como las deficiencias del sistema monetario internacional y la tendencia experimentada en todo el mundo occidental a incrementar el sector público. La crisis tuvo como consecuencia que se pusiera en cuestión la estrategia keynesiana mantenida hasta el momento como principio fundamental de la política económica.

Lo sucedido en España revistió unas especiales características respecto al resto de las economías occidentales, no sólo por su carencia de fuentes de energía propias. Nuestro país no había experimentado un crecimiento económico tan largo. La propia debilidad del régimen político dictatorial había hecho crecer las expectativas de mejora de nivel de vida. Por si fuera poco, existían una serie de factores que no se dieron en otros países y que contribuyeron a agravar la situación. Mientras que en los países europeos de la OCDE el petróleo representaba el 55 por 100 de la energía consumida, en España era el 66 por 100; además, casi la totalidad de ese petróleo era importado, mientras que en el resto de Europa lo era sólo el setenta por 100. Finalmente, la emigración cambió de sentido. Si en el período 1961-1973 se había producido un desagüe demográfico, en 1973-1975 el número de los regresados fue de unos 140.000, que, como es lógico, contribuyeron a agravar los problemas del mercado de trabajo.

El impacto de la crisis fue en España más tardío que en el resto de Europa, pero en cambio estuvo destinada a ser especialmente grave y duradera. Todavía en 1974, el crecimiento fue del 5,7, pero en 1975 resultó de tan sólo el 1,1 por 100. Así sucedía al mismo tiempo que la inflación crecía a un ritmo muy superior a la de los países de la OCDE.

En los tres últimos años del régimen de Franco lo hizo el 11, 15 y 17 por 100, lo que equivalía a estar cuatro, dos y seis puntos por encima de la media de aquéllos. Problemas que hasta el momento no habían existido ahora se presentaban de modo acuciante. En el gran período de desarrollo económico, entre 1964 y 1974, la media del paro no había llegado a entre el uno y el 2,4 por 100 de la población activa, pero en 1975 se aproximó al cinco por 100. Fueron sus causantes el estancamiento del desarrollo industrial y la rigidez de las disposiciones laborales. Las perspectivas económicas en 1975 distaban, por tanto, de ser óptimas. El primer año de la transición ha podido, así, ser descrito por dos especialistas como «el peor año de la economía española desde 1960». No sólo los factores económicos sino también los sociales contribuyeron a hacer difícil el panorama. La inexistencia de libertades sindicales hizo que la protesta a veces se engendrara por motivos puramente políticos y que a menudo no fuera responsable. En 1975, el incremento de la productividad fue el más bajo desde 1965, pero el de los salarios reales fue cuatro veces superior.

Pero, en 1975, ¿se puede definir la situación del régimen como terminal y, por tanto, carente de cualquier perspectiva de supervivencia? La respuesta a este interrogante puede ser positiva o negativa, según la óptica con que se enfoque.

Desde el punto de vista de la clase política del régimen, existía una coincidencia indudable, en especial entre los más jóvenes, de que la muerte de Franco iba a producir cambios importantes. Como ha narrado Martín Villa en sus memorias, los dirigentes jóvenes del franquismo eran conscientes de su carencia de prestigio ante una sociedad en la que había perdido gran parte de un arraigo que en otro tiempo existió. Como consecuencia de ello, el régimen había acabado por tomar la decisión de no controlar una porción considerable de la vida nacional y la sociedad española había optado por actuar a su aire, ignorando olímpicamente las instituciones políticas.

Lo que en los años finales del régimen fue denominado como «franquismo sociológico» era cada vez menos específicamente franquista, representaba menos al conjunto de la sociedad y resultaba disponible para otras opciones. Como es lógico, había dirigentes del régimen que se indignaban contra esta situación, a la que querían hacer frente pero no sabían bien cómo. Los más jóvenes, sin embargo, se conformaban con ella y buscaban una salida al sistema político aunque lo hicieran con titubeos e interrogantes. Si enfocamos la crisis del régimen desde el punto de vista no de la clase política sino de la sociedad española, nos encontramos con un panorama paradójico. Es, desde luego, cierto, como dice Martín Villa, que no hubo «motivaciones apremiantes» en el planteamiento de la transición hacia la libertad. La actitud de la sociedad era mucho más pasiva, pero ello no quiere decir que no deseara el establecimiento de un régimen democrático. Parece indudable que en la última fase del franquismo, gracias a la mayor tolerancia del poder en materias como la prensa y también al sentido más igualitario de la sociedad española, los principios de carácter democrático se habían ido introduciendo en una sociedad en otro tiempo más autoritaria que el propio régimen. En 1966 se preguntó en una encuesta oficial sobre la actitud ante los principios democráticos y autoritarios. Mientras que el 54 por 100 no supo o no quiso contestar, sólo el 35 por 100 dijo que era mejor que las decisiones las tomaran «personas elegidas por el pueblo», frente a la otra alternativa, consistente en que «un hombre destacado decida por nosotros». En 1974, el porcentaje era ya del sesenta por 100; el número de los que querían que un solo hombre la resolviera se había reducido al ocho por 100. Hay numerosas encuestas que sugieren algo parecido. El número de los «muy interesados por la política» se duplicó en los últimos años del régimen. En el momento de la muerte de Franco una encuesta reveló que el 72 por 100 de los españoles quería que el Rey diera libertad de expresión y un setenta por 100 deseaba sufragio universal. La libertad religiosa y la libertad sindical eran consideradas por una amplia mayoría como necesarias y, respecto a la libertad de creación de partidos políticos, la más controvertida desde la óptica de la ortodoxia del régimen, se había producido una evolución decisiva en un corto plazo de tiempo. En 1971, sólo el doce por 100 creía que la existencia de partidos políticos sería «beneficiosa», pero en 1973 era ya el 37 por 100, superando a los de opinión contraria, y en la primavera de 1975 alcanzó el 56 por 100. Paralelamente, en 1968, el 55 por 100 consideraba la situación política buena, pero en 1975 el porcentaje se había reducido al ocho por 100.

Con todas sus contradicciones, ése era el panorama de España en el momento de la muerte de Franco. Si una transición no traumática fue posible se debió a este punto de partida, pero también a la capacidad política de quienes la protagonizaron en un momento tan difícil como se desprende de las circunstancias descritas.

BIBLIOGRAFÍA

Aspectos políticos: Francisco Javier CAPISTEGUI, *El naufragio de las ortodoxias. El carlismo, 1962-1977,* Eunsa, Pamplona, 1997; Jorge DE ESTEBAN *et al., Desarrollo político y Constitución española,* Ariel, Barcelona, 1973; Rodrigo FERNÁNDEZ CARVAJAL, *La Constitución española,* Editora Nacional, Madrid, 1969; Luis HERRERO, *El ocaso de un régimen. Del asesinato de Carrero a la muerte de Franco,* Temas de Hoy, Madrid, 1995; Santiago MÍNGUEZ, *La preparación de la transición a la democracia en España,* Universidad de Zaragoza, Zaragoza, 1990; Jesús PALACIOS, *Los papeles secretos de Franco,* Temas de Hoy, Madrid, 1996; Pedro J. RAMÍREZ, *El año que murió Franco,* Argos Vergara, Barcelona, 1985; Álvaro SOTO, *¿Atado y bien atado? Institucionalización y crisis del franquismo,* Biblioteca Nueva, Madrid, 2004; Javier TUSELL, *Carrero. La eminencia gris del régimen de Franco,* Temas de Hoy, Madrid, 1993; *Juan Carlos I. La restauración de la monarquía,* Temas de Hoy, Madrid, 1995, y en colaboración con Genoveva G. QUEIPO DE LLANO, *Tiempo de incertidumbre. Carlos Arias Navarro entre el franquismo y la transición, 1973-1976,* Crítica, Barcelona, 2003.

La prensa: Carlos BARRERA, *El diario «Madrid», realidad y símbolo de una época,* Ediciones Universidad de Navarra, 1995.

Memorias de personajes políticos: José María DE AREILZA, *Crónica de libertad, 1965-1975,* Planeta, Barcelona, 1985; Vicente ENRIQUE TARANCÓN, *Confesiones,* PPC, Madrid, 1996; Gonzalo FERNÁNDEZ DE LA Mora, *Río arriba. Memorias,* Planeta, Barcelona, 1995; Manuel FRAGA IRIBARNE, *Memoria breve de una vida pública,* Planeta, Barcelona, 1980; José Antonio GIRÓN DE VELASCO, *Si la memoria no me falla,* Planeta, Barcelona, 1994; Laureano LÓPEZ RODÓ, *Testimonio de una política de Estado,* Planeta, Barcelona, 1987; Mariano NAVARRO RUBIO, *El caso Matesa (Datos para la historia),* Dossat, Madrid, 1978, y «El caso Matesa explicado por completo», *ABC,* 25 y 28 de marzo y 4 de abril de 1988; José Ignacio SAN MARTÍN, *Servicio especial. A las órdenes de Carrero Blanco,* Planeta, Barcelona, 1983; Jordi SOLÉ TURA, *Una història optimista. Memòries,* Edicions 62, Barcelona, 1999; José UTRERA MOLINA, *Sin cambios de bandera,* Planeta, Barcelona, 1989; Juan VILA REYES, *El atropello Matesa,* Plaza y Janés-Cambio 16, Barcelona, 1992.

La oposición al franquismo: Sebastián BALFOUR, *La dictadura, los trabajadores y la ciudad. El movimiento obrero en el área metropolitana de Barcelona (1939-1988),* Edicions Alfons el Magnànim, Valencia, 1994; Francesc ESCRIBANO, *Cuenta atrás. La historia de Salvador Puig Antich,* Península, Barcelona, 2001; José María MARAVALL, *Dictadura y disentimiento político. Obreros y estudiantes bajo el franquismo,* Alfaguara, Madrid, 1978; Pere YSÀS, *Disidencia y subversión. La lucha del régimen franquista por su supervivencia, 1960-1975,* Crítica, Barcelona, 2004. Sobre los sectores monárquicos: José María GIL ROBLES, *Un final de jornada, 1975-1977,* Tordesillas, Madrid, 1977. El papel de las organizaciones católicas: Javier DOMÍNGUEZ, *Organizaciones obreras cristianas en la oposición al franquismo (1951-1976),* Ediciones Mensajero, Bilbao, 1985; Pedro IBARRA GÜELL, *El movimiento obrero en Vizcaya, 1967-1977. Ideología, organización y conflictividad,* Universidad del País Vasco, Bilbao, 1987. Sobre el Partido Socialista: Carlos y José MARTÍNEZ COBO, *La segunda renovación,* Plaza y Janés, Barcelona, 1991; Miguel PEYDRÓ CARO, *Las escisiones del PSOE,* Plaza y Janés, Barcelona, 1980. Acerca de los comunistas: Marco CALAMAI, *Storia del movimento operaio spagnolo dal 1960 al 1975,* Da Donato, Bari, 1975. Sobre el sindicalismo: Abdón MATEOS, *La denuncia del sindicato vertical. Las relaciones entre España y la OIT,* Consejo Económico y Social, Madrid, 1997. Acerca de la UMD: *La UMD y la causa 250/75,* Ministerio del Ejército, Estado Mayor Central, Madrid, 1976. Sobre ETA y el terrorismo: Ángel AMIGO, *Pertur. ETA, 1971-1976*, Hordago, San Sebastián, 1978; Julián AGUIRRE, *Operación Ogro. Cómo y por qué ejecutamos a Carrero Blanco,* San Sebastián, 1978; Robert P. CLARK, *The basque insurgents. ETA, 1952-1980,* The University of Wisconsin Press, 1984; Gurutz JÁUREGUI, *Ideología y estrategia política de ETA. Análisis de su evolución entre 1959 y 1968,* Siglo XXI, Madrid, 1981, y John SULLIVAN, *El nacionalismo vasco radical, 1959-1986,* Alianza Editorial, Madrid, 1986.

La política exterior: Javier TUSELL, Juan AVILÉS, Rosa PARDO, Marina CASANOVA, Abdón MATEOS, Isidro SEPÚLVEDA y Álvaro SOTO, *La política internacional de España en el siglo XX,* Biblioteca Nueva-UNED, 1997. También: Vicente CÁRCEL ORTÍ, *Pablo VI y España,* BAC, Madrid, 1997; María Jesús CAVA MESA, *Los diplomáticos de Franco. J. F. de Lequerica. Temple y tenacidad (1890-1976),* Universidad de Deusto, Bilbao, 1989; José Ramón DIEGO AGUIRRE, *Guerra en el Sáhara,* Istmo, Madrid, 1991; Jaime PINIES, *La descolonización del Sáhara. Un tema sin concluir,* Espasa Calpe, Madrid, 1990, y *Episodios de un diplomático,* Editorial Dos Soles, Burgos, 2000; Tomás BARBULLO, *La historia prohibida del Sáhara español,* Destino, Barcelona, 2002.

La última etapa de la economía española durante el franquismo: J. D. DONGES, *La industrialización en España. Políticas, logros, perspectivas,* Oikos-Tau, Barcelona, 1976; Arturo LÓPEZ MUÑOZ y José Luis GARCÍA DELGADO, *Crecimiento y crisis del capitalismo español,* Edicusa, Madrid, 1968; Jesús PRADOS ARRARTE, *El Plan de desarrollo de España (1964-1967). Exposición y crítica,* Tecnos, Madrid, 1965; Jacinto ROS HOMBRAVELLA, *Política económica española, 1959-1973,* Blume, Barcelona, 1979, y Ramón TAMAMES, *España ante el segundo plan de desarrollo,* Nova Terra, Barcelona, 1968.

Las transformaciones sociales y de mentalidad: Mariano AGUILAR OLIVENCIA, *El Ejército español durante el franquismo,* Akal, Madrid, 1999; Alfonso G. BARBANCHO, *Las migraciones interiores españolas,* Instituto de Desarrollo Económico, Madrid, 1967; Julio BUSQUETS BRAGULAT, *El militar de carrera en España. Estudio de sociología militar,* Ariel, Barcelona, 1967; Fundación FOESSA, *Informe sociológico sobre la situación social de España,* Euramérica, Madrid, 1966 y 1970; Rafael LÓPEZ PINTOR, *Los españoles de los años setenta: una versión sociológica,* Tecnos, Madrid, 1975; Carmen MARTÍN GAITE, *Usos amorosos en la posguerra española,* Anagrama, Barcelona, 1987; Jesús M. DE MIGUEL, *El ritmo de la vida social. Análisis sociológico de la población en España,* Tecnos, Madrid, 1973; Eduardo SEVILLA GUZMÁN, *La evolución del campesinado en España,* Península, Barcelona, 1979; José Félix TEZANOS, *Estructura de clases en la España actual,* Edicusa, Madrid, 1975, y José Juan TOHARIA, *El juez español. Un análisis sociológico,* Tecnos, Madrid, 1975.

La Iglesia: Feliciano BLÁZQUEZ, *La traición de los clérigos en la España de Franco,* Trotta, Madrid, 1991; Audrey BRASSLOFF, *Religion and Politics in Spain. The Spanish Church in transition, 1962-1996,* MacMillan, 1998; José CASTAÑO, *La JOC en España (1946-1970),* Sígueme, Salamanca, 1978; Juan GONZÁLEZ ANLEO, *Catolicismo nacional: nostalgia y crisis,* Ediciones Paulinas, Madrid, 1975; Juan GONZÁLEZ CASANOVAS, *La revista* El Ciervo. *Historia y teoría de cuarenta años,* Península, Barcelona, 1992; Juan María LABOA (ed.), *El posconcilio en España,* Ediciones Encuentro, Madrid, 1988; José Luis MARTÍN DESCALZO, *Tarancón, el cardenal del cambio,* Planeta, Barcelona, 1982; Sylvie ROUXEL, *Espagne. La transformation des relations Église - État du Consile Vatican II à l'arrivée au pouvoir du PSOE,* Presse Universitaire de Rennes, 2004; Joaquín RUIZ-GIMÉNEZ, *El camino hacia la democracia. Escritos en Cuadernos para el diálogo (1963-1976),* Centro de Estudios Constitucionales, Madrid, 1985; Ángel TELLO, *Ideología y política. La Iglesia Católica española (1936-1959),* Pórtico, Zaragoza, 1984.

La cultura: Eduardo HARO TECGLEN, *El niño republicano, Hijo del siglo, El refugio,* Alfaguara-El País-Aguilar, Madrid, 1996-1999; Adolfo MARSILLACH, *Tan lejos, tan cerca. Mi vida,* Tusquets, Barcelona, 1998; *Triunfo en su época,* Jornadas organizadas en la Casa de Velázquez en octubre de 1992, École des Hautes Études-Casa de Velázquez, Edciones Pléyades, 1995; *Pintura española de vanguardia (1950-1990),* Fundación Argentaria-Visor, Madrid, 1998.

Capítulo 4

LA TRANSICIÓN A LA DEMOCRACIA (1975-1982)

A lo largo del siglo XX, el protagonismo de España en la historia universal ha sido limitado. Durante la crisis de los años treinta fue el único caso de destrucción de la democracia a través de una guerra civil que despertó pasiones en todo el mundo. En los setenta tuvo un papel decisivo en una tercera ola democratizadora que se inició en la Europa mediterránea, prosiguió en Hispanoamérica y concluyó en la Europa del Este.

La transición española a la democracia se produjo en un momento en que parecía poco previsible ese proceso de expansión de la democracia que los acontecimientos posteriores demostraron que era factible. La llegada a la democracia fue muy temprana y pudo servir de ejemplo para otras latitudes. Además, y sobre todo, fue un cambio cuyos costes sociales no resultaron tan altos y mediante el cual, el régimen democrático se consolidó de forma rápida, a pesar de que el punto de partida no era nada positivo. Sin producirse una ruptura, como pretendía la oposición, tuvo lugar algo muy parecido a ella, pero por procedimientos reformistas. La transición se completó sin detenerse en la incertidumbre del camino que seguir (como en la Rusia de Gorbachev) y sin dejar que perduraran «enclaves autoritarios», como en el caso de Chile con Pinochet. Por otra parte, tampoco la clase política se autoperpetuó adaptándose de forma ficticia al nuevo panorama institucional, como ocurrió en algunos países balcánicos. A pesar de que la pluralidad española se podría comparar con la de Yugoslavia, no surgieron conflictos bélicos internos; por el contrario, hubo también una transición de un modelo muy centralizado a otro muy descentralizado. En definitiva: así como el modelo de colapso de la democracia puede ser la república de Weimar en Alemania, la transición española constituye un ejemplo del modelo inverso, el propio de la construcción de una democracia.

Nada de este proceso se entiende sin tener en cuenta los antecedentes. España, que en los años cincuenta se hallaba en un nivel de desarrollo inferior al de algunos de los países iberoamericanos, en 1975 en cambio, figuraba entre la docena de los más desarrollados. Si en los cincuenta la renta polaca era superior en un cincuenta por 100 a la española, en 1975 esta última la cuadruplicaba. Ese cambio tuvo una gran trascendencia, ratificando lo escrito por Aristóteles respecto a que la democracia es tanto más posible cuanto más igualitaria sea una sociedad. Pero los cambios fueron también culturales. En 1973, tres de cada cuatro españoles eran partidarios de la libertad de prensa y de cultos (admitida, aunque en forma restringida, por el régimen), pero, además, la mayor parte estaba a favor de la libertad de sindicación. Cuando murió Franco, la mayoría empezaba a considerar imprescindible la libre creación de partidos. En estas circunstancias, pesaba sobre los gobernantes la conciencia de ilegitimidad. Por otro lado, la transición española no puede entenderse sin la «apertura» producida desde 1966, a pesar de todas sus limitaciones, o sin tener en cuenta la división que experimentó la clase dirigente desde 1969 y más aún desde 1973. La etapa de Arias Navarro adquiere su sentido en cuanto que deterioró definitivamente las posibilidades de supervivencia del régimen. Si no permitió que se expresase la voluntad nacional, al menos dejó bien claro lo que España no quería.

La construcción de un acuerdo nacional en torno al sistema democrático nació en gran medida del peso de la historia y de la voluntad de conjurarla. Muy pocos entre los protagonistas de la transición habían vivido la experiencia de la guerra civil, pero sobre todos ellos pesó su recuerdo, en mayor grado que en Polonia el peligro de la invasión soviética o en Hungría el recuerdo de 1956. No hubo amnesia, como algunos han afirmado, sino voluntad de olvidar, de «echar al olvido» para evitar un posible conflicto; así se explica la voluntad de llegar a una amnistía generalizada. El proceso fue obra de protagonismos individuales y debe ser entendido como esencialmente imaginativo e inventivo; también es evidente la dificultad del mismo hasta su final. No quedaba más remedio que imaginar soluciones, por la sencilla razón de que las referencias históricas o políticas en las que basarse no existían. Es falso que alguno de sus grandes protagonistas tuviera un plan detallado al margen de buenos deseos.

Como fue habitual en el Mediterráneo y en Hispanoamérica, el protagonismo fundamental en la transición democrática española correspondió a los elementos de centro, en definitiva, al gobierno de Suárez, que fue quien dirigió la operación, estableció el calendario y tomó las principales iniciativas. Claro está que realizó un programa en principio inesperado para lo que eran sus orígenes; aprendió de la propia sociedad y, en parte, de la oposición. En términos generacionales, Rodolfo Martín Villa ha atribuido la principal responsabilidad de la transición a los más jóvenes y reformistas del régimen anterior y a los más viejos de la oposición. El papel esencial, imprescindible a partir de un determinado momento, de la oposición socialista fue el de convertirse en alternativa del gobierno y proporcionar, por tanto, una rueda de recambio a un sistema político que la necesitaba.

Lo característico del caso español no es tanto que los elementos de centro fueran protagonistas principales o que el papel de la izquierda consistiera en neutralizar otras opciones revolucionarias, como que esos dos factores se dieron a un mismo tiempo. Esto no sucedió, por ejemplo, en Portugal o Grecia. Pero, al mismo tiempo, los reformistas no hubieran cumplido su misión sin presión popular. Antes de 1973 e incluso a la muerte de Franco en 1975, desde luego no hubiera sido así; tampoco en los primeros seis meses de 1976. Luego cambió la situación pero no se entiende nada de lo ocurrido sin tener en cuenta la movilización: en general, la transición española fue pacífica, pero durante el período 1975-1980 hubo 460 muertos. Aun así, la mayor parte de los actos de masas fueron pacíficos: durante la década posterior a la muerte de Franco hubo en Madrid treinta y seis manifestaciones de más de cien mil asistentes. Pese a ello la oposición nunca estuvo en condiciones de sustituir o derribar al gobierno por la sola fuerza de sus convocatorias. Esta combinación de factores quita cualquier sentido a preguntarse si triunfó la reforma o bien la ruptura. Se trató de una ruptura por procedimientos reformistas o de una reforma tan profunda que hizo desaparecer radicalmente lo reformado. Fue, en este sentido, una excepción en el conjunto de la «tercera ola», y también un ejemplo.

La monarquía: el rey Juan Carlos I

Un rasgo peculiar de la transición española lo constituye el papel desempeñado por la institución monárquica. Ésta no legitimó la democracia: lo correcto sería más bien lo contrario. Pero en un momento de quiebra de la legitimidad política, la monarquía era el régimen deseado por Franco y don Juan Carlos I su inequívoco heredero, de modo que eso desautorizaba cualquier posible acusación de heterodoxia. Por otro lado, sin embargo, era también el representante de una legitimidad dinástica y, en fin, su persona aparecía vinculada a la trayectoria de su padre en oposición liberal —o al menos, en una colaboración con reparos— a la dictadura. Si la monarquía hubiera estado por completo vinculada al régimen, como en Portugal, lo más probable es que no hubiera podido desempeñar papel ninguno, aunque tampoco en el caso de que se hubiera adscrito en exclusiva a una actitud de oposición. Don Juan Carlos representó, de esta manera, lo que podría ser denominado como una legitimidad democrática de expectativa pero, al mismo tiempo, retuvo un solapamiento de legitimidades previas.

Durante el régimen, don Juan Carlos había contado con un estatus político cambiante y frágil. Sus relaciones con Franco fueron siempre cordiales pero pasaron por etapas difíciles y complicadas, en especial tras ser nombrado sucesor. Fue entonces «cuando más vi sufrir a mi marido», según el testimonio de la futura reina. Partía de una conciencia del sentido de misión, pero no podía contar ni con los que querían el mantenimiento del sistema ni con los que pretendían una ruptura absoluta. El monarca sabía perfectamente cuáles habían de ser los principios reconciliadores en los que fundamentar la convivencia nacional. Los había difundido entre los dirigentes de los países democráticos y había creado expectativas en los medios políticos, sociales e intelectuales proclives al cambio. Coincidía plenamente con la apertura de la Iglesia, de la que fueron prueba dos intervenciones públicas del cardenal Tarancón. En buena medida, su actuación no se entiende sin el previo reinado en la sombra de su padre, con quien siempre tuvo un acuerdo profundo. Pero las perspectivas eran muy diferentes. Su padre tenía la visión del emigrado. «Yo me daba cuenta de que la clave estaba en el ejército; era necesario integrarme en él para poder contar con él», dijo, en cambio, don Juan Carlos. Para muchos era un desangelado e insustancial representante de un régimen autocrático anclado en el pasado. Su discreción se presentó como ignorancia, su disciplina como docilidad y su silencio como falta de imaginación o ausencia de razones. Pero cuando llegó el momento demostró que, aunque no sabía cómo, sí sabía lo que se proponía hacer. En ese momento demostró equilibrio y prudencia, control de sí mismo y frialdad en el juicio, pero no en el trato, sencillez y claridad, carencias intelectuales pero preocupación porque la monarquía no se alejara del mundo de la cultura, como sucedió con su abuelo.

Su protagonismo quedó claro desde el principio. Se le pidió que realizara la ruptura gobernando como monarca absoluto para desembocar en una democracia, pero más que gobernar lo que hizo fue indicar. Fue descrito como el «motor del cambio», y una obra histórica centrada en su figura ha podido titularse *El piloto del cambio*. En realidad le tocó desatar el nudo gordiano de la situación política a fines de 1975 mediante dos nombramientos decisivos —el de Fernández Miranda como presidente de las Cortes y el de Suárez como presidente del gobierno— y, además, servir como escudo protector de la intromisión militar. No intervino más, de modo que pudo ser descrito como un monarca constitucional antes de que hubiera Constitución. Ni siquiera quiso tener protagonismo a la hora de redactarla y el día que se aprobó su texto aseguró que él mismo había sido «legalizado». En la medida que se puede simplificar estableciendo una especie de prelación entre los protagonistas individuales de la transición, bien puede decirse que don Juan Carlos fue el primero, aunque ni remotamente pueda afirmarse que la hizo él. Por las razones indicadas con anterioridad, el segundo protagonista sería Adolfo Suárez y el tercer puesto le correspondería a Santiago Carrillo. Esta afirmación no excluye la existencia de errores, sobre todo en el transcurso de los primeros meses de su reinado. Su gestión fue claramente positiva en términos generales, pero también él, como todos los actores políticos del período, tuvo que realizar su aprendizaje.

Al margen de esos protagonistas, el desarrollo de la transición puede compararse con una especie de carrera de galgos en la que sucesivamente van retirándose algunos de los participantes cuando su momento ya ha pasado. El primero en retirarse fue Carlos Arias Navarro, el presidente del gobierno que Franco había dejado a su muerte.

LA AGONÍA DEL PASADO

Aunque el propósito fuera la reconciliación, el modo no estaba muy claro. Don Juan Carlos parece que originariamente pensó en un tecnócrata como presidente del gobierno, pero le interesaba más el nombramiento de Torcuato Fernández Miranda como presidente de las Cortes y del Consejo del Reino. Hábil, dotado de conocimientos jurídico-políticos y experiencia en el régimen, Fernández Miranda había logrado en los primeros años setenta, estancar la cuestión del asociacionismo dentro del régimen, recurriendo para ello a su «implacable habilidad para marear las palabras». Lo hizo a la vez porque sabía que Franco no quería resolverla y porque al futuro rey no le interesaban las asociaciones si eran ficticias. A pesar de su pasado, era muy consciente de que a la monarquía le resultaba imprescindible en este momento «barrer al búnquer e integrar a la izquierda»; además, había convencido al rey de que era posible hacerlo por procedimientos legales. No obstante, existe el peligro de exagerar su papel en la transición, que a fin de cuentas fue, aunque decisivo, instrumental. Fernández Miranda parece haber asegurado que el libreto de la transición era suyo aunque el director fuera el rey y el actor Suárez; sin embargo, lo decisivo en la obra eran esos dos últimos papeles. En realidad, ni siquiera fue informado de algunas de sus decisiones fundamentales (por ejemplo, de los contactos indirectos con el PCE o las relaciones con los militares).

La elección de Fernández Miranda, que supuso de modo inmediato un liderazgo en las Cortes y el Consejo del Reino, no hubiera podido llevarse a cabo sin el apoyo del presidente del Gobierno. Arias quiso eludir poner su cargo a disposición del rey después de la coronación, basándose en la idea de que su nombramiento había sido hecho por Franco y duraba cinco años, y dio siempre por supuesto que continuaría en el poder. En nada apreciaba al rey, y tampoco éste tuvo mejor juicio del presidente, a quien siempre consideró «terco como una mula». No se trataba sólo de diferencias personales. La oportunidad histórica de Arias había pasado hacía tiempo. Quería reformar el régimen, pero permaneció atormentado por las dudas entre sus fidelidades y su ignorancia real de cómo realizar cualquier cambio. No concebía siquiera la posibilidad de entrevistarse con la oposición más moderada y veía a la sociedad española como el objeto pasivo de sus medidas, como si fuese a aceptar lo que él decidiera por ella. La reforma propuesta por el gobierno que presidía en realidad fue diseñada por Fraga, y parece que él ni siquiera llegó a entusiasmarse con la misma. Su experiencia política se limitaba a los servicios de seguridad; como ignoraba lo demás, se mostraba habitualmente recelosa con sus propios ministros. Sus juicios muy a menudo eran los de un integrista, convertido en anticlerical por el alejamiento de la Iglesia de las estructuras del régimen. Quizá nunca un presidente del gobierno haya sido tan vapuleado en las memorias de sus ministros como Arias Navarro. Por si fuera poco, el gabinete que formó no era suyo, sino que le fue impuesto por las circunstancias o por el rey.

Fraga mismo impuso su cartera de Gobernación con el rango de vicepresidente. Eso parecía darle un rango superior al ministerial y la responsabilidad principal a la hora de elaborar la transformación institucional, pero le tocó lidiar con los gravísimos problemas de orden público del momento, lo cual, como veremos, no facilitó la puesta en marcha de sus medidas políticas. Además, el modo como Fraga abordó la reforma fue errado: se basaba en la adopción de una serie de reformas del sistema institucional y su imposición desde arriba. A veces se daba cuenta de que era preciso negociar con la oposición, pero la trató con intemperancia. Junto a Fraga, dos reformistas, Areilza y Garrigues, en Asuntos Exteriores y Justicia, hubieran podido desempeñar un papel importante: no fue así porque, políticos solitarios, carecían de apoyo en el seno del sistema y tampoco lo tuvieron en la oposición moderada. Areilza pronto se supo «vendedor foráneo de una mercancía adulterada del interior», pero, viendo las cosas más positivamente, el solo contenido de sus declaraciones contribuyó no poco al cambio. El resto del gobierno de momento apenas tuvo relevancia y menos aún unidad. «Aquí no hay orden ni concierto, ni propósito, ni coherencia, ni unidad», escribiría un desesperado Areilza en sus diarios.

Arias hizo unas cuantas concesiones verbales inconcretas (un legislativo con dos cámaras pero atribuciones imprecisas, reforma del asociacionismo y del derecho de manifestación...), pero parecieron insuficientes ante una movilización social insólita que no podía ser encauzada a través de los cauces existentes. A comienzos de 1976 hubo en el plazo de tan sólo un mes un movimiento huelguístico superior en extensión y profundidad al de todo el año precedente. Fue, en palabras de Areilza, como una galerna que estallara frente a la costa. Hubo momentos en que el gobierno llegó incluso a perder el control de una población de la envergadura de Sabadell. Los cauces del sindicato oficial hasta entonces empleados para resolver la conflictividad laboral estaban gravemente deteriorados. Además, los incidentes de orden público degeneraban en batallas campales por la propia falta de preparación de las fuerzas de orden público para una situación de libertad o de tolerancia.

Afortunadamente, la oleada de huelgas de enero de 1976 en el cinturón industrial madrileño se saldó sin muertos, pero en los meses siguientes hubo dos conflictos que concluyeron con derramamiento de sangre. En marzo estalló un conflicto social gravísimo en Vitoria que se saldó con un total de cinco muertos, como consecuencia de un vacío político absoluto y de la incapacidad de encauzar la protesta por la vía negociadora. En cuanto a los sucesos de Montejurra, en el mes de mayo, supusieron el enfrentamiento entre las dos facciones, integrista y seudosocialista, en que había quedado dividido el movimiento carlista.

Frente a esta patente incapacidad política y el consiguiente deterioro, la reforma política anunciada avanzó con lentitud e incertidumbre. Una comisión mixta formada por miembros del gobierno y del Consejo Nacional emprendió dicha reforma, y pronto quedó claro que lo decisivo era determinar que iba a perdurar, en lo institucional o personal, del pasado. Pero siempre se partió de la continuidad sin consulta previa, algo que la oposición no podía aceptar y, además, pronto se hicieron evidentes las dificultades en el seno de los propios organismos del régimen. Una nueva regulación del asociacionismo político superó la prueba de las Cortes y permitió por vez primera que Adolfo Suárez, el secretario general del Movimiento, se mostrara como figura política relevante. Lo hizo con realismo y sin grandilocuencia: se trataba de «elevar a la categoría política de normal lo que a nivel de calle es normal». Pero si 338 procuradores votaron a favor, el número de los que se abstuvieron, los ausentes o los contrarios fue tan sólo un centenar menos. Ya en junio, la reforma del Código Penal —relativa a la prohibición de los grupos políticos de significación totalitaria—, encalló hasta el punto de poner en peligro el apoyo al gobierno en las Cortes. En la mente de los opuestos al cambio, lo que en el fondo estaba en juego era la posible legalización del PCE.

Los hechos narrados revelan una situación que quizá pueda equipararse al vacío político, y cabe preguntarse si éste podía ser cubierto por la oposición; si ésta, en definitiva, se hallaba en condiciones de convertirse en poder social o político alternativo. La respuesta a este interrogante es sin duda negativa y el intento de explicarlo nos lleva a tratar del citado sector político durante este período.

Por masiva que fuera la protesta social, en ningún momento pudo la oposición conectar con sectores importantes del estamento militar. En este sentido, la situación fue muy distinta de la que se dio en Portugal. Se puede decir incluso que la Unión Militar Democrática, cuyos miembros militaban en las filas de la izquierda, sirvió para ratificar la conciencia profesional de los militares y para inducirlos a alejarse del escenario político. Baste con recordar que el número de quienes pasaron por ella, de manera sucesiva, no sobrepasó el de 140 oficiales. Este grupo, por otro lado más moderado que los militares revolucionarios portugueses, estuvo siempre a la defensiva; el momento de mayor actividad fue antes de la muerte de Franco. Por otra parte, el peligro real de involución militar radicó más en la alta graduación que en el número de apoyos. En marzo, coincidiendo con los sucesos de Vitoria y con el juicio a los miembros de la UMD, hubo un intento de intervencionismo militar mediante presión que se encauzó a través de De Santiago hacia el rey y que éste detuvo.

La oposición política, por otro lado, si no logró apoyo en el mundo militar, se benefició del aumento de la permisividad y del evidente deterioro de un régimen ya condenado ante la opinión pública, aunque no estuviera en absoluto claro cómo, cuándo y por qué iba a ser sustituido. Desde enero de 1976 hubo ya manifestaciones públicas de grupos clandestinos. Los democratacristianos celebraron unas jornadas a comienzos de año y un congreso en abril y, en ese mismo mes, la UGT pudo celebrar también un congreso tolerado. La oposición, así pues, también fue un importante motor del cambio. Sin embargo, sería exagerado convertirla en protagonista único de los acontecimientos: el mismo grito que entonces servía de eslogan en todas las manifestaciones («Juan Carlos, escucha») es un testimonio de la incapacidad de la oposición para lograr, por sí sola, el cambio de sistema político.

Sólo en marzo de 1976 se llegó a crear una organización unitaria de la oposición cuyo abigarramiento era tal que no hacía fácil la tarea de negociar con el gobierno. Sin embargo, sus miembros empezaron a jugar con esta posibilidad conscientes de su debilidad (y de que la sociedad española la favorecía). Como término alternativo a los indefinidos propósitos gubernamentales identificados con la «reforma», desde la oposición se había utilizado el de «ruptura» para expresar el deseo de modificación fundamental de las instituciones políticas vigentes. La «ruptura», sin embargo, sólo temporalmente y por algunos fue concebida como una especie de disfrute de una herencia conseguida sin esfuerzo para revertir el resultado de la guerra civil. En la inmensa mayoría de la oposición, incluso en grupos de izquierda, se quiso evitar cualquier tipo de trauma colectivo en el paso de un régimen dictatorial a otro democrático. En consecuencia, muy pronto, desde ese mismo mes de marzo de 1976, empezó a hablarse de «ruptura pactada», un aparente contrasentido que, no obstante, se convertiría en realidad.

De cuanto se ha señalado se deduce que, a la altura del verano de 1976, la ruptura era imposible y la ruptura pactada lo parecía todavía más. Incluso la reforma, de la que todo el mundo hablaba, resultaba improbable por el momento en su contenido y tramitación. Pero la mejora en la imagen pública del rey y el deterioro de las posibilidades de los reformistas de la generación de más años modificaron la situación.

En los seis meses precedentes, la popularidad del rey había crecido en parte gracias a viajes oficiales a regiones difíciles (Asturias, Cataluña...). Por otra parte, su presencia en Estados Unidos, en mayo y junio, le confirió una dimensión internacional y, además, le permitió ratificar el propósito que le guiaba: una democracia plena. En definitiva, a su regreso de Estados Unidos el rey estaba en condiciones de hacer aquello que le resultaba imposible seis meses antes. Había aprendido mucho en circunstancias difíciles, se benefició de la labor positiva de ministros concretos y personificó el impreciso pero profundo deseo social de cambio en paz.

Las relaciones entre el monarca y el presidente, siempre invariablemente malas, se habían ido deteriorando cada vez más. El primero no había pensado en el segundo más que como una opción temporal. Del abandono de la presidencia por Arias se dio la versión oficial de que se había producido a petición propia, oído el Consejo del Reino y previa aceptación regia, pero fue exactamente al revés. El rey convocó al presidente tras una audiencia diplomática en el Palacio de Oriente a la una de la tarde; allí, vestido con uniforme militar, le pidió que renunciara a su puesto. Aunque en esta ocasión Arias no reaccionó, se habían tomado las decisiones oportunas —reunión aquella misma tarde del Consejo del Reino— para evitar cualquier intento de impedirlo.

Concluyó así el período Arias, que cumplió una función importante en el proceso de transición democrática. Desde el punto de vista histórico, lo más relevante de esta etapa fue, sin duda, que acabó de modo definitivo con las posibilidades de pervivencia del franquismo y, en definitiva, contribuyó a que una reforma a fondo se presentara como algo inevitable incluso para la mayor parte de la clase política del régimen precedente. Más importante resultó todavía el cambio experimentado en el propio seno de la sociedad española. Fue durante estos meses cuando se hizo abrumadoramente evidente la necesidad de una reforma política que no fuera meramente cosmética. Si la reforma Arias-Fraga se hubiera convertido en una realidad, habría concluido en alguna forma de democracia incompleta que, a medio plazo, hubiera supuesto un mayor grado de conflictividad política y social. No tiene razón, por tanto, Fraga cuando asegura que la reforma proyectada por él se hubiera asentado en bases «mas sólidas»; por el contrario, con su proyecto, el resultado hubiera sido mucho peor.

En la sustitución de Carlos Arias Navarro en la Presidencia se daban ya las circunstancias más favorables para que el monarca pudiera influir en el Consejo del Reino y conseguir que fuera promovido su propio candidato. Éste fue, en descripción de quien sería su sucesor, «un hombre nuevo, pero no del todo, joven pero no mucho, falangista pero no en exceso, monárquico pero no de forma exclusiva». Con Adolfo Suárez llegaban al poder los más jóvenes miembros de la clase política del régimen. La nueva generación reformista carecía de los adversarios personales que se habían ido ganando los grandes patriarcas de la política de la dictadura, disponía de suficiente experiencia e influencia en el seno del Estado franquista y, al mismo tiempo, conectaba con mayor facilidad con el conjunto de los cambios producidos en el seno de la sociedad española en los últimos tiempos. Era, también, de la generación del rey, y con él iba a protagonizar, de forma eminente, la transición a la democracia. Pero eso, de momento, no fue entendido ni por los medios de comunicación ni por la opinión pública.

ADOLFO SUÁREZ: EL CAMINO DE LA LIBERALIZACIÓN A LA DEMOCRACIA

El nuevo presidente, en efecto, no parecía haber tenido una carrera política muy brillante y, además, incluso había estado en peligro a partir de 1973 con la llegada al poder de Arias. Su cargo más importante había sido el de director de RTVE pero en el primer gobierno de la monarquía había desempeñado un papel secundario. Su victoria sobre el marqués de Villaverde, yerno de Franco, en una elección para cubrir un puesto del Consejo Nacional y el éxito logrado en la presentación de la nueva ley de asociaciones demostraban su capacidad de liderazgo sobre la clase política del régimen. Durante los meses decisivos de la transición fue muy popular, pero en tan sólo un cuarto de siglo el juicio histórico que ha merecido ha sido muy cambiante. Vilipendiado desde 1980, su aprecio por parte de la opinión pública era mínimo dos años después, fue irregular a lo largo de los ochenta y sólo se recuperó de modo definitivo en 1995, cuando se cumplían veinte años de la muerte de Franco.

Adolfo Suárez nació en 1932 en Cebreros (Ávila). Profundamente religioso, su primera actividad pública estuvo relacionada con el asociacionismo católico. Su ingreso en la función pública, tras las correspondientes oposiciones, fue tardío, sin que perteneciera a ninguno de los grandes cuerpos de la Administración. Simpático y audaz, su carrera política se explica en gran medida por el apoyo permanente de Herrero Tejedor, ministro durante unos meses en 1975. En una adversidad relativa, demostró capacidad de supervivencia y ambición. Profesaba una humildad sinceramente sentida, pero producto también de sus insuficiencias y destinada a proporcionarle un evidente complejo, según Calvo Sotelo, de «bachiller regular». Eso mismo le hacía ser capaz de atender a las realidades políticas sin tratar de sujetarlas a un esquema interpretativo propio. «Yo soy un hombre normal y tengo muchas lagunas», le dijo al filósofo Julián Marías el primer día en que se entrevistaron; como «hombre normal y sencillo» se autodefinió en las Cortes en una ocasión. Sus lagunas eran, en general, de formación cultural y, lo que resulta más relevante, de desconocimiento sobre las implicaciones que lleva consigo la vida democrática. Su famosa frase en una de las primeras intervenciones públicas («elevar a categoría de normal lo que a nivel de la calle es simplemente normal») puede parecer desvergonzada, pero parte de la asunción básica de cualquier liberal. Esta aparente modestia obtuvo éxito. Su mejor ejecutoria en el gobierno consistió en una sucesión de actos de menguar y agrandarse como la Alicia de Lewis Carroll. Empezó casi pidiendo perdón a la oposición para acabar haciendo lo que ésta difícilmente hubiera sido capaz de hacer mejor que él. Le ayudó a ello una extremada habilidad política, fruto de su captación del momento, su frialdad y su sentido del tiempo. Pese a ser miembro de la clase política de la dictadura, si algo caracterizó a Suárez fue la ausencia de crispación en el uso del poder y el honesto propósito de servir a un interés común. Su pasado no impidió en absoluto que tuviera ideas muy claras respecto al resultado final de su acción política y, además, le hizo aprender las virtudes en que se basa la convivencia, al mismo tiempo que lo hacía la propia sociedad española. Su identificación con el rey fue absoluta durante muchos meses. Por un lado, tenía algo que faltaba en la oposición, es decir, sentido del Estado (de su fuerza y de sus debilidades). Pero también aprovechó de ella no sólo su impotencia sino su voluntad profunda de llegar a acuerdos y evitar traumas sociales en la transición. Carrillo, el secretario general del PCE, extrajo de su primera conversación secreta con él la convicción de que en nada sustancial difería de cualquier político europeo democrático que conociera.

La composición del gobierno Suárez causó tanta sorpresa como el nombre de su presidente. Figura clave fue el vicepresidente Ossorio, que proporcionó el apoyo del sector más joven de la «familia» católica del régimen, al que pertenecía, por ejemplo, Landelino Lavilla, el ministro de Justicia. En general, el gobierno se caracterizó por dos rasgos que también eran propios de Adolfo Suárez: la juventud y la novedad. Tan sólo uno de sus miembros, el almirante Pita da Veiga, había sido ministro con Franco y la media de edad del gabinete era de 44 años. Lo más nuevo fue, sin embargo, el lenguaje que emplearon. Suárez se declaró «gestor legítimo para establecer un juego político abierto a todos». Así actuaría hasta alcanzar, como «meta última», que los gobiernos del futuro fueran «el resultado de la libre voluntad de la mayoría de los españoles». «Vamos a intentarlo juntos», concluyó.

Este talante distendido y realista, con horizonte final democrático, logró un cambio importante del ambiente político en un plazo corto de tiempo, desde julio a septiembre de 1976. La amnistía aprobada fue incompleta, pero se extendió a todos los delitos que no implicaran el uso de la violencia. No hubo verdadera negociación con la oposición, que pedía un gabinete de «amplio consenso democrático», pero sí diálogo e incluso cesión ante ella. Las dificultades con los militares se mantuvieron. Las reticencias del general Fernando de Santiago, vicepresidente militar, ante el rumbo político motivaron su dimisión en septiembre; fue sustituido por Manuel Gutiérrez Mellado, uno de los muy escasos militares de alta graduación que apoyaron con decisión el nuevo rumbo político.

La vía elegida ahora consistió, en suma, siguiendo los planteamientos de Fernández Miranda pero con la ejecución de Landelino Lavilla, en ir «de la ley a la ley». Para ello, durante el verano de 1976, se procedió a redactar una ley *para* la reforma política y no *de* reforma política, en el sentido de que la última decisión y el contenido definitivo del cambio quedaba en manos de los ciudadanos. En el fondo, además, difería del proyecto Arias-Fraga, en que no era una ley de reforma *en* el régimen sino *del* régimen. Se trataba tan sólo de aprobar un texto que hacía posible el resultado final democrático pero sin crear un marco cerrado y rígido que partiera del sometimiento a la legalidad precedente ni determinara la arquitectura institucional futura. La flexibilidad era tal que bien se pudo decir del texto que venía a ser una ley de transacción para la transición. Lo fundamental de la Ley de Reforma Política era la convocatoria de elecciones y la configuración de un marco institucional mínimo para realizarlas.

Este marco, no obstante, ya resultaba democrático puesto que, según se advertía, «los derechos fundamentales de la persona son inviolables y vinculan a todos los órganos del Estado». Habría dos cámaras, el Congreso y el Senado, compuestas de 204 y 350 miembros respectivamente, que serían elegidos por sufragio universal, con la excepción de un corto número de senadores (cuarenta) de nombramiento real. Estas dos cámaras tendrían como misión la elaboración de una nueva Constitución. El Senado sería elegido por una ley electoral mayoritaria, mientras que ésta sería proporcional en el caso del Congreso. En la ley se reservaba al rey el derecho a convocar un referéndum en caso de que lo considerara necesario. Tal disposición pendía como una especie de espada de Damocles sobre las cabezas de quienes ofrecieran resistencia al proceso reformador.

Como era previsible, las dificultades surgieron entre los militares y entre la clase dirigente del régimen. Suárez dio a los altos mandos una explicación genérica de la reforma a comienzos de septiembre, de la que luego nacería el reproche de que no había hecho referencia a la posible legalización del comunismo. Pero desde el punto de vista institucional, el destino de la reforma se jugaba en las Cortes. El informe del Consejo Nacional del Movimiento, a quien le competía realizar un informe preceptivo pero no vinculante, fue desatendido por el gobierno. El único grupo organizado como tal en las Cortes era afín a Fraga y suponía casi doscientos procuradores; para neutralizarlo fue preciso llegar a a un acuerdo en materia de ley electoral introduciendo un criterio restrictivo respecto a la proporcionalidad absoluta. La tradicional docilidad de los procuradores del franquismo ante el gobierno, la mano hábil de Fernández Miranda, las expectativas de muchos de salir reelegidos, la utilización de personas de ilustre apellido y también la capacidad de estar a la altura del momento contribuyeron a que la ley fuera aprobada. Los procuradores que se expresaron en términos afirmativos fueron 435, frente a sólo 59 en contra, entre los cuales figuraban siete generales. La votación concluyó con el espectáculo, no exento de emoción y grandeza, del gobierno y los procuradores aplaudiéndose mutuamente. En realidad y pese a las apariencias, la continuidad institucional había desaparecido ya y la personal también, al menos en gran parte. Aunque 35 parlamentarios de UCD eran procuradores en las Cortes de 1976, la mejor prueba de ello es que varias de las personas que habían intervenido en favor de la aprobación de la Ley de Reforma Política no estuvieron en las Cortes constituyentes de 1977.

De acuerdo con la propia Ley de Reforma Política, su texto debía ser ratificado en referéndum nacional. Éste tuvo lugar en diciembre en unas condiciones peculiares. Gran parte de la oposición, que predicaba la abstención, deseaba el resultado afirmativo; por su parte, el gobierno utilizaba los recursos públicos en favor de un resultado positivo. Pero aquélla fue la consulta más libre que se había celebrado en España desde la guerra civil y la mayor parte de la población sintió que había expresado su opinión de una manera no manipulada. En este sentido, puede añadirse que se trató de una consulta propia de una sociedad no democrática pero sí en proceso de auténtica liberalización. Sólo hubo un 2,6 por 100 de votos negativos y un tres por 100 en blanco para una participación de algo más del 77 por 100. Constituía un apoyo social importante para un proceso democratizador en marcha pero que no había llegado a su fin.

Las dificultades: entre el terrorismo y el golpe militar

Cuando se señala la aparente facilidad con la que se desarrolló la transición se insiste sólo en el resultado final. Pero éste no podía darse por descontado ni siquiera a fines de 1976. Hubo, al menos, dos ocasiones en que la reforma estuvo en gravísimo peligro: en enero de 1977, cuando la presión doble del terrorismo de distinta significación pudo provocar un enfrentamiento global de los españoles, y en semana santa (mayo), cuando fue legalizado el partido comunista y, al mismo tiempo, se desarticuló el que en otro tiempo había sido partido único transfiriendo competencias y personas a la Administración. Fue también, sin duda, el mejor momento de Adolfo Suárez. Demostró, entonces, su capacidad de trabajo, aunque a menudo acompañada de horarios anárquicos, su permeabilidad ante los antagonistas políticos y, sobre todo, su inteligencia en la captación del momento. Eso explica la rapidez con la que se realizó el proceso de transición, pues en tan sólo seis meses a partir del referéndum se dieron las circunstancias favorables para realizar unas elecciones libres con propósito constituyente. Desde el punto de vista histórico comparativo, lo sucedido durante este período del gobierno Suárez demuestra hasta qué punto un gobierno surgido de un régimen dictatorial previo puede resultar más funcional para el propósito constituyente que un gobierno provisional salido de la oposición democrática.

El éxito político implicó la renuncia a actuar en otros terrenos como el económico. A pesar de la crisis, se trató voluntariamente de evitar la puesta en marcha de un programa coherente que pudiera significar un incremento de la presión social. Durante el verano de 1976 no hubo más que un goteo de medidas parciales y ese año concluyó por ser el más negativo de la economía española desde 1970. El crecimiento del PNB no llegó al dos por 100, las cifras de paro ascendieron hasta el seis por 100, una cifra hasta entonces impensable, y la inflación se situó en el veinte por 100. Al mismo tiempo, el Estado vio cómo aumentaba su endeudamiento y la balanza exterior se hizo fuertemente deficitaria. Todos estos problemas no serían abordados sino después de las elecciones.

Ya hemos narrado los graves incidentes de orden público derivados de la crisis económica en los primeros meses de la monarquía. Con posterioridad, los problemas más graves de orden público se produjeron en torno al momento mismo de la aprobación de la Ley de Reforma Política. Fueron el resultado de la acción de grupos terroristas que habían visto crecer el número de sus militantes gracias a las actuaciones excesivas y torpes de la policía y que, sobre todo, habían logrado un apoyo social, no muy grande si se quiere, pero suficiente para tener influencia política.

Durante el período 1976-1980, ETA, que tuvo el respaldo de una parte considerable de la sociedad vasca, fue responsable de aproximadamente el setenta por 100 de los actos terroristas, y a partir de esta fecha tuvo prácticamente el triste monopolio de las acciones de este tipo. En esta primera etapa el número de muertos como consecuencia del terrorismo permaneció relativamente estabilizado en cifras inferiores a los treinta muertos (26 en 1975, 21 en 1976 y 28 en 1977), para dispararse hasta 85 en 1978, 118 en 1979 y 124 en 1980. A partir del máximo de 1980, la política de resinserción y de paralela persecución asumida por el ministro Juan José Rosón logró una disminución drástica con 38 muertos en 1981 y 44 en 1982. El ápice del terrorismo etarra coincide, pues, con la elaboración de la Constitución y el posterior intento de golpe militar.

Pero, aunque ETA fuera más letal y contribuyera al intervencionismo castrense, en un período anterior organizaciones extremistas con muy escaso apoyo social pudieron tener con sus actuaciones un efecto político importante. Lo GRAPO eran un grupo surgido del PCEml (Partido Comunista de España Marxista-Leninista), de tendencia prochina, que se caracterizaba por la procedencia proletaria de sus miembros el extremado sectarismo, que les hacía vivir en grupos de carácter casi familiar, el número reducido de miembros (unos doscientos) y la parquedad de sus recursos, que les llevaba a procurarse las armas de los propios miembros de las fuerzas de orden público. La extrema escasez de medios en ocasiones incluso les impedía hacer panfletos explicativos de sus asesinatos, cuando los cometían. Sus miembros procedían en su totalidad de zonas en las que había existido una extremada conflictividad social en la etapa final del franquismo (Cádiz,

Vigo, el País Vasco...). Su práctica de una ciega violencia fue el producto de unas elucubraciones teóricas simplicísimas. Pero su mayor impacto en la opinión lo lograron con dos secuestros, el de Antonio Oriol, presidente del Consejo de Estado, en diciembre de 1976, cuando todavía no se había aprobado por referéndum la Ley de Reforma Política, y el del general Villaescusa, presidente del Consejo Supremo de Justicia militar, días después. Durante semanas, en un momento muy delicado desde el punto de vista político, la atención de la opinión se centró en esta cuestión, hasta que las fuerzas de seguridad liberaron a los rehenes a mediados de febrero de 1977.

Mientras tanto, el 24 de enero se había producido un atentado de la extrema derecha en un despacho de abogados laboralistas del PCE que se saldó con siete muertos. El suceso tuvo una repercusión política muy grande porque despertó significativas muestras de solidaridad y, sobre todo, demostró que el PCE era capaz de controlar a sus masas y actuar de una manera extremadamente responsable. De este modo restó toda apariencia de legitimidad a un intervencionismo militar que se hubiera justificado por el desorden público.

Este mismo hecho es bien expresivo de la peculiar situación del PCE, que sólo llegó a una resolución con su legalización, el 9 de abril de 1977. En realidad, el PCE llevaba en una situación de tolerancia real desde diciembre de 1976. Su principal dirigente, Santiago Carrillo, había regresado clandestinamente del exilio en febrero de 1976. Sin duda, pretendió forzar algún tipo de reconocimiento del PCE por el procedimiento de mostrar cada vez menos reserva en dejarse ver por la capital; de este modo deslegitimaba cualquier elección que se realizara sin la presencia del PCE. Su detención en los últimos días de diciembre de 1976 no sólo se explica por esta voluntad propia de aflorar a la vida pública, sino también por la necesidad sentida por el gobierno Suárez de demostrar su autoridad y su eficacia policial. Por un momento, en el gobierno se pensó en la posibilidad de expulsarle de España, pero el ministro de Justicia, Lavilla, llamó la atención sobre el hecho de que ni siquiera era viable hacerlo con la legalidad preconstitucional vigente. Suárez se dio perfecta cuenta de que el dirigente comunista había provocado su detención, lo que le planteaba un problema que debía resolver. Carrillo, que en la comisaría fue sometido a vejaciones (por ejemplo, ser desnudado), se dio cuenta de que quienes le habían detenido no sabían muy bien qué hacer con él, como él mismo relató. Pero en las comisarías donde estuvo había retratos de Franco y no del rey.

Lo más probable, como ya se ha dicho, es que todos los actores de la transición por la parte gubernamental pensaran originalmente que la legalización del PCE no era posible antes de las elecciones porque el Ejército se opondría. Éste es un caso que demuestra hasta qué punto la transición fue un complicado proceso en el que se trenzaron de forma sucesiva las posiciones de gobierno y oposición; ambas cambiaron con el transcurso del tiempo. El PCE, con escasa ayuda del resto de los partidos de la oposición, insistió en su legalización y el gobierno (en realidad, Suárez) acabó aceptándola en el momento preciso. Pero a ese resultado no se hubiera llegado de no ser porque la opinión pública fue evolucionando en este punto tan conflictivo en otro tiempo. Tras la muerte de Franco era muy reducido el porcentaje de partidarios de legalización del PCE. En marzo de 1977 las encuestas de opinión revelaron que un cuarenta por 100 de la población estaba a favor de la legalización y un 25 por 100 en contra, pero el mes siguiente ya los porcentajes eran del 55 y doce por 100, respectivamente.

Hubo, por otro lado, factores personales que influyeron en el proceso político. En febrero tuvo lugar el primer contacto secreto directo entre el presidente y el secretario general del PCE y de ese encuentro nació un entendimiento entre ambos políticos que duraría todo el período de la transición. Aunque no se pueda decir que de la reunión surgió un pacto, quedó entendido que Suárez llegaría a la legalización si el PCE aceptaba la bandera y la corona (a pesar de que Carrillo prefiriera el orden inverso). En suma, se concretó en cierto modo uno de esos numerosos consensos en que consistió la transición a la democracia. De acuerdo con la legislación vigente, la determinación de la legalidad del PCE había quedado en manos de las autoridades judiciales, estableciendo, además, unos plazos tasados para su decisión. Mientras éstas decidían, la tolerancia aumentaba: en marzo se celebró una cumbre eurocomunista en Madrid.

Finalmente, el 9 de abril, un sábado santo en que, debido a las vacaciones, la capacidad de reacción de la clase política y periodística era menor, el PCE fue legalizado. Las autoridades judiciales trasladaron a las políticas la decisión. Fue la más arriesgada de toda la transición porque pudo haber producido un inmediato contragolpe por parte de la derecha. Hubo, además, una evidente falta de previsión respecto a una posible reacción por parte de los responsables militares. Gutiérrez Mellado se hallaba en Canarias, el ministro del Ejército estaba enfermo y el jefe del Alto Estado Mayor, que presidía el máximo organismo consultivo militar, estuvo muy desafortunado. Se produjo en este momento una fuerte tensión en los altos mandos militares, que incluso llegaron a mostrarse contrarios a la medida, aunque la aceptaron por «disciplina y patriotismo». Afortunadamente, el sector más involucionista del Ejército carecía en estos momentos de una cabeza dirigente y de una voluntad política precisa. Pero se produjo la dimisión del ministro de Marina, en lo que puede ser visto como la segunda crisis militar de la transición, tras la del general De Santiago.

En el transcurso de este mes de abril, el gobierno, casi de modo simultáneo, prosiguió su vertiginosa acción desmanteladora del régimen político existente. Pocas horas antes de legalizar el PCE, había decidido la desaparición del Movimiento, cuyo ministro se convirtió entonces en secretario del gobierno. Esto significó la desaparición de sus símbolos, aunque en realidad el Movimiento había perdido ya su contenido político y su capacidad movilizadora, aparte de que era incompatible con el futuro democrático español. La burocracia sindical y del antiguo partido único fue integrada en la Administración, tal como ella quería, y como la oposición aceptó. De este modo concluía la liberalización y quedaba la puerta abierta a la democracia.

Partidos y elecciones

Desde abril, la atención de la opinión pública se centró en la inminente campaña electoral que precedería a la consulta popular. A mediados de marzo se había aprobado una ley electoral de la que merece la pena señalar que fue aceptada por todos. Aunque los dirigentes más relevantes de la oposición se entrevistaron con Suárez, lo cierto es que no hubo pacto alguno sino simple intercambio de opiniones, aunque también es cierto que el contenido no distó en lo esencial de cuanto pretendía la oposición.

Mayor problema supuso la aparición de un sistema de partidos. El número de siglas se había multiplicado hasta el infinito y los partidos eran «indiscernibles como infusorios en una gota de agua» (Marías). No había precedentes históricos previsibles porque habían transcurrido muchos años sin elecciones, más que los doce pasados en Alemania en 1945 (o los diecinueve en Italia). Pero, al mismo tiempo, la actitud de fondo del conjunto de la sociedad española era clara. De acuerdo con las encuestas sólo el cuatro por 100 de los españoles se declaraban muy interesados en la política, mientras que los poco o nada preocupados por ella superaban el setenta por 100. Una figura había ya conseguido un elevado grado de consenso entre ellos: el rey, de quien el 77 por 100 decía que tenía un papel muy importante. Un 42 por 100 de los españoles se declaraban de centro, cifra que, sumada a la derecha, venía a ser el 52 por 100, mientras que la izquierda representaba un 44 por 100, que, con la extrema izquierda, podía llegar casi al 48 por 100.

En definitiva, todo hacía pensar que en un futuro la vida política española se concentraría en dos fórmulas políticas centradas y moderadas. Hubo, no obstante, algunas sorpresas con respecto a estas previsiones iniciales. Por un lado, aunque en general los españoles se inclinaran hacia posturas de centro, de momento la derecha parecía más fuerte que en otros países europeos. Por otro se advirtió en las encuestas preelectorales se advirtió la existencia de una masa popular capaz de decantarse hacia un socialismo democrático, pero el existente en España en aquellos momentos era, en apariencia y de momento, más radical que lo habitual en la socialdemocracia europea. Finalmente, por obvia comparación con el caso italiano de la época, hubo quienes previeron que en España nacería un importante grupo político demócratacristiano y tal vez también un partido comunista fuerte y moderado. Todas estas expectativas se vieron desmentidas pero no porque partieran de bases incorrectas, sino por la sencilla razón de que el punto de partida en que se fundamentaban se vio modificado por la actuación de los propios partidos ante el electorado.

Paradójicamente para lo que luego fueron los resultados, la derecha se constituyó políticamente en la llamada Alianza Popular (AP), cuyo destino estuvo siempre ligado a quien fue desde el primer momento su principal animador, Manuel Fraga. Otra peculiaridad de este partido fue que se articuló en fecha temprana (septiembre-octubre de 1976) para desventaja propia, porque de modo inmediato despertó el temor y los ataques del resto de sectores políticos. En realidad, lejos de obtener el apoyo de todo el franquismo político sólo consiguió el de mayor edad; el franquismo sociológico fue a parar, en su mayor parte, al partido del gobierno. En el curso de la campaña electoral, el temperamento de Fraga le hizo tender de forma inevitable a la confrontación, y con ello a la multiplicación de ataques a su grupo.

Los numerosísimos grupos de significación más o menos centrista que existían a finales de 1976 empezaron en esta fecha a plantearse la posibilidad de colaborar en fórmulas políticas más amplias. La primera de ellas fue Alianza Popular, cuyo congreso, celebrado en febrero de 1977, tuvo una envergadura semejante a la que poco antes había tenido el congreso del PSOE. Aunque fue una iniciativa al margen del gobierno, ya en la primavera se hizo patente que una candidatura de centro debía contar con la presencia de Adolfo Suárez si quería atraer a un electorado que se identificaba con él. Sólo de forma muy tardía, atropellada y no exenta de conflictos quedó configurada una opción electoral bajo las siglas UCD: Unión de Centro Democrático. Venía a ser éste un partido-archipiélago en que militaban los jóvenes reformistas del régimen, la mayor parte de la oposición no socialista e independientes. No era estrictamente un residuo del régimen pasado: el porcentaje de los diputados de UCD que habían sido procuradores con Franco era sólo del 17,5 por 100, mientras que trece de los dieciséis diputados de AP habían sido ministros en el régimen anterior. Hubo algunos grupos políticos de orientación centrista que no llegaron a colaborar con la coalición presidida por Suárez. La razón reside en un exceso de confianza en que las siglas —en especial «democracia cristiana»— capturaran por sí mismas a los electores.

El Partido Socialista Obrero Español celebró su XXVII congreso en diciembre de 1976 en condiciones de tolerancia más que de libertad, pero inició entonces un despegue espectacular ante la opinión pública. En realidad, no había sido un protagonista esencial en la disidencia de los años sesenta (en 1974 apenas tenía 2.500 afiliados, un millar de ellos en Vizcaya y Guipúzcoa). Sin embargo, tras la muerte de Franco el socialismo entrañaba las dosis adecuadas de identificación con la libertad y de voluntad de transformación social como para atraer a una parte considerable de la sociedad. De la lectura de los textos aprobados en el citado congreso se deduce que el PSOE de entonces partía de una definición radical. Otra cosa es que esas declaraciones no superaran el plano verbal. Felipe González ha afirmado de sí mismo que siempre fue moderado y probablemente sea cierto, aunque en aquel momento su partido no parecía serlo tanto. Sin embargo, encarnaba muy bien el talante juvenil y renovador de una parte de la sociedad española.

A diferencia de lo que había sucedido con el PSOE, el PCE no había renovado su dirección política en los años de exilio, por más que pudiera exhibir como emblemas a personajes como Dolores Ibárruri, *la Pasionaria.* Concluida la dictadura, el atractivo de un comunismo considerado siempre como el enemigo mayor del régimen en gran parte había desaparecido. Carrillo, por su parte, manifestó una clara voluntad de evitar cualquier peligro de involución, lo que le hizo cargar durante la campaña electoral contra AP, pero no, en cambio, contra UCD. Quizá con ello perdió votos en beneficio de los grupúsculos de extrema izquierda.

No estaría completo el panorama sin aludir a los movimientos nacionalistas. En Cataluña, el catalanismo de carácter centrista estuvo representado por Jordi Pujol y su Pacte Democràtic per Catalunya, en el que se alineaban personas de tendencia y de autodefinición diferentes, como eran liberales y socialdemócratas, muchos de ellos de procedencia católica, unidos por el vínculo del catalanismo. A esta primera fuerza nacionalista catalana hay que sumarle la de los demócratas cristianos de Unió Democràtica, cuyo origen se remontaba a la época de la Segunda República española, que formaron una candidatura propia. En el País Vasco, el Partido Nacionalista había mantenido núcleos de afiliación y articulación durante todo el franquismo, lo que le permitió una excepcional continuidad histórica.

Las últimas semanas de la campaña electoral debieron influir de una manera muy manifiesta en los resultados electorales. Sin duda, quien demostró mayor sensación de dinamismo y capacidad técnica y organizativa fue el PSOE y, en consecuencia, sus expectativas de voto no hicieron sino crecer, casi triplicándose a partir del diez por 100 originario que las encuestas le atribuían. Aunque, por ejemplo, los gobernadores civiles tuvieran un papel de primera importancia en la determinación de las candidaturas de UCD, bien se puede decir que los resultados representaron con bastante fidelidad lo que era la realidad de la sociedad española.

En cuanto a los resultados, la participación electoral fue alta, de un 78 por 100; la abstinencia electoral previa pudo ser una razón primordial para explicar esa elevada cifra. Unión de Centro Democrático obtuvo aproximadamente el 34 por 100 de los votos emitidos y 165 diputados, lo que lo convertía en la mayor minoría parlamentaria. El PSOE logró el 29 por 100 de los votos y un total de 118 diputados, lo que lo situó de manera clara como segundo grupo político nacional. Muy lejos de las dos primeras fuerzas políticas, el PCE obtuvo veinte escaños y Alianza Popular dieciséis. El Partido Socialista Popular de Tierno Galván consiguió una pequeña minoría de tan sólo seis diputados y la democracia cristiana no alcanzó, excepto en Cataluña, otra representación que un reducido número de senadores, logrados, además, en colaboración con fuerzas de izquierda. En cambio, los partidos nacionalistas lograron una veintena de puestos en el Congreso (ocho del PNV y trece catalanes, en coaliciones distintas). Gracias a las peculiaridades del sistema electoral, mayoritario en las elecciones senatoriales, la distancia entre UCD y el PSOE fue mayor en la cámara alta, 106 puestos frente a 35, a pesar de lo cual el partido del gobierno estaba lejos de la mayoría absoluta.

La interpretación de estos resultados electorales debe hacerse teniendo en cuenta la tradición electoral histórica española. En parte se mantenía la misma geografía del voto que en los años treinta y, como entonces, el sistema de partidos revelaba una realidad plural y una polarización no sólo entre derecha e izquierda, sino por la identidad cultural. En Cataluña y el País Vasco era todavía más plural por esta razón. Pero existía una gran diferencia respecto a los años treinta: la tendencia centrífuga había sido sustituida, a partir de 1977, por otra de carácter centrípeto. Esto se demostraría en los meses siguientes, pero de momento la voluntad de los españoles obligaba a un gobierno monocolor minoritario y, por lo tanto, débil, abocado a una necesaria concurrencia de criterios con otras fuerzas políticas.

El largo camino hacia la Constitución

Como se ha indicado, la Ley de Reforma Política había remitido al momento postelectoral la elaboración de un texto político fundamental. Ésta se llevó a cabo en unas condiciones peculiares pero que mantuvieron el acuerdo esencial entre todos los partidos políticos. No había, por ejemplo, un texto legal vigente que determinara la responsabilidad del gobierno ante el Parlamento, por lo que debió improvisarse como precedente de la Constitución. Su contenido de algún modo quedó preestablecido en la asunción por España de los convenios internacionales sobre los derechos humanos en abril de 1977. La propia ley electoral para las elecciones de junio de 1977 adelantó el contenido de la Constitución. Sin embargo, fue la amnistía que tras haber sido sugerida en un debate a mediados de julio se plasmó en un decreto a mediados de octubre, la que se adelantó a la esencia de su contenido. Semanas antes a las elecciones, el gobierno había ido liberando a los presos no directamente implicados en muertes, incluso pactando con personas cercanas a los etarras. En la fecha indicada, el ejercicio de reconciliación se amplió aún más. Con la sola abstención de AP, se aprobó una amnistía general que incluía no sólo a los violentos contra el régimen de Franco sino también a los que habían utilizado la violencia para mantenerlo. Fue una de las amnistías más generosas de la tercera oleada democrática, generosidad sin duda facilitada porque el grueso de la represión franquista quedaba lejos en el tiempo. El inconveniente fue que no perduró la memoria histórica del tiempo pasado.

Lo más urgente para Suárez en aquel momento era la configuración de un gobierno. Unión de Centro Democrático era una pura coalición electoral, y el reparto de las carteras pareció un mosaico de una pluralidad de familias políticas de modo parecido a como sucedía en la dictadura de Franco. No obstante, también como entonces, fueron hombres de la más estrecha confianza de Suárez o técnicos de reconocido prestigio quienes ocuparon los puestos más decisivos. Gutiérrez Mellado controlaba —o lo intentaba— a los militares, Abril Martorell actuaba como segundo en materia política y Fuentes Quintana inspiró la política económica. A partir de diciembre de 1977, las distintas agrupaciones centristas preexistentes se disolvieron no sin ciertas tentaciones de resistencia. La vida del partido fue un tanto lánguida desde los primeros momentos. Para la presidencia del Congreso fue elegido Álvarez de Miranda y, para la del Senado, Fontán, ambos centristas y procedentes de la oposición.

El segundo gobierno Suárez debió sortear numerosas dificultades al mismo tiempo que se elaboraba la Constitución. Era ya inevitable enfrentarse con la crisis económica. En efecto, en el verano de 1977 se habían alcanzado ya unas cotas de inflación casi iberoamericanas (del orden del cincuenta por 100 anual), el paro alcanzaba el seis por 100, porcentaje por completo infrecuente en el pasado inmediato, y se producía, además, un fuerte endeudamiento. Era necesario superar la ausencia de política económica anterior y crear, además, un marco en el que poder afrontar la tarea de redactar una nueva Constitución con la suficiente holgura y paz social como para que no hubiera una peligrosa espiral de reivindicaciones estimuladas por el cambio político. Los Pactos de la Moncloa vinieron a representar, en el terreno socioeconómico, una actitud paralela al consenso político logrado en la ley electoral y en la amnistía. En realidad se trató de un acuerdo político cuyos principales responsables, pero no protagonistas, fueron Suárez y Carrillo, que ya habían tratado de la cuestión en conversaciones previas. Los pactos no despertaron un entusiasmo especial entre los socialistas, que dijeron aceptarlos de forma «crítica», mientras Alianza Popular se mostró muy reticente y aún más la patronal. Las directrices de lo pactado en el terreno económico fueron elaboradas por Fuentes Quintana, quien venía insistiendo en la necesidad de ajuste desde el verano anterior. Consistieron en que partidos políticos, organismos patronales y sindicatos y las fuerzas sociales de la izquierda se comprometían a cierta austeridad salarial a cambio de una serie de contrapartidas que abarcaban desde el inicio de la reforma fiscal, con establecimiento de nuevos impuestos como el del patrimonio, hasta la construcción de un elevado número de puestos escolares, la extensión de las prestaciones de la Seguridad Social o la regulación de las libertades. En cierto modo, puede decirse también que en estos momentos iniciaron los españoles el aprendizaje de los principios de la economía social de mercado que iba a figurar en su Constitución.

Mientras ésta se elaboraba, los conflictos de orden público produjeron en varias ocasiones la sensación de que podían provocar tensiones involucionistas. A estas alturas ya era evidente que ETA sería un problema aún mayor para la democracia naciente de lo que lo había sido para la declinante dictadura. En los once meses posteriores a junio de 1977, un año en que, como se recordará, hubo tres amnistías sucesivas, ETA asesinó a otros tantos miembros de las fuerzas de seguridad.

Claro está que también se avanzaba hacia la normalidad. A comienzos de 1978 se celebraron las elecciones sindicales, que supusieron una victoria de Comisiones Obreras, el sindicato más implantado en España desde los años sesenta y ya por completo decantado hacia el PCE y los grupos políticos a su izquierda. Sin embargo, ese predominio no implicaba que el trabajador industrial se inclinara hacia el comunismo, pues había afiliados a Comisiones que votaban al PSOE. Por su parte, UGT no había logrado una implantación semejante, dado que su desarrollo había sido bastante posterior; sólo cuando sumó a sus filas parte de la dirección procedente de USO pudo asemejarse a CCOO en fuerza. Otra reivindicación de la izquierda consistió en la celebración inmediata de elecciones municipales. Esta petición no fue atendida, aduciendo el gobierno de UCD que la realización de elecciones al mismo tiempo que se redactaba la Constitución, por el lenguaje empleado durante la campaña, pondría en peligro la perduración del consenso.

La cuestión política decisiva fue, como es lógico, la elaboración del texto fundamental. Así ha sucedido en toda la tercera ola democrática. Portugal, que debido a la ausencia de nacionalismo periférico tenía menos problemas que resolver que España, tras graves dificultades de estabilidad interna acabaría por modificar su Constitución inicial no mucho tiempo después de su elaboración. Algo parecido ha sucedido en países procedentes del comunismo, como Polonia, que han carecido de Constitución durante muchos años. En España, tras dieciocho meses de elaboración y a través de un texto de más de 160 artículos, se llegó a este acuerdo generalizado.

Hubiera podido haber un proyecto gubernamental pero finalmente no lo hubo, y eso fue positivo. Pero la Constitución debió ser larga porque la izquierda impuso una extensa enumeración de derechos e intenciones, en gran medida lógica dada la circunstancia española, tras la salida de la dictadura. Por eso, Miguel Roca pudo decir que si en Suecia, donde desde siempre había existido el derecho de reunión, no era necesario tratar de él en la Constitución, en cambio resultaba imprescindible hacerlo en la española. En la elaboración de la misma participaron todas las fuerzas políticas, aunque los dos partidos más numerosos en las Cortes desempeñaran un papel de mayor importancia. Los catalanistas tuvieron un papel importante, principalmente como mediadores de otras opciones y mediante sus reivindicaciones precisas en torno a la organización territorial del Estado, no sólo para ellos sino generalizadas. En cambio, los nacionalistas vascos se limitaron a expresar unas reivindicaciones de soberanía propia que resultaron inaceptables para los demás, pero también introdujeron enmiendas de cierta importancia. La enmienda que le fue admitida al PSP constituye el preámbulo del texto.

El proyecto constitucional fue elaborado por una comisión formada por siete personas (tres centristas, un socialista, un comunista, un nacionalista catalán y un derechista). El proceso no estuvo exento de complicaciones: en noviembre de 1977 se conoció su contenido gracias a una filtración periodística y en marzo de 1978, poco antes de que concluyera la redacción, los socialistas se retiraron de la comisión. Más tarde estuvo a punto de hacerlo la derecha, pero en ninguno de los dos casos estuvo en peligro el consenso fundamental. En la etapa final, las cuestiones más espinosas empezaron a ser resueltas sin publicidad por Fernando Abril y Alfonso Guerra, que venían a ser los segundos espadas de la UCD y el PSOE, respectivamente. El primero había empezado a destacar inmediatamente después de las elecciones. Fue ésta la etapa del «reconsenso», barbarismo que designa la fragilidad de los pactos suscritos hasta entonces y la necesidad de una tenaz defensa del acuerdo global. De éste sólo quedó excluido el PNV que, sin embargo, dejó claro que actuaría en el marco constitucional recordó, además, que en su momento no votó la Constitución republicana de 1931 y, en cambio, habían combatido en 1936 al lado de quienes la defendieron con las armas.

En octubre de 1978, la Constitución fue aprobada en una sesión conjunta de ambas cámaras de acuerdo con lo preceptuado por la Ley de Reforma Política. Luego se procedió a someterla a referéndum, en el mes de diciembre, tal como había quedado dispuesto en ella. En ninguna de las transiciones a la democracia de la «tercera ola» se procuró de forma tan decidida llevar a cabo un acuerdo tan completo entre las fuerzas políticas, primero, y con la participación ratificadora de los ciudadanos, después. En la consulta (diciembre de 1978) la participación fue baja, de un 69 por 100, de modo que tan sólo un sesenta por 100 del conjunto de los electores ratificó con su voto el contenido del texto constitucional. Pero en realidad, sólo en el País Vasco hubo un déficit de legitimidad. Se debe tener en cuenta tanto la repetición de consultas como la aparición de un cierto «desencanto» en el juicio de los ciudadanos acerca de la democracia conseguida.

Se había llegado al texto constitucional tras un proceso laboriosísimo, sujeto a contradicciones importantes y que, sin duda, había perjudicado la claridad e incluso la corrección gramatical del texto elaborado. Gracias a todo ello, la Constitución, por vez primera en la historia de España, fue de consenso y el arco constitucional resultó mucho más amplio de lo que podía esperarse en un principio. Sólo sectores de extrema derecha y extrema izquierda se manifestaron contra la Constitución, pero el voto favorable de Fraga y Carrillo les privó de cualquier posible apoyo en sectores más amplios de la población.

Los rasgos esenciales del texto constitucional se entienden a partir de estas premisas. La gran ventaja de su contenido radicaba en el consenso logrado, pero a menudo se basaba en «compromisos apócrifos», es decir, fórmulas superpuestas que pretendían satisfacer a la vez un cúmulo de exigencias contradictorias. Aunque mostraba influencia del constitucionalismo histórico español, principalmente de los textos de 1812 y 1931, era, en realidad poco original en sus rasgos esenciales. En su contenido concreto trataba de evitar la repetición de la experiencia de los años treinta utilizando procedimientos como el voto de censura constructivo.

La Constitución de 1978 consta de once títulos y 169 artículos. Lo primero que llama la atención al hojearla es que para redactarla se llegó a acuerdos sobre cuestiones muy disputadas. La enumeración de los derechos humanos y las libertades es prolija, pero en materia de enseñanza se llegó a una fórmula acorde. La aconfesionalidad del Estado tampoco supuso problemas y algo parecido cabe decir de la monarquía, a pesar de que el PSOE mantuvo inicialmente un republicanismo de principios. Desde el punto de vista institucional, el sistema político español puede ser descrito como de un bicameralismo muy atenuado en el sentido de que, subsistiendo las dos cámaras, la del Congreso de los Diputados, tiene una relevancia muy superior a la del Senado. Rasgo definitorio, conectado con su característica esencial, es la existencia de unas leyes denominadas «orgánicas» cuya aprobación exige un número de votos equivalente a la mayoría absoluta, y no sólo a la mitad más uno de los presentes. Así, el dirigente catalanista Roca ha podido escribir que la Constitución no sólo fue elaborada *desde* el consenso, sino *para* el consenso futuro en determinadas cuestiones.

Y, sin embargo, en una importante cuestión, el acuerdo fue elemental e incompleto. El título octavo de la Constitución, relativo a la organización territorial del Estado, quiso ofrecer un marco en el que fuera posible incluir, a la vez, la reivindicación de los derechos históricos por parte del nacionalismo vasco, la exigencia del nacionalismo catalán, aunque partiera de supuestos soberanistas, al menos una situación semejante a la de la Generalitat de los años treinta, y el difuso sentimiento regionalista nacido en la totalidad de España con la democracia. El modo de satisfacer a Cataluña, el País Vasco y Galicia consistió en el empleo del término «nacionalidad» para referirse a ellas. Pero luego no quedó precisado en qué consistían estas «naciones sin Estado». De este modo, quedaba dibujado un panorama impreciso pero que a la vez tiene el mérito de no estar cerrado y traslada al futuro la posibilidad de construirlo y, al mismo tiempo, la necesidad y obligación de lograr el consenso al hacerlo. Desde el punto de vista administrativo, hay múltiples competencias que resultan concurrentes y varias fórmulas de acceso a la autonomía, la más rápida la de quienes tuvieron en el pasado un estatuto de autonomía.

El consenso acerca de esta materia fue, pues, aplazado. De ahí que en un libro redactado por los ponentes de la Constitución y destinado a conmemorar su vigésimo aniversario sus redactores discrepasen en esta cuestión y lo hicieran siguiendo unas líneas de confrontación que no se corresponden estrictamente con los partidos, sino con el aprecio a la identidad cultural plural.

La cuestión pendiente: nacionalismos y terrorismo

La común aceptación de un marco impreciso y técnicamente incorrecto se explica, en el fondo, por la peculiaridad de España. Si bien el grado de pluralidad cultural es mayor que en cualquier otra nación de Europa Occidental y comparable incluso al de la Europa Central y balcánica, tiene poco que ver con, por ejemplo, el que se daba en parte de la antigua URSS. Allí, por ejemplo, en las siete ciudades más importantes de Letonia la mayor parte de la población es rusa —y habla este idioma— o en Asia Central, donde además existe una diferencia religiosa. El caso español resulta también distinto del de Canadá (dos naciones), el de Bélgica (dos naciones y cuatro regiones lingüísticas) o el de Escocia (una nación que surge muy tardíamente). Se puede resumir en pocas palabras diciendo que, aunque para todos los españoles España es un Estado, así como también para la mayor parte de ellos Estado y Nación van unidos, resulta que para importantes minorías España era Estado pero no Nación. Además, en cada comunidad los sentimientos no eran únicos sino en parte distintos y en parte mixtos, además de variables en el grado. Éste era el resultado de una verdadera «contra-experiencia» histórica en comparación con lo sucedido en otros países (Vilar). Así como en Alemania e Italia las últimas décadas del siglo supusieron el advenimiento de la unidad nacional, España tuvo una experiencia radicalmente contraria. Por otro lado, relacionada con esa pluralidad, aunque distinta de ella, está la incidencia de un terrorismo con posibles efectos en la política general española. Incluso el Ulster, que ha tenido un terrorismo mucho más brutal que el País Vasco (casi 1.400 muertos entre 1969 y 1975), ha vivido en una situación democrática más estable, sin el peligro de involución golpista que siempre planeó en España.

La configuración de un Estado basado en fórmulas de descentralización generalizada o de carácter federal no fue sentido como una reivindicación de primera magnitud en la fase inicial del cambio político, con la excepción del País Vasco y Cataluña (y, algo menos, de Galicia). Da toda la sensación de que si, a partir de un determinado momento, hubo una sucesión continua de reivindicaciones de este carácter se debió a su nacimiento en el seno de la clase política dirigente, que acabó transmitiéndosela al resto de la sociedad, en que permanecían larvadas. Con el paso del tiempo, las reclamaciones vasca y catalana actuaron como detonante del sentimiento regionalista en la totalidad de España, aunque tuvieran un contenido distinto. Eso no quiere decir que la reivindicación del pluralismo obedeciera a un sentimiento postizo. Por el contrario, lo sucedido en los años treinta demuestra que la generalización de esas actitudes era esperable e incluso inevitable.

Conviene tratar en primer lugar de Cataluña y el País Vasco, pues la eclosión de sentimientos regionalistas en otras regiones y nacionalidades puede ser remitida a una época posterior a las elecciones de 1979, cuando alcanzaron relevancia política. En estas dos nacionalidades, el franquismo, aunque tuviera sólidos apoyos políticos y sociales, había sido minoritario y durante la dictadura habían existido unos gobiernos autonómicos en el exilio. Lo primero que es preciso recalcar es la diferencia entre aquellos dos casos. El País Vasco inició la singladura democrática con un consenso insuficiente; así, por ejemplo, sólo algo más de uno de cada cuatro habitantes de Guipúzcoa apoyó el texto constitucional. Un grado de acuerdo superior con el sistema político vigente sólo se logró en octubre de 1979 con ocasión del referéndum sobre el Estatuto Vasco. Sumados los que apoyaban entonces la Constitución, el Estatuto o tan sólo uno de ambos se llegó ya al cincuenta por 100 de la población vasca. Aun así, a fines de los años setenta entre un 13 y un 16 por 100 de los vascos consideraba a los terroristas de ETA como patriotas y entre un 29 y 35 por 100 como idealistas.

En Cataluña, el grado de consenso social y el de acuerdo con el rumbo de la transición fue mayor. Después de las elecciones, 62 de los 63 parlamentarios electos solicitaron el retorno al Estatuto de Autonomía de 1932. Ello hizo imprescindible dar satisfacción a una reivindicación que se presentaba de modo tan generalizado y pacífico. Tanto Tarradellas, presidente de la Generalitat en el exilio, como Suárez, tras un inicial desconcierto, supieron actuar con rapidez, decisión y habilidad. Tan sólo unos días después de las elecciones, se celebró una entrevista en Madrid que, pese a los malos auspicios iniciales, se prolongó y acabó en final feliz. La Generalitat restablecida tuvo unos poderes más simbólicos que reales, pero el regreso de Tarradellas a Barcelona en los primeros días de octubre contribuyó de manera decisiva a encauzar, a través de vías pragmáticas, la realidad de una Cataluña que tanto había distado del comportamiento electoral de la España restante. Fue éste el único aspecto rupturista del proceso de transición español al restablecerse una institución nacida en la legalidad republicana. Aunque el nacionalismo catalán siguió siendo soberanista, el Estatuto de Cataluña y el referéndum para su aprobación, en octubre de 1979, fue apoyado por todos los sectores políticos. Pero fue patente sin duda la dualidad del electorado, que a menudo votaba de forma diferente en las elecciones locales, catalanas y generales.

En el País Vasco no se dieron las mismas circunstancias que en Cataluña. Desde antes de las elecciones de 1977, el PNV había optado por una actitud posibilista que le alejaba de ETA; sin embargo, su actitud ante el proceso constituyente y la de parte de la sociedad vasca respecto al terrorismo era condenatoria pero condescendiente. El mismo día en que se aprobó la amnistía, fueron asesinadas tres personas por la banda. Sólo en diciembre de 1977 se llegó a un acuerdo para el establecimiento de un régimen provisional. Aun así, fue posible sólo por haber aplazado para el futuro la solución del problema de Navarra, que de momento permanecía al margen de la comunidad autónoma. En los primeros meses de 1979 se produjeron una dificilísimas negociaciones respecto del contenido del Estatuto. Finalmente, éste fue aprobado y sometido a referéndum: votaron afirmativamente un noventa por 100 de los electores que participaron (un sesenta por 100). Se había conseguido, por fin, el suficiente grado de consenso en la sociedad vasca y con el gobierno de Madrid. Pero prosiguió la conflictividad. En enero de 1980, los diputados nacionalistas se retiraron del Parlamento como protesta por la forma de llevarse a cabo los traspasos de competencias. Las instituciones autonómicas, por otra parte, tan sólo pudieron funcionar, dada la fragmentación política de la región, por el procedimiento de que Herri Batasuna, la filial política de ETA, no asistiera al Parlamento, adquiriendo así el PNV una mayoría artificial.

La cuestión de la autonomía vasca debe ser abordada con una referencia al terrorismo de ETA, que complicó hasta el infinito la normalización democrática española. Ya se ha aludido al número de víctimas que causó y los momentos de mayor incidencia de su actividad. La evolución de ETA y sus sectores políticos afines resulta fácil de resumir en sus tendencias generales. Tras la llegada de la libertad, se le planteó la senda de la política como complemento de la violencia o como única fórmula de actuación. Así pues, el camino hacia la actuación legal, antes o después, fue recorrido por sus activistas. En general, los más veteranos se volvieron hacia la política, pero siempre hubo sectores juveniles capaces de nutrir las filas de un activismo violento que acababa imponiéndose como rumbo mayoritario.

Hacia el final del franquismo, ETA aparecía dividida en dos ramas. ETA militar (ETAm) era el antiguo frente militar de la organización; estaba formado sólo por un puñado de militantes y profesaba un radicalismo mucho más nacionalista que revolucionario. ETA político-militar (ETApm) tenía originariamente el apoyo de la mayor parte del movimiento y se había planteado ya la posibilidad de actuar por otros procedimientos distintos del terrorismo. Mucho más marxista y revolucionaria, consiguió, a través de su organización política Euzkadiko Ezkerra (EE) un diez por 100 de votos en Guipúzcoa y la elección de dos parlamentarios, un diputado y un senador. A partir de 1979, sin embargo, la búsqueda de una violencia diferenciada se mostró tan criminal como la de ETAm y, además, resultó incomprensible para los propios nacionalistas radicales. Desde del verano de 1979 se fue haciendo cada vez mayor la distancia entre EE y ETApm. La política de represión y reinserción seguida por el ministro del Interior Rosón, con la colaboración de EE, tuvo como consecuencia que ETApm prácticamente se descompusiera al comienzo de los ochenta, con lo cual disminuyó de forma considerable el número de muertos provocados por el terrorismo. ETApm anunció finalmente su disolución en septiembre de 1982. Por su parte, ETAm, reducida originariamente a unos cuantos militantes, configuró una dirección a finales de los setenta que permanecería hasta 1992, y fue capaz de formar un comando cada dos semanas, lo que revela su arraigo en determinados sectores sociales. Aunque en la primavera de 1978 creó también su propia organización paralela de carácter político (Herri Batasuna), para ETAm el terrorismo era en realidad un sustitutivo, no un complemento, de la acción de masas.

A pesar de ello y del elevado número de atentados en los meses posteriores a la aprobación de la Constitución, en el verano de 1979 resultaba ya evidente no sólo que el PNV retenía el apoyo mayoritario de los nacionalistas vascos (el doble de voto de HB), sino que estaba dispuesto a comenzar a reaccionar contra el terrorismo etarra y actuar en el marco de la Constitución.

Triunfo y caída de Adolfo Suárez

Con la aprobación de los estatutos catalán y vasco nos hemos adelantado en la narración cronológica. Ahora es preciso volver a ella para recordar que fue precedida por una nueva victoria de Suárez en unas elecciones generales.

En octubre de 1978 se celebró el I Congreso de UCD, que presenció el progresivo triunfo de una clase política más joven y más vinculada a los medios de la oposición moderada al franquismo que en 1977. En realidad se trató de un primer acto de preparación para las elecciones convocadas, una vez aprobada la Constitución, para marzo de 1979. En los medios gubernamentales se había dudado mucho sobre la conveniencia de la convocatoria, que acabó imponiéndose porque de todos modos una confrontación ante las urnas —las municipales— era imprescindible. Las elecciones, imprevisibles en los resultados, tuvieron cierto dramatismo. El resultado dependió primordialmente del elevado porcentaje de indecisos (un cuarenta por 100), y un tercio de los votantes centristas decidieron su voto en el último momento, a partir de los últimos programas de televisión con la intervención personal de Suárez.

Éste presentó al centrismo como adversario fundamental de los socialistas, con quienes ya no se establecerían nuevos pactos. La derecha, bajo la denominación de Coalición Democrática, no era en realidad más que Alianza Popular, libre de buena parte de sus colaboraciones más identificadas con el franquismo y con algunas adiciones personales. Pocos cambios hubo también en el PSOE. Aproximadamente dos tercios de los diputados socialistas de 1977 repitieron su candidatura. Ahora tendieron a desaparecer algunos de los dirigentes históricos del exilio, mientras que conseguían puestos relevantes en las candidaturas personas procedentes del PSP. Por su parte, los comunistas nutrieron sus candidaturas de figuras procedentes de Comisiones Obreras, ya el primer sindicato español.

Los resultados electorales (marzo) supusieron pocos cambios. El sistema de partidos, desde luego, siguió siendo polipartidista con variaciones mínimas pero significativas. UCD perdió algo menos del uno por 100 de su voto, pero sumó tres escaños más debido a las características de la ley electoral. Estos datos desmentían la afirmación, hecha desde el socialismo, de que se trataba de un grupo efímero carente de verdaderas posibilidades de perduración. Por su parte, el PSOE pasó de 118 a 121 diputados, pero, si tenemos en cuenta que ya había incorporado al PSP, sus resultados suponían una disminución efectiva tanto en el número de escaños como en el de votos (algo más del tres por 100). La profunda decepción sentida en los medios socialistas se acabó concretando en disidencias. El PCE logró un incremento apenas superior a un uno por 100 del electorado y siguió careciendo de una verdadera implantación nacional. Casi la mitad de sus votos y quince de sus 23 escaños los logró en Cataluña y Andalucía. Por su parte, Coalición Democrática perdió algo más del dos por 100 del electorado, pero eso bastó para que el número de sus escaños pasara de 16 a nueve, en comparación con Alianza Popular de 1977.

Estos resultados ratificaban la aceptación por parte de los españoles del modo y el resultado de la transición. En los sondeos de opinión de estos momentos Adolfo Suárez obtenía una calificación de siete sobre diez, algo absolutamente infrecuente para un político europeo de la época. Las posteriores elecciones municipales matizaron algo la situación. De nuevo UCD resultó vencedora si atendemos al número de concejales electos (más de veintinueve mil frente a los doce mil socialistas). Sin embargo, estas cifras, consideradas de forma aislada resultan engañosas, porque al PSOE le correspondieron unas cuotas de poder político importantes merced a los acuerdos suscritos a principios de abril con los comunistas, que habían obtenido unos 3.600 concejales, con lo que lograron gobernar una parte considerable de las grandes ciudades españolas.

En el siguiente año y medio, sin embargo, se produjo el declive acelerado de Suárez como político y como presidente, sumido en la perplejidad como gobernante e incapaz de solucionar las disputas existentes en el partido que encabezaba, disputas que, además, tenían en él uno de los principales motivos. Ya en el propio debate de investidura se mostró renuente a la intervención parlamentaria y sólo logró el apoyo de andalucistas y otros regionalistas. Desde mayo de 1979 hasta mayo de 1980, de las 2.046 votaciones parlamentarias habidas Suárez no estuvo presente en 1.555.

Con la investidura quedó abierta una nueva etapa política, en teoría marcada por la desaparición del consenso, una vez que había sido elaborada y aprobada la Constitución. La composición del gobierno pretendió superar la fragmentación del partido del gobierno. En él y en el siguiente desempeñó un papel decisivo Fernando Abril, amigo íntimo del presidente, en quien éste ya había delegado funciones políticas importantes. Tímido, trabajador, absorbente, bienintencionado y siempre muy consciente de su responsabilidad al frente del Estado, Abril fue, sin embargo, un mal parlamentario, desordenado en la acción aunque con capacidad de negociación, poco preparado para el campo económico que tenía atribuido y que, además, acabó resultando irritante para el resto de los dirigentes de UCD por su exceso de poder. Un cambio gubernamental en mayo de 1980, en parecido sentido que el anterior, agravó la situación. Abril ejerció su máxima influencia desde el verano de 1977 hasta el verano de 1980 y acabó estropeando su relación con Suárez. Si éste pecó por omisión y por indolencia, su vicepresidente, interminable pero buen negociador, pecó de lo contrario, de entrometerse más allá de sus competencias.

El verdadero problema consistía en que el gobierno parecía impotente y desorientado ante los repetidos problemas que se le presentaban. En junio de 1978, diez regiones que equivalían a tres cuartas partes de la población española, estaban dotadas de regímenes preautonómicos. En el fondo, toda la clase política de entonces, incluidos los socialistas, pensaba en la necesidad de una reordenación del proceso autonómico para evitar que las «nacionalidades históricas» fueran alcanzadas en sus competencias por el resto de las comunidades. Pero n febrero de 1980, al plantearse el acceso de Andalucía a la autono-a por la vía rápida, una combinación entre una muy inhábil presentación por parte de la UCD y el ejercicio de una cierta demagogia por parte de la oposición supuso el claro rechazo por la mayoría de los andaluces del retraso del Estatuto.

La situación se complicó por la reaparición de conflictos internos en el seno de UCD en una situación de extrema debilidad parlamentaria. Un momento decisivo fue la presentación por parte del PSOE de un voto de censura (mayo de 1980). No podía triunfar, pero sólo el 26 por 100 de los españoles aprobó la intervención de Suárez, según las encuestas posteriores a la sesión parlamentaria. Felipe González tuvo la oportunidad de aparecer como una seria opción de gobierno.

Las malas perspectivas acentuaron la crisis del partido del gobierno. A comienzos de julio de 1980, los dirigentes de UCD acusaron al presidente de dirigir de forma personalista el partido y el gobierno y de no pedir ni aceptar consejos. Éste aceptó un nuevo cambio de gobierno a la vuelta del verano, en el que prescindió además de Abril, que le había presentado la dimisión hasta cinco veces. Aun así, desde octubre de 1980 empezaron a movilizarse los sectores más derechistas del partido. Unas semanas después hizo su aparición un grupo «crítico» en el seno del partido que, a mediados de enero de 1981, había logrado el liderazgo de Lavilla, presidente del Congreso de los Diputados. Demandaba mayor definición ideológica y confrontación política, pero contribuyó a crear un clima general de irresponsabilidad y marasmo en el gobierno y la oposición. Fraga refleja en sus memorias una entrevista con el rey en la que le habló de «crisis de Estado, crisis de sociedad y necesidad de un cambio de rumbo». Hubo otros que se expresaron en parecidos términos en casi todos los partidos (Tamames en el comunista, Ossorio en AP, Múgica en el PSOE...). Mientras tanto, en el diario *El Alcázar*, que vio incrementada su difusión de quince a setenta mil ejemplares, se jaleó una posible intervención militar.

El 29 de enero de 1981, la situación desembocó en una sorpresa: ese día, de manera inesperada para la inmensa mayoría de los españoles y la mayor parte de sus propios ministros, Suárez presentó su dimisión. «Yo no creo que hubiera una sola causa ni que se haya ocultado», escribió su sucesor. No había abandonado su cargo por una sola razón, «sino desde un estado de ánimo». Era en esos momentos el presidente del gobierno europeo que llevaba más tiempo en el poder y sabía, además, que le resultaría imposible mantenerse en él hasta 1983, año en que correspondían las nuevas elecciones. Se daba cuenta de sus limitaciones y de cómo con el tiempo había ido perdiendo la popularidad de que gozó en otro tiempo. Sin duda demostró grandeza moral al admitirlo; ni fue presionado directamente ni se retiró ante un peligro inminente.

El Ejército y la transición: el 23-F

Uno de los enigmas de la transición española a la democracia es el papel desempeñado por el Ejército en ese proceso. En Turquía, Italia, Portugal y Grecia el elemento militar tuvo una función importante en la transición a la democracia, bien como elemento tutelar inicial y luego rectificador (Turquía, 1945), como factor decisivo en la desaparición del dictador, pero carente de protagonismo inmediatamente después (Italia, 1945), como detonante del final de la dictadura en una sociedad desmovilizada para luego radicalizarse hacia la izquierda (Portugal, 1974) o como factor decisivo en el régimen dictatorial previo, pero que acabó por dividirse favoreciendo la llegada de la democracia (Grecia, 1974). En España, el papel de los militares resultó aparentemente poco relevante, lo que no deja de ser curioso teniendo en cuenta que el punto de partida era una dictadura militar. No hubo fragmentación en tendencias y tampoco mayoritaria voluntad de protagonismo político.

En la explicación de esta realidad un factor de primera importancia es el hecho de que don Juan Carlos fuera el sucesor de Franco, nombrado de forma inequívoca por él y máxima jerarquía militar. Por otro lado, el franquismo fue la dictadura de un militar, más que un régimen del Ejército como corporación. Además, para evitar una posible oposición, esta institución había sido inducida progresivamente a una no intervención en la vida política, al mismo tiempo que permanecía, en general, aislada en un mundo aparte, excepto la oficialidad más joven. Carente de medios técnicos modernos y con sueldos insuficientes, la mayor parte de la oficialidad se veía obligada al pluriempleo cuando estaba de guarnición en las grandes ciudades.

La transferencia de fidelidad desde Franco al rey evitó el intervencionismo militar o lo condujo hacia el cauce de un diálogo tenso con las autoridades civiles. La propia Constitución española contenía elementos de una ambigüedad calculada en lo que respecta a las responsabilidades del monarca, pues un artículo le atribuía el «mando supremo» del Ejército y otro responsabilizaba de la defensa de la nación al gobierno. Las actitudes golpistas, así, no fueron nunca mayoritarias por la existencia de una fidelidad monárquica.

Otra cuestión es la posición de la mayor parte de los altos mandos militares. En 1976, 68 de los 95 generales de brigada procedían de la guerra civil; la organización militar de entonces presuponía, además, que al retiro sólo se llegaba a los setenta años. Los cuatro tenientes generales presentes en las Cortes votaron en contra de la Ley de Reforma Política. Todos los mandos de este rango y los generales de división podían ser situados en la extrema derecha y, además, los previsibles ascensos a general de brigada se llevarían a cabo en la persona de coroneles que compartían las mismas ideas. En la oficialidad más joven la mentalidad era muy diferente: la mayor parte de los capitanes y tenientes estaban más en contacto con la sociedad y muy alejados de la experiencia de la guerra civil. De todos modos, conviene subrayar que por la Unión Militar Democrática, el movimiento militar de significación antirrégimen, pasaron apenas 140 oficiales, dos tercios de los cuales estaban de guarnición en Barcelona o Madrid. Pero, para el rey y la transición misma, siempre existió el peligro de que la joven oficialidad acabara decantándose con el tiempo hacia una izquierda revolucionaria. El rey disponía tan sólo de dos o tres años para mantener al mismo tiempo el apoyo de la alta oficialidad y de la más joven. La reforma militar, finalmente, había avanzado poco. En 1979, la única persona civil en el ministerio del ramo era el propio ministro, y así siguió sucediendo en los dos años siguientes.

Contemplándolo de forma retrospectiva, parece que la intervención militar sólo hubiera podido ser efectiva de producirse al principio, en el momento de la Ley de Reforma Política, o en momentos singulares, como el de la legalización del partido comunista. Pero en el alto mando militar no hubo liderazgo ni plan más allá de la pura resistencia al cambio. Los dirigentes militares hablaron con frecuencia de la posibilidad de intervenir, pero, en realidad, lo que hubo fue una sucesión de momentos de tensión entre autoridades concretas y los políticos civiles o el rey, choques que concluyeron con la aceptación de la disciplina de los generales. Cuando desapareció del poder Fernando de Santiago, hubo un constante pugilato psicológico entre autoridades militares y civiles. El citado personaje, como muchos otros, siempre dio la sensación de que la transición no debía sobrepasar un «límite tolerable» y que el Ejército tenía un área de actuación autónoma. Pero los políticos civiles no la aceptaron. En la práctica los altos mandos militares sólo mediatizaron la transición en un aspecto, el veto a la amnistía a los militares de la Unión Militar Democrática.

Una figura clave en la transición, Manuel Gutiérrez Mellado, fue el principal responsable, como vicepresidente de asuntos de la Defensa, de la política militar, tarea en la que colaboró posteriormente Rodríguez Sahagún. Gutiérrez Mellado podría ser descrito como el militar de más cabeza en el Ejército español cuando llegó a la cúspide de la colaboración con Suárez. Su gestión política se basó en la necesidad de alejar la política de los cuarteles, y fue, por ello, la persona sometida a una más dura tensión a lo largo de toda la transición. Durante su vicepresidencia se inició la modernización de las fuerzas armadas. Cabe preguntarse si ésta se acompañó de una política de nombramientos adecuada aunque, evidentemente, no puede saberse si una política más decidida hubiera provocado una reacción contraria entre los mandos militares. El generalato, afirmó Abril, era tan poco susceptible al cambio y tan insustituible como las estatuas de la Plaza de Oriente. Tampoco Gutiérrez Mellado impuso la disciplina cuando se dieron casos en que debiera haberlo hecho.

Pero lo peor fue la lenidad ante los opositores a la transición. El inspirador de la conspiración de la cafetería Galaxia (noviembre de 1978), Tejero, tan sólo fue condenado a siete meses de cárcel, pena leve aunque el propósito que perseguía —asaltar la Moncloa— pudiera parecer descabellado. Un caso especial es el del general Armada quien, por haber estado muy cerca del rey, parecía por completo fiel a él, aunque no ocultara su actitud conservadora y hubiera abominado de la legalización del PCE. A pesar de las reticencias de Suárez en el momento en que se produjo su dimisión, acababa de ocupar el puesto de segundo jefe del Estado Mayor Central.

Sin duda, la crisis de la presidencia de Suárez favoreció el clima conspirador. Los primeros contactos entre los que luego serían principales dirigentes del intento de golpe de Estado se produjeron en julio de 1980 y en ellos ya participó Tejero. Fue, sin embargo, el ambiente de finales de año 1980 el que principalmente sirvió para incubar la conspiración. Armada pudo aprovechar la situación trasladando las preocupaciones, ficticias o reales, de los militares al rey como medio para promover algún tipo de intervención extraconstitucional.

En la noche del 23 al 24 de febrero, mientras se celebraba la segunda votación para la investidura del sucesor de Suárez, el coronel Tejero tomó, audazmente, con cuatro centenares de guardias civiles, el Congreso de los Diputados, secuestrándolos. La entrada en el edificio se hizo en «en nombre del rey», pero la mayor parte de los guardias ignoraban a qué habían acudido al Congreso. Para que el golpe triunfara era necesario controlar Madrid y extender la sublevación militar en la periferia. Las mayores dudas procedieron de las autoridades militares de Sevilla, Zaragoza y Valladolid, pero lo que mide la gravedad de lo sucedido fue el hecho de que sólo un número reducido de las capitanías generales estuvo desde el principio de forma inequívoca a favor de la legalidad constitucional. En Valencia, el general Milans del Bosch no logró el triunfo de la conspiración en Madrid, en parte por fidelidad de unas unidades y por la indecisión de otras, y eso fue decisivo, aunque durante horas se mantuviera una situación muy confusa.

Todo el planteamiento del golpe se basaba en la creación de una situación excepcional que provocaría la decisión de intervenir por la autoridad militar y que sería avalada por el rey. Por tanto, desempeñó un papel determinante la intervención del monarca, que no sólo tuvo que contactar a efectos disuasorios con generales sino incluso con coroneles. No se autorizó la presencia en la Zarzuela del general Armada y fue el propio rey el que recomendó la reunión inmediata de la Junta de Jefes de Estado Mayor y uno de sus colaboradores más directos quien consiguió que las unidades que habían tomado Radiotelevisión Española la abandonaran para que pudiera emitirse el mensaje real.

Sin autorización concreta del rey, el general Armada acudió ante el Congreso para lograr una situación intermedia —gobierno militar pero con apoyo de los partidos— que ratificaría el intervencionismo del Ejército sobre la política española. Fue perceptible entonces la distancia que mediaba entre un Tejero que quería volver a un gobierno puramente militar y que repugnaba de los partidos políticos y un Armada para quien resultaba esencial la obtención del apoyo parlamentario para un gobierno que él mismo presidiría.

El principio del final del golpe se produjo cuando don Juan Carlos advirtió por la televisión que la corona «no puede tolerar en forma alguna acciones o actitudes de personas que pretendan por la fuerza interrumpir el proceso democrático que la Constitución votada por el pueblo español determinó en su día a través de referéndum». El rey tuvo ante sí dos buenos ejemplos de lo que tenía que hacer: su abuelo Alfonso XIII y su cuñado Constantino pagaron con la corona la ambigüedad ante los golpes militares o la colaboración con los mismos. Para la izquierda, la actitud mantenida en este momento pudo parecerle una revelación de la verdadera trayectoria de don Juan Carlos, pero resultó, más bien, una consecuencia de ese papel de escudo protector de la transición que había adoptado desde sus inicios.

Al margen de la intervención real, fueron las deficiencias mismas de la conspiración las que determinaron su fracaso. En primer lugar, por su división: Tejero era contrario a la democracia y la monarquía, Milans a la democracia pero no a la monarquía y Armada quería manejar una y otra pero sin enfrentarse con ellas. También, sin duda, porque no sólo fue conocida inmediatamente por la totalidad de los españoles sino que, además, éstos pudieron oír su retransmisión.

En cuanto al impacto sobre la evolución política, fue menor de lo que se pensó en 1981: más que una democracia vigilada, hubo una democracia vigilante. Si no se persiguió a los mandos opuestos al cambio que no habían intervenido, tampoco se les concedieron puestos decisivos. Tal vez estos mandos no acabasen siendo demócratas beligerantes pero sí personas con sentido de la disciplina y fidelidad a la monarquía. Por otro lado, fue la falta de coherencia y la desunión más que la derechización las que motivaron el desastre de la UCD. En realidad, el impacto fundamental de la intentona militar sobre la política española consistió en desprestigiar cualquier intento posterior de involución militar. Junto a este sorprendente resultado, hay también que citar otro, no menos importante pero menos inesperado. El golpe llamó la atención de todos —clase política y ciudadanos— acerca del peligro de adoptar posiciones irresponsables.

El gobierno Calvo Sotelo y la crisis del centrismo

Fue el propio Suárez quien sugirió, como sucesor suyo en la presidencia del gobierno, a Calvo Sotelo, que hasta el momento no se había adscrito a una tendencia en el seno de UCD. La estrecha colaboración de Calvo Sotelo con Suárez no indica similitud en las procedencias ni en los rasgos personales. Inteligente, cultivado y hábil e incluso mordaz parlamentario, Calvo Sotelo parecía más derechista que Suárez, pero también más sólido. En el momento en que se inició su presidencia hubo quienes llegaron a compararlo con una especie de Adenauer destinado a encarrilar a España por las vías de la normalidad democrática. Lo cierto es que Calvo Sotelo, en los primeros meses de su presidencia, consiguió elevar de manera sustancial la aceptación de su gobierno, que ascendió hasta el cuarenta por 100 mientras que al final de la fase Suárez, sólo llegaba hasta el 26 por 100. Pero no pudo superar la incidencia en la economía española de la nueva elevación de los precios del petróleo ni mantenir unida de la UCD. Su debilidad principal fue la falta de tenacidad e incluso de ambición. En el otoño de 1981, Fraga estaba ya en las encuestas por encima del presidente del gobierno, aunque UCD todavía tenía mayor intención de voto que AP.

Tras el intento de golpe de Estado cabía pensar en un gobierno de coalición o en mantenerse sin pactar en uno u otro sentido. Calvo Sotelo optó por lo segundo con la pretensión, vana según se demostró, de mantener unida a la UCD. Eso no evitó que nombrara a Robles Piquer, cuñado de Fraga, director de RTVE. Pero la llamada «mayoría natural» que se defendía desde la derecha no era en ese momento ni lo uno ni lo otro, y condenaba a la fórmula política de derecha a no llegar al poder. En otras materias, en cambio, pactó con el PSOE. Destinada a establecer una supuesta regulación armónica de la ordenación autonómica, la LOAPA (Ley Orgánica de Armonización del Proceso Autonómico) fue aprobada con el apoyo de los dos partidos mayoritarios.

A pesar de que durante su gobierno fue objeto de encendidas polémicas, nadie puede regatearle el mérito a Calvo Sotelo en lo que respecta al juicio de los inculpados en el proceso por el 23-F. Una Ley de Defensa de la Democracia creó un marco legal adecuado para la represión de cualquier posible nueva intentona, incluso previendo la suspensión de los medios de comunicación que auspiciaran esas posturas. El presidente descubrió que los altos mandos militares, más que tener una propuesta política global, se quejaban de modo confuso de las autonomías, el terrorismo, la falta de orden público y, en fin, de la pornografía. Los ascensos militares que propuso y llevó a efecto fueron sobre todo automáticos sin discriminación hacía la ideología derechista. Durante los meses siguientes al golpe se sucedieron varios incidentes entre las autoridades militares y las civiles. Cuando las sentencias del tribunal fueron conocidas, la opinión pública y la oposición estuvieron al lado del presidente del gobierno —y del propio Suárez— a la hora de considerarlas insuficientes. La causa fue trasladada al Tribunal Supremo, que aumentó las penas de manera considerable.

Junto con la entrada en la OTAN, de la que se hablará más adelante, ésos fueron los aspectos en los que Calvo Sotelo consiguió cumplir un programa. En muchos otros fracasó, bien por la magnitud de la tarea o, sobre todo, por la división del partido que le apoyaba. La crisis económica, por ejemplo, se había agudizado como consecuencia de la segunda elevación generalizada del precio del petróleo en 1979, y en España fue más grave porque incidía sobre un país donde no se había resuelto todavía su primera crisis, la dependencia energética externa era grande y la rigidez institucional muy marcada. El gobierno Calvo Sotelo se encontró en este punto con una situación muy difícil que se agravó por su propia fragilidad parlamentaria, tan sólo logró una pequeña disminución del crecimiento de los precios y una muy parcial moderación del ritmo ascendente del paro.

En lo que respecta a la ley del divorcio, las televisiones privadas y la autonomía universitaria, la desunión de UCD convirtió estas disposiciones en un campo de batalla e impidió que se llegara a una tramitación parlamentaria. El declive del gobierno Calvo Sotelo se produjo paralelamente a la descomposición de la UCD. El resultado final fue que un partido político que había desempeñado un papel trascendental en la transición española a la democracia concluyó su vida en la elección parlamentaria de 1982. Este caso resulta verdaderamente excepcional en la historia política de Europa. En este año, y tras un pasado que habría de merecer alabanzas generalizadas, únicamente obtuvo el siete por 100 de los votos y once escaños. Entre 1992 y 1994 los socialistas italianos pasaron del trece al dos por 100 y los democristianos del 29 al once por 100, pero sólo tras una crisis previa más larga.

Lo sucedido ha llevado a pensar que UCD no tenía otra razón de ser que la transición misma y que, una vez concluida ésta, resultaba inevitable su desaparición. Sin embargo, esta afirmación contrasta con lo sucedido en otras transiciones. En España el consenso era difícil de conseguir, por lo que el partido del gobierno debió evitar durante el período constitucional una confrontación como la protagonizada por Adenauer en Alemania, que le permitió consolidar su opción política partidista. Pero, sobre todo, los dirigentes centristas no encontraron un modo de organizar el consenso interno. Hubo divergencias de carácter ideológico, aunque ninguna de ellas rigurosamente insalvable; pero mucho más graves fueron las divergencias personales, que encontraron una racionalización posterior en matices intrascendentes, acerca del divorcio, por ejemplo. En Italia, en cambio, la democracia cristiana, que hizo la transición en 1945, no tuvo esas divisiones internas sino en los años sesenta. La crisis interna de UCD provocó el declinar electoral del partido, y no al revés, a pesar de que las encuestas postelectorales de 1979 revelaron que tres de cada cuatro electores de UCD podían considerarse consolidados a favor de este partido.

La dispersión de los dirigentes centristas se produjo en todas las direcciones. Mientras Suárez demostraba una inquieta propensión a volver a la política, la «plataforma moderada» reunía a la derecha y Fernandez Ordóñez, el representante más destacado de los socialdemócratas, mostraba una voluntad de «recuperación de su propia identidad» que le haría abandonar definitivamente el partido en el transcurso del mes de noviembre.

A la vuelta del verano de 1981, hubo una tregua entre los dirigentes de UCD ante la inminencia de las elecciones gallegas, que se celebrarían en octubre. En ellas, Alianza Popular subió 17 puntos porcentuales mientras que UCD descendió nueve; a los 26 escaños de la derecha, el centro sólo pudo contraponer 24 (el PSOE logró 17). Fue la primera ocasión en que, en una región significativa, AP superaba a UCD. La derecha empezaba a conquistar las clases medias urbanas, que hasta ahora habían votado de manera mayoritaria por UCD. En las elecciones andaluzas de mayo de 1982, Alianza Popular obtuvo 350.000 votos más que en las elecciones anteriores, cuadruplicando su fuerza, mientras que UCD perdía medio millón de sufragios. La campaña se vio acompañada por una intervención muy beligerante de la patronal contra el gobierno.

Calvo Sotelo quiso ahora intentar una dirección colegiada con Suárez y con Landelino Lavilla, el presidente del Congreso de los Diputados, pero no lo logró. El posterior intento de Lavilla de dirigir el partido sólo tenía sentido en el caso de lograr formar una especie de «gobierno-escaparate» que implicara una cierta renovación. Pero Calvo Sotelo, ya abrumado por las derrotas sucesivas, disolvió las Cortes y convocó elecciones para octubre. A UCD, pues, no fue un adversario político quien le arrebató sus votos. Aunque la briosa oratoria de Fraga lograra atraer parte del voto de la clase media y unos núcleos dirigentes jóvenes, estuvo, como veremos, muy lejos de ocupar todo el espacio político de UCD. Ésta nunca se configuró como un partido político articulado en la sociedad; pecó, además, de oportunismo, de indefinición y de falta de dirección. Pero lo más grave de este partido fue, sin duda, lo que uno de sus miembros, Emilio Attard, ha descrito como «un canibalismo feroz» entre sus dirigentes.

La política exterior

Antes de hablar de las elecciones de 1982, debemos hablar de factores que influyeron en los resultados y que hemos abordado de forma sólo circunstancial, cuando parecen exigir un tratamiento conjunto.

Sin duda, la transición a la democracia supuso el predominio de la política interna sobre la exterior. En términos generales, ésta se desarrolló desde el consenso, con la excepción de la entrada en la OTAN a pesar de que los socialistas tuvieran como modelos Suecia o Austria, es decir, una cierta tercera vía. Los comunistas, a diferencia por ejemplo de lo sucedido en Grecia, eran desde 1972 europeístas. También lo eran los sectores reformistas del régimen.

¿Hubo factores externos decisivos en la transición española? Si se compara con la portuguesa, no cabe la menor duda de que en ésta tuvo un papel mucho mayor la intervención occidental, es especial cuando la revolución de los claveles evolucionó hacia unas fórmulas poco democráticas. Sobre España sólo hubo una presión ambiental. Para comprobarlo, basta con comparar la presencia o ausencia de representaciones de otros países en las ceremonias de las exequias de Franco y de la coronación de Juan Carlos I. Pero, dado el protagonismo español del proceso, los países democráticos no se sintieron obligados a ofrecer una ayuda continuada o un mínimo de cooperación. Estados Unidos, que en un primer momento no percibió la necesidad de legalizar el partido comunista, luego, con ocasión del fallido golpe de Estado del 23-F, hizo pública una desafortunada nota en la que parecía desentenderse de la evolución española. El acuerdo hispano-norteamericano de 1976 inició una relación más madura e igualitaria entre los dos países. Como consecuencia, se produjo una disminución de los efectivos en Zaragoza y una negativa española al almacenamiento nuclear. Francia fue el país que ofreció más dificultades para la entrada de España en el Mercado Común y, además, tampoco facilitó la lucha contra el terrorismo. Por su parte, las organizaciones partidistas transnacionales cumplieron una función importante, aunque no decisiva, en la configuración del sistema de partidos. Por último, se hace necesario aludir al modo en que los acontecimientos portugueses afectaron a España. Ambos países se influyeron mutuamente y el resultado fue positivo. Portugal, adelantándose, mostró la fragilidad de las dictaduras ibéricas. Luego, durante 1975, en la etapa más revolucionaria del proceso portugués, lo que sucedía pudo atemorizar al mundo conservador, pero cuando empezó la transición española la situación en Portugal ya se había enderezado. Finalmente, en el vecino país se optó por una fórmula política parecida a UCD.

Es necesario mencionar de forma somera la política internacional seguida por los gobiernos a lo largo de este período. Durante la etapa Arias se produjo la iniciativa de contribuir a mejorar las relaciones con la Iglesia por el procedimiento de renunciar al privilegio de presentación de los obispos. En realidad, la medida fue gestionada por Areilza y su subsecretario Oreja y, al principio, algunos consejeros del rey se opusieron a ella. Desde enero de 1976 se reanudaron las relaciones plenas con los países europeos. Sin embargo, los verdaderos cambios fueron posteriores; el abandono del Sáhara, en un plazo todavía más corto del que se había previsto en vida de Franco, revela la extrema debilidad de la política española, que se transmitía de forma inevitable a la actuación exterior.

Marcelino Oreja, como ministro de Exteriores, fue, aún más que el propio Suárez, el personaje clave en la primera etapa de la transición. En julio de 1976 fueron firmados unos primeros acuerdos por los que, al mismo tiempo que el Estado renunciaba al derecho de presentación, el Vaticano se desprendía del fuero eclesiástico. El papel mediador se atribuyó al rey, cuyo prestigio creció por ello. La ratificación de los convenios sobre derechos humanos suscritos por los organismos internacionales adelantó el posterior contenido de la Constitución. El gobierno solicitó la entrada de España en organismos (Comunidad Económica Europea, Consejo de Europa...) a los que durante el régimen hubiera sido inviable acceder. En octubre de 1977 se pidió la adhesión a la Asamblea Parlamentaria del Consejo. En tan sólo cuatro meses, los iniciales de 1977, todavía siendo ministro Areilza, se establecieron relaciones diplomáticas plenas con los países de Europa del Este, con los que ya existían contactos comerciales desde la etapa anterior.

La herencia de la cuestión del Sáhara dejó en precario a la posición española pero Oreja dejó claro que para España era esencial consultar a la población saharaui. La política española fue zigzagueando entre estos países magrebíes, de modo que a fines de 1977 rompió con Argelia y en 1980 pareció alinearse más bien con Marruecos. A finales de 1977 cabía la posibilidad de que la existencia de un artificial movimiento independentista canario sirviera de pretexto para que la supuesta descolonización de Canarias se incluyera en la agenda de la Organización de la Unidad Africana. En enero de 1979 —es decir, sólo unos días después de la ratificación de la Constitución— fueron suscritos cuatro acuerdos concordatarios que regularon la totalidad de las relaciones entre Iglesia y Estado. En este punto, como en la regulación de la cuestión religiosa en la Constitución, hubo consenso entre las diferentes fuerzas políticas.

La aprobación de la Constitución significó un cierto cambio en la política exterior española. Hasta el momento había existido entre los partidos un consenso negativo y una prioridad indudable de la política interna. Ahora aparecieron prioridades entre los partidos y discusiones intrapartidistas. La entrada en el Mercado Común Europeo, que para la mayoría de los españoles era el correlato obvio de la transformación democrática, fue un vínculo de unión entre todos, pero también, a la vez, un imposible. En junio de 1980, el presidente galo Giscard manifestó su radical oposición a la entrada española en la Comunidad. Por una vez, en cambio, dio la sensación de que las relaciones españolas con otra gran potencia europea, Gran Bretaña, iban a mejorar sustancialmente. En abril de 1980, los británicos, por vez primera, aceptaron discutir todas las cuestiones de fondo relacionadas con Gibraltar y, por tanto, también la soberanía del Peñón.

La parcial modificación en la política exterior española a partir de 1978 derivó no sólo del cambio en las prioridades, sino también de cuestiones de fondo. Probablemente la responsabilidad fundamental en este giro debe atribuirse a Suárez. La divergencia entre él y Oreja ayuda a explicar el cese del segundo. En cualquier caso, la actitud del presidente se basaba en una mezcla entre el recuerdo de la ambigua política del período anterior, el deseo de evitar la incidencia del terrorismo en España y, sobre todo, el querer jugar con todas las bazas para llegar a definir de manera definitiva el futuro papel de España en el mundo. La posición del presidente español quizá «sobreabundó en olfato», pero no pasó de gestos destinados a probar autonomía.

La llegada al poder de Calvo Sotelo supuso también un matizado cambio de rumbo en la política exterior española, visible desde que Pérez Llorca ocupó la cartera de Exteriores. Se buscaba un mayor grado de definición de UCD, y esto se podía lograr con una política exterior definitivamente homologada con el mundo occidental. De hecho, España estaba integrada en él desde los tratados con Estados Unidos en 1953, aunque fuera de una manera mendicante, subrogada, indirecta y sin protagonismo real. Es posible que en la decisión del ingreso en la OTAN tuviera un cierto peso el deseo de que el Ejército español se integrara en un marco más europeo. Pero eso suponía la confrontación con el PSOE. Lo que hizo UCD fue situar al PSOE en las mismas condiciones en que quedaron los socialdemócratas alemanes que aceptaron la OTAN después de que un gobierno democristiano hubiera llevado a la República Federal a participar en ella.

La decisión de Calvo Sotelo se demostró viable y positiva. España fue invitada a participar en la OTAN por la totalidad de sus miembros, incluida Grecia, gobernada por socialistas. En el Parlamento logró un apoyo consistente en sectores más amplios que la UCD (189 votos, es decir, los de centristas, la derecha y los nacionalistas vascos y catalanes, contra 146). «Fue —comenta Pérez Llorca— la última ocasión en que el gobierno tuvo una mayoría tan lúcida y el apoyo unánime del [propio] grupo parlamentario.»

La actitud de cerrada oposición del PSOE se expresó, no obstante, en términos tan duros que provocaron un cambio decisivo en el estado de la opinión pública. Si en 1975, un 57 por 100 de los españoles era partidario de la entrada en la OTAN y sólo un 24 por 100 contrario, los porcentajes habían cambiado en 1981 a un 17 y un 56 por 100 respectivamente. Este giro, que tan inconveniente habría de resultar cuando el PSOE optara por la permanencia en la OTAN, a corto plazo le produjo unos importantes dividendos electorales. La divisa con la que el PSOE convocó a decenas de miles de seguidores en estos momentos («De entrada, no») dio toda la sensación de ser una promesa, aunque ambigua, de abandono de la organización.

En dos aspectos, en cambio, hubo una clara continuidad en la política española desde los gobiernos centristas a los socialistas: Iberoamérica e Israel. Respecto a la primera, la Constitución española atribuyó un papel esencial a la corona, papel que ésta había asumido a los pocos meses de la muerte de Franco. Don Juan Carlos muy pronto manifestó su deseo de contribuir a la existencia de una Comunidad Iberoamericana de Naciones. En marzo de 1977 se restablecieron relaciones con México, receptor de una porción esencial del exilio español de 1939. En cuanto a Israel, la matanza de palestinos en Sabra y Shatila, en el verano de 1982, impidió que se avanzara en el establecimiento de relaciones con ese país, otro signo de identidad de los países europeos.

Política económica y cambio social

«Me tocó gobernar en el peor momento de la crisis económica», ha escrito en sus memorias Calvo Sotelo, y Boyer, futuro ministro socialista, lo ratifica. La afirmación es cierta y válida para toda la transición política, que hemos de examinar también desde este prisma aunque sea en términos generales.

Todavía en 1973, la economía española parecía boyante pero esa apariencia no se correspondía con la realidad. En esa fecha el crecimiento era del ocho por 100, el paro apenas superaba el uno por 100 y la inflación el once por 100. Pero aunque el sector público era relativamente reducido, ello no evitaba la omnipresencia estatal, porque la liberalización se había detenido. La empresa era poco innovadora y desde 1964 sólo se había creado un millón de puestos de trabajo. Una población joven y la llegada de la mujer al mercado laboral estaban a punto de provocar la crecida del paro. El Estado era impotente por insuficiencia fiscal. La multiplicación por tres del precio del crudo a comienzos de los setenta supuso la disminución en un quinto de su capacidad adquisitiva en el exterior, o una detracción de tres puntos en el PIB. Las decisiones que se tomaron después del alza del petróleo fueron contrarias a las adoptadas por los países de la OCDE. En lugar de trasladar a los costes la elevación de los precios de la energía, se intentó evitar el impacto del alza en la economía española promoviendo una generalizada intervención pública. Así se explica que la cronología de la crisis económica en España fuera muy diferente a la de otros países. En España, en la práctica, el efecto de la primera subida del petróleo aún no se había disipado cuando se produjo la segunda en 1979. La crisis sólo se superó de forma definitiva en 1985-1986, con tres años de retraso respecto a la recuperación general en el mundo occidental.

Como en 1931, dio la sensación de que la democracia llegaba en el momento menos oportuno. De hecho, en el período 1976-1982 hubo un crecimiento medio anual de tan sólo el 1,4 por 100, muy por debajo del de los sesenta pero también del crecimiento posterior a 1985. En el año 1977, el decisivo de la transición, el Estado estaba, de hecho, en bancarrota y la inflación alcanzó el treinta por 100 el mes siguiente a las elecciones (llegó al 42 por 100 en alguno anterior).

La política seguida, con mayor o menor acierto, por los gobiernos centristas se prolongó en los posteriores gobiernos socialistas; no hubo entre éstos y los primeros «sustanciales diferencias ni en las preocupaciones, ni en el enfoque, ni en el establecimiento de prioridades». Esto se explica porque quienes llevaron a cabo estas medidas formaban parte de una clase dirigente funcionarial homogénea, primero socialdemócrata y luego más liberal, que consideraba que el Estado tenía responsabilidades importantes en el campo económico.

Los avances fueron escasos en la etapa centrista. Tras una devaluación del veinte por 100 y merced a una política monetaria restrictiva a finales de 1978, como consecuencia de los Pactos de la Moncloa, la inflación se había reducido al 16,5 por 100 (un tercio en el diferencial con respecto a Europa) y la balanza de pagos ofrecía ya un resultado favorable de 1.500 millones de dólares. Pero no fue posible seguir adelante con una política económica concertada a partir de 1979, a pesar de que se había previsto que durara un año más. Además, la nueva subida de precios del crudo supuso otros dos puntos del PIB. Un rasgo característico de la situación fue el aplazamiento de las decisiones. La reconversión no comenzó sino en 1981, pues hasta la fecha sólo hubo ayudas estatales y un tímido plan relativo a los astilleros. Al mismo tiempo, la fuerte conflictividad social —en 1979 hubo más huelgas que en los dos años precedentes— se debió a una fuerte beligerancia de UGT. La excepción se dio en la banca. Entre 1975 y el comienzo de los ochenta, casi la mitad de estas sociedades financieras sufrieron la crisis y muchas quebraron o cambiaron de manos. Para solucionar este problema fue preciso crear una institución entre el Estado y la banca privada: el Fondo de Garantía de Depósitos. A la altura de 1982 se había empleado en él un billón de pesetas. Mientras tanto, entre 1978 y 1984 se destruyó algo más del veinte por 100 del empleo industrial en España, tasa superior a la de Italia o Francia, aunque inferior a la británica. El crecimiento económico fue negativo en 1980 y 1981, mientras que la inflación se estancaba en torno al catorce y quince por 100 y el déficit acumulado en la balanza de pagos del período 1980-1982 se elevaba a 14.270 millones de dólares.

Aunque resultara sólo el principio de un proceso, durante la transición misma apuntaron cambios sociales en sentido igualitario. El principal factor que lo explica es el crecimiento del gasto social, que tuvo un carácter explosivo entre 1977 y 1981. Este rasgo de la realidad española, que se demostraría irreversible durante los años ochenta, se aprecia en la participación del Estado en el PIB, que creció en un cincuenta por 100, mientras que en el Mercado Común permanecía poco más o menos estacionaria. No en vano, durante la década de la transición, España fue uno de los países del mundo en que la presión fiscal creció más rapidamente.

Otro factor importante fue la presencia de los sindicatos en la vida laboral. En general se puede decir que subordinaron sus planteamientos reivindicativos a la situación, en parte por su conexión con los partidos políticos. Así, por ejemplo, Comisiones Obreras siempre juzgó, como el PCE, que España era una democracia poco consolidada en la que era necesario moderar las demandas. En ocasiones, UGT actuó de forma más exigente, de forma paralela a la política de acoso al gobierno por parte de los socialistas.

Muy pronto, no obstante, el sindicalismo español se convirtió en un sindicalismo de concertación. En los Pactos de la Moncloa se produjo un decrecimiento del salario real a cambio de gasto público y de una igualación de la remuneración en las distintas categorías de trabajadores. Rápidamente, el sindicalismo español se situó en las antípodas del modelo de los países del norte de Europa, manteniéndose en unos porcentajes de afiliación muy bajos. Pero eso no quiere decir que los trabajadores no participaran en las elecciones sindicales. Lo hicieron y, además, a medida que transcurrió el tiempo hubo un creciente bisindicalismo imperfecto, pues si las dos grandes centrales apenas superaron en la primera elección el 55 por 100 de los cargos, en los años ochenta ya tuvieron el ochenta por 100. Como sabemos, Comisiones se impuso claramente a UGT en las primeras elecciones (34 frente a 21 por 100), pero ya en 1982 venció UGT. La coyuntura política puede explicarlo, pero se debe tener en cuenta también que el tercer sindicato (USO) se dividió, pasando gran parte de sus cuadros al sindicato socialista. La gran paradoja fue que la aparición del poder sindical se produjo en el mismo momento en que empezaba a hacer su aparición un fenómeno nuevo: el paro.

Otros cambios fueron también apuntándose en medio de una cierta «anomia», como si se hubieran liquidado las normas de comportamiento del pasado sin haberlas sustituido por otras nuevas. Al comienzo de los años ochenta, por ejemplo, sólo un tercio de los españoles eran católicos practicantes, aunque el peso del catolicismo en la sociedad española era mucho mayor de lo que parecen indicar estas cifras.

Ya perceptible en 1982 era el creciente papel de la mujer. Las primeras asociaciones fameninas surgieron en torno a los años sesenta, pero sólo en los setenta llegaron a tener presencia social. En 1974 se creó el primer centro de planificación familiar, todavía ilegal. Ese mismo año, el alcalde de Madrid declaraba que la mujer que deseara trabajar no debía casarse. La situación cambió aceleradamente a partir de 1975, año en que desapareció la obligación de obediencia al marido de la cónyuge, aunque la igualdad legal de esposa y marido en el matrimonio sólo se consiguió en 1981. Mientras tanto, la mujer empezaba a conquistar la normalidad en el desempeño de su papel social. Entre 1974 y 1982, el número de mujeres técnicas en la administración civil del Estado pasó del 19 al 34 por 100. En 1980, el porcentaje de mujeres con estudios universitarios era del once por 100 para el segmento de edad de 40-49 años, pero en el decenal situado por debajo de los 29 años llegaba al cincuenta por 100. En las Cortes del franquismo el número de mujeres apenas llegaba al 1,4 por 100 pero en 1979 alcanzó el seis por 100; en las elecciones sindicales el número de electas fue del once por 100. La mujer había iniciado un despegue que sería imparable.

OCTUBRE DEL 82: EL FINAL DE LA TRANSICIÓN

Para el socialismo español fue decisiva la transformación que experimentó durante los dos congresos celebrados en 1979, que le llevaron desde unos planteamientos de carácter muy radical, al menos en teoría, a la adopción de una postura reformista que conectaba mejor con la mayoritaria de la sociedad española.

El primer congreso se celebró en mayo de 1979. El sector izquierdista opinaba entonces que se había adoptado una posición demasiado contemporizadora, con el inconveniente añadido de haber obtenido un escasísimo beneficio electoral. En cambio, el sector más cercano a González, quien se había declarado en contra de la confesionalidad marxista, juzgaba que el programa debía consistir en una simple «modernización» de la sociedad española desde el poder. Al celebrarse el primer congreso socialista, toda la tensión previa estalló de manera incontrolable. Fue la consecuencia de una sobrecarga ideológica y de una especie de frustración en el proceso de adaptación a la realidad por parte de un grupo político que procedía de la oposición a un régimen que había desaparecido hacía tan sólo dos años. Un debate como éste tenía muy poco que ver con los intereses y las preocupaciones de los electores socialistas y, todavía menos, con las del electorado en general. González se negó a seguir en la secretaría general y con ello provocó un paréntesis y un debate ideológico de no gran altura pero que fue resolutivo.

En el congreso de septiembre únicamente hubo algo más de cuatrocientos delegados, en vez del millar del congreso de mayo. Los críticos fueron barridos casi por completo, obteniendo sólo un siete por 100 de los votos. Alfonso Guerra, al frente de la delegación andaluza, votó por el treinta por 100 de los asistentes al congreso. Además, el problema ideológico pareció desvanecerse. La resolución política fue encabezada por el programa aprobado por el partido en 1879; a continuación se aseguraba que el PSOE era un partido democrático, de masas y federal. Sobre el marxismo se decía ahora que era un «instrumento teórico, crítico y no dogmático» para el análisis y la transformación de la realidad. En realidad se mantenía un tono radical, y se repudiaba el capitalismo y la «socialdemocratización», pero se hacía evidente que apariencia y realidad estaban cada vez más distantes.

A todo esto había tenido lugar un cambio en la composición del partido que estableció una enorme distancia entre el nuevo PSOE y el de los años treinta. A comienzos de los ochenta, sólo uno de cada seis afiliados era un obrero sin especializar y sólo uno de cada tres carecía de estudios. El nuevo socialismo tenía ya implantación en las nuevas clases medias y en las profesionales. Era un partido muy joven, en que el 63 por 100 de los militantes tenía menos de 35 años y el 45 por 100 de los afiliados había ingresado después de 1977. Cuatro de cada diez afiliados decían tener creencias religiosas. El congreso de 1981 se celebró ya en una paz idílica, sin discrepancia alguna; sus resoluciones mantuvieron un componente ideológico radical, que acabaría contrastando con la política luego seguida por los gobiernos de Felipe González. Ante la crisis económica, el PSOE pretendía estimular la demanda mediante el incremento del déficit, que provocaría la reactivación y el reparto del trabajo. También en política exterior, el PSOE mantenía una postura situada más a la izquierda de lo que era habitual en Europa (más frecuente, en cambio, en el socialismo francés o griego). España, decía la resolución del congreso, podía contribuir de modo importante a la distensión entre los dos bloques evitando su ingreso en la OTAN, y debía establecer una relación estable con el movimiento de los países no alineados.

Más importante que el programa del PSOE fue su estrategia. En las resoluciones citadas, el partido definió a la UCD como un partido que había pasado del tibio reformismo populista de Suárez a una actitud más entregada al conservadurismo y al gran capital, posición que sería la representada por Calvo Sotelo. La nueva UCD resultaría incapaz de «desmontar la trama de la conspiración civil» contra la democracia. Sin duda, el partido del gobierno hizo mucho por deteriorarse a sí mismo.

Al PSOE le ayudó también el proceso semejante que experimentó el PCE. En octubre de 1977 apareció la *Autobiografía de Federico Sánchez*, de Semprún, en la que se atacaba con feroz dureza el pasado de Carrillo, y comenzó la desmitificación del comunismo. Carrillo propuso y consiguió la desaparición del leninismo como elemento inspirador de su partido, pero en ningún momento dejó de considerar necesaria la dictadura del proletariado en Rusia. Su «marxismo revolucionario» siguió conteniendo un elevado componente de «centralismo democrático» y de personalismo en la dirección del partido.

Tras las elecciones de 1979, todas las tensiones que había padecido el PCE acabaron estallando. El PCE consiguió unos 220.000 votos más y superó la cota del diez por 100 del total, pero vio acentuada su condición de partido poco influyente en el Parlamento. Carrillo quiso entonces reforzar la unidad del partido emprendiendo una ofensiva contra los comunistas catalanes, que habían visto estancarse su voto y eran, desde su punto de vista, excesivamente nacionalistas y demasiado prosoviéticos. Con su intervención, no sólo no consiguió restablecer la disciplina interna, sino que además agravó las disensiones. En el País Vasco, buena parte del PCE acabó incorporándose, como reacción, a opciones nacionalistas de izquierda. En un tercer momento, Carrillo se enfrentó a los sectores profesionales del partido, y quizá fue entonces cuando sus problemas resultaron mayores.

Las elecciones generales de octubre de 1982 pueden considerarse como el momento final de la transición española a la democracia. Aunque en el terreno institucional la transición había concluido en diciembre de 1978, ésta, sin embargo, debe prolongarse hasta la fecha de las elecciones, porque no existió estabilidad democrática hasta que se produjo la victoria socialista, en 1982, si bien un nueve por 100 de los españoles adoptaba una postura anticonstitucional antes de febrero de 1981 y en el momento de la elección de 1982 era sólo compartida por el cinco por 100. Fue un evidente terremoto electoral de consecuencias perdurables, que representó una especie de profundo corte respecto al pasado. En octubre de 1982, diez millones de españoles cambiaron su voto, lo que equivale a decir que lo hizo el cuarenta por 100 del electorado y la mitad de los votantes.

El cambio en la intención de voto venía de lejos. Desde abril a junio de 1982, la del PSOE pasó del 24 al 30 por 100, mientras que la de UCD descendió del trece al diez por 100. Las elecciones de octubre de 1982 fueron, probablemente, aquellas en que la campaña electoral influyó menos sobre los resultados. La divisa socialista «Por el cambio» suponía no tanto un programa electoral como una voluntad genérica de transformación de las mismas condiciones de hacer la política. El espectáculo de la división había sido demasiado patente en los meses anteriores como para que UCD y el PCE consiguieran rectificarlo ahora. A muchos votantes de izquierda, el PSOE les pareció la única posibilidad de cambiar el gobierno, y tres millones doscientos mil electores pasaron de no votar a hacerlo.

El PSOE obtuvo más de diez millones de votos, de los que unos cuatro millones y medio procedían de la abstención o de otros partidos políticos. En total, un 48 por 100 de los votantes eligieron al PSOE, que, logró 202 diputados frente a los 105 de la coalición siguiente, AP-PDP (democristianos procedentes de UCD), cuyo voto fue algo más de la mitad del socialista. Los socialistas habían logrado un apoyo masivo de jóvenes que votaban ahora por vez primera y también de los estratos medios urbanos, especialmente sensibles a la información diaria de los medios de comunicación. Deglutió la mitad del voto comunista anterior y el treinta por 100 del voto centrista, y fue el vencedor en todos los sectores profesionales y de ocupación, excepto los empresarios. Le votaron, además, el 35 por 100 de los católicos practicantes y el 55 por 100 de los que no lo eran. En definitiva, el PSOE había pasado de ser hegemónico en la izquierda a ser hegemónico en el conjunto del sistema político. Dio la sensación de que un sistema de partidos pluralista había pasado a ser como el de la Suecia de entonces, dotado de un partido muy superior en votos su inmediato seguidor, y capaz, por tanto, de ofrecer una larga estabilidad gubernamental con tan sólo ligeros cambios.

La coalición AP-PDP superó con creces la votación alcanzada por Fraga en 1979. Si entonces no había llegado al seis por 100 de los votos ahora, en cambio, alcanzó casi cinco millones y medio correspondientes al 26 por 100. Era un voto de derecha más que centrista y, por tanto, tenía el inconveniente de que, en el caso de que se pretendiera satisfacerlo, quien lo hiciera se alejaría de la ubicación mayoritaria de la sociedad española. Por su parte, UCD experimentó un derrumbamiento completo. Del 35 por 100 del voto pasaba a algo menos del siete por 100. Se dispersó en ambas direcciones: el treinta por 100 de los que votaron a UCD en 1979 votaron ahora al PSOE y el cuarenta por 100 a favor de AP-PDP. Pero lo peor no fue eso, sino que ese reducto final de voto era marginal y tan sólo deferente con quien estaba en el poder. El votante típico de la UCD en esta elección era un ama de casa del medio rural. Las esperanzas de futuro eran mejores en el caso del PCE, pero el voto recogido en 1982 fue tan sólo un cuatro por 100, mientras que en 1979 había logrado el diez por 100. De esta manera, el comunismo español se situó en la cota electoral más baja en todo el Mediterráneo Occidental. La fidelidad imperturbable del electorado nacionalista en Cataluña y el País Vasco quedó ratificada en esta y posteriores consultas.

En realidad las cosas habían cambiado menos de lo que parecía, pues sólo el trece por 100 de los electores modificaron su postura en la escala de autoposicionamiento político. De cualquier manera, el acceso del PSOE al poder en estos momentos se hizo bajo los mejores auspicios. González lograba una valoración popular de 7,5 sobre 10, superior al de cualquier otro gobernante europeo, incluido el Suárez de los mejores tiempos, sino que, además, por vez primera y única, superaba a la cota que entonces tenía el rey. Se iniciaba, pues, una nueva singladura política bajo los más favorables auspicios.

Para concluir este capítulo parece necesario efectuar un balance de la transición española a la democracia en sus aspectos positivos y negativos. En comparación con el resto de la «tercera ola» democratizadora, el balance del caso español es netamente positivo. Muchos de los países sudamericanos mantuvieron «islas autoritarias». La fragilidad de la democracia se pudo percibir en ellos en la aparición de cesarismos o populismos y, sobre todo, en el hecho de que una parte importante de la población siguió sin creer en la democracia como único sistema político posible. En cuanto a las dos docenas de países ex comunistas, al margen de los graves problemas que tuvieron respecto a su organización territorial, sólo unos cinco o seis como máximo estaban claramente durante la década de los noventa en la senda de la democracia. Si tomamos los casos de Grecia y Portugal, comparativamente, las dificultades de España para una transición a la democracia eran mayores y, sin embargo, los traumas de todo tipo fueron menores. El consenso fue ejemplar, como también lo fue la voluntad de amnistiar al adversario perdonando todos los delitos cometidos con anterioridad a junio de 1977. En este sentido, la transición española sólo admite comparación con la realizada en Polonia.

Pero es un error considerar lo sucedido en España como algo absolutamente irrepetible y modélico. También es posible realizar un cierto balance negativo. Gran parte de las decisiones de consenso estaban prendidas de acuerdos logrados en último extremo. «¡Está marchando¡», oyó un periodista que alguien decía desde el fondo de la comisión constitucional cuando su presidente preguntó por una enmienda sobre materias educativas. La movilización popular fue limitada e incluso decreciente y las medidas cautelares para evitar lo sucedido en los años treinta crearon una especie de tutela excesiva sobre la ciudadanía española. Ésta parece encorsetada en unas fórmulas que contribuyen a alejar más de la savia popular a un sistema político que la necesita. Un cuarto de siglo después de la aprobación de la Constitución, el peligro de la democracia española era mucho más el cáncer del escepticismo que el infarto de un golpe de Estado. Pero esta actitud también constituye una prueba de que España no es tan diferente del resto de los países democráticos.

Bibliografía

La transición a la democracia en un contexto universal: Juan José Linz, con la colaboración de Alfred Stepan, *Problems of democratic transition and consolidation. Southern Europe, South America and postcommunist Europe*, The John Hopkins University Press, Baltimore-Londres, 1996; José María Maravall, *Los resultados de la democracia. Un estudio del sur y del este de Europa*, Alianza Editorial, Madrid, 1995; Guillermo O'Donnell, Philippe Schmitter y Laurence Whitehead, *Transitions from authoritarian rule*, 4 vols., The John Hopkins University Press, 1986.

Antecedentes inmediatos y obras generales: Raymond Carr y Juan Pablo Fusi, *España, de la dictadura a la democracia*, Planeta, Barcelona, 1979; Ramón Cotarelo, *Transición política y consolidación democrática (1975-1986)*, CIS, Madrid, 1992; Rafael López Pintor, *La opinión pública española: del franquismo a la democracia*, CIS, Madrid, 1982; José María Marín, en *Historia política, 1939-2000*, tomo XVIII, Istmo, Madrid, 2001; Álvaro Soto, *La transición a la democracia en España, 1975-1982*, Alianza Editorial, Madrid, 1998; Javier Tusell, Álvaro Soto, *Historia de la transición, 1975-1986*, Alianza Editorial, Madrid, 1996; *Veinticinco años de reinado de S. M. Don Juan Carlos I*, Espasa Calpe-Real Academia de la Historia, Madrid, 2002; Charles Powell, *España en democracia, 1975-2000*, Plaza y Janés, Barcelona, 2001.

Ensayos: Josep M. Colomer, *El arte de la manipulación política*, Anagrama, Barcelona, 1990; Julián Marías, *La España real*, Espasa Calpe, Madrid, 1976, *La devolución de España*, Espasa Calpe, Madrid, 1977 y *España en nuestras manos*, Espasa Calpe, Madrid, 1978.

Relatos periodísticos: Joaquín Bardavio, *Sábado Santo Rojo*, Ediciones Uve, Madrid, 1980; Josep Melià, *Así cayó Adolfo Suárez*, Planeta, Barcelona, 1981; Santos Julià, Javier Pradera y Joaquín Prieto (coords.), *Memoria de la transición*, Taurus, Madrid, 1996; José Oneto, *Los últimos días de un presidente. De la dimisión al golpe de Estado*, Planeta, Barcelona, 1981, y *La noche de Tejero*, Planeta, Barcelona, 1981; Victoria Prego, *Así se hizo la transición*, Plaza y Janés, Barcelona, 1995.

Acerca del rey Juan Carlos: Charles T. Powell, *El piloto del cambio. El rey, la monarquía y la transición a la democracia*, Planeta, Barcelona, 1991 y *Juan Carlos. Un rey para la democracia*, Ariel-Planeta, Barcelona, 1995; Carlos Seco Serrano, *Juan Carlos I*, Anaya, Madrid, 1989; Javier Tusell, *Juan Carlos I. La restauración de la monarquía*, Temas de Hoy, Madrid, 1995; José Luis de Villalonga, *El rey*, Plaza y Janés, Barcelona, 1993.

Memorias: José María de Areilza, *Cuadernos de la transición*, Planeta, Barcelona, 1983, y *Diario de un ministro de la monarquía*, Planeta, Barcelona, 1977; Leopoldo Calvo Sotelo, *Memoria viva de la transición*, Plaza y

Janés, Barcelona, 1990; Santiago CARRILLO, *Memorias*, Planeta, Barcelona, 1993; Manuel FRAGA IRIBARNE, *En busca del tiempo servido*, Planeta, Barcelona, 1987; Miguel HERRERO, *Memorias de estío*, Temas de Hoy, Madrid, 1993; Carlos GARAICOCHEA, *Euskadi: la transición inacabada. Memorias políticas*, Planeta, Barcelona, 2002; Laureano LÓPEZ RODÓ, *Claves de la transición. Memorias*, Plaza y Janés-Cambio 16, Barcelona, 1993; Rodolfo MARTÍN VILLA, *Al servicio del Estado*, Planeta, Barcelona, 1984; Alfonso OSSORIO, *Trayectoria de un ministro de la Corona*, Planeta, Barcelona, 1980; Salvador SÁNCHEZ TERÁN, *De Franco a la Generalitat*, Planeta, Barcelona, 1988; Josep TARRADELLAS, *Ja soc aquí. Recuerdo de un retorno*, Planeta, Barcelona, 1990.

Biografías: Carlos ABELLA, *Adolfo Suárez*, Espasa Calpe, Madrid, 1997; Alfonso FERNÁNDEZ MIRANDA, *Lo que el rey me ha pedido. Torcuato Fernández Miranda y la reforma política*, Plaza y Janés, Barcelona, 1995; Antonio LAMELAS, *La transición en Abril. Biografía política de Fernando Abril*, Ariel, Barcelona, 2004.

Cuestiones monográficas: Paloma AGUILAR, *Memoria y olvido de la guerra civil*, Alianza Editorial, Madrid, 1996; Felipe AGUERO, *Militares, civiles y democracia. La España posfranquista en perspectiva comparada*, Alianza Editorial, Madrid, 1995; Javier FERNÁNDEZ LÓPEZ, *El rey y otros militares*, Trotta, Madrid, 1998, y *Dieciséis horas y media. El enigma del 23-F*, Taurus, Madrid, 2000.

La elaboración de la Constitución: G. CISNEROS, M. FRAGA, M. HERRERO DE MIÑÓN, G. PECES BARBA, J. P. PÉREZ LLORCA, M. ROCA JUNYENT, J. SOLÉ TURA, *Veinte años después. La Constitución cara al siglo XXI*, Taurus, Madrid, 1998; Soledad GALLEGO-DÍAZ y Bonifacio de la CUADRA, *Crónica secreta de la Constitución*, Tecnos, Madrid, 1989; Gregorio PECES BARBA, *La elaboración de la Constitución de 1978*, Centro de Estudios Constitucionales, Madrid, 1988.

Fuerzas políticas: Juan LINZ y José Ramón MONTERO, *Crisis y cambio. Electores y partidos en la España de los años ochenta*, Madrid, Centro de Estudios Constitucionales», 1986; Jonathan HOPKIN, *Party formation and democratic transition in Spain. The creation and collapse of the union of the Democratic Center*, Macmillan, Londres, 1999; Carlos HUNNEUS, *La Unión de Centro Democrático y la transición a la democracia en España*, CIS/Siglo XXI, Madrid, 1985; José María MARAVALL, *La política de la transición, 1975-1980*, Taurus, Madrid, 1981. Los sindicatos: Robert M. FISHMAN, *Organización obrera y retorno de la democracia en España*, CIS, Madrid, 1996.

La cuestión autonómica: Juan José LINZ, *Conflicto en Euskadi*, Espasa Calpe, Madrid, 1986; Francisco J. LLERA, *Posfranquismo y fuerzas políticas en Euskadi. Sociología electoral del País Vasco*, Universidad del País Vasco, 1985; Gregorio MORÁN, *Los españoles que dejaron de serlo*, Planeta, Barcelona, 1982; John SULLIVAN, *El nacionalismo vasco radical, 1969-1986*, Alianza, Madrid, 1988.

La política exterior: Richard GILLESPIE, Fernando RODRIGO y Jonathan STORY, *Las relaciones exteriores de la España democrática*, Alianza, Madrid, 1995; Charles T. POWELL, «Un "hombre-puente" en la política exterior española: el caso de Marcelino Oreja», *Historia Contemporánea*, n.º 15 (1996); Josep SÁNCHEZ CERVELLÓ, *La revolución portuguesa y su influencia en la transición española (1961-1976)*, Nerea, Madrid, 1995.

Sobre la economía: José Luis GARCÍA DELGADO (ed.), *Economía española de la transición y la democracia*, CIS, Madrid, 1990; Joan TRULLEN, *Fundamentos económicos de la transición política. La política económica de los acuerdos de la Moncloa*, Ministerio de Trabajo, Madrid, 1993.

Capítulo 5

CONSOLIDACIÓN DE LA DEMOCRACIA: EL GOBIERNO SOCIALISTA (1982-1996)

La historia inmediata, aquella cuyas consecuencias todavía están presentes en la arena política, se caracteriza por una voluntad de síntesis y un intento de trascender lo que pierde su relevancia al cabo de poco tiempo y puede considerarse estrictamente periodístico. Un personaje de Borges, Ireneo el memorioso, a base de recordarlo todo y no poder olvidar nada resultaba, al mismo tiempo, incapaz de llegar a entender el conjunto de las cosas. Éste debe ser el intento del historiador, a pesar de lo dudoso de la calidad de las fuentes de que dispone para abordar este período.

A la altura de 1982 la democracia española estaba ya consolidada en sus líneas generales. La victoria de los socialistas la fortaleció y concluyó la transición en campos en los que todavía estaba incompleta, como la política exterior y la militar. El nuevo ejecutivo permitió que la acción gubernamental trasladara su centro de gravedad desde lo estricta y esencialmente político a otros terrenos, como el ajuste económico, la construcción del Estado de las autonomías o la definición y puesta en marcha de un verdadero Estado de bienestar.

El gobierno de los socialistas debe identificarse, en definitiva, con la normalización de la democracia, la fase final habitual en el proceso de transición en todas partes. El contenido de la obra legislativa no significó un vuelco respecto al pasado, sino que mantuvo continuidad, por ejemplo, en materia económica. Así, se ha podido describir la etapa como una especie de «década moderada» (Lluch). Pero lo cierto es que para buena parte de los españoles —la izquierda— fue también sentida como el verdadero comienzo de la democracia y una especie de resurrección del entusiasmo surgido en abril de 1931 con la proclamación de la Segunda República. Felipe González, en todo momento, para la selección de los ministros y en las políticas desarrolladas, tuvo muy en cuenta lo sucedido en España cuando se produjo el primer intento de reforma por parte de la izquierda en los años treinta.

Felipe González y las dos almas del socialismo español

En uno de los libros de propaganda electoral editados en la campaña de 1982, Felipe González era descrito como una mezcla de «didactismo ... sensatez, falta de crispación y cierta dosis de ilusión atemperada por el pragmatismo». «Una sensación de cercanía» contribuyó a proporcionarle una imagen pública excelente durante largo tiempo. Incluso en una época electoral en la que era objeto de ataques por parte de los antagonistas, consiguió una valoración personal muy elevada. Lo más insólito es que lo logró en todos los medios ideológicos. La extrema izquierda, por ejemplo, le valoraba casi con un notable (6,4 en una escala de uno a diez).

La personalidad de Felipe González domina casi tres lustros de la vida pública española, y también fue protagonista muchos años antes y después de este período. Llegado a la dirección del partido con sólo 32 años, Felipe González tenía cuarenta cuando alcanzó la Presidencia del Gobierno. Nació en Sevilla en 1942 en el seno de una familia de clase media muy trabajadora, de suficientes recursos y más bien austera, vinculada al medio rural. Estudiante mediocre, procedía originariamente de medios católicos progresistas, más que de la izquierda tradicional. Una vez concluida su carrera universitaria, ejerció durante algunos años como abogado laboralista, actividad que compatilizaba con la política de oposición. Su liderazgo personal tendió a imponerse de forma natural desde fechas tempranas, lo que contribuye a explicar su perduración con posterioridad. Lo logró gracias a su accesibilidad y a su capacidad de análisis de la realidad política inmediata. No le influyeron las persecuciones sufridas —relativamente leves como en la mayoría de los casos— durante el último franquismo, pero la soledad en que sí, en cambio, debió vivir durante algún tiempo nada más llegar a Madrid desde Sevilla.

Pronto apareció ante los medios políticos como el representante de una nueva generación política, la contrafigura misma de Franco y la política franquista. Eduardo Haro escribió que Felipe González fue la primera cara del antifranquismo, y es una buena descripción: representó como nadie el impulso juvenil hacia el cambio, a menudo acompañado de simplificaciones e ingenuidades pero sincero y entusiasta. A diferencia de este grupo generacional, sin embargo, en González apenas cabe detectar una radicalización inicial que se transformara luego en una posterior templanza. «Debo confesar que siempre fui moderado», afirmó en 2002, cuando se cumplía el vigésimo aniversario de su acceso al poder. Su modelo siempre fue la socialdemocracia del norte de Europa, y no cualquier tipo de «socialismo inencontrable» entre el comunismo y el laborismo, más habitual entre no pocos de sus seguidores. Mantuvo una estrecha amistad con Brandt, pero tal vez quepa encontrar en él más afinidad con Olof Palme, de quien afirmó que llegaba al «análisis simple gracias a la complejidad de los conocimientos». Nunca tuvo la menor duda, por ejemplo, de que debía mantener una política económica ortodoxa para poder luego proceder al reparto de sus beneficios sociales; y en general, supo mantener la disciplina entre sus ministros en este sentido.

Felipe González consiguió convertirse en uno de los más duraderos gobernantes europeos de su época, por delante de la británica Margaret Thatcher y sólo por detrás del alemán Helmuth Kohl. Gran orador, tanto en el Parlamento como en campaña electoral o ante los medios de comunicación, González siempre estuvo dotado de una complementaria y envidiable capacidad de simplificación pedagógica. A la combinación entre idealismo y pragmatismo unía la sabiduría para hacer llegar su interpretación a la mayoría de gente. De esta manera pudo, incluso en los momentos críticos de su gobierno, mantener un apoyo personal importante a su figura, muy superior al de su partido. Su liderazgo nunca fue seriamente cuestionado hasta la derrota electoral de 1996. Pero, como él mismo declaró, se convirtió también en un «liderazgo desbordado» que, con el transcurso del tiempo, fue parte del problema del PSOE, no de su solución. Aun así, no sólo fue siempre el mejor candidato de su partido durante esos años, sino que además tuvo capacidad para estar por encima de disputas internas mínimas o personalistas y prudencia para no fomentarlas de forma innecesaria.

Pudo hacerlo porque estaba excepcionalmente dotado de capacidades para la vida política democrática. A quienes estuvieron en su entorno siempre les impresionó su capacidad de anticipación y de análisis: «Oír pensar a Felipe en voz alta era un privilegio impagable», escribió un ministro. De todo ello careció Suárez y eso explica que no fuera capaz de articular un partido político. Es más: como se demuestra con repetidos ejemplos, González a menudo impuso un rumbo a su partido que no era aquel al que espontáneamente tendía. La realidad es que actuó con cierto despego, a menudo excesivo, con respecto al partido. Éste padecía una sobrecarga ideológica de tono radical cuando se imponía una tendencia hacia el pragmatismo.

González trajo un aire refrescante a la política española, como si estuviera en manos de un no profesional, pero en él hubo también, de forma imperceptible al principio, algunas de las propensiones más dudosas a las que tiende la política en el peor sentido del término. No fue, en general, un gobernante de confrontación innecesaria y menos aún como consecuencia de su inseguridad o de su desconfianza en las propias fuerzas. De este modo, pudo asegurar, al final de su etapa de gobierno, que había ejercido el poder «sin rencor». Pero, al mismo tiempo, parece no haber sido consciente de que no podía dejar de mantener bajo una atenta vigilancia todos los aspectos de la acción de su propio partido, sin olvidar la inevitable «fontanería», es decir, los entresijos prosaicos de la financiación. Tampoco pesó en él suficientemente el respeto al delicado equilibrio entre las instituciones democráticas, sino que tendió a justificar únicamente con sus victorias electorales la aprobación de una legislación que hubiera podido resultar más apropiada con un mayor grado de consenso. Y, sobre todo, pudo dar la impresión, en acciones y declaraciones, de que, al verse apoyado por impresionantes cosechas de votos, se consideraba legitimado para elegir —o tolerar en otros— caminos demasiado cortos o expeditivos pero por completo reprobables desde el punto de vista moral para alcanzar su objetivo. La magnitud del poder político recibido y el paso de un exceso de ideología al pragmatismo también ayudan a explicar que tendiera a elegir atajos aparentemente efectivos pero que luego hubieron de resultar peligrosos y, desde el punto de vista ético, más que discutibles.

Sin embargo, con Felipe González la democracia española tuvo el primer líder adaptado al quehacer ordinario de la democracia en tiempos de normalidad. Muy por debajo de la capacidad intelectual de Azaña, cuando estuvo en el poder supo establecer mucho mejor que él el calendario, las prioridades y el contenido de una acción reformadora. Claro está que, como es lógico, las circunstancias eran muy distintas de las de los años treinta. En juicio retrospectivo, fue considerablemente más benévolo de lo que lo había sido en la oposición a los gobiernos centristas y a quien los había presidido. González aseguró siempre haber respetado la figura de Adolfo Suárez, así como haber sido consciente de las limitaciones que le creaba el panorama político existente entre 1976 y 1981. En muchos más aspectos de los que resulta habitual afirmarlo, hubo en los gobiernos socialistas una marcada continuidad con lo que hasta el momento se había hecho.

Poco después de abandonar el poder, González resumió en una intervención pública ante oyentes universitarios lo que había sido su gestión en cinco puntos concretos y en una frase. Esta última se refirió a la ausencia de rencor en él, y cabe decir que en la oposición lo escenificó a menudo, aunque resultara innecesario. El mal, durante la etapa gubernamental, no estuvo en el rencor —de él quizá pecó más la propia oposición—, sino en el exceso de suficiencia. Los cinco puntos en los que resumió el ex presidente su gestión fueron la modernización y liberalización de la economía española, la mejora del capital humano incrementando la cohesión social, la mejora del capital físico, el desarrollo de la Constitución, tanto en lo que respecta a la reforma de la institución militar como en la puesta en marcha del Estado de las autonomías, y la ruptura del aislamiento internacional heredado del pasado. En ninguno de estos terrenos se puede decir que la acción del gobierno socialista fuera por completo original ni estuviera exenta de errores, pero el elenco tal como lo enumeró el ex presidente resultaba acertado en sus líneas generales. Ni el más severo de sus críticos puede negarlo, por más que en los modos y en los grados puedan existir discrepancias. En el balance final del período volveremos sobre ello.

Con el tiempo transcurrido se hace patente para cualquier analista que del socialismo se vivieron dos versiones, que durante bastante tiempo parecieron complementarias y luego resultaron contradictorias. Sorprende al mismo tiempo la acidez de la confrontación y la estabilidad de la relación a pesar de todas las dificultades.

El otro polo del socialismo lo lideró Alfonso Guerra. Entre González y Guerra hubo, más que amistad, una corriente de afecto personal generada en fechas tempranas por la lucha polítca y partidista; incluso en los peores momentos de la polémica posterior, se trataron con lealtad (quizá más Guerra que González). Guerra simplifica lo ocurrido remitiendo a su personalidad sistemática y minuciosa frente a la brillante improvisación de González. Pero, dejando de lado que la afirmación es inexacta aunque mide el nivel de cada uno, lo más importante es que en gustos y en relaciones, Guerra y González nunca pudieron ser descritos como íntimos. En el poder hubo desde el primer momento un profundo abismo entre ellos. El liderazgo, por capacidad de análisis y dialéctica, le correspondió siempre a González. Durante la década de los ochenta a Guerra se le atribuyó un papel de primera magnitud, pero siempre dentro de una relativa imprecisión. La propia vicepresidencia, que ejerció desde 1982, se caracterizó por este rasgo. Y nunca tuvo en su mano decisiones fundamentales, aunque fuera capaz de vetar algunas de no escasa trascendencia y de imprimir su sello en no pocas menos relevantes.

Llegados a este punto, se hace imprescindible trazar un breve perfil biográfico de Alfonso Guerra. Polémico personaje, de lenguaje desgarrado y de aparente tono radical, nació en Sevilla en 1942 en un medio humilde (su padre era porquero), estudió peritaje industrial y filosofía y se dedicó a la enseñanza, al teatro y a ejercer como librero antes de ejercer profesionalmente en la política. En el momento en que accedió al poder en el PSOE su popularidad fue muy grande, casi semejante a la de González, pero también resultó mucho más efímera. En los setenta se caracterizó por una postura extremada, de la que puede ser ejemplo su artículo «Los enfoques de la praxis». Pese a su apariencia de desgarro y demagogia, Guerra estaba dotado de virtudes políticas nada desdeñables. Entre ellas cabe mencionar su capacidad organizativa en el interior del partido, su temprano aprendizaje de las técnicas electorales y su capacidad de negociación para el consenso, virtud ésta que contrastaba de modo señalado con su hosca imagen. Alcanzaba el consenso a base de previas escenificaciones dramáticas de la confrontación que luego concluían en pacto.

El fondo de su actitud política estaba lastrado de un populismo de izquierdas, proclive a buscar terceras vías entre Estados Unidos y la URSS y a criticar a la OTAN, por ejemplo, o a simplificaciones extremas en materias económicas y sociales. Este «oportunismo de izquierdas», como lo denomina Semprún en sus memorias, no tuvo influencia efectiva a la hora de decantar la tarea gubernamental hacia una actitud radical. En realidad, el «guerrismo» no tenía verdadero programa, sino que consistía en gestos de carácter «social» y de tono sólo pretendidamente radical. Pero en los consejos de ministros, servido por los colegas afines, llevó a cabo una «guerrilla permanente» contra los ministros socialdemócratas o socialiberales. Como Suárez, Guerra fue un producto político más perecedero de lo que en un primer momento pudo parecer. Era más frágil e ingenuo de lo que su imagen de aparente dureza parecía revelar.

Pero, sobre todo, su opción, carente de programa, era inviable. Para él la política fue esencialmente un ejercicio de poder efectuado a través de un partido concebido como una especie de gran familia o clan, sujeto a una disciplina clientelar estricta. Esta última era la razón de que a muchos dirigentes el «guerrismo» les resultara atractivo. Proporcionaba seguridad tanto contra agresiones como para construir una carrera profesional. Pero por otro lado creaba problemas a los gestores electos en las comunidades autónomas. Chaves y Bono han narrado cómo se sintieron mediatizados y decepcionados, en Andalucía y Castilla-La Mancha respectivamente, por un vicepresidente dotado de supuesta omnipotencia. El poder de Guerra en el seno del gobierno nunca fue determinante, aunque sí importante, y en ocasiones se limitó a determinadas parcelas a veces inesperadas (las relaciones con Argelia) o intrascendentes. En cambio, su figura fue por completo decisiva hasta los años noventa en lo relativo al partido.

En 1982, Guerra mostró «cierta resistencia» a figurar en el ejecutivo, e incluso parece que solicitó que Presidencia se organizara de determinada manera que hubiera implicado, sin duda, la prevalencia propia y de los suyos. La incertidumbre duró un mes. González se dio cuenta, aunque luego no lo admitió, y actuó con habilidad. Guerra fuera del ejecutivo suponía la existencia de dos polos de poder en conflicto. El presidente debió de pensar que le resultaba más cómodo tener a Guerra en la Moncloa. Allí pronto descubrió que su papel era limitado: ni siquiera logró que todas las publicaciones oficiales dependieran de él.

De hecho, en el seno partido, una vez aceptado el liderazgo de González, nunca hubo otro polo organizado de poder diferente del capitaneado por Guerra. El movimiento de los «renovadores» fue muy tardío, pues se dio diez años después de alcanzado el poder, y alguno de sus dirigentes o su programa le parecieron a González por completo banales o inanes desde el punto de vista ideológico y programático. En realidad se basaba en la propia personalidad y peso específico de González, en su moderación y su deseo de optar por una socialdemocracia nordeuropea.

Pero es preciso también referirse al tipo de apoyos personales que requirió. Una buena parte de los ministros había ya evolucionado, de la mano de González, hacia la socialdemocracia. Otros, como Miguel Boyer, opositor al franquismo pero bien instalado en los círculos sociales y económicos, pueden ser definidos como socioliberales. Boyer, que se afilió muy pronto a la Agrupación Socialista Universitaria, en 1962 pasó seis meses en la cárcel, por lo que podía exhibir un temprano e infrecuente marchamo de opositor. Aunque físico de profesión, siempre se dedicó profesionalmente a la economía, en especial en el Banco de España, donde se había formado también buena parte de los colaboradores de Fernández Ordóñez. Al recibir la cartera de Hacienda se convirtió en el principal gestor de la política económica. En él encontró

González esa ortodoxia económica recomendada por los socialistas del norte de Europa. La relación entre ambos personajes nació pronto y fuerte: lo decisivo de la vida política de Boyer fue haber entablado relación con Felipe González en 1969 en un Madrid que al segundo le resultó más bien hostil. Pero entre el ministro de Hacienda y Alfonso Guerra, finalmente vicepresidente, todo sería siempre antitético.

La primera legislatura socialista. Reforma militar, ajuste económico y política exterior

González dispuso de un equipo dirigente para su tarea como gobernante que se mantuvo estable a lo largo de los años ochenta, con la única pero muy importante excepción de Boyer. A partir de los noventa, la situación cambió pero la permanencia de determinados ministros prueba que el presidente tenía bien definido el perfil de un posible sucesor.

De cualquier modo, al formar su primer gobierno, González decidió tener muy en cuenta a los técnicos y a los independientes no afiliados, aparte de las tendencias diversas en su partido. Los sucesivos ejecutivos los configuró él mismo, aunque siempre teniendo presente la realidad de su partido. Pieza esencial del primer ejecutivo fue Boyer, pero también Guerra, de cuya resistencia a formar parte de él, como estrategia o por convicción, ya hemos dado cuenta. Tras aceptar, tuvo un papel limitado en la gestación del resto del ejecutivo, pero mantuvo un claro predominio en la organización partidista. En cambio, las principales carteras económicas estuvieron siempre en manos de especialistas vinculados desde hacía tiempo al entorno socioliberal de Boyer o a la socialdemocracia de UCD. También utilizó González la estructura organizativa del partido o de la UGT: fueron ellos quienes se ocuparon de administrar el gasto social del Estado. Estaban situados en el área de influencia de Guerra.

Tres personas habrían de desempeñar un papel esencial en los gobiernos socialistas, ocupando distintas responsabilidades, siempre de importancia: Serra, Solana y Solchaga. Narcís Serra, que había sido alcalde de Barcelona desde 1979, fue nombrado ministro de Defensa y sucesor en la vicepresidencia de Guerra en 1991. Javier Solana, profesor de Física, ocupó de forma sucesiva tres carteras durante trece años, y había formado parte del reducido núcleo de socialistas madrileños que acogieron bien al González llegado a Madrid a fines de los sesenta. Carlos Solchaga, tras pasar por el Ministerio de Industria en 1982, fue el responsable de la política económica desde 1985 hasta 1993 y luego asumió durante un período la dirección del grupo parlamentario socialista.

A Serra, González le había hecho una primera oferta ministerial antes de celebrarse las elecciones, y la repitió cuando se descubrió la nueva intentona militar en pleno período electoral. Serra tenía experiencia en la gestión municipal, había organizado la solemnidad anual de las Fuerzas Armadas en Barcelona y era una persona tranquila hasta el momento responsable de las relaciones entre el PSOE y el Ejército. Javier Solana, profesor universitario de formación anglosajona, demostró versatilidad en la asunción de sucesivas carteras y capacidad para comunicación con los medios informativos. Fue, además, lo bastante importante en el seno del partido socialista como para figurar en segundo lugar en la lista electoral de Madrid y lo bastante amigo de González como para aceptar que, en 1993, éste pusiera por delante a un independiente. Carlos Solchaga, un técnico procedente de los medios económicos ya citados, fue sin duda el más duro antagonista del populismo de izquierdas representado por Guerra y de las posiciones del sindicalismo ugetista. Ya durante el primer gobierno socialista, que duró hasta el verano de 1985, se plantearon discrepancias con los sindicatos. Redondo pronto mostró sus insuficiencias en formación y su falta de flexibilidad en la negociación; además era extremadamente celoso respecto de posibles liderazgos competitivos en el sindicato.

El nuevo ejecutivo había de enfrentarse con tres problemas decisivos: la definitiva consolidación de la democracia ante posibles intentos de golpe de Estado militar, el ajuste económico y la integración española en el contexto de las naciones de la órbita democrático-occidental.

Superado el planteamiento de un golpe «blando», los militares golpistas plantearon desde 1982 una actuación violenta desde el principio, con asesinatos de figuras de la cúpula del poder. Pero ahora el CESID estaba atento y pudo desarticular un nuevo intento preparado para los días de las elecciones de octubre de 1982. Estaba vinculado de forma más o menos directa con Milans del Bosch y con Tejero. Los conspiradores, que disponían de largas listas de posibles colaboradores, fueron condenados a doce años de prisión y expulsados del Ejército en 1984. Hubo todavía nuevos intentos de golpe militar, el más importante en relación con la celebración del Día de las Fuerzas Armadas en La Coruña, en el verano de 1985: ese día se intentó volar la tribuna de autoridades. Evitado el intento, sin embargo, los supuestos culpables no pudieron ser enviados a juicio por falta de pruebas.

Pero en adelante hubo una actitud nueva con respecto a la relación entre el poder civil y el militar, y una reforma del Ejército decidida y total. Se actuó con decisión y rapidez ante la menor apariencia de indisciplina. Poco después de nombrado el gobierno, el Consejo Supremo de Justicia Militar pretendió liberar a los presos que cumplían condena como consecuencia del 23-F. El propio González amenazó con disolverlo si tomaba esa decisión. En lo sucesivo no se admitió ningún tipo de declaración por parte de los mandos militares que rozara el campo de la política. Y cuando hubo declaraciones, esos mandos, fuese cual fuese su relevancia, fueron cesados inmediatamente. A Serra se le planteó también la reincorporación de los militares de la UMD al Ejército; en los primeros momentos declaró que eso era «una absoluta minucia» pero en 1986 acabó haciéndolo, señal de que estaba en su programa pero éste había sido pautado de acuerdo con las circunstancias. Evidentemente, la UCD no hubiera podido hacer nada semejante, porque carecía de la fuerza política necesaria.

El nuevo ministro de Defensa se encontró con una situación peculiar, que estaba muy lejos de ser la ideal en las relaciones entre poder civil y militar. La JUJEM (Junta de Jefes de Estado Mayor), a quien correspondía la decisión, llevaba meses sin repartir las nuevas inversiones en material por discordias entre las diversas armas; al ministro no le correspondía la decisión sobre el particular, reservada a ese organismo militar. Al mismo tiempo, los distintos mandos provinciales o locales hacían llegar al Ministerio los «estados de opinión» de sus unidades, con los que presionaban sobre las autoridades en un sentido político u otro. Se mantenía, pues, una cierta autonomía militar respecto al poder civil que carecía de justificación y podía acabar constituyendo un peligro grave.

La reforma militar se llevó a cabo a través de un número muy elevado de disposiciones, a las que no es necesario hacer referencia detallada. Lo principal fue que establecieron, de forma decidida e irreversible, la primacía del poder civil sobre el militar. En 1985, la equiparación entre los sueldos de la Administración militar (un general de brigada pasó a cobrar lo mismo que un subdirector general) contribuyó a homogeneizar a ambas. Durante algún tiempo, bajo los gobiernos socialistas, los presupuestos militares crecieron pero luego, a partir de 1985, el cambio en la situación internacional lo hizo innecesario: en la práctica permaneció en un 1,6 por 100 del PIB cuando en los países de la OTAN era el 2,7 por 100. Al comienzo de la década de los noventa, el Ejército español tenía unos 180.000 efectivos y la mitad del mismo eran profesionales. Un problema creciente que se planteaba era el impacto del pacifismo entre los jóvenes: en 1993, la cifra de objetores se acercaba a los setenta mil anuales. A los objetores se les obligaba a colaborar en ciertos servicios sociales, pero como las exigencias no eran muy grandes preferían evitar el servicio militar. Como consecuencia de ello, el reclutamiento previsto no llegaba a cubrirse.

El gobierno socialista impulsó también cambios importantes en materia de derechos y en la organización judicial. Así, se aprobó una ley de aborto en noviembre de 1983: establecía plazos y limitaba la posibilidad de abortar a la existencia de peligro para la embarazada. También se introdujeron modificaciones legales en materias como la ley de enjuiciamiento criminal, asilo, asistencia al detenido, Código Penal y *habeas corpus*. A algunas de estas medidas se les atribuyó una excesiva liberación de reclusos, que tuvo incidencia sobre la delincuencia. La Ley Orgánica del Poder Judicial introdujo una nueva forma de elección de los consejeros del Consejo General del Poder Judicial: de ser en parte elegidos por las asociaciones judiciales pasaron a serlo en su totalidad por el Parlamento. Sin duda, una medida como ésta contribuyó a convertir el supremo organismo de gobierno de los jueces en partidista, un proceso destinado a agravarse con el paso del tiempo.

En el momento en que los socialistas llegaron al poder la situación económica parecía lamentable. El segundo impacto de la crisis de la energía se había solapado sobre el primero sin que la situación política hubiera permitido responder a la situación existente con una actuación coherente y duradera. Mientras la inversión retrocedía, el desempleo se situaba por encima del quince por 100, el déficit superaba el cinco por 100 del PIB, la balanza exterior arrojaba un serio resultado negativo y el crecimiento se mantenía en unos niveles inferiores al uno por 100. El ajuste industrial y energético seguían pendientes. Por si fuera poco, las perspectivas de futuro estaban también entenebrecidas por el hecho de que el propio PSOE llegó al poder con un programa electoral que estaba lejos de ortodoxia económica. La promesa de crear 800.000 puestos de trabajo mediante inversión pública directa y empleo creado por la Administración no podía tener otro resultado que el experimentado en otras latitudes: la devaluación de la moneda y la inflación. Así había sucedido en la Francia de Mitterrand, donde además había existido un programa de nacionalizaciones. Otros aspectos resultaban más positivos: la recaudación creció a un ritmo del 6,4 por 100 anual en términos reales, de manera que en 1990 se había logrado duplicar el ingreso fiscal. La reforma auspiciada por Fernández Ordóñez había sido la causa principal de este resultado.

La primera fase de la política económica socialista, protagonizada por Boyer, consistió en realidad en una operación clásica de ajuste, imprescindible en esos momentos. La prioridad esencial se dirigió a reducir la inflación, que descendió del catorce al ocho por 100 desde 1982 a 1985. El ajuste se llevó a cabo a costa del empleo, de modo que la tasa de paro, lejos de disminuir, alcanzó el 22 por 100. El programa de reconversión afectó a un tercio de la actividad industrial del país y costó un billón y medio de pesetas. Los sectores más afectados fueron la industria textil y la siderometalurgia. No ya para los populistas de izquierda sino también para los socialdemócratas, la reconversión supuso un motivo de profunda crisis personal por haber acudido a las responsabilidades ministeriales con unos planteamientos que resultaban muy distintos. Pero el planteamiento de la política económica fue siempre ortodoxo. A diferencia de cuanto había sucedido en Francia, no sólo no se produjeron nacionalizaciones sino tampoco una política de adelgazamiento del Estado en materia industrial. La SEAT, principal empresa automovilística estatal, fue vendida a la Volkswagen alemana sin que el gobierno intentase que se mantuviera en manos españolas. Luego, Guerra interpretó que el primer gobierno socialista había sido «de coalición» entre los socialistas y Boyer. En cierto sentido no le faltaba razón porque, por mucha que fuera su influencia política, en materia económica, González le dio todo el crédito a Boyer. Pero esta opinión parece presumir que el primero pudo o quiso en algún momento hacer algo distinto, lo que no parece en absoluto cierto.

La única decisión que se alejó de la ortodoxia económica se debió a las circunstancias. La empresa Rumasa, *holding* financiero y de una pluralidad de sectores industriales, se hallaba en una situación crítica desde hacía tiempo y había despertado la preocupación del conjunto de la banca. Su súbita expropiación, tras una larga discusión del gobierno, fue considerada inevitable, el único procedimiento para evitar males mayores. La operación ha sido considerada de dudosa constitucionalidad porque fue hecha mediante decreto y luego convalidada por una ley. Además, el Tribunal Constitucional decidió sólo mediante el voto de su presidente, quien sin duda recibió presiones políticas y, por otra parte, señaló que la legalidad de tal operación sólo era admisible para esa ocasión.

La primera etapa socialista presenció también medidas de reforma social, aunque éstas fueron más importantes una vez superada la crisis económica. La semana laboral se estableció en cuarenta horas pero con la voluntad de reducirla a 35, el período vacacional se prolongó hasta los treinta días anuales y se modificaron las disposiciones relativas a la jubilación. Se introdujeron también los fondos de pensiones y las medidas relativas al turismo social. Pero, sobre todo, éstos fueron los años en los que en materia educativa se hizo un mayor esfuerzo. De ahí que, por ejemplo, la edad escolar se prolongara desde los once a los catorce años y que el número de becas se multiplicara por ocho. También se introdujeron medidas relativas a la ordenación de la educación. La LODE (Ley Orgánica de la Educación) estableció los métodos para regirse la enseñanza privada concertada. Los temores al respecto, en especial los de medios eclesiásticos, se demostraron a medio plazo injustificados. La LODE estipuló el pago directo a los profesores de los centros privados concertados, pero gracias a las subvenciones estabilizó gran parte de la enseñanza privada. A partir de este momento, las relaciones del gobierno con la Iglesia fueron frías y distantes pero no directamente conflictivas. No hubo problemas, por ejemplo, respecto a la financiación de la Iglesia, pero tampoco se modificó el impuesto sobre la renta en los términos que ella quería.

En la primera etapa de gobierno socialista, coincidente con la primera legislatura, España se integró de forma irreversible en el mundo occidental y definió sus intereses estratégicos y sus opciones primordiales. El camino había sido emprendido por la UCD, pero no fue ella la causa de que no se llegara al final previsto. El PSOE, por una parte, rectificó respecto a la OTAN y, por otra, concluyó la integración en el Mercado Común en el momento en que las circunstancias fueron propicias.

A Felipe González cabe atribuirle en este punto no tanto una posición diferente de la mayoritaria en su partido como una capacidad superior de prever el futuro desarrollo de los acontecimientos. Muy pronto, en contraste con su propio ministro de Exteriores, Morán, se mostró partidario del despliegue de nuevos misiles en Alemania. A finales de 1984 intervino en el congreso del PSOE y logró por una mayoría ajustada (394 votos contra 266 en la ponencia correspondiente) que quedara en manos del gobierno —es decir, en las suyas propias— el modo de plantear el referéndum acerca de la OTAN y el contenido del mismo. Sin duda, González quedó pronto decepcionado con el nombramiento de Morán, pues nunca llegó a conectar con él. Probablemente permaneció anclado en una posición que se pretendía casi equidistante de las dos superpotencias de entonces o intentó obtener excesivas contrapartidas por la toma de posturas de España. Comoquiera que sea, la incomunicación fue absoluta. Según Morán, sobre la cuestión de la OTAN, crucial en la definición de la política exterior española, «nunca tuvo lugar entre el presidente y yo una clarificación detenida y detallada». Finalmente, González optó en 1986 por una línea claramente occidental y atlantista, evidente en la persona de Francisco Fernández Ordoñez.

Pero el camino hasta llegar a esta decisión fue complicado, problemático y largo. Sólo en los últimos meses de 1984, el gobierno español llegó a identificar de forma total el deseo de integrarse en la Comunidad Europea y la pertenencia a la OTAN. En octubre, González enunció un decálogo sobre las necesidades defensivas de España que en la práctica vinculaba estas dos realidades. Lo cierto es que estaban relacionadas, pero no de forma directa e inmediata. No había existido por parte de la OTAN una demanda apremiante para el ingreso de España, pero ahora, si se producía la salida, se sentaba un mal precedente. Hasta Guerra era consciente de ello.

Mientras tanto prosiguió el avance en la negociación con Bruselas para el ingreso español en la Comunidad Europea. El tratado fue suscrito en junio de 1985 y entró en vigor a comienzos del año siguiente. España se convirtió entonces en «un fragmento de una superpotencia», de modo que tanto su economía con su propia política exterior adquirieron un rumbo nuevo y muy claro. En 1985 el porcentaje de la exportación española dirigida a Europa era del 55 por 100, pero en 1987 llegaba al 63 por ciento y en 1992 al 71 por 100. Tras el ingreso en la Comunidad Económica Europea en la segunda mitad de los ochenta, llegaron a España unos 80.000 millones de dólares de inversión extranjera, lo que ayuda a explicar la prosperidad económica de esta etapa. En lo político, nuestro país recibió dos puestos en la Comisión Europea y sesenta eurodiputados de los más de quinientos existentes. Desde muy pronto, España se alineó de manera clara con los países más integracionistas, de acuerdo con lo que fue el clima de la opinión pública nacional, tanto de izquierdas como de derechas, antes y después de su ingreso. El gobierno español contribuyó a esta integración con la propuesta de crear unos «fondos de cohesión» destinados a beneficiar a los países menos desarrollados, entre ellos y de forma especial la propia España.

El 12 de marzo de 1986 tuvo lugar el prometido referéndum sobre la pertenencia a la OTAN, que el propio González consideró luego como uno de los más graves errores de su etapa en la Presidencia. Según explicó luego, la pregunta que la mayor parte de los españoles hubiera querido oír de labios del gobierno era «si aceptaría que España perteneciera a la OTAN con su voto en contra». Por eso se partía de la base de que se mantendría al margen de la estructura militar de la organización, habría una prohibición de instalar armas atómicas en el territorio nacional y, en fin, se produciría una reducción progresiva de la presencia militar norteamericana.

Todos los partidos quedaron desconcertados ante el referéndum pues, si el PSOE se desdijo de su posición anterior, la derecha proclamó la abstención, por más que tuviera razones válidas para hacerlo por el contenido mismo de las preguntas. No tenía sentido ingresar en una organización militar sin haber discutido con seriedad la conveniencia y manteniéndose al margen de la estructura militar. El error de González fue comprometerse a un referéndum y no asumir la rectificación personal y de su partido. Pero peor hubiera sido hacer lo que hicieron los socialistas griegos: prometer la consulta y luego no realizarla. Resulta obvio que el problema se lo había creado él mismo, aunque tuvo la honestidad de no eludir su promesa: sin duda, hubiera dimitido en el caso de que su propuesta no hubiese sido aceptada.

La incógnita sobre los resultados se mantuvo hasta el último momento. El 28 por 100 de los electores decidió el día anterior y otro 21 por 100 durante la campaña. Votó el sesenta por 100 y de este porcentaje sólo el 52 por 100 lo hizo de forma positiva frente a un cuarenta por 100 en sentido negativo y 6,5 por 100 en blanco. Dos tercios de los electores tuvieron que violentar su actitud: uno de cada tres votantes de la derecha no hizo caso de lo propuesto por sus líderes políticos y una quinta parte votó de forma afirmativa. Un 38 por 100 de los votantes socialistas se pronunció negativamente, pero tan sólo una minoría muy reducida se convirtió en «tránsfuga» en las elecciones generales posteriores.

En estos tres aspectos de la acción del gobierno socialista —reforma militar, ajuste económico e integración de España en el marco occidental— hubo continuidad con las políticas pasadas y los resultados fueron bastante positivos. La firmeza en las políticas seguidas se vio facilitada por el apoyo político masivo logrado en las urnas. Por otra parte, no fueron tanto el resultado de un diseño completo previo o del despliegue de un programa como la consecuencia de la estabilidad gubernamental, del aprendizaje diario y de la decisión de los nuevos gobernantes socialistas. La acción gubernamental, favorecida por la mayoría absoluta, hizo posible lo que hasta ese momento había parecido inconcebible en tres áreas decisivas.

UN MODO DE CONSOLIDACIÓN DEMOCRÁTICA. LOS GAL

En octubre de 1982 caracterizaba a la sociedad española un ansia de estabilidad gubernamental y un juicio muy negativo acerca de UCD, cuyas disputas internas parecían impedirla. La democracia, puesta en sus manos, daba la sensación de poder estar en peligro por una gestión poco responsable y sin rumbo claro. Como reacción a esta situación, el PSOE obtuvo la mayoría absoluta en octubre de 1982 y configuró un sistema político peculiar con aspectos netamente positivos y otros bastante mas ambivalentes.

La legitimidad del sistema democrático parecía a estas alturas firmemente consolidada, puesto que el setenta por 100 de la población declaraba que el mejor sistema político era exclusivamente éste. El número de los desafectos se había reducido al cinco por 100 o por debajo de esta cifra. Pero, al mismo tiempo, existía una persistente actitud de «desimplicación» en la vida pública de una clara mayoría de los ciudadanos. Sólo un máximo de un treinta por 100 de los españoles se interesaba algo o mucho por la vida pública. Esta actitud ante el sistema político ha sido descrita como «democratismo cínico», en el sentido de que si, el español por un lado, no tiene la menor duda de que su sistema político es el mejor, parte también de presunciones muy negativas acerca de los políticos. Da la sensación de estar muy poco interesado en sentir la democracia como una empresa en la que debe colaborar con su propio esfuerzo. Hasta cierto punto, la mayoría absoluta contribuyó a adormecer la paticipación o, por lo menos, no la estimuló. Tampoco lo hizo la oposición, que resultó sencillamente inviable a lo largo de los ochenta.

Pero, además, al margen de las actitudes sociales, el funcionamiento de las instituciones ofrecía peligros cuya responsabilidad objetiva debe ser atribuida mayoritariamente a los gobernantes. De forma súbita se hizo presente un sistema político de hegemonía de un solo partido que se prolongó, en la práctica, hasta 1993. Este hecho constituyó toda una sorpresa, poco previsible dadas las características de la sociedad española y de la ley electoral. La consecuencia, incluso a corto plazo, fue un nivel de calidad poco exigente de la democracia, porque faltaron los elementos de control, de moral cívica y de participación imprescindibles.

De acuerdo con esta situación, instituciones que hubieran debido actuar de forma autónoma acabaron comportándose de forma sesgada a favor del gobierno por el mero peso de la mayoría parlamentaria absoluta. Así sucedió con el Tribunal Constitucional, como hemos hemos podido comprobar en el caso Rumasa. Por su parte, la Fiscalía General del Estado se convirtió en un apéndice evidente del ejecutivo, hasta el punto de ser nombrado para desempeñarla quien ni siquiera reunía las condiciones legales necesarias para ello. Sólo fue cesado cuando era inminente que el Tribunal Supremo iba a declarar la ilegalidad de lo sucedido. También el Consejo General del Poder Judicial sesgó su comportamiento con el nuevo modo de elección de sus vocales. El Parlamento, en fin, dejó de ser un instrumento de control del ejecutivo, al resultar prácticamente imposible la constitución de comisiones parlamentarias de investigación. Dos datos más completan el panorama y evidencian hasta qué punto los gobiernos socialistas se sintieron con las manos libres. Los mayores fraudes respecto a la financiación de los partidos políticos se produjeron inmediatamente después de que la legislación hubiera sido modificada para incrementar las cantidades destinadas a ellos. Y, en segundo lugar, los medios de comunicación públicos fueron empleados de forma consciente y repetida a favor de los intereses partidistas de quienes estaban en el poder.

A pesar de todo ello, hasta 1991 el hecho de que Felipe González fuera una figura apreciada casi universalmente contribuyó a la estabilidad de la democracia. A partir de 1991, los problemas de corrupción, producto de la hegemonía de un partido, contribuyeron a deteriorar su figura, pero también a colocar en el primer plano de las preocupaciones de los españoles el problema político. Entre el treinta y el cuarenta por 100 de los españoles lo consideraron el más grave, de modo que la mejora del ambiente político se convirtió en una necesidad urgente. De ello derivó la derrota del PSOE en 1996.

Falta por aludir a lo que debe ser considerado como violación mayor de la ética democrática. La política antiterrorista de los gobiernos socialistas a menudo ha sido valorada como uno de sus mayores fracasos, pero este juicio ha nacido principal e incluso casi exclusivamente de la consideración de los inconvenientes que, a medio plazo, le causaron los GAL (Grupos Antiterroristas de Liberación).

Pero los GAL, por supuesto, no resumen toda la actuación de los gobiernos socialistas en esta materia. Si el juicio acerca de la misma debe ser netamente negativo, en realidad los motivos son más amplios. Para entenderlo es preciso partir del momento en que los socialistas llegaron al poder. La «guerra sucia» contra ETA, que había existido durante el franquismo y se había prolongado en la transición en acciones de las que es segura la conexión con medios policiales, concluyó en la etapa de gobierno de Calvo Sotelo. Con carácter previo, en el triángulo entre San Sebastián, Rentería y Andoain, habían sido asesinadas diez personas de significación cercana a ETA entre 1979 y 1981.

En 1982, por mucho que los dirigentes socialistas se sintieran abrumados por los atentados etarras y que interpretaran como «retórica y palabras» las declaraciones de solidaridad de terceros, lo cierto y objetivo es que el peor momento del terrorismo de ETA había pasado ya. En la primera legislatura socialista el número de muertos se situó en torno a la cuarentena anual, una cifra que venía a ser un tercio del peor año de incidencia terrorista. Por tanto, no existe un buen argumento exculpatorio derivado de la presión terrorista. Lo que explica los errores de los socialistas en esta materia reside en el ambiente creado en torno al «cambio», la inexperiencia o bisoñez y la errada elección de los responsables del Ministerio del Interior

El temor ante la posible repetición de la inestabilidad de los años treinta y la euforia en que vivían los dirigentes socialistas por la victoria electoral lograda, les hizo pensar muy pronto en la posibilidad de acciones expeditivas y de atajos decisivos para derrotar a ETA. El propio Barrionuevo reconoce en sus memorias haber autorizado que en octubre de 1983 se cruzara la frontera francesa para secuestrar a un etarra e intentar recuperar a un militar farmacéutico (Martín Barrios) que al final fue asesinado. Por otro lado, la ley antiterrorista votada por el Congreso en diciembre de 1984 encontró la oposición de buena parte de la opinión e incluso del Tribunal Constitucional. Puede decirse que la política del Ministerio del Interior en esta primera etapa consistió, al margen de los GAL, en una apariencia de severidad unida a una real ineficacia a la hora de la vertebración legal. Algo parecido cabe atribuirle a Corcuera más adelante respecto al orden público. La drástica simplicidad unida a los métodos de dudoso carácter jurídico parecen haber sido la mejor receta de los dos sucesivos responsables de Interior para solucionar graves cuestiones.

Como contrapartida, lo más positivo y decisivo que consiguieron los socialistas fue el cambio de actitud de Francia que, a partir de 1984 dio crecientes facilidades para expulsar a presuntos terroristas y acabó aceptando extraditarlos a España. Constituye toda una paradoja que uno de los gérmenes que en la práctica avivó la guerra sucia fue el hecho de que Francia aún albergara dudas acerca de la democracia española. Como quiera que sea, desde 1986 se logró que el procedimiento de extradición fuera relativamente rápido. En cambio, los tribunales franceses de momento no procesaron a ningún miembro de ETA. Por otro lado, no fueron escasos los éxitos policiales en la desarticulación de los comandos terroristas. La operación más brillante consistió en la localización y ocupación de un centro logístico en Sokoa, al sur de Francia, que probaba de forma indudable que la dirección de ETA residía en este país.

Hasta ese momento, la «guerra sucia» daba la impresión de ser un fenómeno limitado a grupos que aparecían y desaparecían y que no estaban directamente conectados con el gobierno. Los actores de los asesinatos habían sido individuos de extrema derecha, a menudo extranjeros, y en algún caso parece que existió una inspiración por parte de individuos concretos no vinculados con la Administración. Otra posibilidad es que, ocasionalmente, grupos policiales utilizaran estos procedimientos sin responsabilidad directa de sus superiores supremos (que, al parecer, nada hicieron por investigar los casos).

La acción de los GAL se extendió desde octubre de 1983 hasta 1987 y supuso algo más de tres decenas de víctimas. Las acciones realizadas por ellos a menudo se debieron a errores de información, incluso tratándose de casos de asesinato. No cabe la menor duda de que fueron inspiradas por los medios policiales y gubernativos del País Vasco y que desde Madrid se mantuvo una actitud inicial de absoluto desentendimiento acerca de las responsabilidades. Desde el punto de vista de la lucha antiterrorista y al margen de cualquier juicio moral, los GAL no tuvieron efecto apreciable alguno: en 1986, ETA mató a cuarenta personas, ocho más que en 1983. Cabe pensar, incluso, que fueron contraproducentes. Los actos más bárbaros de terrorismo tuvieron lugar en 1987, inmediatamente después del momento álgido de la acción de los GAL. Ese año, el terrorismo etarra repuntó hasta una cota de 52 muertos anuales. Tampoco parece que influyeran de forma decisiva en la actitud de las autoridades francesas hacia ETA.

El más grave inconveniente de los GAL fue que prolongaron, en el sector de la juventud nacionalista vasca más maximalista, la sensación de que la lucha se planteaba en idénticos términos que en el franquismo. Los funerales multitudinarios celebrados en honor de las víctimas contribuyeron poderosamente a ello. Siempre cabrá la duda respecto a la última responsabilidad de lo sucedido. La relativa a la omisión de investigación parece indudable incluso en la cúspide del poder político. Más discutible es que la totalidad de los ministros conociera el caso. De la personalidad del ministro del Interior (Barrionuevo) y de su secretario de Estado (Vera) no parece derivarse que pudieran tomar por sí solos una decisión como la creación de los GAL, a no ser que contaran con la tolerancia de quienes estaban por encima de ellos. De todos modos, la promoción más directa de la guerra sucia fue obra de las autoridades gubernativas y parte de los dirigentes socialistas en el País Vasco.

No tardó en comprobarse, durante la misma década de los ochenta, que en los escalones policiales inferiores, aparte de actos de una inaceptable inmoralidad, se habían cometido indescriptibles chapuzas. No sólo se había secuestrado o atentado contra quienes nada tenían que ver con ETA, sino que se habían empleado fondos públicos en diversiones, llevando los corruptos un estilo de vida que los delataba de forma ostentosa. En 1988, el comisario Amedo y su compañero Domínguez fueron detenidos, y el año siguiente serían procesados como ejecutores de los GAL financiados a través de los fondos reservados. De momento, no llegaron a revelar los nombres de quienes les habían inspirado y dotado de esos medios.

Lo peor, lo definitivamente perverso del caso GAL fue que en este momento, a finales de los ochenta, hubo una manifiesta actitud obstructiva contra la Justicia por parte de toda la Administración y, de forma especial, del Ministerio del Interior. Lo lógico hubiera sido intentar en ese momento lo que se pretendió hacer después, es decir, lo que uno de los colaboradores de Belloch ha descrito como «un ajuste razonable de cuentas con el pasado». Pero se hizo todo lo contrario y luego resultó ya demasiado tarde.

Elecciones y opinión en la segunda mitad de los ochenta

En 1986, cuando se planteó su incompatibilidad con Morán, González hubiera deseado una crisis gubernamental breve y que hubiera supuesto el cambio de muy pocas figuras de su gabinete. Pero lo que sucedió demuestra las tensiones internas del proyecto socialista, las dudas del propio presidente y el difícil juego entre las diferentes personalidades actuantes. Boyer tuvo entonces la esperanza de convertirse en «protagonista fundamental» de la crisis y reclamó para sí una vicepresidencia del gobierno que le permitiera disciplinar a los ministerios del gasto. Pero Guerra se negó por completo a aceptar compartir la condición de vicepresidente con nadie. Para él ya debía ser bastante renuncia haber aceptado una vicepresidencia con poderes mucho más limitados que los que deseaba. El resultado final fue el abandono del gobierno por parte de Boyer, pero con nulas consecuencias políticas. González dejó en manos de Carlos Solchaga la dirección de la economía, al mismo tiempo que relevaba a los ministros más desgastados. El centro de gravedad de la política interina se trasladó, eso sí, de la reconversión industrial a la protección social. Es muy probable que eso hubiese sucedido en cualquier caso, aunque con Boyer seguramente el cambio se hubiera producido con más lentitud y dificultades.

A lo largo de los años ochenta la opinión pública mantuvo un apoyo decidido al gobierno socialista, entre un treinta y cuarenta por 100 de los ciudadanos, pero aún fue mayor la satisfacción con González, que tuvo siempre tras de sí entre un 46 y un sesenta por 100 del electorado. Esta estabilidad permitió también la del gobierno, sin que todavía se hubieran hecho transparentes las graves disensiones existentes en el proyecto socialista.

Los resultados electorales ratificaron estos datos de las encuestas. En las elecciones generales de 1986 se dio un caso manifiesto de continuidad sin que paradójicamente, al mismo tiempo, diera la impresión de que el sistema de partidos políticos estuviera lo bastante consolidado. La disminución de la participación se situó en torno a nueve puntos porcentuales, un cincuenta por 100 más que en la consulta electoral precedente (de carácter municipal). El PSOE perdió algo más de un millón de votos pero obtuvo 184 diputados, conservando todavía 79 escaños de diferencia con respecto a la derecha (105 escaños frente a los 107 precedentes). Al margen del incremento de la apatía —en el fondo, desafección a la política vigente—, resultaba obvio que el problema de carencia de consolidación del sistema de partidos residía claramente en la derecha y en el centro, en donde existía un gran vacío. El CDS (Centro Democrático y Social) de Adolfo Suárez pasó de dos a 19 escaños, pero este éxito era un tanto ficticio porque quedaba por debajo de la suma de votos de UCD y CDS en la elección decisiva de 1982. En cambio, el Partido Reformista Democrático del catalanista Miquel Roca apenas obtuvo un uno por 100 de los votos y sólo en siete distritos superó el dos por 100. Bien financiado, estos resultados suponían un rotundo fracaso, y les quitó a los catalanistas cualquier deseo de actuación en el resto de España a través de un partido inspirado en sus ideas. En la práctica no había sido una alternativa, y sin deteriorar de modo irremediable la de Fraga —simplemente inviable—, tampoco le había hecho ningún favor.

Contra todas las previsiones, en las elecciones de 1989 todavía el partido socialista consiguió la mayoría absoluta, aunque no fuera más que por un solo escaño. Continuó la sangría de votos del PSOE, que en esta ocasión perdió unos 800.000, pasando de 8.900.000 a 8.100.000, aunque ello le bastó para llegar a 176 escaños. El Partido Popular no perdió sufragios como en la elección anterior, pero sólo sumó unos 40.000 votos nuevos y un escaño más en el Congreso. Ahora, además, desapareció cualquier posibilidad inmediata de que una fórmula de centro político pudiera llegar a significar un peligro para la más fuerte. El CDS de Suárez quedó por debajo del ocho por 100 de los votos (1.600.000 votos y tan sólo 14 diputados), siendo superado por los comunistas. Éstos, reducidos a cuatro únicos escaños y 800.000 votos en 1982, habían crecido muy poco en 1986, incluso con tres escaños más, pero en esta ocasión consiguieron 1.800.000 votos y 17 escaños. Fue el resultado del abandono del socialismo gobernante por parte de una porción del electorado de izquierdas. Lo que resultó menos evidente pero en realidad resultaba más peligroso a medio plazo era que las cohortes generacionales entre los 25 y 40 años y las clases medias urbanas habían comenzado a abandonar al PSOE y a González.

Sin embargo, lo más inmediato en el examen de los resultados de las elecciones de 1989 era la impotencia de la oposición, en especial de aquella que constituía el posible relevo y que se situaba más a la derecha. Alianza Popular había creído que en 1982 quedaba configurado un sistema bipartidista en el que, a medio plazo, era inevitable llegar al poder. Pero este planteamiento se demostró errado por completo. Siempre que Alianza Popular fuera la alternativa consolidada al PSOE resultaba imposible un relevo en el gobierno, de modo que seguiría la situación de partido predominante. La propia costumbre de debatir, en ocasión solemne y anual, el «estado de la nación», dado el modo peculiar en que se configuró, concedía indudables ventajas a quien ejercía el poder e ilusorias al supuesto jefe de la oposición, que ni siquiera lo era para sus aliados parlamentarios. Fraga, que tenía el mérito de haber organizado la derecha y haberla incorporado a la democracia, reunía hacia su persona un claro rechazo mayoritario del electorado (hasta el sesenta por 100).

Las circunstancias convirtieron al dirigente de Alianza Popular primero en víctima aparente de sus aliados a mediados de los ochenta y luego en vencedor final en el liderazgo de la derecha, hasta el punto de que se convirtió en sucesor de sí mismo. El propio Fraga fue el principal responsable de la debilidad de su coalición. La oposición realizada por Coalición Popular resultó tremendista y recurrió en exceso al Tribunal Constitucional en contra de las medidas del gobierno, como si casi todas violaran el marco de acuerdo constitucional. Pero la política socialista se caracterizó por el continuismo en muchas materias y por una habitual ausencia de radicalidad. De esa manera, Fraga se opuso a algo que ya no existía, porque los socialistas habían perdido su maximalismo de otros tiempos. González fue objeto de particulares ataques cuando era la causa de la moderación, y no el inventor de la misma como subterfugio. Hay que tener en cuenta que sólo a finales de los ochenta aparecieron en el escenario político los GAL y la corrupción. Al margen de todo ello, la desconfianza entre los componentes de la coalición presidida por Fraga era tanta que fue preciso señalar unos determinados porcentajes (65,7 por 100 para AP y 21 por 100 para el PDP) en los puestos previsibles en cada una de las circunscripciones y las elecciones. Además, Fraga compensó a los democristianos del PDP inventando unos casi inexistentes liberales.

Si, aparte de certificarse la inviabilidad de Fraga, con o sin aliados, la «alternativa a la alternativa» (PRD) se autodestruyó, en un tercer caso hubo una lenta agonía debida a causas previsibles. En el del CDS de Suárez fueron las incertidumbres respecto a posibles pactos con otras fuerzas políticas (el PSOE o AP) las que le condujeron a la crisis a comienzos de los noventa. Tampoco en la izquierda había aparecido a la altura de 1986 ninguna fuerza capaz de hacerles perder votos a los socialistas. La desunión de los comunistas no sólo no desapareció, sino que se incrementó con el surgimiento de un Partido Comunista de los Pueblos de España dirigido por Ignacio Gallego (1983) y una Mesa por la Unidad de los Comunistas que inspiraba e incluso monopolizaba Santiago Carrillo. Contrariamente a lo que indicaba su nombre, en realidad elevaba la fragmentación de los comunistas a la enésima potencia. Un peligro para el partido socialista no apareció de manera clara sino en la década de los noventa, y fue mucho más la consecuencia del propio transcurso del tiempo y de los errores gubernamentales que de la originalidad de las iniciativas opositoras.

La oposición, por el contrario, ofreció el repetido espectáculo de la división. En julio de 1986, los malos resultados electorales motivaron la automarginación de los democristianos (PDP) de la alianza con AP, en una toma de postura fundamentada pero precipitada hasta lo incomprensible que tuvo como único resultado liquidar las posibilidades políticas de una persona valiosa (Alzaga). Lo paradójico fue que con el paso del tiempo se demostró que, en efecto, como afirmaban los democristianos, la fórmula de Coalición Popular no constituía nada parecido a una verdadera alternativa. Cuando Alzaga perdió su liderazgo, el nuevo prosiguió sus tumbos en dirección errática hasta su integración inevitable en la derecha (Rupérez). En realidad, los democristianos desaparecieron como fuerza política real en 1987.

A todo esto había quedado ya suficientemente demostrado que Fraga seguía sin representar una alternativa. Fueron sus propios colaboradores y electores quienes se lo demostraron en los meses precedentes. Tras las elecciones de 1986, en el núcleo dirigente de AP se desató una tormenta de conspiraciones. Hubo incluso escisiones, entre ellas la del secretario general del partido (Verstringe). Aquellas comunidades autónomas que habían constituido el más sólido bastión de la derecha vieron cómo el gobierno pasaba a ser responsabilidad de la izquierda. En Galicia, previa escisión y tras unas elecciones, el PSOE tuvo la oportunidad de regir por primera (y única) vez Galicia. Pero lo que apuntilló a Fraga fueron las elecciones vascas de noviembre de 1986, en las que Coalición Popular logró tan sólo dos escaños, los mismos que el CDS. De parecer un veterano político traicionado por los más próximos y más aviesos de sus aliados, el ex ministro de Franco se había convertido en la fotografía de una imposibilidad política. Tuvo que dimitir, pero todavía tendrían que pasar muchos meses hasta que el liderazgo de la derecha se estabilizara, y durante ese tiempo habría de marginar a alguno de sus mejores líderes, como Herrero.

Herrero fue el sucesor inmediato de Fraga y, sin duda, tenía personalidad y capacidad para que el relevo fuera efectivo y positivo para la derecha. Pero en el Congreso de AP (febrero de 1987) desde el primer momento se pudo percibir que Herrero no tenía nada que hacer: disponía de menos de la mitad de votos que su adversario, el andaluz Hernández Mancha. A Herrero no le ayudó Fraga ni la vieja generación del partido. Primó a favor de Hernández Mancha una novedad ansiosamente deseada tras años de presidencia de Fraga. Su elección no careció de fundamento: era, en definitiva, joven, en los mítines recibía muchos aplausos y dirigía la organización territorial con mayor número de afiliados (Andalucía).

Pero Hernández Mancha resultó un pronto y rotundo fracaso. Desorientado desde el punto de vista estratégico y táctico, a menudo resultó extravagante en sus planteamientos. Cuando sometió a un voto de censura a González consiguió un resultado contrario por completo al de éste en el caso de Suárez. En otoño de 1988, una nueva conspiración trajo como consecuencia la vuelta de Fraga a la dirección del partido. Era una solución temporal que además ofrecía la oportunidad de una ampliación de la derecha española de la época. Los democristianos que habían llevado una vida lánguida a lo largo de 1988 decidieron incorporarse, por la vía de Marcelino Oreja, dentro del grupo parlamentario de AP en enero de 1989.

En la izquierda también hubo que esperar hasta finales de 1988 para que quedara perfilado un nuevo liderazgo y la adopción de una línea de oposición capaz de convertirse en alternativa, al menos, al socialismo gobernante. En febrero de 1988, Julio Anguita, que había desempeñado durante bastante tiempo la alcaldía de Córdoba, única capital de provincia en que el PCE era el más votado, asumió la dirección de Izquierda Unida. Pretendía ser un frente amplio cuyo núcleo central sería el comunismo pero que sumaría también a los descontentos del socialismo, a ecologistas y pacifistas. Anguita se mostró como un adversario decidido de pactos estables con el PSOE. Transcurrían unos meses en que éste empezaba a necesitarlos de modo apremiante.

La segunda legislatura: política social y protesta sindical. España en el mundo

Guerra y sus seguidores esperaban que durante la segunda legislatura socialista se rompiera esa supuesta coalición entre Boyer y el socialismo, aunque, como sabemos, por decisión de González la política económica no cambió. Carlos Solchaga trató de mantener la trayectoria anterior a 1986. Político sincero, duro y correoso, mantuvo una línea clara y a menudo chocó con los ministerios del gasto y con los presidentes de las comunidades autónomas. También se enfrentó con los sindicatos, incluida la UGT. En 1990 trató de llegar a un acuerdo con los sindicatos y no lo logró. Ya en 1991 hubiera preferido bien que se le nombrara vicepresidente económico para poder combatir lo que fue descrito como la «rebelión del comando del gasto público» (Pradera), o bien pasar a otra cartera como la de Exteriores. Pero no lo logró. Aunque González le apoyó, no acababa de estar satisfecho de su modo de enfrentarse a las dificultades, que producía un exceso de confrontación, y, al mismo tiempo, no llegaba a los resultados deseables.

Pero la situación económica había mejorado ya mediada la década de los ochenta. A partir de 1985 y sobre todo de 1987, con una cierta tardanza con respecto al resto de los países europeos, se produjo el cambio de sentido del ciclo y la economía española creció a un ritmo anual de 4,5-5 por 100, un porcentaje muy alto, superior en uno o dos puntos a la media de los países europeos y relativamente comparable con las tasas propias en los años del «milagro», durante los sesenta. Durante este período de tiempo se crearon 1.800.000 puestos de trabajo, con lo que se dio respuesta, pero tan sólo parcial, a la demanda de empleo anterior, a la de los jóvenes y a la de la mujer. La prosperidad económica permitió, además, una fuerte inversión pública en infraestructuras que fue incrementándose a un ritmo del 0,5 por 100 anual y en 1991 llegó a suponer cinco puntos del PIB.

En este ambiente de prosperidad se explica que durante este período las inversiones extranjeras se multiplicaran por cinco. El importante flujo de capitales extranjeros hacia España se vio atraído por unos tipos de interés altos. Dichos capitales, que pudieron adquirir el 25 por 100 de las empresas españolas, se dirigieron a la compra de las empresas existentes más que a la promoción de otras nuevas. El interés de los inversores se centró en determinados sectores, principalmente la alimentación y el automóvil.

Un último aspecto de la prosperidad consistió en la realización de una amplia operación de privatizaciones de empresas públicas. El gobierno socialista no sólo no nacionalizó, sino que, como otros de idéntica procedencia ideológica, dejó en manos de la empresa privada una porción importante de las empresas públicas. De este modo se produjo la venta del quince por 100 de Telefónica, el veinte por 100 de ENDESA, el cincuenta por 100 de Argentaria, el ochenta por 100 de Repsol y el 91 por 100 de ENAGAS. Con motivo de estas ventas no se configuró un nuevo poder económico autónomo. Tampoco parece que el gobierno renunciara a una privatización total en cuanto se dieran las circunstancias oportunas (por ejemplo, en la Bolsa).

La prosperidad económica hizo posible, en fin, un incremento del gasto social muy importante que acabó por configurar un Estado de bienestar en realidad inexistente hasta ese momento. De forma simultánea se produjeron avances en campos como las pensiones, la sanidad y el educativo, ya citado. En algunos apartados, como por ejemplo en investigación y desarrollo científico, los incrementos fueron espectaculares. El número de becarios pasó de 162.000 a 750.000; el número de estudiantes universitarios de 700.000 a 1.200.000. Además, desde 1989 a 1992, casi se duplicaron los fondos destinados a cubrir el desempleo, en un momento en que empezaba ya a cambiar el ciclo económico. Aun así, a mediados de los noventa, el Estado de bienestar se situaba en España todavía a gran distancia de lo habitual en Europa: la proporción de camas existentes en la Seguridad Social por cada mil habitantes era tan sólo la mitad de países como Alemania o Francia.

Desde la perspectiva de la política económica a este incremento del gasto social hubo que sumarle también la puesta en marcha del Estado de las autonomías, que multiplicaron por seis su deuda y los gastos extraordinarios destinados a la celebración de los acontecimientos de 1992 (la Exposición Universal sevillana y los Juegos Olímpicos). Las consecuencias fueron detestables en lo que respecta al gasto público. En 1993, el déficit del Estado era superior al seis por 100 en cifras de PIB. Pero la situación económica había cambiado y lo había hecho de modo muy positivo. La inflación empezó a situarse alrededor del seis por 100, una cifra hasta entonces poco frecuente en la economía española y que suponía una ruptura con su habitual comportamiento. Esta contención de los precios ha resultado ya irreversible en términos relativos históricos, pero mantiene la distancia con respecto a la media europea. La renta per cápita era en 1994 un 36 por 100 superior a 1974 y un nueve por 100 mayor que en 1985. Lo peor de la situación española residió siempre en el paro. El número de trabajadores ocupados pasó de unos once millones a doce y medio a comienzos de los noventa, pero cuando la situación económica empeoró, el paro volvió a subir hasta alcanzar un porcentaje insólito, nada menos que el 24 por 100, una cifra sin equiparación posible con el resto de las economías europeas.

Pero volvamos a mediados de los ochenta para explicar la confrontación social. La recuperación económica estimuló las demandas sindicales, mientras que la permanencia del PSOE en el poder con mayoría absoluta y en ausencia de una oposición política alternativa hizo pensar al gobierno que tenía poco que temer de los sindicatos. A fines de 1988, una cuestión relativamente menor, el intento del gobierno de introducir un Plan de Empleo Juvenil, tuvo como consecuencia el estallido de una huelga general en diciembre. Lo primero que llama la atención de ella es lo imprevista que resultó para los gobernantes. González la ha descrito como «una gran estupidez» y, en cierto sentido, tenía razón. No negociando una solución satisfactoria para ambas partes en el momento oportuno, el gobierno acabó luego cediendo en terrenos en que no debía hacerlo. «No supimos de antemano —ha escrito en sus memorias Almunia, uno de los ministros y luego secretario general del PSOE— lo que se avecinaba ni tampoco advertimos todas las lecciones que derivaron.» El «dragón» del gasto público, tal como lo denominaba en otro tiempo Boyer, se disparó de la manera previsible.

González, uno de cuyos rasgos permanentes fue siempre «tener un pie en el estribo», pensó incluso en la posibilidad de que, tras las elecciones de 1989, otra persona se presentara como candidato a la Presidencia del gobierno. Se lo comunicó a aquél en quien había pensado, Narcís Serra, de quien tenía un excelente juicio por la tarea desempeñada en la cartera de Defensa. Es muy probable que lo hubiera hecho pero, como comprobaremos, las circunstancias no se lo permitieron. De todos modos, el resultado de las elecciones no le obligaba a ningún apremio.

A todo esto había cambiado la posición internacional de España. Tal como había quedado previsto, se produjo una importante modificación en las relaciones bilaterales con Estados Unidos. Se quería «redimensionar» la presencia militar norteamericana, lo que equivalía a reducirla. En parte era consecuencia del antinorteamericanismo de la izquierda: la renovación de los pactos en abril de 1983 se había hecho con manifiesta frialdad. Según González, los norteamericanos estaban «acostumbrados a hacer lo que les daba la gana» en sus relaciones con España y había que limitar su presencia de acuerdo con el decálogo votado en las Cortes. Cuando, en abril de 1986, Estados Unidos bombardeó Libia, hubo de hacerlo evitando sobrevolar España porque no se les autorizó a ello. Como en otras ocasiones, se evitó una discusión a fondo acerca de los problemas de defensa o de la responsabilidad española de cara al mundo occidental. Durante la negociación se vivieron, según Serra, que llevó a cabo la mayor parte de la negociación, «momentos dramáticos» ante los sucesivos negociadores norteamericanos, especialmente el último, Bartholomew. Pero, en definitiva, la cuestión no alcanzó mayor trascendencia. Desde 1986 hasta 1988, el gobierno negoció la retirada de unidades de aviación norteamericanas de España y finalmente lo logró: 72 aviones que podían utilizar armas nucleares abandonaron la base de Torrejón. En diciembre de 1988 se suscribió el tratado en el que, además de sobre el transporte de «armas nucleares» por territorio español, se recurrió el compromiso de «no preguntar». España había logrado de todos modos lo que pretendía casi de forma contemporánea al derrumbamiento del muro de Berlín y nacía un nuevo panorama mundial. Por eso su decisión fue menos trascendente en el contexto de la política defensiva occidental.

Desde que sustituyó a Fernando Morán, Francisco Fernández Ordóñez, una personalidad decisiva en la transición, supo llevar a cabo una política que, identificada por completo con el mundo occidental, al mismo tiempo aprovechó las posibilidades proporcionadas por la singular posición española en él. Javier Solana asumió la responsabilidad ministerial en Exteriores desde junio de 1992, cuando la enfermedad obligó a Fernández Ordóñez a abandonar el puesto. La total sintonía con el resto de los países europeos pudo apreciarse de nuevo, de forma especial, con ocasión de la invasión de Kuwait por parte de Irak, a comienzos de 1991. Una confortable mayoría de los españoles apoyó al gobierno en su actuación, gracias en gran parte a la capacidad pedagógica de Fernandez Ordóñez. Un 35 por 100 de los vuelos norteamericanos fueron facilitados por España. La posición adoptada, por otro lado, no impidió que Madrid fuera elegida luego como sede para la iniciación de las negociaciones de paz entre israelíes y palestinos en octubre de 1991.

A partir de este momento, un aspecto decisivo del protagonismo de España en los medios internacionales nació de su colaboración en operaciones de control y de preservación de la paz. Convertida en el noveno contribuyente económico de la ONU, desde 1988 envió oficiales y tropa o fuerzas de seguridad a algunos de los lugares más conflictivos del mundo, como Namibia, Angola, Haití, Nicaragua, El Salvador, Somalia o la antigua Yugoslavia. Un papel muy importante le correspondió en la intervención en este último país, incluso con una participación limitada en los bombardeos sobre objetivos serbios en 1995.

Merece la pena, en fin, hacer referencia a dos regiones del mundo con las que España ha mantenido siempre unas relaciones peculiares y estrechas por razones derivadas de la tradición cultural o de la situación geográfica: Iberoamérica y el Magreb.

En Iberoamérica, la transición española hacia la democracia sirvió a la vez como modelo que imitar y como instrumento para ejercer una influencia en otros terrenos. España tuvo un papel relevante en el avance democratizador en Centroamérica y en el cono sur. En Nicaragua, el gobierno socialista fue inicialmente contrario a la presión norteamericana sobre los sandinistas, pero se alejó de éstos cuando percibió que tenían poco interés por la vía democrática y parecían inclinarse de forma definitiva hacia la revolucionaria. Parte de las negociaciones entre el gobierno y la oposición se llevó a cabo en la embajada española (1989) y, en un momento de estabilización posterior, tropas españolas formaron parte sustancial del contingente enviado por la ONU. En El Salvador, el propio González estuvo presente en la firma del acuerdo entre gobierno y guerrilla (1992). Las negociaciones para la paz en Guatemala se llevaron a cabo en Madrid desde 1987. En este mismo ámbito caribeño la política española durante la época socialista resultó significativamente distinta de la llevada a cabo por Estados Unidos. En 1986, González viajó a Cuba prosiguiendo la peculiar política mantenida por España con respecto a este país y ya en los años noventa trató de influir sobre el dictador cubano para que realizara algún tipo de apertura liberalizadora, sin ningún otro resultado que la liberación de algún preso. En el caso de Panamá, España se mostró dispuesta a colaborar en una solución pacífica por el procedimiento de ofrecer asilo al general Noriega cuando amenazaba la invasión norteamericana. En cuanto al cono sur, el papel de España fue también muy importante en el momento en que se produjeron los contactos entre la oposición y el gobierno dictatorial de Pinochet. En 1990, al concluir el proceso, tanto el rey como González visitaron Chile. Su clase política tuvo muy presente la transición española a lo largo de su camino hacia la libertad.

En términos más amplios, la Comunidad Iberoamericana empezó a plasmarse en realidades concretas en los años noventa y tuvo como principal instrumento la cooperación, a la que dio un sentido muy especial. En efecto, desde 1991 tuvieron lugar las cumbres de jefes de Estado y presidentes iberoamericanos en las que el rey de España desempeñó un papel muy significativo. Estas cumbres se llevaron a cabo en un principio cada año (luego cada dos) y tuvieron como principal problema la concreción de un programa. Pero en 1985 se creó la Secretaría de Estado de Cooperación Internacional, luego convertida en Agencia, y a partir de 1986 se pusieron en marcha los planes anuales de cooperación. En el desarrollo de esta política tuvo un papel de cierta importancia el Parlamento, que en 1987 aprobó unas directrices generales para la concesión de las ayudas. En 1993 el monto total superaba los 300.000 millones de pesetas, de los que un 44 por 100 estuvieron destinados a Iberoamérica.

Otra área en la que resultaba lógico que la política exterior española fuera muy relevante, también en continuidad entre la época de UCD y la del PSOE, era el Mediterráneo. El cierre de los acuerdos sustanciales, definitorios de la política española en la zona, se llevó a cabo en enero de 1986 con el establecimiento definitivo de relaciones diplomáticas con Israel.

En cuanto al Magreb, que supondrá pronto unos cien millones de habitantes, España no llegó ni remotamente a representar lo que significó Francia, pero desde la década de los ochenta constituyó para ella un área de especial interés, con la que la conflictividad ha disminuido en gran medida debido al ingreso en la Unión Europea. Sólo el siete por 100 de la exportación española se dirigía hacia el Magreb, pero en la actualidad, España obtiene de la zona gran parte de sus importaciones de superfosfatos (Marruecos) o de gas natural (Argelia). Ya en 1983 Felipe González viajó a Marruecos, inaugurando de este modo una práctica de contactos tempranos en el Magreb cada vez que se produce un cambio de gobierno con un país con el que las relaciones siempre tuvieron aspectos conflictivos, ahora más superables por la pertenencia de España a la Comunidad Europea.

La política autonómica: una nueva vertebración del Estado

Durante la etapa de gobierno socialista tuvo lugar un decisivo e irreversible cambio político: la conversión en una realidad del título VIII de la Constitución. En efecto, hasta 1981 tan sólo se habían aprobado cinco estatutos de autonomía, pero en 1982-1983 se pusieron en funcionamiento otros doce. Hubo que esperar hasta bien entrada la década de los noventa para que los estatutos de Ceuta y Melilla fueran definitivamente aprobados y entraran en vigencia. Pero en lo esencial el proceso de de conversión de un Estado enormemente centralizado a otro muy descentralizado se había cumplido durante los años ochenta.

Ayudó a ello el hecho de que, en agosto de 1983, la controvertida LOAPA, aprobada en la etapa de la UCD pero con la colaboración del PSOE, fue declarada improcedente en una parte sustancial de su contenido por el Tribunal Constitucional. El alto Tribunal se atribuyó a sí mismo la potestad de realizar lo que a los políticos les había sido vedado, pero por ese procedimiento existió, al menos, un principio de ordenación de todo el proceso autonómico. Así quedó configurada, también, una instancia capaz de enfrentarse con la tradición centralista de la Administración española. Con el transcurso del tiempo, pero con una rapidez que era difícil de predecir, tuvo lugar un proceso de descentralización tan considerable que incluso puede compararse con ventaja con la situación que disfrutan otros países que se definen como federales. En este sentido, puede decirse que España no sólo ha realizado una transición, sino dos: desde una dictadura a una democracia y desde un Estado muy centralizado a otro claramente descentralizado.

Este cambio se llevó a cabo de un modo sucesivo y relativamente impredecible. En realidad no respondió a ningún plan prestablecido ni tampoco a un plan pactado entre diversas fuerzas políticas. Incluso tardó en existir la conciencia de una identidad peculiar. Hubo comunidades autónomas que, partiendo de la inexistencia de un verdadero y profundo sentimiento de identidad, lo crearon a base de reivindicaciones que pretendían superar la situación de subdesarrollo. Sobre este particular, el testimonio de Rodríguez Ibarra y de Bono, presidentes de Extremadura y Castilla-La Mancha, resulta coincidente y significativo. En ambos casos, no existía la conciencia de la propia identidad y la autonomía como demanda política, pero eso fue lo mejor que le pudo suceder a regiones preteridas en cuanto a nivel de desarrollo o de inversiones públicas. El bajo nivel de desarrollo sirvió para demandar infraestructuras públicas (o, por ejemplo, la supresión de centrales nucleares) y eso mismo creó la conciencia regional.

Hubo muy diferentes formas de enfocar la política autonómica por parte de quienes pertenecieron a la dirección del partido socialista. En la primera mitad de la década de los ochenta, la responsabilidad de la política autonómica recayó sobre Alfonso Guerra, quien, aparte de proclive al centralismo, fue muy intervencionista en las organizaciones regionales del partido. La conflictividad con el nacionalismo catalán fue grave y quedó solventada en perjuicio del PSOE. La etapa en que Almunia se hizo cargo de la responsabilidad, como ministro, tras el primer cambio gubernamental, mostró un mayor deseo de llegar a acuerdos con los nacionalistas, en especial los vascos.

A pesar de estas diferencias en la construcción del Estado de las autonomías, se avanzó en la arquitectura institucional con la colaboración de los dos grandes partidos mediante la aprobación de disposiciones de carácter general. La primera de ellas supuso la creación del llamado Fondo de Compensación Interterritorial (1984). Más decisiva aún fue la Ley Orgánica de Financiación de las Comunidades Autónomas (LOFCA).

En todo el proceso, al margen de entrar en conflicto diversas mentalidades en el partido gobernante, hubo problemas permanentes en aspectos concretos. De esta manera, se plantearon conflictos de competencias por las autoridades de las regiones y nacionalidades ante el Tribunal Constitucional, principalmente por parte de Cataluña o Euskadi (casi la mitad de las leyes recurridas lo fueron por estas dos nacionalidades). Al máximo de esos conflictos se llegó al final del primer gobierno socialista (en 1985), con las 130 disposiciones recurridas, para mantenerse en los años siguientes en torno a un centenar. Ya en 1989 lo fueron sesenta y en 1993 tan sólo quince. De cualquier modo, el grado de conflictividad en España fue mucho más grande que el existente en un Estado federal como Alemania.

Una vez emprendido el camino hacia la vertebración autonómica, las comunidades autónomas con menos competencias insistieron en igualarse a las que las tenían mayores. Presionados por los gobiernos regionales, los dos partidos más importantes acabaron por no mostrar inconveniente en establecer acuerdos destinados a elevar el techo competencial de las comunidades autónomas a niveles semejantes para todas ellas. El último de estos acuerdos (plasmado en la Ley Orgánica de Transferencia de diciembre de 1992) estuvo destinado a elevar el nivel competencial de todas las comunidades autónomas haciendo que adquirieran la responsabilidad principal en materias como Sanidad y Educación. Además, en marzo de 1994 se produjo la reforma de los estatutos de aquellas autonomías que carecían de niveles competenciales en estas materias.

De esta manera, en un plazo corto de tiempo, España se convirtió en uno de los países más descentralizados del mundo. Mientras que el noventa por 100 del presupuesto público era administrado a comienzos de la década de los setenta por el Estado central (y el resto por ayuntamientos y diputaciones), a comienzos de los noventa esta cifra se había reducido a menos de los dos tercios del total. A la altura de 1992 las comunidades autónomas administraban el 25 por 100 del gasto público. Sin embargo, al final de la etapa socialista no se puede decir que el proceso de implantación de una nueva manera de organizar España como Estado de las autonomías estuviera concluido.

Seguía vigente el clásico problema de la carrera entre la liebre y la tortuga: la primera corre más pero la segunda acaba siempre alcanzándola. En definitiva, un determinado nivel de competencias estimuló y atrajo hacia él al resto de las comunidades autónomas. Pero la carrera se reemprendía de forma automática, porque ese resultado incitaba a nuevas reivindicaciones de las «nacionalidades históricas». Éstas, además, plantearon, incitadas por la aparición de una galaxia de nuevas naciones en el este de Europa tras la crisis del comunismo en 1989-1991, la reivindicación genérica del «derecho de autodeterminación». Un «soberanismo», difícil de aplicar y que provocaba reacciones antagónicas, se convirtió en alternativa de los partidos más nacionalistas. A partir de 1994 aparecieron o se reeditaron libros que cuestionaban a fondo la actitud de los partidos nacionalistas. Estas tendencias reactivas favorecieron al PP y fueron alimentadas por él mismo.

Mientras tanto, cada comunidad autónoma quedó configurada desde el punto de vista político respondiendo, en términos generales, a cuatro modelos. Comunidades de predominio hegemónico de la izquierda han sido Andalucía, Castilla-La Mancha y Extremadura, la primera con periódica —y poco influyente— presencia del nacionalismo, excepto en Sevilla, a las que se deben sumar Asturias, Murcia y Valencia hasta 1995. En cuanto a las comunidades de hegemonía de la derecha (Baleares, Cantabria y Castilla-León), tuvieron esta adscripción política con tan sólo una excepción temporal en esta última. Un caso muy especial dentro de este grupo fue el de Galicia, donde el carácter conservador y templado del nacionalismo tuvo como consecuencia que la mayor parte de éste fuera subsumida en el seno del partido derechista hasta el final de la etapa socialista. El tercer grupo estuvo constituido por aquellas comunidades en las que existían movimientos regionalistas o nacionalistas que, actuando como bisagra, se convirtieron allí en un factor crucial para la estabilidad gubernamental decantándose la mayoría de las ocasiones hacia el centro-derecha: Canarias, Aragón, Navarra y La Rioja.

Especial mención merecen las dos nacionalidades históricas con mayor conciencia de identidad cultural propia y capaces, por sus diputados en el Congreso, de tener una mayor influencia política en el gobierno español.

En Cataluña, el principal grupo nacionalista (Convergència i Unió) alcanzó el poder en la comunidad autónoma en 1980 y, a partir de estas elecciones, lo ejerció la mayor parte del tiempo sin la colaboración de otros grupos. Jordi Pujol, una personalidad muy destacada, protagonista permanente de la vida pública española durante un cuarto de siglo, supo lograr la identificación entre su persona y la comunidad al frente de la que estaba, como lo había conseguido antes Tarradellas. Rasgo distintivo del catalanismo fue que, a diferencia del resto de la derecha o centro-derecha españolas, sus figuras dirigentes procedían del antifranquismo o de la disidencia. Pujol había sido detenido y maltratado y pasó meses en la cárcel durante los años sesenta. El catalanismo de CIU no sólo colaboró en la redacción de la Constitución, sino también en los Pactos de la Moncloa. Tal como él mismo ha contado, Pujol evitó, además, intervenir en la defenestración de Suárez, como quisieron algunos de los dirigentes de la propia UCD. Roca, el segundo del partido y el patrocinador del partido reformista, fue partidario en el período 1992-1993 de participar en los últimos gabinetes socialistas, pero Pujol, escarmentado por lo sucedido en 1986, se mantuvo en contra. El fracaso de esta bicefalia política llevó de hecho a la retirada del primero. Sin embargo, el catalanismo colaboró como apoyo útil del gobierno socialista en 1989-1993 y como soporte indispensable en 1993-1996.

La peculiar situación del catalanismo en la política española desde 1993 lo convirtió en bisagra para cualquier gobierno nacional cuando en el Parlamento no existía una mayoría absoluta. El adelantamiento de las elecciones por parte de González en 1996 fue precedido por una carta de Pujol (septiembre de 1995) en que, por diversas causas —entre ellas el hecho de que el asunto de los GAL llegara al Tribunal Supremo—, le comunicaba que no podría apoyarle.

En general no se ha producido un auténtico conflicto en la sociedad catalana por la superposición de identidades culturales, ni siquiera con la implantación de la llamada «inmersión lingüística», que presupone que en los primeros escalones de la enseñanza toda la educación se imparte en catalán. Como consecuencia de la caída del muro de Berlín y la eclosión de nuevas nacionalidades, el Parlament de Cataluña aprobó, con la sola excepción de la derecha, una declaración que reclamaba el derecho de autodeterminación. Fue el primer caso en que se votó una decisión así, que, de modo característico, no tuvo consecuencias inmediatas.

Lo que iba definiendo la política vasca era, en cambio, una extremada fragmentación y polarización, además de la presencia del terrorismo. Por si no fueran suficientes los problemas existentes, la escisión protagonizada por el primer *lehendakari*, Carlos Garaicochea, a partir de 1984 nació de la disolución de la organización navarra del PNV, vinculada con él, y por las competencias respectivas de las diputaciones previstas en la Ley de Territorios Históricos. Cuando surgió un nuevo partido, Eusko Alkartasuna, en septiembre de 1986, se definió como socialdemócrata y partidario de la autodeterminación pero en realidad las diferencias con el PNV no fueron tan grandes, excepto en implantación diferenciada (mayor en el caso de EA en Guipúzcoa). Otro factor de fragmentación de la política vasca estuvo constituido por aquellos sectores políticos que, procedentes del entorno de ETA, evolucionaron en un sentido no sólo contrario al terrorismo sino también al propio nacionalismo.

De este modo, a partir de 1986, el sistema de partidos quedó configurado en el País Vasco por siete de ellos: cuatro nacionalistas (PNV, EA, EE [Euskadiko Eskerra] y HB), dos estatales (PSOE y AP, luego PP) y un séptimo provincialista (Unidad Alavesa). A pesar de esta fragmentación, o quizá precisamente por ella, los pactos políticos entre las diversas fuerzas fueron una constante de la política vasca. El

PNV estuvo siempre al frente de la Presidencia del Ejecutivo a pesar de que, a principios de los ochenta, no consiguió superar en votos al PSOE. El PNV, además, suprema paradoja, acabó incluso gobernando con aquel grupo político que era una escisión suya, Eusko Alkartasuna. Pero de este pactismo pragmático lo más relevante desde el punto de vista histórico-político fue la constitución de gobiernos sucesivos de la comunidad basados en el acuerdo «transversal» entre socialistas y nacionalistas. De este modo se configuró una política de «pacto permanente» en cualquiera de las más decisiva áreas de gobierno, y no sólo en Vitoria, sino también en Madrid.

La experiencia de esos gobiernos transversales contribuyó —y, al mismo tiempo, se vio ayudada por ello— al cambio de la sociedad vasca respecto al terrorismo. A finales de los ochenta sólo algo más de uno de cada cinco vascos juzgaba a los etarras patriotas. Había nacido ya en potencia un frente unido contra el terrorismo entre las fuerzas políticas democráticas. Tras los más brutales atentados de ETA, como el de los almacenes Hipercor en Barcelona en 1987, los partidos democráticos consiguieron pactar una actuación similar frente al terrorismo gracias a los acuerdos de Madrid y Ajuria Enea, de noviembre de 1987 y enero de 1988, respectivamente. Ardanza, el nuevo *lehendakari*, señaló una y otra vez la diferencia entre el PNV y ETA no sólo en los medios sino también en los fines.

Pero desde comienzos de los noventa varias realidades contribuyeron a poner en peligro el gobierno transversal. En primer lugar, como ya había hecho el Parlamento catalán, también el vasco votó una resolución a favor de la autodeterminación (febrero de 1990). Por otro lado, el declive del voto socialista creó, en sus dirigentes, la constante tentación de una ruptura con el partido central que daba la sensación de ser el único procedimiento de conservar el electorado propio. El nacionalismo, por su parte, en esta década propendió a buscar su electorado entre los nacionalistas, incluso los más radicales.

Lo característico de la evolución respecto al terrorismo de ETA fue, a lo largo de los ochenta y comienzos de los noventa, el lentísimo proceso de retorno a la política. Cuando los socialistas llegaron al poder, el número de muertos que ocasionaba el terrorismo se situaba, como sabemos, en torno a la cuarentena de personas al año; por otro lado, sólo a partir de 1986 se produjo una disminución del voto a Herri Batasuna.

En los años finales de los ochenta y primeros de los noventa, con excepciones como 1991, se pasó a la veintena de muertos y a fines de la etapa socialista el número de muertos por acciones terroristas se situaba en torno a la decena. Si en 1986 en la operación Sokoa se había obtenido abundante información sobre la organización terrorista, en la posterior de Bidart se consiguió desmontar gran parte del aparato auxiliar de ETA. Durante la etapa de gobierno socialista fue perceptible un envejecimiento de los etarras detenidos y una procedencia creciente de Guipúzcoa, la provincia en que el nacionalismo radical estaba más difundido y era más profundo. Finalmente, ha de tenerse en cuenta que la utilización de procedimientos como los de los GAL hasta 1986 no implicó la ausencia de contactos con la organización terrorista. Tras haberse mantenido conversaciones con ETA en Argel que resultaron un fracaso (1986), se prolongaron los contactos hasta 1988 en otros lugares (Burdeos, por ejemplo) sin conseguirse resultado alguno. También el último ministro del Interior socialista, Belloch, mantuvo contactos con la organización terrorista. Como tantos otros, estaba convencido del buen resultado final, pero también él acabó decepcionado.

La pérdida de la mayoría absoluta

Durante el período entre 1986 y 1992, la intención de voto al PSOE siguió manteniéndose muy alta, entre un 24 y un 33 por 100, mientras que la de la derecha osciló mucho y sólo en la fase final se acercó a la cifra más baja de los socialistas. El momento en que se empezó a producir un cambio de fondo en la opinión pública fue en 1991, año en que el PSOE empezó a perder de forma definitiva la hegemonía de la que había dispuesto hasta el momento en el voto urbano. Ya en 1991, el 56 por 100 de los encuestados pensaba que pagaba demasiados impuestos para los servicios estatales que percibía a cambio. Ésa era una prueba, a la vez, del cambio de rumbo en la opinión y de la desconfianza hacia el partido gobernante.

Al mismo tiempo, el ritmo de la producción legislativa decreció claramente en la década de los noventa y en ocasiones se encaminó hacia campos innecesariamente conflictivos. El caso más característico fue la Ley de Seguridad Ciudadana del ministro Corcuera, desde el primer momento considerada como anticonstitucional por buena parte de la opinión. Finalmente una porción sustancial de la ley acabaría por ser declarada contraria a la ley fundamental de 1978 por el Tribunal Constitucional, lo que motivó la dimisión del ministro, que había prometido hacerlo en caso de que tal sentencia se produjera.

De todos modos, peor fue para el gobierno socialista la aparición de una era de escándalos políticos. Éstos empezaron en los meses inmediatamente anteriores a las elecciones de 1989 y se fueron agravando con el transcurso del tiempo. Aunque resulta injusto atribuir a la totalidad de los socialistas aquello de lo que fue responsable tan sólo una parte ínfima, al mismo tiempo, no cabe la menor duda de que el exceso de pragmatismo, la sensación de que el fin era óptimo y de que cualquier atajo era permisible, la larga permanencia en el poder, que empujó al olvido de las responsabilidades y, en fin, una mala reacción de entrada ante cualquier tipo de crítica fueron vicios generalizados en la opción gobernante. Como tendremos ocasión de comprobar, gran parte de los escándalos databan de la primera parte de gobierno socialista y sólo pueden comprenderse por la euforia del triunfo del cambio. Como sabemos, en 1991, el PSOE empezó a perder el voto urbano, de modo que el año siguiente, en que se celebraron en España los Juegos Olímpicos y, además, la conmemoración del quinto centenario del descubrimiento de América, lejos de significar el máximo de esplendor del gobierno González, representó el comienzo de su crisis ante el aprecio público. Además, en ese mismo momento se hizo patente a los ojos de cualquier observador independiente que en el partido gobernante convivían esas dos almas de difícil encaje a las que ya nos hemos referido: Felipe González y Alfonso Guerra.

La primera cuestión que llamó la atención de la opinión pública fue la relativa al comportamiento en Sevilla de Juan Guerra, el hermano de Alfonso. Su caso recordaba una de esas anécdotas del caciquismo de la Restauración. Actuando como una especie de secretario de su hermano, había utilizado un despacho de la Delegación de Gobierno en Sevilla en el que despachaba negocios personales. Se interpretó que había acabado creando una especie de pequeña satrapía del favor personal. Además, había mediado en todo tipo de negocios menores, cuando menos dudosos. El vicepresidente del gobierno, por su parte, tuvo una reacción muy desafortunada al negar cualquier culpabilidad y acusar al contrario cuando las responsabilidades eran evidentes, aunque el asunto no fuera de gran envergadura. Alfonso Guerra ya en esta materia se enfrentó frontalmente con González y tras numerosos escarceos, no abandonó de forma definitiva el gobierno hasta 1991; durante el período anterior y el posterior hasta 1996, llevó a cabo una auténtica guerrilla contra el sector más identificado con González.

Para todos los observadores del PSOE de los años ochenta, el binomio González-Guerra parecía poco menos que indestructible. Así lo consideraba también la prensa y la oposición. La crisis entre ambos reveló que la situación real era muy distinta. La relación entre estos dos protagonistas de la vida política española nunca fue demasiado estrecha desde el punto de vista personal y, además, acabó demostrándose que existía una considerable distancia entre sus opiniones acerca de la política gubernamental que seguir y la concepción misma del partido. Más que una relación de intimidad, basada en la convivencia al margen del trabajo, la relación entre González y Guerra parece haber sido estrictamente política. Fueron complementarios tan sólo en la etapa de acceso al poder, pero luego se hizo manifiesto el abismo existente entre ambos. González acabó por considerar que la posición del segundo era «abusiva» en el requerimiento de apoyo y, sobre todo, acabó dándose cuenta, además, de que el vicepresidente era «más una parte del problema que de la solución». El XXXII Congreso del PSOE (1990) pudo dar la sensación de que se consolidaba la situación, pues, en definitiva, el ochenta por 100 de los cargos más importantes del partido se podían adscribir al «guerrismo». De esta manera, el partido quedaría en manos de Guerra, mientras que González se responsabilizaría de la tarea gubernamental. En enero de 1991, el vicepresidente, que había presentado su dimisión tiempo atrás, fue destituido.

De haber llegado a existir ese reparto de funciones, las circunstancias pronto habrían hecho imposible la vigencia del acuerdo. En la primavera de 1991 aparecieron en la prensa informaciones sobre FILESA, una trama de empresas destinadas a incrementar la financiación del partido socialista. Se dio la paradoja de que, en 1987, había sido aprobada una generosa ley de financiación de partidos que permitió al PSOE pasar de recibir unas subvenciones de unos 3.600 millones de pesetas anuales a 6.700. Pero los partidos políticos —no sólo el socialista— siempre mostraron respecto a la financiación pública una especie de sed insaciable y procuraron multiplicarla mediante todo tipo de procedimientos.

Durante su corta duración, FILESA cobró algo más de 1.000 millones de pesetas a diversas empresas por trabajos que no habían sido efectivamente realizados, y pagó al mismo tiempo facturas del partido socialista relativas tanto a campañas electorales como también a alquileres de locales. Por si fuera poco, se abstuvo de pagar impuestos, cuando éstos hubieran debido ascender a casi trescientos millones de pesetas. Todo hacía pensar, de forma inevitable, que las empresas que habían pagado las facturas lo habían hecho merced a algún tipo de compensación por parte del partido que estaba en el gobierno. Ante esta realidad indiscutible, el PSOE se dividió de forma inmediata. El guerrismo pretendió negar lo evidente y recurrió al procedimiento de acusar al contrario. González era también responsable, al menos por dejación, pero era consciente de que una situación como aquélla era inaceptable.

Otras cuestiones conflictivas se mezclaron con el asunto FILESA. Desde finales de los años ochenta, Felipe González había manifestado su deseo de no ser ya nuevo candidato a la presidencia por su partido. El guerrismo, sin manifestarse contrario a González, puso sus esperanzas en esta situación y siempre trató de mediatizar la sucesión. Ante todo vetó la posibilidad de que se llevara a cabo en beneficio de Serra. Los seguidores del ex vicepresidente creían tener buenos argumentos contra sus adversarios en el partido. Cuando a comienzos de 1992 se descubrió que una sociedad financiera, Ibercorp, había cometido irregularidades de las que parecían haberse beneficiado personas vinculadas a las áreas más influyentes de la política económica oficial, hubo incluso regocijo por parte del guerrismo.

Pero González, propenso a los cambios de estado de ánimo respecto a su dedicación a la política, parece que reaccionó con vehemencia y decisión ante la posibilidad de que el partido quedara en manos de quien era ya su adversario. En octubre de 1992, tras muchas dudas, anunció que seguiría siendo el candidato de su partido, pero inmediatamente puso sus condiciones y reivindicó una independencia del gobierno respecto al partido que él mismo había dado siempre por supuesta. Mientras tanto, la situación propició la aparición de una nueva tendencia en el partido. Sería muy exagerado decir que los «renovadores» llegaron a constituir una tendencia articulada. Hubieran deseado un PSOE menos endogámico, pero no llegaron a realizar una definición programática ni a articular una alternativa propiamente dicha. En realidad, estuvieron a la espera del liderazgo de González, que éste no llegó a ejercer porque sin problemas lo practicaba ya de forma directa sobre el conjunto de la organización. En abril de 1993, Benegas, el secretario de organización del partido (y, como tal, el número tres en el orden jerárquico), dimitió de su puesto quejándose de la actitud de varios innominados ministros y de los «renovadores de la nada». Este hecho provocó la convocatoria de las elecciones, aunque de todos modos el gobierno no hubiera perdido sus apoyos originales en el Parlamento. De esta forma, además, se dio la paradoja de que un candidato que no quería serlo (González) se vio obligado por las circunstancias a encabezar un partido con el que no conectaba adelantando unas elecciones que nadie deseaba precipitar.

Para complicar la situación parlamentaria, a la desunión del PSOE se le sumó la prolongación de los escándalos políticos. En 1991, Amedo había sido condenado a más de un siglo de cárcel, pero permaneció en silencio (luego se supo que a cambio de una remuneración) respecto a los responsables últimos de los GAL. Todo este conjunto de circunstancias tuvo como consecuencia que la legislatura 1989-1993 fuera un tanto estéril en contenidos y muy complicada en el mantenimiento de la imprescindible estabilidad. Aunque, de acuerdo con los resultados de las elecciones de 1989, el PSOE rozaba la mayoría absoluta sintió la necesidad en la fase final de este período de gobierno de contar con la ayuda los grupos nacionalistas y o de centro (PNV, CIU y CDS) que recibieron la denominación, por completo inapropiada, de «bloque constitucional», como si el PP no perteneciera a él. A medio plazo, el resultado de esta colaboración no fue otro que hacer desaparecer las escasas posibilidades del CDS y ofrecer la imagen de los nacionalistas como grupos dispuestos a venderse al mejor postor. Así los presentó la derecha ante los medios de comunicación, al mismo tiempo que atribuía a González una capacidad tan infinita como perversa de seducir a esos grupos políticos.

Mientras tanto, el cambio en la actitud de la opinión pública respecto del PSOE se había profundizado. A comienzos de los noventa, un 89 por 100 de los españoles estaba convencido de que en España existía mucha o bastante corrupción y un 76 por 100 calificaba al PSOE como un partido «dividido». En torno a 1991, los cambios sociológicos habían comenzado a manifestarse claramente en la composición política de ayuntamientos y de los parlamentos de las comunidades autónomas. En 1983, el PSOE dominaba cincuenta de los setenta mayores municipios y en 1987 todavía 45, pero en 1991 eran tan sólo 37. En 1983, el PSOE gobernaba en doce comunidades autónomas y el PP tan sólo en tres, pero en 1991 el primero sólo mantenía diez y el segundo había llegado a cinco.

La consulta electoral de junio de 1993 fue precedida por informaciones, nacidas de encuestas previas, que consideraban prácticamente segura la derrota de los socialistas. Incluso durante la propia organización de la campaña se hizo patente la división del socialismo. Aún hoy los dirigentes socialistas siguen discutiendo a quién le correspondió la responsabilidad de dirigir la campaña y, por tanto, el mérito de la victoria. De cualquier modo, sólo en el último momento, tras una campaña tan reñida y dudosa en lo que atañe a sus resultados como no se había producido en España desde 1979, el PSOE revalidó su victoria.

Lo logró gracias al candidato que no hubiera querido serlo. González procuró dar la sensación de que estaba dispuesto a cambiar de actitud y hacer acto de contrición al mismo tiempo que descalificaba a su adversario —Aznar— como inexperto y proclive a resultar un peligro para la estabilidad democrática. Su gran jugada en el momento de la formación de candidaturas consistió en ofrecer el segundo puesto en la lista de Madrid al juez Garzón, que había dirigido las investigaciones en casos de droga y de los atentados de los GAL.

La nueva victoria socialista puede explicarse por el hecho de que el presidente seguía siendo el político más apreciado, pero sobre todo, por el súbito incremento de la masa de votantes ante el temor a la llegada del PP al poder, partido que no logró que la impresión de que con él se produciría un cambio responsable. El PSOE logró el 38 por 100 de los votos y 159 escaños, mientras que al PP le correspondieron un 34 por 100 de votos y 141 escaños. Izquierda Unida tan sólo llegó a un 9,6 por 100 de votos y 18 escaños, uno más que en la elección precedente. De nuevo, la oposición a la izquierda del PSOE patinaba, en un momento aparentemente perfecto para restarle votos.

Para la oposición, el resultado de las elecciones de 1993 fue muy decepcionante. Ésta había sido la segunda ocasión en que, al frente del Partido Popular, José María Aznar había sido candidato a la Presidencia del Gobierno (la primera fue en 1989). Pero sólo en los noventa, con José María Aznar como dirigente, la alternativa al partido socialista empezó a esbozarse en el horizonte. Su rasgo más distintivo fue, desde el primer momento, la juventud: ya en 1989 sólo el 16 por 100 de los candidatos aliancistas había repetido. Su candidato había evolucionado desde una derecha poco simpatizante con la Constitución a la identificación con los medios liberales juveniles procedentes del extinguido partido centrista. Su siguiente paso fue conquistar la candidatura de Castilla y León frente a otros candidatos de mayor solera: logró la Presidencia regional en 1987. Supo, en fin, proyectarse hacia un liderazgo nacional en el momento en que Fraga volvió a la dirección del partido en 1988. Era el único político joven de AP que desempeñaba una responsabilidad político-administrativa de importancia en ese momento. Pero su condición de candidato supuso desde un principio una ruptura con lo que había sido habitual en la derecha existente hasta el momento. «No tengo los tics de la transición», llegó a asegurar quien la personificaba. Su oposición, de sistemática confrontación, no mantuvo el consenso ni siquiera en materia de terrorismo, como resultaba habitual en la política democrática española. El juicio de la opinión pública no fue nunca muy benévolo con el tipo de política ejercida por el PP. A comienzos de los años noventa, el 55 por 100 del electorado pensaba que el PP no sabía más que criticar.

Esta actitud, no obstante, conectaba muy bien con la de la oposición periodística al gobierno de González. Se significó en ella de forma especial el diario *El Mundo* y su director Pedro J. Ramírez. Este diario tuvo el indudable mérito de sacar a la luz muchos escándalos en esta etapa de gobierno socialista (los GAL, FILESA...), pero al mismo tiempo es posible señalar graves inconvenientes en la postura que adoptó: contactos con delincuentes confesos, excesos a la hora de criticar supuestas inmoralidades que no lo eran, utilización de la información como ariete y no con una objetividad estricta... El diario propició también la colaboración —la «pinza»— entre los dos sectores políticos de derecha e izquierda política en contra de González. Tras las elecciones de 1993, pese a sus resultados, todo hacía pensar que el PSOE no lo tenía en absoluto fácil en la nueva legislatura. En las europeas de junio de 1994, el Partido Popular ya superaba en diez puntos al PSOE mientras que los socialistas perdían la mayoría en Andalucía, su feudo político tradicional.

La historia de las otras opciones políticas más importantes, alternativas al PSOE, és más sencilla de resumir, dado que sus respectivos liderazgos no habían experimentado tantos cambios sucesivos como en el caso de Alianza Popular-Partido Popular. El CDS de Adolfo Suárez, como hemos podido comprobar, emergió en 1986 en una sorprendente y prometedora resurrección que, sin embargo, fue efímera porque su incertidumbre estratégica le hizo oscilar entre los pactos con AP y con el PSOE. En 1993, retirado ya de la política Suárez, el CDS, con menos del dos por 100 del voto y una cuarta parte del que había tenido en las generales anteriores, perdió su representación en el Congreso. Para que resultara más grotesco su final, el financiero Mario Conde, ya perseguido por la justicia y detenido, fue su candidato presidencial en 1996.

Por su parte, la izquierda, animada por el panorama sindical antigubernamental, experimentó un cierto progreso, aunque muy pronto demostró sus límites. La denominación de su candidatura —«Izquierda Unida»— nació del intento de incorporar al PCE otros pequeños grupos y el difuso sentimiento de crítica al PSOE, a pesar de lo cual inicialmente no se produjo un cambio sustancial en su votación. En 1986 apenas creció algo menos de 50.000 votos, pese a que el PSOE había definido una política de permanencia en la OTAN, y sólo en 1989, tras la huelga general, consiguió duplicar su porcentaje, que de nuevo se mantuvo estancado en 1993. Anguita supo esbozar una política propia. Se alejó de modo decidido de los acuerdos con el PSOE y no tuvo inconveniente en colaborar en aspectos concretos con la derecha. Pero de este modo no logró otra cosa que favorecer a ésta sin conseguir beneficio para sí.

LA LEGISLATURA DE LA CRISPACIÓN (1993-1996)

Los resultados de las elecciones de 1993 en un primer momento parecieron destinados a proporcionar a la sociedad española un paréntesis de normalidad tras una campaña especialmente tensa. La situación parlamentaria obligó a González a solicitar el apoyo de otros grupos de la Cámara, como los centristas, nacionalistas vascos y catalanes. A medio plazo, sin embargo, el apoyo parlamentario de los catalanes, al suponer la obtención de contrapartidas materiales importantes y el establecimiento de una relación «bilateral», contribuyó de modo importante a envenenar la vida política presentando de forma más áspera la relación entre el centro y la periferia. Ahora, González estaba obligado a hacer algo parecido. Consiguió el apoyo parlamentario y formó un gobierno en que un elevado número de los componentes eran independientes. Por un momento se pensó que el catalanista Roca podía ser presidente del Congreso y un vasco ministro de Industria, pero ambos grupos políticos acabaron por presentar sólo un apoyo externo. No hubo guerristas, a pesar de que González parece que intentó insistentemente incorporar a Benegas en la cartera de Administraciones Públicas (era un socialista proclive al entendimiento con el PNV).

El más significado de los independientes fue Belloch, ministro de Justicia, que tenía una trayectoria de defensa de la judicatura ante el ejecutivo y había pasado dos años en el Consejo del Poder Judicial. Por vez primera formaban parte del gobierno tres mujeres. Como responsable de la lucha contra la droga, con categoría de secretario de Estado, figuraba el también juez Garzón, prestigiado por su pasado, que incluía la persecución a los responsables de los GAL. En la gestación del nuevo ejecutivo parece que tuvieron un papel importante Serra y Solana, lo que parecía abrir el camino a una sucesión sin discontinuidad de González. Desde 1993, Serra ejerció en plenitud como vicepresidente cumpliendo la labor de coordinación, aunque hubo materias que fueron directa responsabilidad presidencial, como Exterior e Interior. El presidente, por otro lado, se decidió a tomar firmemente y desde un principio las riendas del partido o, por lo menos, intervino por vez primera en él. Colocó al frente de la minoría parlamentaria a Carlos Solchaga y dejó claro que estaba dispuesto incluso a dimitir si no era elegido.

Los guerristas se quejaron de que la decisión dividía al partido, pero en la práctica, a partir de 1993, este sector del partido fue perdiendo trascendencia y apoyos, al mismo tiempo que crecía la influencia de los «barones» territoriales. En marzo de 1994, en el XXXIII Congreso del partido, González triunfó de forma clara, sin que ello ocasionara un incremento de las discordias internas. Es muy posible que el presidente hubiera deseado una victoria total pero no insistió en ella. Claro está que la apariencia inicial tuvo poco que ver con las incidencias posteriores derivadas de la catarata de escándalos que estallaron a continuación. Serra pudo afirmar con posterioridad que, en realidad, «no había ni grupo parlamentario» propiamente dicho; tal era la división existente en el seno del PSOE.

Transcurridos muy pocos meses, el gobierno González, que había pasado por años sin penitencia alguna durante la década de los ochenta, pareció condenado a sólo padecerla en sucesivos acontecimientos. González había mantenido hasta entonces una considerable «fortaleza psicológica» ante la adversidad. Ahora, sin embargo, hubo aspectos de los escándalos revelados por la prensa que apenas pudo superar; él mismo afirmó después que «la corrupción me dejó paralizado, desconcertado».

Pero antes de aludir a esa oleada de escándalos, cabe preguntarse si la etapa gubernamental iniciada en 1993 no fue sino una prolongación empeorada de la anterior o, por el contrario, se significó por una voluntad de rectificación. Pese a lo que pueda pensarse tras un examen superficial, la respuesta correcta es la segunda. Como ha afirmado Pérez Rubalcaba, ministro de la Presidencia en esa etapa, el gobierno «nunca perdió la brújula [pero] perdió la agenda». Por brújula debe entenderse su definición programática y por agenda la capacidad de respuesta ante los escándalos sucesivos.

El programa positivo del último gobierno González incluía reformas de caracter político, medidas contra la crisis económica y de rectificación de la labor realizada en Interior. Las primeras eran muy amplias, pero sólo pudo aprobarse una pequeña parte de ellas. Probablemente era correcta la interpretación que el catalanista Miquel Roca hizo en el momento de la investidura: el pueblo español había decidido una rectificación política pero llevada a cabo por los mismos que habían gobernado hasta entonces y no por la oposición. Las medidas tomadas (creación de un fiscal anticorrupción, nuevos procedimientos en la contratación por parte del Estado...) fueron importantes, pero poco podían suponer de cara al maremoto de escándalos políticos relacionados con el pasado.

La crisis económica fue breve y, además, González no dudó en sus planteamientos fundamentales. No puso entre paréntesis su europeísmo (y, por tanto, su apoyo a la moneda única), ni tampoco un programa que en muchos aspectos, aunque a diferente ritmo del que pedía la oposición, era liberalizador. Así se explica, dentro de una tendencia habitual en las economías occidentales, la Ley de Autonomía del Banco de España (junio de 1994).

El crecimiento económico español había ido aumentando desde 1985, hasta que en 1992-1993 se produjo una crisis, general en Europa, que resultó grave aunque poco duradera, de modo que en 1992 sólo se creció un 0,7 por 100 y en 1993 la cifra fue negativa. Mientras duró, sin embargo, fueron especialmente manifiestas las limitaciones de la gestión económica efectuada por Solchaga. En el último período gubernamental socialista, tras las elecciones de 1993, Pedro Solbes, responsable principal de la política económica, consiguió encauzar el gasto de los ministerios dentro de unos límites. El fracaso de un intento de huelga general en 1994 contribuyó a ello, de forma poderosa porque permitió moderar el gasto social. De cualquier modo, hay que tener en cuenta que la necesidad de contar con el voto de la minoría catalana obligaba al gobierno socialista a mantener una política económica estrictamente ortodoxa.

La rectificación en el Ministerio del Interior resultaba, en fin, imprescindible. Había, por ejemplo, que regularizar la gestión de los fondos reservados, que habían sido gestionados de forma descontrolada o manifiestamente fraudulenta al ser empleados para propósitos para los que no habían sido pensados. Estaba también pendiente de resolución la situación en que quedaban la mayor parte de los principales responsables de la época anterior (el secretario de Estado, Vera, o el director general de la Guardia Civil, Roldán), que se consideraban a sí mismos poco menos que indispensables en la lucha antiterrorista.

González nombró como ministro del Interior a Asunción, pero la huida de Roldán, acosado por acusaciones de malversación de caudales públicos (abril de 1994), provocó la dimisión del segundo. El presidente eligió como la mejor solución posible entregarle el Ministerio del Interior a Belloch, que ya estaba al cargo Justicia y que acumuló, por tanto, dos responsabilidades de enorme trascendencia política. Belloch no quiso formar su equipo ministerial siguiendo las indicaciones de Narcís Serra, signo evidente de la desunión socialista.

Por su parte, Garzón, que había recibido en su cargo competencias policiales, creyó (o quiso creer) que González deseaba que aceptara las relativas a terrorismo y lucha contra la corrupción. Belloch no estaba dispuesto a cedérselas y González no arbitró entre ambos y acabó rehuyendo a Garzón, quien dimitió. Con ello volvió a la judicatura y, como veremos, de un modo legal pero un tanto peregrino, reabrió un caso judicial que le permitió procesar a quien durante algunos días había sido alto cargo, a su lado, en el Ministerio del Interior (Vera). Tanto Garzón como Belloch pretendieron una misma responsabilidad y eran indiscretos y exhibicionistas pero probablemente también bienintencionados en su deseo de imponer un cambio de rumbo en el Ministerio del Interior. «Lo que hicimos —ha declarado Belloch— fue dar a los jueces lo que pedían y decirle a la policía que cumpliera con su obligación.»

En estos tres puntos —política económica, regeneración política y cambio de rumbo en el Ministerio del Interior— hubo, por tanto, un intento real de llevar a cabo «un cambio del cambio». Sin embargo, en los dos primeros casos eso no contribuyó a mejorar la imagen del gobierno y, en el tercero (porque era inevitable), le hundió en una profunda sima. La retahíla de escándalos que se sucedieron desde finales de 1993 y, sobre todo, a partir de la primavera de 1994 causó una profunda conmoción social con gravísimas repercusiones políticas.

Algunos hechos nada tenían que ver con la gestión del partido socialista. La crisis económica padecida en torno a 1993 derrumbó expectativas megalómanas y carentes de cualquier justificación que, sin embargo, habían parecido serias un tiempo atrás. En diciembre de 1993 suspendió pagos la papelera Torras, controlada por el financiero De la Rosa, y fue intervenido Banesto, una de las entidades empresario españolas tradicionales. Mario Conde, su presidente, se había convertido no sólo en una figura crucial del panorama económico español sino, además, en todo un modelo para parte de la juventud. En noviembre de 1994, una querella presentada contra él le exigió una elevadísima fianza y le llevó a la cárcel al mes siguiente.

Pero no sólo los grandes empresarios padecieron la crisis. Promoción Social de Viviendas (PSV), una entidad cooperativa surgida en los aledaños de UGT por la misma época en que Conde llegó a la presidencia de Banesto, empezó a tener serias dificultades como consecuencia de su megalomanía y frágil dirección. En 1994, durante el peor período en la situación económica de PSV, las relaciones entre el gobierno y el sindicato eran muy malas, dada la perspectiva de un nuevo intento de huelga general. Esta situación convirtió un problema de gestión en un conflicto entre el primer sindicato y un gobierno socialista. Pero éste, comportándose de manera mucho menos sectaria de lo que se le atribuyó, consiguió enderezar la situación.

En tan sólo unos meses, los de abril, mayo y junio de 1994 se produjeron una sucesión encadenada de acontecimientos espectaculares. El primero fue la huida del director general de la Guardia Civil, Luis Roldán. La detención de Mariano Rubio, ex gobernador del Banco de España, y de Manuel de la Concha, ex síndico de la Bolsa de Madrid, estuvo motivada por irregularidades en la gestión de sus patrimonios propios. Desde el punto de vista político, estas detenciones provocaron de forma inmediata la dimisión de Solchaga, que había avalado al primero de forma pública, en su responsabilidad al frente de la minoría socialista en el Congreso. Por si ello fuera poco, se produjo también la dimisión del ministro de Agricultura, Albero, por incorrecto comportamiento fiscal.

Dos escándalos más se sumaron a los ya citados. En primer lugar, la destitución del fiscal general del Estado, Eligio Hernández, antes de que la suprema instancia judicial declarase ilegal su nombramiento, lo que siempre había sido evidente. Pero, además, se descubrió un fraude sistemático en la contratación pública en la comunidad autónoma de Navarra, del que serían culpables sus máximos dirigentes socialistas, incluido Gabriel Urralburu, un antiguo sacerdote considerado por todos como intachable. De repente, los dirigentes socialistas honestos descubrieron que habían estado empleando contra la corrupción propia procedimientos de «farmacopea» en vez de «cirugía». Pero se entiende también la angustiosa desorientación sufrida por los supremos dirigentes políticos.

El resultado fue que, en menos de dos años, González en vez de regenerar el panorama político se había visto obligado a prescindir de nada menos que cinco de sus diecisiete ministros originales. La introducción de medidas reformistas había empezado bien, pero en octubre de 1994 dos de cada tres españoles no creían en la palabra de González y a fines de año más de un tercio consideraba imprescindible una nueva convocatoria electoral.

Pero ni siquiera así concluyeron las calamidades padecidas por el gobierno socialista. González había demostrado en los casos anteriores que no estaba dispuesto a mover un dedo a favor de nadie y había mirado a otra parte cuando se produjeron los acontecimientos. Le irritó de modo especial el comportamiento de Rubio, porque en él hubo una mentira personal, y el de Urralburu, por lo que tuvo de sorpresa. Pero ahora volvieron a la actualidad sucesos que le implicaban de forma personal y directa.

Hasta entonces, los policías Amedo y Domínguez habían permanecido silenciosos gracias a una generosa remuneración con fondos reservados, pero cuando Belloch les cortó la financiación se mostraron muy locuaces. Con sus denuncias ante Garzón, que había regresado a la judicatura, consiguieron salir de la cárcel a finales de 1994, y que los secretarios de Estado, Vera y Sancristóbal y el ex ministro Barrionuevo, amén de muchos otros cargos policiales, fueran procesados; incluso se planteó la posibilidad de una responsabilidad judicial de González. Lo sucedido en el caso de estos dos policías se complementó con lo que hizo Roldán a partir de comienzos de 1995 denunciando a sus compañeros de Ministerio para justificar un enriquecimiento repentino y espectacular.

En marzo de 1995 se reabrió el caso de Lasa-Zabala, dos etarras que habían figurado entre las primeras víctimas de los GAL y que, tras ser torturados, fueron asesinados. Algo más de un año después (mayo de 1996) ingresaba en prisión el general de la Guardia Civil, Rodríguez Galindo, que había desempeñado un papel esencial en la lucha antiterrorista (las fuerzas bajo su mando padecieron el diez por 100 de las bajas totales producidas por ETA entre las fuerzas de orden público). Galindo fue finalmente condenado en el año 2000 a más de setenta años de prisión por haber inspirado y dirigido acciones contraterroristas manifiestamente ilegales.

Conde trató, como Amedo y Domínguez, de llevar a cabo una especie de chantaje merced a la información de que disponía. En su osadía llegó a demandar una enorme cantidad de dinero como compensación por la intervención a su banco. La grabación y almacenamiento, por parte de la inteligencia militar (CESID), de conversaciones privadas realizadas en teléfonos móviles proporcionó a Conde, a quien un oficial le facilitó el material, la mejor parte de la argumentación para el chantaje, que en absoluto logró resultado. Lo que había hecho el CESID era manifiestamente contrario a la Constitución, aunque no hubiera legalidad concreta al efecto. El escándalo de las cintas grabadas tuvo como consecuencia política no sólo la dimisión del vicepresidente del gobierno, Narcís Serra, del ministro de Defensa, García Vargas y del director del CESID, el general Alonso Manglano, sino, en parte también, la retirada del apoyo parlamentario catalanista al gobierno y, en consecuencia, la disolución de las Cortes y la convocatoria de nuevas elecciones.

El impacto de los escándalos no residió tanto en la catarata misma de descubrimientos y revelaciones producidos como en el clima social, cercano a la histeria, que tantos meses duró. Ninguna de las informaciones procedentes de unos delincuentes cada vez menos presuntos (desde Amedo a Roldán) detuvo el proceso normal de la justicia ni puso seriamente en peligro a las instituciones. Es verdad que alguna de las decisiones judiciales ofrece dudas. La condena de Barrionuevo y Vera se hizo sin otra prueba que la denuncia de otros culpables, aunque al mismo tiempo parece muy difícil de creer que la responsabilidad se detuviera en estos últimos y no alcanzara a otros.

Con la perspectiva que da el tiempo, resulta evidente que ninguna de las instituciones actuó exactamente de la forma debida aunque la respectiva culpabilidad sea muy variada. González estuvo muy lejos de cualquier liderazgo moral. La actitud del gobierno ante los sucesivos escándalos fue, primero, la de negarlo todo y, luego, tener que admitir la pertinencia de las acusaciones pero eludiendo responsabilidades o limitándolas al mínimo. Nunca ofreció una explicación global sobre por qué se habían producido todos esos escándalos y cuál era su parte de culpa en la génesis de una situación como la descrita. Tampoco la oposición fue protagonista principal de la revelación de todos estos escándalos, sino que normalmente se limitó a presenciar su gestación y a aprovecharlos, aunque convirtió lo sucedido en un juicio general al socialismo, y no a algunos socialistas. Parece, en fin, un comportamiento poco justificable que un juez que ejerce un cargo político, al abandonarlo, sin duda irritado contra el Ejecutivo al que perteneció, pueda hacerse cargo de un caso que afecta a ese mismo gobierno y al ministerio en el que había desempeñado su función. Tampoco, en fin, resulta admisible que se premie con la excarcelación a quien revela delitos que él mismo ha cometido (Amedo). Pero el Estado democrático pasó una difícil prueba y la superó haciendo justicia.

Las elecciones generales de 1996. Un balance de la etapa de gobierno socialista

Al compás de los escándalos fueron mejorando las perspectivas electorales de la oposición. En las elecciones al Parlamento Europeo de

1994, la victoria del PP fue casi universal: estuvo por delante en trece de las 17 comunidades autónomas y en seis de ellas superó el cincuenta por 100 de los votos. Más clara pudo percibirse esta tendencia en las elecciones autonómicas y municipales de 1995 de las que puede decirse que fueron convertidas en primarias por los propios electores. Pocas semanas antes (abril de 1995), Aznar había sido objeto, además, de un atentado por parte de ETA, lo que creó una corriente de simpatía hacia su persona. El PP obtuvo una clara victoria en el electorado urbano: si había sido la fuerza política más votada en tan sólo once capitales de provincia en 1987 y en 21 en 1991, ahora logró la victoria en 44. Más significativo resulta que en algunas ciudades del cinturón indutrial de Madrid (Alcorcón, Móstoles o Alcalá) también fuera por delante de las candidaturas de izquierda. Incluso había penetrado de forma profunda en el electorado que hasta el momento le había resultado más remiso: el catalán. El PP pasó del siete al doce por 100 en esta nacionalidad, y en Barcelona y parte del cinturón castellanoparlante alcanzó el 17 por 100.

Pero las elecciones, celebradas en marzo de 1996, dieron la victoria al PP con un margen mucho más estrecho del previsto, ya que rozó sólo el 39 por 100 de los votos, con un incremento de cuatro puntos, y 156 diputados, mientras que el PSOE apenas descendió un punto (37,5 por 100), manteniéndose en 141 diputados. La diferencia entre los dos grandes partidos fue, pues, de únicamente unos trescientos mil votos. La crispación misma, que hizo urgente el relevo de los socialistas, acabó por perjudicar a la oposición de derechas, que no dejaba de provocar serias prevenciones por bisoñez y por propensión excesiva a crispar. El resto de las fuerzas políticas no vio modificada en lo fundamental su situación parlamentaria. Izquierda Unida, por ejemplo, llegó a 21 diputados, sólo tres más de los que tenía en el Parlamento anterior.

El PP quedaba, por tanto, obligado a todo un ejercicio de imaginación, imprevisible hacía unos meses. Por su parte los socialistas, podían tener la esperanza de que se reprodujera en España el caso de Grecia, es decir, que unos gobernantes socialistas expulsados del poder por el voto lo recuperaran al poco tiempo dadas la inexperiencia y las otras limitaciones de los nuevos gobernantes. De esta manera se inició la nueva legislatura.

José María Maravall, uno de los ministros y consejeros más influyentes de Felipe González, ha afirmado con razón que lo que falló en la etapa de gobierno socialista no fueron tanto «las políticas» como «la política» en singular. Dando un sentido más amplio a su juicio se puede decir que fracasó «la política» en un triple sentido. En primer lugar, se adoptaron decisiones erradas que fueron la paradójica consecuencia de una superabundancia de capital político conquistado en 1982. La consolidación de una democracia de baja calidad se explica en buena medida por esta razón, pero también los GAL y la guerra sucia se originaron en el ambiente de abrumadora mayoría absoluta y voluntad expeditiva de solucionar un problema sin reconocer barreras éticas.

En segundo lugar, si no funcionó la conexión entre partido y gobierno no fue sólo por la pretensión de los dirigentes del primero de ejercer una influencia que no les correspondía y por su programa populista y poco sujeto a las normas económicas, sino también por la aparente despreocupación de González respecto a su funcionamiento. En este sentido, no es posible exculpar a éste por completo de lo que sucedió en el partido.

En cuanto a las políticas concretas, el balance resulta mucho más positivo. Lo más curioso es que las políticas seguidas supusieron, en la mayor parte de los casos, una continuidad esencial respecto a las de UCD en contra de lo que se pudiera pensar en un principio. Le corresponde, pues, plenamente, a esta etapa ese carácter de «consolidación» de la democracia que se le ha atribuido. El capital político hizo cometer errores a los socialistas, pero también les permitió la rectificación en política exterior y, sobre todo, les permitió hacer la reforma militar que quizás había sido imposible hasta el momento. Además, convirtieron en una realidad el Estado de las autonomías.

Si volvemos al balance hecho por el propio González una vez concluido su mandato, la modernización y liberalización económica y el incremento del capital físico español constituían una realidad. El grado de apertura de la economía española hacia el exterior había aumentado de forma considerable. En 1994, por ejemplo, la mitad de los vehículos matriculados en España se había fabricado en el extranjero, mientras que la producción nacional para la exportación se había duplicado. Se había incrementado también la liberalización del intervencionismo estatal preexistente, aunque todavía fuera insuficiente. También lo era el dinamismo de la empresa. De las cien primeras empresas europeas, en 1996 sólo tres eran españolas. La inversión exterior española no era más que una octava parte de la francesa, la alemana o la británica y un tercio de la italiana. En definitiva, desde el punto de vista económico, en 1990 la renta per cápita española era el ochenta por 100 de la media europea, porcentaje idéntico al de 1975; cuando los socialistas españoles llegaron al poder la cifra que medía esa distancia era el 75 por 100. Se había producido un nuevo acercamiento tras el impacto de la crisis económica, pero quedaba todavía una distancia considerable respecto a Europa.

Se había producido también un esfuerzo considerable en materia de gasto social, que redundó en la mejora del capital humano. Entre 1980 y 1993, el volumen del gasto público en términos del PIB pasó del 33 al 49 por 100, merced principalmente al crecimiento de los impuestos directos. Según Maravall, en el período 1980-1994, España consiguió pasar de un gasto social equivalente al 65 por 100 de la media en Europa a convertirlo en el 87 por 100. El número de beneficiarios de la política de desempleo se incrementó en un millón y medio de personas, el de estudiantes en más de dos y el de acogidos a la sanidad pública en nueve millones y medio. La gran trasformación producida en el gasto público se refirió de forma principal a la educación, ámbito que pasó de representar el 2,8 por 100 del PIB al 4.7 por 100. La escolaridad se prolongó hasta los 16 años, el importe de las becas se multiplicó por seis entre 1982 y 1992 y el número de beneficiarios pasó de 500.000 a 800.000. En diez años, en fin, duplicó el número de estudiantes de formación profesional. Se ha calculado, finalmente, que entre 1980 y 1990 el diez por 100 más pobre de los españoles había incrementado su renta en un 17 por 100 mientras que el diez por 100 más rico la había visto disminuir en un cinco por 100.

Esta voluntad de ampliar el gasto social durante los años ochenta y la primera mitad de los noventa favoreció los importantes cambios sociales. Éstos se habían producido ya desde el momento inicial de la transición. Un visitante que conociera la España de 1960 y regresara en 1995 creería estar en un país distinto. En realidad, la lejanía entre España y Europa era mucho mayor en 1960 que en 1930, sobre todo en hábitos culturales, pero gran parte del dinamismo de la sociedad española deriva, como es lógico, de los cambios inducidos como consecuencia del crecimiento económico. A fin de cuentas, la renta per cápita había crecido en 1930-1960 apenas un 25 por 100 mientras que tras el período 1960-1990 era doce veces mayor.

A mediados de los noventa, España era ya el octavo país del mundo en producto interior bruto y el noveno por su índice de desarrollo humano. En torno a 1995, el 76 por 100 de la población vivía ya en un medio urbano y la agricultura no proporcionaba más allá del 3,5 por 100 del PIB. Los datos demográficos revelan también una sociedad muy semejante a otras de Europa Occidental. Esto suponía un importante cambio en lo que atañe a la estructura de edades de la población. En 1991 había en España unos cinco millones y medio de personas de más de sesenta y cinco años y más de dos millones con más de setenta y cinco. La población de edad se había incrementado pero, además, la movilidad era mayor que nunca. A mediados de los noventa casi la mitad de los españoles residía en un lugar distinto de donde había nacido y una cuarta parte en otra provincia.

Tal vez el mayor cambio de la década de los ochenta y comienzos de los noventa, prolongación de una tendencia previa, consistió en el creciente papel de la mujer en la sociedad española y en el decisivo cambio experimentado en sus formas de comportamiento y promoción. No fue obra de la política, pero no viene mal recordar que a comienzos de los ochenta hubo por vez primera una ministra. La tasa de actividad laboral de la mujer española había crecido durante de la década de los ochenta desde el 27 al 33 por 100 a pesar de que en la primera mitad de la misma la crisis económica no lo facilitó en absoluto, sino al contrario. Todavía, sin embargo, estaba de manera clara por debajo de la tasa media europea. Pero, al mismo tiempo, por vez primera en la historia de España, en el curso 1987-1988 la mitad de los estudiantes universitarios pertenecían al sexo femenino. Relacionado con este fenómeno está el de la brusca disminución de las tasas de fecundidad: se pasó de 2,8 hijos por matrimonio a tan sólo 1,3. Lo significativo del caso nace de la brusquedad del proceso y de su aparente irreversibilidad, al menos por el momento.

Un rasgo muy característico de la sociedad española en los ochenta y noventa fue también la secularización. A comienzos de los ochenta sólo un tercio de los españoles podían ser descritos como católicos practicantes, proporción que disminuía a un quinto entre los más jóvenes. Sin embargo, se mantenía un difuso sentimiento de adscripción al catolicismo, como se aprecia, por ejemplo, en determinados momentos cruciales de la vida, como el matrimonio, el nacimiento o la muerte. Pero el grado de respeto o de consuelo encontrado en la Iglesia se limitaba a un 42 por 100 de la población cuando en Italia era del 62 por 100 y en Polonia del 69 por 100.

En cambio, era manifiesta la persistencia de los valores de la familia. En el fondo, esta actitud derivaba de una sociabilidad más profunda, característica de la Europa del sur frente a la individualista Europa del norte. El ochenta por 100 de los españoles consideraba en los noventa los valores relacionados con la familia los más decisivos y fundamentales. En España, el número de personas que vivían solas era, en términos relativos, menos de la mitad que en el resto de la Comunidad Europea. El divorcio ofrecía unas cifras que, comparativamente a las europeas, eran bajas y, aunque la tasa de ilegitimidad de los nacidos se multiplicó por seis en 1970-1986, ofrecía un nivel bajo; lo mismo cabe decir de la cohabitación sin matrimonio, baja en comparación con otras latitudes. La edad de contraer matrimonio en los años noventa se situaba en los 28 años, en el caso del varón, y 26, en el de la mujer. Lo fundamental (la cohesión, la autoridad paterna, la solidaridad intergeneracional y económica) permaneció. De los más de catorce millones de hogares españoles sólo medio millón estaban constituidos por parejas de hecho.

Un último rasgo que puede ser atribuido a la sociedad española era, en el comienzo de la segunda mitad de los noventa, el de una cierta «anomia», es decir, una carencia de reglas fijas y valores arraigados. Los de las generaciones precedentes en buena medida han desaparecido o están en trance de hacerlo. Si actualmente, empiezan a emerger valores posmaterialistas en la sociedad española, siguen subsistiendo algunos de carácter materialista, un tanto cínicos e insolidarios, respecto de los cuales el propio ciudadano se siente incómodo pero que en el fondo asume. De los valores posmaterialistas daba una buena prueba la aparición de las organizaciones no gubernamentales (ONG), especialmente en los medios juveniles. Al mismo tiempo el «democratismo cínico», una faceta más de insolidaridad y cinismo en política, tuvo como consecuencia que sólo el 18 por 100 de los españoles respetara a los profesionales de la misma. En fin, este tipo de actitud «anómica» dejaba en difícil situación a una sociedad ante la eventualidad de graves problemas en el futuro. En España tardó en plantearse el problema de la xenofobia porque la inmigración fue tardía. En 1993 había en España medio millón de residentes legales extranjeros y unos doscientos o trescientos mil ilegales. Todavía los casos de xenofobia se centraban en los gitanos. Pero el panorama iba a cambiar mucho y muy pronto en los siguientes años.

La cultura del posfranquismo

Conviene tratar referirse ahora a la evolución de la cultura española del posfranquismo, por dos razones fundamentales: primero, porque fue en los años de gobierno socialista, a mediados de los años ochenta, cuando tuvo lugar un cambio significativo en la cultura española y, segundo, porque, a fin de cuentas, fue el período cronológico más extenso transcurrido desde el advenimiento de la democracia.

Uno de los signos aparentes de la consolidación del nuevo sistema político, desde un punto de vista externo, fue que de repente España pareció empezar a exportar cultura. La cultura española se presentaba como una mezcla de modernidad, tradición y peculiaridad: la cultura española «ya no era diferente pero, a la vez, no era la misma» que la de otras latitudes. El problema para el historiador consiste en tratar de definir esta peculiaridad. En el tiempo reciente, en efecto, todo aparece como síntoma aunque a continuación pueda derivar en anecdótico o banal. Aun así, empezaremos por tratar de definir algunos rasgos esenciales de la evolución cultural. Por supuesto, la libertad es el primero de estos rasgos definitorios. Los años finales del franquismo presenciaron, a la vez, una insurrección y un evidente descaro de los medios culturales para con el régimen. A continuación la libertad de expresión se consiguió de forma rápida aunque paulatina. Marías ha escrito que en España hubo año y medio de liberalismo sin democracia y eso produjo «una especie de despolitización sana» de la vida cultural. La descripción resulta correcta. Lo que importa, de todos modos, es que hubo algunos incidentes pero se acabó llegando a la libertad plena. Se produjo una temprana proliferación de libros políticos que, sin embargo, sólo duró hasta 1979.

La libertad se vio acompañada por una extremada pluralidad, hasta el punto de que bien puede afirmarse que no se había dado en grado más elevado en toda la historia española. Hay que tener en cuenta que la prolongación de la vida de los grandes autores y las nuevas oportunidades a los jóvenes hicieron posible, por ejemplo, una sociedad literaria en la que convivían hasta cinco generaciones de creadores. Muñoz Molina consiguió en 1987 el Premio de la Crítica y llegó en 1995 a la Real Academia. La convivencia intergeneracional no siempre estuvo exenta de dificultades. Cela se pronunció con frecuencia y asiduidad contra todos los jóvenes escritores, muy lejanos a su sensibilidad, pero también lo hizo Umbral, que los acusó de ser «angloaburridos». Lo sucedido en el mundo literario vale también para otros campos de la creatividad, como la cinematografía. Luis García Berlanga ha realizado a partir de 1975 gran parte de su mejor obra.

Un tercer rasgo definitorio de la cultura del posfranquismo ha sido sin duda la conquista de un mercado más amplio que nunca: la democracia ha venido de la mano de la popularización de la cultura y de una relación más estrecha con el mercado. No en vano se ha pasado de dieciséis universidades a cerca de sesenta, y el Círculo de Lectores tiene millón y medio de suscriptores. Pérez Reverte ha vendido tres millones de ejemplares desde 1992 a 1998. Con la nueva etapa política se ha normalizado el mundo literario español: han aparecido, por ejemplo, el agente literario y las «escuelas de letras», aunque se carezca de una crítica respetada por todo el mundo. Pueden estar en crisis las librerías tradicionales, pero han aparecido las grandes superficies. Estos rasgos son válidos tanto para el mundo literario como para el de las artes plásticas. A comienzos de los años ochenta más de 200.000 personas asistieron a la exposición conmemorativa del aniversario de Picasso. La exposición antológica de Velázquez fue visitada por 550.000 personas y se vendieron unos 300.000 catálogos.

Este positivo panorama tiene también inconvenientes y debilidades. El propio hecho de las conmemoraciones ha producido, en ocasiones, una cierta trivialización del mundo de la cultura. Además, cifras en apariencia brillantes ocultan con frecuencia realidades que lo son mucho menos. El mercado editorial producía 17.000 títulos en 1975, 34.000 en 1985 y 38.000 en 1987, pero España registra aún menos de la mitad de lectura que la media europea y, en 1998, la mitad de los españoles no leían libros. La red de bibliotecas públicas no absorbía más que el dos por 100 de la producción editorial, diez veces menos que en Gran Bretaña. Sólo un trece por 100 de los españoles afirma comprar un libro con periodicidad cercana a la mensual.

Un cuarto factor de importancia para la comprensión de la reciente evolución de la cultura española radica en el rápido tránsito hacia lo audiovisual. En unos diez millones de hogares había once millones de televisores en 1989, pero, además, el advenimiento del audivisual se había producido, a diferencia de lo sucedido en otros países, sin la implantación previa de una cultura seria del libro. Se abandonó la lectura rigurosa por lo audiovisual o por lo cibernético. Eso ha podido tener consecuencias poco positivas incluso para los propios creadores, al menos durante algún tiempo; así, el productor cinematográfico Andrés Vicente Gómez afirmó en una ocasión que los jóvenes directores españoles eran muy buenos desde el punto de vista visual pero mucho menos desde el literario.

La atracción de lo audiovisual debe relacionarse con la ruptura de los géneros o de los campos creativos como fenómeno más general y característico del último cuarto de siglo. Desde hace tiempo, los escritores de narrativa han sido al mismo tiempo, en España, periodistas: éste es el caso eminente de Francisco Umbral y Manuel Vicent. Incluso puede hablarse en España de una literatura del articulismo como género. Ahora, sin embargo, el fenómeno se ha generalizado. En el posfranquismo inmediato, hasta el 17 por 100 de las películas tuvieron un origen literario, aunque hubo años en que se llegó a un 42 por 100 (como en 1991). Además, de esta manera, el cine español alcanzó alguna de sus cumbres. Con el Mario Camus de *La colmena* (1982) y *Los santos inocentes* (1984) el cine español llegó a brillar apoyándose en la gran literatura.

Una quinta realidad que tener en consideración es que en el campo de la cultura se ha hecho más notoria que nunca la presencia femenina y, también, la muy temprana de los jóvenes. Una antología poética de 1985 se titulaba *Las diosas blancas*, pero un título parecido hubiera podido darse a narradoras como García Morales o Puértolas, herederas de un grupo de escritoras catalanas ligadas a la edición y presentes ya en la cultura española de los años setenta. El papel de la mujer en la poesía es muy relevante, aunque desde el punto de vista sociológico quizá resulte más interesante llamar la atención acerca de que la novela está dirigida de forma especial a un público femenino. Por otro lado, en varones y mujeres, la publicación de la primera novela se produce con considerable prontitud. Ahora, un novelista de cierto éxito puede vivir exclusivamente de su profesión literaria, aunque muchos sean, además, periodistas.

Las nuevas generaciones se caracterizan, en general, por el cosmopolitismo, en cualquiera de los campos creativos de los que se trate. La novelística de Muñoz Molina está influida por Faulkner y por la novela negra y la de Javier Marías por autores británicos; un director cinematográfico como Fernando Trueba es un gran admirador de Billy Wilder. Pero esta realidad resulta bien perceptible también en las ciencias humanas y sociales. Sociólogos como Castells e historiadores como Iglesias han hecho aportaciones de primera importancia en cuestiones de su dedicación de importancia universal. La presencia de los creadores españoles en los certámenes más importantes, donde obtienen la aceptación y el aplauso del público y la crítica, es impresionante. Barceló triunfó en Kassel en 1982 y Javier Marías fue a partir de 1995 traducido a veinte idiomas y vendió otros tantos millones de ejemplares de su obra. El arquitecto Rafael Moneo obtuvo el premio Pritzker en 1996. Premios Nobel de Literatura correspondieron en 1977 a Aleixandre y a Cela en 1989. Los sucesivos Oscar de Garci, Trueba y Almodóvar resultaban todavía más impensables hace poco tiempo.

En la cultura española, por otro lado, se ha hecho cada vez más visible la realidad pluricultural presente en la vida político-administrativa. Entre 1975 y 1990, el número de libros editados en catalán se multiplicó por cinco. Sin embargo, tal vez sea más significativo el fenómeno de los creadores que se sitúan a caballo entre dos mundos culturales y obtienen éxito en ambos, como sucede con Bernardo Atxaga, Manuel Rivas o Quim Monzó.

Un último aspecto, que debe señalarse de la cultura española se refiere a su condición, general en todas las latitudes, de realidad posmoderna. La condición posmoderna se refiere a muy diversos aspectos, todos ellos correlacionados. En primer lugar, posmodernidad significa que la gran fase del modernismo, que vio desarrollarse los escándalos de la vanguardia, ha terminado. Ya no resulta imprescindible la insurrección contra el pasado desde el punto de vista estético: ha concluido el tiempo de los manifiestos colectivos. La vanguardia, por su parte, se ha convertido ya en una forma de clasicismo cosmopolita a la que se puede volver como y cuando se quiera de modo que, por ejemplo, un joven pintor español se siente afín a Cézanne o, al expresionismo alemán. Frente al prescriptivismo de las vanguardias, impera la ausencia de normas estéticas dominantes.

Resulta también característico de los tiempos posmodernos el abandono del compromiso sociopolítico y el franco declive de los intelectuales orgánicos. En el caso de España, la fecha del final de ese compromiso puede situarse en 1987 con la celebración de un congreso que conmemoraba el que había reunido a los escritores antifascistas durante la guerra civil. Octavio Paz señaló allí que los intelectuales no debían comprometerse con intereses inmediatos, partidistas. No hay prescripción en el terreno estético ni verdadera voluntad transgresora; tampoco en el campo político, porque el poder, al ser democrático, no necesita al intelectual como legitimador de nada. Con respecto al franquismo, la creación cultural mantuvo un cierto «síndrome de Estocolmo», mezcla de aversión, nostalgia de un tiempo más juvenil, en que las opciones estaban más claras, y distancia sarcástica. La inesperada herencia inmediata del régimen dictatorial fue una marxistización de la cultura en las ciencias humanas y sociales que no sólo resultaba la antítesis de la cultura franquista sino también de la republicana (Giner). Pero todo ello duró muy poco. En realidad, durante la transición fue un filósofo liberal, Marías, el auténtico abanderado intelectual. Luego, al comenzar los ochenta, el inconformismo de Aranguren resultó influyente pero los nuevos tiempos vendrían señalados por el libro de Savater, *Panfleto contra el todo*, escrito cuando estaba elaborándose la Constitución y que venía a ser como una crítica a cualquier pretensión de sistema político ideal, una versión desencantada, por así decirlo, de la democracia. Hubo algunos, como el cantautor Lluís Llach, que proclamaron «No és això, companys». Pero la herencia fundamental de la transición estuvo constituida también por una nómina de desencantados y desmovilizados, imaginativos y con talento mercantil que utilizaban nombres estrafalarios y editaban cantables chapuceros (Mainer). No otra cosa fue la llamada «movida».

En otros terrenos, la posmodernidad significaba un conjunto muy variado de cosas. Ética y estética tuvieron un cultivo especial en el ensayo o en la filosofía; se trató en definitiva de una reflexión práctica y de utilidad inmediata. No se intentó, por ejemplo, la construcción de grandes y completos sistemas filosóficos. Los filósofos (Rubert, Savater, Trías...) partieron de forma habitual de los maestros del escepticismo y la crítica para reflexionar, nunca con pretensiones exhaustivas, acerca de problemas de la vida cotidiana. En el ensayo filosófico predominó lo autobiográfico, lo fragmentario y lo impresionista. Hubo una lectura correctora de la excepcionalidad de la historia de España, que había obsesionado a los pensadores del pasado como una especie de tragedia permanente, por el procedimiento de utilizar la comparación con otras latitudes y considerar que, a fin de cuentas, lo sucedido entre nosotros tampoco resultaba tan diferente. En las artes plásticas lo abrumadoramente predominante fue «el arte por el arte», sin ningún tipo de de compromiso. Se pudo hablar del «color de la democracia», en el sentido de que el cromatismo desgarrado y escueto del pasado fue sustituido por una más amplia y gozosa amplitud del color.

Posmodernidad significa también una especie de nueva revolución individualista basada en la exaltación del ámbito íntimo. Ha emergido una literatura del yo que equivale a la normalización tardía de un género con un público fiel y que ya existía en otras latitudes. Diarios y dietarios, autobiografías y memorias o, más genéricamente apelaciones a lo vivido y lo cotidiano han inundado la creación cultural. El protagonista en la narrativa es casi siempre una voz reflexiva sobre la realidad inmediata. Que novelistas como Soledad Puértolas o Antonio Muñoz Molina hayan abordado los recuerdos de su vida significa algo parecido a que, en un determinado momento, las biografías se hayan convertido en el género historiográfico por excelencia.

La flaqueza de la posmodernidad ha consistido en la banalización. La novela ha ganado en público pero ha perdido en prestigio. La tendencia a evitar los grandes sistemas ha podido desembocar en pura expresión literaria y mero recurso a la ingeniosidad. Marías ha denunciado que «se habla enormemente de cultura y en ocasiones se descuida crearla»; existiría, además, la tendencia a llamar cultura a cualquier cosa, a simples actividades o incluso a los deseos cuya realidad no supera los límites creados por la propia difusión. Esta afirmación vale para, por ejemplo, «la movida», cuyo carácter efímero ha quedado bien patente al cabo de poco tiempo. Como, además, la trivialización ha venido acompañada por la inflación de conmemoraciones (y de premios), no resulta extraño que la decantación de verdaderos valores sea difícil.

Del tiempo de las recuperaciones al Estado cultural

No existe coincidencia entre la transición política y cualquier tipo de cambio sustancial en el terreno cultural. La transición tuvo como consecuencia la aparición de las libertades en el mundo de la creación cultural. Aquí trataremos de diseccionarla desde el punto de vista cronológico. De forma inmediata, al mismo tiempo que avanzaba el proceso político, se produjo la recuperación de una tradición intelectual que se había perdido o, al menos, no era bastante conocida por las circunstancias del franquismo. En realidad, el proceso había comenzado antes, en los cincuenta o sesenta, pero sólo concluyó en este momento. La beligerancia política del mundo de la cultura tuvo, al final del franquismo, un papel de cierta importancia como motor del cambio político.

De hecho, la transición cultural fue posterior en el tiempo y la libertad política no tuvo como consecuencia una floración cultural inmediata. La cultura española siguió estando principalmente protagonizada por quienes habían empezado a desempeñar en ella un papel importante a mediados de los años sesenta, momento en que no sólo aparecieron unos protagonistas y unas tendencias sino también unos circuitos comerciales y una infraestructura mínima que en lo esencial estuvieron vigentes hasta bien entrados los años ochenta.

El tránsito hacia la libertad en materia cultural fue rápido y, en general, estuvo exento de problemas graves. En 1976 sólo fueron prohibidas dos películas extranjeras (de las que eran autores Oshima y Pasolini) por su temática sexual; en cambio se permitieron otras como *Canciones para después de una guerra* de Martín Patino, o *El gran dictador* de Chaplin, que hasta entonces habían sido prohibidas. En noviembre de 1977 desapareció la censura cinematográfica y se pudo ver en los cines españoles muestras de cine prohibido, como *Viridiana* de Buñuel. El caso de *El crimen de Cuenca* de Pilar Miró, que fue prohibida durante un año y medio, fue tan desgraciado como injustificable y excepcional. Esta película, que debía haber sido estrenada a fines de 1979, relataba un caso histórico de tortura por parte de la Guardia Civil a unos falsos autores de un crimen. La película fue denunciada por un fiscal militar y sólo pudo estrenarse poco después del golpe de Estado del 23-F, convirtiéndose en el gran éxito de taquilla de 1981. Algo parecido le sucedió al grupo teatral catalán Els Joglars, también denunciados por un fiscal militar por haber atacado supuestamente al Ejército. Con el paso del tiempo ambas cuestiones quedaron solventadas como consecuencia de la puesta en marcha de la reforma militar.

En general, aunque los años de la transición siguieron presenciando una beligerancia izquierdista de buena parte del mundo intelectual, no fue característico de este mundo, como de ningún otro sector de la vida española, una actitud radicalmente agresiva respecto al pasado ni en defensa de él. Esa referencia se hizo desde la distancia sarcástica. La excepción fue el intento documental de Jaime Camino en *La vieja memoria* (1977). En *La escopeta nacional* de Berlanga (1977), la imagen esperpéntica de las cacerías del franquismo contiene el elemento distanciador del humor. En *Las bicicletas son para el verano* de Fernando Fernán Gómez (1982), lo que se presenta no es tanto la experiencia trágica colectiva de la guerra civil como sentimientos personal, como el miedo, las privaciones o la cercanía de la muerte.

Un rasgo decisivo de la cultura española durante la transición fue, sin duda, el haber tenido un carácter de recuperación y rescate de la tradición intelectual liberal. En realidad, al proceder de esta manera no se hacía otra cosa que continuar un fenómeno que había tenido sus orígenes a mediados de los años sesenta y que ahora se produjo de una manera más rápida, decidida y completa. Ya en 1976 tomó posesión de su sillón en la Real Academia de la Lengua Salvador de Madariaga, que había resultado electo en 1936. La propia concesión a Vicente Aleixandre del Premio Nobel de Literatura en 1977 puede entenderse como un testimonio del rescate de la tradición liberal española, y un proceso semejante fue perceptible en muchos otros aspectos. En teatro, por ejemplo, se produjo la recuperación de Alberti, Lorca y Valle Inclán. En pensamiento y ciencias sociales, dos ilustres exiliados, representantes ambos de la generación de 1914, Claudio Sánchez Albornoz y Salvador de Madariaga, regresaron a España en 1976, y también acabó haciéndolo María Zambrano en 1984. En artes plásticas la devolución del *Guernica* en septiembre de 1981 y, en general, el interés por Picasso, fue también una manera de recuperar el vínculo con un pasado de la vanguardia histórica. Claro está que la recuperación de autores vetados o poco conocidos hasta entonces, como Aub, Sender, Chacel o Arrabal, concluyó con un grado de aceptación popular muy variado.

Al lado de estas recuperaciones, se puede aludir también a una voluntad de que la Administración oficial de la cultura reconociera la realidad de la creatividad intelectual en el momento presente. Ejemplo de ello puede ser la concesión de la Medalla de Oro de Bellas Artes a personas como Antoni Tàpies o Eduardo Chillida o la celebración de sendas exposiciones antológicas organizadas por el Estado en su honor. El precedente inmediato fue la organización de una gran antológica de Miró en 1978. Esta tarea de recuperación y de normalización era algo obligado, aunque en alguna ocasión pudiera dar la sensación de convertir a la cultura española en una realidad vuelta en exceso hacia el pasado. De hecho, la atracción por temas relacionados con un tiempo anterior se mantuvo tanto durante estos años como en los siguientes: incluso en la película de Garci *Volver a empezar*, Oscar cinematográfico de 1982, el protagonista es una antiguo exiliado que regresa a España. También *Belle époque*, el segundo Oscar español (Trueba), remite a ese pasado, esta vez visitado en clave de comedia.

Ya se ha aludido en páginas anteriores a la popularización de la cultura, y ahora es preciso ratificar que ésta nació de la sociedad a finales de los setenta. La cultura, en contra de lo que había sido habitual en el pasado inmediato, se convirtió en objeto de una atracción reverencial y en aliciente para el consumo, por vez primera, por parte de amplias capas de población. Algunas cifras, como las relativas al incremento del número de libros editados (cuarenta mil a comienzos de los ochenta), son significativas. También puede serlo el incremento de la oferta musical o la repercusión conseguida por una feria de arte moderno como ARCO. Esta popularización de la cultura en general no se acompañó de un rebajamiento de la exigencia de calidad, pues incluso las producciones cinematográficas que tuvieron mayor éxito de público se caracterizaron por su calidad.

Si la normalización y la difusión de los valores de la cultura pueden considerarse los aspectos más positivos de la transición, ésta reveló insuficiencias legislativas y deficiencias estructurales. La legislación española en materia cultural estaba manifiestamente obsoleta, y se presentaron, además, problemas nuevos derivados de las necesidades de la cultura y de su relación con el Estado. La inestabilidad de UCD (en cinco años hubo seis directores generales de cine) y la existencia de otras prioridades políticas hicieron imposible la aprobación, por ejemplo, de una nueva legislación para promover las fundaciones o proteger el patrimonio histórico-artístico. Al mismo tiempo, se hicieron presentes las nuevas condiciones exigidas por la creación cultural. La insuficiente protección al cine nacional tuvo como consecuencia una radical disminución del número de espectadores del cine español a tan sólo una sexta parte en un plazo muy corto de tiempo, mientras que los gastos se incrementaron en un 66 por 100. El teatro se enfrentó a un problema parecido, pues en poco tiempo se convirtió en una actividad semipública que apenas podía sobrevivir sin el apoyo oficial. Por si fuera poco. España se encontró con la evidencia de que la creciente demanda cultural no se correspondía con una infrastructura de apoyo suficiente: no había, por ejemplo, auditorios musicales ni, sobre todo, una enseñanza musical que permitiera la formación de profesionales.

Puede ser útil también referirse brevemente a la función de los intelectuales en el cambio político. Con respecto a lo primero no es posible, desde luego, establecer una comparación entre el relevante papel desempeñado por los intelectuales en la transición de 1931 y el que tuvieron ahora. La elección de 1982 supuso un reverdecimiento del interés de los intelectuales por la vida pública. Pero luego, como consecuencia de los tiempos posmodernos que se vivían, el compromiso político se desdibujó un tanto.

Si se ha aludido a la recuperación de la tradición intelectual liberal con la que se había cortado como consecuencia de la guerra civil, este término «recuperación» puede ser citado también en otro sentido. Consecuencia del interés ciudadano por la cultura propia fue la preocupación por el patrimonio artístico y monumental. Poco a poco, los capitales invertidos en conservación del pasado heredado fueron creciendo y, paralelamente, las técnicas de conservación se hicieron más depuradas. Acabó descubriéndose la «antigüedad como futuro», es decir que el patrimonio era un aliciente importante para el turismo cultural. A mediados de los noventa hasta un 25 por 100 de los visitantes turísticos eran «consumidores intensos» de este tipo de atractivo y al menos, un veinte por 100 eran consumidores ocasionales. Lo que importa es que la España democrática supo reaccionar ante esta demanda de una forma oportuna, original y brillante desde el punto de vista de la protección del patrimonio. En 1985, fecha de aprobación de una nueva ley de patrimonio, se empezó a hablar de un posible «Plan de catedrales», que se puso en marcha a finales de los ochenta utilizando los más modernos procedimientos técnicos.

Si la popularización de la cultura puede considerarse como un valor destacado, positivo y muy pronto adquirido de la transición, al mismo tiempo durante el proceso se hicieron patentes las deficiencias legislativas y estructurales de la Administración cultural española. Como en buena parte del mundo, en España durante este período se empezó a gestar un «Estado cultural», es decir, un conjunto de disposiciones legales e instituciones que daban cuenta de la responsabilidad sentida por la Administración pública en este campo. La gestión cultural de los gobiernos, fuera cual fuera su significación política, ha obedecido al deseo de crear este Estado cultural, lo que ha proporcionado a la actuación pública en esta materia una esencial continuidad. Ésta se ha visto ratificada por la coincidencia en lo más decisivo respecto a las disposiciones legales importantes así como en los acuerdos más puntuales en determinadas cuestiones concretas, como la colección Thyssen y el Museo del Prado. La tarea de crear el Estado cultural le correspondió en lo esencial a los gobiernos socialistas porque durante ellos se dispuso de la suficiente estabilidad.

La configuración de un Estado cultural ha tenido dos vertientes principales: la aprobación de una nueva legislación y la creación de instituciones permanentes destinadas a satisfacer la demanda. La legislación española en materias culturales permanecía al comienzo de los años ochenta manifiestamente obsoleta: la de patrimonio histórico se remontaba a los años treinta (1933) y la de propiedad intelectual al último cuarto del siglo XIX. Aunque en ambos terrenos se pusieron los primeros fundamentos de un cambio en la época de la UCD, durante la etapa del PSOE la situación política permitió la aprobación de leyes y la ejecución de los grandes proyectos.

De las nuevas disposiciones, quizá la más importante fue la Ley del Patrimonio Histórico (1985), que permitió una amplia intervención del Estado en este campo y la puesta en marcha de medidas de fomento como el uno por 100 cultural. Lo que con el paso del tiempo, tal vez se echase más de menos en el terreno del patrimonio monumental fue la promoción de la iniciativa privada, que estaba destinada a desempeñar un papel creciente en todos los terrenos. Cabe constatar, sin embargo, que si en 1990 se calculaba que la iniciativa privada había supuesto en los últimos años inversiones de miles de millones de pesetas en cultura, el setenta por 100 del total se había dedicado al consumo (principalmente exposiciones de pintura y conciertos musicales), en vez de a inversiones más duraderas, como las restauraciones monumentales. La segunda gran disposición legal en materia cultural fue la Ley de Propiedad Intelectual de 1987, que puede calificarse como una de las más protectoras con los autores que existen en el mundo. Así parece demostrarse de las recaudaciones de la SGAE (Sociedad General de Autores y Editores), que sextuplicaron en una década llegando a los treinta mil millones de pesetas.

El Estado cultural ha tenido como otra vertiente trascendental la codificación de los honores a la excelencia y la creación de nuevas instituciones o locales destinados a dar respuesta a las demandas de una sociedad cada vez más interesada por la cultura. El Premio Cervantes, creado en 1976 y entregado por el rey en 1977 a Jorge Guillén, se ha convertido en el equivante al Nobel de Literatura en lengua castellana y ha logrado un merecido prestigio. Además, en 1984 se creó el Premio de las Letras Españolas, que ha sabido estimular la creación literaria en las otras lenguas cooficiales. En cuanto a la creación de instituciones, baste con mencionar que en cada campo han ido apareciendo, con mayor o menor fortuna, entidades singularizadas por la dedicación a un aspecto concreto. Así, por ejemplo, para la promoción del teatro surgieron, durante la etapa socialista, el Centro Nacional de Nuevas Tendencias Escénicas (1984) y la Compañía Nacional de Teatro Clásico.

Para apreciar mejor el cambio que se ha producido en España como consecuencia del nacimiento del Estado cultural, es interesante hacer alusión a los museos y los auditorios de música. Se ha afirmado que a los primeros «nunca se les ha dedicado tanta atención, tanta discusión y polémica», y ello es cierto. El cambio experimentado ha sido de primera magnitud y constituye la traducción al caso español de un fenómeno general en todo el mundo. Los museos, de templos de las musas que eran, en sentido etimológico, han pasado a convertirse en templos de las masas. En España, las iniciativas más relevantes en este terreno han sido la creación del Museo Nacional Centro de Arte Reina Sofía (1986), la ubicación de la Colección Thyssen Bornemisza en España (1992) y el Museo Guggenheim de Bilbao (1997). El Museo Nacional Centro de Arte Reina Sofía obedece al apasionado interés por el arte contemporáneo, que por otro lado ha tenido como consecuencia la proliferación de centros semejantes en las comunidades autónomas. En cuanto al Museo Thyssen, cuya ubicación en Madrid ha costado al Estado muchas decenas de miles de millones de pesetas, supone no sólo la adquisición e instalación de una de las colecciones privadas más importantes del mundo, sino que completa el conjunto de las colecciones públicas españolas principalmente en lo que se refiere al arte de comienzos de siglo. La colección, instalada principalmente en la capital del Estado aunque también en Barcelona, proporciona una visión general de la historia del arte, pero el último de sus propios propietarios privados ha insistido de modo especial en aspectos muy alejados de las posibilidades del coleccionismo español, como los expresionistas alemanes. Finalmente, el Museo Guggenheim de Bilbao ha constituido un éxito, tan considerable como inesperado, al modificar la imagen de la ciudad vasca tras el inevitable proceso de desindustrialización. Lo ha logrado, además, superando todas las expectativas: ha tenido hasta cinco veces más visitantes de los esperados y ha conseguido que uno de cada dos visitantes sea extranjero.

El cambio experimentado en los museos españoles no sólo ha afectado a grandes instituciones como las mencionadas, sino también a otras más pequeñas. Tras la puesta en marcha del Estado autonómico, se optó para regir los antiguos museos provinciales por una solución un tanto compleja: la titularidad del Estado pero la gestión transferida a las comunidades autónomas, lo que ha ocasionado complicaciones. Sin embargo, la oferta museística española se ha convertido en espectacular merced a la confluencia de instituciones locales, regionales y estatales.

Al lado de toda esta labor positiva, surgen también aspectos que lo son menos. El Museo del Prado ha constituido un permanente motivo de enfrentamiento entre los grupos políticos y motivo de escándalos de cara a la opinión pública tema tanto en lo relativo a su ampliación como en la forma de ser regido. Lo único que a corto plazo cambió de forma efectiva en las instalaciones del Museo del Prado a partir de 1996 fue la incorporación de un edificio ocupado por despachos administrativos. Otra cuestión ha sido la relativa a la forma de dirigir el primer museo nacional. Hasta el año 2000 se utilizó una fórmula mixta entre el modelo de los grandes museos norteamericanos, en que los patronos aportan contribuciones económicas, y los europeos, en que sólo contribuyen con asesoramiento científico. No dio buen resultado. Además, la reintroducción de un precio de entrada tuvo un efecto negativo sobre el número de visitantes del museo que pasó de 2.600.000 personas en 1990 a 1.800.000 en 1999. Otros inconvenientes se pueden apreciar en el resto de las instituciones museísticas españolas. Si algo es evidente en los museos españoles es la carencia de personal adecuado para atender el día a día de la institución pero sobre todo para profundizar en lo que las colecciones son y representan, es decir sus aspectos científicos.

También se ha producido un cambio sustancial en lo que atañe a los auditorios destinados a la música sinfónica. Desde 1975 han sido construidos más de una veintena, aunque buena parte de ellos se habían planificado con anterioridad. Con ello se ha conseguido quizá la mejor infraestructura existente en Europa en este ámbito. Al mismo tiempo se ha multiplicado por diez el número de conservatorios, y durante años España ha tenido fama de ofrecer honorarios exorbitantes a las orquestas extranjeras. El cambio resultaba espectacular al comienzo del tercer milenio, sobre todo teniendo en cuenta que en 1971 había un solo conservatorio fundado hacía siglo y medio y los únicos espacios creados para la música eran el Palau de la Música de Barcelona y el Palacio de Congresos de Mallorca. El primero de los nuevos auditorios, obra de García de Paredes, fue inaugurado en Granada en 1978. En los proyectos arquitectónicos colaboraron, además de él, algunos de los grandes arquitectos españoles: Sáenz de Oiza (Santander), Navarro Baldeweg (Salamanca), Tusquets (Las Palmas), Moneo (Barcelona y San Sebastián)... Además fueron restaurados 43 teatros, entre ellos el Teatro Real y el Liceo de Barcelona después del incendio de 1994. Por descontado, a la construcción de auditorios le siguió la proliferación de festivales y, lo que resulta mucho más importante, la creación de orquestas: a las cuatro que había en España, se le sumaron más de una veintena, pero además se han fomentado las vocaciones tempranas a través de la Joven Orquesta Nacional de España y se han creado otras en las autonomías. El talón de Aquiles de la música en España radica en la enseñanza de la música en los niveles de estudio obligatorios.

La creación de todas estas instituciones a menudo ha motivado críticas en el sentido de que centralizaban en exceso en Madrid la cultura española, hasta llegar a representar dos tercios del total del presupuesto, cuando, por ejemplo, hasta 1982 no hubo ninguna orquesta ni teatro estables en toda Andalucía. Con el paso del tiempo, sin embargo, la situación ha cambiado. El panorama de la institucionalización del Estado cultural se ha completado con el intento de proyección exterior de la cultura española. Tras las exposiciones celebradas en Bruselas (Europalia, 1985) y en París (1987), en 1991 finalmente se creó el Instituto Cervantes, con mucho retraso pero con grandes posibilidades, dada la existencia de trescientos millones de hispanohablantes. El Instituto puede ser una pieza cardinal en las posibilidades de desarrollar una importante acción cultural en el exterior.

La cultura se basa no sólo en la labor de creadores individuales sino también en la existencia de industrias, de manera que si éstas entran en crisis, eso afecta a la mera posibilidad de influencia social de los creadores. Algunas de esas industrias han pasado por crisis graves en los últimos tiempos: así ha sucedido, por ejemplo, con la industria del libro, amenazada en sus exportaciones a Hispanoamérica o, sobre todo, con la industria cinematográfica. Ésta alcanzó un máximo histórico en número de espectadores en 1979 (24 millones), pero a finales de la década había experimentado una crisis muy grave, con apenas diez películas españolas realizadas en un cuatrimestre (en otras épocas se realizaban casi doscientas al año). Las disposiciones protectoras tomadas por la Administración socialista en el momento en que era directora general Pilar Miró, a principios de los ochenta, multiplicaron por cinco las ayudas estatales, lo que contribuyó a crear el prototipo del director-productor de sus propias películas. De todas maneras, el nivel de protección español resulta notoriamente inferior al francés y la industria cinematográfica ha experimentado continuos bandazos. En cambio, el teatro se mantiene en una condición deficitaria permanente, de modo que sólo puede subsistir con ayudas públicas. Aunque la difusión de la cultura musical ha sido muy grande gracias a la formación de nuevas orquestas, sus componentes son, en un setenta por 100, extranjeros. En cambio, la proyección de la música popular española en el extranjero ha sido espectacular. En los años noventa, el conjunto de las industrias culturales españolas suponía entre el dos y el cuatro por 100 del PIB, unas cifras que sitúan esa industria por encima, por ejemplo, de la construcción de automóviles, aunque por debajo de la edificación. En España se editaban al comienzo del tercer milenio unos 45 millones de discos y se producían unas sesenta películas cinematográficas.

El verdadero cambio en la cultura española no coincidió con las fechas cruciales del cambio político, sino que data de un momento posterior, el año 1985 aproximadamente. De vanguardia política el intelectual pasó a ser acompañante, y hoy o bien ha dimitido de una responsabilidad política directa o bien ejerce la social tan sólo como conciencia moral. Acosado por la especialización creciente de los saberes, el sabio que opta por convertirse en defensor de valores esenciales debe ser consciente del papel indispensable que hoy desempeñan los medios de comunicación. A fines del siglo XX, el intelectual español o es mediático y divulgador o no existe como tal. Un buen ejemplo lo ofrece Fernando Savater, consagrado como tal durante los años ochenta, aunque su caso se repite en muchas otras personas: los intelectuales, más que definirse en relación con partidos políticos, han pasado a hacerlo en función de los grupos de comunicación para los que trabajan.

Definir los otros rasgos comunes de las nuevas generaciones no resulta tan sencillo. Cabe señalar dos características que son muy evidentes en quienes aparecieron en el panorama cultural a partir de mediada la década de los ochenta. Se trata, en primer lugar, de generaciones caracterizadas por la apertura al exterior. Las referencias de los nuevos novelistas (Antonio Muñoz Molina, Javier Marías...) o de los pintores (Barceló, Sicilia, Broto...) normalmente no son nada casticistas. Los poetas que han seguido la línea marcada por Gimferrer se caracterizan por su exotismo, sus influencias anglosajonas o francesas, su recuerdo de las vanguardias de los años veinte o la relevancia que conceden a la cultura popular contemporánea.

Los campos de la creación

Para tratar de la cultura científica, el ensayo y las humanidades es preciso tener en cuenta los cambios fundamentales habidos en el entorno. En investigación se pasó del 0,37 al 0,48 por 100 del PIB en 1975-1983; en 1989 se había llegado al 0,75 por 100 y en 1996 al 0,77 por 100, de modo que puede decirse que España duplicó su dedicación material a la investigación desde la muerte de Franco. En las llamadas «ciencias duras», es decir, las no humanísticas y sociales, en las que existen unos criterios objetivos acerca de la calidad de la producción de cada país, la posición relativa de España es la undécima del mundo y la sexta de la Unión Europea, por debajo de Holanda e Italia. En ciencias humanas y sociales no existe esta posibilidad de medir la calidad de la producción de forma objetiva. De todos modos, cabe decir que rasgos básicos de lo sucedido en el último cuarto de siglo son, a la vez, el creciente interés por cuestiones de carácter general o global para cualquier sociedad y la demostrada capacidad de los investigadores españoles para abordar, desde una metodología nueva, cuestiones en otro momento reservadas a especialistas extranjeros. En historia cambió el paradigma interpretativo, durante algunos años dominado por el marxismo, y también el centro de gravedad: el investigador dejó de centrarse en los años treinta y pasó a mostrar mayor interés por el franquismo y la restauración liberal. Quizá lo más decisivo fue que la producción historiográfica española desplazó a la colonización extranjera de nuestro pasado.

El ensayo se ha caracterizado en estos últimos tiempos por algunos rasgos muy significativos. En primer lugar, se trata de un estilo heredero de Nietzsche, lo que resulta muy relevante en el caso de Trías y Savater. Los ensayos de estos dos autores ante todo pretenden desenmascarar verdades absolutas de todo género; no existe, en cambio, una pretensión de construir un sistema. Por otro lado, hay también una huida de la reflexión universitaria y una preferencia de lo literario, lo que explica la propensión al dietario y al aforismo. La respuesta práctica ante problemas acuciantes del mundo actual centra también la obra de Marina o de Camps.

El recorrido por los diversos campos de la creatividad en las artes plásticas no puede prescindir de una referencia a la arquitectura. En ella ha sido palpable no sólo la profunda transformación producida en el urbanismo español, sino también la aceptación internacional de personalidades como Moneo y Calatrava. En cuanto a las artes plásticas, hay, desde luego, que tener muy presente la aparición de un mundo creativo «más allá de España», es decir, de «una generación de artistas que ya, por primera vez, no vivían atosigados por el problema de España ni sentían ningún complejo de inferioridad por ser españoles» (Calvo Serraller). Tuvo unas posibilidades muy superiores a las de cualquier otra generación anterior al crearse numerosas colecciones públicas y privadas de calidad. No vendrá mal citar algunos nombres de los que podrían ser denominados «novísimos» en artes plásticas. Una selección, necesariamente incompleta, incluiría, por ejemplo, a Ferran García Sevilla, procedente del conceptualismo, y a Guillermo Pérez Villalta, interesado en una pintura narrativa, mitológica y centrada en la arquitectura clásica. Por su parte, Campano fue un buen testimonio del clima de la posmodernidad, al ser su pintura declaradamente «al modo de» Poussin, Delacroix y Cézanne. La pluralidad de opciones estéticas se demuestra con la observación contrastada de las transparencias de Sicilia y el expresionismo y la densidad matérica de Barceló. Por su parte, Susana Solano protagonizó un muy personal y sensitivo minimalismo escultórico. Buscando nuevos campos expresivos, Miguel Navarro construyó una especie de ciudades o contextos urbanísticos, mientras que Juan Muñoz presentaba espacios escénicos protagonizados por personajes anónimos.

Si pasamos de las artes plásticas a la creación literaria, podemos abordar un mundo de mercado y de protagonismo restringidos. El mundo de la poesía está formado en España por tan sólo unas quinientas personas, entre creadores y consumidores, de modo que una tirada de cuatrocientos ejemplares de un libro de poemas resulta importante. Cuando Luis Antonio de Villena ha tratado de caracterizar a los poetas «posnovísimos», lo ha hecho remitiéndose a una sensibilidad propia del rock y a una amplia disponibilidad estética. En cualquier caso, el compromiso social y político ha desaparecido casi por completo y el coloquialismo y la narratividad se imponen en lo que a partir de 1984 se ha denominado «posnovísima poesía».

La prosa narrativa ha tenido, como es patente, un porvenir muy distinto al de la poesía. La ampliación del mercado ha proporcionado a los autores la posibilidad de vivir en exclusiva de su obra y les ha dado una extraordinaria proyección social, a veces multiplicada por la posibilidad de ver plasmada en la pantalla sus textos. Como contrapartida, la novela reciente ha sido criticada por haber perdido la densidad intelectual del pasado. Parece que la novela haya ganado en público lo que perdió en prestigio.

El punto de partida resultaba poco prometedor. La novela en 1975 no parecía gozar de buena salud porque los potenciales lectores se perdían ante el experimentalismo predominante por entonces. Se ha llegado a afirmar que las últimas obras apreciadas por la crítica «podrían interesar al lector culto como poemas o ejercicios de estilo, no como narraciones». En realidad, algo parecido sucedía en todo el mundo o, al menos, en Europa. Sólo a partir de un determinado momento se produjo, en España como en otras latitudes, la «restauración del pacto con el lector basado en la narratividad».

Según Antonio Muñoz Molina, que cita a Borges, «los historiadores de la literatura son aficionados a letanías genealógicas como las de la Biblia». En efecto, a menudo se pretende descubrir en autores del pasado los gérmenes completos de los del presente. Sin embargo, no cabe la menor duda de que, desde un punto de vista retrospectivo, la aparición de *La verdad sobre el caso Savolta*, de Eduardo Mendoza (1975), significó un cambio decisivo. Novela escrita por su autor en Nueva York, era una especie de *collage* de una Barcelona inventada pero verosímil a comienzos de siglo, que no mostraba necesidad ninguna de mostrar audacias formales, revelaba un placer por la narración en sí misma y trataba con desenfado y erudición una época pasada. Todos estos elementos aparecían de una u otra manera en la narración que tuvo mayor éxito a partir de este momento. En 1976 se publicó el libro de Savater, *La infancia recuperada*, «una vindicación del poderío y el hechizo de los cuentos y las novelas de aventuras».

Los maestros de la nueva generación eran más discernibles de lo que puede pensarse. Lo que los alejaba de Cela era el tono, la consideración de insectos de los personajes que pululaban por sus libros y también el lenguaje, procedente de un mundo prostibulario, que había dejado de existir. Respecto a Delibes, los jóvenes escritores sintieron una «cálida cercanía» y admiración por su «maravilla técnica». Por supuesto, también se sintieron atraídos por la nueva novela hispanoamericana porque, en palabras de un escritor, «habíamos creído estar en el crepúsculo de la novela» y García Márquez y Vargas Llosa «nos devolvían casi a su comienzo mitológico». Sin duda, Juan Benet fue en lo personal muy influyente sobre alguno de los nuevos escritores, como Javier Marías. Pero «a nadie parecía gustarle mucho lo que teníamos cerca», afirmó uno de estos escritores. Más bien quisieron inspirarse en el intimismo o se inclinaron por el retorno a los géneros literarios tradicionales, como la novela histórica, el folletín o la novela de misterio. Muchos de estos escritores, como corresponde a una época cosmopolita, han tomado sus referencias de la literatura universal, en ocasiones de la que ellos mismos han traducido (como en el caso de Marías). La vuelta a la intriga y a la la trama policial se produce incluso cuando se da la denuncia, como es el caso de Manuel Vázquez Montalbán (*Los mares del sur*, *Galíndez*...). En cambio, el protagonista obrero, habitual en obras de finales de los cincuenta e inicios de los sesenta, desapareció por completo.

Debe tenerse en cuenta que siempre hubo un solapamiento generacional. La generación realista, en especial Martín Gaite y Marsé, estuvo muy presente en el mercado editorial y en los gustos de la crítica. También prosiguieron su obra los grandes de la posguerra o los más cercanos a los jóvenes. Es significativo que tanto Cela como Benet escribieran acerca de la guerra civil: *Mazurca para dos muertos* (1984) y *Herrumbosas lanzas* (1984-1986), respectivamente.

Resulta difícil resumir en unos breves rasgos las características de algunos de los principales autores de la generación surgida en los ochenta. El Javier Marías de *Todas las almas* (1986) fue una novedad por su inequívoca referencia a mundos literarios foráneos e inhabituales. En *El héroe de las mansardas de Mansard* (1983), Pombo describía mundos cerrados sobre sí mismos, que constituirían el tema central de toda su prosa. Muñoz Molina pretende que sus libros sean «narraciones que procuren entretenimiento» para «salvar e inventar la memoria»: *Beatus ille* (1986) y *Un invierno en Lisboa* (1987) fueron sus primeros éxitos y revelaron pluralidad de influencias extranjeras, tanto literarias como cinematográficas. La *Historia abreviada de la literatura portátil* (1985), de Vila-Matas muestra una evidente maestría en la ironía. *Juegos de la edad tardía*, de Luis Landero (1989), reveló una temprana maestría literaria.

Los últimos años han confirmado muchos de los valores surgidos en los ochenta. El Mendoza de una *Una comedia ligera* (1996) se traslada de la Barcelona modernista a los veranos de la posguerra en la costa. Casos evidentes de progresión narrativa y fidelidad a una literatura educada en formas poco hispánicas serían Marías y Pombo. Muñoz Molina, más comprometido y tenso, ofrece pruebas evidentes de su madurez en *El jinete polaco* (1997). Mientras tanto, un escritor como Arturo Pérez Reverte constituye un óptimo ejemplo de cómo, con una combinación de arquitectura de las novelas de detectives y de folletín, y la documentación de un sofisticado mundo de cultura, es posible conquistar al gran público. Escritores como Madrid y Mañas, pertenecientes a la generación más reciente, hacen aparecer en sus novelas el irracionalismo, la soledad, el aburrimiento o el «vivir deprisa», rasgos todos ellos de un mundo juvenil cercano a su sensibilidad.

Hubo un momento, al comienzo de la transición, en que pareció que la cinematografía española podía desaparecer acosada por problemas económicos. La política seguida fue errática y el Congreso del Cine (1978) expresó la indignación del sector por la patente apatía de la Administración. En 1977-1980 la cuota de pantalla de la cinematografía nacional se redujo al siete por 100. Partiendo de estos datos, se hace dificil entender cómo fue posible que llegara en años posteriores al 16 por 100 y que directores españoles consiguieran hasta cuatro Oscar.

Este resultado se logró en parte gracias a una política oficial protectora que tomó como modelo el sistema francés, es decir, las «subvenciones anticipadas» a la producción. Ésta fue la política seguida por Pilar Miró, directora general en la etapa socialista. Ahora bien, nada hubiera sido posible si esta política no se hubiera acompañado de la aparición de nuevos creadores de talento. Durante algún tiempo faltó la capacidad literaria para la trama o el guión, aunque, al final «la literatura ha dado al cine lo que tenía de mejor y el cine le dio las mejores ambiciones que tenía a la literatura». A mediados de los setenta eran pocos los directores cinematográficos que, como Gutiérrez Aragón, podían atreverse a afirmar que «a mí lo que me gusta es escribir», pero el hecho de que con el paso del tiempo Almodóvar consiguiera un Oscar al mejor guión da prueba del cambio producido.

Un rápido recorrido por la cinematografía española a partir de 1975 obliga a tener en cuenta determinados temas y a enumerar una pluralidad de géneros. Merece la pena recalcar la frecuencia y el modo con que el cine español liquidó cuentas con el pasado. En un principio lo hizo con una voluntad documental (Martín Patino, *Canciones para después de una guerra* o Jaime Camino en *La vieja memoria*), pero luego lo hizo mediante la ironía, el distanciamiento y un poco de nostalgia personal por el pasado. La serie de «esperpentos corales» de Luis García Berlanga, desde el tardofranquismo hasta la etapa socialista, aunque sarcásticos, no resultan tan hirientes. El pasado como referencia ha sido también un tema esencial en la obra de Mario Camus, en especial vinculada con la creación literaria (*Los santos inocentes* o *La colmena*). De cualquier modo, con el paso del tiempo este tipo de temática ha sido en buena medida abandonada. La nueva generación, a partir de los años noventa (*Historias del Kronen* [1993], *El día de la bestia* [1995], *Airbag* [1997]), muestra su preferencia por historias delirantes vinculadas con el mundo juvenil. Otros temas como la relación intergeneracional en un mundo cruzado por las dificultades (*Solas* [1999]), de Benito Zambrano o la dureza de la vida suburbial (*Barrio* [1998], de Fernando León) también se alejan del pasado.

El éxito de una cinematografía como la española está basado en una combinación entre continuidad, cosmopolitismo y capacidad para llevar a la pantalla mundos peculiares e irrepetibles. *Volver a empezar*, de Garci, el primer Oscar español, fue una especie de reedición y puesta al día de la «tercera vía» que, en la etapa final del franquismo, pretendió ofrecer productos que llegaran a las masas, con un tono melodramático o humorístico, e incluyendo elementos para la reflexión. A fin de cuentas, la citada película se centra en un exiliado que vuelve para revivir un antiguo amor. El cine de Trueba se inscribió dentro de una nueva comedia costumbrista (*Opera prima*) para luego enlazar con el mundo cinematográfico de la alta comedia norteamericana. El peculiar mundo de Almodóvar viene a ser una especie de folletín moderno interesado en las peculiaridades del alma de la mujer y en la crónica de sus amores y desamores.

En la creación literaria quizá el mundo del teatro haya sido el más abierto a corrientes internacionales, aunque al mismo tiempo también se haya presenciado una cierta vuelta a los géneros tradicionales. Aunque en un determinado momento se pudo pensar en que el teatro estaba condenado a la desaparición y sólo podía subsistir merced al apoyo público, finalmente se han acabado configurando tres campos diferentes y autónomos: el teatro comercial, los locales públicos y la fórmula independiente.

Como en tantos otros aspectos de la creación, un primer paso tras la muerte de Franco consistió en la recuperación de autores vetados: Manuel Martínez Mediero, autor de *Las hermanas de Búfalo Bill* (1975), y Martín Recuerda, que había escrito *Las arrecogías del Beaterio de Santa María Egipciaca* (1977), vieron sus obras estrenadas.

También Buero estuvo excepcionalmente presente en la escena española durante esos años. De los autores del exilio, Arrabal y Alberti, poco conocidos hasta el momento en los teatros españoles, fueron representados pero sin alcanzar el éxito esperado. En cambio, en los años de la transición propiamente dicha resultó excepcional el éxito logrado por quienes pertenecían al mundo de la dramaturgia pero hasta el momento no habían tenido reconocimiento como autores. Éste fue el caso, por ejemplo, de Nieva, ya muy conocido como escenógrafo. Por esos mismos años obtuvieron un enorme éxito dos obras cuyos autores habían sido hasta el momento dos de los grandes intérpretes españoles: Adolfo Marsillach, en *Yo me bajo en la próxima, ¿y usted?* (1981), y Fernando Fernán Gómez: *Las bicicletas son para el verano* (1982). En ambas se trataban problemas de la cotidianidad de una manera tradicional pero que revelaba un profundo conocimiento de los recursos dramáticos.

De todos modos, en el mundo del teatro llevado a los escenarios se ha producido, a la vez, un renacimiento de una tradición y el mantenimiento de una vanguardia. La primera es el sainete costumbrista de contenido mucho más profundo que su apariencia humorística. Esta veta ha sido cultivada por José Luis Alonso de los Santos en *Bajarse al moro* (1985) o, con carácter más incisivo, por Fermín Cabal en *Vade retro*. No se encuentra demasiado lejano de esta fórmula José Sanchis Sinisterra, aunque *Ay Carmela* retrate una escena de la guerra civil. La continuidad de la experimentación se aprecia de forma especial en los grupos teatrales catalanes del tardofranquismo, pero también en el Teatre Lliure, creado en 1976. De aquéllos, Els Joglars es el más veterano y el que ha procurado acercarse más a la crítica de los acontecimientos diarios.

Ya se ha aludido al importantísimo cambio experimentado en España desde 1975 en las infraestructuras musicales. Pero esta realidad coincidió también con un cambio en la creación. Los innovadores de finales de los cincuenta llegaron a la Academia en los ochenta; éste fue el caso, por ejemplo, de Halffter, García Abril, Luis de Pablo, Bernaola... Hacia 1995 se detectaba en España el despertar de un letargo de cuarenta años. Una de las figuras más conocidas en este campo de la creación, Halffter, pudo asegurar que se hacía más música desde 1985 que en cualquier otra etapa anterior. En lo que respecta a la interpretación, a pesar del carácter irrepetible de personalidades como Montserrat Caballé, José Carreras o Plácido Domingo, «la sucesión está ya asegurada aunque en muy pocos casos con el brillo internacional de antaño» (Gallego). La música popular presenció, junto a los fenómenos en apariencia contradictorios de un creciente cosmopolitismo y la perduración de la «copla», la aparición de fórmulas muy originales, como el flamenco-rock, del que es buena expresión el grupo Ketama.

BIBLIOGRAFÍA

Obras de carácter general: ALFONSO GUERRA, José Félix TEZANOS, *La década del cambio. Diez años de gobierno socialista, 1982-1992*, Sistema, Madrid, 1992; Javier TUSELL, Justino SINOVA (eds.), *La década socialista*, Espasa Calpe, Madrid, 1992; Javier TUSELL, Emilio LAMO DE ESPINOSA, Rafael PARDO, *Entre dos siglos. Reflexiones sobre la democracia española*, Alianza, Madrid, 1996; Carlos ALONSO ZALDÍVAR y Manuel CASTELLS, *España, fin de siglo*, Alianza editorial, Madrid, 1992.

Memorias: Joaquín ALMUNIA, *Memorias políticas*, Aguilar, Madrid, 2001; José BARRIONUEVO, *2.001 días en Interior*, Ediciones B, Barcelona, 1997; Julio FEO, *Aquellos años*, Ediciones B, Barcelona, 1993; Alfonso GUERRA, *Cuando el tiempo nos alcanza. Memorias, 1940-1982*, Espasa Calpe, Madrid, 2004; María Antonia IGLESIAS, *La memoria recuperada*, Aguilar, Madrid, 2003; Fernando LÓPEZ AGUDÍN, *En el laberinto. Diario de Interior, 1994-1996*, Plaza y Janés, Barcelona, 1996; Fernando MORÁN, *España en su sitio*, Plaza y Janés, Barcelona, 1990; Gregorio PECES BARBA, *La democracia en España. Experiencias y reflexiones*, Temas de Hoy, Madrid, 1996; Jorge SEMPRÚN, *Federico Sánchez se despide de ustedes*, Tusquets, Barcelona, 1993; Carlos SOLCHAGA, *El final de la edad dorada*, Taurus, Madrid, 1997; Jorge VESTRYNGE, *Memorias de un maldito*, Grijalbo, Barcelona, 1999.

Trabajos académicos y ensayos: Manuel GARCÍA FERRANDO, Eduardo LÓPEZ ARANGUREN, Miguel BELTRÁN, *La conciencia nacional y regional en la España de las autonomías*, CIS, Madrid,1994; Richard GUNTHER, *Politics, society and democracy: The case of Spain*, Westview, Boulder, 1993; Justino SINOVA, Javier TUSELL, *El secuestro de la democracia. Cómo regenerar el sistema político español*, Plaza y Janés, Barcelona, 1990; Ignacio SÁNCHEZ CUENCA, y Belén BARRERIRO, *Los efectos de la acción de gobierno durante la etapa socialista (1982-1996)*, CIS, Madrid, 2000; Julián SANTAMARÍA y Mercedes ALCOVER, *Actitudes de los españoles ante la OTAN*, CIS, Madrid, 1987; Consuelo DEL VAL, *Opinión pública y opinión publicada. Los españoles y el referéndum de la OTAN*, Siglo XXI, Madrid, 1996.

Aspectos económicos y sociales: Amando DE MIGUEL, *La sociedad española*, Alianza, Madrid, varios años; David S. REHER, *La familia en España. Pasado y presente*, Alianza Universidad, Madrid, 1996; Juan José TOHA-

RIA, *Cambios recientes de la sociedad española*, Instituto de Estudios Económicos, Madrid, 1989.

Aspectos culturales: Samuel AMELL y Salvador GARCÍA CASTAÑEDA, *La cultura española en el posfranquismo. Diez años de cine, cultura y literatura (1975-1985)*, Playor, Madrid, 1988; EQUIPO RESEÑA, *Doce años de cultura española (1976-1987)*, Ediciones Encuentro, Madrid, 1989; Jordi GRÀCIA, *Hijos de la razón. Contraluces de la libertad en las letras españolas de la democracia*, Edhasa, Barcelona, 2001; John HOPEWELL, *El cine español después de Franco*, Ediciones El Arquero, Madrid, 1989; Patrimonio Histórico: *Foros Banesto sobre el Patrimonio Histórico*, Fundación Banesto, Madrid, 1994; Sergio VILA-SAN-JUÁN, *Pasando página. Autores y editores en la España democrática*, Barcelona, Destino, 2003 y *Crónicas culturales*, Delibros, Barcelona, 2004. Para el mundo literario: Darío VILLANUEVA (ed.), *Los nuevos nombres, 1975-1990* y Jordi GRÀCIA (ed.), *Los nuevos nombres, 1975-2000*, Crítica, Barcelona, 2000.

Memorias de intelectuales: Francisco NIEVA, *Las cosas como fueron. Memorias*, Espasa Calpe, Madrid, 2000; Fernando SAVATER, *Mira por dónde. Autobiografía razonada*, Taurus, Madrid, 2003, y Eugenio TRÍAS, *El árbol de la vida. Memorias*, Barcelona, Destino, 2003.

Política exterior: Robert P. CLARK, Michael H. HATZEL, *Spain in the 1980's. The democratic transition and a new international role*, Ballinger, Cambridge, 1987.

Trabajos periodísticos sobre los gobernantes: Pilar CERNUDA, *El Presidente*, Temas de Hoy, Madrid, 1994; Miguel FERNÁNDEZ BRASO, *Conversaciones con Alfonso Guerra*, Planeta, Barcelona, 1983; José Luis GUTIÉRREZ, Amando DE MIGUEL, *La ambición del César. Un retrato político y humano de Felipe González*, Temas de hoy, Madrid, 1989; Manuel HERMÓGENES y Alfonso TORRES, *El agujero. PSV y los dineros de UGT*, Temas de hoy, Madrid, 1995; Fernando JÁUREGUI, *La metamorfosis. Los últimos años de Felipe González*, Temas de hoy, Madrid, 1993; Santos JULIÁ (ed.), *La desavenencia. Partidos, sindicatos y huelga general*, El País-Aguilar, Madrid, 1988; Juan Luis GALIACHO, Carlos BERBELL, *FILESA. Las tramas del dinero negro en la política*, Temas de hoy, Madrid, 1995.

Libros periodísticos sobre la oposición: Tom BURNS, *Conversaciones sobre la derecha*, Plaza y Janés, Barcelona, 1997; Raimundo CASTRO, *El sucesor*, Espasa Calpe, Madrid, 1995; Pilar CERNUDA, Fernando JÁUREGUI, *Crónicas de la crispación*, Temas de Hoy, Madrid, 1996; Esther ESTEBAN, *El tercer hombre. PJ, la pesadilla de FG*, Madrid, Espasa, 1995; Federico JIMÉNEZ LOSANTOS, *La dictadura silenciosa*, Temas de hoy, Madrid, 1993.

Otros trabajos periodísticos: Jesús CACHO, *Asalto al poder. La revolución de Mario Conde*, Temas de hoy, Madrid, 1988 y *MC. Un intruso en el laberinto de los elegidos*, Temas de hoy, Madrid, 1994; Ernesto EKAIZER, *Banqueros de rapiña. Crónica secreta de Mario Conde*, Plaza y Janés, Barcelona, 1994; Melchor MIRALLES, Ricardo ARQUÉS, *Amedo: el Estado contra ETA*, Plaza y Janés, Barcelona, 1989; Manuel VÁZQUEZ MONTALBÁN, *Un polaco en la Corte del Rey Juan Carlos*, Alfaguara, Madrid, 1996 y *Mis almuerzos con gente inquietante*, Planeta, Barcelona, 1995.

País Vasco: Francisco José LLERA, *Los vascos y la política*, Universidad del País Vasco, Bilbao, 1994; Paddy WOODWORTH, *Guerra sucia, manos limpias*, Crítica, Barcelona, 2002.

Capítulo 6

EL TURNO DE LA DERECHA (1996-2004)

Por paradójico que parezca, el resultado de las elecciones de 1996 fue tan «dulce derrota» para quienes perdieron como «amarga victoria» para los vencedores. Aun así, se abría una nueva etapa en la política española; por una parte, se cumplió el requisito imprescindible de un turno democrático, de modo que la derecha ejerció el poder; por otro lado, se produjo una ruptura importante en la clase política.

El PP en el poder: José María Aznar

Ya se ha descrito brevemente el currículum de Aznar. Nos toca ahora caracterizarlo como personaje político. Se ha asegurado que el PSOE cometió un error al minusvalorarlo. Sin embargo, el error consistió más bien en no situarlo en el lugar que le correspondía. Aznar representaba a una nueva generación en la política española, con experiencias vitales y puntos de partida muy distintos a los de los españoles que hicieron la transición. Para ese grupo de edad, la transición no era un momento biográfico ni un esfuerzo común, sino sólo un dato o una realidad recibidos. Su primera experiencia biográfica fue la de una oposición sin concesiones a los socialistas, que a éstos les cogió en su etapa descendente y que demostró que podían ser vencidos. La mayor parte procedía de una derecha tradicional que estaba más arraigada en el régimen de Franco que en la oposición y que se transmutó en ultraliberal, porque ésta era la ideología más funcional para la ocasión que estaban viviendo. Una de las afirmaciones más taxativas de Aznar fue la de que en su partido «no había socialdemócratas». Para ellos, por otro lado, la política era no un compromiso más o menos costoso, sino una profesión establecida desde la juventud. Un fenómeno paralelo se dio igualmente en el PSOE.

Dentro de esta generación, Aznar sobresalía por su capacidad de supervivencia. Pese a sus adversarios, había conseguido éxitos gracias a su esfuerzo y también a su «paciencia, prudencia y perseverancia», que convirtió en divisa. Su «sentido del poder», es decir, de cómo alcanzarlo, atesorar la mayor cantidad de él y no perderlo, fue siempre muy grande. Las numerosas dificultades objetivas de su carrera política le dotaron de una condición correosa que hizo de él un enemigo temible; por otra parte, esos obstáculos le hicieron pasar por el peligro de la paranoia. No ha habido un hombre de la derecha en la historia de España que haya tenido tan completamente en sus manos su partido en todo el siglo XX. Al PP lo gobernó siempre con guante de raso y mano de hierro, exactamente al revés que Manuel Fraga, pero con infinitos mejores resultados que él. Su «política de personal» le funcionó muy bien y actuó como carnicero y homeópata, dos profesiones de las que siempre aprenderán los jefes de partido (para destrozar a posibles adversarios y dividir el poder restante de forma que se compensara entre unos y otros). A diferencia de sus predecesores, el nuevo presidente escuchó mucho, no siempre revelando su propia postura, pidió opinión y supo dirigir equipos. No toleró discrepancias respecto a la línea fundamental de actuación del gobierno, como había sucedido incluso en la etapa socialista. En otras materias, como la cuestión terrorista, aceptó dobles caminos. Las virtudes y los defectos políticos de Aznar siempre parecieron menores; en ese sentido, se asemejaba más a Franco que a Fraga. Unas y otros correspondían, sin duda, a un tiempo de normalidad política. Toda personalidad se transfigura en la cumbre de su carrera y aunque el cambio que se produjo en Aznar fue más palpable durante su segundo mandato, de mayoría absoluta, ya era perceptible en el primero. Su aspecto más grave consistió en una megalomanía destinada a acentuarse de modo peligroso con el paso del tiempo.

Pero en 1996 a Aznar le faltaba una mayoría parlamentaria. Creyó que se le quería impedir un pacto con los nacionalistas catalanes, única minoría con la que podía conseguir la mayoría parlamentaria. Pero éstos siempre estuvieron dispuestos a pactar y parece francamente improbable que desearan la repetición de las elecciones. Las dificultades nacían de la propia posición del Partido Popular en tiempos de oposición, y no de conspiración adversaria ninguna. Fueron necesarios casi dos meses de conversaciones, hasta que el 26 de abril se llegó a un acuerdo final. Se plasmó en un programa sobre materias económicas y también en otras áreas, como el servicio militar o a la supresión de los gobernadores civiles. El acuerdo, en cuya negociación fue importante la intervención de Rato, levantó muchas suspicacias entre los aliados de Convergència. Sin duda, aunque fuera el resultado de una desconfianza mutua, el hecho de que el acuerdo fuera escrito y no tan sólo verbal era muy positivo. Por vez primera en su historia, el centro-derecha español era capaz de integrarse en una fórmula política de colaboración con los nacionalismos periféricos. También el PNV, en efecto, apoyó la investidura de Aznar, pero dejando al margen un aspecto que era esencial: la política antiterrorista; en cambio, el pacto se extendía a cuestiones como la devolución del patrimonio histórico.

Finalmente, el 4 de mayo Aznar fue investido como presidente del gobierno. La composición del nuevo ejecutivo había sido detenidamente pensada por quien lo nombró. Siete de los ministros (y los dos vicepresidentes) procedían de Alianza Popular. Las figuras más destacadas eran Rodrigo Rato, como vicepresidente responsable de economía, y Álvarez Cascos, vicepresidente político. Sólo tres ministros habían tenido militancia en la extinta UCD (Mayor Oreja en Interior, Arenas en Trabajo y Arias en Fomento); hubo, además, tres independientes. Aznar había formado el gabinete con mayor proporción de mujeres de la historia española. A sus ministros les dio como consigna simplemente «durar». Se entiende que el objetivo fuera tan modesto, porque la pretensión de que el PP fuera centrista en 1996 resultaba en gran parte injustificada, dados sus antecedentes. La prevención de los otros partidos no se había disipado por completo. La estabilidad parlamentaria, prometedora, no era completamente segura.

Éxito en política económica y social

El inicio de la recuperación económica ha de situarse en 1994, es decir, durante la última legislatura socialista, a la que, por tanto, es preciso no escatimar méritos. El PP fue, pues, beneficiario de un razonable punto de partida, que, eso sí, supo aprovechar. Junto con Irlanda, España fue el país europeo occidental que más creció en los años siguientes.

Con el apoyo del nacionalismo catalán, la política económica seguida consistió en una opción decidida por el tratado de Maastricht hasta mayo de 1998. Se mantuvo en todo momento la estabilidad macroeconómica, con sus correspondientes precios, rebaja de los tipos de interés y disminución del déficit público y de la deuda. Con ello se contribuyó a crear una cultura de la estabilidad que estaba destinada a perdurar. Los factores decisivos del crecimiento fueron el consumo y la inversión privada, pero tuvo también un papel trascendental la apertura exterior, tanto pasiva como activa, de modo que España pasó de ser receptora de capitales a exportadora de los mismos, en especial en Hispanoamérica, donde se convirtió en el primer inversor europeo.

Liberalizar y privatizar ya había sido un componente esencial de la política económica socialista. Lo nuevo consistió en el énfasis dado a esas dos palabras, nacido del ideario liberal antes descrito. Como consecuencia de ello, se produjo una ingente desamortización de sociedades de propiedad estatal, que superó los cuatro billones de pesetas. Pero esta medida, que en realidad hubiera podido ser adoptada por el adversario político, tuvo consecuencias que contrastaban con los términos liberalización y privatización. El partidismo en la elección de los presidentes de las nuevas empresas había cambiado los centros de gravedad de la vida económica española. En las privatizaciones anteriores (o en las de otros países) no se actuó de esta manera. Además, en las llevadas a cabo en este momento faltó el suficiente grado de atención al «servicio público», juzgándose que el simple paso a las manos privadas garantizaba eficiencia. En cambio, se prestó escasa ayuda de partida a los organismos reguladores del mercado. Se puede decir, en consecuencia, que pasó de la era de los monopolios públicos a la de los oligopolios privados. Con esta medida y con la reforma fiscal del IRPF (1998) y del impuesto de sociedades (1996), destinadas a reducir la carga fiscal, el PP introdujo un giro decisivo en la cultura económica de los españoles.

Más sorprendente resulta el éxito de la política social. La derecha necesitaba una legitimación social, dados sus antecedentes y sus conexiones previas con la patronal. La política seguida por el ministro Arenas, ex militante de UCD, fue prudente y oportuna: consistió en hacer todo lo posible para que los acuerdos fueran suscritos por los agentes sociales y convenientemente apoyados desde el gobierno. Tras el fracaso de la huelga de 1994, los propios sindicatos necesitaban llegar a acuerdos. La reforma laboral de 1997 tuvo como objetivo, al igual que la de la época socialista, flexibilizar el mercado de trabajo pero también mejorar la calidad del mismo. Como contrapatida, los errores más manifiestos de la política social se produjeron en materia sanitaria, donde no existió una voluntad de pacto. Hubo además imprevisión y falta de coordinación al tratar el problema de la inmigración, del que se puede decir que estalló en la política española de forma tan imprevista como clamorosa. La cuestión de la inmigración empezó a plantearse ante la opinión pública como un problema grave entre finales de 1999 y comienzos de 2000. En enero de 2000 se había llegado a un acuerdo consensuado entre todos los grupos políticos y foros independientes para aprobar una ley sobre la materia que acabó siendo retirada por discrepancias en el seno del gobierno, entre ellas la dimisión del ministro de Trabajo (Pimentel). En las semanas anteriores a las elecciones de 2000 estallaron los primeros incidentes xenófobos con la población magrebí inmigrada en El Egido (Almería).

LAS SOMBRAS DE LA DERECHA

En otros aspectos, la política del PP consiguió resultados buenos pero no tan sorprendentes. Hubo, por ejemplo, cierto grado de continuidad con respecto al pasado. El gobierno no aceptó la desclasificación de la documentación del CESID, como pedía una parte de la prensa, argumentando que había sido robada y quizá manipulada, y acabó indultando al ministro Barrionuevo. Ambas medidas eran positivas porque contribuían a evitar la crispación política.

En mayo de 1998 se aprobó la «plena voluntariedad y profesionalidad del servicio en las fuerzas armadas», sin discriminación de sexos, que a continuación trató de llevarse a la práctica. Esta medida fue el resultado del volumen de la objeción de conciencia, del pacto entre los partidos y de un amplio acuerdo de la sociedad española. El problema se planteó en su realización concreta. Pronto se hizo patente la escasez y falta de preparación de los candidatos, hasta el punto de que sólo con mucha dificultad se cubrieron, aun así parcialmente, las necesidades existentes.

También en la política exterior se puede decir que hubo una línea de continuidad con el pasado. La plena integración militar en la OTAN era ya aceptada por el PSOE y éste estuvo también de acuerdo en la contribución militar española a la campaña aérea contra la Yugoslavia de Milosevic. En la política europea, el balance de la gestión del primer gobierno Aznar fue positivo y poco susceptible a interpretaciones ideológicas. Durante la etapa de oposición, el PP había mostrado algún signo de euroescepticismo, que luego abandonó para aplicar un programa dirigido a cumplir los objetivos de Maastricht. Es lógico que así fuera porque en los años siguientes, España iba a recibir más ayudas europeas de las que obtuvo en el anterior quinquenio; otra cosa es que el monto de éstas tendiera a disminuir y estuviera llamado a desaparecer.

Pero en política exterior hubo también un elevado grado de ideologización que supuso la modulación de algunas tendencias. El factor de discontinuidad con la política anterior en lo que atañe a Europa nació de la sintonía con Gran Bretaña, aunque en realidad se refería a Estados Unidos. Aznar tuvo la idea de contrapesar los motores de la Unión Europea sumándose a otra potencia que desde siempre tenía relaciones especiales con los norteamericanos. Nunca fue federalista europeo y en el año 2000 propuso, junto con Blair, una política económica y social liberalizadora (agenda de Lisboa). Pero no resultaba fácil compaginar estas nuevas lealtades con la política tradicional y los intereses españoles. En realidad, Iberoamérica seguía constituyendo, ahora como al comienzo de la transición, la única posibilidad de España para trascender la condición de mediana potencia regional europea. Aunque en este período España incrementó tanto la inversión como la cooperación con Hispanoamérica, la presencia española se concentró en determinados sectores y se vinculó a unas privatizaciones que a menudo trajeron consigo incrementos muy impopulares en los precios de los servicios, lo que tuvo efectos contradictorios de cara a la opinión pública. En el caso de Cuba se atravesaron momentos difíciles en los primeros años del gobierno del Partido Popular como consecuencia de la política de confrontación; esas dificultades nunca se extinguieron por completo. España estuvo un año y medio sin embajador en Cuba y Aznar vetó un viaje real a la isla. Las relaciones con Chile se vieron complicadas por el procesamiento de Pinochet por el juez Garzón y la posterior detención en Londres del ex dictador chileno.

En materia educativa resulta difícil encontrar un aspecto en que el PP hubiera dejado en el año 2000 un auténtico motivo de satisfacción compartido por todos los sectores ligados a la enseñanza. Una intensa sensación de desconcierto desde el punto de vista del programa que realizar, unida a un planteamiento en exceso ideologizado, concluyó por incrementar hasta límites impensables los conflictos gratuitos incluso con sectores en principio inesperados. La legislación esencial en cada uno de los niveles educativos no podía ser modificada porque le faltaban votos parlamentarios para conseguirlo. Pero se perdió una gran ocasión para cambiar mediante consenso la legislación universitaria y se produjeron conflictos graves en materias en que podían haberse evitado. Se pretendió llevar a cabo una reforma de los estudios de Humanidades en el supuesto de que la enseñanza impartida por las comunidades autónomas inducía a graves errores, aunque, al final, la propuesta se acabó retirando. Una demanda por parte de la Generalitat para recuperar su documentación de la guerra civil, que podía haber sido resuelta con facilidad, acabó desembocando en un nuevo enfrentamiento gratuito.

La política cultural nació de una actitud reticente hacia las industrias relacionadas con ella y de una falta de respeto a la profesionalidad en la gestión. Eso y la pretensión de que la responsabilidad principal en estas materias se llevase de acuerdo con unos planteamientos parecidos a los de una empresa, tuvo como consecuencia un peregrino intento de modificar el modo de regirse el Museo del Prado y una conflictividad gratuita con la industria cinematográfica y del libro. Con el paso del tiempo esas actitudes se moderaron de forma considerable, pero sólo al final de la legislatura se produjo un incremento en los presupuestos. El Fondo de Protección a la Cinematografía, por ejemplo, pasó en el período 1998-2000 de 3.500 a 5.500 millones; estas cifras, sin embargo, aún se mantenían muy lejos de las de Francia, Alemania o Italia. Para los gobernantes, la demanda de protección equivalía a falta de creatividad; así fue como se incubó un conflicto destinado a estallar en la segunda legislatura.

La gestión de la justicia resultó también negativa. El año 1999 concluyó con casi una huelga de jueces por problemas retributivos y con la casi dimisión del presidente e incluso del pleno del Consejo General del Poder Judicial por la falta de respuesta del gobierno a las peticiones de reforma. Los males de la justicia española eran, a la altura de 1996, bien conocidos: la lentitud y la intromisión de la política en el poder judicial. A lo largo de esta etapa de gobierno se sumaron a la administración judicial unos 3.400 funcionarios nuevos, de los cuales más de quinientos eran jueces y magistrados y algo menos de doscientos eran fiscales, y se gastaron unos 14.500 millones en inversiones. Se aprobó una Ley Orgánica del Poder Judicial que, entre otras cosas, establecía un plazo para la vuelta a la política de jueces y magistrados que decidieran implicarse en ella, y se dieron algunos pasos importantes para la aprobación de una ley de enjuiciamiento civil. Pero si todo esto pareció insuficiente, más desacertados todavía resultaron los intentos de despolitizar la justicia. Un nuevo método de elección del Consejo del Poder Judicial podría haber contribuido a crear más confianza en ella, pero el procedimiento de hacerlo a través del recurso a las asociaciones de jueces pronto pareció insuficiente. Aun así, durante la presidencia de Delgado, el Consejo supo evitar los casos más patentes de politización. Pero, aunque profesional, la fiscalía general del Estado actuó siempre en un sentido parcial, en especial después de que en mayo de 1997 fue sustituido el primero que había sido nombrado.

El Ministerio de Medio Ambiente, solicitado desde hacía mucho tiempo, fue bien recibido por la opinión pública. Sin embargo, la pasividad de los responsables políticos, enzarzados en una conflictividad sin sentido con las organizaciones sociales o incapaces de estabilizar un equipo, impidió sacar provecho de la nueva institución. En una situación como la descrita, no puede sorprender la tardía reacción ante un desastre ecológico como el de Aznalcóllar, el mayor de esas características sucedido en Europa hasta la fecha.

Pero si existió una política donde se produjo una contradicción manifiesta entre el programa con que se acudió a las elecciones de 1996 y lo llevado a cabo por el gobierno del PP durante la etapa 1996-2000 fue en la relativa a los medios de comunicación. La actitud de resquemor del gobierno Aznar ante determinados medios, la necesidad sentida de tener un apoyo propio y la demanda por parte de la oposición en los medios de comunicación de una contrapartida a los supuestos servicios prestados ayuda a explicar lo que ocurrió a partir de la victoria electoral.

Lo sucedido puede ser descrito a la vez como el resultado de una política en parte continuista y de una voluntad de ruptura con respecto al pasado para intentar modificar el panorama existente en los medios de comunicación. La continuidad se pudo apreciar principalmente en la descarada utilización de los medios de titularidad pública en beneficio de quienes estaban en el poder, de modo muy parecido al de todos los gobiernos anteriores. Por otra parte, no se actuó en absoluto en el sentido de controlar la deuda, que siguió creciendo. La novedad consistió en el propósito de utilizar los resortes del poder para configurar un panorama de medios de comunicación nuevo y benévolo para con el gobierno, lo que puede ser considerado como una ruptura con las normas más elementales de la práctica democrática.

La confrontación se llevó a cabo en una confusa y áspera lucha, legal y de opinión. Comenzó en la televisión digital pero luego se extendió a otros campos. Telefónica, presidida por un amigo de Aznar, compró la televisión Antena 3, cuyos informativos se hicieron cercanos al gobierno, y además inició la constitución de un grupo multimedia con la adquisición de emisoras de radio (Onda Cero) y publicaciones escritas (Grupo Recoletos). Pero el desgaste experimentado por el gobierno ante la opinión pública acabó por hacerle retroceder y, además, la Comisión Europea instó a España a modificar la ley de televisión digital que se había aprobado con el apoyo de PP e IU. Cuando Aznar, que empezó a dejar de controlar Telefónica, quiso ofrecer una imagen más centrista de su política lo primero que hizo fue mostrar menos beligerancia en esta materia.

Sin duda, el ejecutivo vio con satisfacción que el presidente de la primera empresa informativa española fuera sometido a un proceso. La denuncia, surgida en medios de extrema derecha, no tenía fundamento, pero su tramitación en los tribunales se prolongó durante doscientos cincuenta días; la televisión pública hizo aparecer al presidente de Prisa acudiendo a los tribunales en más de sesenta ocasiones. El sesgo con que el juez Gómez de Liaño llevó el caso fue tal que todos sus autos, menos uno, fueron anulados por la instancia superior. En otoño de 1998 se decretó el archivo del llamado *caso Sogecable*, así llamado por el nombre de la empresa acusada. Sus directivos emprendieron a continuación acciones legales contra el juez Gómez de Liaño, quien en octubre de 1999 fue condenado por prevaricación y perdió su puesto en la carrera judicial. En definitiva, la independencia de los jueces, el creciente papel de la Unión Europea en materia de comunicaciones y la presión de los medios de comunicación independientes obligaron al gobierno Aznar a rectificar, al menos parcialmente, en un terreno en el que había cometido los más graves errores de toda su gestión.

España plural: las nacionalidades y el terrorismo

En este apartado intentaremos dar cuenta de la política autonómica que llevó a la práctica el primer gobierno del Partido Popular y ofrecer también una panorámica general en lo que atañe a la evolución histórica de las comunidades autonómicas que revisten el carácter de «nacionalidad».

En continuidad con el pasado, durante la primera legislatura del PP se llevó a cabo el pleno cumplimiento de los pactos autonómicos de 1992, suscritos entre el PP y el PSOE. El traspaso más significativo, como cabía pensar, tuvo lugar en educación no universitaria, e implicó 157.000 funcionarios y casi 900.000 millones de pesetas. A estas alturas, el gasto público administrado por las comunidades autónomas debía de ser algo más del 35 por 100 del total, mientras que al Estado le quedaría poco más del cincuenta por 100. Quedaban, no obstante, cuestiones pendientes, pues a pesar de haberse intentado nuevas fórmulas de financiación siempre se pensó en ellas como soluciones de urgencia. Por otra parte, la figura del «subdelegado» como sustituto del gobernador civil sirvió para establecer una dependencia que antes no existía con el «delegado del gobierno», pero es muy dudoso que su aparición tuviera el efecto simbólico que hubieran querido los catalanistas.

En Cataluña se mantuvo una situación política no exenta de elementos problemáticos. Pronto se hizo palpable que el hecho de haber suscrito un pacto no era bastante para mantener la armonía entre PP y CIU, aunque, al mismo tiempo, «la ausencia de amor no invalida un matrimonio». El problema se agudizó con el deterioro del voto nacionalista. En las elecciones de noviembre de 1995, Pujol, que llevaba tres lustros en el poder, perdió la mayoría que tenía en Cataluña y tuvo que mantenerse en una difícil situación con el apoyo alternativo de ERC y PP. Además, en 1996, Roca dejó los cargos de importancia mientras que Pere Esteve pasó a ser secretario general de Convergència con un discurso más radical, que tuvo como eje la «soberanía compartida» y se pudo concretar con la colaboración de los otros grupos nacionalistas, como el PNV y el BNG (Bloque Nacionalista Galego).

Pero con esta actitud más radical no mejoraron las perspectivas electorales de CIU. Ya en las elecciones de 1999, Pujol necesitó los doce diputados del PP para ser investido y lo logró con un solo voto de diferencia: de tener en sus manos una influencia determinante en la política española pasó a ser un rehén, aunque siempre conflictivo, de la derecha. Los resultados electorales del año 2000 hicieron a Pujol mucho más dependiente que nunca del PP de modo que obligadamente tenía que olvidar la reforma del Estatuto y de la Constitución.

En Galicia, el PSOE fue perdiendo votos a partir de 1986 y en 1997 se convirtió en el tercer partido en el Parlamento gallego. En cambio, la derecha gallega fue fagocitando al galleguismo de centro. El lento y progresivo proceso de unificación del nacionalismo de izquierdas en el BNG no se consolidó sino en 1996-1997, al mismo tiempo que experimentaba una creciente moderación. Pero, en definitiva, el panorama político no se alteró.

En 1996, el gobierno de Euzkadi estaba formado por los dos partidos nacionalistas y el PSOE. El pacto de investidura para la formación del gobierno Aznar con el PNV fue sólo de mínimos y excluyó la cuestión más importante de la política vasca: el terrorismo. Pero al menos, durante unos meses pareció haber engendrado una situación nueva en la que existía un deseo de colaboración inédito. Al margen de ello, la eficacia policial contra el terrorismo fue creciente: en los primeros meses de 1998 ingresó en la cárcel el mismo número de etarras que entre 1995 y 1997; en tan sólo este último año fueron detenidos 67 miembros de la banda. Además, avanzó la colaboración internacional y Francia dejó de ser definitivamente el «santuario» del terrorismo.

Hubo también una ofensiva judicial contra ETA. A fines de 1997 ingresaron en la cárcel los miembros de la mesa de HB como consecuencia de haber cedido un espacio electoral a ETA para la emisión de un vídeo durante la campaña electoral de 1996. En mayo de 1998 se desmanteló una red de empresas que servía de entramado financiero a la organización terrorista y al mes siguiente se cerró el diario *Egin*, cuyo director —se dijo— no sólo era nombrado por ETA, sino que incluso recibía instrucciones de ella en su ordenador. En 1996 hubo cinco asesinatos de ETA y en 1997 trece; en realidad estas cifras eran una prueba de impotencia, pues correspondían a concejales del PP, fácilmente objeto de atentados. Pero esa impotencia tendió a multiplicar la barbarie, en vez de hacerla desaparecer. En julio de 1997 fue liberado, tras permanecer 532 días secuestrado, el funcionario de prisiones Ortega Lara. Diez días después, ETA capturó a Miguel Ángel Blanco, concejal del PP en Ermua, y amenazó con matarlo si no se producía el acercamiento de los reclusos. La noticia conmocionó a toda España, y aún más con la inmediata ejecución del concejal. Al principio los partidos actuaron de forma unitaria en la protesta, pero esta situación duró poco.

El llamado pacto de Estella-Lizarra supuso la ruptura con una larga etapa de colaboración entre el PSOE y el nacionalismo democrático (1987-1998). Desde 1995 existieron contactos entre PNV, EA y ETA. Lo sucedido en el verano de 1997 y la crecida del voto del PP hizo que los nacionalistas vascos sintieran la necesidad de tomar iniciativas urgentes y drásticas para lograr la paz aglutinando todo el voto nacionalista. En marzo de 1998, el *lehendakari* Ardanza publicó un documento en que partía de que el conflicto vasco existía entre los propios vascos, reconocía los avances producidos merced al Estatuto y negaba la existencia de un déficit democrático en Euzkadi. Al mismo tiempo, pedía también un cese ilimitado de la violencia y un diálogo sin condiciones ni límites para un nuevo marco institucional. Podría haber sido un meritorio punto de partida de no estar precedido de una tensión previa tan fuerte.

Los contactos definitivos entre ETA y el PNV tuvieron lugar a comienzos de 1998 y luego prosiguieron durante todo el verano. Fueron estimulados por el abandono del PSOE del gobierno vasco. ETA puso como condición para el cese de la violencia la ruptura de PNV y EA con los partidos de ámbito español y la creación de una institución que sirviera para iniciar el camino soberanista en el conjunto de territorios de Euskal Herria. El acuerdo se caracterizó por la ambigüedad y la imprecisión, sin duda porque los nacionalistas moderados pensaban que, tras la tregua, la violencia no se reanudaría. En septiembre de 1998 se suscribió el pacto de Estella, que predeterminaba ese «ámbito vasco de decisión», que situaba fuera del marco constitucional, y que indignó a la mayoría de las fuerzas políticas. El pacto de Estella pretendió ser una «pista de aterrizaje» para ETA en la legalidad, pero lo fue también del despegue hacia el olvido de la tradición moderada (autonomista) del PNV.

En las elecciones autonómicas de octubre de 1998 se mantuvo la correlación entre escaños nacionalistas y no nacionalistas, pero con una indudable tendencia a la bipolarización que beneficiaba a HB y al PP. El pacto de Estella presuponía una tregua, durante la cual tuvo lugar en Suiza, en mayo de 1999, el único encuentro entre el gobierno y los representantes de ETA, del que no surgió ningún acuerdo. El Congreso aprobó una resolución por unanimidad en la que se solicitaba al gobierno una «flexibilización» de la política penitenciaria. Sin que la noticia apareciera de forma estridente en la prensa, hubo cambios parciales en la política gubernamental. Unos doscientos etarras fueron excarcelados y 135 fueron trasladados a zonas más próximas al País Vasco, mientras que de Francia volvían sesenta de los 150 emigrados allí. Además —fuera o no ésta una decisión política— el Tribunal Constitucional acabó anulando en el verano de 1998 la sentencia sobre la mesa de HB. En junio se celebraron las elecciones europeas y municipales. En las primeras los resultados fueron sensiblemente semejantes a ocasiones anteriores: PNV-EA obtuvo el 34 por 100 del voto y PP, PSOE y EH un 19 por 100 cada uno.

Con ello, la situación para los nacionalistas se había vuelto muy complicada. Todavía lo fue más cuando ETA suspendió los contactos con el gobierno y, sobre todo, a partir de noviembre de 1999, en que anunció el retorno a la «acción armada» con grandes reproches a los nacionalistas democráticos. EH (Euskal Herritarrok, la nueva denominación de HB) se negó a desmarcarse de ETA. A lo largo de 1999 no se produjo ningún asesinato terrorista, pero luego se descubrió que ETA empleó ese tiempo en convertir sus comandos de *kale borroka* (lucha callejera), que habían incrementado su actuación, en terroristas a secas. En enero de 2000, ETA volvió a asesinar a un militar en Madrid. No cabe la menor duda de que la culpable de que no hubiera un proceso de paz fue ETA. Debió de haber sectores en la banda que lo querían, pero se impuso, como siempre, la línea dura. Es imposible saber qué razones motivaron el cambio de postura a fines de 1999, pero la actitud de EH resultó, en los meses precedentes, un modelo de incoherencia: quería, a la vez, que el gobierno tuviera iniciativas pero sostenía a la *kale borroka*. Por su parte, el gobierno del PP siempre estuvo atento a la inmediata rentabilidad política, tuvo excesivas esperanzas en que él solo resolvería el problema y fue a remolque de los acontecimientos. Los socialistas no definieron una posición propia, sino que pasaron de la colaboración con PNV y EA a asimilarse al PP. Los nacionalistas democráticos habían dado cuenta a Aznar de su cambio de rumbo antes de acercarse a ETA, pero confiaron en exceso en las posibilidades del proceso de paz, olvidaron su tradición moderada, no rectificaron a tiempo cuando se produjo la vuelta a las armas y no se dieron cuenta de que un pacto como el de Estella significaba frentismo antinacionalista y disminución de la influencia territorial propia. Hubo, pues, además de la evidente culpa de ETA, un fracaso colectivo de los demócratas. El obispo Uriarte, que participó en la negociación atribuyó resumidamente lo sucedido «a la impaciencia de unos y al inmovilismo de otros».

Gobierno y oposición. Las elecciones de marzo de 2000

En coherencia con su política de «durar», Aznar sólo introdujo cambios políticos en su gobierno a la mitad de la legislatura. Fue entonces, en julio de 1998, cuando sustituyó al polémico Miguel Ángel Rodríguez, portavoz del gobierno, que había sido protagonista principal de la política de medios de comunicación y había hecho declaraciones muy inconvenientes sobre los catalanistas. Aznar insistió en la necesidad de llevar a cabo una renovación hacia el centro, presentándola como una misión personal: volvía, pues, a sus pronunciamientos de la campaña de 1996. A finales de año, cuando ya había sido proclamada la tregua de ETA, volvió a insistir en parecida actitud. Álvarez Cascos, otro protagonista en la batalla por los medios de comunicación, había perdido ya toda relevancia en la primera línea de la dirección del partido. La había tenido, sin embargo, en los años iniciales, incluso tratando de mantener la frágil colaboración con el PNV. A principios de 1999 se llevó llevó a cabo una remodelación gubernamental que afectó a la cartera de Trabajo: Arenas fue sustituido por quien parecía uno de sus colaboradores más fieles para poder hacerse cargo de la secretaría general del partido.

Mientras tanto, los resultados de las encuestas eran optimistas para el PP. A fin de cuentas, durante la legislatura 1996-2000, España redujo en tres puntos el diferencial de renta con la media de la Comunidad Europea y llegó al grado más alto de convergencia real alcanzado nunca, un 83 por 100. El éxito económico iba convirtiéndose en una «lluvia fina» que todo lo empapaba y se imponía a cualquier otra realidad más desagradable.

Además, la oposición ayudaba al PP. Los socialistas, durante largo tiempo asediados por una constelación de circunstancias negativas derivadas en gran medida de sus propios errores, quedaron en 1996 a una distancia electoral muy reducida. Felipe González, que seguía siendo una figura absolutamente clave en la dirección del partido y había pasado por una confrontación tan dura en sus últimos años de ejercicio en el poder, despreciaba a su sucesor. Durante largos meses dio la sensación a los socialistas de que la victoria de Aznar podía ser reversible a corto plazo.

En junio de 1997, ante el congreso de su partido, para sorpresa de la mayoría e incluso de quien iba a sucederle, González renunció a la reelección como secretario general; con su decisión arrastraba a Alfonso Guerra y a Benegas, los otros dos supervivientes del congreso de Suresnes que quedaban en la dirección socialista. La elección de Almunia como secretario general pudo dar la impresión de ser una decisión de la cúpula directiva del PSOE que había permanecido en el poder durante los catorce años precedentes. En realidad se trataba de una decisión continuista que tenía su lógica objetiva: Almunia era un dirigente en la línea «renovadora» que no se había visto envuelto en los peores aspectos de la gestión socialista.

Almunia tomó dos decisiones que pronto se revelaron demasiado arriesgadas: convocar unas primarias internas y propugnar un pacto con IU. En el fondo, no sólo eran ambas positivas sino que probablemente resultaban también irreversibles, en el sentido de que de una forma u otra estaban destinadas a convertirse en decisiones importantes y que iban a tener consecuencias decisivas. La mayor parte de los electores socialistas pensaba que en esas primarias ganaría Almunia, pero ni el candidato ni tampoco el conjunto de la dirección del partido tuvieron en cuenta que el sistema de primarias abría la caja de Pandora de una mayor conflictividad interna en momentos de desorientación y malestar internos. Contra todo pronóstico, en abril de 1998, Almunia perdió las primarias con un 44,5 por 100 de los votos, frente a más del 55 por 100 obtenido por Borrell.

Borrell llegó a ser el político más valorado en la opinión pública, por delante de Aznar, que tuvo que conformarse con el tercer puesto (el segundo lugar lo ocupaba González). Pero el «efecto Borrell» fue un episodio muy efímero en la política española. Cuando tuvo lugar el debate sobre el estado de la nación, el 41 por 100 otorgaba la victoria a Aznar por tan sólo el catorce por 100 a Borrell. Muy pronto se produjeron problemas de bicefalia (hubo quien afirmó que, en realidad, eran de acefalia) al permanecer Almunia como secretario general del partido.

Las decisiones tomadas por la justicia en materias derivadas de los procesos pendientes ante los tribunales todavía entenebrecieron más la imagen del PSOE. A finales de julio de 1998, la condena por el caso Marey supuso que un ex ministro socialista, Barrionuevo, y un secretario de Estado, Vera, ingresaran en la cárcel. Los militantes socialistas se vieron obligados a optar entre una solidaridad vergonzosa o la vergüenza de no prestar apoyo a unos correligionarios que habían ocupado puestos tan importantes. Sólo en el mes de diciembre se concedió el indulto, una decisión gubernamental oportuna y meritoria desde el punto de vista del relajamiento de las relaciones entre los partidos constitucionales.

Finalmente, Borrell fue descartado. Probablemente él mismo se descubrió demasiado frágil e incapaz, de modo que poco a poco fue olvidando los reproches que en un primer momento había hecho al resto de los dirigentes del partido. Al final, en mayo de 1999 dimitió de su condición de candidato a la Presidencia del Gobierno, cuando se hizo patente que un escándalo de dos ex colaboradores suyos por acciones delictivas en el Ministerio de Hacienda podía afectar al conjunto del partido.

A todo esto, en nada beneficiaba a IU la situación existente en el PSOE. Tenía lugar, en cambio, un goteo lento pero claro en la intención de voto de IU, de modo que en 1997 ya valía desde el punto de vista electoral la mitad de lo que había conseguido en las elecciones de 1996. La propuesta de colaboración que le hizo el PSOE trastocó por completo la política mantenida hasta entonces por Anguita. Almunia había pensado que sólo podía galvanizar a su electorado a través de un pacto con IU. Eso le obligaba a presentar un programa demasiado a la izquierda, con una profundización en el Estado de bienestar, y a utilizar un lenguaje un tanto desgarrado. La consecuencia era abandonar el voto de centro.

En cambio, cuando llegó al final de la legislatura, el gobierno Aznar tenía motivos para mostrarse satisfecho. Había sido una etapa de resultados económicos francamente buenos; el empleo había crecido y había disminuido algo la presión fiscal directa, aunque hubiese crecido la indirecta. La sensación de prosperidad y optimismo respecto al futuro formaba parte de los sentimientos de la sociedad española. El gobierno Aznar era, además, el primer ejecutivo español desde 1982 al que no se le había convocado una huelga general.

A partir del verano de 1998, las encuestas de opinión presentaban como probable una victoria del Partido Popular, aunque la situación no había sido siempre clara. Tras una breve ventaja inicial del PP, desde el otoño de 1996 hasta el verano de 1997 (es decir, durante tres trimestres consecutivos) el PSOE permaneció por delante en expectativas electorales, y también volvió a esa situación en la primavera de 1998. Frente a estos cuatro trimestres, en otros catorce el PP estuvo por delante, a veces con diferencias considerables (de hasta ocho puntos porcentuales). Ahora, ante las nuevas elecciones, el número de los españoles que percibían la situación en términos positivos («buena» o «muy buena») llegaba hasta el cuarenta por 100, porcentaje nunca alcanzado durante la democracia española. Aun así, la victoria por mayoría absoluta era una posibilidad inimaginable incluso para los dirigentes de la derecha misma. Así lo pensó también la casi totalidad de los analistas. Un dato más que debe ser tenido en cuenta: la gran indefinición del elector. En octubre de 1999 había más de un 25 por 100 del electorado que no sabía qué iba a votar, una cifra que alcanzó un 34 por 100 en la precampaña y sólo descendió a menos del 28 por 100 una vez iniciada ésta. En suma, nunca un gobierno había llegado al final de una legislatura con tan buenos indicadores económicos o políticos y tan elevada inseguridad electoral.

La propuesta de optimización electoral del voto de izquierda por parte del PSOE resultó una gran sorpresa. Formulada en enero de 2000, se vio facilitada por la retirada de Julio Anguita como candidato por motivos de salud. En realidad, no respondía a ninguna demanda discernible de la sociedad española y, además, proporcionaba el detonante para una movilización reactiva del voto derechista. Esta especie de casi coalición era absurda porque sólo podía triunfar donde no se había constituido, y de ningún modo sumó todos los votos que le podían haber correspondido. Sólo se llevó a cabo en pequeños distritos de derechas.

La campaña contribuyó, finalmente, a que los resultados fueran muy poco favorables para la izquierda. La desarrollada por el PP se basó en la identificación con las realizaciones («Hechos») y la posibilidad de seguir ese mismo rumbo en el futuro («Vamos a más»). Un efecto muy positivo tuvo también para el PP el efecto de la «secuencialización» del programa, es decir, la revelación progresiva de los contenidos concretos de su programa. En cambio, la campaña de la izquierda, supuso, con la desmesura, también la incertidumbre. El resultado de las dos campañas fue un diferencial de movilización de los respectivos electorados afines. El PP se movilizó mucho y su voto se mantuvo muy fiel, mientras que en el caso del PSOE e IU la movilización fue mucho menor y, además, menos intensa y convencida.

El PP, con el 44,5 por 100 del sufragio expresado, logró 183 escaños, ocho más que los necesarios para la mayoría absoluta; había progresado casi cinco puntos porcentuales. Por su parte, el PSOE obtuvo el 34,1 por 100 de los votos y 125 escaños, lo que suponía un retroceso en tres puntos y medio y la pérdida de 16 escaños. Pero esta derrota era leve en comparación con la de IU, que, confirmando su imparable descenso, se quedó en tan sólo el 5,5 por 100 de los votos y ocho escaños, frente a un porcentaje de casi el doble en 1996 (10,6 por 100) y un número de escaños que se aproximaba al triple (21). El electorado nacionalista permaneció, en general, tan estable como suele ser habitual en España, pero también con diferencias. La consigna de abstención electoral propuesta por EH fracasó, pues la disminución producida en el voto en el País Vasco fue de sólo siete puntos entre una elección y otra, cifra inferior a la que se dio en el conjunto de España. Todo hace pensar que una parte del voto radical fue a parar al PNV.

Da la sensación de que una parte del electorado de izquierdas decidió «que gane el PP con mi abstención en contra». Optó, pues, por la abstención y la aceptación pasiva de un resultado que no parecía tan malo dados los éxitos logrados por la gestión económica del partido en el poder. En definitiva, el PSOE perdió tres millones de votos respecto a 1996; su debilidad se aprecia de forma muy clara al referirse a porcentajes de electores.

A partir de estos datos, es posible hacer dos interpretaciones antagónicas de los resultados electorales. La primera sería la más optimista para el PP. La mayoría absoluta obtenida por Aznar en 2000 sería una «mayoría universal», como la del PSOE en 1982, aunque lograda a base de una abstención mucho mayor. Se había convertido en verdad que, por fin, «los votos ya no son de nadie», en el sentido de que adscripciones partidistas carecerían de la fijeza de otros tiempos. La transferencia de un partido a otro podría ser estable. Como afirmó Aznar, esto supondría incluso «el final de la guerra civil». No cabe la menor duda de que este juicio influyó de modo decisivo en su posterior etapa de gobierno.

Sin embargo, la de 2000 fue una victoria de la derecha pero ayudada porque, aparte de ganar Aznar, perdió Almunia. En el año 2000, el PSOE disponía de un punto de partida que era sin duda mucho mejor que el de la derecha en 1982, y el PP no se había asegurado dos mandatos, como sin duda le sucedió a su antagonista en aquella fecha. Lo que sí es cierto es que la derecha contaba con un partido tan sólidamente establecido en la disciplina como pudo serlo el PSOE de 1982 y que, además, todo le ayudó (incluso la enfermedad de Anguita). Sucedió en España lo que ya había acontecido en Portugal cuando el dirigente de centro-derecha Cavaco ganó en 1985 unas elecciones anticipadas en precario, pero, tras establecer y poner en práctica un plan económico, pudo conseguir una aplastante mayoría en 1987 y revalidarla en 1991.

A partir de esta interpretación de los resultados electorales podemos intentar un primer balance de la gestión de la derecha en la primera legislatura. A la hora de recapitular sobre ella y las perspectivas de futuro del PP en el 2000 se debe empezar, si se desea abordar los aspectos positivos, por los económicos. La evolución de la economía española en los últimos cuatro años resultó tan positiva que incluso puede hablarse, en determinadas áreas como la inversión en el exterior, de un auténtico hito histórico. Este ciclo de estabilidad y de creación de empleo, cuyo inicio se remonta a la época socialista, permitió un crecimiento anual muy considerable, acompañado —lo cual es decisivo— por estabilidad macroeconómica. Entre los aspectos más dignos de alabanza de la gestión del gobierno, hay que situar su capacidad para disciplinar el comportamiento del sector público y la fiabilidad de la política antinflacionista, a pesar de las dificultades finales. La manera en que se llevaron a cabo las privatizaciones contrapesa estos aspectos positivos. No obstante, se crearon un millón ochocientos mil empleos nuevos y se redujo la tasa de desempleo en un siete por 100, aunque permaneciera muy por encima de la media europea. Por otro lado, disminuyó el peso de la tasa de cobertura por desempleo pero se amplió la protección media.

Este brillante gestor económico se convierte en irregular en muchas otras asignaturas, e incluso cabe plantear la duda de si en algunas rompió las reglas esenciales de convivencia. Casi tan sólo en el aspecto policial del Ministerio del Interior merece tantas alabanzas como en materia económica. Es cierto que en algunos aspectos hubo continuidad (política exterior, defensa...), pero la gestión en materias como educación, cultura, justicia y medio ambiente fue deficiente, y no hacía pensar en que se pudiese lograr una mayoría absoluta. La de los medios de comunicación resultó francamente abusiva e inaceptable. Otras materias decisivas simplemente fueron olvidadas, como la elevación de la calidad de la democracia, o bien se inició en ellas un camino peligroso. Éste fue el caso de la convivencia en una España plural desde el punto de vista cultural. En suma, el resultado obtenido por Aznar en el año 2000 parece muy superior a sus méritos objetivos.

Pero dejó también como herencia un cambio importante en la vida política española, en especial a medio y largo plazo. Sin duda, el balance fue positivo en el terreno económico, pero además es muy posible que el sello que el gobierno de la derecha imprimió en la política española resulte bastante duradero. Las privatizaciones se iniciaron en la etapa socialista, por lo que no puede afirmarse que haya existido en este terreno una auténtica novedad radical. En cambio, es muy posible que en el terreno de la fiscalidad sí exista esta novedad. Es improbable que en el futuro se siga considerando como inevitable el incremento de la fiscalidad, tal como sucedió en el pasado durante tantos años.

También puede decirse que a la altura del año 2000 existía un dato de la realidad española que se había manifestado ya de forma clara durante los últimos meses, que estaba destinado a durar y que suponía también un cambio de primera importancia en la vida española, aunque no se debe atribuir en exclusiva a una gestión política: al final de un siglo y de un milenio, el juicio de los españoles sobre sí mismos era netamente positivo. La superposición de la transición, la etapa socialista y la del PP habían tenido esa consecuencia final, de la que se benefició de modo principal el tercero.

La última reflexión con la que debe concluir este balance de la primera legislatura de derechas se refiere a la perspectiva de futuro que ofrecía la política del PP tras la victoria por mayoría absoluta en las elecciones del 2000. Este resultado inesperado cambiaba de forma drástica las posibilidades y los modos de ejercer el poder e introducía el interrogante, siempre presente en la política del PP sobre si decantarse por su componente de derecha clásica o bien por el centrista.

El estilo de la mayoría absoluta

Ahora, tras las elecciones de 2000, nadie podía hablar de «amargas victorias o dulces derrotas» como sucedió en 1996. Ese año, por sorpresa y sin la aureola milagrera de entonces, parecía el 1982 de la derecha española. En efecto, en el Parlamento, el PP se encontraba con un desierto enfrente: el PSOE no parecía una alternativa viable, pues aún no había asimilado su derrota. IU estaba apremiada por las deudas y debió despedir a una parte de sus trabajadores. Además, al margen del País Vasco, los gobiernos catalán y canario dependían para su estabilidad del apoyo del PP. Pero, al mismo tiempo, en el año 2000, el 56 por 100 de los votantes eligió papeletas de otros partidos, distintas del PP; sólo con CIU y CC (Coalición Canaria), que apoyaron la investidura de Aznar, el voto derechista rozaría el cincuenta por 100. La mayoría absoluta no era, pues, un cheque en blanco, pero podía ser tomada como tal. El propio Aznar podía ir a más: la victoria, como recordó Churchill, se puede y se debe, administrar con magnanimidad. De esta manera, además, suele resultar rentable, pero Aznar no actuó de este modo.

Es cierto que en un principio optó por un tono conciliador. Cuando a finales de abril se formó el nuevo gobierno, le correspondió un papel de primera importancia a Rajoy, que había ejercido como apagafuegos cuando se produjo una crisis en el Ministerio de Educación. Político hipotenso, ocupó la vicepresidencia política en un momento en que el PP ya no tenía que ofrecer una cuota de centrismo histórico. Dos jugadas excelentes de la política de personal de Aznar fueron situar a Trillo, un potencial competidor y un tanto distante durante la legislatura anterior como presidente del Congreso, en el Ministerio de Defensa —y no en Justicia, como él hubiera preferido— y destinar a Álvarez Cascos, representante de la vieja guardia del partido, a un ministerio inversor como Fomento, nada desdeñable pero políticamente poco relevante. Ambos, en realidad, habían sido degradados. Se puede interpretar el ascenso de Rajoy como paralelo al declive de Rato, pero eso sería excesivo pues a fin de cuentas desdoblaba su ministerio con una persona de su influencia política y mantenía la vicepresidencia económica. Aznar fue personalmente responsable de los cambios ministeriales y además desempeñó un papel muy importante en los de segundo nivel. El gobierno investido a fines de abril contó con el apoyo de 202 diputados, número idéntico al de parlamentarios del PSOE en 1982.

En el transcurso de pocas semanas este nuevo gobierno se olvidó del talante dialogante y mostró todos los inconvenientes de la mayoría absoluta. Una ambición nacionalista española, una creciente egolatría y un desprecio por la oposición, en especial la nacionalista, fueron elementos determinantes en su posición de fondo. Aznar no tuvo reparo en afirmar que España debía tener como ambición dar «un gran salto en la primera década del siglo XXI» y entrar en el G-8, y aseguró que no había que hablar de ella «con vergüenza». España no era un problema, sino una potencia mundial. El presidente aseguró de sí mismo: «Yo soy como los poetas que no tienen biografía porque mi biografía son los hechos». A los nacionalistas vascos los acusó sin ninguna duda de que «cada vez que ETA ha estado contra las cuerdas han ido a salvarla». Otros ministros culparon al PNV de ser un perpetuo «traidor» a la democracia. Dio la sensación de que la obra de gobierno que se emprendiera sería «esencial para dejar una huella en la próxima década». Aznar se convirtió en una especie de reformador moralista, dogmático y profético, que actuaba con independencia absoluta de las condiciones sociales existentes y de los consensos que hubiera sido necesario construir para tomar decisiones destinadas verdaderamente a perdurar.

De ahí nació una catarata de reformas novedosas que se vieron acompañadas por un talante de creciente crispación basado en la agresividad contra el adversario y en una actitud propia entre esquinada y prepotente. Así se hizo patente sobre todo a partir del verano de 2001. Todo ello resultaba innecesario e incluso contraproducente para los propósitos perseguidos. A fines de año se publicaba una encuesta del CIS donde el 26 por 100 de los interrogados declaraba la situación política mala o muy mala, frente a un 22 por 100 que la calificaba como buena o muy buena, situación poco imaginable con una mayoría parlamentaria absoluta. De la Margaret Thatcher final, ídolo de los dirigentes del PP, se escribió que, arrellanada en su sillón, por su propia forma de comportarse parecía, como el monarca francés en su trono en 1789, provocar la revolución. Algo parecido se podría decir de Aznar en estas fechas.

Los límites de la renovación del PSOE

Sin duda, el gobierno pudo adoptar esta posición gracias a la aparente ausencia de la oposición. Aunque el PSOE en un plazo de tiempo muy reducido, tras la derrota electoral, pareció iniciar un nuevo rumbo, éste no se acompañó una progresión acusada en la intención de voto.

Al margen de otros representantes de grupos personalistas, los dos principales candidatos a la secretaría general del partido ofrecían perfiles muy distintos. José Bono era un *barón* que contaba con sólidas mayorías absolutas en las regionales a sus espaldas y significaba una cierta continuidad con el pasado. Pero, aunque, sin duda, tuvo el apoyo de quienes habían estado al frente del partido, pareció siempre demasiado vinculado a la etapa de gobierno anterior para dirigir un partido que deseaba cambio y en exceso provinciano para llegar a ser presidente del gobierno español. Sin duda, algunas de sus mejores virtudes se revelaron en su modo de recibir la noticia de una derrota por tan sólo nueve votos: felicitando al adversario. La victoria de José Luis Rodríguez Zapatero resultó en buena medida sorprendente. El deseo de cambio facilitó el voto a un candidato poco conocido que no se sabía bien qué representaba pero que hacía afirmaciones sensatas y se situaba en el justo punto necesario entre la continuidad y el cambio.

La biografía de Zapatero revela curiosas identidades y diferencias con la de Aznar. Tienen en común la juventud: el nuevo secretario general socialista llegó al Congreso de los Diputados en 1988 con tan sólo 25 años. La universidad representó mucho más para él que para Aznar: fue profesor de derecho constitucional en León. Los orígenes familiares de ambos políticos eran diametralmente contrapuestos: el joven Aznar se sentía parte de una familia importante en el régimen de Franco; Zapatero era nieto de un capitán del Ejército que no se quiso sublevar en 1936 y fue ejecutado por ello. Aznar siguió la senda de la Administración. Zapatero se dedicó a la política partidista: fue el pacificador de una agrupación provincial socialista como la de León, que había consumido muchos secretarios generales y que durante cuatro congresos sucesivos le reeligió sin problemas. Era un apaciguador, no un dirigente de ruptura, y de apariencia poco brillante.

Los guerristas atribuyeron la victoria de Zapatero a la «renovación de la renovación», y en cierto sentido tenían razón. Gracias no tanto a lo abrumador de su victoria como a su carácter sorprendente, pudo emprender el nuevo dirigente socialista una renovación generacional decidida y rápida. En el equipo Zapatero casi desaparecieron los militantes de la posguerra o la transición y empezaron a despuntar los de la democracia. Lo que Aznar hizo con prudencia y lentitud en la oposición, Zapatero pudo hacerlo de forma súbita, aunque no siempre lo hizo con la suficiente claridad. Luego, en la última recta electoral intentaría, con acierto, recuperar a los alejados del equipo directivo.

Desde finales de julio de 2000, el PSOE recuperó expectativas electorales pero sin convencer plenamente. Se dijo que Guerra llamaba «Bambi» al nuevo secretario general en alusión a su blandura. Otros dirigentes designaban «la guardería» a quienes les habían sustituido. Siempre pareció evidente su debilidad programática en materias económicas. En junio de 2001, Santos Juliá afirmaba que el socialismo de Zapatero se caracterizaba por las buenas formas, pero daba sensación de improvisación para formular políticas. Josep Ramoneda le reprochó «el pactismo como ideología» cuando la renovación de cargos institucionales con el PP se prolongó sin fin y dio la sensación de consistir en recoger la parte del pastel que correspondía. Una periodista le oyó a Arzalluz un juicio no tan alejado de los citados: a los nuevos socialistas les faltaría una verdadera «columna vertebral». En aquellas materias en que más claro era el mensaje, como la organización territorial del Estado, su postura contrastaba con la de parte de las organizaciones socialistas. En fecha temprana (junio de 2000) el líder del PSOE hizo suyo el modelo del PSC, es decir, de Maragall y los socialistas catalanes, para la vertebración de una España plural con apertura a posibles reformas de los estatutos y de la Constitución. Pero poco a poco, Zapatero se fue asentando como líder a base de sensatez propia y de los errores del adversario.

Ya en el debate sobre el estado de la nación de junio de 2001, Zapatero resultó vencedor frente a Aznar. A lo largo del 2002, el dirigente socialista fue ampliando las propuestas de «regeneración política», un campo en que parecía justificada su propuesta, sobre todo teniendo en cuenta la prepotente hegemonía del gobierno. El dirigente socialista acertó casi siempre en su crítica a las medidas del gobierno, y en muchos casos, como en el pacto por la justicia o en la Ley de Partidos, la oposición socialista contribuyó a mejorar unos textos inviables o muy discutibles en su contenido. Pero el conjunto del programa socialista quedó por perfilar. La reforma fiscal no fue definida de forma precisa ni llegó a convencer a los especialistas; la propia composición del equipo económico del PSOE resultó controvertida e incluso cambiante. Las propuestas de la oposición en que la solución podía consistir en un incremento del gasto (vivienda y seguridad) no parecían ofrecerle problema, pero tampoco daban la sensación de estar integradas en un plan global. A menudo, los programas socialistas parecieron poco meditados.

En el debate sobre el estado de la nación a mediados de julio de 2002, Zapatero rearguyó que «España tenía un déficit social insoportable para los más débiles» e introdujo esta nueva cuestión en la agenda política. En octubre sorprendió al gobierno al defender la alternativa presupuestaria propia contra el ministro de Hacienda. Aunque pudiera ser calificada como endeble, la oposición fue creciendo en aprecio. A la altura de noviembre de 2002, las encuestas coincidían en revelar algo muy parecido a un empate técnico entre PP y PSOE, con una valoración de Aznar un poco inferior (medio punto) a Zapatero.

Dramáticas elecciones vascas

En el el año posterior a las elecciones generales, la cuestión que principalmente estuvo sobre el tapete de la política española fue la situación del País Vasco, donde, por un lado, el gobierno Ibarretxe carecía de mayoría parlamentaria sin el apoyo de los *abertzales* (nacionalistas) radicales y, por otro, se recrudeció el terrorismo tras una tregua que muchos habían considerado irreversible.

Los atentados convirtieron el verano del 2000 en el más sangriento de los últimos años, con once muertos hasta el 21 de agosto (1996: quince muertos; 1997: trece muertos; 1998: seis muertos; 1999: ninguno). Pero lo más decisivo es que si a fines de los años setenta llegaban a morir hasta cien personas, ahora, pese a ser las cifras mucho menores, el número de los amenazados era infinitamente superior. Además, los asesinados no sólo eran cargos o militantes del PP o personas relacionadas con la derecha social, sino también personalidades de izquierda que a menudo se caracterizaban por una actitud en absoluto contraria a la colaboración con los nacionalistas moderados.

¿Cómo se explica, ante esta barbarie asesina, que el PNV tardara tanto en cambiar de postura? Se mantuvo el programa de Lizarra, aunque éste era ya una especie de «fetiche» inútil, puesto que una parte de los firmantes no condenaba la violencia diaria. En otoño del 2000, la situación política en el País Vasco tuvo un desenlace que ya resultaba previsible. El gobierno nacionalista necesitaba una ratificación de sus apoyos y la política del PP consistía en lograr un acuerdo preelectoral, más o menos explícito, con el PSOE para echar al PNV. Las encuestas ofrecían un panorama contradictorio. Por un lado, el *lehendakari* era la institución más aceptada y el repudio de la violencia el sentimiento más generalizado. «Lo que los vascos parecían estar pidiendo —se concluía en ella— es mano dura contra ETA (como ofrece el PP, pero no hace el PNV) pero con comprensión por la opción nacionalista (como hace el PNV, pero no el PP).» Se hicieron muchas especulaciones acerca del posible resultado de las elecciones. Por vez primera, los sondeos apuntaban la posibilidad de alternancia no nacionalista.

En febrero comenzó la campaña, aunque en realidad había permanecido en estado latente desde las anteriores elecciones generales. En mayo, Mayor Oreja abandonó el Ministerio del Interior. Fue un juicio generalizado que la combinación de su discurso calmado, la firmeza de fondo y la buena política informativa le había convertido en el mejor candidato no nacionalista imaginable. Además inició su campaña con moderación; en realidad, Ibarretxe también actuó de parecida forma. Se beneficiaba de su posición institucional y de que, además, su electorado no ocultaba su adhesión y él no generaba rechazo. El 34 por 100 de los electores deseaba a Ibarretxe como *lehendakari* pero sólo el seis por 100 decía preferir a Mayor Oreja. Garaicoetchea, por su parte, aseguró en *ABC*: «EH no ha sabido desmarcarse de ETA y va a pagar los platos rotos del fracaso de la tregua». Esta declaración se demostró más cercana a la realidad que las especulaciones de intelectuales antinacionalistas que veían como algo inminente la constitución de un gobierno sin el PNV.

En los comicios (mayo del 2001) se produjo la más alta participación de todas las elecciones autonómicas vascas, sólo un punto por debajo de las generales de 1982. La victoria de los nacionalistas fue clara pero el peso específico de cada bloque electoral resultaba sensiblemente semejante. Al mismo tiempo, era evidente también que la porosidad entre los dos bloques era mínima. PNV-EA, con 33 escaños, cumplió todos sus objetivos imaginables: la movilización del electorado nacionalista, una mejora porcentual del 6,5 por 100 y siete puestos parlamentarios más. En cambio, como había previsto Garaicoetchea, EH padeció las consecuencias de la ruptura de la tregua perdiendo la mitad de sus escaños y se quedó con tan sólo 7. Por su parte, en el bloque no nacionalista, el PP quedó ratificado como segunda fuerza política, con 19 escaños (tres más pero dos de ellos procedían de Unidad Alavesa). Si en su caso se trataba de un estancamiento al alza, en el de los socialistas, que pasaron de catorce a trece escaños, fue un estancamiento a la baja. Ibarretxe había ganado gracias a su estrategia centrista basada en la potenciación de los puntos fuertes de su personalidad, el voto identitario y los buenos resultados de gestión logrados hasta el momento. Por su parte, la estrategia frentista del PP-PSOE al final asustó a los electores. No se entendió lo que, en definitiva, iba a producirse: una reacción característica de una sociedad dotada de una fuerte identidad nacional ante lo que consideraba como un juicio injusto e insultante (la identificación de nacionalismo y terrorismo).

Los resultados electorales, que permitieron la formación de un gobierno nacionalista con comunistas, aliviaron la tensión de la política de bloques pero sólo durante un reducido período de tiempo. Mayor Oreja se declaró de modo inmediato dispuesto a un diálogo entre todos para acabar con ETA. Redondo, el dirigente socialista, intentó, por iniciativa de Zapatero, buscar un espacio propio y menos dependiente del PP para el PSOE vasco. Se concibió la esperanza de que el predominio de Ibarretxe en el PNV supusiera una nueva etapa en la política vasca basada en el diálogo. Al principio sólo algunas plumas vinculadas a la derecha expresaron desánimo. Alonso de los Ríos afirmó que veía «con temor» al PSOE, como previendo una traición por su parte. Lo único claro, en realidad, era que la confrontación no llevaba a la victoria de nadie.

POLÍTICA DE LOS PACTOS Y QUIEBRA DE CONSENSOS

La política de pactos que empezó a concretarse a finales de 2000 debe ser atribuida en un elevado porcentaje a la voluntad de los nuevos dirigentes del PSOE, en especial de Zapatero, de ofrecer una «oposición útil». El PP la aceptó, consciente de que sería el gran beneficiario pero lo hizo de tal modo que estropeó las posibilidades de sacar todo el provecho.

Desde un principio, en el «pacto por las libertades y contra el terrorismo» fue perceptible una sensible diferencia entre los puntos de vista de los únicos dos partidos que al final lo suscribieron. A fines de noviembre de 2000, el PSOE todavía insistía en la necesidad de que el PNV entrara en él. Pero el pacto fue publicado el 9 de diciembre y exigía de los nacionalistas el abandono del pacto de Estella como «condición evidente y necesaria» para la recuperación de la unidad en torno al Estatuto y la Constitución. Preveía, además, una especial atención a las víctimas del terrorismo y una serie de principios básicos para no hacer de la lucha antiterrorista un escenario de enfrentamiento entre los partidos. Los partidos nacionalistas, incluidos los catalanes, nunca estuvieron dispuestos a suscribirlo. En realidad se le concedió un exceso de importancia cuando no se cumplió estrictamente y, en manos del gobierno, se empleó para medir la supuesta voluntad antiterrorista de actores políticos y sociales. Pero no sirvió más que para que las direcciones de los respectivos partidos intercambiaran información acerca de la acción policial.

Para entender que se llegara a un pacto acerca de la justicia (inicios de mayo de 2001), hay que partir de la insatisfacción social generalizada ante esta parcela de la Administración. El acuerdo supuso, en el punto de discrepancia más radical, una solución intermedia. Por un lado mantuvo en manos del Congreso la elección de los doce miembros representantes de la judicatura en el Consejo General del Poder Judicial pero las asociaciones de jueces deberían proponer candidatos en número triple que habrían de ser votados por los parlamentarios con mayoría de tres quintos. Se llegaba así a un sistema mixto. El pacto por la justicia, que incluía también la promoción de cambios legislativos y la dotación de más medios para la organización judicial, fue recibido con general satisfacción. Ni en la prensa ni en los partidos se hizo mención a una cuestión que luego se vio que quedaba pendiente: la Fiscalía General del Estado.

En cierto sentido, hubo un tercer pacto. En la segunda semana de julio de 2001, el intento de populares y socialistas de llegar a un acuerdo acerca de la renovación de cargos institucionales, principalmente del poder judicial, amenazaba con quedar en suspenso. En el debate para determinar los nombres concretos se había sumado a los miembros del Consejo General del Poder Judicial, los magistrados del Tribunal Constitucional, los vocales del Tribunal de Cuentas y otros cargos. Finalmente, se llegó a un acuerdo a comienzos de octubre pero la tardía decisión tampoco proporcionó ninguna satisfacción. Cuando la prensa publicó los nombres de los candidatos, que fueron votados sin problemas, lo hizo atribuyéndoles a cada uno su adscripción partidista. Era evidente que ésta había contado mucho más que la consideración de la valía personal de los candidatos. Las consecuencias se pudieron apreciar de manera cada vez más clara en el 2003. El PSOE acusaba al gobierno de entender el pacto como una adhesión, mientras copaba los nombramientos con el sector más conservador de la judicatura. Se había prometido una colaboración interpartidista en la elaboración de la nueva legislación, pero ésta pronto empezó a deteriorarse, sobre todo cuando el PP pretendió ir resolviendo a golpe de nueva legislación cualquier problema pendiente, en especial los de carácter penal. Si la Fiscalía General del Estado ya había demostrado su sesgo político con anterioridad, con el paso del tiempo su partidismo se hizo todavía más descarado.

La política de pactos, por otro lado, fue compatible con la voluntad gubernamental de introducir cambios profundos de carácter legislativo contando tan sólo con su mayoría absoluta. La Ley Universitaria (LOU) fue la primera disposición en materia educativa, la más polémica y la más protestada. En mayo de 2001, los rectores de 61 de las 68 universidades españolas rechazaron el proyecto de ley. Argumentaban que ni contaba con el debido consenso ni tampoco con la referencia imprescindible respecto al modelo europeo. Pero la nueva ley fue aprobada en julio del 2001. Aunque las cuestiones que planteaba no eran muy accesibles para el gran público, era evidente que resultaba inaceptable para aquellas a quienes iba dirigida. Existía la conciencia de que la reforma era necesaria, pero no en la concreción que la había dado el gobierno. La desafiante posición gubernamental, muy visible tras el verano, hizo que el debate arreciara aún más. La ley no preveía un incremento del gasto público en universidades, que en España se había reducido del 0,96 por 100 del PIB en 1998 al 0,84 en 2001, mientras que el crecimiento de la riqueza había sido muy superior. En los países de la OCDE el porcentaje se situaba alrededor del 1,3 por 100.

La Ley de Calidad de Enseñanza, de la que empezó a tratarse a finales del 2001 y que sería tramitada a lo largo del 2002, fue también el producto exclusivo de la mayoría parlamentaria. Al igual que sucedió en materias como la universidad o la inmigración, tampoco en este caso hubo una especie de Libro blanco en que se diagnosticara el punto de partida. Del mismo modo, tampoco hubo ningún tipo de consulta previa en una materia que afectaba de modo muy directo a la organización autonómica del Estado. De nuevo se omitió todo compromiso presupuestario. Resultó muy conflictiva la configuración de la asignatura de religión como materia con capacidad para ser valorada en el currículum y proponer como alternativa a ella una asignatura acerca del «hecho religioso». Ésta y otras medidas encierran el peligro de reabrir un contencioso en materia religiosa evitado gracias a la Constitución de 1978 y los acuerdos de 1979.

En el resto de las cuestiones culturales hubo nuevos testimonios de deficiencias en la gestión, al mismo tiempo que se producía un claro deslizamiento hacia la derecha. El intento de privatización del Museo del Prado concluyó, a fines del 2001, con el choque entre el director y el presidente del Patronato y el cese del primero. Aunque se siguió una política coherente de conservación del patrimonio histórico, se produjo una especial conflictividad en materia de relaciones culturales con las comunidades autónomas. De nuevo se intentó, y esta vez se logró, modificar los estudios de humanidades aunque se trató de un cambio no tan trascendente. Pero de modo claro, la segunda legislatura del PP presenció una clara transición de una sedicente posición de liberalismo a un neoconservadurismo. El mundo intelectual cercano a los círculos gobernantes estuvo constituido con frecuencia por antiguos izquierdistas, marginados, extravagantes heterodoxos o inclasificables. Buena parte de ellos carecían de todo prestigio para actuar en el papel que se atribuyeron o consiguieron. Pero lo importante es que introdujeron insistentemente en el escenario político algunos temas en los que de nuevo se rompía el consenso de la transición. Fueron sus rasgos esenciales un neoespañolismo que repudiaba cualquier alternativa visión pluralista de España, una conciencia muy sensible del papel que ésta podía desempeñar en el mundo, un orgullo excesivo por su reciente trayectoria y un cierto revisionismo histórico, muy poco consistente desde el punto de vista científico.

PP: PAZ IDÍLICA Y NEOCONSERVADURISMO

Pero antes de referirse a este neoconservadurismo hay que aludir a la total unidad, a lo sumo turbada por algún movimiento anecdótico, en que vivió el PP su segunda legislatura. Ya en agosto de 2000, Arenas anunció que «el PP designaría al sucesor de Aznar en otoño de 2003». Llama la atención la precisión de relojero con que el presidente preparó desde noviembre de 2001 el congreso del partido destinado a celebrarse a tal efecto en el 2002. En realidad, la parte de su trayectoria biográfica dedicada al poder político resultaba superior a la de Felipe González. Fue una simple promesa quizá no muy meditada la que le llevó a no volverse a presentar para la reelección. En sucesivas ocasiones, el presidente trató de evitar que los dirigentes de su propio partido especularan en torno a su sucesión, pero era inevitable que lo hicieran.

Rodrigo Rato era el «número dos» del partido y, por tanto, en principio, el presunto sucesor. Sin embargo, en enero de 2001, quizá por razones personales, no aparecía tan claro como posible candidato presidencial. Mayor Oreja le llevaba ventaja en las encuestas y la incrementó aún más en los meses siguientes. Pero la sucesión no parecía causar un problema especial. En las elecciones gallegas, el PP mantuvo, con el 51 por 100 del voto, su mayoría, con pérdida de un único escaño. El leve descenso de los nacionalistas del BNG y el ascenso de los socialistas a comienzos de 2002 revelaban que en esta comunidad las oscilaciones se producían en el espectro contrario al PP pero no en éste. Por su parte, el congreso del PP no tuvo otra trascendencia que la ratificación de que Aznar no sería candidato y la definitiva visibilidad de quienes estaban destinados a serlo. Fueron nombrados como vicesecretarios generales: Mayor, Rato y Rajoy. Pero en julio de 2002, cuando tuvo lugar el cambio ministerial, se percibió con mayor claridad por dónde iban las cosas: Rajoy volvió a Presidencia y adquirió la condición de portavoz del gobierno mientras que una estrella emergente, Zaplana, se convirtió en ministro de Trabajo. Toda la crisis estuvo muy bien llevada por Aznar: incluso el ofrecimiento de Exteriores a Roca formó parte de una sofisticada estrategia en torno al nacionalismo catalán. La candidatura de Ruiz Gallardón, uno de los pocos conservadores con votos propios, al Ayuntamiento de Madrid contribuyó de forma poderosa a vincularle de nuevo con la cúpula del PP y la adición de Ana Botella, esposa del presidente, aparte de restañar heridas personales mostró la imagen de un partido unido. En los últimos meses de 2002, el mecanismo de relojería previsto por Aznar para la sucesión fue avanzando de modo inexorable. A mediados de noviembre se presentó la nueva Fundación de Análisis y Estudios Sociológicos que él estaba destinado a presidir tras su abandono de la Presidencia. Su divisa —«pensar España y conservar lo que funciona»— era una consistente fórmula neoconservadora, línea en la que sin duda Aznar quería mantener a su partido.

En cuanto a los candidatos, quedaban en posiciones ya lo suficientemente transparentes. Ruiz Gallardón aparecía como un candidato sólo aceptable para el PP en el caso de crisis grave o de manifiesta ventaja en las encuestas por parte de los socialistas. Mayor Oreja se había ido desdibujando progresivamente a base de su dedicación monográfica al País Vasco sin adentarse en otras parcelas de la vida política nacional. Rato había resurgido con fuerza pero parecía un candidato más improbable al estar menos cubierto de posibles escándalos como consecuencia del asunto Gescartera. Zapatero no tuvo el menor inconveniente en declarar que para él, Mariano Rajoy era el mejor candidato. Éste siempre actuó de una forma característica: a cualquier pregunta sobre su candidatura respondía, de modo inasible para el periodista, con otra.

Sin embargo, a pesar de la paz idílica reinante en el PP ante la sucesión de Aznar, surgió otro tipo de problemas, en especial entre el gobierno y las nacionalidades históricas. Pronto fue manifiesta la incomprensión vital casi absoluta entre dos de los grandes protagonistas de la política del período: Aznar y Pujol. Parece que el segundo declaró a los vascos que Aznar «nos desprecia y es despreciable». En el verano del 2000, Pujol había diseñado ya su posición, consistente en no dejarse desplazar del centro mientras proclamaba con asiduidad la insatisfacción con las actitudes del gobierno central. La respuesta de Aznar fue políticamente hábil y, a la vez, tortuosa, poco comprensiva y difícil de combatir. En marzo de 2001 se había producido un alejamiento entre PP y CIU en torno al Plan Hidrológico Nacional. Éste fue el gran proyecto del PP en política medioambiental, estaba fundamentado en necesidades objetivas y revela la necesidad que tienen las comunidades autónomas españolas de encontrar un foro de discusión sobre problemas de común interés. Pero al negarse a un pacto desde el principio, el proyecto se convirtió en inviable. En la primavera de 2001, el gobierno del PP enunció un programa en materia autonómica que trató de llevar a cabo en los meses siguientes. De su contenido se deduce que lo deseado por Aznar era lo que podríamos denominar como «un cierre» del Estado de las autonomías. En lo sucesivo no se producirían más transferencias. Se habría llegado a un «máximo punto» en las transferencias y era preciso detenerlas. Los medios de comunicación de la derecha acusaron a los nacionalistas de provocar un «brutal proceso de desnacionalización española» contra el que era preciso reaccionar.

Otros motivos de enfrentamiento entre el PP y CIU surgieron con motivo del discurso del rey en la entrega del Premio Cervantes, debido a una frase de aquél según la cual resultaría que el castellano no habría sido nunca una lengua impuesta. CIU había evitado que emergiera con fuerza Esquerra Republicana, que en los ochenta había quedado reducida a un papel testimonial gracias a la habilidad de Pujol. Ahora renació, sin que esto evitara la radicalización de CIU, hasta el punto de que el secretario general Esteve, abandonó CIU denunciando la excesiva proximidad con la derecha españolista. En marzo de 2003, los catalanistas votaron con la izquierda catalana en el Parlamento en el sentido de promover el incremento del nivel de autogobierno de su comunidad autónoma.

Si se había producido una profunda divergencia entre el gobierno y los catalanistas acerca de la concepción de España, en el caso del País Vasco cabe describir la situación como un abismo. El lenguaje de la mayoría parlamentaria vasca resultaba ambiguo, como mínimo, en su soberanismo: «Sobre la base del actual marco estatutario —se pretendía— el reconocimiento de la sociedad vasca a decidir su propio futuro.» Pero además, la crisis en el partido socialista vasco contribuyó a hacer todavía más complicada la situación. El resultado de las últimas elecciones dejaba mal parada la dirección de Rèdondo por su cercanía al PP. En marzo de 2002, el vencedor en el Congreso de los socialistas vasco fue Patxi López que, al final, reunió tras de sí casi dos tercios de los votos en una ejecutiva capaz de imprimir un giro hacia una política propia.

Pero en esta segunda legislatura la gran cuestión se planteó en torno a una nueva legislación sobre los partidos que permitiera ilegalizar Batasuna. En marzo, el Consejo de Ministros aprobó un proyecto de ley y, en la tercera semana de mayo, el Congreso aprobó definitivamente la ley por una amplia mayoría que representaba nada menos que el 95 por 100 de la cámara. La apoyaron los votos de PP, PSOE, CIU, CC y los andalucistas. PNV, EA y BNG sumaron los 16 votos en contra. En el cómputo particular del País Vasco, a quien se refería la ley en concreto, resultaría que once diputados vascos votaron a favor y ocho en contra; de incluir a Navarra, serían 16 a favor.

No obstante, la legislación sobre partidos políticos siempre creó serios interrogantes de principio e incluso planteó la cuestión de su dudosa eficacia práctica. Probablemente ni la eficacia de la ley hubiera podido ser en ningún caso tan considerable como se le atribuyó ni tan contraproducente como pensaron los medios nacionalistas. Éstos demostraron en la práctica que estaban bastante a favor de la medida, aunque con su voto ostentosamente en contra. A comienzos de agosto de 2002 se produjo un atentado en la costa alicantina, especialmente detestable porque las víctimas producidas fueron niños y ancianos. La ilegalización concreta de EH se votó por 313 (PP, PSOE, CC y PA) a favor y diez en contra (PNV, EA, ERC...) y 27 abstenciones (CIU, IU, BNG...). Se había llegado a ella con dudas que no había otro medio para combatir la vertiente legal de ETA.

Mientras tanto, en el otro lado, la propuesta política de Ibarretxe para solucionar los problemas del País Vasco se hizo pública en septiembre de 2002. El *lehendakari* proponía un Estado libre asociado que debería ser sometido a ratificación mediante referéndum en un escenario de ausencia de violencia. Este Estado dispondría de capacidad de relación con Navarra y con Iparralde (el País Vasco francés), de un poder judicial vasco autónomo, exclusividad en competencias como seguridad, lengua, cultura y representación internacional. El contenido del plan se situaba al margen de la Constitución española de 1978 y además tenía una escasísima viabilidad política. No sólo no podía alcanzar la mayoría necesaria de las Cortes españolas sino, en principio, tampoco en el Parlamento vasco. Además, lo que cabía esperar razonablemente era que, en un futuro referéndum, alcanzara un porcentaje de votos muy inferior al logrado por el Estatuto de Guernica, que se situó por encima de la mitad del censo.

Desde el otoño de 2002 y hasta final de año, la posición del PP ante este plan quedó perfectamente definida y se expuso con contundencia. Además, formó parte consustancial de su proyecto neoconservador y españolista. De forma progresiva, el nacionalismo vasco fue asimilado a ETA y el catalán apareció, en los labios de los políticos del PP, cada vez más similar al vasco. La «re-españolización» utilizó también los símbolos tradicionales como el despliegue de una enseña nacional de 294 metros cuadrados en la plaza de Colón en Madrid. La idea de «patriotismo constitucional», acuñada por Jürgen Habermas, se convirtió, en manos de sus ideólogos, en apoyo a una patria hasta entonces diluida o inane. Pero más movilizador resultó la inminente imposición de un «nacionalismo obligatorio» que facilitó una marcha multitudinaria contra el plan de Ibarretxe y a favor del Estatuto y la Constitución. Pareció, pues, imponerse un nuevo enfrentamiento ciego en el País Vasco sin posibilidad de solución.

Mientras tanto habían mejorado los resultados de la lucha antiterrorista. A fines de 2002, la presión de las fuerzas de seguridad, españolas y francesas había descabezado la tercera dirección desde el final de la tregua. Ese año, a pesar de los malos augurios sobre el resultado de la ilegalización de Batasuna, concluyó con un reducido número de muertos (cinco), una disminución de atentados y un mayor número de detenidos terroristas (140). Al mismo tiempo, también descendía el número de actos de *kale borroka*. En el 2002 se redujeron a 190, frente a los 490 del 2001 y los 630 del 2000.

De más a menos: la política gubernamental en el segundo cuatrienio

En el trasfondo de la situación política existía además el juicio de los españoles acerca de la gestión política que, si era positivo en algún punto esencial en otros distaba mucho de serlo.

El crecimiento económico siguió situándose entre el 3,1 y el 2,3 por 100 anual entre los años 2000 y 2003. Esas cifras están por encima de la media española del siglo XX y, sobre todo, por encima de la europea del momento final (un 0,4 por 100). Sólo Grecia crecía más que España en la Unión Europea. Además, la ampliación del empleo en 1996-2002 había beneficiado a tres millones de personas, reduciéndose la tasa de desempleo en diez puntos porcentuales y aproximándose mucho más a la europea (un once por 100 frente al un nueve por 100 de Alemania y Francia). El equilibrio de las cuentas públicas fue, quizá, el mejor y menos disputado activo de este segundo cuatrienio, y se produjo un saneamiento de la Seguridad Social que en los últimos años pudo obtener excedente (un uno por 100 del PIB).

Ahora bien, un examen más detenido de la realidad revelaba a fines de 2003 indudables debilidades en el panorama económico español. En primer lugar, es obvio que el continuado crecimiento económico español no era posible sin la aportación de los fondos europeos, que equivalían a un uno por 100 del PIB. No se habían hecho, en cambio, reformas de entidad en la Seguridad Social y en RTVE. En tercer lugar, desde 1998, la política macroeconómica había estado dedicada a incrementar la demanda interna impulsando la renta disponible de las familias. De esta manera, la construcción sirvió de motor impulsor de la economía, creciendo a más de un cuatro por 100 anual y representando el cuarenta por 100 del total europeo. España consumía en 2003 más cemento que Alemania, que tiene el doble de habitantes y todavía tiene ante sí la herencia de la reunificación. Otro problema adicional lo constituía la caída de competitividad o la productividad y el crecimiento del déficit en la balanza de pagos. Si el crecimiento del empleo resultaba esperanzador, al mismo tiempo presentaba evidentes debilidades: era de baja calidad (el porcentaje de contratos temporales, supera el treinta por 100, la cifra más alta de Europa), con una tasa muy elevada de accidente laborales. La peculiar forma de «capitalismo de amigos», engendrada a partir de 1996, no ha obtenido ventajas suficientes de los posibles efectos económicos de la liberalización.

Si la política económica desde esta perspectiva ofrece una visión menos optimista, también las políticas sociales durante el segundo cuatrienio de gobierno del PP fueron a menos en muchos aspectos. Como le sucedió al gobierno socialista de 1988, el de Aznar actuó con absoluta ceguera al creer que el apoyo de una mayoría parlamentaria le permitía enfrentarse con los sindicatos. La reforma de las relaciones laborales se intentó mediante un decreto-ley que luego debía ser convalidado en las Cortes. El propio planteamiento de la medida retrata muy bien el modo de actuación gubernamental: imponer el grueso de una disposición para tan sólo rectificarla luego en puntos concretos y no tan decisivos.

El *decretazo* fue aprobado por el gobierno en las Cortes el 14 de junio de 2002 y la consiguiente huelga tuvo lugar el 20 de junio. Como era de prever desde el principio, hubo fuertes discusiones sobre los resultados de la huelga. El consumo eléctrico se redujo a un veinte por 100, como si se tratara de un día no laborable, pero el grado de cumplimiento osciló mucho, entre un veinte y un ochenta por 100, por ramas de actividad. Aun así, impuso un completo cambio de rumbo al gobierno, totalmente sorprendido, en especial su presidente. El PP, en el que debió de existir menos unidad de la aparente, acabó por comprometerse, en palabras de Aznar, a «tender la mano claramente» a las centrales sindicales. A comienzos de julio encargó a Rato y éste, a su vez, a tres ministros, hablar con los sindicatos. En la práctica, aunque se disfrazó como una negociación y duró bastante tiempo, el gobierno no hizo otra cosa que retroceder desde sus posiciones iniciales. Ya a comienzos de octubre, el gobierno adelantó a los sindicatos que estaba dispuesto a rectificar los puntos más duros del *decretazo*. Zaplana, el nuevo ministro de Trabajo, fue definitivamente el encargado de negociar con ellos.

En materia de inmigración, la política gubernamental fue de nuevo desconcertada y contradictoria, aunque bien puede decirse que en general ésa fue la actitud del conjunto de la clase dirigente española. Sin embargo, tras inacabables discusiones, al menos parecía haberse conquistado una voluntad de consenso que se plasmó en septiembre del 2003. En un momento de hosquedad política, fue una buena noticia el acuerdo en una materia crucial de cara al futuro. Ya en estas fechas una encuesta realizada por el CIS establecía que para el 59 por 100 de los consultados existía una relación entre inmigración e inseguridad ciudadana.

A ese acuerdo se había llegado tras una etapa de varios meses en que el gobierno se había caracterizado por la mala gestión de las crisis. A partir del otoño de 2003, el PP se encontró ante circunstancias tan inesperadas como negativas y su actuación fue, a la vez, prepotente, desconcertada e ineficiente.

La seguridad ciudadana había sido una de sus mayores promesas pero desde el año 2000 el incremento del número de robos fue del diez por 100 anual. La única razón del aumento de la criminalidad residía en la disminución de los efectivos policiales pero, en cambio, se pretendió limitarla mediante sucesivas y poco meditadas reformas de la legislación penal. Emulando a John Wayne, siempre dispuesto a sacar la pistola en sus películas, el gobierno propuso medidas desmesuradas y extravagantes (Pradera).

En cuanto al hundimiento del petrolero *Prestige*, los acontecimientos pueden ser resumidos muy brevemente. En una zona marítima en la que durante un siglo se habían producido centenar y medio de naufragios, un temporal fortísimo amenazó con hacer zozobrar un buque petrolero que, siendo antiguo, había sido reparado no hacía tanto tiempo. El barco estaba tripulado por un capitán con experiencia, pero ya de cierta edad y por un equipo reclutado en las más variadas partes del mundo. El propietario y el responsable de estado de conservación del buque estaban ocultos tras sucesivas sociedades interpuestas. El barco, que recibió órdenes de alejarse de la costa, se hundió finalmente el 19 de noviembre. La decisión tomada por las autoridades españolas —el alejamiento de la costa— fue equivocada, precipitada y absurda. Pero todavía lo resultó más no ser consciente de la tragedia ecológica producida y tratar de desviar la atención de sus costas. Aznar, enfurruñado y contestado, tardó un mes y un día en ir a Galicia.

Tampoco el accidente que costó la vida a más de sesenta militares españoles en Turquía, en un vuelo de regreso desde Afganistán, debe ser atribuido a responsabilidad directa de las autoridades españolas. Pero éstas no fueron prudentes al contratar aviones ucranianos, y luego trataron de evitar cualquier implicación propia, hasta el punto de promover un rápido entierro con identificaciones erróneas. Llama la atención que los norteamericanos perdieran 37 hombres en su intervención en Afganistán y España, que no combatió allí, el doble. En esta cuestión, la política de Aznar se apartó de los países europeos pues ofreció tropas sin que ni siquiera se diera cuenta de ello a la opinión pública, los partidos españoles o los aliados europeos.

La decisión marroquí de retirar a su embajador en Madrid a finales de octubre de 2001 constituyó una sorpresa total. La postura fue tomada por uno de los ministros de «soberanía», es decir, aquellos directamente nombrados por el rey, de modo que no cabía atribuirle la condición de circunstancial. Es muy probable que la crisis se fuera larvando durante meses, alimentada por la demanda española acerca del control marroquí de la emigración ilegal, hasta llegar al infausto final. La ocupación del islote de Perejil (julio de 2002) por una patrulla marroquí puso sobre el tapete un contencioso del que la opinión pública española no tenía la menor idea. Siguió una evidente sobreactuación retórica del ministro de Defensa y, finalmente, la cuestión quedó sin resolver. Algo parecido sucedió con el problema de Gibraltar. En abril de 2002 se informó de que los ministros de Exteriores español y británico estaban ultimando en secreto un pacto para llegar a una soberanía compartida de modo parecido a como se había hecho en Hong Kong. Pero muy pronto esas supuestas buenas noticias se diluyeron y quedaron en nada, prueba de que habían nacido de un optimismo desaforado.

La segunda guerra de Irak fue una especie de meteoro para la política española. Desde enero de 2003, las encuestas anunciaron tormenta en el caso de que España interviniera en una guerra como la que ya parecía difícil de evitar. Un 61 por 100 de los españoles mostraba rechazo total a participar en ella y un 24 por 100 un apoyo condicionado a aceptar la intervención en caso de que fuera auspiciada por la ONU. Desde fecha muy temprana resultó evidente que Aznar, pese a todo, estaba dispuesto a implicarse a fondo. Nacía esta actitud de un nacionalismo que ponía su ideal en una «España grande», sólo posible a partir de la cohesión nacional, y que necesitaba superar «un cierto complejo histórico» e incluso «una nueva leyenda». A ello había que sumar su admiración sin fisuras por el partido republicano norteamericano. Mientras para los comunitarios europeos, Aznar se convertía en un socio incómodo y antipático, en los documentos oficiales se proponía «una relación especial» con Estados Unidos y se describían los pactros de 1953 como «el inicio de la apertura exterior». Se puede establecer un paralelismo de Aznar con Thatcher, que propuso a los británicos recuperar la confianza en sí mismos con ocasión de la guerra de las Malvinas.

Actuando como verdadero y único ministro de Asuntos Exteriores, esperando que la resistencia francesa en el Consejo de Seguridad fuera efímera, creyendo que la guerra duraría poco y que la victoria norteamericana resultaría abrumadora y rápida, Aznar se convenció de que España podía dar un gran salto adelante aprovechando la coyuntura con el apoyo de Estados Unidos. Su análisis era erróneo y rompía con la tradición de la política exterior española de modo brusco y decidido. Podría haberse deslizado hacia un eurocentrismo o un atlantismo moderados que hubieran resultado poco ostentosos. Pero actuó como una especie de «halcón avinagrado», no sólo se alineó con la posición norteamericana, sino que sirvió a ésta en ocasiones como avanzadilla o expresándola en términos todavía más drásticos. Eso le llevó todavía a mayores errores de diagnóstico: vio la reunión de las Azores como un gran éxito propio, cuando para el secretario de Estado norteamericano había sido un fracaso. En cambio se atribuyó un papel minúsculo en las operaciones militares, que se describieron, además, con el dudoso calificativo de «humanitarias».

Se produjo entonces una reacción popular inesperada en su magnitud. A mediados de febrero de 2003 quizá tres millones de españoles se manifestaron en contra de la guerra; una apreciable proporción de ellos eran votantes del PP. Pero es preciso recordar que no fue sólo Aznar quien se equivocó en este momento. Algo parecido cabe decir de quienes pensaron en una especie de «revolución de los ciudadanos» contra el gobierno. Para los actores y actrices que se pusieron al frente de las manifestaciones, las acusaciones contra el Irak de Sadam serían «falsas» y aseguraban que no había «imperativo moral alguno» en lo relativo a la intervención en este país. Estaba implícito que la guerra resultaría larga y sangrienta también para los norteamericanos. Pero la rápida campaña pareció desmentirlo y, aunque apenas un diez por 100 de los españoles estaba de acuerdo con la gestión del gobierno, la política exterior no ha sido nunca determinante de las campañas electorales españolas (lo demuestra la de 1986 tras el referéndum de la OTAN).

La recta final

En el momento en que se acercaban nuevas consultas electorales, el 53 por 100 de los electores desaprobaba la gestión reciente de Aznar, pero el gobierno era mejor puntuado que el presidente y sólo un tercio de los votantes del PP veía positivo que otro partido llegara a gobernar España. Uno de cada diez electores del PP y dos de cada diez jóvenes que le votaban afirmaban haber participado en las manifestaciones en contra de la guerra. Pero el PSOE no acababa de capitalizar un rechazo a la guerra de aquella enorme magnitud que se había producido en las calles españolas.

Las elecciones municipales y regionales del 2003 permitieron al PSOE, en la oposición, ampliar su cuota de poder político, pero no dar un vuelco como el imaginable de tener sólo en cuenta las manifestaciones multitudinarias. La guerra de Irak tuvo una influencia mucho menos relevante que la prevista, por lo menos desde el punto de vista de la izquierda. En cambio, el asunto del *Prestige* influyó en términos de resultados electorales en Galicia y aun en no toda ella. El Plan Hidrológico Nacional, que había desaparecido del horizonte de lo inmediato, resultó más determinante según las regiones de que se tratara.

EL PSOE obtuvo entre cien y doscientos mil votos más en la arena nacional (municipales), pero en las autonómicas que estaban en juego —sólo una parte de las comunidades— ganó el PP. Aznar lo consideró como una victoria personal, dados los antecedentes en los meses anteriores, pero en realidad se le habían esfumado dos millones de votos (o diez puntos porcentuales).

La primera legislatura del PP no había ofrecido ni siquiera la menor muestra de intentar la regeneración política mediante la aprobación de nuevas disposiciones legales. Durante la segunda tan sólo hubo unos timidísimos intentos en fecha tan temprana como septiembre de 2000 y luego, con posterioridad, en el verano de 2003 tras las elecciones municipales y autonómicas. En muchas otras cuestiones como el asunto Gescartera, la utilización sesgada de la Fiscalía General del Estado o la política gubernamental respecto a los medios públicos de información, se llegó a unas cotas inéditas en el uso del poder político a favor de quienes estaban en el poder. Finalmente, Telefónica acabó por dar la sensación de que no podía controlar a sus propios medios y acabó por abandonar esta área. Aznar, que llegó a confiar hasta en cuatro equipos sucesivos para dirigir los medios favorables de los que se había dotado, acabó por desentenderse del asunto. «Con estos bueyes hay que arar», fue su reflexión final. Claro está que la cesión de los mismos se hizo a una editorial que había mostrado su afinidad al gobierno.

Por si esas pruebas no fueran suficiente, el definitivo testimonio de la bajísima calidad de la democracia española lo revela lo sucedido tras las elecciones de 2003 en dos puntos muy lejanos de la geografía peninsular: Madrid y Marbella. Dos diputados socialistas madrileños permitieron con su ausencia que fuera elegida presidente de la Asamblea de Madrid una candidata popular. Pronto se descubrió que la organización socialista madrileña consistía en una agrupación de clanes que combatían tan sólo por el poder y eran capaces de cruzarse las mayores acusaciones. Lo más probable es que el inicio del conflicto no fuera otro que el desengaño sufrido por un sector del partido. Pero la dirección erró repetidamente el rumbo al pretender culpabilizar a una supuesta trama inmobiliaria conectada con el partido conservador. Los errores del PP fueron también voluminosos y desvergonzados, empezando por el de aprovecharse con plena conciencia de una situación manifiestamente inmoral. El caso de Marbella apenas si merece un párrafo. Allí no habían partidos, sino grupos de interés que movían la alcaldía al compás de sus beneficios inmobiliarios.

En estas circunstancias, el clima político pareció hacerse de nuevo más favorable al gobierno. Había perdido la comunidad autónoma de Madrid pero en el otoño de 2003 la recuperó tras la celebración de unas nuevas elecciones. El último debate sobre el estado de la nación de Aznar (julio de 2003) ofreció un resultado muy distinto de los anteriores: el 52 por 100 de los encuestados por el CIS afirmó que Aznar había ganado el debate y sólo el quince por 100 atribuyó a Zapatero la victoria. Pero, además, la centralidad en la política española siguió residiendo la organización territorial del Estado impregnada en todo por la cuestión vasca en medio de un ambiente cada vez más crispado.

La mayoría gobernante en el parlamento vasco se había negado a disolver el grupo de Batasuna con argumentos legales en parte atendibles. El enfrentamiento, sin embargo, respondía a realidades políticas y constituía una irresponsabilidad por parte de ambos interlocutores. Si el gobierno vasco no dejaba resquicio para el diálogo, el lenguaje de Aznar, que siempre había sido desabrido, a menudo desagradable y en ocasiones incluso intolerable, ahora, de puro desmesurado, bordeaba el ridículo. Daba la sensación de que fuera del PP sólo había en la política española un panda de locos. Adenauer se retiró sin haber sido derrotado en unas elecciones y pudo decir que lo hacía «con serenidad y sin resquemor». Aznar nunca hubiera podido emplear estas palabras.

En otro aspecto, en cambio, acertó plenamente. Las sucesiones en la dirección de la política de un partido se convierten en momentos graves y no se suelen resolver con facilidad. Aznar supo hacer la transición hacia otro liderazgo de una forma no sólo muy profesional, sino además dotada de aparente grandeza. Resulta imposible saber el proceso por el que decidió no presentarse una tercera vez. Pero había vivido la experiencia de la larga agonía de Alianza Popular en la segunda mitad de los ochenta (en la que él mismo había sido un perdedor inicial) y no quiso repetirla.

Sobreabundante en su autocomplacencia por el control del partido, demostró también percepción del momento político y rapidez en la ejecución. Hubiera podido dilatar hasta finales de 2003 su decisión de haber existido sólo la campaña regional catalana, pero la repetición de las elecciones de Madrid le obligaba a acelerar. Demostró sin duda una magnanimidad que en él había sido desgraciadamente infrecuente en la cesión del poder. Pero, además, acertó cuando eligió. Mariano Rajoy no había sido un íntimo de su equipo, pero representaba un talante más moderado o centrado y había sido un político capaz de resolver problemas.

Su llegada a la alta dirección del PP equivalía a que Aznar quedara condenado a un relegamiento al menos parcial, lo que da pie a efectuar un juicio global sobre su persona. No fue Aznar un Maura de quien derivaron varias familias de la derecha española, un hombre cuya envergadura incluso en terrenos tan ajenos a la política como la cultura era aceptada por todos y al que se recurría de forma casi automática a la hora de formar un gobierno nacional. No resultó tampoco un Gil Robles, hábil táctico cuya estrategia resulta todavía indescifrable en parte de su vida, gran orador de masas ante el Parlamento pero condenado a un dirección política efímera, como efímero fue el propio movimiento que dirigió. La comparación histórica que sugiere Aznar tampoco es Fraga, siempre desmesurado pero también capaz de decisiones trascendentales en beneficio de todos (integrar en el texto constitucional de 1978 a muchos de quienes no cabía pensar que lo aceptaran). Menos aún un Areilza, en el fondo un solitario exquisito atraído por intereses intelectuales pero carente siempre de ese instrumento esencial para la acción política democrática que es un partido. En el fondo, las capacidades de Aznar le asemejan —al margen del régimen dictatorial— a Franco. Por su hermetismo, su frialdad, su sentido del tiempo, su capacidad de arbitraje entre los adictos y por su aparente inanidad, que le hacía ser desdeñado por el adversario pero ocultaba una poderosa ambición y una habilidad insuperable en el regate corto intrapartidista, el paralelismo entre los dos personajes es mucho mayor de lo que pueda parecer a primera vista.

En páginas precedentes hemos utilizado una distinción de Maravall válida para un juicio sobre la etapa socialista. Durante ella, «la política» habría sido un fracaso mientras que las políticas habrían logrado un triunfo. «La política» (relación partido-gobierno, liderazgo...) le ha funcionado muy bien al PP, pero ¿y las políticas concretas?

Durante su primer período de mayoría absoluta, el PSOE cometió algunos de sus más graves errores que propiciaron la lucha ilegal contra el terrorismo y la corrupción política. Pero también llevó a cabo dos operaciones políticas que redundaron en beneficio del país: una ortodoxa política de ajuste económico y conducir a España al lugar que le correspondía en el contexto internacional.

Lo que quedará como herencia de la etapa de gobierno popular será sobre todo lo ya logrado en el primer cuatrienio. Se puede pensar que fue este segundo el período de autenticidad del PP, mientras que en el primero actuó obligado por las circunstancias y no reveló sus verdaderos propósitos. De cualquier manera, el gran activo de toda la etapa de gobierno del PP ha sido la prosperidad económica. Pero a su lado se han producido profundas quiebras en aspectos fundamentales de la política, innecesarias y contraproducentes. La política exterior del PP ha tenido como consecuencia una indudable inflexión especialmente en la relación con Europa y Estados Unidos. Ha tenido lugar una ruptura en materia educativa no sólo con el resto de las fuerzas políticas sino también en el seno de la propia sociedad. Finalmente, uno de los problemas más graves que tiene España en el actual momento es el que deriva de su carácter plural y de la posibilidad de traducir esta realidad en términos político-instititucionales. El PP, que ha sido protagonista en todos los acuerdos autonómicos, se cerró a cualquier tipo de cambio constitucional. No es una casualidad, sino una consecuencia de su general deslizamiento de la autoafirmación como liberal a una ideología neoconservadora.

Las últimas elecciones celebradas en España (marzo de 2004) han podido ser reputadas como las más dramáticas celebradas nunca en nuestro país tras el atentado terrorista más brutal que ha tenido lugar jamás en Europa. No son las primeras elecciones bajo el signo del terrorismo, dado que éste ha golpeado repetidamente en momentos cruciales, pero en un solo día murió el equivalente a uno de cada cinco asesinados por ETA. Hasta entonces se había juzgado que el terrorismo islámico consideraba a España tan sólo como una especie de base logística, pero no un lugar donde realizar atentados. En eso erró el gobierno conservador, y también el periodismo de izquierdas. Sin duda, los 192 muertos en los ferrocarriles de cercanías madrileños causaron una impresión considerable.

Pero no se debiera pensar que todo en esta elección se explica por el atentado de Atocha, sino que hay que tener muy en cuenta los antecedentes. De acuerdo con las encuestas, entre abril de 2000 y enero de 2004, el PP había perdido ocho puntos porcentuales en la aceptación popular y el PSOE había subido siete. La sucesión de crisis mal gestionadas (*decretazo*, el *Prestige*, el accidente aéreo en Turquía...) y las muestras de prepotencia habían dañado la credibilidad del partido del gobierno. De modo especial, la participación española en la guerra de Irak no fue ni entendida ni aceptada por la inmensa mayoría de la población, incluida la mayor parte de los sectores derechistas. Además, la puntuación concedida a los ministros era, en todos los casos, muy baja. Pero tampoco existía un gran entusiasmo por la oposición, especialmente tras la crisis producida en Madrid y la ineficacia de la dirección del PSOE para enfrentarse a ella. Aún así, el candidato socialista Rodríguez Zapatero se situaba a comienzos de año levemente por encima tanto del presidente del gobierno como del candidato del PP, Rajoy.

La campaña propiamente dicha, aunque siempre concedió ventaja al PP, acercó sensiblemente las expectativas de la oposición. La del PP fue pésima porque pareció una simple proyección programática de expectativas burocráticas, se centró en un exasperado unitarismo español y, al mismo tiempo, rehuyó la confrontación directa con el adversario para evitar sorpresas. El PSOE insistió en el valor de su candidato, al que presentó, por vez primera, rodeado de personas que podían ser definidas como valores objetivos y sólidos provenientes de etapas de gobierno anterior. Además insistió especialmente en los problemas de los ciudadanos. Prometió un nuevo clima político basado en el diálogo y no en la confrontación. Invocó, en fin, el voto útil al asegurar que no se gobernaría sin ventaja en número de sufragios obtenidos respecto del PP.

El atentado de Atocha no tenía por qué favorecer a la oposición; nadie culpó al gobierno por lo sucedido. No obstante, éste mostró un estilo de actuar que a muchos les pareció intolerable por ocultación (o ignorancia) de la verdad, por reacción excesiva contra el adversario político y por incapacidad para invocar al consenso en una ocasión grave. Así como en 1996 al PSOE le hundió no la corrupción de una parte de sus miembros sino la persistencia del fenómeno y su aparente incapacidad para resolverlo, en este caso no fue el atentado sino la reacción ante él la que tuvo un efecto desastroso para el PP. De entrada se produjo un 8,5 por 100 de incremento en la participación, cuando en España el abstencionismo es de izquierdas. Se votó menos que en 1977 y 1982, pero parecido a 1993 y 1996.

El PSOE obtuvo el 42,6 por 100 con 164 escaños, un total, de tres millones de votos más y 39 escaños. Los populares lograron 9,6 millones, con una pérdida del siete por 100 de votos y de 35 escaños, quedando con 148. En términos generales se produjo una concentración del voto útil, con excepciones en el caso de Navarra y Cataluña. Las circunstancias, en esta última, otorgaron a Esquerra 450.000 votos y ocho escaños (siete más que en la anterior ocasión) mientras que CIU, afectada por su acuerdo con el PP, perdió 140.000 votos y cinco escaños, con lo que se quedó con diez. El voto de IU disminuyó sólo en un uno por 100 pero se vio perjudicada por la ley electoral, pasó de nueve a cinco escaños. CC, BNG y PA perdieron un escaño. En la geografía electoral española se hicieron patentes algunos fenómenos significativos, como el hundimiento del voto conservador en ciudades y nacionalidades históricas y también en aquellas regiones afectadas negativamente por el Plan Hidrológico Nacional. Al margen de lo sucedido en la campaña y en los meses precedentes, cabe preguntarse quiénes fueron los nuevos votantes del PSOE. Aparte de abstencionistas y practicantes del voto útil, hay que tener muy en cuenta a quienes ejercían por vez primera el derecho al voto y a los votantes fluctuantes, situados en el centro político.

La situación política que quedaba esbozada tras estos resultados no permitía en absoluto establecer comparación con ninguna de las ocasiones en que el PSOE había obtenido antes la victoria. En realidad, la semejanza más estrecha correspondía a lo sucedido con UCD en 1977 y 1979 con una situación parlamentaria que permitía un gobierno con suficiente apoyo pero minoritario. De esta manera, mediante el consenso, garantizado por un talante de diálogo, se podía iniciar un importante cambio político basado en la elevación del nivel de la democracia mediante la reivindicación de la autonomía de instituciones como el poder judicial y la televisión pública así como un ajuste constitucional en materia de organización territorial del Estado.

Bibliografía

Obras generales: Joaquín Almunia, *Los puntos negros del PP. La cara oscura de sus ocho años de gobierno*, Aguilar, Madrid, 2004; Pilar Cernuda y Fernando Jáuregui, *El sequerón. Ocho años de aznarato*, Planeta, Barcelona, 2004; Victoria Prego, *Presidentes. Veinticinco años de Historia narrada por los cuatro jefes de gobierno de la democracia*, Plaza y Janés, Barcelona, 2000; Javier Tusell (ed.), *El gobierno de Aznar. Balance de una gestión*, Crítica, Barcelona, 2000, y *El aznarato*, Aguilar, Madrid, 2004.

Sobre Aznar: Amando de Miguel, *Retrato de Aznar*, Planeta, Barcelona, 2002; José Díaz Herrera, Isabel Durán, *Aznar. La vida desconocida de un presidente*, Planeta, Barcelona, 1999; Graciano Palomo, *El vuelo del halcón. José María Aznar y la aventura de la derecha española*, Temas de Hoy, Madrid, 1990, y *El túnel. La larga marcha de José María Aznar y la derecha española hacia el poder*, Temas de Hoy, Madrid, 1993; Graciano Palomo, J. A. Martínez Vega, *La tierra prometida. Todas las claves del nuevo poder en España*, Javier Vergara, Madrid, 1996.

Memorias: Iñaki Anasagasti, *Agur Aznar. Memorias de un vasco en Madrid*, Temas de Hoy, Madrid, 2004; José María Aznar, *Ocho años de gobierno. Una visión personal de España*, Planeta, Barcelona, 2004; Pedro J. Ramírez, *El desquite. Los años de Aznar*, La Esfera de los Libros, Madrid, 2004.

Política económica y social: José Luis García Delgado (ed.), *España, economía: ante el siglo XXI*, Espasa Calpe, Madrid, 1999; Jesús Mota, *La gran expropiación. Las privatizaciones y el nacimiento de una clase empresarial al servicio del PP*, Temas de Hoy, Madrid, 1998, y *Aves de rapiña*, Temas de Hoy, Madrid, 2001; Pedro Schwartz, *Queda mucho por hacer. Conversaciones con cuatro ministros del PP*, Marcial Pons, Madrid, 2000.

La cuestión autonómica y los nacionalismos vasco y catalán: Eliseo Aja, *El Estado autonómico. Federalismo y hechos diferenciales*, Alianza, Madrid, 1999. Acerca del terrorismo: Fernando Reinares, *Terrorismo y antiterrorismo*; Paidós, Barcelona, 1998, y *Patriotas de la muerte. Quiénes han militado en ETA y por qué*, Taurus, Madrid, 2001; Isabel San Sebastián, *Mayor Oreja. Una victoria contra el miedo*, La Esfera de los Libros, Madrid, 2001.

La oposición: Gonzalo López Alba, *El relevo. Crónica viva del camino hacia el II Suresnes del PSOE*, Taurus, Madrid, 2002; Luis Yáñez, *La soledad del ganador. La verdad sobre el efecto Borrell*, Temas de Hoy, Madrid, 2001.

Reportajes periodísticos: Jesús Cacho, *El negocio de la libertad*, Foca, Madrid, 1999; Ernesto Ekaizer, *El farol. La primera condena de Mario Conde*, Temas de Hoy, Madrid, 1997; Mariano Sánchez Soler, *Las sotanas del PP. El pacto entre la Iglesia y la derecha española*, Temas de Hoy, Madrid, 2002; Pilar Urbano, *Garzón. El hombre que veía amanecer*, Plaza y Janés, Barcelona, 2000.

Medios de comunicación: José Antonio Martínez Soler, *Jaque a Polanco*, Temas de Hoy, Madrid, 1998.

Política exterior: Carlos Elordi, *El amigo americano*, Temas de Hoy, Madrid, 2003; Charles Powell, en Nigel Townson, *Historia virtual de España*, Taurus, Madrid, 2004.

La etapa final y las elecciones: Belén Barreiro, «14-M: elecciones a la sombra del terrorismo», *Claves*, n.º 141, (abril de 2004); Magis Iglesias, *La sucesión. La historia de cómo Aznar eligió a Mariano Rajoy*, Temas de Hoy, Madrid, 2003.

ÍNDICE ALFABÉTICO

ÍNDICE